국역 구암유고

학자원

한백겸

한백겸(1552~1615)의 자(字)는 명길(鳴吉)이고, 호(號)는 구암(久菴)이다. 구암은 왜란과 호란이 있었던 격동의 시기를 살았다. 우리 역사와 강역(疆域)과의 관계에 대한 중요성을 인식하여《동국지리지》를 저술하였다. 그는 실증적이며 비판적인 학문태도를 견지했던 학자였으며, 공평한 부세를 위해 구체적인 실현 방안을 제시하였으며 현실적인 민생 해결을 위해 애썼던 강직한 목민관이었다. 그의 인습에 얽매이지 않고 독창적인 사고를 보여주는 <심의설(深衣說)>과 기록으로만 전해져왔던 기전(箕田)을 직접실측하고 고증해서 저술한 <기전유제설(箕田遺制說)>은 조선시대 후기를 풍미한 실학의 발전에 큰 영향을 끼쳤다.

지금완

성균관대학교 한문교육과를 졸업하고 민족문화추진회 연수부와 일반연구부 및 국사편찬위원회 초서과정을 수료했다. 성균관대학교 대학원 고전번역협동과정을 졸업했으며 〈한백겸의《구암유고》 역주〉로 박사학위를 받았다. 현재 한국고전번역원 연구원으로 재직 중이다. 문화와 도덕이 튼실했던 선조들의 삶에 관심이 많고, 관련된 고전번역을 통해 민족적 자긍심을 되살리고자 노력하고 있다. 옮긴 책으로《서화잡지》(공역)가 있다.

국역 구암유고

2016년 5월 20일 초판 1쇄 발행

지은이 : 한백겸
옮긴이 : 지금완
펴낸이 : 김병환
펴낸곳 : 학자원
주 소 : 134-814 서울시 강동구 천호대로 1121
전 화 : 02) 6403-1000
팩 스 : 02) 6338-1001
E-mail : hakjaone@daum.net
등 록 : 2011년 3월 24일 제2011-14호

HAKJAONE Publishing Co.
1121 Cheonho-Daero Kangdong-Gu Seoul

ISBN : 979-11-85395-98-2 93810

값 30,000원

국역 구암유고를 펴내며

자부심이 있는 사람은 함부로 행동하지 않는다. 본인의 자부심에 걸맞게 성숙하게 사고하고 행동할 것이다. 세상은 점점 물질을 추구하는 쪽으로 가속도가 붙어 치닫고 있다. 특히 수 십 년간 경제성장에 모든 가치기준을 두었던 우리나라는 그 정도가 더욱 심하다고 본다. 우수한 자질의 우리 민족은 보다 더 성숙하고 품위 있는 사회를 얼마든지 구성할 수 있다고 믿는다. 이에 대한 해결 방안으로 우리민족이 얼마나 훌륭한 선조의 후예인 지를 일깨우는 것도 하나의 방법이다. 그분들의 사상과 철학에 대해 알고 배울 수 있도록 선조들이 남긴 한문원전을 보다 많이 국역하여 일반인들이 친근하게 읽을 수 있도록 하는 작업이 필요하다.

구암은 청주목사로 부임해가서 자기 조상의 유적지를 찾아 사당을 세우고 근본을 잊지 않고 동족간의 친밀함을 유지하자는 의미로 '반시당(反始堂)'이라는 이름을 붙였다. 선조에 대한 자부심을 엿보게 해주는 대목이었다. '反始'는 우리의 시작이 어떠했나를 되짚어보고 그곳에서 현재 우리가 공유할 수 있는 가치관을 도출해낸다는 의미로도 볼 수 있겠다. 이런 작업을 통해 우리 조상의 훌륭한 사상과 철학을 저마다 배우고 실천해 간다면 성숙한 사회를 이루어 갈 수 있으리라고 본다.

이 책은 본인의 박사논문 "구암(久菴) 한백겸(韓百謙, 1552~1615)의 『구암유고(久菴遺稿)』 역주(譯註)"를 수정 보완한 것이다.

구암은 16세기 후반부터 17세기 초반의 왜란과 호란이 있었던 격동의 시기에 살았다. 그는 '아전들은 두려워하고 백성들은 좋아하는' 강직한 목민관이었다. 그리고 실증적이며 비판적인 학문태도를 표방하며, 민생을 구제할 구체적 방안을 제시하고자 했던 학자였다. 비록 양적으로 많은 업적을 후세에 남긴 것은 아니지만 그의 인습에 얽매이지 않는 독창적인 사고를 보여주는 「심의설(深衣說)」과 기록으로 전해진 기전(箕田)을 직접실측하고 고증해서 쓴 「기전유제설(箕田遺制說)」은 조선시대 후기를 풍미한 실학의 발전에 큰 영향을 끼쳤다.

구암이 살았던 시대는 임진왜란과 기근으로 인해 국가재정은 곤궁해졌으며, 전제(田制)는 문란해져가던 때였다. 각종 제도 · 법령의 폐단과 지배층의 과도한 농민수탈로 야기된 내부 모순으로 집권체제의 위기상황을 맞이하고 있었다. 구암은 이러한 상황에서 평양성 밖에 있는 정전유적을 발견하고 그것을 직접 실측하여 기자 정전이 실존하였던 것임을 증명하는 글을 썼다. 정전제(井田制)가 실제로 행해졌던 제도임을 입증하고, 정전제의 이념인 '경작하는 자가 토지를 소유한다.[耕者有田]'는 원칙에 입각한 토지제도 개혁의 역사적이고 이론적인 근거를 마련하고자 했다. 구암의 「기전유제설」이 세상에 나오자 많은 유학자들이 그의 의견을 지지하거나 혹은 반박하는 글을 내기도 하였다. 즉 이 한편의 글이 기자정전에 대한 관심을 증폭 시켰고 조선후기 실학자들의 정전제도 연구의 이론적 토대가 되었던 것이다.

구암은 예론(禮論)과 역학(易學)에 있어서는 당대에 으뜸가는 학자로 추앙되었다. 성리학에 있어서도 '칠정(七情)의 각 정 하나하나에 사단(四端)이 내포되어 있다'는 나름의 독창적인 의견을 펼치고 있다.

그리고 또, 구암이 후대에 제도변화에 큰 영향을 미친 상소문으로 「공물변통소」가 있다. 구암은 이 글에서 공물제도의 비합리성과 폐해를 구체적으로 들고 국가의 존망이 공물의 폐단에 달려 있다는 심각한 상황 인식과 대납(代納) 및 방납(防納)의 폐해로 인한 백성들의 고통을 통절하며, 경장(更張)을 호소하고 있다. 구암은 법이란 시대에 맞게 변통해서 상규에 얽매이지 않아야지, 선왕의 법이라고 해서 꼭 지켜야 한다며 융통성 없이 행동하는 자들을 비판하고 있다. 이 대목에서 그의 실제적 사고를 엿볼 수 있다. 그는 왜곡된 공물제도를 혁신하여 부세와 민역을 공평하게 함으로써 맹자의 위민정신의 근본을 구현할 수 있다고 건의하고 있다.

그가 『동국지리지』를 통해 고증학적인 방법으로 조선의 역사와 지리를 연구한 학자로 이름이 나면서 기존의 학계에서 언급되어진 구암은 '역사지리학자'라는 점에만 크게 강조되었다. 지금까지 구암에 대한 연구는 『동국지리지』에 관련 된 것에 편중되어 사유방식이나 학문태도, 인간관, 문장관등 그의 철학에 대한 심도 있는 연구 성과는 미미하다 할 수 있다.

실학의 선하(先河)라고 할 수 있는 구암의 사상적 특징을 도출해 내기 위해서는 그의 문집에 남아 있는 작품들을 심도 있게 분석하는 과정이 필요하다. 이러한 분석 과정을 통해 그의 철학적 논거와 근본정신을 파악하여, 역사지리학자라는 명칭에 한정되어있는 구암의 사상적 외연을 넓힘으로써, 한국 유학사는 물론 실학에 있어서의 그의 가치를 제대로 평가할 수 있다고 본다. 제대로 된 번역서의 존재는 저자의 본래 의도를 정확하게 이해하는 데 도움을 줄 것이다. 즉 연구자들이 번역서를 통해 보다 전문적으로 자료에 접근하게 됨에 따라 가치 있는 연구 성과로 이어질 가능성이 있다고 본다. 그래서 이 책이 그의 학문적 깊이, 사유체계 등을 분석 고찰하는데 도움이 되는 학술적 자료가 되었으면 한다.

일러두기

1. 이 책은 서울대학교 규장각(奎4670)에 소장되어 있는 1640년(인조 18) 경 간행된 한백겸의 『구암유고(久菴遺稿)』(한국문집총간 59집, 민족문화추진회, 1990.)를 저본으로 하였다.
2. 주석은 상세하게 달았다. 각 제목 하단에 전체적인 내용을 간략하게 설명하는 설명 주(註)를 붙였다. 저본에 인용된 각종 지명, 인명, 특히 인용문의 경우 원문과의 대조, 여러 경서와 참고문헌 등을 통해 정밀하고 상세한 주석을 달았다. 일부 구절의 경우, 설명에 그치지 않고 작품 속에서 구체적으로 의미하는 바가 무엇인지 정확하게 풀이하여 연구자들이 2차 자료로 활용할 수 있도록 하였으며, 필요한 경우 도표와 그림을 적절히 활용해 넣었다.
3. 『구암유고(久菴遺稿)』 번역문의 이해를 돕기 위해 원문에 상세하게 표점을 달아 병기하였다.
4. 교감 주는 『구암유고(久菴遺稿)』의 이본(異本)이 없어 교감할 사항이 많지 않기 때문에 【校】로 표시하고 주로 달았다.
5. 본문은 한자를 병기하였으며, 주석의 경우 한자를 노출하였다. 운문의 경우 원문을 병기하였다.
6. 맞춤법과 띄어쓰기는 한글 맞춤법과 표준어 규정을 따랐다.
7. 번역문은 원문의 의미를 충실하게 전달할 수 있도록 번역하였고, 더러 의미를 명확하게 하기 위해 보충역을 하기도 하였다.
8. 본 역주의 주석은 각주를 다는 것으로 하였다.
9. 번역문과 주석에서 이해를 돕기 위해 원문이 필요한 경우 [ ]에 넣었다.
10. 원문 표점에 사용한 문장부호는 다음과 같다. 마침표(.), 물음표(?), 느낌표(!), 반점(,), 모점(,), 가운뎃점(·), 쌍반점(;), 쌍점(:) 등 8개의 점호와, 큰 따옴표(“ ”), 작은 따옴표(‘ ’), 홑낫표(「 」), 겹낫표(『 』), 소괄호(( )), 어미괄호(【 】), 대괄호([ ]) 등 7개의 표호를 사용하여 원문을 정리한다.

목 차

표 목차

그림 목차

第一篇

한백겸(韓百謙)의 『구암유고(久菴遺稿)』 기초 연구

제1장 머리말

구암(久菴) 한백겸(韓百謙, 1552~1615)은 16세기 후반부터 17세기 초반까지 격동의 시기에 실증적이며 비판적인 학문 태도를 표방하며, '아전들은 두려워하고 백성들은 좋아하는[吏畏民悅]' 강직한 목민관으로 민생을 구제할 구체적 방안을 제시했던 학자이다.[1)]

한백겸은 후대에 양적으로 많은 글을 남긴 것은 아니지만, 인습에 얽매이지 않는 비판적인 사고를 보여주는 「심의설(深衣說)」[2)]과 기록으로 전해진 기전(箕田)을 직접 실측하고 고증해서 쓴 「기전유제

---

1) 구암의 강직한 목민관으로서의 면모는 『宣祖實錄』 37년 5월 2일 기사에서 확인할 수 있다. "한백겸은 정사를 공정하게 다스려서 아전들은 두려워하고 백성들은 좋아하였다. 그가 부임했던 곳에서는 체직된 뒤에도 모두 그를 그리워하였다.[○百謙, 政平公理, 吏畏民悅. 凡百莅任, 皆有去後思.]" (『宣祖實錄』 宣祖 37年 5月 2日.)
백성을 구제할 구체적 방안을 제시하고자 했던 사실은 鄭經世가 작성한 구암의 묘지명에서 찾아 볼 수 있다. 『愚伏集』 권18, 「通政大夫戶曹參議韓公墓碣銘」, 韓國文集叢刊 68집, 1991, p.326~327.)

2) 구암은 「심의설」에서 기존의 정현의 주와 『주자가례』의 설을 비판하면서 자신만의 '方領深衣'설을 만들어내고 있다. 이러한 내용은 정경세가 심의에 관한 내용을 묻는 權盼(1564~1631)에게 보낸 답장에서도 구암이 주자의 설과는 다른 독창적인 견해를 표현한 것에 대해 언급하는 부분에서 볼 수 있다. "그가 논한 方領의 설은 나의 의견도 그와 같습니다만, 朱夫子의 설에 이론을 세우는 것이 끝내 온당치 않은 것 같아 감히 주장을 내세우지 못했을 뿐인데, 오직 구암만이 자신의 주장을 내세웠습니다.[惟所論方領之說, 鄙見亦與相符, 而但立異於朱夫子之說, 終覺不安. 故不敢立說, 而惟久菴敢之耳.]" (정경세, 상게서, 권9 「答權仲明盼書」, 韓國文集叢刊 68집, 1991, p.176~177.)

설(箕田遺制說)」을 남겨, 조선후기를 풍미한 실학의 발전에 큰 영향을 끼친 바 있다. 구암은 성리학에서도 '칠정(七情)의 각 정 하나하나에 사단(四端)이 내포되어 있다'는 나름의 독창적인 의견을 펼친 바 있다.[3] 그는 예론(禮論)과 역학(易學)에서 당대에 으뜸가는 학자로 추앙되었는데, 학문적 업적은 역사 연구에서 주목할 만한 성과를 남긴 바 있다. 특히 토지제도와 역사지리연구에 이채(異彩)를 발휘하였다.[4] 기존 학계에서도 구암은 '역사지리학자'라는 점을 크게 강조하여, 지금까지 구암 연구는 주로 『동국지리지』에 관련된 것에 편중되었다. 따라서 구암의 사유방식이나 학문 태도, 인간관, 문장관 등 기본적인 그의 철학에 대한 심도 있는 연구 성과는 미미한 실정이다.

더욱이 실학의 선하(先河)라고 할 수 있는 구암[5]의 사상적 특징을 도출해 내기 위해서는 그의 문집에 남아 있는 다른 여러 글들을 심도 있게 분석하는 과정이 필요하다. 이러한 과정을 통해 그의 철학적 논거와 근본정신을 파악하여, 역사지리학자라는 명칭에 한정되어 있는 구암의 사상적 외연을 넓혀, 한국 유학사는 물론 실학에 있어서 그의 가치를 재평가할 수 있다고 본다.

구암의 글에서 주목해서 볼만한 것 중 하나는 「기전유제설」이다. 「기전유제설」을 거론하기 위해서는 기자조선의 존재를 인정하는 데서 출발해야한다. 그러나 사학계에서는 이미 기자조선의 존재를 허구로 결

3) 七情의 각각의 정에 四端이 내포되어 있다는 주장인데 그 예로, 喜라는 감정 속에 惻隱·羞惡·辭讓·是非의 사단이 내포되어있어 이것이 감정을 절제한다면 그 기쁨이 절도에 맞을 것이라고 설명하고 있다. 한백겸, 『久菴遺稿』, 韓國文集叢刊 59집, 1991, p.166.

4) 李基白, 『久菴遺稿』 解題, 일조각, 1987, p.3~4 참조.

5) 남명진은 구암이 실학의 先河的 존재임을 다음과 같이 논하였다. "「공물변통소」나 「기전유제설」에 대한 학적태도 등에서 볼 수 있는 점들도 역시 후기 실학사상에의 문을 열어준 중요한 열쇠가 되지 않았나 생각된다. 따라서 한백겸은 조선조 후기 실학의 선하적 사상가요 학자라 해도 과언이 아니다." (남명진, 「구암 한백겸」, 『한국인물유학사』 2, 한길사, 1996, p.969.)

론을 내린 상태이다. 그럼에도 불구하고 구암의 「기전유제설」이 의미를 갖는 이유는 당시 학문적 수준에 비추어 볼 때 그의 학설은 매우 독창적이었으며, 이것을 통해 당시에는 토지제도에 대한 관심을 촉발시켰고, 후대에는 학자들의 토지제도에 관한 이론 정립에 지대한 영향을 끼친 점을 고려할 필요가 있기 때문이다. 이런 측면에서 「기전유제설」은 기자조선의 유무와 관계없이 나름의 의미를 지닐 수 있다. 또한 이 글은 시대적 요구에 의해 지어진 한 편의 글이 후대에 얼마나 많은 학자들의 학문과 사상에 깊은 영향을 주었는가를 여실히 보여주고 있다는 점도 주목할 필요가 있다.[6)]

구암이 살았던 시대는 임진왜란과 기근으로 인해 많은 백성들이 유랑민이 되었고 국가재정은 곤궁해졌으며,[7)] 전제(田制)는 문란해져 가던 때였다. 따라서 이러한 시대 상황을 고민했던 이라면 누구든지 전제에 대해 관심을 가질 수밖에 없었을 것이다.

---

6) 김용섭은 그의 논문에서 다음과 같이 말하고 있다. “주자의 토지론에 이론을 제기하는 것은 한백겸(久菴)이 「기전설」을 내면서부터 비롯된다고 해도 좋겠다. …… 그의 견해가 본고의 주제와 관련하여 주목되는 것은 그가 이와 같은 실증적인 작업을 통해서 주자의 토지론에 이의를 제기하고 있다는 점이다. …… 이 같은 구암의 기전설은 그 자체로 충격적일 수 있지만, 이 연구에 대하여 유근과 허성이 발어와 후설을 씀으로 인해서 더욱 그러하였다. …… 그 후 이들의 토지론은 이 黨色(東人 · 南人)들에 의해 지지되고 발전되어 나갔다.” (金容燮, 「주자의 토지론과 조선후기유학」, 『延世論叢』, Vol.21, No.1, 1985, p. 248~249 참조.)

7) 이러한 당시 상황은 『宣祖實錄』 27년 3월 4일 기사에서 찾아 볼 수 있다. “漢城府 右尹 柳永吉이 아뢰기를, ‘근일 都民들의 굶주림이 더욱 심하여 거의 모두가 賑濟場으로 모여들고 또 외부의 유랑민이 男負女戴하여 끊임없이 흘러들어오니 이 때문에 다섯 진제장의 元數가 이미 1만 2천여 명을 넘었습니다. 쌀이 황금같이 귀하여 전혀 살아갈 길이 없는데 복숭아도 이미 다 떨어져 잡초까지 먹는 형편이며 뼈만 앙상한 노약자들을 내버려 길거리에서 쓰러져 죽게 하니 어찌 이러한 때가 있었겠습니까?[漢城府右尹柳永吉啓曰: “近日, 都民阻飢益甚, 幾盡就場, 又外方流民, 扶携荷擔, 流入不絶, 以此五場元數, 已過於一萬二千餘名矣. 米貴如金, 頓無生理, 桃菓旣盡, 至食雜草, 老弱捐瘠, 僵死道路, 安有如此時乎?]” (『宣祖實錄』 宣祖 27年 3月 4日.)

구암은 이러한 상황에서 평양성 밖에 있는 정전 유적을 발견하고 그것을 직접 실측하여 기자 정전이 실존하였던 것임을 증명하는 글을 썼다. 구암의 「기전유제설」이 세상에 나오자 많은 유학자들이 그의 의견을 지지하거나 혹은 반박하는 글을 내기도 하였다.[8] 즉 이 한 편의 글이 기자정전에 대한 관심을 증폭시켰고 조선후기 실학자들의 정전제도 연구의 이론적 토대가 되었던 것이다.

또, 구암이 후대의 제도 변화에 큰 영향을 미친 글로 「공물변통소(貢物變通疏)」가 있다. 그는 공물제도의 심각한 폐단을 지적하고, 피폐해져가는 민생을 구원하기 위해서는 시대에 맞게 법을 고쳐 부세와 민역을 공평히 하자고 건의하였다. 이 상소에서 공물제도의 비합리성과 폐해를 구체적으로 들고 국가의 존망이 공물의 폐단에 달려있다는 심각한 상황인식과, 하리(下吏) 또는 경저리(京邸吏)들의 대납(代納) 및 방납(防納)의 폐해로 인한 백성들의 고통을 통절하며, 경장(更張)을 호소하고 있다. 이때 법이란 시대에 맞게 변통해서 상규에 얽매이지 않아야한다고 주장하며 선왕의 법이라고 해서 꼭 지켜야 한다며 융통성 없이 행동하는 자들을 비판하는 대목에서 그의 합리적 사고를 엿볼 수 있다. 그는 왜곡된 공물제도를 혁신하여 평부균민(平賦均民) 함으로써 맹자의 위민정신의 근본을 구현할 수 있다고 건의하고 있다.[9] 이 「공물변통소」의 내용은 당시 영의정이던 이원익(李元翼)에 의해 채택될 정도로 현실적인 개혁안으로 평가를 받아 후에 이원익의 주선으로 선혜청(宣惠廳)이 설치되고, 경기(京畿)

8) 柳根(1549~1627)은 「箕田圖說跋」을 지어 구암의 주장을 지지하였고, 許筬(1548~1612)은 「箕田圖說後語」를 썼으며, 李瀷(1681~1763)은 「箕田續說」을 지어 구암의 주장에 동조하였다. 그러나 丁若鏞(1762~1836)은 이것이 기자 유적이 아니라 李世勣(?~665)과 劉仁軌(602~685)가 경지정리를 하면서 둔전을 설치했던 것을 정전으로 잘못 보았다고 말하고 있다. (丁若鏞, 『與猶堂全書』, 제14권 「跋箕子井田圖」, 韓國文集叢刊 281집, 2002, p.304.)

9) 한백겸, 『구암유고』, 韓國文集叢刊 59집, 1991, p.185.

지역에 대동법(大同法)을 시행하기에 이른다.[10)]

구암은 고례(古禮)에 입각한 예설을 주장하였는데 이는 스승인 민순(閔純, 1519~1591)의 영향으로 서경덕의 학문을 계승하였기 때문이다. 끊임없는 경전 연구를 통해 선현들이 해석한 경전 주소(註疏)의 문제점을 비판하고, 육경 본래의 의미를 찾고자 하였다. 구암은 심의제도가 『예기』에 분명하게 기록되어 있어 이해하기 어려운 내용이 아닌데, 오히려 여러 주소가(註疏家)들에 의해 왜곡되어 경서 본문의 의미가 흐려졌다고 하였다. 나아가 주자의 만년의 설과 『주자가례(朱子家禮)』에 나와 있는 것이 같지 않다는 점에서 『주자가례』에 의문을 제기하였다. 그래서 『의례』의 「상복」편, 『시경』, 『이아』 등의 경전 원문을 근거로 해박한 고증을 하고, 자의(字意)를 중요시하면서 『예기』 본문에 대한 정밀한 해석을 함으로써 새로운 심의 양식의 '방령심의설(方領深衣說)'을 만들었다. 이것은 고례에도 부합하고 착용하기에도 편리한 심의 연구에 대한 물꼬를 틔웠고, 당시는 물론 후대까지 심의설에 대한 관심과 논의를 증폭시켰다.

또한 구암은 사단칠정설(四端七情說)과 인심도심설(人心道心說)에 있어서 사단은 도심이며 칠정은 인심이라고 하며, 사단칠정의 해

10) 정경세가 쓴 「通政大夫戶曹參議韓公墓碣銘」에 다음과 같은 내용이 보인다. "貢物의 폐단이 백성들에게 큰 병폐가 되고 있음을 힘주어 논하였으며, 아울러 공물제도를 개혁하는 계책을 진달하였는데, 節目이 매우 상세하였다. 일을 廟堂에 내리니 영의정 李元翼이 당시 정사를 총괄하고 있으면서 그 말을 좋게 여겨 宣惠廳을 설치하여 먼저 경기도 일대에 시행해 보기를 건의하였다. 지금에 이르러서 경기도 일대의 백성들이 안도하고 무거운 짐을 덜게 된 것은 실로 여기에서 비롯된 것이다.[因極論貢物之弊爲生民大瘼, 幷陳改紘之策, 節目甚詳. 事下廟堂, 李相公元翼方聽總已, 善其言, 建置宣惠廳, 先試于畿甸. 至今畿民之安堵息肩, 實自此始.]" (鄭經世, 「通政大夫戶曹參議韓公墓碣銘」, 『愚伏集』, 卷18, 韓國文集叢刊 68집, 民族文化推進會, 1991, p.326.)
『光海君日記』卽位年 5月 7日 기사에 이원익이 선혜청 설치를 건의하는 내용이 보인다. (『國譯光海君日記』, 卽位年 5月 7日.)

석을 그대로 인심도심에 적용할 수 있다고 하였다. 그리고 칠정의 각정 하나하나에 사단이 내포되어 있다는 자신만의 독특한 견해를 펼치고 있다. 이러한 학설은 우리가 오늘날 실학의 시조라고 보는 유형원(柳馨遠, 1622~1673)[11]에게 영향을 주었다. 유형원은 이기론(理氣論)과 인심도심설(人心道心說)에서 구암의 학설을 전폭적으로 받아들인 바 있거니와, 구암의 학설은 유형원이 철학사상을 정립하는데 배후로 작용하였다.[12]

그런데 구암의 시문은 전란을 겪으면서 대부분 유실되었고, 구암 문집의 서문에서 언급한 바대로 그의 본집은 문인들이 베껴 두었던 것을 모아 편찬한 것이라고 한다.[13] 구암의 문집이 시문(詩文)은 전혀 없고 산문(散文)으로만 구성된 것은 그 때문이며, 남아 있는 문집의 양도 그다지 많은 편은 아니다. 지금 남아 있는 『구암유고』의 내용을 훑어보면, 그 자체가 깊은 사상이나 완벽하고 구체적인 제도를 남겼다기보다는 실학의 선구자로서 사상적인 면에서나 또는 학구적인 태도에 있어서 후기 실학자들에게 많은 영향을 주었다고 할 수 있

11) 학계에서 유형원을 실학의 시조로 꼽는 사실을 다음 내용에서 알 수 있다. "조선학운동의 주도자 중 한분인 安在鴻은 반계 유형원을 실학의 비조로 잡고 있었음을 앞서 언급했는데, 또 한 분의 유력한 주도자인 鄭寅普는 '반계가 一祖요, 성호가 二祖요, 다산이 三祖'라고 실학의 계통을 세웠다. 실학의 출발은 유형원의 『磻溪隧錄』이라는 것이 진작 합의된 바였다." (임형택, 『21세기에 실학을 읽는다』, 한길사, 2014, p.25.)

12) "반계는 구암의 인심도심설이 '가장 명백히 성현이 전한 본지를 이해한 것'이라고 극찬한다. 사실 구암의 견해와 반계의 그것은 차이점을 발견할 수 없을 정도로 유사하다." (김낙진, 「유형원의 성리사상」, 동양철학 4권, 1993. p.17 참조.)

13) 澤堂 李植(1584~1647)의 「久菴遺稿序」에 이러한 정황이 보인다. "아버님의 저술은 이것만이 아닌데 지난번 전란 중에 일실되었으니 이 編은 친구들과 문인들 사이에 전해지던 것 중에서 나온 것입니다.[先人著述不止是, 頃年佚於兵火, 此編出於知舊門人傳習之餘.]" 李植, 「久菴遺稿序」, 『久菴遺稿』, 韓國文集叢刊 59집, 民族文化推進會, 1991, p.157.

겠다.

번역에 앞서 구암과 관련한 지금까지의 선행연구를 검토해 보면 다음과 같다. 기왕에 구암에 대한 연구 성과는 크게 세 가지로 나누어 볼 수 있다.

첫째는, 『동국시리시』에 관한 것인데, 주로 역사 지리학적인 관점의 연구다. 둘째는, 예학에 관련된 것인데, 그의 예학에 대한 면모를 보여주는 「심의설」에 대한 연구다. 마지막으로 『구암유고』에 있는 내용을 실학과 관련하여 연구한 것이다.

『동국지리지(東國地理誌)』에 관련된 것으로는 윤희면(尹熙勉)과 정구복(鄭求福)의 논문을 주목할 만하다.[14] 윤희면은 구암의 학문과 학문 태도에 대해 분석하여 그의 학설이 독서와 사색을 통해 이루어져 어느 한 학설에 구애 받고 있지 않다고 평가하였다. 또한 구암은 종래의 학설에 구애됨이 없이 비판적 안목에서 의견을 제시하고 있으며, 문헌 고증의 방법을 통해 논지를 전개하고 있음을 밝혔다. 특히 『동국지리지』에서 위치를 고증하면서 고증적인 학문 방법으로 설명하고 있는 점을 주목하고, 이를 고전적 실사구시로 보아 구암을 실학의 선구로 평가하고 있다.

---

14) 尹熙勉, 「한백겸의 학문과 『東國地理志』 저술동기」, 『震檀學報』 63, 진단학회, 1987. 鄭求福, 「『동국지리지』에 대한 一考察 －歷史地理學派의 성립을 중심으로」, 『全北史學』 2, 1978. 이외에 『동국지리지』와 관련해서 다음과 같은 논문이 있다.
尹熙勉, 「한백겸의 『東國地理志』」, 『歷史學報』 93, 1982.
鄭求福, 「韓百謙의 史學과 그 影響」, 『震檀學報』 63, 진단학회, 1987.
고영진, 「韓百謙」, 『한국의 역사가의 역사학』상, 창작과비평사, 1994.
원유한, 「韓百謙의 東國地理誌 成立背景」, 『歷史와 實學』 13집, 歷史實學會, 1999.
원유한, 「韓百謙의 東國地理誌 成立背景과 性格」, 『國史館論叢』 93집, 國史編纂委員會, 2000.
김경추, 「한백겸의 동국지리지에 관한 연구」, 지리학연구 37권, 2003.

구암의 예학을 주목한 논문으로는 고영진(高英津)의 논문을 주목할 수 있다. 그는 한백겸의 「심의설」을 주목하고, 정구(鄭逑, 1543~1620)의 「심의설」과 비교하면서 그 차이점을 분석하고 있다. 그는 고례(古禮)와 육경(六經)을 기반으로 『예기』 경문의 본래 의미를 찾으려던 구암 예설의 특징을 주목하였다. 특히 고례를 기반으로 왕례(王禮)의 특수성과 예의 차등성을 주장한 것은 구암이 처음이며, 이러한 경향은 뒤에 허목과 윤휴 등에게 영향을 끼친 것으로 보았다.[15] 하지만 「심의설」의 내용만을 특기하여 구암이 예의 차등성을 처음 주장하였다는 주장은 논리적 비약이 있어 설득력이 떨어진다.

한편 정혜경은 조선시대 심의의 형태를 깃의 유형에 따라 직령심의(直領深衣)와 방령심의(方領深衣)로 구분하고, 구암이 처음 방령심의를 만들어 학계의 논란을 일으켰음에도 불구하고, 구암의 방령심의설은 조선 후기 실학자들에게 영향을 주었다고 하였다.[16] 이 논의는 심의 형태의 구분을 시도하였다는 점에서 주목할 만하다.

김정자의 연구는 복식사연구 측면에서 한백겸의 '방령심의설'의 오류를 밝혀내겠다는 데 초점을 두어, 자신이 직접 재단하여 나름의 심의를 만들어 논지를 펼쳤다.[17] 그는 심의제는 현대 복식학자들에 의해 계속 연구되어야 할 분야라고 하면서 제복(祭服)이나 유생들의 제복(制服)으로 착용하고 있는 도포를 심의로 바꾸어 착용할 것을 제안하고 있다.

---

15) 高英津, 「17세기 초 예학의 새로운 흐름」, 『韓國學報』, 1992. 이외에 예학과 관련해서 다음과 같은 논문이 있다.
高英津, 「한백겸의 심의설」, 『조선중기 예학사상사』, 한길사, 1995.
양승이, 「구암 한백겸의 예학과 그 영향」, 『퇴계학연구』 제21집, 檀國大學校 退溪學硏究所, 2007.

16) 정혜경外, 「조선시대 深衣 유형에 관한연구」, 한국의류학회지, Vol. 13, No. 1, 1989.

17) 김정자, 「方領深衣制의 實證的 硏究」, 『韓服文化』, Vol. 4, No. 1, 2001.

구암의 저술을 실학과 관련시킨 것으로는 정종구(丁鍾俅)와 고영진 그리고 이애희(李愛熙)와 방동인(方東仁)의 논문이 있다.[18] 이애희는 구암의 성리설은 선유들의 이론을 단순히 추종하지 않고 독자적인 이론을 추구하는 측면을 주목하였다. 요컨대 기존 학설을 묵수하지 않고 주견(主見)에 입각한 이론을 지녔음을 평가하고 있는 것이다.

이상에서 살펴 본 바와 같이 구암은 한국 학술사에서 차지하는 비중이 크다고 할 수 있다. 그러나 이러한 비중에 비해 그에 관한 연구는 『동국지리지』에 관련한 것에 편중되어 있으며, 그의 사상적 면모나 학문적 가치를 제대로 이해하거나 평가하지 못하고 있다고 본다. 이러한 이유는 주목할 만한 글이 있음에도 불구하고 남아 있는 문집의 양이 소략한 점과, 남아 있는 문집의 번역이 이루어지지 않고, 다른 문집에 비해 상대적으로 경시되었기 때문으로 보인다. 더욱이 기존의 논문에서 인용된 『구암유고』 번역문도 적지 않은 오역이 존재한 것과, 논문의 방향 역시 전체 문집을 통괄하는 시각 위에서 구암이 남긴 지리지와 심의설 등을 논하지 못한 것은 재고를 요한다. 이를 고려하면 구암 문집을 완역하는 것은 조선 후기 학술사는 물론 조선 후기 실학의 계승과 발전을 파악하기 위해 필요한 작업인 것이다.

또한 기존의 연구 역시 구암의 지리서나 심의설을 주목하여 논지를 펼치고 있지만, 이러한 글이 나온 배경과 그 사유의 전체를 이해하기 위해서는 그가 남긴 다른 글과 연결시켜 보아야함은 물론이다. 어떤 사유나 논지도 평지돌출한 것은 없기 때문이다. 그럼에도 불구하고 기존 연구는 주로 구암이 남긴 특정 부분만을 주목하여 논지를 전개하거나 이마저도 주목한 전체 글을 정치하게 이해한 경우보다 단장취의(斷章取義)한 경우도 적지 않아, 구암의 전체 사유나 학문적

18) 丁鍾俅, 「久菴 韓百謙」, 『實學論叢』, 전남대학교 호남문화연구소, 1975.
李愛熙, 「久菴 韓百謙의 實學思想」, 『江原文化硏究』 第17, 江原大學校, 1998.
方東仁, 「久菴 韓百謙의 實學思想」, 『耘谷學會硏究論叢』 1, 耘谷學會, 2005.

성과를 놓치는 경우도 적지 않았다. 구암의 실학적 단초나 역사지리의 성과는 물론 심의설의 본질에 파고들기 위해서는 『구암유고』를 이해하는 것은 반드시 필요하거니와, 이를 위해 그가 남긴 전체 글을 번역하는 것은 필요한 일이다.

제대로 된 연구 번역서의 존재는 연구자들에게 보다 쉽게 자료에 접근할 수 있게 도와준다. 또한 저자의 학문과 사상을 본래 의도대로 정확하게 이해할 수 있게 해서 풍성한 연구 성과로 이어질 수 있다. 그의 문집이 연구 번역된다면 그의 사상과 학문에 관한연구가 보다 많이 이루어져 구암의 평가가 제대로 되어지고, 또한 16세기 후반에서 17세기 초반을 살다간 그 시대 학자들의 면모를 구체적으로 살펴보고 연구하는데 기초 작업으로써 의미가 있으리라 여겨진다. 이에 필자는 되도록 정확한 문집 번역을 진행하여 그의 학문적 깊이, 사유체계 등을 분석 고찰하는데 도움이 되는 학술적 자료가 될 수 있도록 하려고 한다.

제2장 한백겸(韓百謙)과 『구암유고(久菴遺稿)』

1. 한백겸의 생애와 학문 태도

1) 한백겸의 생애

한백겸은 본관이 청주(淸州), 자(字)는 명길(鳴吉)이고, 호(號)는 구암(久菴)이다. 청주 한 씨의 시조는 한란(韓蘭, 853~916)으로 왕건(王建)이 후백제의 견훤(甄萱)을 정벌하기 위해 청주를 지날 때 삼한 통합에 공을 세워 삼중대광태위(三重大匡太尉)에 올랐다. 구암의 5대조 한계희(韓繼禧, 1442~1482)는 신숙주(申叔舟, 1417~1475) 등과 『국조보감(國朝寶鑑)』을 찬술하였고, 세조가 즉위하자마자 후대에 길이 전할 법전을 만들기 위해 설치한 육전 상정소(六典詳定所)[19]에서 최항(崔恒, 1409~1474), 김국광(金國光, 1415~1480), 강희맹(姜希孟, 1424~1483), 서거정(徐居正, 1420~1488) 등과 함께 법전 편찬 작업을 시작하였는데 이것이 1481년에 완성된 『경국대전(經國大

19) 상정소: 조선 시대 국가의 법규 · 법전을 제정하거나 정책 및 제도를 마련하기 위해 설치한 임시기구를 말한다. 상정소에는 六典詳定所 · 禮曹詳定所 · 貢案詳定所 · 田制詳定所 · 儀禮詳定所 등이 있으며, 事案에 따라 여러 종류의 상정소가 설치되어 전문 학자와 관료가 詳定官으로 임명되었다. 세조 때 설치된 육전상정소의 경우, 상정관 崔恒(1409~1474) · 韓繼禧(1423~1482) · 姜希孟(1424~1483) 등을 중심으로 經濟六典 · 續六典을 정비, 통합하여 조선왕조의 기본법전인 『經國大典』의 찬술을 시작하였던 곳이다.

典)』이다. 한백겸의 할아버지는 문천 군수(文川郡守) 한여필(韓汝弼, 1505~1571)이며, 아버지는 경성 판관(鏡城判官)[20]을 지낸 한효윤(韓孝胤, 1536~1580)이고, 어머니 정경 부인(貞敬夫人) 신씨(申氏)는 고려조의 충신 장절공(壯節公) 신숭겸(申崇謙)의 후손인 예빈시 정(禮賓寺正) 신건(申健, ?~?)의 딸이다.

한백겸은 1552년에 한효윤과 평산 신씨(申氏) 사이의 장남으로 태어났다. 그의 동생인 준겸(浚謙)은 인조의 비인 인열왕후(仁烈王后, 1594~1635)의 아버지다. 효종조(孝宗朝)에 영의정(領議政)을 지낸 한흥일(韓興一, 1587~1661)이 그의 아들이다.

한백겸은 17세 전후로 서경덕(徐敬德, 1489~1546)의 문인(門人)인 민순(閔純, 1519~1591)[21]에게 배움을 청하고, 『소학(小學)』과 『근사록(近思錄)』 등을 두루 섭렵하여 학문의 정밀함과 식견이 속유(俗儒)의 태도를 탈피했다고 한다. 아버지 한효윤은 박민헌(朴民獻, 1516~1586)의 문하에서 수학하였는데, 민순과 박민헌은 다 같이 서경덕의 제자였다. 이 점에서 한백겸은 서경덕의 학풍을 이은 것으로 보인다.

한백겸은 장남이었지만, 동생에 비해 관계 진출이 늦었다. 아버지

20) 경성 판관(鏡城判官): 경성은 함경북도의 중앙부에 위치한 군. 동쪽은 동해와 면하여 있고, 서쪽은 무산군, 남쪽은 길주군과 명천군, 북쪽은 부령군과 접한다. 判官은 조선시대 여러 관서의 종5품 관직이다. 소속관아의 행정실무를 지휘, 담당하거나, 지방관을 도와 행정 · 군정에 참여하였다.

21) 민순(閔純, 1519~1591): 본관은 驪興, 자는 景初, 호는 杏村 · 習靜이다. 將仕郎 鶴壽의 아들이다. 어려서는 申光漢(1484~1555)의 문하에서, 장성한 뒤는 徐敬德의 문하에서 수학하였다. 1575년 사헌부지평으로 조정에 들었으나, 마침 仁順王后(1532~1575)의 상을 당하여 송나라 孝宗의 白帽三年의 古制로 고쳐 준용할 것을 건의하여 실시하게 한 것이 물의를 빚어, 그해 6월 다시 사직하고 고향으로 돌아와 초야에 묻혔다. 그 뒤로는 延安 · 成川의 府使 · 공조정랑 등 여러 관직에 제수되었으나 모두 사퇴하고 향리에서 후진교육에 힘을 기울였다. 洪可臣(1541~1615) · 韓百謙 · 洪致祥 등이 그의 문하에서 배출되었다. 개성의 花谷書院, 고양의 文峯書院에 제향 되었다.

와 할머니의 상을 당해 출사할 여건이 되지 않았기 때문이다. 이 시기 동안 두문불출(杜門不出)하고 서책을 읽고 학문에 전념하였다. 정경세(鄭經世, 1563~1633)는 이러한 저간의 사정을 「통정대부호조참의한공묘갈명(通政大夫戶曹參議韓公墓碣銘)」에서 서술한 바 있다.

> "경진년(1580, 선조 13) 29세에 아버지의 상을 당하였으며, 상복을 벗은 지 겨우 한 해가 지나서 또 다시 할머니 상을 당하였다. 여러 해에 걸쳐서 상을 치르느라 몸이 상하였으나 외부의 유혹을 끊어 버리고 뜻을 오로지하여 궁리 격치(窮理格致)의 공부에 전념할 수 있었다. 먼저 『역학계몽(易學啓蒙)』 한 권을 가지고 고개 숙여 읽다가 골똘히 생각하며 깊이 침잠하고 완미하면서 밤을 낮 삼아 공부하였다. 그 결과 상수(象數)의 근원과 변화(變化)의 오묘함에 대해 마음속으로 깨닫고 이해하여 그만두려 해도 그만둘 수 없는 묘미를 얻었다. 이때부터 과거를 보기 위한 공부는 그만두고 바깥세상과의 인연을 끊고 의리(義理) 공부에 더욱 전념하여 위로는 육경(六經), 『논어(論語)』, 『맹자(孟子)』의 요지에서부터 아래로는 정주서(程朱書)에 이르기까지 되풀이하여 음미하고 연구하여 반복해서 참고하지 않은 것이 없었다. 이에 연구의 면밀함과 식견의 뛰어남은 이미 세속의 학자가 미칠 수 있는 수준이 아니었다."[22]

구암이 처음 관직에 진출한 것은 1585년(선조 18) 34세에 이르러서였다. 경서훈해(經書訓解)를 교정하는 교정청(校正廳)이 설치되면서, 경술(經術)에 뛰어난 사람으로 뽑혀 교정랑에 임명된 이후다. 그

22) 鄭經世, 「通政大夫戶曹參議韓公墓碣銘」, 『愚伏集』 권8, p.326. "庚辰, 丁外艱. 外除纔閱歲, 又受重王母憂, 積年勞疚. 絶無外誘, 乃得專意於窮格之功. 先『啓蒙』書, 俯而讀仰而思, 沈潛觀玩, 夜以繼日. 其於象數之原, 變化之妙, 蓋有心融神會, 欲罷不能之味. 自是屛去科業, 杜門下帷, 大用力於義理之書. 上自六經語孟之旨, 下逮濂洛關閩之言, 無不漸涵尋繹, 反復參考, 其硏索之精, 見識之透, 已非世儒所及."

는 정구(鄭逑, 1543~1620), 최영경(崔永慶, 1529~1590),[23] 정개청(鄭介淸, 1529~1590),[24] 정철(鄭澈, 1536~1593) 등 당대의 학자들과 함께 경서 언해를 교정하였다. 1589년(선조 22) 37세에 정여립(鄭汝立, 1546~1589)[25] 사건이 일어났을 때 정여립의 조카 이진길(李震吉, 1561~1589)의 시체를 거두어준 죄로 고문을 받아 거의 죽게 되었다가 함경도로 유배되었다.

1592년(선조 25) 41세에 임진란으로 사면되었으나 길이 막혀 돌아오지 못하였는데 마침 변방 백성이 난동(亂動)을 부려 왜병(倭兵)과 호응하니 관군(官軍)은 궤멸되어 어찌 할 도리가 없었다. 그 사이에 구암이 귀양 온 한두 사람과 함께 병사를 모집하여 주동자를 체포하

---

23) 최영경(崔永慶, 1529~1590): 본관은 和順, 자는 孝元, 호는 守愚堂이다. 60세(1588년) 10월에는 鄭汝立의 기축옥사가 일어나자 吉三峯이라는 누명을 쓰고 이 사건에 연루되어 옥에 갇혀 심한 매질을 당하여 끝내 옥중에서 죽었다. 죽음에 임박하여 옆에 있던 사람이 남길 말을 청하자 일어나 앉아 바를 正자를 쓰다가 획수를 다하지 못하고 임종하였다. 『守愚堂實紀』 2권 2책이 전한다. (세종대왕기념사업회, 『國譯 國朝人物考』 v.7, 2007.)

24) 정개청(鄭介淸, 1529~1590): 본관은固城, 자는 義伯, 호는 困齋이다. 나주 출신. 아버지는 봉산훈도 世雄이며, 어머니는 羅氏이다.

25) 정여립(鄭汝立, 1546~1589): 본관은 東萊이고, 자는 仁伯이다. 1567년(명종 22) 진사가 되었고, 1570년(선조 2) 식년문과 을과에 두 번째로 급제한 뒤 李珥(1536~1584)와 成渾(1535~1598)의 각별한 후원과 촉망을 받아 일세의 이목을 끌었다. 1583년 예조좌랑이 되고 이듬해 수찬이 되었다. 그는 진안 竹島에 서실을 지어놓고 大同契를 조직하여 매달 射會를 여는 등 세력을 확장해 갔다. 그러나 1589년 이들이 한강의 결빙기를 이용, 황해도와 호남에서 동시에 입경하여 대장 申砬(1546~1592)과 병조판서를 살해하고, 병권을 장악하기로 했다는 고변이 황해도 관찰사 韓準, 안악 군수 李軸, 재령 군수 朴忠侃, 신천군수 韓應寅 등의 연명으로 급보되어 관련자들이 차례로 잡혔다. 한편, 그는 금구의 별장을 떠나 玉男과 함께 죽도로 피신했다가 관군의 포위가 좁혀들자 자살하고 말았다. 이로써 그의 역모는 사실로 굳어지고, 鄭澈(1536~1593)이 委官이 되어 사건을 조사, 처리하면서 동인의 정예인사는 거의 제거되었으니, 비명에 숙청된 인사는 이발을 비롯하여 1,000여 명에 달하였다.

여 죽이니 그 지역이 진정되었다. 그 일이 행재소(行在所)[26]에 알려지자 특명으로 내자시 직장(內資寺直長)[27]이 되었고, 그 이듬해에 처음으로 조정에 나가니 한성부 참군(漢城府參軍)[28]으로 옮겨 제수되었다.

그가 조정에 주목을 받은 것은 43세 때, 우복(愚伏) 정경세(鄭經世, 1563~1633)에 의해 주역에 정통하다고 추천을 받아 경연에 입시하면서다.[29] 1602년(선조 35) 51세 때 왕명에 따라 『주역전의(周易傳義)』를 교정하는 일에도 참여한다. 선조가 "『주역(周易)』의 역전(易傳)과 주역 본의(周易本義)에 서로 같지 않은 데가 있어 구두(句讀)와 음석(音釋) 둘 다 두어야 하는데, 학자들이 유독 정전(程傳)만 주장한다."고 하며, 서울과 지방의 유신(儒臣)을 모아서 국(局)을 설치하고 정리하라 명하였다. 이 때 과거 급제자가 아닌 사람으로서 그 선발에 뽑힌 사람은 구암과 홍가신(洪可臣, 1541~1615),[30] 정구(鄭逑) 등 몇 명뿐이었다. 이듬해에 『주역전의(周易傳義)』의 교정이 끝나 상으로 망아지[兒馬]를 하사 받았다.[31]

---

26) 행재소(行在所): 임금이 궁성 밖으로 나갔을 때 머무는 곳을 말한다. (『大典會通』 권4 「兵典行巡」조 참조.)

27) 내자시 직장(內資寺直長): 내자시는 대궐에서 쓰는 식품, 織造, 內進宴에 관한 일을 맡아보던 관아였다. 1401년(태종 1)에 '內府寺'를 고친 이름으로, 1882(고종 19년)에 없앴다. 직장은 종7품 벼슬이다.

28) 한성부 참군(漢城府參軍): 한성부는 서울의 戶籍大帳, 市場과 商店, 家舍, 田土, 四山, 道路, 橋梁, 晝間巡察 등의 사무를 관장한다. 참군은 종7품 벼슬이다. (『大典會通』 권1, 吏典, 「京官職 正二品衙門 漢城府」조 참조.)

29) 정경세가 아뢰기를, "소신은 역학을 전혀 모르는데 대신이 이처럼 잘못 아뢰니 매우 온당치 못합니다. 신이 듣기로는 서울 朝官 중에 韓百謙이란 자가 있는데 꽤 역학을 안다고 합니다. [經世曰: 小臣, 全不知 『易』, 而大臣如是誤達, 至爲未安. 臣聞都下朝官有韓百謙, 頗解 『易』 學云矣.]" (『宣祖實錄』, 宣祖 27년 11월 12일.)

30) 홍가신(洪可臣, 1541~1615): 字는 興道이며, 南陽人으로 自號를 晩全이라 한다.

31) 戊寅/以備忘記, 傳于政院曰: "校正賞格, 更思, 則一日與累十日同賞, 似爲未穩. 且郞廳陞職, 堂上亦不可不陞職. 此是傳後之書, 改磨鍊如是. 堂上竝賜熟馬, 而洪進、許筬、李好閔、朴弘老、申湜, 竝加資. …… 韓百謙亦日久, 而已爲資窮, 準職, 亦賜兒馬." (『宣祖實錄』 宣祖 36年 11月 12日.)

구암은 1607년(선조 40) 56세에 임기가 만료되어 조정에 들어와서 4월에 장예원 판결사(掌隸院判決事)[32]가 되었다가 8월에 호조 참의로 옮겼다. 평안도 관찰사로 가있는 준겸이 어머니를 모시고 있어 어머니를 뵈러 평양에 갔다가 기전유제를 보고 「기전도」를 그리고, 「기전유제설」을 저술하였다. 다음해 선조가 승하하였는데 전란 중에 의궤(儀軌)가 모두 유실되어서 예관(禮官)이 어찌할 바를 몰랐다. 대신들이 한백겸이 예(禮)를 잘 안다고 추천하여 한백겸에게 빈전(殯殿)의 일을 보도록 하였다.[33] 이렇게 예와 역에 밝은 관계로 국가의 전례에 참여한 경우도 있었지만 한백겸은 주로 지방의 수령직을 맡아 보았다.

44세에 안악[34]현감(安岳縣監)을 시작으로 함종[35]현령(咸從縣令), 영월 군수(寧越郡守), 청주 목사(淸州牧使), 파주 목사(坡州牧使) 등을 지내면서 애민 정신으로 정성을 다해 다스려 치적을 남겼다.

---

32) 장예원 판결사(掌隸院判決事): 장예원은 노비에 관한 문서와 소송에 관련된 일을 관장한다.
判決事는 정3품이다. (『大典會通』 권1 吏典, 「京官職 正三品衙門 掌隸院」조 참조.)

33) 이 내용은 『林下筆記』에 보인다.
"…… 그런데 이때 兵火를 겪은 뒤라 儀軌가 散失되어서 禮官이 어찌할 바를 몰랐다. 그러자 대신들이 韓百謙이 禮에 익숙하다 하여 재촉하여 들어와서 殯殿의 일을 보도록 하였는데, 襲과 殮의 모든 절차를 차질없이 수행할 수가 있었다.[時兵火之後, 儀軌散失, 禮官蒼黃罔措. 大臣, 以韓百謙習於禮, 趣令入治殯殿事. 襲斂諸儀, 賴以不愆.]" (李裕元(1814~1888),『林下筆記』 제16권 「文獻指掌編」, 성균관 대학교출판부, 1991, p.372.)

34) 안악(安岳): 황해도 安岳郡지역에 있었다. 본래는 고구려의 楊岳郡이었는데, 고려 때에 안악군으로 고쳤다. 동쪽은 黃州郡 · 鳳山郡 · 殷栗郡, 남쪽은 載寧郡 · 信川郡에 인접하고 있다. 漢四郡 시대에는 昭明縣, 고구려 때는 양악군이라 했다. 1589년(선조 22)에는 縣으로 했다가 1608년(선조 41)에 군이 되었다.

35) 함종(咸從): 평안남도 江西郡에 있는 지명. 원래 고구려 영토인데, 고려 초에 牙善城을 둔 다음 함종으로 고쳐 현령을 두었다. 1721년(경종 1)에 府로 승격되었다.

충청도 관찰사 이홍로(李弘老, 1560~1608)가 올린 장계에 이러한 내용이 보인다.

> "청주 목사(清州牧使) 한백겸의 【백겸은 정사를 공정하게 다스렸으므로 아전들은 두렵게 여기고 백성들은 기뻐하였다. 그가 부임했던 곳에서는 모두 체직된 뒤에도 그를 그리워하였다.】 정장(呈狀)에 '4월 12일 사시(巳時)에 비가 내리기 시작했다. 조금 있다가 우박이 마구 내렸는데 한참 있다가 그쳤다. 양맥(兩麥)과 이앙(移秧)한 올벼와 기장 및 조가 많이 손상되었다.'하였습니다."[36]

안악 현감(安岳縣監)에 제수되어 그곳을 잘 다스려 백성들은 기뻐 따르며 아전들은 두려워하는 강직하면서 자애로운 이상적인 목민관의 모습을 보였다. 그래서 구암이 함종 현령(咸從縣令)에 제수되자 안악의 백성들이 구암을 가지 못하게 막고 하소연하여 결국 조정에서 직질(職秩)만 승진시키고 그대로 다시 임명 하는 일이 일어나기도 했다.[37]

이러한 그의 인간성은 『선조실록』에 기록된 구암의 「졸기(卒記)」에 잘 나타나는데 그 내용은 다음과 같다.

> "전 참의 한백겸(韓百謙)이 졸하였다. 사람됨이 단아하였고 마음가짐이 관대하였다. 어려서 행촌(杏村) 민순(閔純)에게 사사받았는데, 역학(易學)에 정미하였고 예서(禮書)에 더욱 힘을 기울였다. ……

36) "忠淸道觀察使李弘老狀啓, 淸州牧使韓百謙呈稱, 【百謙, 政平公理, 吏畏民悅, 凡百莅任, 皆有去後思.】 四月十二日巳時始雨, 俄而雨雹忽作, 良久乃止. 兩麥及立苗, 早稻黍粟, 多有損傷." (『宣祖實錄』, 宣祖 37年 5月 2日.)

37) 安岳縣監에 제수되었는데, 다스림이 항상 으뜸이었다. 다시 승진되어 咸從縣令에 제수되었는데, 안악의 백성들이 公車를 막고 하소연하니, 職秩만 승진시키고 그대로 잉임하게 하였다. (鄭經世, 『愚伏集』 권18, 「通政大夫戶曹參議韓公墓碣銘」 韓國文集叢刊 68집, 1991, p.326.)

여러 차례 주군(州郡)을 맡았는데 법을 잘 지키는 선량한 관리라고 칭해졌다. 신해년(1611) 파주 목사(坡州牧使)에 제수되었는데 폐조(廢朝, 광해군)의 정치가 어지러움을 보고는 즉시 관직을 버리고 서호(西湖)의 작은 농장으로 돌아가 경전(經典)을 깊이 탐구하다가 이때에 졸한 것이다."[38]

이상의 내용을 통해 백성들을 사랑하고 성실하며 강직한 목민관으로서의 모습을 구체적으로 볼 수 있다.

한백겸이 교유했던 인물들로는 김우옹(金宇顒, 1540~1603), 송선(宋瑄, 1544~1629), 정경세(鄭經世), 정구(鄭逑), 홍가신(洪可臣), 이수광(李睟光, 1563~1628), 오운(吳澐, 1540~1617) 등으로 당색을 초월한 당대의 명유(名儒)들이었다.

동강(東岡) 김우옹의 경우, 한백겸이 청주 목사(淸州牧使)로 있을 때 청주에서 교유 하였는데 그가 죽자 목사로서 직접 장례를 주선해 주었다.[39]

송선은 행촌(幸村) 민순(閔純)에게서 함께 공부한 인연으로 교유하였다. 그는 1576년(선조 9) 유일(遺逸)[40]로 천거되어 선공감역(繕工監役)이 되고 1582년 염근리(廉謹吏)로 발탁되어 사옹원주부(司饔院主簿)를 제수 받고 과천현감과 포천현감을 지냈다.

여이징(呂爾徵, 1588~1656)은 구암(久庵)의 조카사위이자 제자로 구암이 매우 아껴 독서설(讀書說)을 지어 주었다고 한다.[41]

---

38) 前參議韓百謙卒.【百謙字鳴吉, 自號久庵. 爲人端重, 秉心平恕. 少師閔杏村純, 精於易學, …… 屢典州郡, 稱循吏. 辛亥, 拜坡州牧使, 見廢朝政亂, 卽棄官歸西湖小庄, 以書史自娛, 沈潛經籍, 及是卒.】(『光海君日記』 光海君 7年 7月 3日.)

39) 『東岡集』 권 4 「年譜」, 韓國文集叢刊 50집, 1991, p.510. "○十一月, 寢疾。九日, 考終于寓舍. 州牧韓久菴百謙聞訃卽赴, 躬親理喪, 盡禮無憾."

40) 유일(遺逸): 과거를 거치지 않고 높은 관리로 등용될 수 있는 학식이 높은 선비를 말한다.

41) 鄭斗卿(1597~1673), 『東溟集』 제14권 碑碣 「吏曹參判呂公墓碣」

우복(愚伏) 정경세(鄭經世)는 구암을 주역 강관(周易講官)으로 추천하였으며 심의설에 대해 견해를 달리하여 편지를 주고받은 정황이 보인다. 또한 그는 구암의 「묘갈명(墓碣銘)」을 써주었다.

초정(草亭) 박응선(朴應善, 1575~1629)은 구암 보다 20살 이상 어린 데도 불구하고 나이에 구애되지 않고 학문적 벗으로 교류하였다.[42]

다음 글은 충청도 안문 어사(忠淸道按問御史) 성진선(成晉善, 1557~?)의 서계(書啓) 내용이다.

> "신이 주군(州郡)을 자세히 살피고 조사하면서 수령들의 잘잘못 및 불법에 대한 일을 탐문하였습니다. 청주 목사(淸州牧使) 한백겸(韓百謙)은 자상하여 백성을 사랑하고 강직하고 현명하게 다스려, 속리(俗吏)의 겉만 꾸미고 성실하지 않은 작태를 물리쳐 버리고 인정 많고 진실한 정사를 힘써 행하고 있었습니다. 이렇게 문교(文敎)가 퇴폐된 때에 홀로 능히 학교를 흥기시키는 것으로 자기의 할 일이라 여겨 공무에서 물러나온 여가에는 언제나 제생(諸生)과 함께 경의(經義)를 강론하고, 공용의 남은 재물을 덜어내 경적을 널리 구입하여 선비들로 하여금 분발하게 하고 있습니다."[43]

목민관 구암의 모습이 어떠했는지 그려볼 수 있게 해주는 대목이다. 그의 학문은 현실과 유리된 것이 아니라 목민관으로서 전란 후의 백성의 고통을 직접 보고 느끼면서 그것을 개선하기 위해 노력하는 단면을 확인할 수 있다. 이런 바탕에서 훗날 대동법을 시행하는 계기가 되는 「공물변통소(貢物變通疏)」를 올리게 되는데, 지방의 특

42) 초정(草亭) 박응선(朴應善, 1575~1629), 『順菴集』 제22권 「草亭朴先生墓誌銘」

43) ○忠淸道按問御史成晋善書啓: "臣按行州郡, 廉問守令賢否及不法之事爲白乎矣. 淸州牧使韓百謙, 慈祥愛民, 濟以剛明, 斥去俗吏浮華之態, 務行敦實之政. 當此文敎頹廢之時, 獨能以興起學校爲己任, 公退之餘, 每與諸生, 講論經義, 捐出公用餘財, 廣貿經籍, 使士子興起." (『宣祖實錄』 宣祖 38年 4月 16日.)

산물을 나라에 공물로 바치는 제도 때문에 백성들이 당하는 고통을 열거하였다.

그는 상소에서 "만일 지금 변화된 시대에 맞추어 이 제도를 바꾸지 않는다면, 얼마 안가 곧 민심이 붕괴될 것이니, 그 때 가서 아무리 뛰어난 사람이 있더라도 어찌할 도리가 없을 것입니다."[44]라고하며 하루 빨리 서둘러 개혁을 시행할 것을 강력하게 호소하고 있다. 또한 구암이 "신은 호조에 있으면서 부세와 민역을 공평하게 하는 것이 신이 해야만 하는 일이었습니다. 지금 비록 물러나 있어 그동안 직분을 수행할 수 없었지만 구구한 제 마음은 실로 이점을 잊은 적이 없습니다."[45]라고 한 대목에서 '평부균민(平賦均民)'을 실현하고자 했던 그의 강한 의지를 느낄 수 있다.

구암은 공평한 부세와 민역을 위해 이론만이 아닌 구체적인 실현 방안을 제시하였으며 현실적인 민생 해결을 위해 노력하였다. 그리고 그가 이렇게 할 수 있었던 것은 목민관으로 고을에 부임하여 백성을 다스리면서 백성들의 고통을 절실히 공감한 데서 비롯한 것이다. 그의 이와 같은 애민정신을 가장 잘 엿볼 수 있는 것이 바로 '공물변통'이었고, '공물변통'에 대한 그의 주장은 당시 영의정인 이원익의 강력한 지지를 받아 결국은 공물제도를 개선하는 데까지 이르게 되었던 것이다. 이처럼 백성의 고통을 외면하지 않고, 백성의 고통을 해소하기 위해 노력한 실천적 지식인의 글이 비록 당대에는 실현될 수 없었지만 훗날의 변화를 가져 오는 단초가 되었던 것이다.

44) 한백겸, 상게서, p.185. "苟不及此時變而通之, 則土崩瓦解之勢, 行將立至, 雖有善者, 亦無如之何矣."

45) 한백겸, 상게서, p.187. "臣待罪地部, 平賦均民, 實臣之所當事. 今雖退屏, 不得終始奉職, 而區區一念, 實未嘗忘乎此也."

2) 한백겸의 학문 태도

한백겸의 관심 분야는 지리, 예학(禮學), 상수학(象數學), 역학(易學), 역사(歷史) 등 다양했으며 기존 견해에 구애받지 않고 자신의 독창적인 설을 내세웠으며, 실증적이고 비판적이었다.

이식(李植, 1584~1647)은 「구암유고서(久菴遺稿序)」에서 "오직 상수(象數)의 변화와 제도의 마땅함에 대해 철저하게 연구하면서도 이전의 학설에 얽매이지 않았다."[46]라고 하였다.

그리고 정경세는 「묘갈명(墓碣銘)」에서 이렇게 언급하고 있다.

> "전에 공이 말하기를 '육경(六經)의 내용이 주(註)와 소(疏)에 가려지면 점점 근본 의미를 잃게 되니, 글을 읽는 자들은 (주나 소에) 지나치게 빠져들어서는 안 되며, 자신의 뜻과 맞지 않는 점이 있으면 비록 선현의 견해라고 해도 생각 없이 동조해서는 안 된다.'라고 한 것은 …… 전 시대의 사람들이 말하고 싶어도 말하지 못한 것을 제대로 드러내어 말한 것이니, 세교(世敎)에 공이 크다고 하겠다."[47]

서인과 남인의 학문을 대표하는 이식과 정경세가 당시의 일반적인 견해를 벗어난 한백겸 학문의 독자성을 인정했다는 사실은, 17세기 전반만 하더라도 다양한 성격의 학문이 공존하며 서로를 인정했다는 것을 의미한다.[48]

그는 학문적 관심대상이나 연구방법을 종래 주자 학자들과 사뭇 달리하였다. 구암은 경전(經傳)의 이해방식에서 주소(註疏)에 가려져

---

46) 이식, 「久菴遺稿序」, 『久菴遺稿』, p.157. "象數之變、制度之宜, 硏究極深, 有不泥於前說者."

47) 정경세, 「通政大夫戶曹參議韓公墓碣銘」 『우복집』 권18, p.326. "嘗謂六經文字爲註疏所掩, 寖失本旨, 讀者不可太泥, 於心有所未安, 則雖先賢所論, 亦不苟同. …… 眞所謂發前人所未發, 而有功於世敎者大矣."

48) 高英津, 「17세기 초 예학의 새로운 흐름」, 韓國學報, 1992, p.106~107.

본지(本旨)를 잘못 알기 쉬운 폐단을 경계하고, 의문이 생기는 부분은 비록 선현의 견해라도 구애받지 말 것을 강조했다고 한다. 사물·문헌연구에서 분석·종합과 추론을 바탕으로 고증이나 비판에 철저했다는 것이다. 기존의 권위를 묵수하지 않을 뿐만 아니라 자가(自家)의 견해라고 해서 고집하지 않는 실증적·객관적 태도라고 할 수 있겠는데 아마 이것이 주자학을 맹목 존신하는 속류 관인이나 학자들과 크게 다른 점이었을 것이다.[49)]

한백겸의 실증적이고 비판적인 학문 태도는「동사찬요후서(東史纂要後序)」에서 잘 나타난다. 오운(吳澐, 1540~1617)이 지은『동사찬요』의 서문으로 기존의 최치원(崔致遠, 857~?)과 권근(權近, 1352~1409)의 삼한(三韓)과 사군(四郡)의 위치에 대한 잘못된 인식을 비판하고 자신의 견해를 여러 역사서의 기록을 바탕으로 논증하며 논리적으로 펴나간 뒤에, 다음과 같이 말하였다.

> "후대에 읽는 자들이 항상 요즘 사람들이 예전 사람만 못하다고 하면서 무조건 신봉하려고만 하고 전혀 의심하지 않으니 이 또한 잘못이다."[50)]

즉 성현들의 학실을 비판 없이 그대로 받아 들여서는 안 된다는 것이 구암의 생각이다.

16세기 말엽의 조선사회는 각종 제도·법령의 폐단과 지배층의 과도한 농민수탈로 야기된 내부 모순으로 집권체제의 위기상황을 맞이하고 있었다. 이는 14세기 말의 왕조교체로 일단 안정 국면을 실

49) 김준석,「조선중기 사회와 문화」,『한국사』31권, 국사편찬위원회, 1998, p. 354.

50) 한백겸, 상게서, p.176. "後之覽者, 每以古今人不相及, 必欲奉信, 而不敢疑, 其亦過矣."

현했던 사회질서가 이 시기를 경과하면서 다시 동요하기 시작한 때문이었다. 요컨대 임진왜란과 그 수습과정에서 겪은 두 차례의 호란(胡亂)은 16세기 이래의 사회변동과 구조적인 모순을 한층 증폭시켰다. 그리고 이 무렵의 양심적인 관인 · 식자들 일각에서는 이러한 사회 · 국가적 위기상황을 직시하면서 이에 대한 타개 방안들을 제기하게 되었다.[51]

한백겸의 문제의식은 기전(箕田)에 대한 관심에서도 나타난다. 한백겸은 정전제(井田制)가 실제로 행해졌던 제도임을 입증하고, 정전제의 이념인 '경작하는 자가 토지를 소유한다.[耕者有田]'는 원칙에 입각한 토지제도 개혁의 역사적이고 이론적인 근거를 마련하는 데 있었다.

16세기에 토지소유의 불균형이 심각한 지경에 이르자, 일부 논자들은 토지소유를 제한하는 균전론(均田論)과 한전론(限田論)을 제기하며 토지제도의 시원으로 맹자(孟子)가 주장한 '정전설(井田說)'과 기자가 평양에서 실행했다는 '정전(井田)'에 주목하였다. 또 주자학의 이해가 깊어지면서 주자로부터 전거(典據)를 찾으려는 경향이 더해갔고, 토지문제에 대한 주자의 본의를 확인하려는 시도 역시 활발해졌으며, 임진왜란과 병자호란으로 '국가재조(國家再造)'라는 문제가 떠오르면서 더욱 그러하였다. 한백겸의 기전론은 바로 이 무렵에 제기된 것이다.

주자는 정전제를 성왕(聖王)의 이상적인 법으로는 공감하면서도 정전의 실재나 토지제도의 전면 개혁에는 부정적인 입장이었다. 그러므로 그 당시 기전의 실체 확인은 정전제 원리에 의한 토지제도의 실현 가능성을 인정한 것이며 동시에 주자의 토지론에는 정면 대립하는 논점이 아닐 수 없었다. 조선후기 경제사상 · 개혁사상은 그 핵심문제인 토지제도를 둘러싸고 주자적 입장과 반주자적 입장으로 크

51) 김준석, 상게서, p.349 참조.

게 분립하였던 것이고 반주자적 토지론, 즉 그 뒤 2백여 년 동안 실학의 개혁사상의 기축이었던 토지개혁론은 이렇게 한백겸의 기전론에서 성립하였던 것이다.[52)]

한백겸의 논리는 복잡다단한 현상계의 개별 사안 자체보다는 그 배후의 원인·본질의 문제를 직시하고 근원적인 대안을 찾으려 했던 것으로 보인다. 그의 기전설이 지니는 의의는 바로 이러한 점이다.[53)] 그의 학문은 이론적인 해석에서 머무르는 것이 아니라 실제적으로 적용할 수 있는 것을 추구했던 것이다.

그렇다면 한백겸은 어떻게 성리학적 사유로부터 실학적 사유를 싹틔울 수 있었는가 살펴 볼 필요가 있다. 그 원인은 여러 가지로 생각해볼 수 있는데 다음 3가지로 요약할 수 있겠다.

첫째, 서경덕 학파의 영향을 들 수 있다. 앞서 보았듯이 한백겸과 그의 아버지 한효윤은 모두 서경덕의 제자인 민순과 박민헌에게서 수학하였다. 서경덕 학파의 학풍은 『주역』을 중시하였고, 성리설에 있어 개방적이고 절충적이었다. 예(禮)에 밝았으며, 도가 사상 및 양명학에도 개방적인 입장이었고, 상공업에도 관심을 갖는 등 다양한 모습을 지녔다.[54)] 서경덕의 문인들은 중앙의 최고관료에서 서출에 이르기까지 신분에 있어서도 고하가 망라되었고, 그들의 학문적 관심은 이기설(理氣說), 심성론(心性論) 등 성리설에서부터 역(易), 역법(曆法), 의학(醫學), 점술(占術)에 이르기까지 다양하게 펼쳐진다. 한마디로 서경덕 학풍의 특징은 개방성과 다양성이라 할 수 있다. 그런 학풍을 일정 부분 계승한 한백겸은 사유가 자유로울 수 있었을 것이다.

둘째, 그가 살다간 시대 배경을 생각해 볼 수 있다. 한백겸은 난리를 겪는 과정에서 국토의 중요성을 인식했을 것이고 그것은 역사와

52) 김준석, 상게서, p.355.

53) 상게서, p.355~356.

54) 신병주, 「조선중기 처사형 사림의 학풍연구」, 서울대 박사학위논문, 1999.

강역과의 관계로 관심이 기울었던 것이다. 이런 시대 배경이 한백겸을 역사와 지리를 연관시켜 이해하는 한 계기를 제공했을 것이다.

셋째, 한백겸은 상(喪)을 치르는 오랜 기간 동안에 독서에 전념하면서 자신의 학문적 토대를 구축하게 된다. 곧, 어느 한 스승이나 학파의 일원으로서가 아니라 스스로 공부하고 터득했다. 그런 공부 방식이 그의 사유를 자유롭게 하는 기반이 되었을 것이다.[55]

2. 『구암유고』의 편찬과 구성

『구암유고』는 한백겸의 아들 한흥일(韓興一, 1587~1651)이 부친의 유고(遺稿)를 수습하여 1640년(仁祖 18)에 2권 1책으로 간행한 것이다. 유고의 대부분은 병화(兵火)에 산실(散失)되었고, 옛 문하생(門下生)이 전습(傳習)한 것을 수습한 것이다. 이식(李植, 1584~1647)의 서문에 의하면, "한백겸의 아들 한흥일이 유고(遺稿) 한 권을 자신에게 보이며 '선친의 유고가 이것뿐이 아니겠으나 병화에 일실되었고, 여기 추린 것은 옛 문인들이 전습해 왔던 것으로, 판각(板刻)해서 간행(刊行)하려고 한다.'고 하며, 자신에게 서문을 부탁했다."는 것이다. 『구암유고』는 대략 1640년(仁祖 18) 한흥일이 완산 대윤(完山大尹)으로 있을 때 간행한 듯하다.

『구암유고』는 이본(異本)은 없다. 책의 크기는 반곽(半廓) 17.7×13.7 cm, 반엽(半葉) 24.5×18.1cm이고, 본문 테두리[四周]는 두개의 검은 선을 두른 사주쌍변(四周雙邊)으로, 본문의 각 줄 사이를 나누는 계선(界線)은 9선(線)이며, 1면당 줄[行] 수는 10줄이고, 줄당 글자

55) 황광욱, 『한국 실학 사상사』, 심산 출판사, 2002, p.36~37.

수는 18자이다. 판심(版心, 책장이 접힌 부분)의 어미(魚尾)는 내향이엽화문어미(內向二葉花紋魚尾)이며 판심 상어미(上魚尾) 아래 구암집(久庵集)이라 쓰여 있다.

1831년(순조 31)에 간행된 『강원도읍지(江原道邑誌)』[56]에 "영원사는 치악산 기슭에 있는데 원주에서 동쪽으로 30리 거리이며, 한백겸의 구암집 판본이 있다. [鴒原寺, 在雉岳山麓, 距州東三十里. 韓久菴集板有之.]"라는 기록이 보인다.

그림 1. 『久菴遺稿』 표지(奎4670).

그림 2. 『久菴遺稿』 본문(奎4670).

내용은 맨 앞에 이식의 서문이 있고, 상권에는 「기전유제설(箕田遺制說)」, 「기전도(箕田圖)」, 「기전도설발(箕田圖說跋)」, 「기전도설후

56) 서울대학교규장각, 『강원도읍지(江原道邑誌)』 권4, 1997, p.603.

어(箕田圖說後語)」, 「심의설(深衣說)」, 「속임구변(續衽鉤邊)」, 「곡겁(曲袷)」, 「거(袪)」, 「준(純)」, 「부승(負繩)」, 「대대(大帶)」, 「심의도(深衣圖)」, 「사단칠정에 대하여[四端七情說]」, 「사단칠정도(四端七情圖)」, 「『역학계몽』의 시초(蓍草)로 점치는 법에 대한 논변[啓蒙揲蓍辨]」, 「빈풍과 금등에 대하여[豳風金縢說]」, 「『서경(書經)』의 「다방(多方)」편에 대한 논변[讀多方解]」, 「회재논태극도후발(晦齋論太極圖後跋)」, 「동사찬요후서(東史纂要後序)」, 「『음부경』 뒤에 적다[題陰符經後]」 등이 실려 있다. 하권에는 「호조참의사직소(戶曹參議辭職疏)」, 「공물변통소(貢物變通疏)」, 「안무사사직소(安撫使辭職疏)」 등과 행장(行狀)으로 「증의정부영의정부군행장(贈議政府領議政府君行狀)」 등 4편이 실려 있지만, 편지글이나 시가 전혀 없어 작품을 이해하는 데 제한적이라는 단점이 있다.

「기전유제설」은, 1607년(선조 40) 아우 한준겸이 평안도 관찰사로 평양(平壤)에 부임하였을 때, 구암이 평양에 들렀다가 기자가 정전을 실행했던 유직이 실제로 있는 것을 확인하고 직접 전자(田字) 형태의 밭을 실측 조사한 다음, 기자의 정전이 확실하다고 주장하는 내용이다.

「기전도」는 함구문(含毬門, 평양 외성 남문)과 정양문(正陽門, 평양 내성 남문) 사이에 가로 세로 4개의 밭이 전(田)자 모양으로 있는 모습을 그려놓았고, 9무(畝) 정도나 되는 큰길이 성문에서 영귀정(永歸亭) 나루까지 나있는 모습과 주변에 여전(餘田)이 있는 모습을 그려놓았다.

「기전도발」은 유근(柳根, 1549~1627)이 「기전유제설」과 「기전도」를 읽고 구암의 견해를 지지하며 쓴 발문으로, 「기전유제설」에 기자가 실행한 정전의 한 구역이 70무(畝)라고 한 것과 『맹자(孟子)』에 '은나라는 70무로 조법을 실시했다. [殷人七十畝]'는 내용이 일치한다고 하였다. 그리고 한유(韓愈)가 「석고가(石鼓歌)」에서 공자가 평생 여러 나라를 주유하였으나 석고(石鼓, 돌로 만든 북)가 있는 진(秦)나라에는 가보지 못한 것을 아쉬워했듯이, 주자가 평양에 가서 기자가 만들고 실행했던 정전의 유적을 보았다면 정전제에 대해 쉽게 이해했을 것이라며, 구암의 이론에 확신에 찬 지지를 보였다.

「기전도설후어」는 허성(許筬, 1548~1612)이 지은 것으로, 구암이 평생 독서하고 궁리하더니 남들은 알고도 그냥 지나치던 곳을 찾아가 직접 실측해서 은나라에서 온 기자가 정전을 실행한 유적임을 입증한 것을 칭찬하였다. 그리고 「기전도」는 판각해서 관부에 걸어두어 후세에도 길이 전해야 하며, 중국에서는 전해지지 않는 은나라의 전제가 바로 우리나라에 아직까지 보존되었다는 점에 자부심을 표현하였다.

「심의설(深衣說)」, 「속임구변(續衽鉤邊)」, 「곡겁(曲袷)」, 「거(袪)」, 「준(純)」, 「부승(負繩)」, 「대대(大帶)」, 「심의도(深衣圖)」는 심의(深衣) 제도에 관한 내용이다.

「심의설」은 심의(深衣) 제도는 잘못 해석한 주(註)와 소(疏) 즉 주석(註釋) 때문에 학자들이 경문(經文)의 근본 의미를 제대로 이해하지 못한다고 주장하고, 주석을 뺀 경전의 문구만을 연구하여 구암만의 '방령 심의설'을 창안하였다. 이 「심의설」은 당시는 물론 후대까지 격론의 파장을 일으켰지만, 이 새로운 양식의 심의는 후대 유학자들이 널리 착용하였다.

「속임구변」은 당시 논란이 되었던 '속임구변(續衽鉤邊)'이란 어구에 대한 해설이다 『의례(儀禮)』, 「상복(喪服)」편을 근거로 '임(衽)'이 옷 앞의 양면 섶[襟]이라고 보고, 웃옷과 치마가 한데 연결되어 양 섶이 나란히 맞닿아 연결되어 있는 것을 '속임(續衽)'이라고 해석하였다. 이는 이전의 다른 유학자들에게서는 찾아볼 수 없는 독특한 것이었다. 또한 '구변(鉤邊)'은 지금의 단추 종류인 돌마기[結紐]를 양쪽 섶이 벌어지지 않도록 달아놓은 것이라고 하였다.

「곡겁」은 『예기』, 「심의」에 '곡겁(曲袷)은 옷깃을 곱자 모양인 직각으로 방을 상징한다.[曲袷如矩以應方]'라고 한 구절을 근거로 곡겁의 의미를 논증한 글이다. 구암은 옷 제도가 양쪽의 옷깃을 교차한 뒤에야 모가 나는 것이 아니라 본래 모가 난 것으로 해석하여 그가 방령(方領) 양식의 심의를 만들게 된 근거를 보여 주고 있다.

「거」는 심의가운데 소맷부리[袖口]에 대한 고증으로 『예기』, 「단궁(檀弓)」편과 『시경(詩經)』의 「국풍(國風)」, 「당풍(唐風)」, 「고구(羔裘)」편 등에 언급된 내용을 바탕으로 하여 명칭을 고증하였다.

「준」은 소맷부리와 치마 밑단[裳邊]에 두르는 선[純]에 대해 『예기』와 『설문해자』를 통해 고증하였다.

「부승」은 『예기』, 「심의」편에 '심의의 등솔기인 부승이 발의 복사뼈[踝]에 이르니 곧음[直]을 상징한다.[負繩及踝以應直]'는 구절에 대한 설명이다. 윗옷의 등솔기와 치마의 등솔기가 먹줄로 튕긴 듯이 위에서 아래로 곧게 내려갔기 때문에 부승이라는 것이다.

「심의도」 구암의 심의설을 바탕으로 그린 심의의 모습으로, 목둘레는 네모반듯하고, 옷섶이 맞닿는 부분에는 4개의 단추모양 달마기가 달려있다. 목둘레와 소매둘레의 치수도 기재해 놓았다.

「사단칠정에 대하여[四端七情說]」 및 「사단칠정도」는 한백겸의 성리설을 볼 수 있는 내용이다. 이황의 성리설이 주자의 뜻에 부합한다고 보았다. 이황과 이이의 설을 절충하면서 '칠정(七情)의 각 정 하나하나에 사단(四端)이 내포되어 있다'는 나름의 독창적인 의견을 펼치고 있다. 특히 그는 인의예지신 오상(五常)을 목, 화, 금, 수, 토 오행에 대비하고, 간(肝), 심(心), 폐(肺), 신(腎), 비장(脾臟)의 오장을 칠정(七情)과 오행(五行)에 대비하여 설명하고 도해를 만들었다. 동서남북(東西南北), 음양(陰陽) 등과 아울러 간, 심, 폐, 신, 비장 등에 비견하였으며 이것을 사단(四端)에 연결시키고 있다.

「『역학계몽』의 시초로 점치는 법에 대한 논변[啓蒙揲蓍辨]」은 『역학계몽』의 시초로 점치는 법[揲蓍法]에 대한 것으로 1609년 저자 나이 58세에 지은 글이다. 정자(程子)와 장재(張載, 1020~1077) 및 주자의 견해를 인용하여 소옹(邵雍, 1011~1077)의 견해를 비판하면서 시초(蓍草)를 가지고 점치는 법에 관한 의문점을 7가지로 정리하여 제시하였다. 여기서 한백겸은 의문 나는 것을 분명히 하지 않는 것은 스스로를 속이는 일이요, 글을 읽는 방법에도 어긋나며, 주자 또한 깊이 경계했기 때문에 자신의 의문점을 기록해 둔다고 하였다.

「빈풍과 금등에 대하여[豳風金縢說]」는 『시경』, 「공유(公劉)」편에 실려야하는 「칠월(七月)」, 「치효(鴟梟)」, 「동산(東山)」편이 「빈풍(豳風)」편에 수록된 이유에 대한 자신의 견해를 밝히고, 『서경(書經)』의 「금등(金縢)」편에선 주공(周公)이 동쪽을 정벌한 전후[東征前後]의 사적에 대한 자신의 견해를 밝혔다.

「『서경(書經)』, 「다방(多方)」편에 대한 논변[讀多方解]」은 『서경』, 「다방」편 가운데 "지금 너희들이 주나라의 신하로서 감독(監督)의 직분을 다한 지가 5년이 되었다."라는 구절에서 5년이라는 햇수에 대한 여러 학자들의 해석상 오류를 시정하고자 했다. 한백겸의 견해는 무왕이 은을 정벌한 뒤 5년 만에 왕위에 올라 여러 지방[多方]을 제후국으로 삼은 것을 비롯하여 무왕이 왕위에 오른 지 2년 만에 죽고 성왕의 3년을 합치면 5년이 된다고 하였으며, 성호 이익은 이치가 있다고 평가하였다.[57)]

「회재가 논변한 태극도에 대한 발문[晦齋論太極圖後跋]」은 회재(晦齋) 이언적(李彦迪, 1499~1553)의 손자 이준(李浚, 1540~1623)의 부탁으로 써준 발문이다. 이언적은 이기설의 근원을 밝히고, 천도와 인도를 절묘하게 합치시켰다는 점에서 우리나라 이학의 시조로 보고 있다.

---

57) 李瀷, 『星湖僿說』 제18권 「經史門」 "獨其多方解一, 篇最有理."

「『동사찬요』 후서(東史纂要後敍)」는 1613년(광해 5) 저자 나이 62세에 지은 글로 영남(嶺南)의 학자 오운(吳澐, 1540~1617)이 지은 『동사찬요』의 서문이다. 『동사찬요』에서 오운이 기록한 삼한의 위치가 삼한과 한사군이 설치된 지역은 별개였음을 주장한 글이다. 역사서를 비교하여 객관적인 태도로 삼한(三韓)에 대한 위치를 고증하면서 이후 정설이 된 삼한설을 소개하였다.

「『음부경』 뒤에 적다[題陰符經後]」는 1614년(광해 6) 한백겸이 63세에 지은 글로 김형길(金亨吉, 1548~1631)과 『음부경』에 관한 대화를 계기로 『음부경』의 작자에 대해 논증한 글이다. 이전부터 『음부경』을 지은 작자에 대해 논란이 많았지만, 이전(李筌)의 위작임을 주장하는 주자의 설이 주류였다. 그럼에도 한백겸은 자신이 『음부경』을 읽어본 결과 내용상으로 봤을 때 이전이 위작한 것이 아닐 수도 있다는 의견을 제시하였다.

「밀물과 썰물에 대한 논변[潮汐辨]」은 밀물과 썰물의 이치와 현상을 풀이한 글이다. 밀물과 썰물의 현상을 사람 몸에 빗대어, 대지의 상하 작용이나 달의 움직임에 따라 발생하는 것이 아니라 숨을 내쉬면 피가 상승하고 숨을 들이쉬면 피가 하강하는 인체의 호흡과 피의 움직임처럼, 대지도 호흡하기 때문이라고 보았다. 특히 밀물과 썰물에 대한 중국의 학설이 부정확하다고 보는 한편 우리나라 동해에선 밀물과 썰물의 현상이 일어나지 않는 원인이 무엇인지 알아내고자 했다.

「나무를 접붙이는 것에 대하여[接木說]」는 복숭아나무에 접붙이기 하는 것만으로도 좋은 꽃과 열매를 맺듯 인간도 아주 작은 것에서부터 바뀔 수 있다는 내용이다. 한백겸은 나무에 접붙이기 하는 원리를 통해 인간도 "악한 생각이 떠오르면 결연히 없애 버리기를 나무의 옛 가지를 잘라버리듯이 하고, 착한 실마리의 싹이 계속 돋아나게 하기를 새 가지로 접붙이듯이 해야 한다."고 하였다. 한백겸은 자연에서 인간의 행동원리를 깨닫고 자신을 경계하기 위해 썼다고 밝히고 있다.

「물이촌(勿移村)에 대한 구암의 기문[勿移村久菴記]」은 1608년(선조 41) 한백겸이 57세에 지은 글이다. 57세 되던 해 여름 구암이 한강 서호(西湖) 근처에 있는 물이촌[58]에 살게 되면서부터 학문을 강하며 노년을 의지할 곳으로 삼았다. 원래 마을 이름은 수이촌(水伊村)인데 '수(水)'를 한글 음인 '물(勿)'로 바꾸는 재치를 발휘하여 '물이촌(勿移村)'이라 바꾸고는 '물이(勿移)'의 의미를 바뀌지 않는 것이 오래갈 수 있는 방도라고 풀이하였으며,[59] 마을 주변의 아름다운 풍광을 서술하였다.

「비단 건립을 제안하는 글[碑壇立議序]」은 1605년(선조 38) 한백겸이 54세에 지은 글이다. 구암은 1604년(선조 37) 청주 목사로 부임하여 청주에 있는 조상의 유적지를 찾고, 다음해인 1605년(선조 38) 비단의 건립을 문중에 제의한다. 자손의 몸은 바로 선조의 정기이고, 자손이 모이면 선조의 정령이 함께 한다는 생각에, 비조(鼻祖)의 유적지를 찾아 단(壇)을 쌓고 사당을 세워 해마다 제를 올려 동족의 친밀함을 유지하자는 내용이다. 또한 한백겸은 이 글에서 한씨 가문뿐만이 아니라 다른 가문들도 이러한 뜻으로 마음을 모으면 국맥을 유지할 수 있다고 주장하며 개인적 차원의 의미를 범국가적 의미로 확장하였다.

「중국으로 사신 가는 지봉 이윤경공을 전별하는 글[送芝峯李潤卿

58) 물이촌: 마포구 상암동, 성산동과 은평구 수색동에 걸쳐 있던 마을로서 장마 때면 한강물이 이곳 앞까지 온데서 마을 이름이 유래되었다. 수색동 앞 넓은 들 건너 마을인 154~163번지 일대이다. 물위치 · 물이치 · 수색 · 수상리 · 수생리 · 수상 · 물이촌 · 수이촌 · 물위치수상리라고도 하였다. (서울특별시사편찬위원회, 『서울지명사전』, 2009, p.299.)

59) 『新增東國輿地勝覽』 漢城府 조에 구암과 관련한 내용이 보인다.
"久庵 韓百謙이 수생리에 살았는데, 서재를 넓히고 학문을 강의하였다. 드디어 마을이름을 고쳐서, 勿移村이라 하고, 기문을 지어서 생각하는 바를 표시하였다." (『신증동국여지승람』, 「漢城府 【부방】조 제3권 비고편, 동국여지비고 제2편」 참조.)

令公朝京序]」은 이수광이 중국에 가게 되자[60] 써준 글로, 구암의 문장에 대한 생각을 엿볼 수 있는 글이다. 구암은 수·당 시대의 율시나 변려문 등의 질박하지 않은 문장은 수준이 떨어지는 것으로 보았으며 고문운동을 한 한유를 높게 평가하였다. 주자(周子)와 이정자(二程子), 장자(張子), 주자(朱子)의 문장은 일상생활에 도움이 되는 치세의 문장이라고 품평하였다.

「반시당에 대한 기문[返始堂記]」은 한 씨의 시조인 고려(高麗) 태위공(太尉公)이 처음 터를 잡았던 청주(淸州)에 반시당(返始堂)을 짓고 그에 대한 과정과 의미에 대해 기록한 기문(記文)이다. '반시(返始)'의 의미는 개인적으로는 구암 자신이 본향으로 돌아왔다는 것이고, 보편적으로는 사람들이 본래 타고난 본성을 회복한다는 이중적인 의미를 내포하고 있다.

「『역학계몽(易學啓蒙)』 괘변도(卦變圖) 발문[啓蒙卦變圖跋]」은 「계몽괘변도」를 판각할 때 써준 발문이다. 구암은 허성(許筬, 1548~1612)이 『역학계몽』 괘변도를 보기 좋게 수정한 것을 보고 이광윤(李光胤, 1564~1637)[61]에게 이것을 정리하여 판각해서 역을 배우려는 사람들과 공유하자고 했다.

하권은 상소(上疏)와 전기(傳記) 자료인데, 「안무사사직소」, 「호조참의사직소」와 공물폐단 구제책을 제시한 장문의 상소인 「공물변

60) 이수광은 1590년(28세) 성절사 서장관으로 첫 번째 연행을 가고, 1597년(35세)에 명의 궁전이 불에 타 진위사로 연경에 간다. 그 후 1611년(49세)에 세자관복을 추정하는 일로 세 번째 연경에 다녀온다. (김원준, 『지봉이수광의 삶, 그 시적 변주』, 태학사, 2013.)
구암이 글을 쓴 시기가 명확하지 않아 언제 사행 갈 때 써 준 글인지는 알 수 없다.

61) 이광윤(李光胤, 1564~1637): 본관은 慶州, 자는 克休, 호는 讓西. 아버지는 진사 李潛이며, 어머니는 從仕郎 姜應淸의 따님. 그는 초서를 잘 썼으며, 1594년(선조 27) 별시문과에 병과로 급제하여 호조 좌랑과 서천 군수 및 부제학을 지냈다.

통소」가 있다. 그리고 구암의 조부인 한여필(韓汝弼)의 행장과 이지남(李至男)의 행장, 이지남의 처 유인 정씨 행장이 있으며 마지막으로 홍적(洪迪)의 행장이 실려 있다.

「호조 참의를 사직하며 올리는 상소[戶曹參議辭職疏]」는 구암이 1607년(선조 40) 호조 참의에 제수된 이듬해인 1608년(선조 41) 평안도 관찰사인 동생 한준겸이 평양에 모시고 계신 노모의 병이 위중해져 병구완을 해야만 한다는 이유로 사직을 청하는 내용이다.

「공물변통소(貢物變通疏)」는 1608년(선조 41) 호조 참의 사직을 청하는 상소를 올리면서 호조 참의로서의 책임감을 가지고 민생의 절대 현안인 부세 문제에 대한 자신의 생각을 쓴 글이다.

「안무사(安撫使)를 사직하는 상소[安撫使辭職疏]」는 1610년(광해 2) 한백겸이 59세에 지은 글로, 안무사에 제수되었으나 상복을 벗은 지 얼마 되지 않았고, 앓고 있는 병도 있어 공무를 집행 할 수 없다며 사직을 청하는 상소이다.

「선조 통훈대부 문천군수 증 영의정부군 행장」은 구암의 조부인 한여필(韓汝弼, 1505~1571)의 행장이다.

「영응(永膺) 이 선생(李先生)의 행장(行狀)」은 효행으로 정표를 받은 이지남(李至男)의 학문과 효행을 기록한 행장으로, 『대동기문』에서도 그의 효행과 관련된 이야기를 전하고 있다.

「유인 정씨 행장(孺人鄭氏行狀)」은 정렬(貞烈)로 정표를 받은 이지남의 처 유인 정씨(鄭氏)의 행력을 기록한 행장이다.

「하의 홍적의 행장[洪荷衣行狀]」은 매제(妹弟) 홍적(洪迪, 1549~1591)의 행장이다. 어려서부터 시문에 뛰어나 아계(鵝溪) 이산해(李山海, 1539~1609)와 송강(松江) 정철(鄭澈, 1536~1593)에게 인정을 받았고, 퇴계 이황과 소재(蘇齋) 노수신(盧守愼, 1515~1590)에게서 배웠다. 혼례 풍습에 변화를 주어 새롭게 시행하였고 행서와 초서에 능하였다.

제3장 『구암유고』의 내용적 특징

『구암유고』는 시문(詩文)이 전혀 없고 전체가 산문으로만 구성되어 간략하지만 학문적 관심의 폭이 넓어서 내용이 매우 다양하다. 구암은 아버지와 외할머니의 상을 연이어 당하면서 그 기간 동안 여러 경서에 대한 심도 있는 분석과 사색을 통해 학문적 도약을 이룬 것으로 보인다. 이러한 시간을 통해 그는 나름의 독창적인 견해와 비판적인 안목을 지닐 수 있었으며, 또한 객관적인 태도로 자신의 사고를 정리하고 역사적 기록을 통해 실증하는 구체적 방법으로 자신의 이론을 완성해갔다.

한백겸의 문장 속에 나타나는 독창성과 비판적 태도는 당대는 물론 후대 학자들에게 까지 커다란 영향을 끼치고, 학문에 대한 실증적인 자세는 새로운 제도를 만들어내기도 하는데, 이러한 예는 한백겸의 문집 곳곳에서 볼 수 있다. 그중 특히 주목해야 할 작품이, 「기전유제설」, 「심의설」, 「공물변통소」 등 3가지이다. 3가지 작품 하나하나의 특징을 분석해보면 다음과 같다.

1. 「기전유제설(箕田遺制說)」의 특징과 후대에 끼친 영향

구암이 평양성 밖에서 기자정전(箕子井田)을 발견하고 그것을 직접 측량하고 정리하여 쓴 「기전유제설」은 조선의 성리학자들에게 조선에서도 정전법을 시행할 수 있다는 믿음을 주었다. 이 정전은 17세기 후반 대표적 경세 사상가인 유형원(柳馨遠, 1622~1673)이 농본주의 개혁을 주장하는 데 큰 영향을 끼쳤다. 유형원의 실천적 개혁사상은 18세기에 들어와 이익(李瀷, 1681~1763)을 통해 계승되었으며 이익은 유형원의 실학적 전통을 박지원(朴趾源, 1737~1805)과 19세기 초 정약용(丁若鏞, 1762~1836) 등에게 물려주는 가교 역할을 했다.[62] 구암의 「기전유제설」이 나오기 전까지 조선의 성리학자들은 기자의 정전에 대해 어떤 인식을 가졌는지, 「기전유제설」의 특징은 무엇이고, 후대에 끼친 영향은 어떠하였는지 살펴보고자 한다.

1) 기자정전에 대한 역대 인식

기자가 실행했다는 정전에 대한 기록을 역사서에서 살펴보면 김부식은 『삼국사기』에서 "기자가 주(周)나라의 봉함을 받으면서 우리나라에 8조(條)의 교화(敎化)를 시행하고 정전법(井田法)을 행하게 되었다."[63]라고 서술하였다. 그리고 『고려사』 지리지 「서경유수(西京留守)」편에는 "평양에는 2개의 옛 성터 (그 하나는 기자(箕子) 때에 쌓은 것으로서 성안을 구역으로 구분하여 정전제(井田制)를 실시하였으며 다른 하나는 고려 성종 때에 쌓은 것이다.)와 기자묘(箕子墓, 부

62) 오호성, 「農本主義 思想의 構造와 根源」, 농업사연구 제 6권 2호, 한국농업사학회, 2007, p.14~19 참조.

63) 金富軾 『三國史記』 "我國自箕子受周封, 興八條之敎, 行井田法."

성[府城]북쪽 토산[兎山]에 있다.)가 있다."[64]라고 밝히고 있다.

또 『세종실록』, 「지리지」 평안도 항목에 "옛 성터가 둘 있으니, 하나는 기자(箕子) 때 쌓은 것으로, 둘레가 6천 7백 67보이며, 성안을 구획(區劃)하여 8가구가 함께 정전을 경작[八家同井]하였으며, 다른 하나는 고려 성종(成宗) 때 쌓은 것으로, 지름이 9백 44보이다."라고 기록되어 있다.[65]

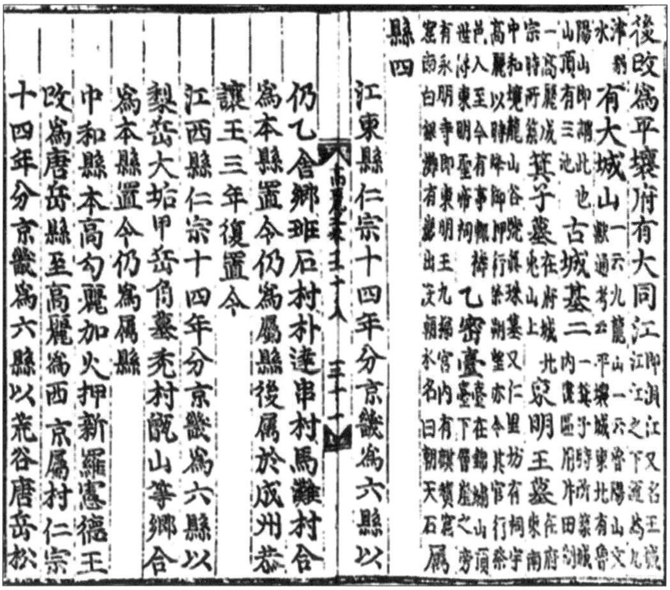
後改爲平壤府有大同江
有大城山
古城基二
箕子墓
乙密臺
屬
縣四
江東縣仁宗十四年分京畿爲六縣以
仍乙舍鄉班石村朴達串村馬灘村合
爲本縣置令仍爲屬縣後屬於成州恭
讓王三年復置令
江西縣仁宗十四年分京畿爲六縣以
梨岳大垢甲岳角墓禿村甑山等鄉合
爲本縣置令仍爲屬縣
中和縣本高句麗加火押新羅憲德王
改爲唐岳縣至高麗爲西京屬村仁宗
十四年分京畿爲六縣以荒谷唐岳松

그림 3.「西京留守」.

64) 『高麗史』 제58권 「地理志」, 전국지리지, 한국문헌연구소, 1983, p.90. "西京留守 …… 古城基二[一箕子時所築城, 內畫區用井田制, 一高麗成宗時所築]箕子墓[在府城北兎山上]"

65) 『世宗實錄』 권154 「地理誌」, 경문사, 1974, p.292~293. "周回四千八十八步, 本朝太宗九年己丑修築. 古城基有一二, 箕子時所築, 周回六千七百六十七步. 城內畫區, 八家同井. 一高麗成宗時所築, 經九百四十四步."

『世宗實錄』, 「地理誌」는 1454년(단종 2)에 완성되었다. 편의상 『세종실록』이라 부르는 163권 154책 가운데 지리지는 권148~155의 8권 8책에 해당하며, 328개 군현의 地志가 기록되어 있다.

성종 때 간행된 『신증동국여지승람(新增東國輿地勝覽)』[66]의 「평양 고적(平壤 古蹟)」 부분에 "외성 안에는 기자의 정전유적이 뚜렷하게 남아있다.[在外城內, 箕子井田遺跡宛然.]"라는 내용이 있다. 또 같은 책 「평양의 경관(景觀)」 조에 성종 때(1488년, 성종 19) 사신으로 왔던 동월(董越, 1430~1502)이 임무를 마치고 귀국하는 길에 평안도 관찰사 성현(成俔, 1439~1504)의 안내로 기자의 유적을 찾아보고 풍월루(風月樓)에 올랐다는 기록이 있다.[67] 이를 통해 중국의 사신이 왔을 때에도 기자의 정전을 소개할 정도로 가치가 있는 중요한 유적으로 인식되고 있음을 알 수 있다. 윤두수(尹斗壽, 1533~1601)가 편찬한 『평양지(平壤誌)』[68]에는 "정전은 외성에 있다. 기자가 정전(井田)을 구획하였는데 유적이 뚜렷하게 남아있다."[69]라는 기록이 보인다. 『평양지』에는 기자묘와 기자를 모신 사당, 기자의 정전에 대해

66) 李荇, 尹殷輔, 申公濟, 洪彦弼, 李思鈞 등이 중종의 명에 따라 1530년(중종 25)에 『東國輿地勝覽』을 새로 증보하여 만든 조선 전기의 전국 지리지이다. 55권 25책으로 구성되어 있는 목활자본이다. 원래의 『동국여지승람』은 1481년 50권으로 완성했다. 이 책은 1485년 김종직 등에 의해, 1499년 임사홍, 성현 등에 의해 2차에 걸쳐 교정과 보충이 이루어졌고 중종대에 새로 증보하였다. 이 책은 조선 전기의 사회와 지역 사정을 종합적으로 정리한 조선 전기 지리지의 집성편이다. 규장각 등에 소장되어 있다.

67) 『신증동국여지승람』, 경문사, 1978, p.934.

68) 9권 2책. 목판본. 현재 남아있는 『평양지』는 1590년에 윤두수가 평안도 관찰사겸 평양부윤으로 부임하여 편찬한 평양지가 들어있고, 제5책에서 9책까지는 후손 尹游(1764~1737)가 1727년에 부윤으로 부임하여 편찬한 『續平壤志』가 속편으로, 마지막 제10책은 후속편으로 1855년에 증보된 것이 들어있다. 책의 앞부분에 평양성 안을 중심으로 그린 「平壤官府圖」, 평양의 행정구역 전체를 그린 「平壤幅員摠圖」 등 2종의 지도가 실려 있어, 임진왜란 이전의 평양성 안의 건물 배치 등을 보여준다. 이 책은 임진왜란 이전에 편찬된 읍지 중 원본이 전하는 유일한 책으로서 초기의 읍지 편찬 양식을 전하고 있으며, 그 후 평안도지방에서 편찬된 읍지들의 모범이 되었던 점에서 의의가 크다. 규장각에 소장되어 있다.(윤두수 찬, 『평양지』, 『조선시대 사찬읍지』 45, 한국인문과학원, 1990, p.3 참조.)

69) 윤두수 찬, 상게서, p.94. "井田在外城, 箕子區劃井田, 遺跡宛然."

읊은 시가 여러 편 수록되어 있는데, 그 중 익제 이재현의 후손 이사균(李思鈞, 1471~1536)[70]이 지은 「정전유제(井田遺制)」라는 시의 내용은 다음과 같다. "가로세로로 나누인 남쪽 성곽의 밭두둑이 정전에 맞게 구획되었으니, 평양의 백성들은 지금도 여전히 은대(殷代)의 유풍을 알겠구나."[71] 작자는 정전 유적을 보고 이상 사회인 은나라 때의 풍속이 여전히 평양에 남아 있다는 자부심을 드러내고 있다. 또 『증보문헌비고(增補文獻備考)』[72] 「기자 조선」에 "기자가 평양에 도읍하고 정전을 구획하였다"라고 하고, 『평양지(平壤誌)』를 인용해, "기자 정전의 제도는 3무(畝)와 9무를 기준으로 삼고 나무를 세워 표지(標識)로 삼아 법수(法樹)라고 명명하였는데, 여러 차례 변란을 겪으면서 세워놓은 나무 표지[木標]가 사라졌다. 이에 인조(仁祖)가 1631년(인조 9) 구획을 고쳐 바로잡고 네 모퉁이에 돌을 세워 경계를 한정하였다."라 하고 구암의 「기전유제설」 일부를 기재하고 있다.[73]

이러한 역사서 기록 이외에 문집에도 기자에 대한 내용이 기록되어 있다. 김시습(金時習, 1435~1493)은 기자가 동쪽으로 와서 천하의 모범인 홍범 8조와 주공의 주례(周禮)로 백성을 교화하였고 성곽 밖에는 지금까지 기자 정전의 유적이 남아있다는 내용의 「기자찬(箕子

70) 이사균(李思鈞, 1471~1536)의 자는 重卿, 호는 訥軒이다. 1498년(연산 4)에 문과에 급제, 1509년(중종 4) 교리를 거쳐 장악원정 우승지에 이르고 1513년(중종 8) 도승지가 되고 1517년(중종 12) 공조, 형조참의 때에 주청사로 명나라에 다녀왔다. 한 때 조광조의 일파로 몰리어 좌천되었으나 이조 판서 · 참찬으로 승진되고 지중추부사에 이르렀다. 시호는 文剛이고 『訥軒集』이 있다.

71) 윤두수 찬, 상게서, p.342. "南郭分阡陌, 區劃井田中, 至今平壤民, 猶識商家風."

72) 『증보문헌비고(增補文獻備考)』: 조선 말기 당시의 문물제도를 분류하여 정리해 놓은 일종의 백과사전으로, 18세기말의 『增訂東國文獻備考』를 수정, 보충하여 1908년(순종 2년)에 간행되었다. 체제는 역대의 사실을 公私의 史籍 에서 두루 간추려 연대순으로 배열하였다. 이 책은 1894년(고종 31년) 갑오개혁으로 문물제도가 크게 달라진 것을 반영하는 한편, 한국의 조선왕조시대에 마지막으로 편찬된 총체적 문물정리 사업의 결과물이다.

73) 『增補文獻備考』 제141권, 「田賦考, 境界, 箕子 朝鮮」

贊)」[74]을 지었다. 그리고 성현(成俔, 1439~1504)은 『용재총화(慵齋叢話)』에서 평양(平壤)은 기자(箕子)가 도읍한 곳으로 팔조(八條)로 다스렸으며 정전(井田)의 제도가 남아있다고 하였다.[75] 윤두수는 사은사(謝恩使)로 명나라에 갔을 때[76]기자에 대한 질문을 받았으나 대답을 못했다. 이것을 계기로 귀국 후에 기자와 관련된 사실을 『논어』·『서경』·『예기』의 경서류와 『사기』·『고려사』·『송사』의 사서류, 다른 사람이 기자를 평가한 자료 등에서 뽑아 1580년(선조 13)에 『기자지(箕子志)』[77]를 편찬하였다.

윤두수의 『기자지』를 읽은 이이(李珥, 1536~1584)는 이 책이 중요성에 비해 체계가 없고 내용이 부족하다고 생각해서 『기자실기(箕

---

74) 「箕子贊」『梅月堂文集』 권19, 韓國文集叢刊 13집, 1988, p.365. "箕子來東, 以八條敎民, 至今東方禮俗之盛, 始于箕子. 今平壤, 古朝鮮京邑也. 舊城遺址, 邐迤江岸, 至今南郭外井田界道, 八家同井, 廢墻廬墟, 彷彿猶存, 令人佇想朝鮮盛時衣冠文物之華美. 其人雖逝, 而餘韻若存, 必商宗戚中傑出, 如周姬朝, 漢東平王蒼者也. 故微子已去, 比干已死. 而徘徊不忍去. 柳宗元之碑文, 其眞得箕子之心乎. 只如漢七國王, 晉齊王冏輩, 是何心哉? 觀此, 可以立千載之下, 同姓之親, 拳拳不忘, 扶持宗國之美志, 而帝王宗戚中, 爲法天下, 傳後世者, 箕子洪範, 周公周禮之外, 更復何有, 可勝贊哉? 因想其情思以爲短什, 什載詩稿."

75) "평양은 기자가 도읍한 곳으로 洪範八條로 다스렸고 井田의 제도가 지금도 분명하게 남아 있는데, 지금의 外城이 그 유적이다. 그 후로 燕나라사람 衛滿이 차지하였고, 또한 고구려의 도읍지로 되었다. 국경의 남쪽은 漢江에 이르고, 북쪽은 遼河에 이르렀으며, 수 십 만의 병사를 지닌 가장 强盛한 나라였다. [平壤箕子所都, 八條爲治, 井田之制歷歷猶存, 今之外城是也. 其後燕人衛滿所據, 又爲高句麗所都, 其國境南至漢江, 北至遼河, 擁兵數十萬, 最爲强盛.]"成俔, 『慵齋叢話』, 慶山大學校 韓國學資料集成, 학민문화사, 2000, p.14~15.

76) 1577년(선조 10)에는 謝恩使로서 명나라에 갔는데, 이때 이른바 宗系辨誣에 관련된 문서를 아울러 지니고 가서 곡진하게 해명하였다.

77) 金烋(1597~1638)는 『海東文獻總錄』에서 『기자지』에 대해 다음과 같이 설명하고 있다. "윤두수가 使臣의 命을 받들어 명나라에 갔는데, 중국 조정의 선비들이 箕子가 어떤 일을 했는지 많이 물어왔다. 그런데 윤공이 제대로 대답하지 못한 것을 안타깝게 여기고, 귀국해서 바로 여러 서적을 널리 詳考하고, 사실 및 聖人과 현인들의 의론과 문인들이 칭송한 글을 蒐集하여 책 이름을 『기자지』라 했다.[尹斗壽奉使朝天. 中朝士人多問箕子之爲. 尹公病不能對. 旣還乃廣考諸書. 裒集事實及聖賢議論, 騷人讚詠. 名曰『箕子志』.]" (金烋, 『海東文獻總錄』, 學文閣, 1969, p.428.)

子實記)』를 지었다고 한다.[78] 이이는 『기자실기』를 통해 기자가 조선에 와서 홍범 팔조(洪範八條)를 시행하고 백성들에게 예절과 농사를 가르치면서 정전제를 시행하였는데 이것이 바로 왕도정치이며 성인의 행적이라고 주장하였다.[79]

---

78) "윤공 두수가 일찍이 使命을 받들고 중국천자께 朝見하였더니 중국 조정의 선비들이 기자의 한 일에 대하여 많은 질문을 하여 왔다. 그런데 윤공이 제대로 대답하지 못하여 이것을 안타깝게 여겼다. 돌아온 뒤에 널리 經·史·子·書를 참고하고, 사실 및 성현이 논하신 것과 그 이하 시인이 읊은 것에 이르기까지 모두 모아 서책을 만들어 책이름을 『기자지』라고 하였으니, 그 공로가 참으로 컸고 후학에게 매우 좋은 도움을 주었다고 하겠다. 그런데 염려스러운 것은 경전을 뒤섞어 편찬하였으므로 계통을 찾기가 어려웠다. 珥가 이에 외람됨을 헤아리지 않고서 『기자지』에 기록되어 있는 것을 골라서 요약하여 한권의 책으로 만들고, 나라를 세운 경과와 世系며 지나온 연수 등을 대략 서술하고 책이름을 『箕子實紀』라 하였으니 열람하기에 편리하기를 바란다. [尹公斗壽, 曾奉使朝天, 中朝士人, 多問箕子之爲。尹公病不能專對, 旣還, 乃廣考經、史、子書, 裒集事實及聖賢之論, 下至騷人之詠, 摭而成書。名曰, 箕子志。其功良勤, 而其嘉惠後學, 亦云至矣。第念雜編徑傳, 統紀難尋。珥乃不揆僭濫, 竊採志中所錄, 約成一篇。因略敍立國始終, 世系歷年之數。名曰『箕子實紀, 庶便觀覽焉。]" (이이, 『栗谷全書』 권14「雜著」, 한국문집총간 44집, 1991, p.292 참조.)

79) "기자가 중국을 피해 동쪽으로 조선에 왔다. …… 무왕이 이 소식을 듣고 그를 조선에 봉하여 평양에 도읍케 하였다. (기자가) 백성에게 예의·농업·잠업·직조·제작과, 경계를 구획 구분하는 井田의 제도 등을 가르치고 금기하는 법령 8조목을 만들었다. …… 시골이건 도시이건 음식을 먹을 때 籩豆를 사용하였으며 신의와 謙讓을 숭상하고 儒術에 전일하여 중국의 풍습을 점차로 이루었다. 전쟁하는 것은 숭상하지 말도록 가르쳐서 덕으로 사나운 사람들을 복종시키자, 이웃나라들이 모두 그 義를 사모하여 찾아와 따랐다. 의관의 제도는 모두 중국과 같았다. …… 조선이 仁賢의 교화를 입어 詩書·예악의 나라가 됨에 조정이나 민간이나 아무 일이 없어져서 백성들이 기뻐하여 대동강을 黃河에 견주고 노래를 지어 그 덕을 기리었다.

훌륭하신 기자여! 무왕에게 홍범을 아뢰어 그 道가 중국에 밝았고, 홍범의 나머지를 미루어 교화가 三韓땅에 흡족하게 되었다.[箕子乃避中國, 東入朝鮮. …… 武王聞之, 因封以朝鮮, 都平壤. …… 敎其民以禮義農蠶織作, 經畫井田之制, 設禁八條. …… 辟其田, 野都邑, 飮食以籩豆, 崇信讓篤儒術, 釀成中國之風敎. 以勿尙兵鬪, 以德服强暴, 鄰國皆慕其義歸附. 衣冠制度, 悉同乎中國. …… 朝鮮被仁賢之化, 爲詩書禮樂之邦, 朝野無事, 人民懽悅, 以大同江比黃河, 作歌以頌其德. …… 大哉箕子! 旣陳洪範於武王, 道明于華夏, 推其緖餘, 化洽于三韓.]" (이이, 『栗谷全書』 권14「雜著」, 한국문집총간 44집, 1991, p.293 참조.)

그림 4. 『平壤誌』의 「平壤官府圖」.
윤두수, 『平壤志』, 국립중앙도서관 (BC 古朝 62-177).

2) 「기전유제설」의 특징과 의미

구암의 「기전유제설」의 특징은 두 가지로 요약할 수 있다.

첫째는, 기자가 실행했던 정전의 유적을 직접 답사해서 실제로 측량해보고 기자의 정전이 정전법에 맞게 구획되었음을 증명함으로써[80)]

80) 구암이 정전의 유적을 구체적으로 실측한 내용은 『芝峰類說』에서도 확인할 수 있다. "기자의 정전이 평양의 남문 밖에 있다. 밭 가운데에 우물이 있는데 이름이 箕子井이다. 구암 한백겸이 그 제도를 연구하고자 이에 殷나라와 周나라의 步數 계산법의 차이와 尺寸의 길고 짧은 것을 고찰하여, 한 이랑 한 이랑마다를 계산하여 그 구획을 구분하여 보니, 區마다에 70畝를 각각 작은 한계선으로 하였고, 가로 세로 모두 8개 區여서 통산하면 64區가 된다. 이것을 한 개의 큰 한계선으로 하였다. 모나고 반듯한 모양이 數里 사이에 뻗쳤는데, 含毬門 · 正陽門 사이가 가장 분명하였다. 한백겸은 마침내 井田說을 지어서 은나라와 주나라의 田制가 같지 않다는 것을 밝히었다.[箕子井田, 在平壤南門外, 田中有井, 名曰箕子井. 韓久庵百謙, 欲究其制, 乃考殷周步數異同尺寸長短, 逐畝折算, 辨其區畫. 則每區七十畝, 各爲小界限而縱橫皆八, 通計六十四區爲一大界限. 方方正正, 延袤數里. 含毬、正陽兩門之間, 最爲分明. 乃作井田說, 以明殷、周田制之不同.]" 이수광, 『芝峰類說』 卷二 「地理部, 田」

정전법의 실행 여부에 대한 나름의 의견을 제시하였다.

구암의 「기전유제설」은 평양성 밖에 기자가 실행했던 정전을 직접 답사하여 정전의 구체적인 모습을 제시한다는 점에서 이전 학자들의 논의와 차별화된다고 할 수 있다. 구암은 선유(先儒)들이 정전에 대해 이야기하면서도 기존 사서(四書)나 경서(經書)에 있는 것을 발췌하여 추측한 것들이 대부분이어서 실증성이 부족하다고 여겼다.

즉 선유들이 정전에 대해 자세하게 논술한 이론의 대부분은 모두 맹자가 한 말을 기준으로 하였기 때문에 주나라 제도에 대해서는 자세히 말하였지만, 하(夏)나라나 은나라 제도에 대해서는 제대로 말하지 못하였다고 하였다. 게다가 주자(朱子)가 조법(助法)에 관해 논한 것조차 추측과 짐작일 뿐 고증할만한 근거가 없다고 하면서, 자신이 직접 실측한 내용을 통해 주자가 정전제 실시가 어렵다고 한 데 대해 비판하고 있다.[81]

"『맹자(孟子)』에 '편안하게 해 주기 위한 방편으로 백성을 부리면 아무리 힘들더라도 원망하지 않는다.'라고 하였고, 주자도 일찍이 '혁명으로 왕조가 바뀌면 크게는 건정(建正)[82]과 용수(用數)[83]로부터

81) 한백겸, 상게서, p.158. "井田之制, 先儒論之詳矣. 然其說皆以孟子爲祖宗. 故特詳於周室之制, 而於夏, 殷則有未徵焉. 朱子之論助法, 亦出於推測臆料, 而未有參互考證之說, 則其果悉合於當時制作之意, 有不可得以知者."

82) 건정(建正)을: 정월을 새롭게 정하는 것을 말한다. 즉, 建子, 建丑, 建寅 등으로 정월을 삼는 것인데 建子는 子月을 세수로 삼은 주대의 역법으로 子月은 음력 11월이다. 建丑은 丑月을 세수로 삼은 은대의 역법으로 丑月은 음력 12월이다. 建寅은 寅月을 세수로 삼은 하대의 역법으로 寅月은 음력 1월이다.

83) 용수(用數)는 운용하는 수를 말한다. 邵雍(1011~1077)의 『皇極經世書』, 「觀物外篇」에 괘를 근본수[體數]라 하고, 시초[蓍]를 운용하는 수[用數]라 하였다. "易之大衍何? 數也。聖人之倚數也。天數二十五, 合之爲五十. 地數三十, 合之爲六十。故曰五位相得而各有合也. 五十者蓍數也, 六十者卦數也。五者蓍之小衍, 故五十爲大衍也。八者卦之小成, 則六十四爲大成也. 蓍德圓, 以況天之數, 故七七四十九也, 五十者存一而言之也. 卦德方, 以況地之數, 故八八六十四也, 六十者去四而言之也. 蓍者用數也, 卦者體數也. 用以體爲基, 故存一也. 體以用爲本, 故去四也." ([宋] 邵雍 著 ; [明] 黃畿 注 ; 衛紹生 校理. 『皇極經世書』 권13, 「觀物外篇」. 中州古籍出版社, 中州文獻叢書, 1993. p.299.) 여기서는 나라마다 기준을 삼는 수를 달리 하는 것을 말한다.

작게는 쓰는 문자와 수레의 너비까지 모두 다시 만들어 한 시대의 이목을 새롭게 한다.'고 하였다. 게다가 이 정전이란 제도는 백성들에게 일정한 재산을 만들어주기 때문에 실제로 정사를 행함에 있어서 인을 폭넓게 시행할 수 있는 것이다. 그런데 어찌 이다지도 비용 들어가는 것을 소소히 따진 채 구습을 그대로 따르고 융통성 없게 굴어 모두 변혁하지 않을 수 있단 말인가. 이런 점으로 추측해보건대, 주자가 비용의 다소를 따지며 정전을 실행할 수 없다고 한 이 말은 아마 한때 문인들과 주고받았던 문답인 듯하고 평소의 정론이 아니라는 것을 알겠다."[84)]

주자가 정전제를 시행하기 위해서는 논밭의 수로를 다시 만드는데 따른 비용과 인력이 많이 소모되어 시행할 수 없다고 한 것에 대해 구암은 백성들의 항산(恒産)을 만들어주는 인정(仁政)을 실행하기 위해선 그 정도의 비용은 감수해야 한다고 하는 한편 자신이 평양에서 기자가 실행했던 정전의 유적을 직접 조사한 것을 통해 정전이 실제로 실현되었었다는 것을 주장한 것이다.

둘째는, 기전의 형태는 우물 정(井)자가 아닌 밭 전(田)자 형태이며, 공전이 반드시 사전 가운데 있지는 않았다는 점이다.

구암은 기자가 실행했던 정전의 형태는 네 명의 농부가 밭전 자 모양 밭의 한 구역을 경작하는 것임을 구체적으로 설명하고 있다.

> "기자의 정전을 직접 가서 자세히 살펴보니 정전의 전자형(田字形)과 무법(畝法)이 지금 『맹자(孟子)』에 거론된 정자형(井字形)의 제도와 같지 않은 점이 있었다. 기자의 정전 중에서 함구문(含毬門)과 정양문(正陽門) 사이의 구획이 가장 분명한데, 기자의 정전 제도는 모두 전자형(田字形)으로, 밭을 4구역으로 나누고 1구역 당 70무씩이다. 그러므로

84) 한백겸, 상게서, p.158. "間或以朱子改治溝洫多費人力之說, 有疑於孟子之言, 此則恐未然. 孟子曰: '佚道使民, 雖勞無怨.' 朱子亦嘗論革命易代, 大而建正用數, 小而書文車軌, 竝皆改作, 以新一代耳目云. 則況此制民常產, 實發政施仁之大者, 豈可計其少費, 踵弊膠柱, 不與俱變乎? 以此推之, 以此度之, 吾知朱子此說, 或出於一時門人問答. 而非平生之定論也."

큰길 안쪽에서 가로로 보아도 4개의 전자 모양의 밭이 8구역으로 나뉘었고, 세로로 보아도 역시 4개의 전자 모양의 밭이 8구역으로 나뉘었다. …… 『맹자』에 '은나라는 70무를 지급하는 조법(助法)을 시행하였다'라고 했다. 토지를 70무씩 지급하는 법은 본디 은나라가 토지를 나누는 제도이고 기자는 은나라 사람이므로, 기자가 들판을 구획하고 토지를 나눌 때 은나라를 본받았을 것이니, 주나라 제도와 같지 않을 것이라는 것은 의심의 여지가 없다. 다만 이 밭두둑 만드는 제도는 수천 년을 내려오면서 몇 번 바뀌고 고쳐져서 비록 처음의 것과 조금도 차이가 없다고 보장할 수는 없다. 그 대체를 보면, 밭두둑 길은 1무씩으로 하여 구역을 구분하였는데, 밭두둑 길 총 3무의 너비로 밭[田] 전체의 경계를 구분하였다. …… 70무를 1구역으로 하고, 네 개의 구역을 하나의 밭으로 하여 양쪽으로 서로 나란히 나아가면 온 들판이 똑같다. 반고(班固)의 『한서』, 「형법지(刑法志)」를 살펴보면, '4정(井)이 1읍(邑)이 되고 4읍이 1구(丘)가 되고, 4구가 1전(甸)이 되니, 1전에 64정이 있다.'라고 하였는데, 그 정, 읍, 구, 전의 명칭은 주의 제도를 썼겠지만 4를 기준이 되는 수로 하여 4와 4로 사각형을 이룬 것은 실로 이것과 꼭 들어맞는다. 반고는 학문이 매우 해박하니, 혹시 전례를 따른 근거가 있을 것인데 전적이 완전하게 남아 있지 않아 그 제도를 모두 알 수 없는 것이 애석하구나. …… 짐작컨대 은나라 때에 백성들이 받은 밭이 들에 있을지라도 주거하는 곳이 반드시 밭 곁에 있지는 않고, 촌락이나 성읍(城邑) 안에 모두 모여 살았을지도 모르며, 공전도 모두 외진 곳에 있어 반드시 사전 가운데에 끼어 있지는 않았을 것이다."[85)]

85) 한백겸, 상게서, p.158. "就其地諦審之, 其田形畝法, 與今孟子所論井字之制, 有不同者焉. 其中含毬、正陽兩門之間, 區畫最爲分明, 其制皆爲田字形, 田有四區, 區皆七十畝. 大路之內, 橫而見之, 有四田八區, 豎而見之, 亦有四田八區, ……『孟子』曰: '殷人七十而助.' 七十畝, 本殷人分田之制也, 箕子, 殷人, 其畫野分田, 宜倣宗國, 其與周制不同, 蓋無疑矣. 惟玆阡陌, 數千年來, 凡幾經變易, 幾經改正, 雖難保其不差尺寸, 而其大略, 界區以一畝之路, 界田以三畝之路. …… 而其以七十畝爲一區, 四區爲一田, 兩兩相並而去, 則盡一野皆同矣. 按班史刑法志曰: "四井爲邑, 四邑爲丘, 四丘爲甸, 甸有六十四井"云云. 其井邑丘甸之名, 雖用周制, 而以四起數, 四四成方, 實與此脗合. 班氏之學甚博, 或恐有所沿襲來歷也. 惜乎, 其典籍不完, 未能盡得其制也. …… 意者, 殷之時, 雖受田於野, 而其廬舍未必在田傍, 或皆聚居村落城邑之中."

맹자가 말한 우물 정(井)자 모양이 아니고 밭전(田)자 모양이며 공전은 형편에 맞게 사전과 떨어진 곳에 마련하기도 하는 등 변화를 주었다는 것이다.

유근(柳根, 1549~1627)은 구암의 「기전유제설」에 강한 믿음을 보여주며 다음과 같이 말하였다.

> "만약 주자가 이 「기전도」를 봤다면 응당 다시 어떻게 생각했겠는가. 이제 「기전도」를 살피니 공전과 여사(廬舍)의 제도 또한 함부로 억측할 것이 아니니다. 이 전자(田字) 모양의 토지에 직접 가서 본 것이니, 4구획은 4사람이 받는 토지이다. 혹자는 '평양성의 토지는 정(井)으로 일컬어진지 이미 오래 되었다. 정은 곧 9구획이니 지금 섣불리 4구획이라고 말해서는 안 된다'라고 하는데 이것은 그렇지 않다. 은나라와 주나라의 토지제도로 논한다면 8구획이니 이것은 8가구가 받는 토지이다. 이것으로 미루어 가면 제 아무리 많은 수를 구획할지라도 모두 그러하다. 가령 70무 가운데 7무를 공전으로 하는 주자의 이론대로 해도 10분의 1에 어긋나지 않는다. 여사(廬舍)의 경우 주나라 때 제도가 잘 갖추어져 공전 20무에서 농부 8명의 여사를 만들었으니 이것은 농부 한사람이 사는 곳은 너비가 2.5무에 불과하다. 가령 농부 한사람이 받은 70무에서 7무로 공전을 만들고 힘을 다해 공전 경작을 도왔으며 63무에 대해 더 이상 세금을 내지 않았으니 그렇다면 비록 한두 무로 여사를 만들어 살았다 해도 역시 자연 10분의 1을 내는 제도에는 문제되지 않은 것이다."[86)]

---

86) 유근, 「기전도설발」 『구암유고』, p.160. "若使朱夫子見此圖, 當復以爲何如! 以今觀之, 公田廬舍之制, 未敢臆度, 卽此田形而見之, 四區, 四夫所受之田也. 或以爲箕城之田, 稱之以井, 蓋久矣. 井卽九區也, 今不可輕言爲四區, 是則不然. 若論殷周田也, 八區, 八家所受之田也. 推此以往, 雖千百區皆然, 就七十畝之中, 以七畝爲公田, 如朱夫子之說, 則亦不失爲什一也. 至於廬舍則周時制度大備, 猶就公田二十畝, 爲八夫廬舍, 是一夫之居, 不過二畝半也. 若就一夫所受之區, 以七畝爲公田, 而出力助耕之, 不復稅其六十三畝, 則雖以一二畝爲廬舍而居之, 亦自不害於什一之制也耶."

유근은 구암의 「기전유제설」을 적극 옹호하면서 주자가 보더라도 긍정적으로 인식하였을 것으로 높이고 있다. 당대 학문 분위기에서 주자를 거론하며 긍정하고 있다는 사실은 구암의 설을 어떻게 인식하고 있는가를 가늠할 수 있다는 점에서 의미심장하다.

그리고 「기전유제설」의 의미는 당대 사회와 긴밀한 관련성을 지닌다. 한백겸이 「기전유제설」을 쓴 당시는 임진왜란으로 전제가 문란해져 토지개혁이 요구되던 시기다. 특히 당시 토지 개혁을 위하여 일부에서는 정전법을 동경하고 있었지만, 그렇다고 직접적인 국가 조세문제를 등한히 할 수도 없었다. 주자는 정전제를 왕도정치의 이상적인 법으로는 인정하였지만 정전제의 실제 시행에 대해서는 회의적인 입장이었다. 하지만 구암은 기자가 실행했던 정전의 유적을 확인하고 쓴 「기전유제설」에서 정전제 원리에 의한 토지제도의 실현 가능성을 보여주었다. 그리고 조선후기에 토지개혁론을 주장한 실학자들은 또한 구암의 「기전유제설」을 근거로 자신의 이론을 성립시켰다. 이렇게 실학자들의 이론적 토대를 만들어주고 정전을 실제로 행할 수 있다는 증거를 제시한 「기전유제설」의 영향을 받은 조선후기에는 기자의 정전에 대한 논의와 기자의 행적을 밝히려는 저술이 증가하였고, 역사서에서도 기자조선을 본기에 다루기 시작했다.[87)]

87) 『東史纂要』를 편찬한 吳澐(1540~1617)은 구암의 영향을 직접적으로 받아 단군과 함께 기자조선을 本紀에 수록하였다. 洪汝河(1620~1674)는 『東國通鑑提綱』을 쓰면서 처음으로 기자조선을 조선 역사의 시작이며 정통으로 취급하고 단군을 전설로 부기하였다. 그는 이 책에서 한백겸의 '기전설'을 사실로 인정하면서 평양의 기자의 정전을 은나라의 전제라고 기술하였다.

3) 「기전유제설」이 후대에 끼친 영향

「기전유제설」이 후대 학계에 끼친 영향은 몇 가지로 나누어 고찰할 수 있다. 첫째는, 기자가 실행한 정전의 유적을 발견함으로써 조선에서 왕도정치를 실현하였다는 증거를 확보하였다. 「기전유제설」이 갖는 의미는 기자가 조선에 와서 왕도정치를 실시했다는 증거로 유학의 정통성을 확보하기에 충분하였다.

구암이 기자의 정전을 발견한 것과 이율곡의 『기자실기』같은 저작은 조선후기의 유생들 사이에 널리 퍼진 기자숭모사상과 소중화사상(小中華思想)을 합리화하는 데 중요한 영향을 끼쳤다. 조선의 선비들은 조선이 단군에 의해 개창되었지만 기자에 의해 문화민족이 되었다는 역사인식을 당연하게 받아들였다. 유생들은 이 과정에서 유학의 도통은 명나라가 멸망한 후 청나라가 아니라 조선으로 옮겨 왔다는 인식을 강화하면서 기자가 조선 땅에서 왕도정치를 시행하였다는 역사적 사실에 대해 강한 자부심을 가지게 되었다.[88)]

둘째는, 은대의 정전제를 계승하면서도 시대 상황에 맞게 변형할 수 있다는 가능성을 보였다. 구암은 평양에 있는 기자의 정전이 맹자가 말한 정자형 전제와 달리 우물 정자 모양이 아니라 밭 전자의 모양이며 공전은 형편에 맞게 사전과 떨어진 곳에 마련하기도 하는 등 변화가 있었으며, 시대에 따라 공전의 크기에도 변화가 생겨 끝내는 주나라의 우물 정자 모양의 정전제도로 완성되었다고 말하였다.

> "밭에 거름을 주고 갈고 김매고 거두어들이는 데 밭까지 가는 거리가 멀기도 하고 가깝기도 하여 백성 중에는 그것을 괴롭게 여기는 사람이 있었다. 또 제도가 점점 구비되어 길례(吉禮)와 흉례(凶禮)의 형식이 많아지니 70무로는 부모를 봉양하고 장례를 치루기에

---

88) 오호성, 『農本主義 思想과 經濟改革論』, 경인문화사, 2009, p.223 참조.

> 비용이 부족하였다. 이 때문에 주나라가 통치하는 시기에 이르자 천리(天理)와 인사(人事)에 따라서 100무로 늘려 주고, 정전의 법을 만들어 여덟 집이 우물 하나를 함께 쓰고 가운데에 공전(公田)을 두도록 하였다."[89]

이익은 구암의 설을 받아들여 은나라의 정전은 100보×50보의 직사각형이었지만, 조선에서는 면적만 50무로 일치시키고 사방 70보의 정사각형으로 구획하였다고 보았다. 즉, 기자의 정전이 은대의 정전제를 계승하면서도 시대상황에 맞게 변형한 것이라고 주장하였다.[90]

셋째는, 구암의 「기전유제설」은 후기 실학자들의 토지개혁의 이론적 근거가 되었다. 조선후기 학자들이 기자의 행적과 정전제도를 새롭게 해석할 수 있었던 것은 「기전유제설」을 통해 기자가 실행한 정전의 유제가 평양에 남아 있다고 믿었기 때문이다.

이익은 평양에 있는 기자의 정전이 하·은·주 삼대 정전의 유제지만 정전제가 중국의 전 지역에서 시행하였던 제도는 아니라고 파악하였다. 일반적으로 정전제는 진(晉)나라 상앙(商鞅, B.C. 356~B.C. 338)이 정전을 폐지하고 천맥(阡陌)의 제도를 실시할 때까지는 꾸준히 시행해온 것으로 알려져 왔다. 그런데 이익은 설사 상앙이 정전을 폐지했더라도 진나라의 통치가 미치는 함곡관 이내의 지역에 불과했을 텐데, 상앙과 거의 동시대 인물인 맹자가 제(齊)나라를 비롯해 여러 나라를 두루 다니면서도 정전을 보지 못했다고 한 것은 결국 정전이 제도로만 있었지 천하에 두루 시행되지는 않았기 때문

89) 한백겸, 상게서, p.158. "糞耕耘獲之際, 遠近不同, 民有病者, 且人文漸備, 吉凶禮縟, 七十畝有不足於養生送死之資. 故姬周之有天下也, 順天因人, 增爲百畝, 且制井田之法, 八家同井, 中置公田."

90) 김문식, 「星湖 李瀷의 箕子 인식」, 『退溪學과 韓國文化』 33, 2003, p.74.

이라고 보았다. 이렇듯 이익은 정전제가 천하에 시행되지 않았다는 것에서 제도의 변통을 생각했고 이는 한전론(限田論)을 주장하는 근거가 되었다.[91]

넷째는, 평양지도 제작과 역사서 기술에 있어 변화를 가져왔다. 구암의 「기전유제설」과 이를 바탕으로 그린 「기전도」는 지도제작을 담당하는 관리들과 화원들에게도 큰 영향을 미쳤다. 「기전도」의 영향으로 17세기 이후에 제작된 평양지도 및 평양 풍경을 그린 그림에는 하나 같이 평양성 서남쪽 대동강변의 외성(外城)과 내성(內城) 사이에 기자정전과 기자정의 흔적이 뚜렷하게 묘사되었다. 특히 19세기 후반에 회화체로 그린 서경전도(西京全圖)[92]와 기성의 모습을 병풍에 그린 기성도병(箕城圖屛), 평양전도 등은 바둑판처럼 네모반듯하게 구획된 정전을 사실적으로 그리고 있다.[93]

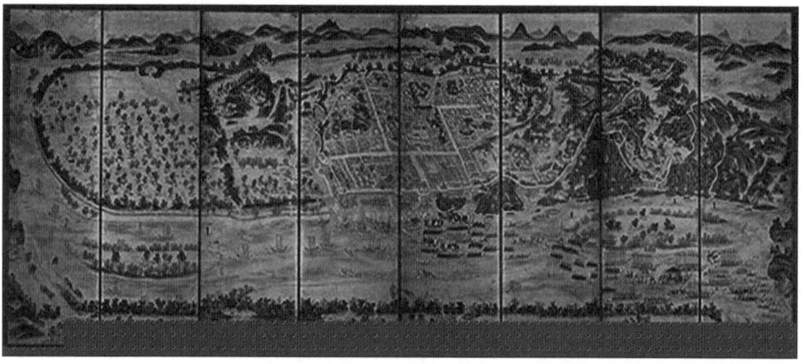

그림 5. 기성도병(箕城圖屛) (서울 역사박물관 소장, 보물 제176호).

91) 김문식, 상게서, p.75.

92) 서경전도(西京全圖): [그림 16] 참조.

93) 오호성, 상게서, p.214 참조. 箕城圖屛은 8첩 병풍에 平壤城과 大同江의 전경 및 平壤監司의 船遊광경을 담은 城邑風俗圖이다. 화면 전체는 평양의 시가지를 위에서 아래로 내려다 본 모습이다. 시가지 부분은 크게 外城, 中城, 內城 등 3부분으로 구획하고 농토는 井자형의 이상적인 형태를 갖추고 있다.

구암의 「기전유제설」은 역사서 편찬에도 영향을 주었다. 조선후기에는 조선의 역사를 새로 쓴 사찬(私撰) 역사서가 여러 권 간행되었는데 그 중 1606년(선조 39)에 『동사찬요(東史纂要)』[94]를 편찬한 오운(吳澐, 1540~1617)은 구암의 영향을 직접적으로 받아[95] 단군과 함께 기자조선을 본기(本紀)에 수록하였다. 이는 이전 역사서들이 기자조선을 외기에 실었던 것과 비교했을 때 변화된 모습이라 하겠다. 그동안의 관찬(官撰) 사서(史書)에서 외기(外紀)로만 처리되어 오던 단군과 기자를 조선역사의 시작으로 기술한 것이다.[96] 그는 기자를 중국의 문물을 가져와 조선의 풍속을 교화시킨 사람으로 칭송하였다.

홍여하(洪汝河, 1620~1674)는 『동국통감제강(東國通鑑提綱)』[97]을 쓰면서 처음으로 기자조선을 조선 역사의 시작이며 정통으로 취급하고 단군을 전설로 부기하였다. 그는 이 책에서 한백겸의 기전설을 사실로 인정하면서 평양의 기전을 은나라의 전제라고 기술하였다.[98]

안정복(安鼎福, 1721~1791)은 『동사강목(東史綱目)』에서 기자조선을 조선역사의 시작으로 기술하였다. 그는 평양의 기자진을 사실

94) 『동사찬요(東史纂要)』: 단군조선부터 삼국까지의 本紀 4책, 地理志와 三國名臣 1책, 高麗名臣 2책, 別錄 1책 등 8권 8책으로 이루어져 있다. 柳成龍이 왕에게 바쳐 儒林의 표준이라는 칭송을 받았던 책이다.

95) 구암은 『동사찬요』 서문을 써주었으며, 내용적인 면에 있어서 삼한사군의 위치를 시정해주고, 「지리지」를 첨가 하라는 의견을 제시하였다. 오운은 구암의 충고를 받아들여 1609년(광해군 1)에 鷄林府에서 처음 간행했다가 1614년에 한백겸의 충고로 「地理志」를 첨가하고, 吉再 등 고려 말의 은자들을 추가해 개찬하였다.

96) 『동사찬요』에는 단군조선부터 삼국까지의 本紀가 4책으로 구성되어 있다.

97) 『동국통감제강(東國通鑑提綱)』은 13권 7책이고 목판본으로 1786년(정조 10) 출판. 조선왕조 인조 때 洪如河(1620~1674)가 家塾用 教材로 편찬하였다. 『동국통감』에 取捨 折衷을 가하여 編年體로 개편한 책이다. 고대로부터 3국에서 그친 것은, 자기가 지은 『彙纂麗史』와 중복을 피하기 위해서였다. 서문에 14권이라고 되어 있는 것은, 서문을 1권으로 간주한 때문이다.

98) 오호성, 상게서, p.222.

로 받아들였다. 부록 상권 「고이(考異)」편에 기자정전에 관한 내용이 보인다. 『고려사(高麗史)』, 『여지승람』 등 역사서에 기록된 정전에 관련된 기사를 소개하고 그 모양이 우물 정자가 아닌 밭 전자의 형태로 구획되었다고 하면서 구암의 「기전도」를 그대로 전재하였다. 그는 또 조선백성이 흰 옷을 즐겨 입는 것은 기자가 가져온 습속이라고 설명하였다.[99]

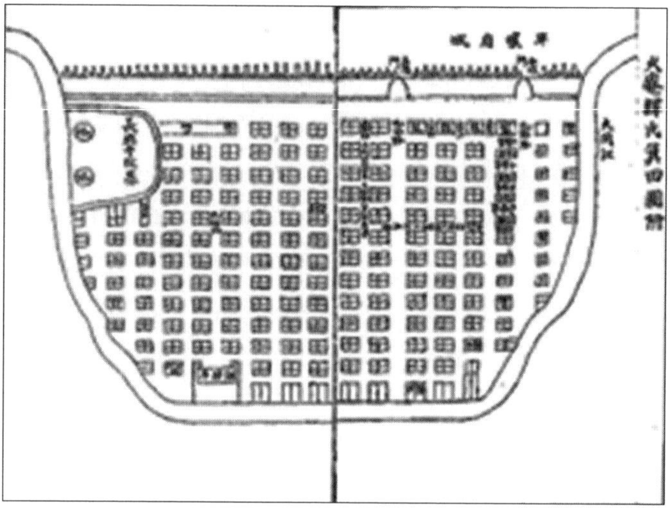

그림 6. 『동사강목』에 수록된 구암의 「기전도」.

이종휘(李種徽, 1731~1797)도 자신의 문집인 『수산집(修山集)』에 딸린 역사책 『동사(東史)』[100]에서 「기자본기」를 「단군본기」 뒤에 놓고, 기자 이후 기(箕)씨 왕의 세계(世系)를 처음으로 기록하였다. 그는 기자문화를 계승한 우리나라가 중국과 대등한 문화국임을 강조하

99) 安鼎福, 「平壤井田」, 「箕子遺制」, 『東史綱目』附錄 上卷 上 考異.
"今東人之, 大冠、白衣、婦女之首飾, 猶有舊制之可言."

고, 진한 이후 타락한 중국사회에는 삼대의 유풍이 남아있지 않은 반면 기자조선은 삼대의 성인인 기자가 와서 건국하고 교화했기 때문에 오히려 그 유풍이 남아있다고 보았다.[101] 그리고 「기자본기」에서 기자가 평양에 와서 정전법을 실시하였는데 주나라의 정전제도와 달리 전(田)자 형으로 구획하였고, 1구의 면적은 70무였으며 10분의 1세를 받았다고 기술하였다.[102] 이는 한백겸의 주장을 그대로 따른 것이다.

100)『동사』는 本紀, 世家, 列傳, 年表, 志의 편목으로 구성되어 있다. 본기항목에 檀君本紀, 箕子本紀, 三韓本紀, 後朝鮮本紀로 구성되어 있고, 세가는 箕子世家補遺, 夫餘世家, 渤海世家, 伽倻世家로 되어있다. 형식적인 측면에서『동사』의 중요한 특징가운데 하나는 한국사서술에서 檀君本紀를 설정하고 있다는 점이다. 단군본기에서 단군에 의해 교화가 시작되었고, 기자의 八條之教로 우리나라 풍속이 바르게 되었다고 본 것은 단군과 기자를 동시에 교화의 주체로 인정한 것이다. 또한 기자본기의 기록을 통해 기자가 동래하여 단군은 백악으로 옮겨 감으로써 단군에서 기자로 이어지는 과정은 매우 순조로웠고, 팔조법금이나 정전법의 실시로 백성들의 호응도 컸다고 보았다. 이때 교화가 쉽게 이루어진 원인이 우리 백성의 천성 자체가 유선하다는 점을 부기하여 우리가 기자문화를 받아들일 수 있는 기본 바탕을 갖추고 있었음을 명시하였다. (李種徽著, 김영심 · 정재훈 譯註, 『東史』, 소명, 2004, p.9~12 참조.)

101) 이종휘저, 김영심 · 정재훈 譯註, 상게서, 2004, p.12.

102) 이종휘저, 『修山集』 한국문집총간, 247집, 2000, p.508. "畫井田, 制民産, 爲畝七十而助公田. 田形類田字, 與周制略異, 然其什而一, 一也."

2. 구암 「심의설」의 특징과 후대에 끼친 영향

1) 조선 중기의 심의제도

심의는 삼국시대에 전래되어[103] 상례 및 제례에 착용되었으나 고려 말기에 주자학이 도입된 후부터는 『주자가례』에 의거하여 관혼상제(冠婚喪祭)의 사례복(四禮服), 사대부의 예복 및 유복(儒服)으로 되었는데, 이는 송대(宋代) 이후에 심의가 유학자들에게 널리 사용되었던 흐름이 우리나라에까지 이어진 것이다. 그러다가 조선 중기에 오면 예학이 성행하고 주자 예법이 널리 퍼지면서 유학자들은 사례복 및 유복으로 심의를 숭상하였고, 이와 함께 심의제도의 중요성을 재인식하게 되었다.

심의는 어떤 의복인가? 구준(丘濬, 1421~1495)의 『가례의절(家禮儀節)』[104]에 의하면 송나라의 사마광(司馬光, 1019~1086)이 처음으로 옛 제도를 모방해서 심의를 만들어 한가로이 거처할 때에 입는 옷으로 삼았으며, 주자 역시 심의를 만들어 입었다고 한다.[105] 또한 여대림(呂大臨, 1046~1092)[106]은 『예기』 심의 편 주(註)에 심의는 천자로부터 사(士)·서인(庶人)에 이르기까지 상하가 같은 이름으로 농능

103) 정혜경은 삼국시대 유학의 수용과 더불어 상례 및 제례의 기풍이 형성되어 있으므로 『예기』와 정현의 註에서 보듯이 상례 및 제례에 필수적인 심의 역시 착용되었을 것으로 보고 있다.(정혜경, 『深衣』, 경남대학교 출판부, 1994, p.38 참조.)

104) 『가례의절』은 『주자가례』의 이해를 돕기 위하여 그것의 각 항목들을 儀節化한 것이다. 실제로 조선은 이 『가례의절』을 통해 비로소 『주자가례』를 이해하였을 뿐만 아니라 일본의 경우 『가례의절』이 『주자가례』라는 이름으로 통용되기도 하였다. 조선에는 1518년 수입 간행되었다.(이승연, 「丘濬의 예학에 관한 고찰: 『家禮儀節』을 중심으로」, 東洋禮學, 제11집, 2003, p.5 참조.)

105) 丘濬, 『家禮儀節』, 四庫全書存目叢書經部, 禮類 ; 114, 齊魯書社, 1997, p.449. "宋司馬溫公, 始倣古制深衣以爲燕居之服, 而文公先生亦服之."

하게 사용하였을 뿐 아니라, 길흉사(吉凶事)와 남녀 구분하지 않고 함께 입을 수 있는 간편한 옷이라고 설명하고 있다.[107)]

조선의 경우 사계(沙溪) 김장생(金長生)은 이 심의를 옛 제도대로 만들어, 살아서는 한가로이 거처할 때에 입고, 죽어서는 염습(襲斂)을 하는 옷으로 쓸 수 있도록 모두 구비하여 고례(古禮)를 회복하는 데 힘쓰기를 다음과 같이 당부하고 있다.

“다행히도 주자의 도가 지금 세상에 크게 밝혀져 『가례』가 일반 백성들의 집에서 일상적으로 쓰여 하루라도 없어서는 안 될 책이 되었다. 그러니 관직에 있는 자들은 참으로 시제(時制)를 존중하는 것이 마땅하나, 은거하여 벼슬하지 않은 자나 벼슬에서 물러나 집안에 거처하는 자의 경우에는 또한 옛 제도에 따라 한 벌을 만들어, 살아서는 제사를 지낼 때나 한가로이 거처할 때에 입는 옷으로 삼고, 죽어서는 염습을 하는 데 쓰는 옷으로 삼아야 할 것이다. 그렇게 한다면 이 어찌 고례를 회복하는 한 가지 단서가 아니겠는가.”[108)]

---

106) 여대림(呂大臨)은 북송 京兆 藍田 사람이다. 자는 與叔이다. 呂大鈞의 동생이다. 처음에 張載에게 배웠고 나중에 程頤에게 배웠는데, 謝良佐, 游酢, 楊時와 함께 ‘程門四先生’으로 일컬어진다. 六經에 정통했고, 특히 『예기』에 밝았다. 門蔭으로 관직에 올라 나중에 진사 시험에 합격했다. 哲宗(元祐) 연간(1086~1094)에 太學博士를 지냈고, 秘書省正字로 옮겼다. 范祖禹의 천거로 講官이 되었는데, 기용되기도 전에 죽었다. 정자의 예학을 계승하여 心性之學에 치중했다. 『古文眞寶』 文篇 5권에 銘類가 다섯 편 실렸는데 그 중 여대림의 「克己銘」이 유명하다.

107) 『예기주소』 권58, 「심의」, 十三經註疏 5, 上海古籍出版社, 1993, p.1823. 呂氏曰: “深衣之用, 上下不嫌同名, 吉凶不嫌同制, 男女不嫌同服. 諸侯朝朝服, 夕深衣, 大夫士朝玄端, 夕深衣, 庶人吉服深衣而已. 此上下同也. 有虞氏深衣而養老. 將軍文子, 除喪受弔, 練冠深衣. 親迎女在途, 而壻之父母死, 深衣縞總以趨喪. 此吉凶男女之同也.”

108) 金長生, 『사계전서』 제25권, 「家禮輯覽 通禮」. “幸而文公之道大明于今世, 『家禮』 爲人家日用, 不可無之書. 居官莅職者, 固當尊時制, 若夫隱居不仕及致政家居者, 又宜依古製爲一襲, 生以爲祭燕之服, 死以爲襲斂之具, 豈非復古之一端哉 !” 한국고전번역원, 고전번역 종합db, http://db.itkc.or.kr (검색일: 2014. 07. 05)

옷이 몸체를 깊숙하게 덮어서 심의라고 이름 하였지만, 심의는 옷 자체의 형태에서뿐만 아니라 내면적으로 심연한 의미를 담아 의복 본연의 용도보다는 유가의 철학적 의미를 구현하려는 것이 목적이었다. 즉 의복을 하나의 소우주로 보고 그 옷을 입고 있는 인간의 몸가짐을 천도(天道)로 다스리게 함으로써 인도(人道)를 바르게 하는 역할을 담당하게 한 것이다.

선유들은 인간을 소우주로서 천지를 상징하는 존재로 여겼으며, 이들이 착용하는 심의에도 역시 우주의 원리를 담고자 하였다. 그래서 우주와 인간과 의복이 조화를 이루어 자연의 원리[天道]를 본받아 인간이 행해야 할 바[人道]를 이루고자 하였다.[109)]

『예기』, 「심의」편을 보면, 심의를 구성하고 있는 각 부분엔 각각 심오한 철학적 의미가 내포되어 있다.[110)] 그리하여 이렇게 심오한 철학적 의미를 담고 있는 심의는 입는 것 자체만으로도 선유들은 정신수양이 된다고 생각하였다. 이것으로 미루어 알 수 있는 것은 선유들이 언제 어디서나 항상 자신을 올곧게 수양하기 위해 노력했다는

---

109) 정혜경, 『深衣』, 경남대학교 출판부, 1994, p.13.

110) 『예기』「심의」편 경문을 통해 심의 구성에 담겨 있는 의미를 살펴보면 크게 5가지 의미가 내포되어 있다. ① 열두 폭으로 지어서 열두 달을 상징했다. [制有十二幅 以應十二月] ② 소매는 둥글게 해서 規(원형을 그리는 제구)를 상징한다.[袂圓以應規] 소매는 둥글게 해서 규를 상징하였는데, 둥근 것은 하늘의 體이다. 즉 심의의 둥근 소매는 하늘을 의미하는 것이다. ③ 曲袷은 矩처럼 만들어서 반듯함[方]을 상징한다.[曲袷如矩應方] ④ 負繩은 복사뼈[踝]에 이르게 하여 곧음[直]을 상징한다.[負繩及踝以應直] 윗옷의 등솔기와 치마의 등솔기가 먹줄로 튕긴 듯이 위에서 아래로 곧게 내려간 것처럼 그 정치를 바르게 하라는 뜻이 담겨 있고, 모난 옷깃처럼 그 의를 바르게 하라는 의미가 담겨져 있다. 심의는 입고 걸으면서 손을 올려도 이 부분의 선이 흐트러지지 않도록 되어 있는데, 곧고 바른 선을 등에 짊으로써 정치를 곧게 하고 의리를 바르게 한다는 철학적 의미가 내포된 것이다. ⑤ 아랫단[下齊]의 바느질을 저울대처럼 하여 공평[平]을 상징한다.[下齊如權衡以應平]

것이다.

조선 중기에는 예(禮)에 대한 연구가 활발해지면서 예론(禮論)과 예설(禮說)의 연구가 심화되고, 아울러 심의에 대한 논의도 많이 이루어졌다. 그에 따라 여러 학파의 학자들에 의해서 예서의 내용과 체세도 변화 발전하여 제례서(祭禮書), 상제례서(喪祭禮書), 사례서(四禮書)가 차례대로 저술되었다. 선조(宣祖) 이후 예설의 주류는 『국조오례의(國朝五禮儀)』나 한당서(漢唐書)를 비판하고, 고례와 『주자가례』의 내용을 중시하였다. 예서 역시 『주자가례』의 체제를 기본으로 하면서 보완하거나 약간의 변화를 주는 것이었다.[111] 이러한 학술 분위기 하에서 많은 예서들이 편찬되었는데, 그중 심의와 관련된 것으로는, 송익필(宋翼弼, 1534~1599)의 『구봉집(龜峯集)』 권7 「가례주설(家禮註說)」, 이언적(李彦迪, 1491~1553)의 『봉선잡의(奉先雜儀)』, 정구(鄭逑, 1543~1620)의 『오선생예설분류(五先生禮說分類)』, 조호익(曺好益, 1545~1609)의 『가례고증(家禮考證)』, 김장생(金長生, 1548~1631)의 『의례문해(疑禮問解)』, 『가례집람(家禮輯覽)』과 『가례집람도설(家禮輯覽圖說)』, 신식(申湜, 1551~1623)의 『가례언해(家禮諺解)』, 신의경(申義慶, 1557~1648)의 『상례비요(喪禮備要)』, 유계(俞棨, 1607~1664)의 『가례원류(家禮源流)』, 안공(安玒, 1569~1648)의 『가례부췌(家禮附贅)』 등을 들 수 있다.[112]

조선 중기 사회에 있어서 심의에 대한 인식이 구체적으로 어떠하였는지는 다음의 몇 가지 사례를 통해 살펴볼 수 있다. 『퇴계언행록(退溪言行錄)』에, 김취려(金就礪)가 복건(幅巾)과 심의를 만들어 보내오자 퇴계는 “복건은 마치 승건(僧巾)과 같아서 쓰기에 마땅하지 않다.”라 하고, 심의를 입고 정자관(程子冠)을 썼다고 한다. 말년에

111) 고영진, 상게서, p.103 참조.

112) 경성대학교 한국학연구소에서 조선시대의 가례와 의례 등에 관한 자료를 한데 모아 2008년에 출간한 『한국예학총서』를 참고하였다.

재실에 있을 때는 이렇게 입다가, 손님이 오면 평상복으로 갈아입었다는 내용이 보이고, 또 경오년(1570, 선조 3)엔 심의를 입고서 친히 사립문을 열고 이덕홍을 불러 이르기를, "오늘은 옛사람의 의관을 시험하고자 한다."[113]라 하였다. 이러한 언급을 통해 당시 심의를 만들어 선물했음을 알 수 있고, 퇴계가 심의를 일상복으로 입었다는 사실도 확인할 수 있다.

조호익(曺好益, 1545~1609)은 『주자가례』 중 명확히 이해해야 할 내용에 대해 출처와 연원을 밝히고, 자신의 견해를 첨부하여 『가례고증(家禮考證)』을 편집하였으며, 선조 11년(1578)에 심의와 치포관(緇布冠)을 만든 뒤 「심의」 시를 짓기도 하였다.[114] 이는 유배지에서 자신이 평소 연구해온 『주자가례』의 심의를 구현했던 것이다. 그는 심의가 고제를 보존하고 있는 복식으로 요순시대의 유풍이라고 여기며 많은 이들이 심의를 익숙한 풍속으로 받아들여 고례(古禮)로 복귀하기를 희망하였다. 또한 조호익의 연보에는 『예기』, 「옥조」를 바탕으로 명나라 학자인 경산(瓊山) 구준(丘濬)의 설을 참고하여 고례의 제도대로 심의와 치포관을 만들어 착용하니, 관서 지방의 백성들이 모두들 경탄하였다는 내용이 보인다.[115] 그리고 김육(金堉, 1580~

113) 權斗經(1654~1725), 『退溪先生言行錄』 권3, 성균관대학교 대동문화연구원, 1977, p.566. "金就礪造幅巾深衣以送. 先生曰: '幅巾似僧巾(言失其制), 著之似未穩.' 乃服深衣. 而加程子冠. 晩年齋居如此, 客來則改以常服焉. (金誠一) 庚午九月, 自陶山將返溪堂, 冠程子, 衣深衣, 自京初造來, 親啓柴門, 招德弘曰: '今日試欲古人衣冠耳.'(李德弘)"

114) 시 내용은 아래와 같다.

치포관과 심의의 옛 제도 수수하니	緇撮深衣古制淳
꾸밈없이 순박한 요순시대 유풍이라네.	唐虞遺像是天眞
만나거든 세상을 놀래킨다 이상하게 생각마오	相逢莫怪多驚俗
은주 시대 이전의 사람이라 불러도 될 것이네.	喚做殷周以上身

(조호익, 『芝山集』 권1, 한국문집총간, 55집, p.455.)

115) 조호익, 상게서, p.555. "製深衣緇布冠, 質諸記玉藻, 參以丘瓊山說. 製爲古制, 時時服之, 西人莫不驚歎."

1658)이 저술한 그의 「행장(行狀)」에 "심의에 복건(幅巾) 차림으로 그 가운데 단정하게 앉아 곁에는 서책을 쌓아 놓고 깊이 파고들었다."[116]는 내용이 있다. 조호익이 고제(古制)대로 지은 심의를 입고 생활하면서 주자의 예법을 따르고자 했다는 것을 알 수 있다. 이는 예서의 연구가 깊어지고, 심의가 재인식 되고 있는 당시 시대모습의 한 단면을 보여주고 있는 것이다.

『예기』, 「심의」편은 236자의 짧은 문구로 기술되었으며 내용은 간결하고 상징적이어서 용어들이 구체적으로 무엇을 의미하는 것인지 이해하기 어렵다. 이에 정현과 공영달 등 많은 사람들이 주석을 붙였지만 오히려 혼란만 가중시켰을 뿐, 여전히 후대 학자들은 서로 다른 다양한 해석을 하였다. 그중 가장 쟁점을 일으킨 부분은 '속임구변(續衽鉤邊)'과 '임당방(衽當旁)', '곡겁(曲袷)' 등이다.

16세기에는 『주자가례』를 거의 그대로 따르면서 『의례(儀禮)』를 중심으로 사례(士禮)를 강조하는 흐름과 『주자가례』의 틀을 따르면서 『예기』를 상대적으로 강조하는 흐름이 존재하였다.[117] 당시 유자들의 예에 관한 지침서였던 『주자가례』 또한 심의에 대해 언급한 내용이 간략했기 때문에 여러 가지 논란이 발생하여 유학자들에게 심의제도에 대한 연구와 논쟁의 열기를 불러일으켰던 것이다.

다음의 한강 정구가 사계 김장생에게 보낸 편지를 보면 당시 심의에 대한 논란이 어떠했는지 엿볼 수 있다.

"전에 한명길(韓鳴吉, 韓百謙)이 저에게 보내 준 심의제도는 제가 나름대로 만들었던 제도와 전혀 맞지 않았습니다. 그 때문에 답장을 보내 자세히 따져 논의할 생각으로 대략 초안을 만들었지만 적당한 인편이 없어 미처 보내지 못하고 있었습니다. 그때 마침 저의 문하생

116) 조호익, 상게서, p.569. "又構數架之屋, 齋曰遂志, 堂曰風雷. 深衣幅巾, 端坐其中, 左右圖書, 沉潛翫繹."

117) 고영진, 『조선중기 예학사상사』, 한길사, 1996, p.272 참조.

이 그 마을을 지나는 길이 있어 그를 만나 그 내용을 자세히 설명하였는데, 마치 제가 그의 심의제도에 동의하지 않는 것처럼 한명길은 그 설명을 듣고 전혀 받아들이지 않았다고 하였습니다. 그래서 언젠가 제대로 의견을 주고받아 시비를 가려야겠다고 생각하였는데, 미처 그렇게 하기도 전에 뜻밖에 그가 세상을 떠났다는 소식을 듣고서 깊은 슬픔을 가눌 길 없었습니다."[118] 정구는 김장생에게 편지를 보내 구암이 말한 심의제도가 자신의 생각과 많이 다르고 불합리하여 시비를 가려보려 생각했는데 그가 죽어 결론을 내리지 못했음을 아쉬워하고 있다.

김장생이 『가례집람』에 수록한 심의제도의 경우는 『주자가례』의 체제를 그대로 따르고 있다. 정구 역시 「심의제조법」에서 주자의 의견과 유사한 논의를 서술하였다.[119] 이렇게 당시 학자들 간에 심의에 관해 여러 가지 논쟁이 끊임없이 펼쳐지고 있는 가운데 구암의 방령심의설은 자신만의 독창성을 지니고 있었다.

2) 한백겸의 「심의설」의 특징

실학의 선구자로 평가받고 있는 구암은[120] 비판적 태도로 학문을 대하고 있었다. 그는 "요즘 학자들은 항상 요즘 사람들이 예전 사람만 못하다고 하면서 성현의 학설을 무조건 신봉하려고만 하고 전혀 의

118) 鄭逑, 『寒岡集』, 韓國文集叢刊 53집, 民族文化推進會, 1991, p.154. "曾蒙韓鳴吉寄示深衣之制, 與臆造賤製, 頗不合. 欲爲之奉報商確, 而略已起草, 無便未及呈送. 適被有門下友人經過拜謁, 仍詳道其曲折, 則鳴吉聞之, 甚不服猶我之不服彼製也. 將具以往復爭辨未及焉, 已忽聞渠訃, 悲恨兩深, 迨不自已也."

119) 정구, 상게서, p.268. "連續於衣裳之內外, 旁有若今常衣之法. 是所謂續衽, 而其邊之斜裁處, 必須鉤之貼之, 使不解破者, 豈非所謂鉤邊者乎? 如是則被服之際, 方是穩帖, 而隱然深邃, 實稱當初深衣命名之本義矣."

120) 남명진, 상게서, 1996, p.969 참조.

심하지 않으니, 이 또한 잘못이다."[121]라고 하였다. 구암은 성현의 어떠한 학설이라도 비판 없이 그대로 받아 들여서는 안 된다고 생각하였고, 이런 사고를 바탕으로 『예기』를 재해석하여 '방령 심의설'을 지었던 것이다.

또한 월사(月沙) 이정귀(李廷龜, 1564~1635)가 쓴 구암에 대한 민사에서 "이름은 경전 공부로 해서 드러났다.[名爲傳經著]"[122]라고 표현한 대목이 보이는데, 이로 미루어 당시 구암이 경전 연구를 깊이 하여 당대에 인정을 받았음을 알 수 있다. 그는 경전에 대한 해박한 지식과 비판적 태도를 가지고 정밀하고 폭넓은 고증을 통해 선현들이 해석한 경전의 주소(註疏)에 따른 문제점을 비판하고, 육경 본래의 의미를 찾으려 하였다.

구암 이전에 이황(李滉, 1501~1570)이 『주자가례』 본문 내용 미심쩍어 본문 내용대로 옷을 만들어보았더니 옷의 형태가 어그러져 불편했다고 하였다. 그 내용을 보면 다음과 같다.

> "『주자가례』와 『주자대전』의 글과 심의도(深衣圖)에 따르면, 상(裳)의 앞뒤 폭은 각각 6폭이다. 앞부분은 왼쪽이 오른쪽을 덮어 겹쳐져서 6폭이던 것이 3폭이 되는데, 그대로 6폭의 너비인 뒷부분과 맞아야 하니 그 모양과 제도가 어그러져 서로 맞지 않는 점을 늘 의심했다. 그래서 구준의 방법을 써도 될 듯 했지만 지금 제작한 것은 구준의 설을 이용하지 않고 『주자가례』의 방식만을 따라 상의 4폭과 하상 12폭으로 제작하였더니, 앞뒤 폭도 어그러지지 않아 착용하기에 편하였다. …… 구준의 방법을 이용하면 곡겁(曲袷)에는 맞지만 너무 천착하여 새로운 제도를 만들어냈다는 혐의

---

121) 한백겸, 상게서, p.176. "後之覽者, 每以古今人不相及, 必欲奉信, 而不敢疑, 其亦過矣."

122) 李廷龜, 「挽韓參議鳴吉」 『月沙集』 제18권 倦應錄下, 韓國文集叢刊 69집, 民族文化推進會, 1991, p.417.

가 있을 듯하다. 이제 『주자가례』에 의거하여 자연스럽게 본체를 얻게 되었지만 곡겁의 경우 약간 미흡한 점이 있을 뿐이다.”[123]

이황은 『주자가례』와 『주자대전』의 글과 심의도를 분석해서 앞뒤의 너비가 일치하지 않아 옷 모양새가 어그러짐을 발견하고 의문을 품었다. 그럼에도 그는 구준의 방식을 따르지 않고, 『주자가례』의 제도를 적극 따르고 있는 모습을 보이고 있다. 16세기 후반으로 오면서 이처럼 주자의 심의 제도를 따르는 분위기에서 거기에 부분적 오류와 미흡한 점이 있다고 생각하여 그것을 적절하게 재해석 하거나 수정하려는 분위기로 변화하고 있었다. 구암 역시 이런 시대흐름과 무관하지 않았을 것이다.

『주자가례』의 심의 착용 법은 양쪽 옷섶을 교차하여 가리는 것[交衽]이다. 양쪽 옷섶을 교차해서 왼쪽 옷섶을 우측 옆구리로 오게 하고, 오른쪽 옷섶을 좌측 옆구리로 오게 하면 양 깃은 방(方)의 모양이 이루어진다.[曲袷] 이것이 ‘곡겁은 구(矩)처럼 만들어서 반듯함[方]을 상징한다.[曲袷如矩以應方]’는 경문에 부합하는 방식이라고 주자는 생각하였다. 그러나 그 모양이 비록 각진 모양일지라도 정방이 아니라 일종의 마름모[斜方]가 되는 까닭에 경문과 부합하지 않는다는 의문이 제기된다.[124] 구암은 이러한 의문을 가지고 『주자가례』의 가치는 존중하지만 주자 앞에 『예기』 경문을 놓아두고, 주(註)

123) 李滉, 『退溪集』 권29, 「答金而精」 韓國文集叢刊 30집, 民族文化推進會, 1989, p.209. “滉常疑家禮及大全書深衣圖, 裳前後各六幅, 前則以左揜右, 疊六爲三, 以當後仍六幅之廣, 其形制相舛不相應. 故丘氏之法, 宜若可用, 今所裁製, 不用丘說. 只依家禮衣身四幅裳十二幅之制, 其前後廣狹, 亦不相舛, 便於著用. 所以然者, 其前六幅, 自分左右在兩旁, 不以相揜故也. 然則衣四裳十二非誤, 乃作圖者, 誤爲相揜, 以應曲袷之說耳. 用丘制則宜於曲袷, 而似嫌於太鑿爲新制. 今依『家禮』, 自爲得體, 但於曲袷, 微有未恰耳.”

124) 유권종, 상게논문, p.89 참조.

나 소(疏)에도 얽매이지 않고 『의례』, 『시경』, 『이아(爾雅)』 등 고례(古禮)와 육경(六經)을 근거로 하여 경문 자체를 훈고와 고증의 방법으로 해석하였다.

구암은 먼저 경서를 읽는 방법에 대해 이렇게 말하고 있다.

"경서를 읽을 때마다, 한 글자의 주석도 그 사이에 섞지 않고, 다만 원문만을 차분하게 곰곰이 그 의미를 생각하면서 오랜 시간 동안 읽다보면 거의 저자의 본뜻을 이해할 수 있을 듯하였다."[125)]

즉 구암은 이해를 돕기 위해 『예기』 경문에 붙인 주나 소에 의해 오히려 본의가 왜곡 되어 경서 본문의 의미가 흐려진다고 보고, 『예기』 경문 자체를 숙독하여 본래 의미를 궁구하라는 것이다. 그의 이와 같은 학문 태도로 인해 쟁점이 되고 있는 「심의」편의 '속임구변(續衽鉤邊)'에 대해 전혀 다른 해석을 할 수 있었던 것이다.

> "속(續)은 연결되었다는 뜻이다. 『의례(儀禮)』, 「상복(喪服)」편에 '소매는 폭에 연결되어 있다.[袂屬幅]'[126)]고 하였으니, 고자(古字)에 '속(續)'과 '속(屬)'은 통용되었다. 임(衽)은 옷 앞의 양쪽 섶[襟]이다. 옛날 옷은 다 웃옷과 치마로 이루어져 있는데, 치마는 한 면으로 허리를 둘러 앞면이 절대로 벌어지지 않게 하였다. …… 그러나 심의만은 웃옷과 치마가 한데 연결되어 옷깃에서부터 치마 밑단까지 한쪽이 벌어져 있다. 그리하여 딴 폭으로 옷섶[衽]을 만들지 않고, 다만 양 섶이 나란히 내려가 약간 서로 맞닿아 연결시켰기 때문에 '속임(續衽)'이라고 한다. 양쪽 섶이 서로 덮지 못하면, 반드시 단추[돌마기][127)]를 달아 좌우 양편을 채워 놓는다. 그런 뒤에는 벌어질 염려가 없기 때문에 또 '구변(鉤邊)'이라고 하였다. 지금의 배

125) 韓百謙, 『久菴遺稿』, 韓國文集叢刊 59집, 民族文化推進會, 1990, p.163. "每讀經書, 不用一字訓詁參錯其間, 直將白本, 平心玩索, 積有年紀, 庶幾或得作者之意."

126) 『儀禮』 권11 "袂屬幅, 屬猶連也, 連幅謂不削"

127) 돌마기는 단추의 방언(평북)으로 현재는 달마귀로 쓴다.

기령(箕排領)[돕지][128]은 바로 심의의 유제(遺制)이다."[129]

구암은 『의례』, 「상복」편을 근거로 임(衽)이 옷 앞의 양쪽 섶이라고 보고, 윗도리와 치마가 한데 연결되어 양 섶이 나란히 맞닿아 연결되어 있는 것을 '속임(續衽)'이라고 해석하고 있다. 이는 이전의 다른 유학자들에게서는 찾아볼 수 없는 독특한 것이었다. 또한 그는 '구변'은 지금의 단추 종류인 돌마기[結紐]를 양쪽 섶이 벌어지지 않도록 달아놓은 것이라고 하고, 일종의 대금(對襟)[130]에 해당하는 배기령(箕排領)[돕지]을 심의의 유제(遺制)라고 하였다. 구암은 또한 속임과 구변이 모두 깃의 모양과 긴밀한 관련이 있음을 다음과 같이 설명하고 있다.

"『예기』에 '포방부승(抱方負繩)'이라 하였는데 뒤는 곧게 내려오고 앞은 모나게 되었으니 또한 매우 확실하고 분명하지 않은가? 방령을 만들려면 부득불 속임(續衽)을 해야만 하고, 속임을 하려면 또 구변(鉤邊)을 해야만 하니, 세 가지 일이지만 실제로는 서로 연관이 되어 있다. 주자가 말하기를 '양쪽 섶이 서로 덮여 깃이 겨드랑이 밑에 있게 되면 양쪽 동정이 합쳐지는 부분은 자연히 모나게 된다.'[131]라고 하였다. 만일 별도의 폭을 써서 깃을 만들지 않고 두 섶을 끌어다가 겨드랑이 밑에 닿게 하려고 한다면, 옷이 답답할 수

128) 돕지는 갑옷이나 마고자 따위의 옷깃 아래에 달린 긴 헝겊. 앞이 여며지지 않고, 두 쪽이 나란히 맞닿아 있다.

129) 한백겸, 상게서, p.163. "續, 連也. 『儀禮』, 「喪服」 篇曰: '袂屬幅.'續與屬, 古字通用. 衽, 衣前兩襟也. 古衣皆爲上衣下裳, 裳從一邊圍腰, 前面固已不分開矣. 別用一幅布, 交解裁之, 上尖下廣, 分綴於衣之兩襟. …… 惟深衣, 衣與裳連綴, 自領下至裳末, 一面分開. 不用別幅爲衽, 只兩襟對下, 纔相連續, 故云續衽. 兩衽既不得交掩, 則須用結紐, 【돌마기】, 左右交鉤. 然後可無分開之患. 故又云鉤邊, 今之箕排領, 【돕지】, 卽其遺制也."

130) 대금은 마주하면서 겹치지 않는 두 섶이 있고, 가슴 가운데 부분에 단추가 달려 있는 웃옷을 말한다.

131) 朱熹, 『家禮』 권 1, 「深衣制度」, 학민문화사, 2001, p.68. "兩襟相掩, 衽在腋下, 兩領之會自方."

밖에 없으니, 몸을 편하게 하기 위한 의복을 이렇게 만들지는 않았을 것이다. 그리고 비록 억지로 서로 가리게 한다고 해도 곡겁은 모난 모양이 되지 못할 것이다."[132]

그리고 『예기』, 「옥조」에 나오는 임당방(衽當旁)의 '방(旁)'에 대해 다음과 같이 해석 하였다.

"「옥조」에 이르기를 '임(衽)은 가장자리에 해당 된다.[衽當旁]'[133]라고 하였는데, 가장자리는 즉 천[布] 폭의 가장자리이다. 정현이 옆을 사람의 양옆이라고 오인하였다. 그러므로 임(衽)자를 설명할 때 무리하게 해석하려 해서는 안 된다. 치마폭[裳幅]이 서로 맞닿는 데를 다 임이라고 한다. 임은 본래 옷섶이 마주 닿는 곳의 명칭이기 때문에 대체로 두 물건이 서로 마주 닿는 곳을 비유해서 말한 적도 본래 있었다. 예를 들면 『예기』, 「단궁(檀弓)」에 이르기를 '임은 묶을 때마다 하나씩 사용한다.'[134]라 하였는데, 주석을 한 사람은 '소요(小要)[135][銀錠]로 관과 덮개를 연결하기 때문에 명칭을 '임'이라고 했

132) 한백겸, 상게서, p.163. "經曰: '抱方負繩.' 繩在背而方在前, 不亦皎然明甚乎? 蓋爲方領則不得不爲續衽, 爲續衽則不得不爲鉤邊, 雖爲三事, 而實相因也. 朱子曰: '兩襟交掩, 衽在腋下, 則兩領之會自方.' 若不用別幅爲衽, 必欲牽引兩襟, 至於腋下, 則將不勝其拘攣, 便身之服, 恐不如此. 而雖强令交掩, 亦未見曲衽如矩之狀矣."

133) 『예기』 권9 「옥조」 "朝玄端, 夕深衣. 深衣三袪, 縫齊倍要, 衽當旁, 袂可以回肘."

134) 『예기』 권2 「檀弓 上」의 내용은 다음과 같다. "천자의 관은 4중으로 한다. 물소와 외뿔들소의 가죽으로 만든 혁관을 씌우는데 그 두께는 3촌이고 피나무로 만든 관이 한 겹이며 가래나무로 만든 관이 두 겹이다. 4중의 관이 다 상하와 사방을 둘러싼다. 관을 묶는 데는 세로 두 번 가로 세 번 묶고 은정은 매 한 묶음에 하나씩이다. 잣나무로 만든 곽은 잣나무의 머리로 만드니 그 길이는 6척이다.[天子之棺四重, 水兕革棺被之, 其厚三寸, 杝棺一梓棺二, 四者皆周, 棺束縮二衡三, 衽每束一, 柏椁以端, 長六尺.]"

135) 소요는 관과 관 뚜껑의 모서리를 이어 붙이는 도구인 衽으로, 옛날에는 관에 못을 사용하지 않고 나무를 깎아 만든 임과 가죽 끈을 썼다. 임의 모양새는 양쪽 끝은 크고 가운데는 가늘어서 나비 모양으로 생겼는데, 한나라 때에는 小要라고 불렀으며, 우리말로는 나비은장이음이라고 부른다.

다'고 한 것이 그것이다. 어디에 치마폭이 바로 임이라고 한 데가 있는가? 또 윗옷과 치마가 한데 연결되었으면 치마의 양쪽 가장자리가 모두 앞에 있으니 좌우를 봉합해야하는 것은 다시 말할 필요가 없다."[136]

구암은 『예기』, 「단궁」에 나온 구절을 근거로 정현이 '임이 몸의 양 옆에 있다'고 주석을 단 것은 잘못되었다고 주장한다. 그는 임은 두 물건이 서로 마주 닿는 곳을 의미하는 것으로 보고 천[布] 폭의 가장자리라고 설명하였다.

정경세 역시 '임의 양쪽 곁이 서로 마주 닿는 곳이라는 말이지, 임(衽)이 몸체 곁에 있음을 말함이 아니다'[137]라고 하여 정현의 주장이 잘못되었다고 하였다.

또한 '심의삼거(深衣三袪)' 구절에 대해서도 경서원문에 의거해 다음과 같이 종래 학자들과 다른 해석을 내놓고 있다.

> "또 『예기』, 「옥조」에 '심의는 거(袪)가 셋이다.'[138]라고 하였는데 여러 학자들은 대부분 허리둘레라고 해석하였다. 내가 본문의 문의(文義)를 자세히 살펴보니, 만일 '심의의 허리둘레는 거의 3배이다.[深衣腰三袪]'라고 하였다면 여러 학자들의 말처럼 그렇게 해석할 수 있다. 그러나 지금 다만 '심의는 거가 셋이다.[深衣三袪]'라고 하였는데, 이것을 허리둘레라고 설명하였으니 어찌 억측이 아니겠는가? 내 생각에는 소매부리[袖口]를 거(袪)라고 한 것 같다. 좌우 소매에 이미 거가 있고, 양 소매 사이에 있는 방령은 소맷부리와 같기 때문에 거가 세 개라고 한 것이다. 아마 심의에 방령을 단다는 것

136) 한백겸, 상게서, p.164. 「玉藻」 云: "衽當旁." 旁卽布幅邊旁也. 鄭氏錯認旁爲人身兩旁, 故說衽字, 不去强解. 凡裳幅交解處, 皆謂之衽也. 衽本衣襟交接之名, 故凡兩物連接, 借以爲喩則固有之. 「檀弓」 曰: "衽每束一." 釋之者以小要[銀錠], 連合棺與蓋之際, 故亦名爲衽是也. 何嘗直以裳幅爲衽乎? 且衣裳連綴則裳之兩邊, 皆在前面, 左右縫合, 更不須言也.

137) 정경세, 『愚伏集』 제9권 「答權仲明盼論深衣 戊辰」, 韓國文集叢刊 68집, 1991, p.176. "禮所謂衽當旁者, 謂衽之兩旁相當, 非謂衽在身旁也."

138) 『禮記』, 「玉藻」, "深衣三袪, 縫齊倍要, 衽當旁, 袂可以回肘."

을 좀 더 명확하게 하려고 말한 것 같다."[139]

이러한 해석을 통해 구암은 목둘레가 네모반듯한 방령(方領) 심의설을 제시하게 되었다.

이상에서 살펴본 방령 심의설에 나타난 구암의 경전해석 특징은 크게 두 가지로 정리해 볼 수 있다.

첫째, 원문에 충실하여 주석에 함몰되지 않고, 『예기』 경문의 본래 의미를 파악하려는 주체적 학문 태도이다. 당시 조선에서 예의 기준서로 절대적 위치를 차지하고 있던 『주자가례』에 의문을 제기하고, 주석을 배제한 『예기』 원문만을 가지고 문의를 해석하여 자신만의 독창적인 이론을 완성한 것이다.

둘째, 강해(强解)하지 않고 본문에 놓인 글자를 존중하려는 경전 해석방법이다.

그는 『시경』이나 『설문(說文)』, 『이아(爾雅)』 등의 서적들을 이용한 훈고와 고증으로 경전 안에서 글자의 쓰임을 찾아내어 경진의 본의를 밝히려 노력하였다.

3) 「심의설」이 후대에 끼친 영향

구암은 자신만의 독창적인 방령 심의설을 서술하면서 다음과 같은 말을 하고 있다.

"만일 예를 좋아하는 학자들이 이것을 계기로 의문을 품어 실마리를 찾아내는 단서로 삼는다면, 고례를 회복하는 데 매우 다행스러운

139) 한백겸, 상게서, p.165. "且「玉藻」曰: '深衣三袪.' 諸家皆以腰縫之圍釋之. 竊詳其文義, 若云深衣腰三袪則誠如諸家之說. 今只云深衣三袪, 而指爲腰圍, 豈非扤捏乎? 恐其不然也. 愚意以爲袖口曰袪, 左右袖旣有袪, 兩袖中間, 又有方領如袖口, 故云三袪, 蓋欲以明深衣之爲方領也."

일이 아니겠는가."[140]

『예기』 속에 담긴 원 뜻을 탐구하여 심의 본래의 모습을 회복하려고 했던 구암은 자신의 새로운 '심의설'이 고례로 복귀하는 시발점이 되기를 바랐다. 즉, 심의는 예를 갖추는 하나의 형식으로 예를 갖추기 위해서는 근본이 되는 옛 제도를 회복해야 한다고 생각한 것이다. 이러한 구암의 '방령 심의설'에 대해 학자들 사이에서는 비판하기도 하고, 동조하기도 하는 등 상당한 논란이 일어났다.

정경세는 『우복집』, 「답권중명(答權仲明)」에서 구암이 경문의 내용을 자의적으로 확대 해석했다고 비판하였고,[141] 김장생은 "「의례문해(疑禮問解)」에서 『주자가례』 본문의 심의 제도가 『예기』, 「옥조」 및 「심의」편의 것과 다르지 않아 심수(深邃)한 의미를 잃지 않았는데, 무엇하러 굳이 새로운 해석을 할 필요가 있느냐."[142]고 하였다. 정구는 『한강집』에서 그의 해석이 제도와 전혀 맞지 않는다고 비판하였다. 또한 서유구(徐有榘, 1764~1845)는 『임원십육지(林園十六志)』에서 구암 심의설의 네모난 깃이 억측이라고 지적하였다. 예를 들면 규(規)의 경우 소맷부리에 이르러 약간 둥글게 되는 것을 의미하는데, 유독 곡겁(曲袷)만 반드시 정방의 형태를 만들어야하는지 반문하며 함부로 일설을 만들었다고 비난하고 있다. 성해응(成海應, 1760~1839)은 『연경재전집(硏經齋全集)』, 「심의고(深衣考)」에서

140) 한백겸, 상게서, p.166. "如或好禮君子, 因此起疑, 以爲紬繹之端, 則其於復古之制, 豈勝幸甚."

141) 우복은 구암이 경문의 내용을 자의적으로 확대 해석했다고 보고 있으며 그가 죽어 시비를 변론할 수 없음을 아쉬워하였다. 정경세, 상게서, 「答權仲明」, p.176. "惟久庵說, 久已得見, 亦不能盡記, 然心中竊嘗疑之. 今請略論, 只恨不得起九原人相與評訂耳. 所謂衣取便身, 不必盡拘禮經云者. 乃因劉說而推廣之. …… 其果於自是甚矣."

142) 김장생, 『沙溪全書』 권35, 「疑禮問解」, 「深衣」 "以家禮本文裁之, 不悖於玉藻及深衣篇, 亦不失深邃之義, 何必創意新製與家禮有異也." 한국고전번역원, 고전번역 종합db, http://db.itkc.or.kr (검색일: 2014. 07. 05)

구암이 '임(衽)'에 대한 해석을 억측하였다고 비판했다.[143]

이렇게 비판하는 학자들이 있는 반면 유형원은 『반계수록』에서 한백겸의 '심의설'대로 따른다고 하였고,[144] 이익(李瀷, 1681~1763)은 구암의 설을 따라 방령양식의 심의를 착용하였다.[145] 이규경(李圭景, 1788~?)은 『오주연문장전산고(五洲衍文長箋散稿)』에서 하나의 의복으로 입을만하다는 견해를 보였다.[146] 이들은 모두 실학자들로서 『예기』의 본뜻을 밝히려 한 구암의 자세를 인정한 것이다. 그 후 한백겸의 심의제는 그 맥이 계속 이어져 직령심의와 더불어 근래에 이르기까지 두 개의 큰 맥을 이루며 널리 사용되었다.

구암의 방령 심의설의 의미는 다음의 세 가지로 정리해 볼 수 있다.

첫째, 경전 해석에서 자의(字意)의 중요성을 인식하고, 정밀하고 폭넓은 고증을 통한 해석으로 방령심의 양식이라는 새로운 심의제도를 만든 독창성이다.

둘째, 당대는 물론 후대에 까지 심의설에 대한 관심과 논의를 증폭시켰다는 점이다.

셋째, 후기 실학자들의 실용적 복식 개념에 대한 이론적 단초를 제

143) 성해응은 구암이 억지로 풀이하였으며, '衽'에 대한 해석은 합당치 못해 심의의 본래 뜻과 맞지 않는다고 비판 하였다. 成海應, 『研經齋全集外集』 卷十五 「禮類 深衣考」, 韓國文集叢刊 276집, 2002, p.37. "案韓氏說, 多涉强解, 先儒或短之, 盖以禮服喪服之衽. 釋深衣之衽, 已不相當, 且結紐之制, 未知邃古有此."

144) 유형원은 그의 『반계수록』 제25권 續篇上에서 "심의는 한씨의 설에 의한다. [深衣依韓氏說]"는 제목 아래 구암의 심의설을 인용하였다. 한국고전번역원, 고전번역 종합db, http://db.itkc.or.kr (검색일 : 2014. 07. 05)

145) 현재 남아 있는 이익의 초상화는 李秉休(1742~1802)가 그린 것으로 방령심의를 입고 있다. 강경원, 『李瀷』, 성균관대학교 출판부, 2002. 이익초상화 [그림 11] 참조.

146) 李圭景, 『五洲衍文長箋散稿』, 抱方負繩. "柳馨遠磻溪亦嘗取韓說. 大抵韓所定者, 雖不知合於古者深衣之制, 而自爲一衣, 儼然可服." 한국고전번역원, 고전번역 종합db, http://db.itkc.or.kr (검색일: 2014. 07. 05)

공하였다는 점이다.

이덕무(李德懋, 1741~1793)는 『청장관전서(靑莊館全書)』에서, "심의는 매우 간편한 옷으로 상하가 같은 이름으로 사용하는 것을 꺼리지 않고, 길흉에 같은 제도를 사용하며, 남녀가 같이 입는 것을 혐의치 않으니, 그것은 척수에 관계없이 인체의 장단에 따를 뿐이기 때문이다. 그런데 지금 사람은 척수에 얽매여서 (넓고 길게 만듦으로) 그 넓고 긴 것을 감당하지 못하여 거의 수족을 제대로 움직이지 못하는 형편에 이르렀다"[147]고 비판하면서도 심의를 사례(四禮)에 사용하도록 권장하고 있다. 또한 그는 유형원도 구암의 설을 취하였다고 하면서, 구암의 방령심의에 대해 자세히 소개하고 입을 만하다고 인정하는 모습을 보인다.

유형원은 『반계수록』, 「의관제도(衣冠制度)」편에서 "우리나라는 중국과 거리가 4천 리도 채 안되고 참으로 오복제후(五服諸侯)[148]나 다름이 없는데 의관은 부끄러울만한 것이 많이 있습니다. 제대로 된 의복의 그림과 모양을 갖추어 올리니 청컨대 이것을 공조(工曹)에 내리고, 전국에 널리 알려 의복을 고쳐 만들게 하소서."라고 하면서 심의는 구암의 심의설을 따른다고 하였다.[149] 조선후기 지배체제의 모순을 극복하고자 새로운 경세론을 펼친 그의 국가개혁론 가운데 복식에 관한 내용은 결국 구암의 심의설을 기본으로 하고 있는 것이다.

147) 李德懋, 『靑莊館全書』 권 8, 韓國文集叢刊 257집, 2000, p.143. "深衣至簡便之服, 故上下不嫌同名, 吉凶不嫌同制, 男女不嫌同服, 以其不言尺度, 隨人體之長短而已. 今人拘於尺度, 不勝其廣長, 幾不得運手移足."

148) 王畿를 중심으로 5백 리마다 한 구역씩 설정했던 곳의 제후를 말한다. 오복은 侯 · 甸 · 綏 · 要 · 荒, 또는 侯 · 甸 · 男 · 邦 · 采라고도 한다. (『書經』, 益稷, 「康誥」 참조.)

149) "況我箕邦, 距京師不滿四千, 實與五服諸侯無異, 而衣冠多有可羞者. 臣謹具圖樣以進, 請以此下于工曹, 頒于八道, 使之改作, 深衣依韓氏說." 『磻溪隨錄』 제25권 續篇上 한국고전번역원, 고전번역 종합db, http://db.itkc.or.kr (검색일: 2014. 07. 05)

유형원의 사상과 국가 건설안이 담긴 『반계수록』은 그의 생존 시에는 거의 알려지지 못하고, 관심을 끌지 못하다가 새롭게 조명을 받은 것은 실학자들이 활약했던 18세기에 이르러서였다. 따라서 그의 이러한 복식관은 이익과 그의 제자 안정복(安鼎福, 1712~1791)에게 영향을 준 것은 물론 다른 실학자들에게도 영향이 있었을 것으로 짐작할 수 있다.

유휘문(柳徽文, 1773~1833)은 그의 문집인 『호고와문집(好古窩文集)』에 방령심의를 수록하였다([그림 7] 참조). 그는 심의제를 논하면서 『예기』의 각 구절에 대해 중국과 한국의 여러 문헌을 이용하여 문헌적 고증을 한 후 자신의 심의 만드는 법을 기술하였다. 수록된 방령심의는 구암의 방령심의로부터 200여년이 지난 후에 그 맥이 이어져 다시 제시된 점에서 그 의의가 크다 하겠다.[150]

그 후 19세기에 이르러 방령심의가 본격적으로 등장하게 되는데, 허전(許傳, 1797~1886)은 『사의(士儀)』에서 구암의 방령심의를 보완하여 양 섶이 여며지며, 깃의 네모난 모양이 길어진 형태의 방령심의를 제시하였다.[151]

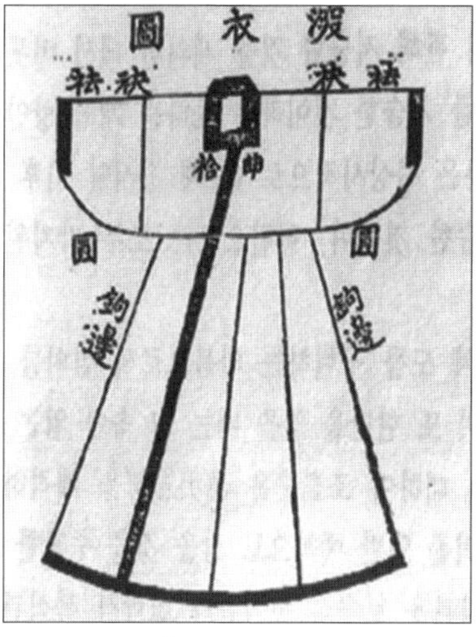

그림 7. 『好古窩文集』 심의도.

구암은 『예기』에 실려 있는 심의제도가 주와 소에 의해 더 혼란스럽게 되었다고 보았다. 나아가 주자의 만년의 설과 『주자가례』에 나와 있는 것이 같지 않다는 점에서 『주자가례』에 의문을 제기하여, 『의례』의 「상복」, 『시경』, 『이

150) 정혜경, 상게서, p.132 참조.

151) 방령심의를 입은 허전의 초상화가 현재 경기도 박물관에 소장되어 있다. [그림 10] 참조. (경기도박물관, 『초상, 영원을 그리다.』, 2008, p.104.)

아』 등의 경전 원문을 근거로 해박한 고증을 하고, 자의(字意)를 중요시 하면서 『예기』 본문에 대한 정밀한 해석을 함으로써 독자적인 심의를 고안하였다. 이것은 고례에도 부합하고 착용하기에도 편리한 심의연구에 대한 물꼬를 틔웠고, 당시는 물론 후대까지 심의설에 대한 관심과 논의를 증폭 시켰다.

또한 의미 있는 것은 후기 실학자들의 실용적 복식 개념에 대한 단초를 제공하였다는 점이다. 방령심의는 구암이 고증한 이후로 『예기』의 주소 및 『주자가례』에 대한 주석이 잘못되었다는 비판 의식 아래 『예기』의 심의제도를 회복하려는 성향으로 꾸준히 연구되었다. 이 새로운 양식의 심의는 그 후 유학자들에게 널리 착용되었으니, 장현광(張顯光, 1549~1637)의 『여헌집(旅軒集)』, 「배문록(拜門錄)」에도 구암의 심의를 제작해서 입은 내용이 보인다.[152] 특히 구암의 방령심의는 유형원 등 여러 실학자들에게 영향을 주었으며, 그 후 유휘문과 박규수, 허전 등에 의해서 옷깃이 여며지는 좀 더 실용적이고 편리한 형태로 변화 발전하였다.

19세기 중엽 이항로와 이항로의 문인들이 방령심의를 주로 입은 것은 이 시기에 나타난 민족적 위기에 대한 대응으로서 유교적 사회규범을 고수하기 위한 하나의 방편이었으며 전통복제 즉 고례의 회복을 바랐기 때문이기도 하다.[153]

'방령 심의설' 에 대한 구암의 창의적인 주장은 후기 실학자들에게 많은 영향을 주었지만, 일각에서는 그가 훈고하고 고증하는 데 있어서 지나치게 자의적으로 해석했다는 비판도 있다.[154]

---

152) "이때 선생이 심의와 幅巾을 새로 만들었으니, 이는 芝山 曺好益과 淸州 韓百謙의 제도를 따른 것이었다.[時先生新製深衣幅巾, 蓋用曺芝山好益, 韓淸州百謙之制也.]" 張顯光, 『旅軒集』 韓國文集叢刊 60집, 民族文化推進會, 1991, p.440.

153) 정혜경, 상게서, p.148 참조.

154) 유권종, 상게 논문, p.100 참조. ; 이상은 필자의 「久菴 韓百謙의 方領深衣說 硏究」(『漢文古典硏究』 第29輯, 2014, p.248~272.)를 수정, 보완한 것이다.

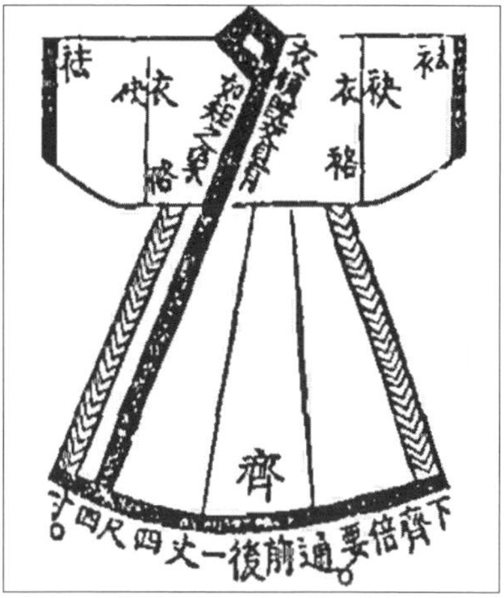

그림 8.『家禮輯覽圖說』 심의도.

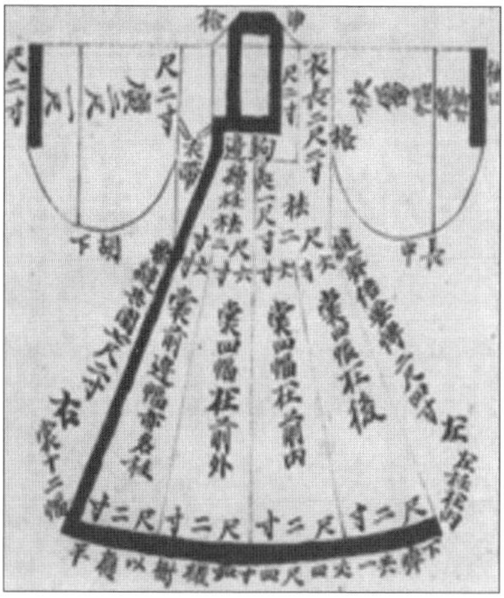

그림 9.『士儀』 심의도.

그림 10. 심의를 입은 허전 초상.

그림 11. 심의를 입은 이익초상.

3. 「공물변통소」의 시대적 의미

1) 조선시대 공물제도

조선시대 공물제도는 각 지방의 토산물을 조정에 바치게 한 것이었는데, 부담이 불공평하고 수송과 저장에 불편이 많았다. 또 방납(防納),[155] 그 지역에서 생산되지 않는 공물의 배정, 공안(貢案)의 증가 등 관리들의 모리 행위 등의 폐단은 농민부담을 가중시켰고 국가수입을 감소시켰다. 이에 대한 모순을 시정하기 위하여 이이는 선조 2년(1569) 다음과 같이 대공수미법(貸貢收米法)을 건의하였다.

> "역대 임금들은 방납을 엄하게 금지시켜 모든 공물은 오직 백성이 직접 관청에 공납하게 했고, 해당 관청 또한 임금의 뜻을 받들어 아전들에게 기만당하지 않았다. 그래서 농간질이나 실상을 모르게 하는 폐단이 없었기 때문에 백성들이 공물 때문에 시달리지 않았던 것이다. 그런데 세도(世道)가 점점 낮아지고 폐습이 날로 늘어나 간악(奸惡)하고 교활(狡猾)한 아전들이 모든 것을 사사로이 비축해 두었다가 관청을 우롱하고 백성을 가로막아 백성이 아무리 좋은 물건을 가져왔더라도 끝내 억제하고 받아들이지 않고 반드시 자기들이 준비해 둔 물건을 선납(先納)한 후에 백성에게 백배의 값을 요구하였다. 국법이 퇴폐하여 그것을 막을 수 없게 된 지가 오래되어 나라에서 쓰는 것은 조금도 증가되지 못하고 민간은 이미 살림이 텅비게 되었다. 근래에 와서 비록 이것을 개혁하려 하나 그 요령을 알지 못하여 오직 백성으로 하여금 스스로 납부하게만 하고 알맞은 대책을 세우지 못하고 있다. 백성이 공물을 스스로 준비할 수 없게 된 지가 오래되었는데 하루아침에 방납이 철폐되었다는 소식을 들

155) 상인 · 관원이 백성 대신 공물을 대납해주고 그 대가로 막대한 이자를 붙여 착취하는 것을 말한다.

고 보니 공물을 마련할 길이 없어 할 수 없이 비싼 값을 준비해서 옛날에 방납하던 무리들에게서 사지 않을 수 없게 되었는데 그들은 깊이 감춰 두었다가 그전 값의 배를 요구하기 때문에 겉으로 방납의 이름은 없어졌으나 실제로 방납의 폐해는 더 심하게 되었다. …… 해주(海州)의 공물법을 보면, 논 1결(結)마다 쌀 한 말을 징수하는데 관청에서 스스로 비축해 두었던 물건을 서울에 바치기 때문에 백성들은 쌀을 내는 것만 알고 농간하는 폐단에 대해 전혀 모르니 이것이 참으로 오늘날의 백성을 구제하는 좋은 방법이 될 수 있다. …… 대신과 해당 관서로 하여금 8도의 도적(圖籍)을 모두 가져다가 그 인구의 줄어들고 불어남과 전결의 많고 적음, 산물이 풍부하고 박한 것을 강구하여 공물을 다시 부과하되, 그 경중(輕重)을 균등하게 하고 국용(國用)에 절실하지 않은 공물은 양을 적당하게 삭감하여, 반드시 8도 고을에서 마련하는 방법을 모두 해주의 1결 1두와 같이 한 연후에 그 법령을 반포한다면 어찌 행하지 못할 염려가 있겠는가."[156]

임진왜란으로 군량 부족에 봉착한 조정은 공물 대신 미곡을 납세하도록 장려하였지만, 미곡 납세로 군량을 조달하려던 조정의 당초 목적을 달성하기는 어려웠다. 이에 전쟁이 소강상태로 접어든 선조 27년(1594), 영의정 유성룡(柳成龍)이 1결에 쌀 2말씩을 징수하는 '대공수미법'을 제안하고, 그 해 가을부터 전국에 시행하였지만, 징수되는 쌀의 양도 매우 적은데다 수시로 현물로 징수하는 바람에 시행한 지 1년도 되지 않아 폐지하였다.

156) 李珥『栗谷全書』제15권「雜著」韓國文集叢刊 44, 1989, p.316.

2) 구암 「공물변통소」의 특징

임진왜란이 끝나자 농민의 공납 부담이 높아지면서 공납의 폐해는 다시 발생했다. 한백겸이 1608년(선조 41)에 호조 참의를 사직하면서 사직소와 함께 올린 「공물변통소」는 공물제도의 폐단을 구체적으로 지적하여 공물 대신 쌀로 거둘 것을 주장하는 내용이다. 이것은 이전에 유성룡이 제기했던 1결당 쌀 2두씩 거두는 '대공수미법'의 내용을 보완한 것이다. 유성룡은 간사한 아전들이 조종하고 농간을 부려 백성들을 괴롭게 하는 공물법을 고쳐서 공물을 쌀로 받아 백성의 궁핍을 구휼하고 동시에 군량을 보충하자는 의도에서 제안한 것이다.

구암은 오랜 기간 지방관으로 재임하면서[157] 목도한 민생의 어려움을 뼈저리게 느꼈다. 그래서 「공물변통소」를 통해 공물로 인해 고통 받는 백성들을 구제하고 임란 후 어지러워진 국가를 개혁하려는 의지를 표출하고 있다. 그는 다음과 같이 개혁의 필요성에 대해 말하고 있다.

> "신이 지나간 역사를 두루 살펴보니, 오래된 법치고 폐단이 없는 경우는 없지 않았습니다. 오직 시대에 맞게 변통하여 일에 맞게 잘 결정해서 상규에 얽매이지 않고 법 이상의 의미를 알 수 있는 자라야 비로소 함께 다스림을 이야기 할 수 있습니다. 혹 융통성 없이 하나에만 얽매인 이들은 '선왕이 만드신 법이니 반드시 지켜야지 어겨서는 안 된다.'라는 말 뿐이니 그렇다면 그런 사람들은 신이 정녕 아는 바가 아닙니다. 삼가 바라옵건대 전하께서 결단하셔서 시행하신다면 백성들에게 반드시 이로움을 줄 것입니다."[158]

157) 구암은 1595년 안악 현감을 시작으로 1600년에 영월 군수, 1604년에 청주 목사를 거쳐 1607년 호조 참의가 되었다.

158) 한백겸, 상게서, p.185. "臣歷觀前史, 未有法久而不弊者也. 惟在隨時通變, 臨事善斷, 不屑屑於常規, 而能得法外意者, 始可與語爲治矣. 其或膠柱而鼓瑟, 刻舟而求劍曰, 先王成憲, 所當遵守而勿失云爾, 則非臣之所敢知也. 伏願殿下斷而行之, 於民必有所濟."

「공물변통소」에서 구암이 건의한 내용은 다음 3가지로 요약할 수 있다.

첫째, 유성룡이 제기한 법은 8도 전체가 거리에 관계없이 밭 1결마다 쌀 2말씩을 내는 것이어서 연해 지방이나 산간 지방의 경우 운반비가 더 든다는 점이 간과되었다. 구암은 이러한 점을 지적하고 지방백성에게는 운송이 편리한 포(布)로 거둘 것과 공물에 군향미(軍餉米)를 포함해서 거두지 말 것을 건의하였다.

둘째, 필요한 물건을 호조(戶曹)에서 직접 매매하면서 장사꾼처럼 값을 깎아 시장 백성들이 원망하는데, 물건을 사들일 때에 모두 후하게 일정한 값을 주어 풍년이나 흉년에도 가격변동이 없게 해서 방납(防納)하는 자들에게 일정한 법이 있음을 알게 하라고 건의하였다.

셋째, 경상 · 전라 · 충청도 에서는 본래 삼(蔘)이 생산되지 않는데 공물로 산삼(山蔘)을 바치라고 하는 것은 백성을 괴롭히는 짓이다. 그러므로 정부에서 산삼 값을 높이 책정해 개성과 한성의 두 고을의 백성들에게 마련하도록 한다면, 그 이외 지역의 백성들은 괴로움에서 벗어날 수 있으니 그렇게 해 줄 것을 건의하였다. 그리고 부족한 부분은 전결(田結)[159]에서 융통하여 쌀이나 혹은 포로 거두면 산삼 가격은 또한 그 안에 포함되니, 굳이 별도의 항목을 정하여 번거로운 폐단을 남기지 말라고 하였다.

「공물변통소」에서 제시한 내용은 다년간 지방관으로 직무를 수행한 경험에서 우러난 것으로 당시 사회의 제반 모순과 폐단을 누구보다 구체적으로 알아서 그에 대한 실질적이고 합리적인 개혁안을 내놓은 것이다. 당시 영의정이었던 이원익(李元翼)이 의견을 갖추어 주상에게 아뢰어 대동법을 설행하여 선혜청(宣惠廳)을 두어 먼저 기전(畿甸) 지역에서 시행해 보기를 건의하였다.[160] 1결마다 농사가 아

159) 전결(田結)은 논밭의 조세를 말한다.
160) 17p 주석 10) 참조.

주 잘 되거나 보통이거나 잘 안 된 것을 따지지 말고 봄 · 가을에 8두씩 쌀을 거두어 서울로 보내도록 하였다. 이렇게 「공물변통소」를 통해 한백겸은 불합리한 제도를 개선하여 부세와 민역을 공평하게 만들려고 했다는 것을 볼 수 있다.

제4장 맺음말

구암은 평양성 밖에 있는 정전 유적을 발견하고 그것을 직접 실측하여 기자 정전이 실존하였던 것임을 증명하는 「기전유제설」을 썼다. 구암의 「기전유제설」은 당시에는 토지제도에 대한 관심을 촉발시켰고, 후대에는 학자들의 토지제도에 관한 이론 정립에 영향을 끼쳤다. 그가 살았던 시대는 임진왜란과 기근으로 인해 국가재정은 곤궁해졌으며 전제(田制)는 문란해져 이러한 시대 상황을 고민했던 선비라면 누구든지 전제에 대해 관심을 가질 수밖에 없었을 것이다.

또, 구암이 「공물변통소」를 통해 지방관으로서 그가 직접 목도한 공물제도의 심각한 폐단을 지적하고, 피폐해져가는 민생을 구원하기 위해서는 시대에 맞게 법을 고쳐 부세와 민역을 공평히 하자고 건의하였다. 이 글에서 공물제도의 비합리성과 폐해를 구체적으로 들고 국가의 존망이 공물의 폐단에 달려 있다는 심각한 상황인식과 대납(代納)과 방납(防納)의 폐해로 인한 백성들의 고통을 통절하며, 경장(更張)을 호소하고 있다. 이때 융통성 없이 구습을 그대로 따르려는 자들을 비판하는 대목에서 그의 실제적 사고를 엿볼 수 있다. 그는 왜곡된 공물제도를 혁신하여 평부균민(平賦均民) 함으로써 위민정신을 구현고자 했다.

그리고 구암은 끊임없는 기본 경전 연구를 통해 선현들이 해석한 경전 주소(註疏)의 문제점을 비판하고, 육경 본래의 의미를 찾고자 하였다. 이러한 태도로 『예기』 심의제도에 대해 경전본문을 정밀하게 해석함으로써 새로운 심의 양식인 '방령 심의설(方領深衣說)'을 만들었다. 이것은 당시는 물론 후대까지 심의설에 대한 관심과 논의를 증폭시켰다.

이상에서 살펴본 바와 같이 구암은 다양한 분야에 관심을 가지고 구체적이고 독창적인 저술을 하였다. 따라서 당시는 물론 후대에 끼친 영향이 적지 않아 우리나라 학문의 역사에서 차지하는 비중이 크다고 할 수 있다. 그러나 구암과 관련된 연구는 『동국지리지』에 편중되어 있어, 그의 사상이나 학문적 가치는 제대로 평가 받지 못하고 있다. 이는 그의 문집이 소략하지만 당대 학술사에 주목할 글이 있음에도 불구하고 제대로 된 번역본이 없는 것도 이유 중의 하나다.

구암의 일부 글은 당시 시대상황을 적실하게 반영하고 있으며 당대 현실을 개혁하기 위한 내용을 담고 있으며, 이 점이 후기 실학자들의 사상을 촉발하는 계기로 작용한 바 있다. 이제 『구암유고』의 번역을 통해 구암이 살던 당시의 시대적 요구는 무엇이었으며, 구암의 철학이 후기 실학자들에게 어떠한 영향을 주었는지 구체적으로 확인할 것이다. 특히 그의 사상을 볼 수 있는 글은 지금에도 재해석 할 수 있는 가치를 확인할 수도 있다.

본서의 구성은 두 부분으로 나누어 서술하고자 한다. 제1편에서는 『구암유고』 번역의 기초 작업으로 그의 『구암유고』의 편찬과 구성에 대해 알아보고, 그의 학술적 성과를 보여주는 세 작품을 중심에 두고 상세한 분석을 시도하였다.

제2편은 『구암유고』의 역주로 단순한 번역에 그치지 않고 시대적 상황을 고려한 입체적 번역을 시도할 것이다. 특히 학술연구에 영감을 줄 수 있는 번역이 되도록 하기 위해 다음과 4가지에 유의하여 번역하고자 한다.

첫째, 상세표점이다. 번역문의 이해를 돕기 위해 원문에 상세하게 표점을 달아 번역문 앞에 배치하였다.

둘째, 교감을 한다. 정확한 번역을 위해서는 텍스트를 확정하는 교감이 가장 먼저 요구되는데, 본고에서 번역대본으로 삼은 『구암유고』는 이본(異本)이 없으므로 이본의 동이(同異)를 비교분석하는 대교(對校)는 필요치 않다. 본고에서는 문맥을 살펴 잘못된 글자를 바로 잡는 이교법(理校法)과 인용 서적을 동한 타교법(他校法)을 종합적으로 사용한다.

셋째, 상세한 주석을 단다. 각 제목 하단에 전체적인 내용을 간략하게 설명하는 설명 주(註)를 붙였다. 저본에 인용된 각종 지명, 인명, 특히 인용문의 경우 원문과의 대조, 여러 경서와 참고문헌 등을 통해 정밀하고 상세한 주석을 달 계획이다. 이 경우 구절 설명에 그치지 않고 작품 속에서 구체적으로 의미하는 바가 무엇인지 확실하게 풀이하여 연구자들이 2차 자료로 활용할 수 있도록 한다. 필요한 경우 도표와 그림을 적절히 활용해 넣는다.

넷째, 입체적인 번역이 되도록 한다. 축어적 충실은 물론 구암이 글을 쓸 당시의 시대 상황과 글을 쓰게 된 동기를 자세히 소개함으로써 독자들이 시대 상황을 충분히 이해하고 글의 저변까지 깊이 있는 이해를 할 수 있도록 한다.

이상의 과정을 통해 본 역주가 구암 한백겸 연구자에게 기초자료를 제공함으로써, 이 시기 학술과 실학 연구에 활용될 수 있기를 기대한다.

第二篇

『구암유고(久菴遺稿)』 역주(譯註)

1.『久菴遺稿』卷上 譯註

久菴遺稿序

故戶曹參議久菴韓先生, 以儒雅稱於世固久. 植以舊閈後生, 流落鄕曲, 不及登門, 而聞已捐館, 每竊恨焉. 今其嗣子完山大尹興一, 示以先稿一卷曰: "先人著述不止是, 頃年佚於兵火, 此編出於知舊門人傳習之餘. 方擬入板行布, 願有以證校而加敍引焉."

植雖不敢當, 而猶幸其未死, 得見先輩遺文, 謹受而讀之累日, 然後始知先生學問精詣, 有深於前所聞, 而僻陋自昧, 僅識程伯醇名字, 爲可愧也.

竊惟先生, 與柳川相公伯仲挺秀, 俱發軔斯文, 而柳川相公, 先以詞業登館閣, 聲望赫然. 先生杜門養病, 專精典墳, 雖晩爲親屈, 棲遲州縣, 而尙不廢探討服行之功. 其爲學由博趨約, 沿流泝源, 愼思明辨, 弗得弗措, 必期於通透融解而後已. 故其發爲論說, 形諸筆札者, 明白簡當, 大包小擧, 雖曲暢旁通, 而絕無枝辭駢義. 讀之, 使人曉然, 如親造几席, 接其指掌.

至如詞氣雍容, 結撰精密, 談理敍事, 曲有調格, 如珠走盤, 如矢破的, 雖使館閣宗匠老於辭命者, 與較其長短, 殆無以過之.

或疑其論著, 多貳於先儒定論, 此無傷也. 所病於異論者, 爲其義理本原, 自立岐派, 流於詖遁, 爲可懼也. 今觀此集, 理氣性情等說, 闡明宗旨，折衷衆言，學者得之，宜有啓牖之益.

惟於象數之變，制度之宜，硏究極深，有不泥於前說者. 此等見解，雖以程朱嫡傳，亦互有同異不容，後賢更着一辭不得也. 況以先生才調，家有壎篪之樂，而平居不事吟咏酬唱. 蓋其不得已而筆出者，正程子所謂無是言則是理闕者，此豈架疊床屋，摸擬風影者比哉? 顧植素瞢於此學，其爲此說也，實自不韙，第自幼從事鉛素間，歷觀前賢所著述，因其文而考其道，其精粗淺深，蓋有莫之違者，則以植而敍是集，詞可無怍，惟在知言者擇之. 歲庚辰三月上澣，德水後人李植，謹序.

구암유고 서문

돌아가신 호조 참의 구암(久菴) 한백겸(韓百謙, 1552~1651)선생은 유학에 정통한 학자로 세상에서 칭송을 받은 지 참으로 오래 되었다. 같은 마을의 후배인 나는 시골구석을 전전하느라[161] 미처 직접 찾아뵙지 못하였는데 이미 돌아가셨다는 소식을 듣고는 마음속으로 항상 안타깝게 여겼다.

이즈음 구암선생의 아들인 완산대윤(完山大尹)[162] 한흥일(韓興一,

161) 시골구석을 전전하느라: 澤堂 李植은 1613년(광해 5) 仁穆大妃의 廢母論이 일어나게 되어, 벼슬을 버리고 고향인 경기도 驪州의 康丘마을로 돌아갔다가 바로 先塋이 있는 경기도 지평의 백아곡으로 옮겨 은거하면서 학문에 전념하고 있었다.

162) 완산대윤(完山大尹): 완산은 전라북도 전주시 · 완주군의 옛 별호이다. 大尹은 태수의 별칭이다. 그 기원은 『漢書』,「王莽傳」에 보이는데 외척 왕망은 전한을 찬탈하여 신나라를 건설하고, '太守'의 관직명을 '大尹'으로 변경한 것이다. 『漢書』,「王莽傳」 "始建國元年, 改郡太守曰大尹" 한흥일은 1638년(인조 16) 6월에 全州府尹에 제수되었기 때문에 완산 대윤이라고 하였다. "都目政事 ……, 韓興一爲全州府尹 ……." (『承政院日記』 仁祖 16년 6월 22일.)

1587~1651)[163]이 선친의 유고 한 권을 내게 보여주며 말하였다. "아버님의 저술은 이것만이 아닌데 지난번 전란 중에 일실되었으니, 이 편(編)[164]은 친구들과 문인들 사이에 전해지던 것 중에서 나온 것입니다. 이제 판각해서 간행하여 반포하려고 하니 교정을 보아 서(敍)와 인(引)[165]을 붙였으면 합니다."

내가 비록 감당할 수 없지만 죽기 전에 선배의 유문을 볼 수 있는 것이 다행이어서 삼가 받아 며칠 동안 읽었다. 그런 뒤에 선생 학문의 정밀한 조예가 전에 내가 듣던 것보다 더 깊었다는 것을 알고, 후미진 곳에서 무지하게 혼자 정백자(程伯子 程顥, 1032~1085)만이 완전무결한 유자라고 생각했던 사실이 부끄럽다는 것을 그제야 알게 되었다.

삼가 생각건대 선생은 그 빼어난 자질이 유천상공(柳川相公)[166]과 우

163) 한흥일(韓興一, 1587~1651): 본관은 淸州. 자는 振甫, 호는 柳市이다. 別坐로서 1624년(인조 2) 정시문과에 병과로 급제하여 예문관검열이 되고, 1637년 鳳林大君(뒤의 효종)이 청나라에 볼모로 잡혀갈 때 배종하였으며, 귀국 후에는 우승지를 거쳐, 1643년 강원도관찰사로 나갔다. 지춘추관사로 『인조실록』의 편찬에 참여하였으며, 1651년 우의정에 올랐다.

164) 편(編): 『說文解字』 권13 「糸部」에 "次間也[죽간을 차례대로 늘어놓은 것]"라는 뜻으로 정의되어 있는데 『說文解字注』에서는 "以絲次弟竹而排列之曰編. [끈으로 죽간들을 차례대로 엮어 배열하는 것을 편(編)이라 한다.]"이라 주를 달았다. 따라서 일정한 내용이 담긴 서사 재료들을 정제된 행태로 제작한다는 의미가 된다.

165) 인(引): 당나라 시대 이후로 처음 생겨난 문체이다. 序의 종류인데, 서에 비해 짧고 간단한 것을 말한다. (徐師曾, 『文體明辯』 권제62, 「引」)
『文體明辯』은 명나라 때, 서사증(徐師曾 1517~1580)이 지은 문체론(文體論)으로 시문(詩文)의 체를 101체로 분류하여 각 체의 원류(源流)부터 해설한 것으로, 1570년 완성되었다. 총 84권이다.

166) 유천상공(柳川相公): 韓浚謙(1557~1627)을 말한다.
본관은 청주, 자는 益之, 호는 柳川이다. 인조의 國舅이다. 1579년(선조 9) 생원이 되고 1586년 별시문과에 급제하였다. 1589년 賜暇讀書 한 후 예조정랑과 우승지를 거쳐 부제학을 지내고 호조판서가 되었다. 1623년 인조반정으로 사위 綾陽大君이 왕위에 오르자 영돈녕부사를 제수 받고 서평부원군에 봉해졌다. 시호는 文翼이다.

열을 가리기가 어려웠다. 형제가 함께 유학을 공부하기 시작하였는데 유천 상공이 먼저 문장으로 관각(館閣)에 올라[167] 명성이 높았다. 그런데 선생은 집에서 병을 치료하며 경전 연구에만 전념하여 늦도록 어버이 봉양을 위해 벼슬하여[168] 주현(州縣)에서 살았지만 여전히 연구하고 몸소 실천하는 공부를 멈추지 않았다. 학문을 하는 방법은 널리 배워 요약을 추구하고 갈래를 따라 근원을 거슬러 찾아, 신중하게 생각하고 명확히 분별하되 이해하지 못했으면 그만두지 않아 반드시 철저하게 꿰뚫어 완전히 이해한 뒤에 끝내려고 하였다. 그러므로 논설과 글을 쓴 내용은 명백하고 간략하며 합당해서 거시적인[169]것과 작은 일을 거론함에 자세히 진술하고 두루 꿰뚫었으나 전혀 지엽적인 말

167) 관각(館閣)에 올라: 한준겸은 1579년(선조 12) 23살에 생원시 및 진사시에 합격하고, 1586년(선조 19) 30살에 文科에 급제하여 검열이 되었다. 32살에 「過鹿屯島戰場有感」을 御題로 하여 칠언 율시를 짓도록 하였는데 수석을 차지하였고, 1589년(선조 22) 33살에 弘文錄에 뽑혔다.

168) 어버이 봉양을 위해 벼슬하여: 원문은 '親屈'인데 부모 봉양을 위하여 뜻을 굽혀 벼슬한다는 의미로 『후한서』에 나오는 말이다. 毛義라는 사람은 집이 가난하고 노모가 있었다. 어느날 그를 임관한다는 관리임명장[檄書]이 오니 그는 본시 벼슬에 뜻이 없었으나 노모를 기쁘게 하기 위해 소장을 받고 기뻐하니, 張奉이 그가 어버이를 위하여 뜻을 굽힌 것을 좋게 여겼다는 내용이다. 『後漢書』 권39 「劉趙淳于江劉周趙列傳」 제29 "廬江毛義少節, 家貧, 以孝行稱. 南陽人張奉慕其名, 往候之. 坐定而府檄適至, 以義守令, 義奉檄而入, 喜動顏色. 奉者, 志尚士也, 心賤之, 自恨來, 固辭而去. 及義母死, 去官行服. 數辟公府, 爲縣令, 進退必以禮. 後擧賢良, 公車征, 遂不至. 張奉歎曰: '賢者固不可測. 往日之喜, 乃爲親屈也. 斯蓋所謂'家貧親老, 不擇官而仕'者也.' 建初中, 章帝下詔褒寵義, 賜穀千斛, 常以八月長吏問起居, 加賜羊酒. 壽終於家."
毛義는 후한 때 사람으로, 자는 少節이다. 효자로 이름이 났다.
張奉은 후한 때 사람으로, 毛義의 효행을 사모하였다.

169) 거시적인 것: 원문은 '大包'인데 韓愈(768~824)의 『苦寒』 시에 "芒碭大包內, 生類恐盡殲."이라는 구절이 있다. 方崧卿(1135~1194)이 1189년에 많은 韓愈集 판본들의 장점을 모아 원문에 대해 考異와 校勘을 해서 南安에서 판각한 『韓集擧正』 권2에서 이 구절에 대해 다음과 같이 주석하였다. "대포는 우주를 말한 것이다.[大包, 以宇宙言也.]" 이 주석을 참고하여 거시적인 것으로 번역하였다.

이나 꾸미는 내용이 없었다. 그래서 그의 글을 읽으면 마치 직접 책상 앞에서 그가 손바닥을 가리키며 설명하는 것을 대하듯이 사람들이 환하게 이해 할 수 있었다.

말을 할 때는 편안하고, 글을 지을 때는 분명하고 이치를 말하고 일을 서술할 때는 자세하게 격조가 있었으니, 마치 쟁반에 구슬이 구르는 듯 명쾌하고, 화살이 과녁을 뚫는 것처럼 정확하였다. 그래서 비록 사명(辭命)[170]에 노련한 관각(官閣)의 종장과 우열을 비교하더라도 아무도 그를 넘어선 이가 없었다.

어떤 이들은 그의 논저가 선유들의 정론과 대부분 다르다고 의심하는데 이는 문제 될 것이 없다. 이론(異論)에 대해 문제 삼을 것은 의리의 본원에서 따로 지파를 만들어서 잡된 학설[171]로 빠지게 되는 것이 우려할 만한 것이다. 이제 이 문집을 보니 이기(理氣), 성정(性情) 등의 설(說)은 핵심을 밝혔고 여러 학설들을 절충하였으니, 학자들이 이 문집을 보게 되면 학문 발전에 도움이 있게 될 것이다.

오직 상수(象數)의 변화와 제도의 마땅함에 대해 철저하게 연구하면서도 이전의 학설에 얽매이지 않았다. 이러한 견해는 아무리 정자, 주자의 적전 제자라 할지라도 구암의 이설에 대해 뭐라고 말할 수 없을 것이니, 후세의 현자가 말을 덧붙이려고 해도 할 수 없을 것이다. 더구나 타고난 능력이 뛰어난 선생은 형제간에 화목한 즐거움이 있었지만 평소 시를 지어 읊조리고 주고받는 것을 일삼지 않으셨다. 그러다가도 어쩔 수 없이 붓을 들어 쓴 것은 그야말로 정자가 말한 “이

170) 사명(辭命): 외교 등 대인 관계에 있어서 상대방에 대한 응대의 말로, 辭令이라고도 한다.

171) 잡된 학설: 원문은 ‘詖遁’인데『맹자』,「公孫丑上」에 보이는 말로 ‘詖’는 ‘詖辭’로 치우쳐서 바르지 못한 말이고, ‘遁’은 ‘遁辭’로서 실정을 숨기면서 회피하는 말로 모두 말의 병통이 되는 네 가지 중의 하나이다. 이런 의미에서 궤변을 늘어놓는 잡된 학설로 풀이 하였다.

러한 말씀이 없으면 천하에 이치가 없어질 것이다."[172]라는 말에 해당되는 경우이다. 이것이 어찌 부질없이 반복하고, 바람이나 그림자를 모사하듯이 쓸데없는 말만 하는 것[173]과 비교 할 수 있겠는가. 다만 나는 평소 유학에 어두워 이러한 서문을 쓴다는 것이 실로 스스로 옳지 않다고 생각되지만 어려서부터 글 쓰는 일을 열심히 하였고 전현들이 지은 것을 두루 보아 그 글을 통해 그 내용을 살펴보면 아마도 그 수준에 벗어난 점이 없을 것이다. 그렇다면 내가 이 문집의 서문을 쓸지라도 기술한 내용이 부끄러울 것이 없을 것이니 다만 말을 잘 아는 자의 구분에 달려 있을 뿐이다.

경진년(1640) 3월 상한에 덕수(德水) 후인 이식(李植, 1584~1647)은 삼가 서문을 쓰노라.[174]

172) 이러한 말씀이 …… 없어질 것이다: 이 말의 출전은 '程顥'가 '朱長文'에게 답한 편지 내용에 나온다. 『明道文集』 5권, 「答朱長文書」 "伊川先生答朱長文書曰: '聖賢之言, 不得已也. 有是言則是理明, 無是言則天下之理有闕焉.'"

173) 어찌 …… 말만하는 것: 본문은 '架疊床屋'인데 집 위에 집을 짓고 상 위에 상을 얹는 것으로 쓸데없이 부연하는 것을 말한다. '焦竑(1540~1620)의 『焦氏筆乘續集』, 「俗書之誤」에 "架屋疊床, 触目皆是."라는 내용이 보인다.

174) 『택당집』에는 「구암유고 서문」이 포함되어 있지 않다.

箕田遺制說

井田之制, 先儒論之詳矣. 然其說皆以孟子爲祖宗. 故特詳於周室之制, 而於夏、殷則有未徵焉. 朱子之論助法, 亦出於推測臆料, 而未有參互考證之說, 則其果悉合於當時制作之意, 有不可得以知者. 好古之士, 蓋竊病焉.

丁未秋, 舍弟柳川公觀察關西, 余奉晨昏到平壤, 始得見箕田遺制. 阡陌皆存, 整然不亂, 古聖人經理疇畫, 變夷爲夏之意, 猶可想見於千載之下. 語曰: "中國失禮, 徵在四夷." 其不信然歟? 就其地諦審之, 其田形畝法, 與今孟子所論井字之制, 有不同者焉. 其中含毬、正陽兩門之間, 區畫最爲分明, 其制皆爲田字形, 田有四區, 區皆七十畝. 大路之內, 橫而見之, 有四田八區, 竪而見之, 亦有四田八區, 四田, 四象之象耶? 八區, 八卦之象耶? 八八六十四, 正正方方, 其法象, 正類先天方圖. 古人制作, 豈無所取法耶? 因以思之, 噫! 此蓋殷制也.

『孟子』曰: "殷人七十而助." 七十畝, 本殷人分田之制也, 箕子, 殷人, 其畫野分田, 宜倣宗國, 其與周制不同, 蓋無疑矣. 惟玆阡陌, 數千年來, 凡幾經變易, 幾經改正, 雖難保其不差尺寸, 而其大略, 界區以一畝之路, 界田以三畝之路.

其三旁九畝大路, 由城門達之詠歸亭津頭, 似是往來通衢, 而非專爲田間阡陌而設. 然其必以十六田六十四區, 畫爲一甸, 則亦不無界限之意. 自此以外, 田界之路, 或有侵耕失古處, 則後人未知制作本意, 必以三畝爲準而正之, 無復有大中之分, 八卦法象, 雖不可尋, 而其以七十畝爲一區, 四區爲一田, 兩兩相並而去, 則盡一野皆同矣.

按班史「刑法志」曰: "四井爲邑, 四邑爲丘, 四丘爲甸, 甸有六十四井"云云. 其井邑丘甸之名, 雖用周制, 而以四起數, 四四成方, 實與此脗合. 班氏之學甚博, 或恐有所沿襲來歷也. 惜乎! 其典籍不完, 未能盡得其制也.

其尖斜欹側不能成方處, 或一二田, 或二三區, 隨其地勢而爲之, 此則鄕人傳稱爲餘田云. 雖周家井田之制, 其地難得如繩直準平, 而其不成井處, 又不可棄而不用, 則恐其制不得不如此也. 其公田、廬舍之制, 雖不得考. 然其制田旣非井字之形, 則孟子所謂中有公田, 八家皆私百畝之制, 已逕廷矣. 意者, 殷之時, 雖受田於野, 而其廬舍未必在田傍, 或皆聚居村落城邑之中. 其公田, 亦都在一隅之地, 未必介在私田之中. 糞耕耘獲之際, 遠近不同, 民有病者, 且人文漸備, 吉凶禮縟, 七十畝有不足於養生送死之資. 故姬周之有天下也, 順天因人, 增爲百畝, 且制井田之法, 八家同井, 中置公田.

春令則出在於野廬, 冬令則入聚於城宅, 其制始大備. 自質而文, 其因革損益, 勢有不容已也. 然則分田以井, 非古也, 實自周人始也. 間或以朱子改治溝洫多費人力之說, 有疑於孟子之言, 此則恐未然. 孟子曰: "佚道使民, 雖勞無怨." 朱子亦嘗論革命易代, 大而建正用數, 小而書文車軌, 竝皆改作, 以新一代耳目云. 則況此制民常產, 實發政施仁之大者, 豈可計其少費, 踵弊膠柱, 不與俱變乎? 以此推之, 以此度之, 吾知朱子此說, 或出於一時門人問答. 而非平生之定論也. 『語類』中, 此等說話甚多, 恐不可執此而疑彼也.

기전유제설(箕田遺制說)*

*맹자는 왕도정치를 시행하려면 井田制를 실시해야 한다고 말하여 유교적 이상사회를 건설하는데 정전제도의 중요성을 강조하였다. 조선은 유교철학에 입각한 왕도정치와 夏 · 殷 · 周 · 三代의 이상사회 실현을 국정목표로 하고 있었다. 조선건국의 기본철학을 완성한 정도전도 이러한 측면에서 정전제를 주장하였다.[175)]

175) 지두환, 「조선 초기 정전 논의」, 東洋學, Vol.28, 1998, p.249 참조.

기자가 실행했다는 정전에 대한 기록을 역사서에서 살펴보면 김부식은 『삼국사기』에서 "우리나라는 箕子가 周 무왕의 책봉을 받으면서 八條의 敎化가 이루어지고 井田法이 시행되었다."[176]라고 서술하였다. 그리고 『고려사』 지리지[177]와 『세종실록』, 「지리지」에 기자가 정전을 구획하여 경작하게 하였다[178]는 내용이 보인다. 尹斗壽(1533~1601)가 편찬한 『平壤誌』에는 "기자가 井田을 區劃하였는데 유적이 뚜렷하게 남아있다."[179]라는 기록이 있다. 이러한 역사서 기록 이외에 문집에도 기자에 대한 내용이 기록되어있다. 金時習(1435~1493)은 기자가 동쪽으로 와서 천하의 모범인 洪範八條와 주공의 周禮로 백성을 교화하였고 성곽 밖에는 지금까지 기자 정전의 유적이 남아있다는 내용의 「箕子贊」[180]을 지었다. 成俔(1439~1504)은 『慵齋叢話』에서 平壤은 기자가 도읍한 곳으로 팔조로 백성을 다스렸고 정전의 제도가 지금도 분명하게 남아 있다고 하였다.[181] 윤두수는 謝恩使로 명나라에 갔을 때[182] 기자에 대한 질문을 받았으나 대답을 제대로 못했다. 이것을 계기로 우리나라에 돌아온 후에 기자

176) 金富軾 『三國史記』 "我國自箕子受周封, 興八條之敎, 行井田法."
177) 『고려사』지리지: 『高麗史』 제58권 「地理志」, 전국지리지, 한국문헌연구소, 1983, p.90. "西京流水 …… 古城基二[一箕子時所築城, 內畫區用井田制, 一高麗成宗時所築] 箕子墓 [在府城北兎山上]."
178) 『世宗實錄』 권154 「地理誌」, 경문사, 1974, p.292~293. "古城基有一__, 箕子時所築, 周回六千七百六十七步. 城內畫區, 八家同井. 一高麗成宗時所築, 經九百四十四步."
179) 윤두수 찬, 상게서, p.94. "井田在外城, 箕子區劃井田, 遺跡宛然."
180) 「箕子贊」, 『梅月堂文集』 권19, 韓國文集叢刊13집, 1988, p.365. "箕子來東, 以八條敎民, 至今東方禮俗之盛, 始于箕子. 今平壤, 古朝鮮京邑也. 舊城遺址, 邐迤江岸, 至今南郭外井田界道, 八家同井, 廢墻廬墟, 彷彿猶存, 令人佇想朝鮮盛時衣冠文物之華美. 其人雖逝, 而餘韻若存, 必商宗戚中傑出, 如周姬朝, 漢東平王蒼者也. 故微子已去, 比干已死. 而徘徊不忍去. 柳宗元之碑文, 其眞得箕子之心乎? 只如漢七國王, 晉齊王冏輩, 是何心哉? 觀此, 可以立千載之下, 同姓之親, 拳拳不忘, 扶持宗國之美志, 而帝王宗戚中, 爲法天下, 傳後世者, 箕子洪範, 周公周禮之外, 更復何有, 可勝贊哉? 因想其情思以爲短什, 什載詩稿."
181) 成俔, 『慵齋叢話』, 慶山大學校 韓國學資料集成, 학민문화사, 2000, p.14~15.
182) 1577년(선조 10)에는 謝恩使로서 명나라에 갔는데, 이때 이른바 宗系辨誣에 관련된 문서를 아울러 지니고 가서 곡진하게 해명하였다.

와 관련된 사실을 모아 1580년에 『箕子志』[183]를 편찬하였다. 윤두수의 『기자지』를 읽은 李珥(1536~1584)는 이 책이 중요성에 비해 체계가 없고 내용이 부족하다고 생각해서 『箕子實記』[184]를 지었다고 한다. 이이는 『기자실기』를 통해 기자가 조선에 와서 홍범 8조를 시행하고 백성들에게 예절과 농사를 가르치면서 정전제를 시행하였다고 했다.[185]

이렇게 역사서에 이론적으로 거론되던 기자 정전을 구암이 평양 외성에 가서 직접 실측해서 구체화하여 쓴 것이 「기전유제설」이다. 「기전유제설」은 당시 유학자들에게 큰 파장을 일으켰는데 중국에서 삼대의 이상사회를 건설하는데 기반이 되었던 정전제도가 조선에서도 시행되었다는 것은 조선에서도 왕도정치가 구현되었다는 증거라고 보았기 때문이다.

정전제는 이상적이기는 하지만 그대로 시행하기에는 현실적으로 어려움이 있었다. 주자도 정전제를 시행하기 위해서는 전지를 재정비하는 데 따른 비용과 인력이 많이 소모되어 시행할 수 없다고 하였다. 이에 대해 구암은 백성들의 恒産을 만들어주는 仁政을 실행하기 위해선 그 정도의 비용은 감수해야 한다고 했다. 또한 직접 평양 외성에 가서 기자가 실행했던 정전의 유적을 실측하여 정전이 실

183) 『箕子志』: 金烋(1597~1638)는 『海東文獻總錄』에서 『기자지』에 대해 다음과 같이 설명하고 있다. "윤두수가 使臣의 命을 받들어 명나라에 갔는데, 중국 조정의 선비들이 箕子가 어떤 일을 했는지 많이 물어왔다. 그런데 윤공이 잘 대답하지 못한 것을 안타깝게 여기고, 귀국해서 바로 여러 서적을 널리 詳考하고, 사실 및 聖人과 현인들의 의론과 문인들이 칭송한 글을 蒐集하여 책 이름을 『기자지』라 했다.[尹斗壽奉使朝天. 中朝士人多問箕子之爲. 尹公病不能對. 既還乃廣考諸書. 裒集事實及聖賢議論, 騷人讚詠. 名曰箕子志.]" (金烋, 『海東文獻總錄』, 學文閣, 1969, p.428.)

184) 『箕子實記』: 『기자실기』는 이이의 『栗谷全書』 권14 「雜著」에 실려 있다. 『해동문헌총록』에서는 『기자실기』에 대해 다음과 같이 설명하고 있다. "李珥가 윤두수가 撰한 『기자지』는 經傳을 뒤섞어 편집하여 계통을 찾기 어려워 『기자지』에서 발췌한 기록을 묶어 1편으로 완성하고, 나라를 세운 전말과 世係와 지내온 햇수를 대략 서술하여 책이름을 『기자실기』라 하여 열람하기 편리하도록 했다.[李珥以尹斗壽所撰『箕子志』, 雜編經傳, 統紀難尋, 就採之中所錄, 約成一編. 因略敍立國始終, 世係歷年之數. 名曰箕子實紀. 以便觀覽.]" (金烋, 상게서, p.429.)

185) 이이, 『栗谷全書』 권14 「雜著」, 한국문집총간 44집, 1991, p.292 참조.

현되었었음을 주장하였다.

「기전유제설」의 특징은 크게 두 가지가 있다.

첫째, 기자가 실행했던 정전의 유적을 직접 실측 해보고 기자의 정전이 정전법에 맞게 구획되었음을 증명함으로써 정전법의 실행 여부에 대한 새로운 문제를 제기하였다.

둘째, 기전의 모양은 밭 전(田)자 형태이며, 공전이 반드시 사전 가운데 있지는 않았다. 즉, 공전은 형편에 맞게 사전과 떨어진 곳에 마련하기도 하는 등 변화를 주었다는 것이다.

구암의 「기전유제설」은 조선의 성리학자들로 하여금 조선에서도 정전법을 시행할 수 있다는 믿음을 갖게 하였다.

이수광(1563~1620)은 『芝峰類說』에서 秦나라가 정전의 제도를 폐지하고 阡陌을 개간한 뒤로는 정전 제도를 다시는 찾아 볼 수 없게 되었었는데, 은나라 정전제도가 우리나라에 遺跡으로 남아 수천 년을 지나고도 없어지지 않았다는 것에 감탄하였다. 또한 구암이 이렇게 그 유제를 자세히 밝혀낸 것에 대해 칭찬할만하다고 하였다.[186]

南九萬(1629~1711)은 「箕子」편에서 久菴이 說을 쓰고 그림을 그려 그것이 반드시 신빙할 수 있음을 증명하였다고 했다.[187]

평양기전은 17세기 후반의 대표적 경세적 사상가인 柳馨遠이 농본주의 개혁을 주장하는 데 큰 영향을 끼쳤고 유형원의 실천적 개혁사상은 18세기에 들어와 李瀷을 통해 계승되었다.[188]

기자정전의 실체가 무엇인지에 대해서는 오늘날까지 분명하게 밝혀진 것은 없다. 평양의 유적이 정전이 아닐지 모르다고 처음 의문을 제기한 사람은 丁若鏞(1762~1836)이다. 그는 「跋箕子井田圖」에서 구암의 「기전유제설」에 대해 이의를 제기 하고 있다.

그는 기자가 평양에 도읍을 정했다는 것은 본래부터 명확한 근거가 없고, 평양이 만약 기자의 古都였다면 아마 王儉城이라고 부르지 않았을 것이라고 반박했다. 高句麗가 멸망했을 때 李世勣(?~665)

186) 이수광은 …… 칭찬할만하다고 하였다: 『芝峰類說』 권2, 地理部, 「田」, 국립중앙도서관 BC古朝-50, p.105~106.

187) 南九萬 …… 했다: 南九萬, 『藥泉集』 제29권, 「東史辨證」, 한국문집총간 132집, p.484.

188) 평양기전은 …… 계승되었다: 吳浩成, 「農本主義思想의 構造와 根源」 농업사연구 제6권 2호, 한국농업사학회, 2007, p.14 참조.

이 평양을 다스렸고, 百濟가 멸망했을 적에는 劉仁軌(602~685)가 南原을 경리하였다. 그래서 두 곳에 모두 屯田을 설치하였던 것인데, 그것을 '井田'이라고 한 것은 지나친 억측이라고 비판하였다.[189)]

20세기 초 일본인 미술사학자 겸 건축사학자 세끼노 다다시(關野貞)가 평양에 와서 기전의 밭 터와 도로를 실측하였는데 도로의 폭이 농로로서는 너무 크기 때문에 정전이 아닌 것 같고 고구려 시대 도성의 도시계획과 도로의 유적으로 보인다고 추론하였다. 그는 그 근거로서 수나라의 大興城(唐의 長安城이 됨)이 종횡으로 된 대소의 도로망을 갖추고 있었는데 고구려인들이 평양성을 건설하면서 수나라의 대흥성을 참고하여 도시계획을 하였을 것이라고 보았다.[190)]

기전은 일제시대에 시가지를 건설하여 원형이 많이 훼손되었다. 일본인은 기전이 있던 자리에 병기창과 일군 사단사령부를 설치하였고 제사 공장이 들어섰다. 북한은 기전이 있던 곳을 시가지화하여 평양시 평천 구역에 편입하고 평양역사와 공산대학 교사를 건설하는 등 지금은 기전의 모양이 완전히 없어진 것으로 보인다. 북한의 리화선, 한인호, 리호 등은 기전도에 나오는 정전의 면적을 고구려시대의 도시구획인 里와 坊으로 계산해 보면 150개의 방으로 구성된 6개의 리가 있었던 것으로 추정되며 한백겸의 기전도와 대체로 일치된다는 연구결과를 발표하였다.[191)]

정전제와 관련한 연구로 오호성의 「農本主義思想의 構造와 根源」와 이영호의 「儒敎의 民本思想과 朝鮮의井田制 受容」이 주목할 만한데 오호성은 정전제도의 경제적 장점과 사회·정치적 장점에 대해 자세히 서술하고, 한백겸의 평양기전에 대한 재발견과 실증적 연구가 조선의 선비들 사이에 정전제도를 재평가하고 조선에서도 정전제를

189) 丁若鏞(1762~1836), 「跋箕子井田圖」, 『與猶堂全書』 韓國文集叢刊 281집, p.460. "右井田圖, 故戶曹參議韓公百謙之所作也. 韓公少遊平壤, 就箕子井田, 圖畫其畎畝溝澮之制, 且曰恐田疇之有毁傷, 而古制無徵也. 故爲圖以壽之, 然箕子之必都平壤, 本無明據, 平壤若係箕子故都, 則不應以王儉城得名也. 句麗之亡, 李世勣經理平壤. 百濟之亡, 劉仁軌經理南原. 故兩地皆起屯田, 其謂之井田者, 好古之過也. 如非然者, 南原何得有井田, 且其田形皆非井文, 乃田字形也."

190) 關野 貞, 「高句麗の 平壤城及長安城に就て」 『조선』, 1925. (오호성, 『農本主義 思想과 經濟改革論』, 경인문화사, 2009, p.208, 주석 재인용.)

191) 민덕식, 「高句麗 平壤城의 都市形態와 設計」 『高句麗 研究』 15, 2003. ; 오호성, 『조선시대 農本主義思想과 經濟改革論』, 경인문화사, 2009, p.210.

재현시킬 수 있을 것이라는 강한 믿음을 확산시켰다고 보았다.[192]

이영호는 조선의 유학자들이 정전제가 민본적 정치 이념을 실행하기에 가장 적합한 토지제도이기 때문에 조선의 상황에 맞추어서 점진적으로 이 제도를 실행할 것을 주장했다고 하였다. 한편 중국과 일본에 비해 조선의 유학자들이 정전제의 실행에 관하여 훨씬 더 긍정적이었던 점을 하나의 특징으로 보았다.[193]

구암의 「箕田遺制說」과 「箕田圖」는 『四庫全書存目叢書』史部 제255책 「朝鮮志」 2권에 부록되어 실려 있는데 그 경위는 다음과 같다. 중국 측에서 평양의 기자의 정전과 관련된 책을 보내달라고 요청하여 1790년(정조 14)에 李家煥(1742~1802)과 李義駿(1738~1798)이 『箕田考』라는 이름으로 책을 공동으로 편집하여 20본을 간행하여 보낸 것이다. 『箕田考』에는 구암의 「箕田遺制說」과 箕田圖, 柳根(1549~1627)의 「箕田圖說跋」, 許筬(1548~1612)의 「箕田圖說後語」, 李瀷(1681~1763) 등의 보설, 徐命膺(1716~1787)의 『箕子外紀』가 수록되어있다.[194]

제목에서 「箕田遺制說」의 '說'은 어떤 도리를 서술하거나 주장을 펼치는 문장을 이르는 문체명이다. '설'은 해석이며 서술함이니, 의리를 해석하여 자기의 뜻으로 해석한 것이다. 설이라는 명칭은 說卦에서 시작 되었다고 한다. 한나라 許愼(30~124)이 『說文解字』도 그 이름을 본 따서 책명을 삼은 것이다. (徐師曾撰, 『文體明辯』 권12 「說」, 四庫全書存目叢書集部, 總集類, 권311, p733.) 劉勰(465~521)은 "모든 설에서 가장 중요한 것은, 그 설이 반드시 그 당대에 유용한 것이 되도록 해야 하며 그 의미가 정확해야 한다는 점이다."고 하였다. (劉勰, 『文心雕龍』[195] 「論說」 제18)

---

192) 오호성, 「農本主義思想의 構造와 根源」, 농업사연구, 제 6권 2호, 한국농업사학회, 2007.

193) 이영호, 「儒敎의 民本思想과 朝鮮의井田制 受容」, 退溪學論叢, Vol.15, 2009.

194) 중국 측에서 …… 수록되어있다: 徐浩修 『燕行紀』 권3 「경술년(1790, 정조 14) 8월」조 참조.

195) 『文心雕龍』: 양나라의 劉勰(465~521)이 쓴 중국최초의 문학비평서이다. 전반 25편에는 문학의 근본 원리를 논술하고 각 文體에 관한 문체론을 폈으며, 후반 25편에는 문장 작법과 창작론에 관한 내용을 담았다. 모두 10권 50편으로 구성되어 있다.

【번역】

정전제도에 대하여 선유(先儒)들이 논한 것이 상세하지만[196] 그들

196) 정전제도에 …… 논한 것이 상세하지만: 정전에 관련된 기술이 보이는 경전으로는 『주례』, 「지관 소사도」, 『맹자』, 「滕文公」, 반고의 『한서』, 「식화지」 등과 주희의 「井田類說」(『晦庵集』 권68)이 있다. 김부식은 『삼국사기』에서 "우리나라는 箕子가 周나라의 封을 받아서 八條의 敎化가 이루어지고 井田法이 시행되었다.[我國自箕子受周封, 興八條之敎, 行井田法.]"라고 서술하였다. 그리고 『고려사』 지리지 「서경유수」편에는 "평양에 2개의 옛 성터 【그 하나는 箕子때에 쌓은 것으로서 성안은 구역으로 구분하여 井田制를 실시하였으며 다른 하나는 고려 성종 때에 쌓은 것이다.】, 箕子墓 【府城 북쪽 兎山위에 있다.】[西京留守 …… 古城基二[一箕子時所築城, 內畫區用井田制, 一高麗成宗時所築]箕子墓[在府城北兎山上.]"고 밝히고 있다. (『高麗史』 제58권 「地理志」, 전국지리지, 한국문헌연구소, 1983, p.90.)
또 『세종실록』, 「지리지」 평안도 항목에 "옛 성터가 둘 있으니, 하나는 箕子때 쌓은 것으로, 둘레가 6천 7백 67보이며, 성안을 區劃하여 8가구가 함께 정전을 경작[八家同井]하게 하였다. 다른 하나는 고려 成宗 때 쌓은 것으로, 지름이 9백 44보이다.[古城基有二, 箕子時所築, 周回六千七百六十七步. 城內畫區, 八家同井. 一高麗成宗時所築, 經九百四十四步.]"라고 기록되어있다. (『世宗實錄』 권154 「地理誌」, 경문사, 1974, p.292~293.)
윤두수가 편찬한 『平壤誌』에는 "정전은 외성에 있다. 箕子가 井田을 區劃하였는데 유적이 뚜렷하게 남아있다.[井田在外城, 箕子區劃井田, 遺跡宛然.]"라는 기록이 보인다. (『평양지』, 『조선시대 사찬읍지』 45, 1990, p.94 참조.)
『平壤誌』는 9권 2책. 목판본이다. 현재 남아있는 『평양지』는 1590년에 윤두수가 평안도 관찰사겸 평양부윤으로 부임하여 편찬한 평양지가 들어있고, 제5책에서 9책까지는 후손 尹游(1764~1737)가 1727년에 부윤으로 부임하여 편찬한 『續平壤志』가 속편으로, 마지막 제10책은 후속편으로 1855년에 증보된 것이 들어있다. 책의 앞부분에 평양성 안을 중심으로 그린 「平壤官府圖」, 평양의 행정구역 전체를 그린 「平壤幅員摠圖」 등 2종의 지도가 실려 있어, 임진왜란 이전의 평양성 안의 건물 배치 등을 보여준다. 이어서 이 책의 편찬에 참고한 '引用書冊目錄', 책의 구성과 목차에 해당하는 '平壤志目錄' 등이 있다. 내용은 권1에 疆域 등 13개 항목, 권2에 學校 등 8개 항목, 권3에 貢賦 등 10개 항목, 권4에 古事, 권5에 文談 등 3개 항목, 권6~8에 詩, 권9에 文 등으로 구성되어 있다. 이 책은 임진왜란 이전에 편찬된 읍지 중 원본이 전하는 유일한 책으로서 초기의 읍지 편찬 양식을 전하고 있으며, 그 후 평안도 지방에서 편찬된 읍지들의 모범이 되었던 점에서 의의가 크다. 규장각에 소장되어 있다. (『평양지』, 『조선시대 사찬읍지』 45, 1990, p.3 참조.)

卞季良(1369~1430)의『春亭集』을 보면 다음과 같은 내용이 나온다. "井田의 제도는 軒轅氏 때에 만들어졌고 주나라에 와서 완비되었는데, 옛날의 좋은 법이었습니다. 현지를 답사하는 일은, 옛날 우 임금이 수로와 토지를 정리할 때 동쪽으로는 바다에 다다랐고 서쪽으로는 流沙에 이르렀으며, 북쪽으로는 醫無閭를 넘고 남쪽으로는 北向戶에 이르렀는데, 새로 확정한 전지가 910만 8020 頃이었습니다. 그리고 商, 周, 秦, 漢도 모두 상고할 수 있으며, 당 나라 전성기에는 확정한 토지가 1400여만 경이었습니다. 광대한 천하이지만 역대에서 답사한 토지의 수량을 지금 모두 볼 수 있습니다. 그런데 조그만 토지를 가진 우리나라는 한 사람이라도 토지의 제도가 바르지 않을까 염려하여 답사를 해야한다고 거론할 경우, 벌떼같이 모여 비난하고 안팎이 시끄러워지는 것을 금지할 수 없으니, 토지의 제도를 바르게 하고 싶어도 되겠습니까. 정전의 법은 갑자기 시행할 수 없으니만큼 禹貢처럼 토지를 분리하는 법에 따라 9등급으로 정하고, 이어 限田과 均田의 법을 밝히는 것이 나을 것입니다. 그러면 多寡와 高下가 동일하지 않을 게 있겠습니까. 따라서 토지의 제도도 정착될 것입니다.[井田之制, 創自軒轅, 至周而備, 古之良法也. 至於踏驗之事, 則昔者, 禹平水土, 東漸西被, 北逾醫無閭, 南至北向戶, 定墾田九百一十萬八千二十頃. 商, 周, 秦, 漢, 數皆可考, 唐之盛時, 得墾田千四百餘萬頃. 夫以天下之大, 而歷代踏驗之數, 今皆可見. 我國區區土地, 一有慮夫田制之不正, 而爲踏驗之論者, 則羣聚而咻之, 中外嗷嗷, 莫之能禁, 欲田制之正, 得乎? 井田之法, 不可以遽行, 莫若依禹貢辨土地之法, 定爲九等, 仍明限田均田之制. 則何有乎多寡高下之不同, 而田制可定矣.]" 卞季良,『春亭集』권8「存心出治之道立法定制之宜」, 韓國文集叢刊 8집, 民族文化推進會, 1991, p.109. ; 송수경 외 역,『(신편 국역) 춘정 변계량 문집』, 한국고전번역원, 2006, p.95.

李齊賢(1287~1367)이『益齋亂稿』권9 策問「田制」편에서 정전에 관해 자세하게 언급한 내용이 보인다.

金誠一(1538~1593)은『鶴峯集』권6 雜著「朝鮮國沿革考異」편의 '周 나라 때 箕子가 封해진 나라라는 데 대하여'라는 글에서 다음과 같이 언급 하였다. "平壤 (지금의 西京으로, 國都에서 서북쪽으로 1천여 리 떨어진 곳에 있다.)에 도읍하였으며, 八條의 가르침을 만들어 백성들을 가르치니, 백성들이 그 덕에 감화되어 드디어 예의의 나라가 되었다. 또 井田法을 시행하고자 해서, 지금도 그때 만든 밭두둑이 아직 남아 있다. 그의 자손들이 전하여서 1천여 년을 내려왔다. 기자의 陵墓가 지금의 평양부 성 북쪽에 있는데, 나라에서 守戶를 두어 나무꾼이나 목동들이 출입하는 것을 금하고 있다.[都平壤, 今之西京也, 在國都西北千餘里. 立八條之敎以敎民, 民化其德, 遂爲禮義之邦. 又欲行井田法, 至今阡陌尙存. 其子孫相傳, 千有餘歲. 其陵墓在今平壤府城北, 國家置守戶, 以禁樵牧.]" 金誠一,『鶴峯集』권6, 雜著「朝鮮國沿革考異」, 韓國文集叢刊 48집, 民族文化推進會, 1991, p.131. 김성일 저, 정선용역,『(국역) 鶴峯全集』2, 민족문화추진회 편. 1998, p15~16.

의 이론은 모두 맹자의 말을 기준으로 하였기 때문에 다만 주(周)나라 제도에 대해서만 자세히 말했을 뿐 하(夏)나라나 은(殷)나라 제도에 대해서는 증명한 것이 없다. 주자(朱子)가 조법(助法)[197]에 관해 논한 것 역시 추측과 짐작에서 나온 것이지 참고해서 고증한 이론은 아니었다. 그렇다면 이것이 과연 당시 정전을 만든 뜻에 완전히 합치되는 것인지 알 수 없는 점이 있으니, 옛것을 좋아하는 선비들이 모두 그것을 문제점으로 여겼다.

정미년(1607년) 가을에 아우 유천공(柳川公, 한준겸 1557~1627)이 평안 관찰사가 되었는데, 나는 어머님을 모시고 평양에 가서[198] 비로소 기전유제(箕田遺制)를 볼 수 있었다. 천맥(阡陌)[199] 이 모두 그대로 보존되어있어 어지럽지 않고 잘 정리되어 있었으니, 옛 성인이 전지(田地)를 구획하고 다스려서 오랑캐를 중화로 변화시키려 했던 뜻을 오랜 세월이 지난 지금 오히려 상상해 볼 수 있었다.[200] 전하는 말에 "중

197) 조법(助法): 은나라 때 시행하였던 稅法으로, 井田의 중앙 한 구역을 公田으로 삼고, 그 주위의 여덟 구역을 경작하는 여덟 가호가 함께 공전을 경작해서 그 수확을 관에 바치는 제도이다.

198) 정미년 …… 평양에 가서: 한준겸은 1607년(선조 40) 8월에 평안 감사가 되어 어머님의 여생을 잘 봉양하고 싶어 평양에 함께 모시고 갔다. 이때 한백겸이 휴가를 받아 함께 따라 갔다는 자세한 내용이 「호조참의 사직상소」에 보인다. 한백겸, 상게서, p.185. "上年秋, 同生弟臣浚謙有觀察關西之命. 烏鳥私情, 欲畢殘年榮奉, 携而同歸. 臣於其時, 曲蒙大行聖上體下深仁, 特賜由暇, 許以隨行."

199) 천맥(阡陌): 밭 사이의 길이다. 南北으로 난 것을 阡, 東西로 난 것을 陌이라 한다.

200) 옛날에 …… 있었다: 1428년(세종 10) 여름 4월에, 세종께서 傳旨를 내려 "옛날 주나라 武王이 殷나라를 이기고, 은나라 太師 箕子를 우리나라에 봉하여 주나라의 신하 노릇하지 않겠다는 그의 뜻을 이루게 했다. 우리 동방의 문물과 예악이 중국에 비견되어 지금까지 2천여 년에 이른 것은 오직 기자의 가르침에 힘입은 것이다. 돌아보건대, 그의 사당이 좁고 누추하여 우러러 공경을 표하기에 맞지 않으므로 우리 父王께서 일찍이 중重修를 명하시고 내가 그 뜻을 받들어 독려했다. 이제 낙성을 고하게 되었으니, 마땅히 돌에 새겨서 오래도록 후세에 보여야 할 것이다. 史臣은 글을 짓도록 하라."하셨다. 그래서 卞季良(1369~1430)이 명을 받고 「箕子廟碑銘」을 지은 것이 『春亭集』에 보인다. 卞季良, 『春亭集』 卷12 碑誌, 韓國文集叢刊 8집, 1990, p147. ; 송수경외 역, 『(신편 국역) 춘정 변계량 문집』, 한국고전번역원, 2006, p.231~234 참조.

국에서 잃어버린 예를 주변 나라에서 확인할 수 있다"라는 내용이 있으니, 어찌 믿지 않겠는가.

그 곳에 직접 가서 자세히 살펴보니 그 전형(田形)과 무법(畝法)이 지금 『맹자(孟子)』에 거론된 정자형(井字形)의 제도와 같지 않은 점이 있었다.[201] 그 가운데에서 함구문(含毬門)과 정양문(正陽門)[202] 사이에 있는 구획이 가장 분명한데, 그 제도는 모두 전자형(田字形)으로 되어 있으며, 전(田)에는 4구(區)가 있고 구는 모두 70무(畝)[203] 씩이다.

대로(大路)의 안쪽에서 가로로 보아도 4전 8구이고, 세로로 보아도 역시 4전 8구였다. 4전은 사상(四象)[204]을 본뜨고, 8구는 팔괘(八

---

201) 『맹자(孟子)』에 …… 있었다: 『맹자』에 거론된 井字形의 제도란 900무의 밭을 우물 정자 모양으로 나누어 8가구가 100무씩 받고 남은 100무를 공동경작해서 세금을 납부하는 것이다. 구암이 발견한 기전은 이와 약간 차이가 있는데 바로 기전 유적이 우물 井자 형태로 만들어진 것이 아니라 4부가 1구를 이루는 '田'자 형태로 구획되어 있다는 점이다. 『맹자』, 「滕文公上」에 보인다.

202) 함구문(含毬門)과 정양문(正陽門): 평양성은 내성, 중성, 외성, 북성 등 4개 부분성으로 나누어지는데 정양문은 중성 남문이고 함구문은 외성 남문이다. 지금은 남아있지 않다. (방린봉외 저, 『조선지명편람』, 「평양시」, 박이정, 2001, p.13.) 113p 구암의 기전도에 그위치가 정확히 보인다.

203) 무(畝): 『한서』, 「식화지」에 정전의 크기를 설명하여 "사방 6자를 1步라 하고 1백 보를 1畝라고 한다. 100무는 1夫가 되고, 3부를 1屋이라 하고, 3옥이 1井이 된다. 1정은 사방 1 里인데 모두 夫와 같다.[故必建步立晦(師古曰 晦 古畝字也), 正其經界. 六尺爲步, 步百爲晦, 晦百爲夫, 夫三爲屋, 屋三爲井, 井方一里. 是爲九夫八家共之, 各受私田百晦, 公田十晦, 是爲八百八十晦餘, 二十晦以爲廬舍, 師古曰 : '廬田中屋也春夏居, 之秋冬則去.']"라고 하였다. 1자의 길이는 시대에 따라 다르다. 한나라 때의 1자는 19.5cm이였으므로 1보는 약 1.17m가 된다.

따라서 1무는 가로 1보×세로 100보, 사방 10보의 넓이이므로 136.89m²(41.36평, 1평 3.31m²)의 크기가 된다. 그리고 1부는 13,689m²(4,135.65평), 1정은 123,201m²(37,220.85평)가 된다. (박기수, 이경룡, 하원수, 김경호 공역, 『사료로 읽는 중국 고대 사회경제사』, 청어람 미디어, 2005, p.293. 참조.)

204) 사상(四象): 사상은 『주역』, 「繫辭上傳」에 처음 보인다. 즉, "역에 태극이 있으니 태극은 양의를 낳고 양의는 사상을 낳고 사상은 팔괘를 낳는다.[易有太極, 是生兩儀, 兩儀生四象, 四象生八卦.]"라고 하여 팔괘가 태극 · 양의 · 사상의 단계를 거쳐 형성됨을 설명하였다. 당나라의 공영달은 사상을 金 · 木 · 水 · 火라고 하였고, 주희는 陰 · 陽 · 剛 · 柔와 老陽 · 少陽 · 老陰 · 少陰을 사상으로 보았다.

卦)[205]를 본뜬 것인가. 가로 세로가 8구이고 곱하여 64구로 네모반듯해서 그 본받은 모양이 「선천방도(先天方圖)」[206]와 매우 비슷하니, 옛 사람이 이 정전을 만들면서 어찌 본받은 것이 없었겠는가.[207] 이를 통

205) 팔괘(八卦): 『주역』, 「繫辭上傳」에, "易에 太極이 있어 이것에서 兩儀가 생기고, 양의에서 사상이 생기고, 사상에서 八卦가 생긴다." 하였다. 八卦는 乾(☰)·坤(☷)·震(☳)·巽(☴)·坎(☵)·離(☲)·艮(☶)·兌(☱)이다.

206) 선천방도(先天方圖): 송나라 邵雍(1011~1077)이 64괘를 배열하여 만든 易象圖이다.

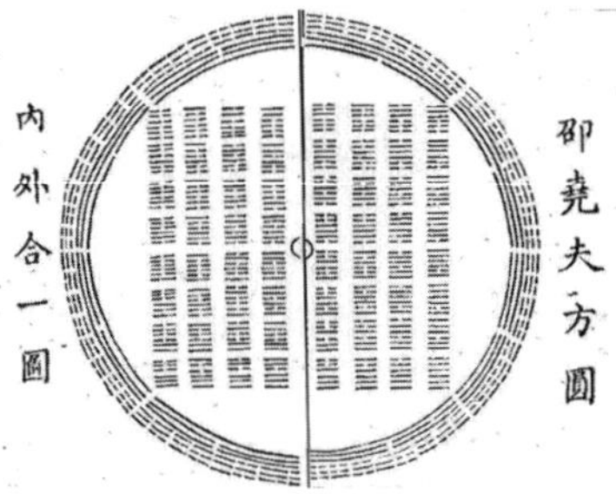

그림 12. 先天方圖.

207) 어찌 본받은 것이 없었겠는가: 구암이 네모반듯한 정전 모양이 「先天方圖」를 본받은 것이라고 하였는데, 이익은 「書韓久庵箕田圖說」에서 이 내용에 대해 다음과 같이 비판하고 있다.
"내가 「箕田圖」를 연구해 보니, 두 성문 사이에 가로 4개의 田과 세로 4개의 전이 있는 것은 땅의 형세 때문에 우연히 그리된 것이지 易圖에서 의미를 취한 것이 아니다. 「기전도」에서 비탈진 곳이나 구석진 곳에 있는 餘田을 제외하고 온전하게 전의 형태를 지닌 곳이 150여 개나 되는데, 모두 가로 4전 세로 4전으로 배열된 체제를 갖추고 있지 않다. 그리고 정양문 앞의 九畝路에서 꺾어서 오른쪽으로 6개의 전을 거치고 다시 꺾어서 9개의 전을 지나면 곧바로 詠歸亭에 다다르게 되는데, 이 밖에 전 사이의 길은 모두 三畝路에 불과하다. 어찌 두 성문 앞의 대로 사이에 우연히 만들어진 체제를 가지고 일률적으로 적용하여 말할 수 있겠는가.[愚按圖尋究, 其兩門之間, 橫四竪四者, 乃偶因地勢而然者, 非取義易圖也. 除尖斜欹側外, 其田多至百五十餘所, 皆無四四成列之制. 又自正陽門九畝之路, 折而右, 歷六田, 又折而歷九田, 直抵詠歸亭, 此外田間之路, 皆不過三畝, 豈可因兩門大路之間, 偶成之制, 而一例轃合說乎?]" (李瀷, 『星湖全集』 권56, 題跋, 「書韓久庵箕田圖說」, 韓國文集叢刊 199집, 民族文化推進會, 1991, p.525. ; 최채기, 오세옥역 『國譯 星湖全集』 15, 한국고전번역원, 2011, p.21~25 참조.)

해 추측해 보건대 아, 이것은 아마도 은나라의 제도일 것이다.[208)]

『맹자』에 "은나라는 70무를 지급하여 조법(助法)을 시행하였다"[209)] 라고 했으니, 70무는 본디 은나라의 토지를 나누는 제도이고 기자는 은나라 사람이므로, 그가 들판을 구획하고 토지를 나누는 데에 은나라의 것을 본받았을 것이니, 주나라의 제도와 같지 않았으리라는 데에는 의심할 것이 없다. 다만 이 천맥(阡陌)은 수천 년을 내려오면서 몇 번 바뀌고 고쳐져서 비록 처음의 것과 조금도 차이가 없다고 보장할 수는 없지만 그 대략은, 1무의 길로 구(區)를 경계 짓고, 3무의 길로 전(田)을 경계 지었다.

---

208) 아마도 은나라의 제도일 것이다: 崔岦(539~1612)은『簡易集』에서 구암과 마찬가지로 유적은 주나라 제도가 아니라고 하였다. "기자의 遺墟를 살펴보면, 井田의 區劃이 또 완연히 남아 있는데, 실행한 내용이 주나라 사람의 제도와 걸맞지 않을뿐더러, 그 제도 역시 옛날의 정전법과는 완전히 동일하지 않다는 사실을 확인할 수가 있다.[然今觀箕子遺墟, 宛有井田區畫, 而事不偕周人, 制亦不盡同者.]"라고 하였다." (崔岦『簡易集』稀年錄「洪範學記」, 韓國文集叢刊 49집, 民族文化推進會, 1990, p.513 이상현역, 한국고전번역원, 고전번역 종합db, http://db.itkc.or.kr(검색일 : 2014. 07. 05) 참조.)
정약용은 구암의 말에 동의하여 다음과 같이 서술하였다. "箕子가 우리나라로 옴에 따라 은나라 예가 동쪽에 있게 되었으니, 정전의 제도는 반드시 은나라의 옛 제도를 따랐을 것인데, 지금 平壤의 田制가 모두 田字 형태로 되어 있어 助法과 다르다.[箕子之東, 殷禮在東, 井田之制, 必因殷舊, 而今平壤田制, 皆作田字形, 與助法不同.]" (丁若鏞,『與猶堂全書』제1집, 詩文集 제21권, 韓國文集叢刊 281집, 民族文化推進會, 2002, p.463. 성백효역, 한국고전번역원, 고전번역 종합db, http://db.itkc.or.k (검색일 : 2014. 07. 05) 참조.)

209)『맹자』에 …… 시행하였다: 夏대에는 가구당 50무의 땅을 주고 10분의 1을 부세로 받는 貢法을 시행하였는데 세율은 흉·풍에 관계없이 고정되었기 때문에 흉년에는 문제가 되었다. 殷대에는 가구당 70무의 땅을 주고 助法을 실시해 수확량의 9분의 1을 부세로 받았다. 조법의 장점은 작황여부에 관계없이 公田의 수확량을 납부하는 것이다. 주(周)대에는 가구 당 100무의 토지를 주고 徹法을 시행해 10분의 1을 부세로 받았다. 이것은『맹자』,「滕文公上」에 보이는데 내용은 다음과 같다. "夏后氏五十而貢, 殷人七十而助, 周人百畝而徹, 其實皆什一也."

그 3면에는 9무의 큰길이 성문에서 영귀정(永歸亭)나루 어귀까지 나 있는데, 이것은 왕래하기 위한 길이지 오로지 밭 사이의 천맥을 만들기 위하여 마련한 것만은 아닌 듯하다. 그러나 반드시 16전 64구를 1전(甸)으로 구획 하였으니 또한 한계 짓는 뜻이 없지 않다. 이곳을 벗어나면 전을 경계 지은 길이 차츰 밭갈이하여 옛 모양을 잃은 곳도 더러 있다. 그런데 후대 사람이 처음에 제작한 본의를 알지 못한 채 반드시 3무를 기준으로해서 이를 바로잡아서 더 이상 크기의 구분이 없게 되어 팔괘의 법상(法象)은 비록 찾을 수 없지만 70무를 1구로 하고, 4구를 1전으로 하여 양쪽으로 두 개씩 짝을 지어 나란히 나아가면 온 들판이 모두 같아질 것이다.

반고(班固)의 『한서』, 「형법지(刑法志)」를 살펴보면 "4정(井)이 1읍(邑)이 되고, 4읍이 1구(丘)가 되고, 4구가 1전(甸)이 되니, 1전에 64정이 있다."[210]라고 하였는데, 그 정 · 읍 · 구 · 전의 명칭은 주의 제도를 썼겠지만 4로 기준이 되는 수를 만들어 가로 세로 각각 4개로 사각형을 이룬 것은 이 기전(箕田)과 실로 정확하게 합치된다. 반고의 학식은 매우 해박하였으니, 아마 전례를 따른 근거가 있을 것인

210) 4정(井)이 1읍(邑) …… 64정이 있다: 『한서』, 「刑法志」에 실린 원문은 다음과 같다. "宋祁曰: 邵姚本云 '發賦歛之賦也 稅以足食賦以足兵. 故四井爲邑, 四邑爲丘, 丘十六井也. 有戎馬一匹, 牛三頭. 四丘爲甸, 甸六十四井也.'"
이 부분에 대해 성호 이익은 『星湖全集』 권56 「書韓久庵箕田圖說」에서 다음과 같은 의견을 피력하고 있다. "내 생각에, 四丘에 대한 설은 바로 『周禮』, 「地官 小司徒」에 나오는 내용이다. 반고는 이 문헌을 바탕으로 쓴 것에 지나지 않으며 과거 은나라 사람의 생각이 담겨 있는 것은 아니다. 게다가 4井이 1邑이 되고 1정에 9夫가 있다면, 1읍이 36區가 된다. 어찌 이 기전과 정확하게 합치된다 하겠는가.[愚按四丘之說, 乃周禮地官小司徒之文. 班氏不過祖此, 非有殷人之遺意也. 且四井爲邑, 而井有九夫則邑乃三十六區也. 何云與此脗合?]" (李瀷, 『星湖全集』 권56, 「書韓久庵箕田圖說」)
王圻, 『三才圖會』, 四庫全書存目叢書子部, 類書類 ; 190, 齊魯書社, 1997, p.477.

데[211] 남아있는 전적이 완전하지 않아 그 제도를 모두 알 수 없는 것이 애석하구나.

그 지형이 뾰족하고 비스듬하고 기울고 치우쳐서 네모반듯하지 못한 곳은 한두 전 또는 두 세구를 그 지세에 따라 더하였는데, 이것을 이 고장 사람들이 여전(餘田)이라고 불러 왔다고 한다. 주나라의 정전(井田) 제도에 있어서도 땅이 먹줄로 잰 듯이 곧고 평평한 곳을 얻기는 어려웠을 것이며, 정전의 제 모양을 이루지 못한 곳이라 하여 버려두고 쓰지 않을 수 없었을 것이니, 그렇다면 아마도 그 제도가 이럴 수밖에 없었을 것이다. 그 공전(公田)과 여사(廬舍)[212]의 제도는 상

211) 아마 전례를 따른 근거가 있을 것인데: '四丘爲甸'에 대한 내용은『周禮』에 나오는 내용을 반고가 보았을 것으로 추측된다. 그 내용은 다음과 같다. "九夫爲井, 四井爲邑, 四邑爲丘, 四丘爲甸, 四甸爲縣, 四縣爲都以任地事而令貢賦." (『周禮』권11「地官 小司徒」)

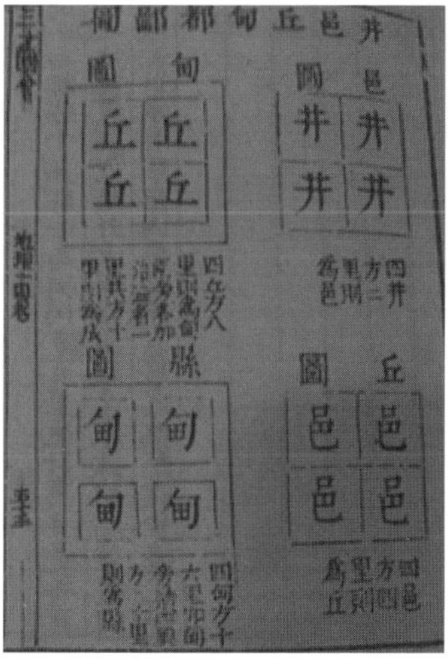

그림 13.『三才圖會』井邑丘甸圖.

212) 여사(廬舍): 밭 가운데 식사나 휴식용으로 간단하게 지은 농막. 田舍라고도 한다.

고할 수 없으나, 그 제전(制田)이 이미 정자형(井字形)이 아니라면 『맹자』에 이른바 "가운데에 공전이 있고 여덟 집이 모두 사전(私田) 1백무를 경작한다."는 것과는 아주 현격한 차이가 있다. 짐작컨대 은나라 때에 백성들이 받은 밭이 들에 있을지라도 여사가 반드시 밭 곁에 있지는 않았고, 혹 촌락이나 성읍(城邑) 안에 모두 모여 살았을지 모르며, 공전도 모두 외진 곳에 있어 반드시 사전 가운데에 끼어 있지는 않았을 것이다. 밭에 거름 주고 갈고 김매고 거두어들일 즈음에 거리가 달라서 백성 중에는 그것을 괴롭게 여기는 사람도 있고, 또 제도가 점점 구비되어 길례(吉禮)와 흉례(凶禮)의 형식이 많아져서 70무로는 부모를 봉양하고 장례를 치루기도 비용이 부족하였을 것이다. 그러므로 주나라 통치시기에 이르러 천리(天理)와 인사(人事)에 따라서 1백무로 늘려 주고, 또 정전(井田)의 법을 만들어 여덟 집이 함께 정전을 나누어 경작하고 가운데에 공전(公田)을 두도록 하였다.

그래서 봄에는 백성들이 들에 있는 집[野廬]에 나아가서 살고, 겨울에는 성안에 있는 집[城宅]에 모여서 살게 하여, 그 제도가 비로소 완비되었다. 질박한 것을 세련되게 만들면서 그 제도의 유지 변혁과 토지의 증감은 형편상 그럴 수밖에 없었던 것이다. 그렇다면 정(井)자 형태로 토지를 분배한 것은 오랜 옛일이 아니라 사실은 주나라에서부터 시작된 것이다. 간혹 "논 · 밭의 수로[213]를 고치느라 인력의 소모가 많았다."고 한 주자의 말을 가지고 맹자의 말을 의심을 하기도 하는데, 이는 그렇지 않은 듯하다. 『맹자(孟子)』에 "편안하게 해 주기 위한 방편으로 백성을 부리면 아무리 힘들더라도 원망하지 않는

213) 논 · 밭의 수로: 원문은 '溝洫'으로 周代에 논 · 밭 사이에 관개를 하거나 배수를 위해 설치한 수로이다. 9夫사이에 있는 것으로 井사이의 폭과 깊이가 4자 되는 것을 '溝'이라 하고, 100부 사이에 있는 것으로 폭과 깊이가 8자 되는 것을 '洫'이라고 한다. 『周禮』에 실린 내용은 다음과 같다. 『周禮』, 考工記, 「匠人」 "匠人爲溝洫 …… 九夫爲井, 井間廣四尺, 深四尺, 謂之溝. 方十裏爲成, 成間廣八尺, 深八尺, 謂之洫." 그 모양은 아래 [그림 14]와 같다.

다.”[214]라고 하였고, 주자도 일찍이 “혁명으로 왕조가 바뀌면 크게는 건정(建正)[215]과 용수(用數)[216]에서부터 작게는 쓰는 문자와 수레의 너비[217]까지 모두 다시 만들어 한시대의 이목을 새롭게 했다고 하였다.”고 논하였다. 그렇다면 더구나 이것은 백성들에게 일정한 재산을 만들어주고 실제로 정사를 하여 인을 베푸는 큰일인데 어떻게 그 작은 비용을 따져서 구습을 그대로 따르고 융통성 없게 굴어 모두 변혁하지 않았겠는가. 이런 점으로 추측해보건대, 주자의 이 말은 아마 한

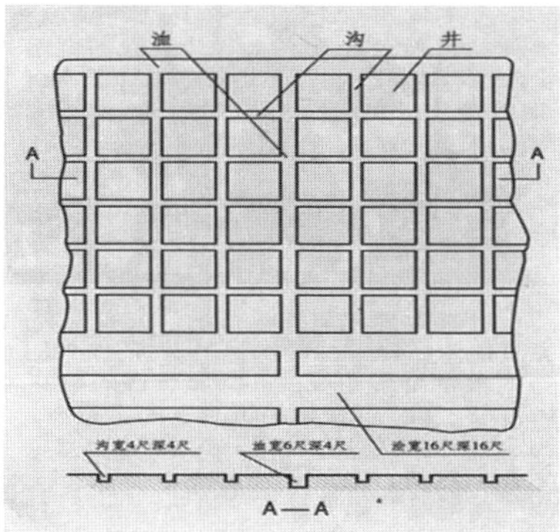

그림 14. 溝洫圖
http://www.chinawater.net.cn/guojihezuo 참조.

214) 편안하게 …… 않는다: 『孟子』, 「盡心上」에 그 내용이 보인다. “以佚道使民, 雖勞無怨.”
215) 건정(建正): 정월을 새롭게 정하는 것을 말한다. 즉, 建子 · 建丑 · 建寅 등으로 정월을 삼는 것인데 建子는 子月을 세수로 삼은 주대의 역법으로 자월은 음력 11월이다. 建丑은 丑月을 세수로 삼은 은대의 역법으로 축월은 음력 12월이다. 建寅은 寅月을 세수로 삼은 하대의 역법으로 인월은 음력 1월이다.
216) 용수(用數): 운용하는 수를 말한다. 邵雍의 『皇極經世書』, 「觀物外篇」에 괘(卦)를 근본수[體數]라 하고, 시초[蓍]를 운용하는 수[用數]라 하였다. 여기서는 한 시대마다 기준으로 하는 수를 달리 하는 것을 말한다.
217) 쓰는 문자와 수레의 너비를: 원문의 ‘書文車軌’는 ‘書同文車同軌’의 줄인 말이다. 여러 지방의 수레의 너비를 같게 하고 글은 같은 글자를 쓰게 한다는 뜻으로, 천하가 통일되어 표기와 문화제도가 동일한 것을 의미한다. 『中庸』에 “今天下車同軌, 書同文.”이라는 문장이 보인다.

때 문인들과 주고받았던 문답인 듯하고 평소의 정론은 아니라는 것을 알겠다. 『주자어류』 가운데 이러한 종류의 내용이 매우 많으니 이것을 가지고 저것을 의심해서는 안 될 듯하다.

아아, 관민(關閩)[218]의 여러 학자들은 모두 제왕을 보좌할 만한 인재들로 말세[219]에 태어나 하 · 은 · 주 삼대의 제도를 회복하는 것을 자기 임무로 생각하였다. 그리하여 남아 있는 경전(經傳)들을 수습하여 선인의 남겨진 제도를 토론함에 있어서 아마 지극히 하지 않은 것이 없었을 것이지만 여전히 막연한 아쉬움이 있어서, 하나의 정론으로 귀결시키지 못했다. 만일 그 당시에 그들을 직접 이곳 평양에 와서 이 제도를 직접 목격하게 하였더라면 그들이 옛날 제왕의 전제를 창시한 의도를 논술함에 있어서 분명 손바닥을 가리키듯이 아주 분명하게 말하였을 것인데 그렇게 되지 못한 것이 애석하다. 그래서 내가 본 것을 기록해 두어 후세에 이것에 대해 잘 아는 사람이 바로잡아주기를 기다린다.[220]

---

218) 관민(關閩): 關閩은 周濂溪, 程顥와 程頤, 張橫渠, 朱熹를 뜻하는 濂洛關閩의 약어로 송나라 성리학자들을 가리킨다.

219) 말세: 원문은 '叔季'인데 叔과 季는 끝[末]이라는 뜻이므로 衰亂한 세상을 叔世라 하고, 망하게 된 세상을 季世라 한다. 이런 의미에서 말세로 번역했다.

220) 후세에 …… 기다린다: 후세에 기전유제에 대해 언급한 학자는 대략 다음과 같다.

① 朴世采(1631~1695)는 기자가 남긴 학문이 인멸될까 염려하여 『範學全編』을 저술하였는데 서문에 이어 箕子畫像과 4언 40구로 된 隔句韻體의 찬이 있다. 권1에 洛書, 권2에 洪範, 권3~5에 황극, 권6에 箕子 등의 편목으로 구성되어 있다. 권수의 기자화상은 拱手한 半身像과 拱手正立한 全身像의 2종으로 되어 있다.

② 李瀷(1681~1763)은 「書韓久庵箕田圖說」과 「箕子田」을 저술하였다. 『星湖僿說』 제12권 「人事門」에 「기자전」이 실려 있다.

③ 李頤命(1658~1722)은 「箕田說」을 지었다.

④ 柳馨遠(1622~1673)은 『磻溪隧錄』, 田制上, 「分田定稅節目」편에서 구암의 箕田圖說을 소개하였다.

⑤ 徐命膺(1716~1787)은 「井田說」, 「箕子井田紀蹟碑」를 저술하였다.

⑥ 洪大容(1731~1783)의 『湛軒書』 외집 7권 「燕記」에서는 箕子와 井田에 대해 질문하는 중국인들에게 홍대용이 이에 대해 답변한 내용을 자세히 기록하고 있다.

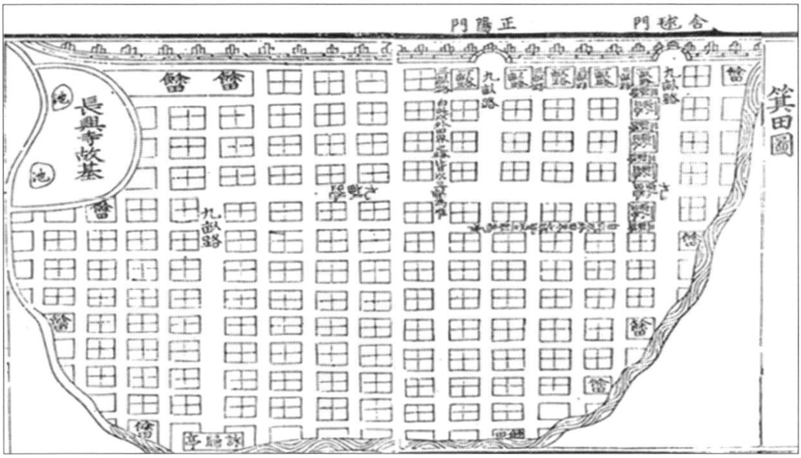

그림 15.『久菴遺稿』 기전도.

"평양에 기자의 무덤과 사당이 있는데 그의 후손에게 世襲하여 사당을 지키게 하며, 井田도 아직 遺址가 있으니 살펴볼만합니다.' …… 주 감생이, '일전에 '귀처에는 정전의법이 아직 남아있다.'고 말씀하였는데, 지금도 정전제를 시행하고 있습니까?'하기에, '다만 箕子의 遺蹟으로서 수백 畝의 땅이 있을 뿐입니다.'하였다.['平壤有箕子墳及廟, 以其孫世襲守廟, 井田尙有遺址可考' …… 周曰: '前日云貴處井田之法見存, 尙通行否.' 余曰: '只有箕子遺跡數百畝地.']" 洪大容『湛軒書』, 外集권7「燕記」, 韓國文集叢刊 248, 200. p.243.

⑦ 朴趾源(1737~1805)은『과농소초』「田制」편에서 평양에 남아 있는 기자전의 유적을 바탕으로 정전의 이상을 실현하기 위해 法田의 설치를 강조하였다. 박지원이 주장한 법전은 農學의 수립, 실험과 연구를 통한 경작법의 정리와 보급 등을 담당하는 관서이기도 하였다.

⑧ 成海應(1760~1839)의『硏經齋全集』권42「傳記類」, 食貨議 상편에는 기자전에 대해 소개한 글이 있다.

⑨ 丁若鏞(1762~1836)은「跋箕子井田圖」에서 구암의「기전유제설」에 대해 이의를 제기하고 있다.「跋箕子井田圖」,『茶山詩文集』14권, p.304. "右井田圖, 故戶曹參議韓公百謙之所作也. 韓公少遊平壤, 就箕子井田, 圖畫其畎畝溝澮之制. 且曰: '恐田疇之有毁傷, 而古制無徵也, 故爲圖以壽之.' 然箕子之必都平壤, 本無明據. 平壤若係箕子故都, 則不應以王儉城得名也. 句麗之亡, 李世勣經理平壤. 百濟之亡, 劉仁軌經理南原, 故兩地皆起屯田, 其謂之井田者, 好古之過也. 如非然者, 南原何得有井田, 且其田形皆非井文, 乃田字形也."

⑩ 安鼎福(1721~1791)의『東史綱目』부록 상권「考異」편에 箕子井田과 관련된 내용이 보인다.『高麗史』,『여지승람』등 역사서에 기록된 정전에 관련된 기사를 소개하고 그 모양이 우물 井자가 아닌 밭 田자의 형태로 구획되었다고 하였다. 이는 구암의 설에 영향을 받았다고 볼 수 있다.

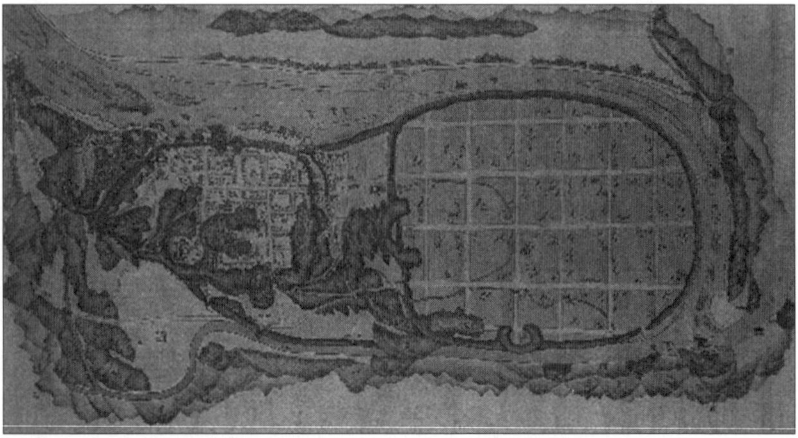

그림 16. 19세기 평양시가지 모습을 그린 西京全圖이다.
'田' 자형의 箕田부분이 강조되게 그린 것을 볼 수 있다. (고려대학교 박물관 소장)

그림 17. 19세기 후반에 그려진 것으로 추정되는 평양성을 그린 箕城圖이다.
왼쪽으로 기전(箕田)의 모습이 보인다. (서울 역사박물관 소장)

箕田圖說跋

丁未秋, 柳川出按箕城, 伯氏參議公往省大夫人而還, 一日來訪我, 手持「井田圖說」以示之. 考其制甚詳, 著之說甚備, 按其圖而證其說. 所謂箕田在於含毬、正陽兩門之外者, 區畫最分明, 其爲制皆田字形, 分爲四區, 區皆七十畝, 界區之路, 其廣一畝, 界田之路, 其廣三畝, 凡十六田, 總六十四區. 六十四區之三旁, 又有九畝之路, 由城門達之江上, 其尖斜攲側不能成方處, 或一二田, 或二三區, 隨其地勢而爲之, 鄕人至今傳之爲餘田, 亦皆七十畝. 噫! 古今人歷玆地, 見斯田者何限, 但賞古跡宛然而已, 獨公生晩好古, 欲求古聖人分田制産之意於千百載後, 作爲圖說, 使人人曉然知箕田一區爲七十畝, 卽與孟子所稱殷人七十畝之說, 若合符節, 豈非幸歟!

孟子曰: "方里而井, 井九百畝, 其中爲公田." 蓋井字爲形, 便成九區, 八家皆私八區之百畝, 就公田百畝之區, 以二十畝爲廬舍, 八夫居之, 其所耕公田皆十畝, 此周制然也. 孟子曰: "殷人七十而助, 周人百畝而徹, 其實皆什一也, 徹者徹也, 助者籍也." 孟子論周人百畝之制固纖悉, 至於殷人, 但稱七十而助, 當時諸侯, 皆去周時之籍, 況殷制安保其猶有存者乎?

朱夫子之生, 去孟子之時又遠矣, 不得不因周制而推明之. 釋之曰: "商人始爲井田之制, 以六百三十畝之地, 畫爲九區, 區七十畝, 中爲公田, 其外八家, 各授一區, 但借其力以助耕公田, 而不復稅其私田." 又曰: "竊料商制亦當似此, 而以十四畝爲廬舍, 一夫實耕公田七畝, 是亦不過十一也." 朱夫子旣未得考殷制, 則以此度彼, 其爲制自當如此. 昔韓退之賦石鼓, 蓋歎孔子不到秦, 不得見其文. 若使朱夫子見此圖, 當復以爲何如! 以今觀之, 公田廬舍之制, 未敢臆度, 卽此田形而見之, 四區, 四夫所受之田也. 或以爲箕城之田, 稱之以井, 蓋久矣. 井卽九區也, 今不可輕言爲四區, 是則不然. 若論殷周田也, 八區, 八家所受之田也. 推此以往, 雖千百區皆然, 就七十畝之中, 以七畝爲公田, 如朱夫子之說, 則亦不失爲什一也. 至於廬舍, 則周時制度大備, 猶就公田二十畝, 爲八夫廬舍, 是一夫之居, 不過二畝半也. 若就一夫所受之區, 以七畝爲公田, 而出力助耕之, 不復稅其六十三畝, 則雖以一二畝爲廬舍而居之, 亦自不害於什一之制也耶?

一夫所居, 其在於七十畝之內, 抑或宅於都, 宅於山者, 受田于野, 來往耕治, 皆不可得以考. 有其路而無廬舍, 亦不可知也. 若論殷、周田制之不同, 則七十畝百畝, 已可見矣, 何必置疑於四區九區之同異哉? 所貴乎同者, 什一之制耳.

孔子曰: "周因於殷禮, 所損益可知也. 其或繼周而王者, 雖百世可知也." 百世可知者, 其不在於什一之制耶? 去年, 曾隨詔使朱學士、梁給事中, 偕賞箕田, 恨未及知一區爲七十畝, 未得求正. 遂書所感爲跋, 以待後之覽者.

西坰柳根. 謹書.

기전도설 발(箕田圖說跋)*

*柳根(1549~1627)이 구암의 「기전유제설」과 「기전도」를 보고 그 내용을 지지하며 쓴 발문이다. 구암이 「기전유제설」을 지어 기전의 한 구가 가 70畝임을 밝혀 孟子가 말한 '은나라는 70무를 지급하여 조법을 실시했다.[殷人七十畝.]'는 내용과 일치한다고 하였다. 또한 한유가 「석고가」에서 공자는 평생 여러 나라를 주유하였으나 석고가 있는 진나라에는 간 일이 없었음을 아쉬워했듯이 주자가 이곳 평양에 와서 기전유적을 보았다면 주자가 정전제에 대해 쉽게 이해했을 것이라고 하며 구암의 이론에 확신에 찬 지지를 보이고 있다.

【번역】

정미년(1607, 선조 40) 가을에 유천공(柳川公 韓浚謙, 1557~1627)이 평양 감사로 나가자 그의 형인 참의공(參議公) 한백겸이 어머님을 찾아뵙고 돌아와[221] 어느 날 나를 찾아 왔는데 손에는 「정전도설(井田圖說)」을 들고 와서 보여주었다. 그 제도를 고찰 한 것은 매우 자세하였고, 저술한 내용은 잘 갖추어져 있었다. 그 그림에 따라 그 내용을 고증하였는데 다음과 같았다.

이른바 기전은 함구문(含毬門)과 정양문(正陽門)[222] 밖에 있는 것이 구획이 가장 분명한데, 그 제도는 다 전자형(田字形)으로 되어 있고, 전(田)은 4구로 나누어져 있고 각 구획은 모두 70무(畝)씩 이다. 구획을 경계 짓는 길은 그 너비가 1무(畝)이고 전을 경계 짓는 길은 그 너비가 3무이니 모두 16전(田)으로 총계가 64구이다.

64구의 3면에는 또 9무되는 대로가 있어 성문에서부터 강가에까지 이른다. 그 지형이 뾰족하고 비스듬하고 기울고 치우쳐서 네모빈듯하지 못한 한두 전 또는 두세 구는 그 지세에 따라 더해서 만들었는데, 이것을 이 고장 사람들이 지금까지 여전(餘田)이라고 전하는데 역시 모두 70무이다. 아, 지금까지 이곳을 지나간 이들 중에 이 전(田)을 본 사람이 어찌 적었겠는가, 다만 그 사람들은 고적의 완연함만 보았을 뿐이다. 그런데 후대에 태어난 공만이 옛 것을 좋아하여 오랜 세월이 흐른 뒤에 옛 성인이 백성들에게 토지를 나누어 생업을 제정해준 뜻을 찾으려 했다. 그래서 도설(圖說)을 지어서 사람들에게 기전의 한 구획은 70무로 바로 맹자가 말했던 은나라 사람들은 70무를

221) 한백겸이 …… 돌아와: 한준겸은 1607년(선조 40) 8월에 평안 감사가 되어 어머님의 여생을 잘 봉양하고 싶어 평양에 함께 모시고 갔다. 이때 한백겸이 휴가를 받아 함께 평양에 갔다 온 것을 말한다. (「箕田遺制說」 주 39) 참조.)
222) 함구문(含毬門)과 정양문(正陽門): p.113 「箕田遺制說」 주석 202) 참조.

지급하여 조법을 실시했다는 내용과 꼭 들어맞는다는 사실을 확실하게 알려주려 했으니 어찌 다행한 일이 아니겠는가.

맹자가 다음과 같이 말하였다.

"사방 1리(里)를 정(井)이라 하고 1정은 900무이니 그 가운데는 공전(公田)이 된다."[223] 우물 정자 모양으로 해서 9개의 구획을 만들어 8가구가 모두 8구획의 사전(私田) 100무씩을 받고, 공전 100무중에 20무로 여사를 지어 8명이 사는데 그들이 경작하는 공전은 모두 10무씩이니 이는 주나라 제도가 그러하였다.

맹자가 다음과 같이 말하였다.

"은나라는 70무를 지급하여 조법을 실시했으며, 주나라는 100무를 지급하여 철법을 실시했습니다. 그 제도의 실상은 모두 10분의 1의 세금을 내는 것입니다. 철(徹)은 통하는 것이고, 조(助)는 돕는다는 것입니다."[224]

맹자가 주나라의 100무의 제도에 대해서 논한 내용은 참으로 자세하게 잘 설명 했지만 은나라 제도를 언급한 내용은 단지 70무를 지급하여 조법을 시행했다는 것뿐이다. 당시 제후들은 주나라 때 전적을 모두 없앴으니 하물며 은나라 제도가 어떻게 아직도 보존된 것이 있었겠는가.

주자가 살던 시기는 맹자가 살던 시기보다 더욱 오래되어 할 수 없이 주나라 제도를 가지고 추론해서 설명하였다. 주자는 다음과 같이 주석 하였다. "은나라 사람이 처음에 정전제를 시행하여 630무의 땅을 나누어 9구획으로 만들었으니 한 구획은 70무이다. 한 가운데에는 공전을 만들고, 그 밖에 8집에 각각 한 구획씩을 주어 단지 그 힘을 빌어서 공전 경작을 돕게 하고 다시 그 사전에 세금을 부과하지 않

---

223) 사방 1리(里)를 …… 된다: 『맹자』, 「滕文公 上」에 이 내용이 보인다. 원문은 다음과 같다. "方里而井, 井九百畝, 其中爲公田, 八家皆私百畝, 同養公田."

224) 은나라는 …… 것입니다: 『맹자』, 「滕文公 上」에 이 내용이 보인다.

았다." 또 주자가 다음과 같이 주석하였다. "내 나름대로 생각해보니 은나라 제도 역시 이와 비슷해서 14무로는 여막을 만들어 농부 한 사람이 실제로 공전 7무를 경작하였을 것이니 이 역시 십분의 일에 불과한 것이다."

주자는 은나라 제도를 전혀 살펴보지 못해서 주나라 제도를 가지고 은나라 제도를 추측했기 때문에 정전제를 이렇게 설명하는 것이 당연하다. 예전에 한유(韓愈, 768~824)는 「석고가(石鼓歌)」[225]를 지어 공자가 진나라에 가지 않아[226] 석고문[227]을 못 본 것에 대해 탄식 했다.[228] 만약 주자가 이 '기전도'를 봤다면 응당 다시 어떻게 생각 했겠는가. 이제 이것을 가지고 살펴보면 공전과 여사(廬舍)의 제도는 함부로 억측한 것이 아니다. 이 전자(田字)형 토지에 직접 가서 본 것이니, 4구획은 4사람이 받은 토지이다. 혹자는 '평양성의 토지는 정(井)

225) 「석고가(石鼓歌)」: 周宣王 때 太史였던 史籒가 주 선왕을 칭송하는 글을 지어서 북처럼 생긴 돌에 새겼다고 한다. 또 孫何의 비문 해석에 의하면, 주 선왕이 岐山의 양지쪽에서 사냥할 때 따르던 신하들로 하여금 그 사적을 돌에 새기게 하였는데, 이것이 石鼓이다. 한유가 이 석고를 읊어 조정에 고대문물을 아끼고 보존하기를 건의한 한 편의 시이다.

226) 공자 …… 가지 않아: 공자는 평생 여러 나라를 주유 하였으나 석고가 있는 진나라에는 간 일이 없었다. 「석고가」가 내용 중에 다음과 같은 내용이 보인다. "…… 孔子西行不到秦, 掎摭星宿遺羲娥, …….(공자 서쪽으로도 갔지만 秦나라에는 가지 않았으니 별은 주워 모았으면서 羲娥는 버렸구나.)"

227) 석고문: 석고는 돌로 만든 북 모양으로 직경이 3자가 넘고 모두 10개가 섬서성 서쪽에 있었다. 지금은 북경의 청대 국자감 자리에 있다. 학자에 따라 주나라 宣王의 업적을 칭송한 내용이라고 하기도 하고 혹은 진나라 때 것이라고 하기도 한다. 당 이전에는 석고에 관한 기록이 없고 당대에 와서 위응물과 한유의 「석고가」를 통해 유명해졌다. 석고문은 『古文苑』에 실려 있다. 『고문원』은 중국 東周로부터 南齊까지의 詩賦雜文을 모은 책이다. 원래의 것은 唐나라 때 편찬하였다고 하나 확실하지 않으며, 지금 전하는 것은 宋나라의 韓元吉이 편찬한 9권 본과, 章樵가 이를 註釋補修한 21권 본이다.

228) 과거에 …… 탄식했다: 한유는 공자가 『시경』에 이 글을 채집하지 못했다는 이유로, 석고가중에 언급한 내용은 다음과 같다.
"공자는 서쪽으로 진 나라를 가지 못하여, 별 같은 시들은 주워 모으고 해와 달 같은 석고문은 빠뜨렸다.[孔子西行不到秦, 掎摭星宿遺羲娥.]"라고 탄식했다.

으로 일컬어진지 이미 오래 되었으니, 정은 곧 9구획이니 지금 선불리 4구획이라고 말해서는 안 된다'라고 하는데 이것은 잘못된 것이다. 만일 은나라와 주나라의 토지제도를 논해보면 8구획이니 이것은 8가구가 받은 토지이다.

이것으로 추측해보면 아무리 많은 구획일지라도 모두 그러해서 70무 가운데 7무로 공전을 만들었다는 주자의 이론대로라면 역시 10분의 1 세율에 어긋나지 않는다. 여사(廬舍)의 경우 주나라 때 제도가 잘 갖추어졌지만 공전 20무에서 농부 8명이 여사를 만들면 농부 한사람이 사는 곳은 크기가 2무반에 불과하다.

가령 농부 한사람이 받은 70무에서 7무로 공전을 만들고 힘을 다해 공전 경작을 도운 63무외에 더 이상 세금을 내지 않았다면 비록 한두 무로 여사를 만들어 살았어도 또한 자연 10분의1을 부세로 내는 제도에는 문제되지 않은 것이다.

농부 한사람이 사는 곳이 70무 가운데 있었는지, 아니면 도성 안에 살거나 산에 사는 사람이 들에 농지를 받아 오가면서 농사를 지었는지는 전혀 알 수가 없고, 길은 있지만 여사는 없는 것 인지 역시 알 수 없다. 은나라와 주나라의 전제가 같지 않은 것은 70무와 100무로도 이미 알 수 있는데 4구획인지 9구획인지의 차이에 대해 의심할 필요가 있겠는가. 중요하게 생각할 것은 두 나라 모두 같은 10분의 1 제도를 시행했다는 것이다.

공자가 말하였다.

"주나라는 은나라의 예를 따랐으니 덜어 내고 더한 바를 알 수 있다. 뒤에 혹시 주나라를 이을 왕이 생긴다면 아무리 백대 후의 예라 할지라도 알 수 있을 것이다."[229] 백대 후라 할지라도 알 수 있는 것

229) 주나라는 …… 것이다: 『논어』, 「爲政」편에 보인다. 원문은 다음과 같다. "子張問十世可知也. 子曰: '殷因於夏禮, 所損益可知也, 周因於殷禮. 所損益可知也. 其或繼周者, 雖百世可知也.'"

이 10분의 1 제도를 두고 말한 것이 아니겠는가. 지난해에 조사(詔使) 주 학사(朱學士)[230]와 양(梁) 급사중(給事中)[231]을 수행해서 함께 기전을 보고 왔는데[232] 구획 하나가 70무가 된다는 것을 미처 몰라서 질정받지 못한 것이 유감이다. 마침내 이렇게 느낀 바를 써서 발(跋)을 지어 후세에 볼 사람을 기다리노라.

서경(西坰) 유근(柳根)[233]은 삼가 쓴다.

---

230) 주학사(朱學士): 朱之蕃(1548~1624)을 말한다. 주지번은 1606년 詔使자격으로 조선에 왔다. 조사는 天子의 詔勅을 가지고 온다하여 이르던 말이다. 주지번이 일을 마치고 돌아갈 때 遠接使 柳根이 그들을 국경 지대까지 전송하면서 함께 기전을 보았다고 한다.

231) 양(梁) 급사중(給事中): 양 급사중은 梁有年을 말한다. 급사중은 門下省에 속하는 벼슬로서 황제의 칙령을 바로잡는 일을 관장한다.

232) 수행해서 …… 왔는데: 상촌 41세 때인 선조 39년(1606) 봄에 중국의 翰林學士 朱之蕃과 禮科左給事 梁有年이 元孫의 탄생을 알리는 조서를 가지고 나왔는데 상촌은 예문관 제학으로 迎慰使가 되어 義州까지 나와 그들을 영접하였다. 申欽의 『象村集』에 이와 관련된 내용이 보인다. "丙午年 봄에 右諭德 주지번과 급사중 양유년이 황손 탄생의 조서를 가지고 나왔기에 내가 의주에서 그들을 영접하여 위로하라는 명을 받고 소성을 하직하고 나와 벽제에서 하룻밤을 묵은 다음 길을 가던 도중에 짓다.[丙午春, 右諭德朱之蕃, 給事中梁有年, 賫皇孫誕生詔出來. 余受義州迎慰之命, 辭朝出宿于碧蹄, 途中有作.]" 申欽, 『象村集』 제10권
『宣祖實錄』에 이와 관련하여 다음과 같은 내용이 보인다.
"황제는 칙유한다. 짐의 皇孫이 탄생하여 은택을 만방에 내리노라. 왕은 대대로 동방을 지키며 정성껏 職貢을 다해 왔으니, 은택을 베풀어 충성에 보답해야 마땅하다. 이에 특별히 翰林院修撰 朱之蕃을 正使로, 禮科左給事 梁有年을 副使로 차견하여 조서와 칙유를 받들어 가져가게 하고 아울러 왕과 왕비에게 綵幣 文錦 등 선물을 내려 주어 예우하는 짐의 마음을 보인다. 이런 까닭으로 칙유한다. 조선 국왕에게 頒賜하는 바이다.[皇帝勅諭: 玆, 朕皇孫誕生, 覃恩宇內. 念王世守東方, 恪守職貢, 宜加恩賚, 以答忠誠. 特遣翰林院修撰朱之蕃、禮科左給事梁有年, 充正、副使, 捧齎詔諭, 幷賜王及妃綵幣、文錦, 至可受賜, 見朕優禮之意. 故, 諭頒賜朝鮮國王.]" (『宣祖實錄』 宣祖 39年 4月 11日.)

233) 유근(柳根, 1549~1627): 본관 진주이고, 자는 晦夫이며 호는 西坰·孤山이다. 시호는 文靖이다. 李滉의 문인으 로 1572년(선조 5) 별시문과에 장원하고 1574년 사가독서를 했다. 1592년 임진왜란이 일어나자 義州까지 선조를 호종하여 이조참판에 오르고, 1627년(인조 5) 정묘호란 때 강화도로 인조를 호종하던 도중 通津에서 병사하였다. 문집에 『서경집』이 있으며, 槐山의 華巖書院에 제향 되었다.

箕田圖說後語

西京之南有田焉, 與常制不同, 相傳爲箕子井田. 學士大夫之東西行, 過是都者, 莫不迂道過之, 但見其田制之異於常爲舊迹, 而實未知其初非周井, 而乃殷之制也. 丁未秋, 西原韓柳川出按關西, 奉老親赴任所, 其兄久菴公以地部右侍郎, 乞暇往省焉. 溫凊之暇, 周覽故國形勝, 遂及於所謂井田者, 周覽之不已, 興懷之, 興懷之不足, 至於丈量之. 仍其經界, 逐其阡陌, 以畝法概之, 五十而有餘, 百畝而不足, 乃七十畝之田也. 夫七十而助, 乃殷人之通法也. 是時, 周法未遽遍及於天下, 而箕子以殷室遺老, 受封於海東, 以殷人行殷法, 乃其所也. 然則七十畝之田, 豈非箕子之親傳法於我東者耶?

其田之制, 久菴作圖以記之, 吾不復贅, 而殷之田制, 年代遐遠, 典籍無傳, 以朱夫子之聖, 無從考據, 因周制而推測得出, 好古博考之士, 至今以爲遺恨者. 一朝親得而目擊於千載之下, 豈不快哉!

吾友平生讀書窮理, 不以事物之繁而厭棄之, 於凡大小制度文爲之間, 無不經心, 考校之功, 於是乃得力焉. 嗚呼! 非吾友, 孰能與於此哉? 但其所謂公、私田者, 必有其制, 而未有文字可考, 是則一恨.

且就所圖而推之, 蓋九畝大路之內, 爲七十畝者, 六十有四區, 而方列焉如易之方圖. 八區如一行者八, 就其一行八區之中, 出其一區爲公田, 其餘七區, 七家各受一區而私之, 其公田之中, 七家各受三畝爲廬舍, 計除三七二十一, 則所餘公田, 四十九畝. 七家分之, 則所助耕亦各七畝, 通私田七十畝, 爲什之一, 恰好無餘欠, 雖無明文, 其制豈不然乎?

且以周制言之, 公田百畝, 計除廬舍二十畝, 其餘八十畝, 八家分之, 則各得十畝, 通私田百畝, 亦爲什之一, 雖有多寡助徹之不同, 而其爲什一, 若合符節. 制度亦略相近, 所謂周田, 亦安知非因此商制, 損益而彌文者乎? 由是觀之, 九畝路之內, 乃其制之全體而示之法也. 小路三畝之中, 乃其散樣而通其制也. 必以四區爲一方段者, 蓋合其二則爲八, 雖不列而行之, 而亦八區一行之意. 豈無意義而爲之八爲之四哉?

周之一井九區, 殷之一行八區, 其義一也. 如是則不必井地, 猶可爲助法. 但朱子曰: "商人始爲井田之制." 此必有所據, 而未知出於何書. 然此田當初出於箕子無疑, 而揆之制度, 亦通殷助之制, 當以是田爲正, 似無疑矣.

蓋七十畝而七家, 七家而七畝, 公田廬舍之制, 又不外於七數焉. 是乃天然自成之數, 不容人力安排於其間者, 非聖人之制而能如是乎? 奇乎妙矣. 噫! 今之去箕代凡幾千年, 而遺制相傳, 迄至不泯, 已爲幸矣. 而其發明爲殷之制, 則得吾友而始焉, 亦一幸也. 其顯晦隱見, 亦有數存於其間耶? 自今以往, 此田之不復夷滅如今日, 未可保也; 此制之復或湮晦如往日, 亦未可知也.

有志好古之士, 謀所以永久其傳者, 宜無所不用其極, 然則吾友之此圖、此記, 其可使泯沒而無傳乎? 柳川公旣以節按是道, 凡其道內之事, 若大若小, 無非責也. 況此維持先聖王之制度, 以傳示於無窮者, 實非等閑小可事端, 宜載之板刻, 懸之官府, 使見之者曉然知其箕子之澤, 果百世不斬, 而殷田之制, 旣失傳於中國者, 乃猶保於我東則快也. 而他日觀民風者, 採而歸之秉筆之官, 俾系於『輿地志』平壤府之下, 則又一快也, 容可已乎? 惟柳川勉之. 陽川許筬, 謹書.

기전도설후어(箕田圖說後語)*

*許筬(1548~1612)이 지은 것으로 구암이 평생 독서하고 궁리하여 다른 이들은 그냥 지나치던 곳이 은나라의 기전 유적임을 처음 발견해 낸 것에 대해 칭찬하고, '기전도'를 판각해서 관부에 걸어두

어 후세에도 길이 전해지도록 도모해야 한다고 주장하였다. 그리고 중국에서는 전해지지 않는 은나라의 전제가 바로 우리나라에서 당시까지 보존되었다는 점에 자부심을 표현하였다.

【번역】

평양의 남쪽에 있는 전지(田地)는 일반적인 전제와 다른데 사람들은 그곳을 기자의 정전이라고 하였다. 학사 대부들 중 동서(東西)로 여행할 때에 이 도성을 지나가는 사람은 모두 길을 돌아서 이곳을 거쳐 갔다. 그런데 그들은 그 전제가 일반적인 전제와 다른 것을 보고서 유적이라고만 여기고, 처음부터 주나라 정전이 아니라 바로 은나라 제도라는 것을 사실 몰랐다. 정미년(1607, 선조 40) 가을에 서원(西原)[234] 유천공(柳川公) 한준겸(韓浚謙, 1557~1627)이 평양 감사가 되어 노모를 모시고 부임지로 갔는데, 지부 우시랑(地部右侍郎)이던 그의 형 구암공(久菴公)이 휴가를 받아 가서 어머니를 뵈었다.[235] 어머니를 모시던 여가에 고국(故國)의 명승지를 두루 구경하고 이른바

234) 서원(西原): 충청북도 淸州를 말한다. 본래 백제의 上黨縣이었는데, 신라 神文王 5년(685)에 西原小京을 두었다가, 景德王 때는 西原京으로 승격시켰다. 고려 太祖 23년(940)에 청주로 고쳤으며, 成宗 2년(983)에 牧으로 승격시켰다. 燕山君 11년(1505)에 이곳 출신 사람이 환관 李公臣을 죽인 사건으로 청주목을 폐하여 이웃 고을에 분속시켰다. 高宗 32년(1895)에 郡으로, 1914년에 面으로, 1931년에 邑으로, 1946년에 府로, 1949년에 청주시로 되었다. (한국역사지명사전편찬위원회 저, 『한국역사지명사전』, 여강출판사, 2008.)

235) 지부 우시랑(地部右侍郎) …… 뵈었다: 지부는 호조의 별칭인데 지부 우시랑은 호조 좌랑을 가리킨다. 1607년 8월에 구암은 호조참의에 제수되었다. 호조참의는 正三品 堂上이다.
한준겸은 1607년(선조 40) 8월에 평안 감사가 되어 어머님의 여생을 잘 봉양하고 싶어 평양에 함께 모시고 갔다. 이때 한백겸이 휴가를 받아 함께 평양에 갔다 온 것을 말한다. p.112「箕田遺制說」주석 198) 참조.

정전이라는 곳까지 가게 되었다. 두루 구경을 다하기 전에 감회가 일었으나 흥회로는 부족하여 토지의 면적을 측량하였다.

그 경계를 바탕으로 천맥(阡陌)을 따라 무법(畝法)으로 대략 계산하니 50무라고 하기에는 남고 100무라고 하기에는 부족하였으니 바로 70무의 밭이었다. 70무에서 조법(助法)을 실시한 것은 바로 은나라의 국법이었다. 이때에 주나라 제도가 일거에 온 세상에 보급되지는 못하였을 것이다. 기자(箕子)는 은나라 왕실의 원로로서 조선에 분봉(分封)을 받아 은나라 제도를 바로 이곳에서 실시한 것이다. 그렇다면 70무의 전제는 기자가 직접 우리나라에 전해준 법이 아니겠는가?

그 전제를 구암이 도설(圖說)로 만들어 기록하였으니 나는 더 이상 다른 말을 덧붙이지 않겠다. 은나라의 전제(田制)는 역사가 매우 오래되어 문헌이 전해지는 것이 없기 때문에 주자(朱子)처럼 명철한 분도 고증할 방법이 없어 주나라 제도를 통해 추측해 내었으니 옛것을 좋아하고 고증을 폭넓게 하는 선비들이 지금까지 유감으로 생각하였던 것이다. 그런데 하루아침에 유적을 찾아 오랜 세월이 지난 지금 직접 목격하게 되었으니 어찌 통쾌한 일이 아니겠는가?

나의 벗은 평소 독서하고 궁리하여 사물이 번잡한 것 때문에 싫증을 느끼거나 그만두지 않았고, 크고 작은 제도와 문장, 사업에 대해[236) 마음을 두지 않은 것이 없어 연구하고 검증하는 공부가 이러한 부분에서 더욱 힘을 얻었다. 아, 나의 벗이 아니라면 누가 이러한 일을 그렇게 할 수 있겠는가. 다만 이른바 공전과 사전 이라는 것은 분명 그 제도가 있었을 것인데 기록상으로 고증할 것이 없으니 이것이 한 가

236) 제도와 문장과 사업에 대해: 원문 "制度文爲"의 번역은 『송자대전』 제121권 「答或人」 가운데 '文爲'에 대해 풀이한 다음 내용을 참조하였다. "…… '邢和叔'조의 '禮樂制度文爲'에 대하여. '禮와 樂과 制와 度와 文과 爲'라고 토를 답니다. '문'은 文章이고 '위'는 事爲입니다."

지 안타까운 점이다.

또 그림을 가지고 추측해보면 넓이 9무 되는 큰길 안쪽에 70무 되는 것이 64구간인데 네모반듯하게 배열되어 있으니 마치 『역(易)』의 방도(方圖)[237]와 같다. 8구는 1항이 8개인데 그 한 항의 8구획 가운데 한 구획을 내어 공전을 만들고 그 나머지 7구획을 7가구가 각각 1구획씩 받아 가진다. 공전 가운데 7가구가 각각 3무씩 받아 여사를 지으니 3×7=21의 구획을 빼면 나머지 공전은 49무이다. 그것을 7가구가 나누면 도와 경작해야 할 것도 각각 7무이니 사전 70무와 함께 계산하면 10분의 1이 되어 남거나 모자라는 것 없이 꼭 맞으니 비록 명백하게 되어있는 문구는 없지만 그 제도가 어찌 그러하지 않겠는가.

또 주나라 제도를 가지고 말해보면 공전 100무 가운데 여사(廬舍) 20무를 제외하면 그 나머지는 80무가 되는데 이것을 8가구로 나누면 각각 10무씩 받게 된다. 이것을 사전 100무와 함께 계산하면 역시

---

237) 방도(方圖): 송(宋)의 邵雍(1011~1077)의 先天方圖를 말한다. p.104 [그림 12] 참조.
이와 관련해 이익은 다음과 같은 견해를 남겼다. "내가 「箕田圖」를 연구해 보니, 두 성문 사이에 가로 4개의 田과 세로 4개의 전이 있는 것은 땅의 형세 때문에 우연히 그리된 것이지 易圖에서 의미를 취한 것이 아니다. 「기전도」에서 비탈진 곳이나 구석진 곳에 있는 餘田을 제외하고 온전하게 전의 형태를 지닌 곳이 150여 개나 되는데, 모두 가로 4전 세로 4전으로 배열된 체제를 갖추고 있지 않다. 그리고 정양문 앞의 九畝路에서 꺾어서 오른쪽으로 6개의 전을 거치고 다시 꺾어서 9개의 전을 지나면 곧바로 詠歸亭에 다다르게 되는데, 이 밖에 전 사이의 길은 모두 三畝路에 불과하다. 어찌 두 성문 앞의 대로 사이에 우연히 만들어진 체제를 가지고 일률적으로 적용하여 말할 수 있겠는가.[愚按圖尋究, 其兩門之間, 橫四竪四者, 乃偶因地勢而然者, 非取義易圖也. 除尖斜欹側外, 其田多至百五十餘所, 皆無四四成列之制. 又自正陽門九畝之路, 折而右, 歷六田, 又折而歷九田, 直抵詠歸亭, 此外田間之路, 皆不過三畝, 豈可因兩門大路之間, 偶成之制, 而一例輳合說乎?]" (『星湖先生全集』 권56 「書韓久庵箕田圖說」)

10분의 1이 되니 비록 조법과 철법이 양에는 차이가 있겠지만 세율이 10분의 1이라는 점에서는 모두 똑같다. 제도 또한 대략 서로 비슷하니 이른바 주나라 전제(田制) 또한 이 상(商)나라 제도를 바탕으로 가감해서 더욱 문식한 것이 아니라는 것을 어찌 알겠는가. 이를 통해 보면 9무로(九畝路) 안이 바로 그 세도의 선체이고 보는 방법이다. 3무의 작은 길 가운데가 바로 분산된 모양인데 그 제도와 통한다. 반드시 4구를 1방단(方段)으로 삼은 것은 아마 그 2방단을 합하면 8구획이 되어 비록 나열하지 않고 차례대로 나가면 또한 8구가 1항이 된다는 뜻일 것이다. 어찌 아무런 의미 없이 8구로 만들고 4구로 만들었겠는가.

주나라의 1정은 9구이고 은나라의 1항은 8구이지만 그 뜻은 한가지이다. 이와 같다면 굳이 정자형(井字形) 토지가 아니더라도 오히려 조법을 시행 할 수 있다. 그러나 주자가 말하기를 "상나라 사람이 처음으로 정전제를 만들었다."[238]라고 하였다. 분명 근거가 있을 것인데 어느 책에서 나왔는지 모르겠다. 그러나 이 전제(田制)는 당초에 기자에게서 나왔다는 것은 의심할 것이 없고 제도를 살펴보면 또한 은나라의 조법과 통하니 당연히 이 전제가 옳다는 것은 의심할 여지가 없는 듯하다.

70무 7가이고, 7가 7무이며 공전과 여사의 제도도 7이라는 수에서 벗어나지 않는다. 이것은 바로 자연스럽게 이루어진 숫자여서 그 사이에 사람의 힘으로 안배(安排)할 수 없는 것이니 성인의 제도가 아니라면 이와 같을 수 있겠는가. 기이하고 오묘하다. 아! 지금 기자의 시대와 수 천 년이나 떨어져 있지만 남겨진 제도가 전해져서 지금

238) 상나라 …… 만들었다: 이 내용은『맹자』,「滕文公 上」에 보인다. "夏后氏五十而貢, 殷人七十而助, 周人百畝而徹, 其實皆什一也, 徹者徹也, 助者藉也." "朱子集註商人始爲井田之制, 以六百三十畝 之地畫爲九區, 區七十畝. 中爲公田, 其外八家各授一區, ……."

까지 없어지지 않았으니 매우 다행이다. 그리고 은나라 제도라는 것을 드러내 밝힌 것은 나의 벗이 처음 할 수 있었으니 이 역시 매우 다행이다. 나타났다가 사라지는 것도 그 사이의 운수에 달린 것인가. 앞으로 이 전제가 다시 오늘날처럼 없어지지 않으리라고 보장할 수 없고 이 전제가 다시 지난날처럼 혹시 없어질지도 알 수 없다.

옛 것을 좋아하는데 뜻을 둔 선비가 영원히 전하려고 생각한 것이 기에 최선을 다했을 것이니, 그렇다면 나의 벗의 이 '기전도'와 이 '기(記)'가 민멸되어 후세에 전해질 수 없게 만들어서야 되겠는가. 유천공이 이미 이 도의 감사가 되어 도내의 크고 작은 일을 모두 맡고 있다. 더구나 전대의 성왕의 제도를 유지하여 무궁토록 전하는 일은 실로 하찮은 일로 등한시해서는 안 되는 일이니, 이 '기전도'를 판각해서 관부에 걸어두어 보는 사람마다 기자의 은택이 과연 백세가 지나도록 없어지지 않았음을 분명히 알게 해야 한다. 그리고 중국에서는 전해지지 않는 은나라의 전제가 오히려 우리나라에 보존되었으니 통쾌한 일이다. 훗날 백성들의 풍속을 관찰하는 사람이 이것을 채집해서 사관에게 자료를 주어 『여지지(輿地志)』의 평양부 아래에 이 기사를 달아두도록 한다면 다시 한 번 통쾌한 일이니 어찌 그만 둘 수 있겠는가. 부디 유천공(柳川公)은 힘써주길 바란다.

양천(陽川) 허성(許筬, 1548~1612)은 삼가 쓰노라.[239]

239) 허성(許筬, 1548~1612): 본관은 陽川. 자는 功彦, 호는 岳麓 · 山前이다. 아버지는 曄이며, 어머니는 韓叔昌의 딸이다. 篈 · 筠의 형이고, 蘭雪軒의 오빠이다. 1583년 별시문과에 병과로 급제하였다. 성리학에 조예가 깊었고 글씨에도 뛰어났다. 찬성에 추증되었다. 저서로는 『岳麓集』이 있다.
「기전도설후어」는 허성의 문집인 『악록집』 권2 「서」에 실려 있다.

深衣說

深衣之制,『禮記』本篇及「玉藻」所載, 明白簡切. 本無難曉, 而被註疏諸家, 曲生意見, 紛紜穿鑿, 遂使經文本義爲所掩. 蓋朱子晩年所服, 與『家禮』不同, 必有定說, 而今其遺書, 未見明證, 僅出於門人蔡、楊氏之說. 而當時猶恨不得聞其詳. 但知一掃疏家之謬, 不知並與註家而掃之, 掃去一重, 又有一重, 其不得經文本義則一也.

愚嘗出於僭妄, 每讀經書, 不用一字, 訓詁參錯其間, 直將白本平心玩索, 積有年紀, 庶幾或得作者之意. 一朝似見字義句法皆爲恰當, 移易不得, 旣而反以求之, 人身上, 宜穿着便起居, 可用於古, 而亦可用於今. 噫! 聖人制作在易, 而求諸難有如此夫. 抱經尙友, 恨不得與蔡、楊諸先達上下論辨, 而獻疑於朱夫子也. 至於喪服領衽, 先儒已有成說, 雖不敢妄爲容喙, 而以深衣之制推之, 亦不能無惑. 如或好禮君子, 因此起疑, 以爲紬繹之端, 則其於復古之制, 豈勝幸甚?

심의설(深衣說)*

*구암의 독창성과 비판적 학문 태도를 잘 드러내주는 글이다. 深衣 제도는 『禮記』本篇 및 「玉藻」편에 모두 간단명료하게 기록되어 있는데 잘못된 주소 때문에 經文의 본의를 이해하지 못하였다고 주장하고 주소를 뺀 경전만을 연구하여 구암만의 방령심의설(方領深衣說)이 탄생하게 된다. 이 「심의설」은 당시는 물론 후대에까지 격론의 파장을 일으켰다. 이 새로운 양식의 심의는 그 후 유학자들에게 널리 착용되었다.

심의에 대한 연구는 『예기』 이후 오늘날까지 이르고 있다 해도 과

언이 아닐 정도로 많은 연구가 있다.

심의에 대한 내용은 『예기』「옥조」편과 「심의」편 등에 수록되어 있다. 그러나 이 시기에 이미 심의는 옛날의 의복으로 평가될 정도로 그 명확한 형태가 제시되지 못하고 있다. 이런 이유로 『예기』의 기록을 보완하기 위해 『예기』에 대해 註를 붙이고 심의제를 새롭게 정리하기도 하였다. 후한 때 鄭玄(127~200), 남북조 시대에 皇侃(488~545), 熊安生(498~578), 孔穎達(574~648) 등은 『예기』에 註와 疏를 달았는데, 정현의 註와 공영달의 疏로 엮어진 『禮記註疏』가 정통적인 해석으로 인정받고 있다. 그리고 송대에 다시 심의 제도를 정립시킨 문헌으로는 司馬光(1019~1086)의 『書儀』가 있고, 남송 때 朱熹(1130~1200)는 『서의』를 바탕으로 『家禮』를 편찬하였으며, 蔡淵(1156~1236)은 『가례』에 註를 달았다. 그 후 원나라 때 陳澔(1261~1341)는 『禮記集說』을, 명나라 때 胡廣(1370~1418)은 『禮記集說大全』을 편찬했고, 丘濬(1421~1495)은 『家禮儀節』을 편찬하였다. 청대 黃宗羲(1610~1695)는 『深衣考』를, 江永(1681~1762)은 『深衣考誤』를 편찬하였다. 사마광의 『서의』와 주자의 『가례』 및 그 제자들의 논의는 특별히 주자학의 성립과 더불어 이후 중요한 자료로 받아들여졌다.

조선시대에 심의에 대한 논의와 연구는 『예기』와 『가례』 및 여러 유학자들의 설을 토대로 왕성하게 진행되었으며, 그 후 20세기 초까지 이어졌다. 특히 조선시대의 심의론은 사상적 조류와 그 맥을 같이 하고 있으며, 16~17세기로 구분되는 예학기에 집중적으로 연구되었다. 그 후 18~19세기의 실학기에는 종래의 해석을 비판하고 고증하여 『예기』에 근거한 원래의 심의 제도로 돌아가고자 하는 연구 경향을 보이고 있다. 따라서 조선시대의 심의제는 중국의 심의제를 바탕으로 하였으나, 조선 유학의 발전과 더불어 더욱 깊이 연구되고 고증되어 심의에 대하여 전반적으로 고찰할 수 있는 좋은 자료가 된다.

근래 우리나라에 있어서 심의에 대한 본격적인 연구는 1970년대

김인숙의「深衣考」[240]에서 시작되었다 할 수 있다. 이 연구는 1930년대 이후 심의에 대하여 무관심했던 우리의 의식을 새롭게 일구어 내었다는 점에서 의의가 크다. 그러나 그는 주로『古今圖書集成』에만 의존하여 심의제도를 살펴봄으로서 자료 면에서 한정된 연구에 그치고 말았으며, 심의제도의 연혁 및 문헌별 구성법의 비교에 대한 접근은 거의 이루어지지 않았다.

특히 1980년대에는 우리 문화의 정체성 확립이라는 사회적 분위기와 더불어 심의에 내재된 상징적 의미를 통하여 우리 복식의 의미를 찾으려는 시도가 있었다. 그리하여 朴京子는 한복의 상징적 의미를 심의 구성에서 찾고자 하였으며,[241] 趙孝順은 朴珪壽의 문집에서 심의의 상징성을 고찰하였다.[242]

그 후 1989년도 정혜경의「조선시대 深衣 유형에 관한연구」[243]는 조선시대 심의의 형태를 깃의 유형에 따라 直領深衣와 方領深衣로 구분하고, 구암이 방령 심의를 최초로 만들었으며 당시에 상당한 논란이 되었으며 후기 실학자들에게 영향을 주었다고 하였다. 이 논문은 심의 형태의 기틀을 세웠다는 점에서 주목할 만하다.

1990년도 김정자의 심의구성에 관한 연구[244]는 심의의 세부적인 구성법을 고찰하고 그동안 해석상 난제였던 여러 구절들을 나름대로 해석하여 심의제를 제시하고 있는 점이 특징적이다.

그 외에도 심의의 구성법에 관하여 부분적으로 고찰한 국내외의 연구로는 1960년대의 原田淑人, 1970년대의 谷田孝之 및 王宇淸, 1980년대의 남후선, 이정옥, 周錫保, 周汛, 高春明, 趙孝順, 정

240) 金仁淑,「深衣考」, 이화여자대학교, 석사학위청구논문, 미간행, 1974.
241) 朴京子,「韓服의 構成面에서 본 象徵性」, 회갑기념, 한국복식논고, 신구문화사, 1983.
242) 趙孝順,「居家雜服攷를 통해 본 朴珪壽의 服飾觀」, 한국복식 제7호, 1989.
243) 정혜경 외,「조선시대 深衣 유형에 관한 연구」, 한국의류학회지, Vol.13, No. 1, 1989.
244) 金正子,「深衣構成에 관한 研究」, 한국복식 제8호, 1990.

혜경 및 권영숙, 1990년대의 김명숙, 박성실 및 유권종 등의 연구가 있다.[245)]

【번역】

심의(深衣)[246)] 제도는 『예기(禮記)』「심의(深衣)」편 및 「옥조(玉藻)」편

245) 정혜경, 『深衣』, 경남대학교 출판부, 1994, p.14~15 참조.
原田淑人, 『漢六朝の服飾』, 東京, 東洋文庫, 1967, p.86~90.
谷田孝之, 『中國古代喪服の基礎的 研究』, 東京, 風間書房, 1970.
王宇淸, 『中國服裝史綱』, 臺北, 中華大典編印會, 1978.
南厚先, 「玄端服攷 居家雜服攷를 중심으로」, 영남대학교, 석사학위청구논문, 미간행, 1983.
李正玉, 「朝鮮時代 冠禮服飾의 硏究」, 경북대학교, 박사학위청구논문, 미간행, 1984.
周錫保, 『中國古代服飾史』, 北京, 中國戲劇出版社, 1984.
周汛, 高春明, 『中國歷代婦女裝飾』, 臺北, 남천서국, 1988.
趙孝順, 『韓國服飾風俗史硏究』, 일지사, 1988.
鄭惠敬 · 權瑛淑, 「조선시대 저고리의 구성원리에 관한 고찰 - 深衣構成과의 관련성을 중심으로」, 韓國衣類學會志 Vol.12, No.1, 1998.
金明淑, 「忠北 中原 仰城 出土 服飾의 試論的 考察」, 博物館志, 창간호, 충청전문대학 박물관, 1992.
朴聖實, 「天安 出土 論山 洪氏 遺物小考」, 한국복식, 제12호, 단대출판부, 1994.
유권종, 「다산 정약용의 심의설 연구」, 『퇴계학보』 제10집, 1999.

246) 심의(深衣): 심의는 15승의 백색포를 이용해서 만드는데, 상의와 하의을 연결해서 만든다. 呂大臨(1046~1092)은 『예기』「심의」편의 註에서 심의에 대해 천자로부터 사(士) · 서인(庶人)에 이르기까지 상하가 같은 이름으로 동등하게 사용하였을 뿐 아니라, 길사이든 흉사이든 남자이든 여자이든 간에 같이 입을 수 있는, 간편한 옷이라고 설명하고 있다.
呂大臨은 북송 京兆 藍田사람으로 자는 與叔이다. 呂大鈞의 동생이다. 처음에 張載에게 배웠고 스승이 죽은 뒤에는 程顥 · 程頤에게 배웠으나 장재에게 배운 이론을 바꾸지 않았다고 한다. 형 大鈞과 함께 질서유지와 상호부조를 위해 향리에서 呂氏鄕約을 조직했다. 여대림은 六經에 정통했고, 특히 『禮記』에 밝았다. 禮學에 밝아 예의를 중시했으며, 정자의 예학을 계승하여 心性之學에 치중했다. 『古文眞寶』 文篇 5권에 銘類가 다섯 편 실렸는데 그 중 여대림의 克己銘이 유명하다.

에 모두 간단명료하게 기록되어 있다.[247] 그래서 본래 이해하기 어려울 것이 없음에도 불구하고 여러 주소가(註疏家)들에 의해 왜곡된 의견이 생겨나서 어지럽게 천착됐기 때문에 경서 본문의 의미가 흐려지게 되었다.[248] 주자(朱子)가 만년에 입던 것은『가례(家禮)』[249]의 내

247)『예기(禮記)』…… 기록되어 있다.:『예기』권18「深衣」제39에 내용은 다음과 같다. "古者深衣, 蓋有制度, 以應規矩繩權衡. 短毋見膚, 長毋被土, 續衽鉤邊, 要縫半下, 袼之高下, 可以運肘.袂之長短, 反詘之及肘. 帶, 下毋厭髀, 上毋厭脅, 當無骨者. 制十有二幅, 以應十有二月. 袂圜以應規, 曲袷如矩以應方, 負繩及踝以應直, 下齊如權衡以應平. 故規者, 行擧手以爲容, 負繩抱方者以直其政, 方其義也. 故『易』曰: 坤六二之動, 直以方也. 下齊如權衡者, 以安志而平心也. 五法已施, 故聖人服之. 故規矩取其無私, 繩取其直, 權衡取其平, 故先王貴之. 故可以爲文, 可以爲武, 可以擯相, 可以治軍旅. 完且弗費, 善衣之次也. 具父母, 大父母, 衣純以繢. 具父母, 衣純以靑. 如孤子, 衣純以素, 純袂, 緣純邊, 廣各寸半."
『예기』권9,「玉藻」제13에 다음과 같은 내용이 보인다." 朝玄端 夕深衣 深衣三袪 縫齊倍要 衽當旁, 袂可以回肘."

248) 주소가(註疏家)들에 …… 되었다: 후한 때 鄭玄(127~200)이『예기』에 註를 처음 달았고, 남북조 시대에 皇侃(488~545)이 疏를 붙여『禮記義疏』와『禮記講疏』등을 편찬했으며, 熊安生(498~578)은『禮記熊氏義疏』를 편찬했다. 그리고 孔穎達(574~648)은 당태종의 명을 받아『五經正義』의 편수에 참여하여『禮記正義』편찬하였는데, 정현의 주를 바탕으로 웅안생 황간의『義疏』를 참작해 독자적인 정리를 하였다. 이후로『예기』는 '鄭注孔疏'라 해서 정현의 주와 공영달의 소가 원전 못지않게 존중되었다. 남송 때 주자가『가례』를 편찬하였고, 그 뒤 원나라 때 陳澔(1261~1341)는 송나라 때『예기』에 대한 주석을 모으고 자신의 주석을 단『禮記集說』을 편찬하였다. 明나라 때 胡廣(1370~ 1418)이 편찬한『禮記集說大全』등이 대표적인 주석서라 할 수 있다.『예기집설대전』에서는 진호의『예기집설』을 표준으로 채택해, 이때부터 정현의 주석보다 진호의 주석이 널리 읽히게 되었다. 우리나라에서도 명나라 호광 등이 찬집한『예기집설대전』이 널리 읽혔다.

249)『가례(家禮)』: 宋 나라 朱熹가 지은 것으로『文公家禮』『朱子家禮』라고도 한다. 주희가『가례』를 제작하게 된 계기는 40세 되던 해(1169) 9월에 모친상을 당하면서 예제(禮制)의 정리가 필요하다고 생각해서였다. 冠婚喪祭에 관한 禮制인데, 주희가 살던 당시 司馬光(1019~1086)의『司馬氏書儀』가 널리 유포되어 있어 이를 저본으로 하였다.『가례』의 가장 큰 특징은 지변에 따른 예의 변화를 중시하여 시속을 수용하였다는 점이다.「圖」,「通禮」,「冠禮」,「婚禮」,「喪禮」,「祭禮」로 구성되어있다. 元 明시대는 물론, 우리나라에서도 많이 준용하였다. (鄭景嬉,「朱子禮學의 형성과『家禮』」, 韓國史論, Vol.39, 1998, p.75~77 참조.)

용과 달랐으니, 틀림없이 확정한 설이 있었을 것이다. 그런데 지금 남겨진 그의 저서에서는 명확한 증거를 볼 수 없고, 겨우 그의 제자인 채씨(蔡氏), 양씨(楊氏)[250]의 설명만이 남아있다.[251] 그 당시에도 심의에 대한 상세한 설명을 듣지 못한 것을 오히려 유감으로 여겨 다만 주소가[疏家]의 오류만 제거할 줄만 알았고, 아울러 주해가[註家]의 오류까지 제거할 줄은 몰랐다.[252] 그렇기 때문에 한 가지 문제를 제거하면 다시 한 가지 문제가 남아 있었으니 경문(經文)의 본의를 이해하지 못하기는 마찬가지였다.

예전에 내가 경서(經書)를 읽을 때 한 글자의 훈고(訓詁)도 그 사이에 섞지 않고, 다만 원문만을 차분하게 곰곰이 그 의미를 생각하면

250) 채씨(蔡氏), 양씨(楊氏): 蔡씨는 蔡淵(1156~1236)을 말한다. 자는 伯靜이고, 호는 節齋이다. 남송 建州 建陽 사람이다. 蔡元定의 장자로 가학을 이으면서 朱熹를 사사했다. 벼슬길에 나가지 않고 학문과 강학에 힘썼다. 『주역』을 깊이 연구하여 명망을 받았는데, 象數學과 義理學을 종합하려는 입장을 취했다. 저서에 『易象意言』과 『周易經傳訓解』, 『詩思問』, 『卦爻辭旨』, 『餘論』, 『論孟思問』 등이 있다. (최석기외 저, 『中國經學家事典』, 경인문화사, 2002, p.235.) 楊氏는 楊復(?~?)을 말한다. 자는 志仁 또는 茂才이고, 호는 信齋이며, 남송 福州 長溪 사람이다. 朱熹에게 수업했고, 동문 黃幹과 절친하게 지냈다. 고찰이 정확한 것으로 유명했다. 眞德秀가 閩을 다스릴 때 郡學에 貴德堂을 건립하고 강학하게 했다. 예학(禮學)에 밝았다. 저서에 『儀禮圖』와 『儀禮旁通圖』, 『儀禮圖解』, 『祭禮』, 『家禮雜說附注』 등이 있다. (최석기외 저, 상게서, p.101.)

251) 채씨(蔡氏) …… 남아있다: 채씨는 주자가 사마광의 『서의』를 참고하여 '방령'과 '속임구변'의 뜻을 연구하였으며, 이후 '속임구변'을 '곡거'라고 한 자신의 설이 잘못되었지만 이를 수정하지 못했다고 기록하였다. 양복은 주자가 만년에 심의의 곡거 제도를 쓰지 않았다고 밝혔다. 따라서 사실상 『가례』에는 곡거 제도가 수록되어 있으나 이는 잘못된 것이라고 지적하고 있다.

252) 다만 …… 몰랐다: 註는 경전을 해석하여 의의를 밝히는 것을 말하고, 疏는 주를 기초로 하여 뜻을 더욱 자세히 설명한 것을 말한다.
양복은 皇甫侃과 熊安生의 疏가 정현의 주를 잘못 해석했다고 하였다. 朱熹, 『家禮』, 학민문화사, 2001, p.70. "夫疏, 所以釋註也. 今推尋鄭註本文, 其義如此, 而皇氏熊氏等, 所釋其謬如彼, 皆可以一掃而去之矣." 즉 정현의 주는 옳다고 본 것인데 이에 대해 구암이 정현의 주가 잘못되었다는 비판의 뜻을 보이고 있는 것이다.

서 오랜 시간 동안 읽다보면 저자의 본뜻을 이해할 수 있을 것이라고 생각하였다. 그러던 어느 날 경문의 자의(字義)와 구법(句法)이 모두 꼭 맞아서 고칠 수 없음을 본 듯하였다. 얼마 후 돌이켜 구해보니 (심의는) 사람들이 입기에도 편하고, 생활하기에도 편리하여 옛날에도 쓸 만하였고 또 지금도 쓸 만한 것임을 알게 되었다. 아, 성인이 의복 제도를 제정할 때에는 쉽게 만들었는데 공연히 이와 같이 어려운 데서 찾고 있다. 경전을 공부하면서 옛사람과 벗이 되어 채씨[蔡淵], 양씨[楊復]와 같은 여러 선배들과 함께 토론하고, 의심나는 부분을 주자(朱子)에게 직접 여쭈어 볼 수 없는 것이 유감이다. 상복(喪服)의 옷깃[領]과 섶[衽]의 경우 선유(先儒)들의 정해진 설명이 이미 있어서 함부로 말을 할 수 없겠으나 심의(深衣)의 제도를 가지고 추측해 보면 그것도 의심하지 않을 수 없다. 만일 예(禮)를 좋아하는 학자들이 이것을 통해 의문을 품어 실마리를 찾아내는 단서로 삼는다면, 옛 제도를 회복하는데 매우 다행스러운 일이 아니겠는가.[253]

---

253) 만일 …… 아니겠는가: 鄭經世(1563~1633)는 『우복집』, 「答權仲明」에서, 宋浚吉(1606~1672)은 『同春堂集』에서 한백겸의 '심의설'을 비판하고 있다. 그 후 柳馨遠(1622~1673)은 『磻溪隨錄』에서 한백겸의 '심의설'을 따른다고 하였으나, 李德懋(1741~1793)는 『青莊館全書』에서, 李圭景(1788~?)은 『五洲衍文長箋散稿』에서 다만 하나의 의복으로 입을 만하다는 견해를 보였으며, 金長生(1548~1631)은 「疑禮問解」에서, 成海應(760~1839)은 『研經齋全集』, 「深衣考」에서, 徐有榘(1764~1845)는 『林園十六志』에서 한백겸이 함부로 일설을 만들었다고 비난하고 있다. 그러나 19세기에 이르러 許傳(1797~1886)과 朴珪壽(1807~1876)는 다시 방령양식의 심의를 만들었다. 이처럼 구암의 「심의설」은 당시는 물론 후대에까지 파장을 일으켰다. 이 새로운 양식의 심의는 그 후 유학자들에게 널리 착용되었으니, 張顯光(5549~1637)의 『旅軒集』, 「拜門錄」에 구암의 심의를 제작해서 입은 내용이 보인다.("이때 선생이 심의와 幅巾을 새로 만들었으니, 이는 芝山 曺好益과 淸州 韓百謙의 제도를 따른 것이었다.[時先生新製深衣幅巾, 蓋用曹芝山好益, 韓淸州百謙之制也.]") 이렇게 한백겸의 심의제도는 바로 방령양식의 심의 제도를 형성하게 된 계기가 되었다고 할 수 있다.

續衽鉤邊

續, 連也. 『儀禮』, 「喪服」篇曰: "袂屬幅." 續與屬, 古字通用. 衽, 衣前兩襟也. 古衣皆爲上衣下裳, 裳從一邊圍腰, 前面固已不分開矣. 別用一幅布, 交解裁之, 上尖下廣, 分綴於衣之兩襟. 左掩其右, 俾免分開. 古人所謂右衽、敷衽、斂衽, 皆指此而言也. 惟深衣, 衣與裳連綴, 自領下至裳末, 一面分開. 不用別幅爲衽, 只兩襟對下, 纔相連續, 故云續衽. 兩衽旣不得交掩, 則須用結紐【돌마기】, 左右交鉤. 然後可無分開之患. 故又云鉤邊, 今之箕排領【돕지】, 卽其遺制也.

「玉藻」云: "衽當旁." 旁卽布幅邊旁也. 鄭氏錯認旁爲人身兩旁, 故說衽字, 不去强解. 凡裳幅交解處, 皆謂之衽也. 衽本衣襟交接之名, 故凡兩物連接, 借以爲喻則固有之. 「檀弓」曰: "衽每束一." 釋之者以小要、銀錠, 連合棺與蓋之際, 故亦名爲衽, 是也. 何嘗直以裳幅爲衽乎? 且衣裳連綴則裳之兩邊, 皆在前面, 左右縫合, 更不須言也. 旣曰續衽, 又曰鉤邊, 何其文義之重疊煩複, 別爲致詳於不必詳之地耶? 吾恐其必不然也. 鄭註旣誤釋經文, 而疏家又誤釋註文, 愈往愈失, 至以無用之剩幅, 左右交垂. 不有蔡、楊諸公推求朱子之意而改正之, 則後世幾不免服妖. 而獨惜其得註意, 而不得經意, 猶爲隔壁之說也.

속임구변(續衽鉤邊)*

*당시 논란이 되었던 '續衽鉤邊'이란 어구에 대한 해설로 『儀禮』, 「喪服」편을 근거로 '衽' 이 옷 앞의 양면 섶[襟]이라고 보고, 웃옷과 치마가 한데 연결되어 양 섶이 나란히 맞닿아 연결되어 있는 것을 '續衽'이라고 해석하였다. 이는 이전의 다른 유학자들에게서는

찾아볼 수 없는 독특한 것이었다. 또한 '鉤邊'은 지금의 단추 종류인 돌마기[結紐]를 양쪽 섶이 벌어지지 않도록 달아놓은 것이라고 하였다.

【번역】

속(續)은 연결되었다는 뜻이다.『의례(儀禮)』,「상복(喪服)」편에 "소매는 폭에 연결되어 있다.[袂屬幅.]"[254]라고 하였으니, 고자(古字)에 속(續)과 속(屬)은 통용되었다. 임(衽)은 옷 앞의 양쪽 섶[襟]이다. 옛날 옷은 다 윗도리와 치마로 이루어져 있었는데, 치마는 한 면으로 허리를 둘러 앞면이 절대로 벌어지지 않게 하였다. 그리고 따로 천 한 폭을 써서 사선으로 재단하여 자르는데,[255] 위는 좁게 하고 아래는 넓게 하여 옷 양쪽 섶에 나누어 단다. 그리고 왼쪽 섶이 그 오른쪽 섶

254)『儀禮』…… 있다:『儀禮』,「喪服」편의 내용은 다음과 같다. "袂屬幅, 屬猶連也, 連幅謂不削."(『儀禮』권11,「喪服」편 참조.)

255) 李恒老(1792~1868),『華西集』권18 雜著「深衣圖」, 韓國文集叢刊 304집, 2003, p.463.

그림 18. 裳 재단법.

을 덮게 하여 벌어지지 않게 하였다. 옛사람들이 말하는 우임(右衽), 부임(敷衽), 염임(歛衽)은 다 이것을 가리켜서 하는 말이다. 그러나 심의만은 윗도리와 치마가 한데 연결되어 옷깃에서부터 치마 밑단까지 한쪽이 벌어져 있다. 그리하여 딴 폭으로 임을 만들지 않고, 다만 양 섶이 나란히 내려가 약간 서로 맞닿아 연결되었기 때문에 속임(續衽)이라고 한다. 양쪽 섶이 서로 덮지 못하면, 반드시 단추【돌마기】[256]를 달아 좌우 양편을 채워 놓아야 한다. 그런 뒤에야 벌어질 염려가 없기 때문에 또 '구변(鉤邊)'이라고 하였다. 지금의 기배령(箕排領)【돕지】[257]이 바로 그 유제(遺制)이다.

「옥조(玉藻)」에 "임(衽)은 가장자리에 해당된다.[衽當旁.]"[258]라고 하였는데, 가장자리는 즉 옷감의 가장자리이다. 정현이 옆을 사람의 양옆이라고 잘못 해석[259]하였다. 그러므로 임(衽)자를 설명할 때 무리하게 해석하려 해서는 안 된다.[260] 치마폭[裳幅]이 서로 맞닿는 데를

256) 돌마기: 단추의 방언(평북)으로 현재는 달마귀로 쓴다.

257) 돕지: 갑옷이나 마고자 따위의 옷깃 아래에 달린 긴 헝겊. 앞이 여며지지 않고, 두 쪽이 나란히 맞닿아 있다.

258) 「옥조(玉藻)」에 …… 해당된다: 「옥조」에 다음과 같은 내용이 보인다. "朝玄端, 夕深衣, 深衣三袪, 縫齊倍要 衽當旁, 袂可以回?." (『禮記』 권9, 「玉藻」)

259) 정현이 …… 잘못 해석: 『예기』 권9, 「옥조」 제13 '衽當旁' 부분에 대한 주석을 정현이 다음과 같이 달았다. "衽裳交接之處也, 在身之兩旁, 故衽當旁."

260) 임(衽)자를 …… 안 된다: 정경세는 구암의 이러한 해석을 다음과 같이 비판하였다. "「옥조」에 '옷섶은 옆에 있다.[衽當旁]'라고 한 것은 섶의 양쪽 가가 서로 닿아 있다는 뜻이지, 섶이 몸의 양옆에 있다는 것을 이른 것이 아닙니다. 그가 續衽鉤邊을 해석한 것이 비록 매우 교묘한 것 같지만, 옛사람의 제도에도 교묘한 것이 많았으니, 이를테면 棺束의 衽이나 質殺의 綴旁이 어찌 교묘한 것이 아니겠습니까. 이것으로 그 설을 폐해서는 안 될 듯합니다. 한강의 설은 비록 보지는 못했으나, 듣건대 상의와 하상을 모두 열두 폭으로 만든다 하였다고 하니, 이는 白雲(朱士俊), 吳興(吳繼公), 瓊山(丘濬)의 설입니다. 나의 소견으로는 자못 의심스러우니, 만약 한강의 설 전문을 보내 주시면 다 읽고 나서 혹 회답할 수 있을 것입니다." 정경세, 『愚伏集』 제9권 「答權仲明盼論深衣 戊辰」, 韓國文集叢刊 68집, 1991, p.176.

다 임(衽)이라고 한다. 임(衽)은 본래 옷섶이 서로 마주 닿는 곳의 명칭이기 때문에 대체로 두 물건이 서로 마주 닿는 곳을 비유해서 말한 것도 본래 있었다. 예를 들면 『예기(禮記)』「단궁(檀弓)」에 "관을 덮을 때마다 하나씩 박는다."[261]라 하였는데, 주석을 한 사람은 "소요(小要)[262][銀錠]로 관과 넢개를 연결하기 때문에 명칭을 임(衽)이라고

安鼎福(1712~1791)은 「答李侄宇福問目丙戌」에서 다음과 같이 평가하고 있다. "심의의 제도에 대해 이해가 안 가는 점이 많다고 하였는데, 정말로 그렇다. 구암은 '구변은 지금의 단추 종류이다.'라고 하였는데, 그대의 편지에는 '衽이 단추이다.'라고 하였다. 그리고 沙溪는 '치마의 가장자리가 衽인데, 가장자리를 접어 바느질한다.'고 하였는데, 그대는 또 '사계가 말한 임은 衣繫이다.'고 하였다. 두 분의 말씀이 별도로 다른 설이 있는가? 혹시 그대가 살피지 못하여 그런 것인가? 그에 대한 優劣을 논한다면 구암의 의복 제도는 지금의 快子 종류로서 군인의 복장과 비슷하여 法服처럼 보이지 않으니 매우 의심스럽다. 사계의 의복 제도는 금세 사람들이 많이 따르고 있으니 졸지에 그 설을 다 말하기 어렵다.[深衣之制, 多不可曉者誠然. 久菴以鉤邊, 爲今團錘之類, 而來書以衽爲團錘. 沙溪以裳傍爲衽, 鉤邊而縫之, 則君又云沙溪云衽, 則衣繫也. 二公之言, 別有他說耶? 或君未察而然耶? 論其優劣, 則久菴服制, 如今所謂快子之類, 似疑於軍容而無法服樣子, 甚可疑也. 沙溪制度, 則今世多從之, 卒難究其說矣.]" (安鼎福, 『順菴集』 권7, 「答李侄宇福問目丙戌」, 韓國文集叢刊 229집, 2003, p.487.)

261) 관을 …… 하나씩 박는다: "천자의 관은 사중으로 한다. 물소와 외뿔들소의 가죽으로 만든 혁관을 씌우는데 그 두께는 3촌이고 피나무로 만든 관이 한 겹이며 가래나무로 만든 관이 두 겹으로 4중의 관이다. 상하사방을 둘러싼다. 관을 묶는 데는 세로 두 번 가로 세 번 묶고 은정은 매 한 묶음에 하나씩이다. 잣나무로 만든 곽으로 잣나무의 마무리를 하니 그 길이는 6자이다.[天子之棺四重, 水兕革棺被之, 其厚三寸, 杝棺一梓棺二, 四者皆周, 棺束縮二衡三, 衽每束一, 柏椁以端, 長六尺.]" 『禮記集說』 권19.

262) 소요(小要): 소요는 棺과 관 뚜껑의 모서리를 이어 붙이는 도구인 衽으로, 옛날에는 관에 못을 사용하지 않고 나무를 깍아 만든 임과 가죽 끈을 썼다. 임의 모양새는 양쪽 끝은 크고 가운데는 가늘어서 나비 모양으로 생겼는데, 한나라 때에는 小腰라고 불렀으며, 우리말로는 나비은장이음이라고 부른다. 『禮記』, 「檀弓」上 "古代合棺之木. 兩邊各三枚, 兩頭各二枚. 又名'衽'. 棺束, 縮(直)二, 衡(橫)三. 衽, 每束一." 唐 孔穎達 疏: "衽, 小要也. 其形, 兩頭廣, 中央小也. 旣不用釘棺, 但先鑿棺邊及兩頭合際處作坎形, 則以小要連之, 令固棺並相對 …… 漢 時, 呼衽爲小要也."

했다."[263]고 한 것이 그것이다. 어디에 치마폭을 바로 임이라고 한 데가 있었는가? 또 윗도리와 아래치마가 한데 연결 되었으면 치마의 양쪽 가장자리가 모두 앞에 있으니 좌우를 봉합해야하는 것은 다시 말할 필요가 없다. 이미 속임(續衽)이라고 하고 또 구변(鉤邊)이라고 말하여, 어쩌면 문의(文義)를 거듭 반복해서 굳이 상세하게 하지 않아도 되는 부분을 특별히 상세하게 한 것인가? 나는 반드시 그렇지는 않을 것이라고 생각한다. 정현의 주(註)는 이미 경서 본문을 잘못 해석하였고 주소가들이 또 정현의 주를 잘못 해석하여 점점 더 원의와 어긋나게 되어 필요 없는 여러 개의 치마폭을 달아 좌우에 드리우게 되었다. 채연과 양복 등 여러 사람이 주자(朱子)의 뜻을 추정하여 잘못된 주석을 고쳐 바로잡지 않았더라면 후세에 와서 괴상한 옷을 입게 되었을 것이다. 다만 그들도 주자 주(註)의 본의만을 알았고 경문 본의를 이해하지 못하여 오히려 완정하지 못한 학설을 만들어 놓은 것이 안타깝다.

263) 관과 …… 임(衽)이라고 했다: 江永(1681~1762)은 『深衣考誤』에서 정현의 주와 공영달의 소가 잘못되지 않았다고 다음과 같이 지적하고 있다. "按深衣之義, 鄭注孔疏皆得之, 獨其裳衽之制裁布之法, 與續衽鉤邊之文, 鄭氏本不誤. 而疏家皇氏、熊氏、孔氏, 皆不能細繹鄭說, 遂失其制度. 後儒承譌襲舛, 或以臆爲之, 考辯愈詳而誤愈甚."

曲袷

袷, 領緣也. 衣領兩邊當頤頷處, 裁割取方, 如今喪服前闊中之制以安項, 而以二寸皁絹純其邊, 故云曲袷. 經曰: "曲袷如矩以應方." 鄭氏云: "古者方領, 如今小兒衣領." 疏云: "方領似今擁咽." 司馬溫公曰: "方領如今上領衣, 但方裁之, 本出胡服,264) 須用結紐"云云. 鄭氏所謂小兒衣領, 今尙有之, 與司馬公所謂上領衣相似, 疏家所證擁咽, 雖未詳其制, 以文義見之, 亦不過擁護咽項如上領衣也.

隋煬帝遊幸頻數, 百官取其簡便服之. 漢時未有, 故鄭以小兒領喩之, 其實一也. 然則司馬氏以前方領之制, 不至專失, 但鄭氏旣誤釋續衽, 而又欲以兩襟交掩. 故其領亦疑其向上繞項也. 若知兩襟對下布旁相當爲續衽, 則兩領割處, 左右交合, 卽成曲袷, 雖欲引而上向, 亦不可得也.

經曰: "抱方負繩." 繩在背而方在前, 不亦皎然明甚乎? 蓋爲方領則不得不爲續衽, 爲續衽則不得不爲鉤邊, 雖爲三事, 而實相因也.

朱子曰: "兩襟交掩, 衽在腋下, 則兩領之會自方." 若不用別幅爲衽, 必欲牽引兩襟, 至於腋下, 則將不勝其拘攣, 便身之服, 恐不如此. 而雖强令交掩, 亦未見曲袷如矩之狀矣. 然則裁割方領, 其不着尺寸, 何也? 曰: "人身肥瘠不同, 但令闊狹隨宜, 不必拘也."

且「玉藻」曰: "深衣三袪." 諸家皆以腰縫之圍釋之. 竊詳其文義, 若云深衣腰三袪則誠如諸家之說. 今只云深衣三袪, 而指爲腰圍, 豈非扤捏乎? 恐其不然也. 愚意以爲袖口曰袪, 左右袖旣有袪, 兩袖中間,

264) 胡服: 【校】 저본에는 '胡服'으로 되어있으나 『司馬氏書儀』에 '朝服'으로 되어 있어 바로잡아 번역하였다. (『司馬氏書儀』 商務印書館, 1940, p.27.) 송대 조복의 형태 方心曲領인데 이는 전대와 구별되는 특징이라고 한다.

又有方領如袖口, 故云三袪, 蓋欲以明深衣之爲方領也.

經曰: "袪尺二寸." 則其空圍, 實二尺四寸也. 今方領空圍, 亦二尺四寸, 則足以安中人之項, 而正如袖口之有袪, 然則其尺寸亦不爲無所據矣.

曰: "鉤邊之結紐, 當用幾箇子耶?" 曰: "於經無所考." 此必有其制, 而今缺不得矣. 但『儀禮』, 「士喪禮」 殺冒之制, "君綴旁七, 大夫五, 士三." 殺冒雖與深衣爲異物, 而鉤邊與綴旁, 其用正相似. 且古人於貴賤等級之數, 必致其詳, 以此爲準, 恐爲無於禮者之禮也.

곡겁(曲袷)*

*「곡겁」은 『예기』, 「심의」에 '곡겁은 곱자 모양으로 만들어 반듯함을 상징한다.[曲袷如矩以應方.]'라고 한 구절에서 곡겁의 의미를 논증한 글이다. 구암은 처음부터 네모나게 재단하여 모가 난 것이고, 양쪽의 옷깃을 교차한 뒤에 모가 나게 되는 것이 아니라고 해석하여 그가 방령 양식의 심의를 만들게 된 근거를 보여 주고 있다.

【번역】

겁(袷)은 옷깃에 선을 두른 것이다. 옷깃의 양 변은 턱과 목이 닿는 부분이니 지금 상복 앞의 활중(闊中)[265]의 제도와 같이 네모나게 재단하여 목을 편하게 하고, 두 치의 검은 비단으로 그 가장자리에 선

265) 활중(闊中): 상복에서, 깃을 붙여 대기 위하여 중앙을 4자 정도 제거하여 목을 편안하게 한 것을 말한다. [그림 19] 활중도 참조.

을 두른다. 그러므로 '곡겁'이라 한다.[266] 『예기(禮記)』 경문에 "곡겁은 곱자처럼 모나게 만들어 반듯함[方]을 상징 한다."라고 하였는데, 정현의 주에 "옛날의 방령(方領)은 지금 어린아이들이 입는 옷깃과 같다."하였고, 또 그 소(疏)에 "방령은 지금의 옹연(擁咽)과 같다."하였으며, 사마광(司馬光)이 말하기를 "방령은 지금의 상령의(上領衣)

그림 19. 闊中圖 (楊復,『儀禮圖』권11).

266) '곡겁'이라 한다: 이에 대해 정경세가 다음과 같이 이론을 말하고 있다. "『예기』,「심의」에 '곡겁은 곱자 모양으로 만들어 방을 상징한다.[曲袷如矩以應方.]'라고 하였는데, 그 글을 자세히 음미해 보면, 그 제도가 본래 모가 난 것이고, 양쪽의 옷깃을 교차한 뒤에 모가 나게 되는 것을 이른 것이 아닌 듯합니다. 鄭玄의 注에 '오늘날 어린아이의 옷깃과 같다.'라고 하였으니, 말이 더욱 분명합니다. 오늘날 입는 상복은 바로 옛 제도인데, 그 辟領과 袷이 모두 모가 났으니, 옛날의 옷깃이 본래 모두 이와 같지 않다는 것을 어찌 알겠습니까. 그 옷깃이 이미 모가 났고, 또 좌우에 깃이 없으니, 그 형세가 반드시 양쪽 깃으로 서로 덮을 수가 없고, 반드시 끌어다가 덮은 뒤에야 겨드랑이 아래까지 미칠 수 있습니다. 깃의 형세가 약간 비스듬해서 곱자처럼 될 수 없을 뿐만이 아니라, 상의와 하상도 모두 뒤는 넓고 앞은 좁아서 헐렁하고 조임이 같지 않으니, 내 생각에는 양쪽 옷섶이 함께 가지런히 아래로 내려와 앞뒤가 방정하여 당기거나 조이는 걱정이 없게 하는 것인 듯합니다."鄭經世,『愚伏集』제9권「答權仲明盼論深衣 戊辰」, 韓國文集叢刊 68집, 1991, p.176.

와 같으나, 다만 모나게 재단한 것은 본래 조복에서 나온 것이니 반드시 단추를 달아야 한다."라고 하였다. 정 씨가 말한 어린아이들이 입는 옷깃은 지금도 있으니 사마광이 말한 '상령의'와 비슷하다. 주소가가 고증한 '옹연'은 비록 그 제도를 상세히 알 수 없지만, 문의로 보면 역시 '상령의'처럼 사람의 목을 둘러싸는 것에 불과하다.

수(隋) 양제(煬帝, 569~618)[267]는 지방 순행을 자주 해서[268] 관리들이 옷을 간편하게 입었다.[269] 그런데 한(漢)나라 때에는 심의가 없었기 때문에 정씨가 어린 아이들이 입는 옷깃에 비유하여 말한 것이나 사실은 다 같은 것이다. 그렇다면 사마광이 이전의 방령 제도로 말한 것도 아주 잘못된 것은 아니다. 그러나 정씨가 속임(續衽)을 잘못 해석하였고, 또 양 섶을 서로 가리게 하려했기 때문에 동정도 위로 추켜올려서 목에 두르게 한 것이 아닌가 한다. 그러나 만일 의복의 양 섶이 마주보며 내려가 가장자리가 맞닿는 곳이 속임임을 알았다면 양쪽 동정이 잘라진 곳이 좌우로 합쳐져 바로 곡겁이 되니, 아

---

267) 양제(煬帝, 569~618): 이름 楊廣. 연호 大業. 文帝의 둘째아들. 어머니는 文獻獨孤皇后. 시호 양제의 煬은 악랄한 황제를 뜻한다고 한다. 그의 나이 13세에 晉王이 되었고 南朝 陳을 토벌하는 데 크게 활약하였다. 계략에 능하여, 형인 황태자 勇을 살해하였고 스스로 황태자가 되었다(600년). 즉위한 뒤에는 만리장성을 수축하였고, 洛陽에 東京을 조영하였으며, 남북을 연결하는 대운하를 완성하는 등 대규모의 토목공사를 자주 벌임으로써 백성에게 과중한 부담을 주었다. 그 자신은 이 대운하에 龍舟를 띄우고 화려한 巡幸을 하였지만, 대운하의 개통은 강남의 물자를 북으로 운반하게 하는 등 남북 융합에 크게 공헌하였다.

268) 지방 순행을 자주 해서: 양제는 608년에는 洛陽에서 지금의 베이징의 남쪽인 탁군으로 통하는 永濟渠를 만들었고 , 610년에는 창장에서 余州(지금의 杭州)를 잇는 강남운하를 잇따라 개통시켰다. 대운하를 건설할 때 40여 개의 行宮을 지어 그곳으로 행차하였다.

269) 관리들이 …… 입었다: 隋代에는 북에서 남을 통일하였기 때문에 북쪽의 제도가 침투되지 않을 수 없었고, 煬帝 때에 이르러서는 백관의 관복이 간소화되었으며 호복 양식이 널리 사용되었다. (정혜경, 상게서, p.27.)

무리 깃을 당겨서 위로 올리려고 해도 또한 그렇게 할 수 없었을 것이다.

『예기(禮記)』에 '포방부승(抱方負繩)'이라 하였는데[270] 뒤는 곧게 내려오고 앞은 모나게 되었으니 또한 매우 확실하고 분명하지 않은가? 방령을 만들려면 부득불 속임을 해야만 하고 속임을 하려면 또 구변(鉤邊)을 해야 만하니, 세 가지 일이지만 실제로는 서로 연관이 되어 있다.

주자가 말하기를 "양쪽 섶이 서로 덮여 깃이 겨드랑이 밑에 있게 되면 양쪽 동정이 합쳐지는 부분은 자연히 모나게 된다."[271]라고 하였다.

만일 별도의 폭을 써서 깃을 만들지 않고 두 섶을 끌어다가 겨드랑이 밑에 닿게 하려고 한다면, 옷이 답답할 수밖에 없으니, 몸을 편하게 하기 위한 의복을 이렇게 만들지는 않았을 것이다. 그리고 비록 억지로 서로 가리게 한다고 해도 곡겁은 모난 모양이 되지 못할 것이다.

그렇다면 방령을 재단해 자를 때에 구체적인 치수를 표시하지 않은 것은 어째서인가? 사람의 신체는 체형이 같지 않아서 편의에 따라 넓고 좁게 만들면 되지 치수에 구애될 필요가 없기 때문이다.

---

270) 『예기(禮記)』에 '포방부승(抱方負繩)'이라 하였는데: 『禮記』에는 '負繩抱方'으로 되어 있다. 『예기』 권58「심의」편에 수록된 내용은 다음과 같다. "古者深衣, 蓋有制度, 以應規矩繩權衡. 短毋見膚, 長毋被土, 續衽鉤邊, 要縫半下, 袼之高下, 可以運肘. 袂之長短, 反詘之及肘. 帶, 下毋厭髀, 上毋厭脅, 當無骨者. 制十有二幅, 以應十有二月. 袂圜以應規, 曲袷如矩以應方, 負繩及踝以應直, 下齊如權衡以應平. 故規者, 行擧手以爲容, 負繩抱方者以直其政, 方其義也. 故『易』曰: 坤六二之動, 直以方也. 下齊如權衡者, 以安志而平心也. 五法已施, 故聖人服之. 故規矩取其無私, 繩取其直, 權衡取其平, 故先王貴之. 故可以爲文, 可以爲武, 可以擯相, 可以治軍旅. 完且弗費, 善衣之次也. 具父母, 大父母, 衣純以繢. 具父母, 衣純以青. 如孤子, 衣純以素, 純袂, 緣純邊, 廣各寸半."

271) 양쪽 섶 …… 모나게 된다: 朱熹, 『家禮』 권1, 「深衣制度」, 학민문화사, 2001, p.68. "兩襟相掩, 衽在腋下, 兩領之會自方."

또 『예기』, 「옥조」에 "심의는 거(袪)가 셋이다."[272]라고 하였는데 여러 학자들은 대부분 허리 부분을 꿰맨 둘레라고 해석하였다.

내가 본문의 문의(文義)를 자세히 살펴보니, 만일 "심의의 허리둘레는 거(袪)의 3배 이다.[深衣腰三袪.]"라고 하였다면 여러 학자들의 말처럼 그렇게 해석할 수 있다. 그러나 지금 다만 "심의는 거(袪)가 셋이다.[深衣三袪.]"라고 하였는데, 이것을 허리둘레라고 설명하였으니[273] 어찌 억측이 아니겠는가? 아마 그렇지 않은 것 같다.

내 생각에는 소매 부리[袖口]를 거(袪)라고 한 것 같다. 좌, 우 소매에 이미 거(袪)가 있고, 양 소매 사이에 있는 방령은 소매 부리와 같기 때문에 거(袪)가 세 개라고 한 것이다.[274] 이것은 아마 심의에 방

---

272) 심의는 거(袪)가 셋이다: 『예기』 권29, 「옥조」편에 수록된 내용은 다음과 같다. "朝玄端, 夕深衣, 深衣三袪, 縫齊倍要, 衽當旁, 袂可以回肘. 長中繼揜尺, 袷二寸, 袪尺二寸, 緣廣寸半."

273) 심의는 …… 설명하였으니: 정현은 주에서, "소매의 세 배라는 것은 허리 부분의 둘레를 말한 것이다. 소매의 너비는 1자 2치인바, 그 둘레는 2자 4치가 되며, 이를 세 배하면 허리둘레는 7자 2치가 된다.[註: 深衣三袪, 要中之數也. 袪尺二寸, 圍之爲二尺四寸, 三之七尺二寸.]"하였다.

274) 내 생각에는 …… 것이다: 정경세는 이에 대해 『우복집』, 「答權仲明」에서 다른 관점을 제시한다. "「옥조」에서 또 이르기를, '심의는 삼거이다.[深衣三袪.]'라고 하였는데, 이는 소맷부리의 둘레가 2자 4치이니, 그 둘레를 세 배 하면 역시 7자 2치가 됩니다. 이것이 이른바 '소매둘레의 3배[三袪]'라는 것입니다. 그렇다면 심의를 재봉하는 度數는 반듯하고 가지런하여 조금도 변경 할 수 없는 것입니다. 그런데도 구암은 단지 몸에 편하게 한다는 것만을 취하여 임의대로 줄였습니다. 그러고서는 또 '삼거'라는 두 글자를 어떻게 처리할 길이 없자, 이에 '方領의 모양새는 소맷부리와 흡사하게 생겼는바, 좌우의 소맷부리와 이 방령을 아우르면 삼거가 된다.'하였는데, 이는 억지로 끌어 붙이고 빙빙 돌려서 말한 것으로, 아마도 제대로 설을 이루지 못할 듯합니다.[玉藻又曰: '深衣三袪.' 蓋袖口圍二尺四寸. 三倍其數則亦成七尺二寸. 此所謂三袪也. 其裁縫度數井井鑿鑿. 不可增減分寸. 而久庵只取便身. 任意裁減. 又病其三袪二字不可攻破. 則乃曰. 方領之形有似袖口. 幷左右袖口爲三袪. 其牽强迂曲. 殆不成說話矣.]" (鄭經世, 『愚伏集』 제9권, 「答權仲明盼論深衣 戊辰」, 韓國文集叢刊 68집, 1991, p.176.)

령을 단다는 것을 좀 더 명확하게 하려고 말한 것 같다.[275)]

『예기(禮記)』에 "거(袪)는 1자 2치"이라고 하였으니 그렇다면 그 둘레는 2자 4치가 되는 것이다. 지금 방령의 둘레도 2자 4치이므로 충분히 보통 사람의 목에 적합할 것이며 그것은 바로 소매 끝에 끝동이 있는 것과 같다. 그렇다면 그 치수 역시 아주 근거한 것이 없는 것은 아니다.

구변에는 단추[結紐]를 몇 개나 달아야 적당할 것인가? 경서에는 참고할 데가 없다. 이것도 반드시 일정한 제도가 있었을 것인데 지금은 누락되어 참고할 수 없다. 다만『의례(儀禮)』,「사상례(士喪禮)」의 쇄모(殺冒) 제도를 살펴보니, "임금의 것은 옆으로 일곱 군데를 채우

275) 이것은 …… 말한 것 같다: 이에 대해 정경세는 權仲明(盼)에게 답서를 보내어 深衣制度에 대해 논하였다. 그 편지의 대략은 다음과 같다.
"심의제도에 대한 寒岡 鄭逑의 설은 아직 보지 못하였으니 감히 서로 비교해 말할 수 없고, 久菴의 설은 오래 전에 이미 보았는데, 다 기억하지 못하겠으나 마음속으로 일찍이 의심한 적이 있었습니다. 이제 대략 논해 보겠습니다만, 죽은 구암을 일으켜 함께 시비를 평론해 바로잡을 수 없는 것이 한스러울 뿐입니다. 이른바 '옷은 몸에 편해야 하니, 일일이 禮經에 구애될 필요가 없다.'라고 한 것은 劉說을 미루어 확대해석한 것이고, '허리둘레에 맞게 옷감[布幅]을 잘라 낸다.'라고 한 것으로 말하면, 그가 과감하게 자신의 견해를 옳게 여긴 것입니다.
폭의 너비가 2자 2치인데, 上衣의 몸통을 만드는 네 폭의 베에 양쪽 가를 각각 2치씩을 남겨 서로 겹쳐 꿰매면 허리의 둘레가 7자 2치가 되며, 下裳을 만드는 열두 폭의 베에 위쪽이 좁은 곳이 각각 8치이고, 넓은 곳이 각각 1자 4치인데, 각 폭의 양쪽 가를 각각 1치씩 남겨 서로 겹쳐 꿰매면 허리둘레도 역시 7자 2치가 되고, 아랫자락의 둘레는 1장 4자 4치가 됩니다. …… 그가 논한 方領의 설은 나의 의견도 그와 같습니다만, 주 부자의 설에 이론을 세우는 것이 끝내 미안하기 때문에 감히 주장을 내세우지 못했을 뿐인데, 구암은 감히 자신의 주장을 내세웠습니다. 그러나 지금 물으심을 받았으니, 감히 나의 소견을 솔직하게 진술하지 않을 수 없습니다. 그러나 이 역시 나의 억설이 아니라 司馬溫公의 설입니다." (정경세, 상게서, p.177.)

고, 대부(大夫)는 다섯 군데, 선비는 세 군데를 채운다."[276]고 하였다. 이 쇄모가 비록 심의와는 다르지만 심의의 구변과 옆을 채운다는 점에서 그 용법이 제법 비슷하다. 또 옛사람들은 귀천에 따라 등급의 차이를 반드시 상세하게 하였다. 그러므로 이것을 기준으로 삼는다면 옛 예절에 없는 예절이 될 듯하다.

---

276)『의례(儀禮)』,「사상례(士喪禮)」…… 채운다: 冒는 시신을 감싸는 것이다. 먼저 쇄로 아래를 감싸고, 그다음 질로 위를 감싼다. 이때 등급에 따라 묶는 숫자가 달라지는데 군은 7군데를 묶고, 대부는 5군데를, 사는 3군데를 묶는다.『禮記』,「喪大記」제23 "君錦冒, 黼殺, 綴旁七. 大夫玄冒, 黼殺, 綴旁五. 士緇冒, 赬殺, 綴旁三. 凡冒質長與手齊, 殺三尺. 自小斂以往用夷衾, 夷衾質殺之裁, 猶冒也."
이것이 '쇄모제도'인데 구암은 심의에 다는 단추역시 이렇게 등급에 따라 차별을 두어야 한다고 말한 것이다.
『사계전서』에「殺冒圖」가 부록되어 있는데 그림에서 아래위를 매듭짓는 끈[綴旁]의 숫자에 차이가 있는 것을 볼 수 있다. 즉 君은 錦冒와 도끼 모양을 수놓은 쇄를 쓰며, 철방이 일곱 개이다. 大夫는 玄冒와 도끼 모양을 수놓은 쇄를 쓰며, 철방이 다섯 개이다. 士는 緇冒와 붉은색의 쇄를 쓰며, 철방이 세 개이다. 모의 質은 길이가 손과 나란하며, 殺의 길이는 3자이다.

袪

袪, 袖口也.「檀弓」曰: "鹿裘横【句】長【句】袪【句】, 袪裼之可也."『詩』曰: "羔裘豹袪." 疏云: "袂是袖口大者, 袪是袖頭小稱."『經』曰: "純袂緣, 純邊各廣寸半." 於袂必着緣字. 然則袂口外別有緣寸半以爲袪, 而以皂絹純其上, 似非純卽爲袪也.

거(袪)

【번역】

거(袪)는 소매부리[袖口]이다.『예기(禮記)』,「단궁(檀弓)」에 "사슴

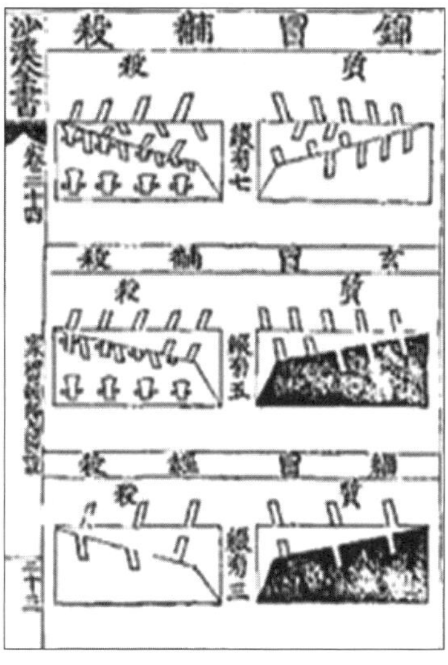

그림 20. 殺冒圖
(『사계전서』,「家禮輯覽圖說」)

갖옷[鹿裘]에 넓고 긴 끝동을 단 것인데 끝동은 걷어 올려도 좋다."[277] 라고 하였으며, 『시경』에 "염소 갖옷[羔裘]에 표범 가죽 소매를 단다."[278]라고 하였으니 그 소(疏)에 "메(袂)는 끝이 넓은 소매이며 '거(袪)'는 끝이 좁은 소매이다."라고 하였다.

또 『예기』에 "소매 부리에 선을 두르는데 선 둘레는 폭이 각각 1촌 반씩이다."라고 하였으니 '메(袂)'자에 반드시 '연(緣)'자를 붙여서 읽어야 한다. 그렇다면 소매 끝 이외에 따로 1촌 반의 단을 둘러서 끝동을 달고 검은 생명주[皂絹]로 그 위에 두른 것이니 준(純)이 바로 끝동[袪]이 되는 것은 아닌듯하다.

277) 『예기(禮記)』, 「단궁(檀弓)」에 …… 올려도 좋다: "練, 練衣黃裏縓緣, 葛要絰, 繩屨無絇, 角瑱, 鹿裘衡長袪. 袪, 裼之可也." 『禮記』, 「檀弓」上.

278) 염소 갖옷 …… 단다: 이 시는 『詩經』, 「國風 唐風 羔裘」편에 보인다.

純

袂口裳邊, 『經』無表裏皆純之文, 恐或只純其外也. 惟曲袷, 『說文』云: "衣無絮爲袷." 卽裌字之義. 似當皁綃四寸, 夾縫爲二寸. 且不云純而云袷, 則似當布外別綴, 如今上領, 故亦云曲領也. 或云: "袷, 交領也, 兩領以交而合, 故謂之袷." 未知孰是.

준(純)

【번역】

소매 부리나 치마 밑단에 대해서는 『예기(禮記)』에는 안팎에 다 선을 두른다는 문장이 없으니 아마도 겉에만 선을 두르는 것 같다. 그러나 곡겁(曲袷)만은 『설문(說文)』에 "솜을 두지 않는 옷을 겹옷[袷]이라고 한다."[279]라고 하였으니 겹옷 겹(裌)자의 뜻이다. 이로 보면 검은 명주 4치를 겹쳐 꿰매서 2치로 만든 것 같다. 또 선을 두른다고 하지 않고 겹이라고 한 것은 옷감 겉에다 따로 붙여서 지금의 옷 동정과 같기 때문에 또한 곡령(曲領)이라고 한 것 같다. 혹 말하기를 "깃은 동정이 교차되는 것인데 양쪽 동정이 교차되어 합쳐지기 때문에 겹[袷]이라고 한다."라고 하니 어느 것이 옳은지 알 수 없다.

279) 『설문(說文)』에 …… 한다: 『설문』에 다음과 같은 내용이 보인다. "袷 衣無絮. 此對以絮曰襺, 以緼曰袍言也."

負繩

衣之背縫及裳之中縫，上下相接，故云負繩也.

부승(負繩)*

*부승은 심의 제도에 있어서 뒷부분을 이은 중심선인데, 심의를 입고 걸으면서 손을 올려도 이 부분은 흐트러지지 않도록 되어 있다. 부승은 直을 상징한 것으로 곧고 바른 선을 등에 짐으로써 정치를 곧게 하고 의리를 바르게 한다는 철학적 의미가 내포된 것이다.

【번역】

상의[衣]의 등솔기[背縫]와 치마[裳]의 가운데 솔기가 상하로 서로 연결되어 있기 때문에 부승이라고 한다.

그림 21. 負繩 (『家禮輯覽』 圖說).

大帶

「玉藻」“天子、諸侯、大夫、士、居士、弟子之帶, 皆不同.” 而其日: “凡帶有綷, 無箴功.”

綷,『說文』云: “索也.”『爾雅』云: “以竹爲索, 所以維持舟者.” 蓋編索爲著, 以帛褙起, 不令貼屈, 如今品帶之質, 不用箴線爲功也. 又日: “諸侯素帶終紕, 大夫素帶紕垂, 士練帶綷下紕.” 然則以帶邊所飾, 爲貴賤之等. 諸侯紕終其帶, 大夫不紕其腰, 紕其垂紳, 士則惟綷下爲紕. 以此見之, 帶之有綷, 亦不竟帶, 而未詳其制.

又日: “大夫, 大帶四寸, 雜帶, 君朱綠, 大夫玄華, 士緇紕二寸, 再繚四寸.” 然則惟大夫之大帶爲四寸, 士及君 · 大夫雜帶, 皆以二寸再繚之, 爲四寸, 未知深衣之帶, 爲大帶爲雜帶也. 或者謂 “冕服之帶爲大帶, 燕服之帶爲雜帶”, 士賤無冕服, 故無大帶則深衣之帶, 亦恐以二寸再繚爲是也.

日: “并紐, 約用組三寸, 長齊于帶.” 帶之左右, 屈而爲紐, 仍合并其紐. 用組約之, 令不解也, 組紃三寸, 其博也. 此則恐指大夫以上大帶, 所用之組而言也. 若大夫雜帶及士帶則本二寸, 豈組博反廣於帶乎? 恐以次而差細也.

日: “紳長制. 士三尺. 有司二尺有五寸.” 又引子游之言以爲: “三分帶下,【句】紳居二焉. 紳【句】結【句】結【句】三齊.” 然則紳長下與裳齊, 亦未知何所據也.

대대(大帶)[280]

【번역】

『예기(禮記)』, 「옥조(玉藻)」에 "천자(天子) · 제후(諸侯) · 대부(大夫) · 사(士) · 거사(居士) · 제자(弟子)들의 대(帶)는 모두 같지 않다."고

280) 대대(大帶): 『가례』의 대대에 대한 설명은 다음과 같다. "帶用白繒, 廣四寸, 夾縫之. 其長圍腰而結於前, 再繞之爲兩耳, 乃垂其餘爲紳, 下與裳齊, 以黑繒飾其紳. 復以五采條廣三分, 約其相結之處, 長與紳齊." 『家禮』, 「通禮 深衣制度 大帶」
한강 정구는 대대에 대해 다음과 같이 설명하였다. "너비 4치의 흰 비단을 사용하여 좁게 꿰매되, 그 길이는 허리를 한 번 감아 앞에서 묶고 다시 매듭지어 2개의 고리를 만들고 나서 그 나머지를 드리웠을 때 띠의 밑이 치맛자락 끝과 같게 한다. 검은 비단으로 드리워진 띠의 양쪽 옆과 아래의 가장자리를 꾸미고 다시 너비 3푼의 오색 끈으로 띠의 매듭 부분을 묶되 그 길이는 드리운 띠와 같게 한다.[用白繒, 廣四寸夾縫之, 其長圍腰而結於前, 再繚以爲兩耳, 垂其餘爲紳, 下與裳齊. 以黑繒飾其紳之兩邊及下, 復以五采條廣三分, 約其相結之處, 長與紳齊.]" 鄭逑, 『寒岡集』, 韓國文集叢刊 53집, 民族文化推進會, 1991, p.268.
대대는 왕이나 왕세자의 면복이나, 왕비의 翟衣, 朝臣 등의 관복에 띠던 넓은 띠로 15세기 말의 『국조오례의』, 「서례」에 의하면 대대는 신분과 벼슬 등급에 따라 재료, 색깔, 형태 등에서 일정한 차이가 있었다. 왕이 띠는 대대는 허리에 띠는 부분과 아래로 드리우는 두 줄의 띠로 이루어졌다. 겉은 백색 비단으로, 안은 홍색 비단으로 한 두 겹 속에 심지를 넣고 가장자리에 선을 둘렀다. 왕세자와 벼슬이 높은 관리의 대대는 왕의 것과 같으나 밑으로 드리우는 부분이 없었다. 민간에서 활옷이나 원삼을 혼례복으로 입을 때 가슴 위로 둘러매는 대대는 겉은 홍색 비단으로, 안은 흰 명주나 두꺼운 비단으로 한 것이었다. 대대를 맬 때에는 활옷이나 원삼을 입은 다음 가슴 부위에 대대의 가운데가 오도록 매고 양쪽으로 둘러서는 뒷 중심에서 속 끈으로 맨 다음 묶어 나머지를 아래로 늘어뜨렸다. 관례 때 심의를 입고 띤 대대는 흰 비단으로 만들었는데 勒帛(銅革으로 만든 허리띠) 보다 굵고 허리를 둘러 앞에 맬 수 있을 만큼 길며 덧 띠를 만들어 늘어뜨리게 되어 있었다. 그리고 검은 비단으로 그 띠의 양쪽 가장자리를 따라 선을 대었다. (한국민속대사전편찬위원회 편저, 『한국민속대사전』, 2001.)

하였고 또 거기에 "모든 대(帶)에는 줄[繂]이 있으나 거기에 수놓지 않는다."고 하였다.[281]

줄[繂]에 대하여 『설문(說文)』에는 "끈 삭[索]"이라 하였고, 『이아(爾雅)』에는 "대로 줄을 만들어 배[舟]를 매어놓는 것이다."[282]라고 하였다. 이것은 아마 줄을 꼬아서 붙이고 비단으로 배섭하여 구부러지지 않게 만든 것으로서 지금의 품대(品帶)[283]의 재질과 같으나 수를 놓아 꾸미는 공력을 들이지 않은 것이다.

또 이르기를 "제후는 소대(素帶) 끝에 술[紕]을 달고, 대부는 소대(素帶)에 술을 드리우며 사(士)는 연대(練帶)로 줄 밑에 술을 단다."고 하였다. 그렇다면 띠 주변의 장식으로 귀천(貴賤)의 등급을 구별한 것이다. 제후는 술을 그 띠 끝에 붙였고, 대부는 술을 허리에 두르지 않고 그 드리우는 줄에 술 끈을 달았으며, 사는 오직 줄 아래에 술을 달았다. 이것으로 보면 대(帶)에 줄이 있는 것도 대(帶) 전부에 있는 것이 아닌데 그 제도를 자세히 알 수 없다.

『예기(禮記)』, 「옥조(玉藻)」에 또 "대부의 대대는 네 치이며 잡대(雜帶)의 경우 임금은 붉은 명주실로 만들고, 대부는 검고 노란색으로 만들고 선비는 검은 실로 두 치 되게 하며 두 번 엮으면 네 치가

281) 『예기(禮記)』, 「옥조(玉藻)」 …… 하였다: 『예기』, 「옥조」에 나오는 내용은 다음과 같다. 『禮記正義』 권30 「玉藻」 "而素帶終辟 ; 大夫素帶, 辟垂 ; 士練帶, 率, 下辟 ; 居士錦帶 ; 弟子縞帶, 并紐約用組." 鄭玄注: "'而素帶終辟', 謂諸侯也" 孔穎達疏: "天子素帶, 朱裏, 終辟."
陳澔의 주에 "士는 練布로 띠를 만들되 안을 받치지 않고 홑으로 만들고서 양옆에 노끈을 대고 꿰맨다. 그러므로 율(繂)이라 한다.[練繒也. 士以練爲帶, 單用之, 而緶緝其兩邊, 故謂之繂.]"하였다. 陳澔 撰, 『禮記集說』 권6. 練布는 누인 베. 빤 베. 날것을 잿물에 삶아 물에 빨아서 희고 부드럽게 한 베를 말한다.

282) 『爾雅』 …… 매어놓는 것이다: 『爾雅』 "繂竹爲索, 所以維持舟者."

283) 품대(品帶): 옛날에 벼슬아치의 공복에 갖추던, 品階에 따라 다른 띠를 말한다.

된다."[284]고 하였다.

그렇다면 대부의 대대만은 네 치로 하고, 선비 및 임금과 대부의 잡대(雜帶)는 모두 두 치로 하고 두 번 엮어서 네 치가 되게 한 것이다. 그러나 심의(深衣)의 띠는 대대로 했는지 잡대로 했는지 모르겠다.

어떤 사람이 말하기를 "면복(冕服)[285]의 대(帶)는 대대로 하고 평상복의 띠는 잡대(雜帶)로 한다."고 하였다. 선비는 천하여 면복을 입지 못하기 때문에 대대는 없을 것이니 그렇다면 심의의 대(帶) 역시 두 치로 하여 두 번 엮어서 만드는 것이 아마 옳을 것이다.

또 이르기를 "매듭을 지은 곳에는 모두 끈을 가지고 묶는데, 끈의 너비는 3촌이며, 늘어뜨린 길이는 대(帶)의 길이와 같게 한다."[286]고 하였다. 이것은 대(帶)의 양쪽을 접어서 묶어 채우는데 그 묶는 것은

284) 『예기』, 「옥조(玉藻)」에 …… 네 치가 된다: 『예기』, 「옥조」의 원문은 다음과 같다. "大夫大帶四寸, 雜帶, 君朱綠, 大夫玄華, 士緇辟二寸, 再繚四寸, 凡帶, 有率無箴功."

285) 면복(冕服): 임금의 正服, 곧 冕旒冠과 袞龍袍를 말한다. 왕이 나라의 큰 儀禮 때에 갖추어 입던 최상급의 정복이다. 면복이란 면류관을 쓰는 옷이라는 뜻에서 생긴 말이다. 왕의 즉위식, 왕이 조상의 묘를 찾거나 제사지내는 일, 외국 사신의 영접 등을 가장 큰 국가적 행사로 여겼으며 그때마다 왕은 면복을 위엄 있게 꾸며 제복(祭服)이나 대례복으로 입었다. 『국조오례의』에 의하면 당시 면복 차림은 면류관, 곤복, 치마, 중단, 폐슬, 대대, 패옥, 수, 규, 襪(버선), 舃(신발) 등으로 이루어졌다. 치마에는 왕을 상징하는 네 가지 무늬인 藻(물에서 자라는 풀), 粉米(쌀), 黼(도끼), 黻(亞형) 등을 수놓았다. 藻는 화려함을, 분미는 백성의 양식을, 黼는 참을성을, 黻은 사람과 모든 동물을 통틀어 의미하였다.(한국민속대사전편찬위원회 편저, 『한국민속대사전』, 2001.)

286) 매듭을 …… 갖게 한다: 『禮記』, 「옥조」에서 陳澔는 이 구절에 다음과 같이 주를 달았다. "幷은 아우른다는 뜻인 竝으로, 위로 천자부터 아래로 사에 이르기까지 매듭 부분을 묶는 물건은 모두가 끈을 쓴다는 뜻이다."하였다. 方氏가 말하기를, "紐는 띠를 교차시켜서 묶은 매듭 부분이다. 그 뉴를 아울러서 끈을 가지고 묶으면 띠가 비로소 묶여져서 풀 수가 없게 된다. 3寸은 그 끈의 너비이다. '길이는 띠와 나란하다.'라는 것은, 말하자면 끈을 늘어뜨린 것을 紳과 나란하게 한다는 말이다.[方氏曰: '紐則帶之交結也. 合幷其紐用組以約則帶始束而不可解矣. 三寸, 其廣也. 長齊于帶者, 言組之垂適與紳齊也.]"하였다.

끈을 이용해 묶어서 풀어지지 않게 하였다. 끈이 세 치라고 하는 것은 그 폭이다. 이것은 아마 대부 이상의 대대에 쓰는 끈을 가리켜 말한 것 같다. 대부의 잡대와 사의 대(帶)의 경우라면 본래 두 치이니 어찌 끈 폭을 오히려 대(帶)보다 넓게 할 수 있겠는가? 아마 등급에 따라 세세하게 차등을 두려했던 것 같다.

또 말하기를 "제도상 대대의 길이는 선비는 세 자, 유사(有司)는 두 자 다섯 치이다."라고 하였는데 또 자유(子游)의 말을 인용하여 "띠의 아래를 3 등분한 것 중에서 3분의 2가 대대의 길이이다. 대대와 필(韠)과 결(結) 세 가지가 같다."[287]고 하였다. 그렇다면 대대의 길이는 아래로 치마와 같으니 이것은 또 무엇을 근거로 한 것인지 모르겠다.

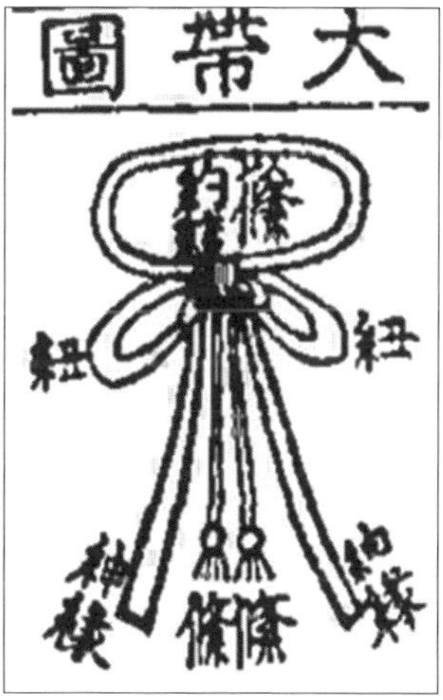

그림 22.『家禮便覽』大帶圖

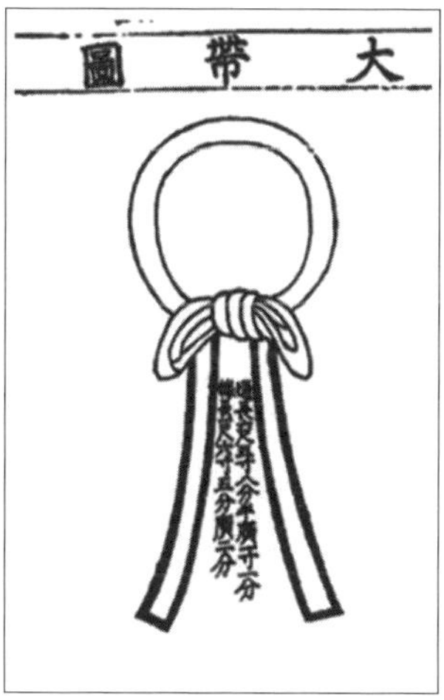

『宋子大全』大帶圖

287) 자유(子游)의 말을 …… 세 가지가 같다:『예기』,「옥조」에 보이는데 원문은 다음과 같다. "天子素帶, 朱裏, 終辟. 王后褘衣, 夫人揄狄. 三寸, 長齊于帶. 紳長制, 士三尺, 有司二尺有五寸. 子游曰: '參分帶下, 紳居二焉. 紳韠結, 三齊.'"

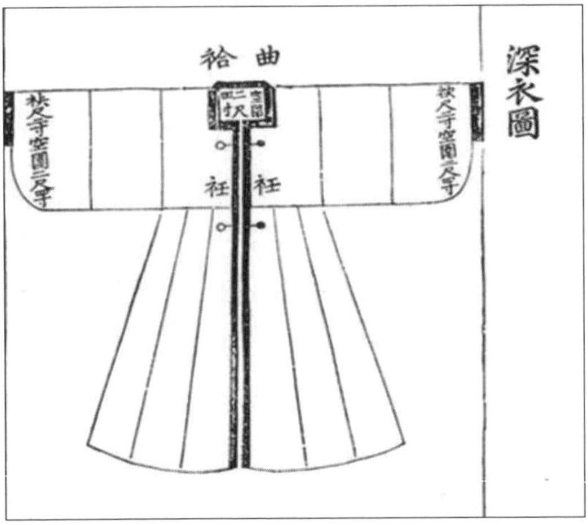

그림 23.『久菴遺稿』深衣圖

목둘레가 2자 4치로 네모반듯하고, 지금의 단추 종류인 돌마기[結紐]가 4개 달려있는 구암의 심의도이다.

四端七情說

或問: "四端何情? 七情何情?" 曰: "以形氣之發而謂之七情, 以義理之發而謂之四端. 四端, 道心是也; 七情, 人心是也. 蓋人之一身, 酬酢萬變, 只有七情, 非七情之外, 別有四端. 只就七情中不雜於形氣者, 而拈出此四端, 如惻隱本不離愛而行, 然尋其苗脈, 自有不可亂者.

『傳』曰: '如保赤子.' 赤子之愛, 天性也. 然利害相攻, 物欲交蔽, 至於貫槊上盤, 舞以爲戱者有之, 又甚至於謀害正后, 掩殺己女者亦有之. 本來慈天, 或幾乎息矣. 惟是蒼皇間見孺子匍匐入井, 則私意未及安排, 本心忽焉呈露, 雖使魏兵武氏見之, 有不能冥然頑然不動於此. 故孟子指而言之, 欲使學者察識而擴充之也.

概而論之, 則四端與七情, 各有所從來, 而分而言之, 則一情之中, 皆具四端. 何者? 有人於此, 久飢得食, 固欣然有喜矣, 然割股而啗之, 則必有惻隱之心, 呼蹴而與之, 則必有羞惡之心, 所得過分過望, 則必有辭讓之心, 當受當辭之間, 又必有是非之心. 有此四者, 隨所感而爲之節制, 則其喜爲中節矣.

蔡西山曰: '形氣猶船也, 道心猶柁也, 唯有一柁以運之, 則雖入於波濤無害.' 眞確論也. 餘六情莫不皆然. 以此推之, 四端七情之面目, 居然可見矣."

曰: "人道之分, 可得聞其說之詳歟?" 曰: "人道只是理氣, 只就人身上言, 故言人言道, 吾家緊要固在於此, 而老釋許多病痛, 正坐於此見不得透也. 手持足履, 何莫非人也, 而必手容恭, 足容重, 然後爲道; 運水搬柴, 何莫非人也, 而必運得是, 搬得是, 然後爲道.

詩云: '天生蒸民, 有物有則.' 人是物, 道是則, 本非難曉之說. 但一心也, 而人與道兼言之, 故惹起後人許多疑惑也. 朱子曰: '只是一箇心, 知覺從耳目上去, 便是人心; 知覺從義理上去, 便是道心.' 反覆此說, 大小大快活!

以人乘馬之說譬之, 人借馬足以爲行, 馬借人智以爲心. 人在馬上, 策馭在人, 則六轡如絲, 四牡齊首, 欲速而速, 欲徐而徐, 有致遠之功, 無蹶足之患矣. 其或人弱馬强, 委御泛駕, 則其行其止, 不由於人. 見豐草則往, 思美水則趨, 或上高陵, 或入深壑, 亦安能鳴和鑾淸節奏, 安行於周道之中乎?

或以道心爲未發, 人心爲已發. 然則道只在於未發之前, 不行於已發之後, 其所謂道, 無用之長物, 其所謂人, 血肉之一塊, 決非吾儒之說. 或以爲 '發道心者氣也, 原人心者理也.' 又曰: '發之者氣也, 所以發之者理也.' 此則理只爲前所以然之故, 而於後所當然之則, 脈絡不通, 雖與前說有間, 直百步五十步之間耳. 惟退溪理發氣發之說, 與朱子千載相符, 其惠後學, 大矣. 但剖判之極, 疑於四端自爲一情, 七情自爲一情, 無二者相配, 而爲達道之妙, 此似未瑩."

"四端之爲四端, 七情之爲七情, 亦有說乎?" 曰: "有之. 人稟陰陽五行之氣以爲生, 故以性命言之, 則陽爲健, 陰爲順, 曰仁【木】, 曰禮【火】, 曰義【金】, 曰智【水】, 與無不在之信【土】, 爲五 ; 以形氣言之, 則陽爲魂, 陰爲魄, 曰肝【木】, 曰心【火】, 曰肺【金】, 曰腎【水】, 與無不資之脾【土】, 爲五. 仁之發爲惻隱, 禮之發爲辭讓, 義之發爲羞惡, 智之發爲是非, 而信實乎其中矣 ; 肝之發爲喜爲愛, 心之發爲樂, 肺之發爲怒爲惡, 腎之發爲哀爲欲, 脾思乎其間矣. 四端七情, 相爲經緯, 無一毫參差, 妙矣."

曰: "以喜、愛屬木則聞命矣, 樂何以屬火, 以怒,惡屬金則聞命矣, 哀、欲何以屬水乎?"

曰: "以喜、愛屬木, 則樂之發散在外, 自當屬火; 怒、惡屬金, 則哀之痛切向內, 自當屬水, 而欲則其義又別. 水之爲行, 於時爲冬, 於性爲智, 有終始之義, 喜、怒、哀、樂、愛、惡之六情, 皆生於欲而成於欲, 故屬之水也.

蓋物感情應, 彼此相盪, 故言喜則必有怒, 言哀則必有樂, 言愛則必有惡, 皆分陰分陽, 待對言之, 而欲獨無對者, 欲之一情, 自含兩端, 故火臟空一位, 以見互爲終始之義, 此皆自然而然, 非假人爲湊合而成也. 大抵五行取類, 或以舒慘, 或以終始, 或以發散收藏, 不一其端, 惟觀其所見如何耳, 不可執一而論也."

曰: "『中庸』雖言喜、怒、哀、樂, 而『禮記』以懼代樂, 韓文公「原性」篇亦仍之, 今子之不從, 何也?" 曰: "人與物接, 有事未來而期待之心, 若懼若憂之類是也; 有事已過而留滯之心, 若恨若惜之類是也. 其物觸於外, 直發爲情, 有此七者而已. 七者之外, 更無他情.

「禮運」之說, 非盡出於夫子, 先儒已言之. 文公論性則不知性卽理, 分爲三等, 論學則不知劈頭大工, 欠闕格致, 其學之差, 不特一懼字而已, 故程子於「好學論」中, 已改正之, 今不可復有異議也.

사단칠정에 대하여[四端七情說]*

*한백겸의 성리설을 볼 수 있는 내용이다. 이황의 성리설을 주자의 뜻에 부합하는 것으로 보고, 이황과 이이의 설을 절충하면서 "七情의 각 정 하나하나에 四端이 내포되어 있다."는 나름의 독창적인 의견을 펼치고 있다. 특히 그는 仁·義·禮·智·信·五常을 木·火·金·水·土의 五行에 대비하고, 肝·心·肺·腎·脾臟의 오장을 七情과 오행에 대비하여 설명하면서 도해를 만들었다. 東西南北, 陰陽 등과 四端을 연결시키고 있다.

【번역】

어떤 사람이 다음과 같이 물었다.

"사단(四端)은 어떤 정(情)이며 칠정(七情)은 어떤 정(情)입니까?"

내가 다음과 같이 답하였다.

"형기(形氣)가 드러나는 것을 칠정이라 하고, 의리(義理)가 드러나는 것을 사단이라고 하는데 사단은 도심이고, 칠정은 인심이다. 사람이 온갖 변화에 대응하는 것은 다만 칠정뿐이니 칠정 이외에 따로 사단이 있는 것은 아니다. 사단은 다만 칠정 가운데 형기가 섞이지 않은 것에서 뽑아낸 것이다. 예를 들면 측은지심은 본래 애(愛)와 분리되어 작용하는 것은 아니지만 그 단서를 찾아보면 본래 어지럽힐 수 없는 것이 있게 마련이다.

『서경(書經)』에 '갓난아기를 돌보듯이 하라.'[288]하였으니 갓난아기를 사랑하는 것은 천성이다. 그러나 이해를 다투고 물욕에 빠져 아이를 창끝에 꽂고 돌며 춤추고 희롱하는 자도 있으며,[289] 또 심지어는 정후(正后)를 해치려고 자기 딸을 몰래 죽이는 자도 있으니,[290] 본

288) 『서경(書經)』에 …… 하라: 『書經』, 「康誥」에 보인다. 원문은 다음과 같다 "如保赤子, 心誠求之, 雖不中不遠矣."

289) 그러나 …… 있으며: 이 내용은 『資治通鑑』 권126 「宋記」 8에 보인다. 원문은 다음과 같다. "魏人凡破南兗、徐、兗、豫、靑、冀六州, 殺傷不可勝計, 丁壯者卽加斬截, 嬰兒貫于槊上, 盤舞以爲戲, 所過郡、縣赤地無餘."

290) 심지어 …… 있으니: 武則天이 당 高宗의 昭儀였을 때 정후인 王皇后를 모함하려고 자신의 딸을 죽인 사실을 말한다. 내용은 이렇다. 무측천이 딸을 낳았는데 자녀가 없었던 황후 왕씨는 자주 찾아와서 이 딸을 데리고 놀다 가곤 했다. 무측천은 황후 왕씨를 제거하는데 바로 이 기회를 이용하기로 하였다. 무 측천은 황후 왕 씨가 딸을 보러 왔다가 먼저 나간 뒤에 몰래 딸을 이불 아래에서 질식시켜 죽이고 高宗이 오는 것을 엿보아 거짓으로 기쁘게 웃으며 이불을 들추니 딸이 죽어 있었다. 좌우 측근들이 "황후께서 방금 오셨습니다."라고 말하고 소의가 슬피 울자, 고종은 노하여 "황후가 내 딸을 죽였구나."라 했다. 이 때문에 소의는 뜻대로 왕후를 모함하고, (왕)황후는 스스로를 해명할 길이 없었다. 그래서 황제는 소의를 더욱 믿고 사랑해서 곧이어 황후 왕씨를 폐위하기로 결심하였다. 이 내용은 『新唐書』, 「列傳」에 보인다. 원문은 다음과 같다.
『新唐書』 권76, 「則天武皇后傳」, 中華書局, 1975, p.3474~3475. "昭儀生女, 后就顧弄, 去, 昭儀潛斃兒衾下, 伺帝至, 陽爲歡言, 發衾視兒, 死矣. 又驚問左右, 皆曰: '后適來.' 昭儀卽悲涕, 帝不能察, 怒曰: '后殺吾女, 往與妃相讒媢, 今又爾邪!' 由是昭儀得入其訾, 后無以自解, 而帝愈信愛, 始有廢后意."

래의 자애의 천성이 거의 사라진 것이다. 그러나 갑자기 어린아이가 엉금엉금 기어서 우물에 빠지려는 것을 보게 되면 생각할 겨를도 없이 본심이 홀연히 드러나서 아무리 위나라 군사나, 무후(武后, 624~705)[291]처럼 극악한자라도 그것을 보면 아무것도 못 본 척하거나 행동하지 않을 수는 없을 것이다. 그러므로 맹자가 그 점을 지적해 말하여 배우는 자들에게 이러한 점을 살펴 알아서 확충하게 하려고 한 것이다.[292]

전체적으로 논해보면, 사단과 칠정은 각각 근원이 있으며, 세부적으로 말하면 하나의 정에 사단을 모두 갖추고 있다. 어째서인가. 여기 어떤 사람이 오래 굶주렸다가 먹을 것이 생기면 반가워하며 매우 좋아할 것이다. 그러나 주는 사람이 자신의 다리 살을 베어서[293] 먹게 하면 반드시 측은한 마음이 생길 것이고, 호통 치며 주고, 발로 차서 주면[294] 반드시 부끄러워하는 마음이 생길 것이다. 그리고 받은 것

291) 무후(武后): 성은 武, 이름은 曌, 謚號는 則天順聖皇后이다. 중국에서 여성으로 유일하게 皇帝가 되었던 인물로 武后, 武則天, 則天后, 則天帝, 則天女帝 등으로도 불린다. 측천무후라는 호칭은 唐 高宗의 皇后로서의 지위를 나타내지만, 690년 唐의 국호를 周로 고치고 스스로 황제가 되어 15년 동안 중국을 통치하였던 사실에 비추어 적합하지 않다는 지적도 있다. 때문에 중국에서는 '武則天'이라는 호칭이 더 폭넓게 사용되고 있다.

292) 갑자기 …… 한 것이다: 이 내용은『孟子』,「梁惠王上」에 보인다. 원문은 다음과 같다. "曰: 是心足以王矣. 百姓皆以王爲愛也, 臣固知王之不忍也." 대문의 朱子 주에 나오는 내용이다. "王見牛之觳觫而不忍殺, 則所謂惻隱之心, 仁之端也. 擴而充之, 則可以保四海矣. 故孟子指而言之, 欲王察識於此而擴充之也."

293) 자신의 다리 살을 베어서: 원문은 割股인데 이는 孝子가 자신의 다리의 살을 베어, 부모의 병을 치료하는 것이다. 唐나라 陳藏器의『本草拾遺』에 "사람고기는 파리한 병을 고칠 수 있다.[人肉療羸瘵.]"하였으므로, 후세의 효자들이 이 말에 근거하여 병든 부모에게 자기의 살을 베어 먹였다.

294) 발로 차서 주면: 원문은 嘑蹴인데 호축은 호통 치며 주고, 발로 차서 주는 것을 말한다.『孟子』,「告子上」에 "호통치면서 주면 길가는 사람도 받지 않고, 발로 차서 주면 걸인도 달갑게 여기지 않는다.[嘑爾而與之, 行道之人弗受 ; 蹴爾而與之, 乞人不屑也.]"라고 하였다.

이 분수에 넘치거나 기대 이상이라면 반드시 사양하는 마음이 생길 것이고, 받아도 되는지 사양해야 하는지를 판단할 때에는 또 반드시 시비를 가리는 마음이 생길 것이다. 이 네 가지 마음이 있어서 느끼는 바에 따라 절제한다면 그 기쁨이 절도에 맞을 것이다.

채서산(蔡西山, 1135~1198)이 말하기를 '형기(形氣)는 배와 같고 도심(道心)은 키와 같으니 오직 키 하나를 가지고 조정하면 아무리 파도에 휩쓸리더라도 문제가 없을 것이다.'[295]라고 하였으니 참으로 정확한 논의이다. 나머지 육정(六情)도 모두 그렇지 않은 것이 없으니 이것으로 미루어 본다면 사단과 칠정의 진면목을 쉽사리 볼 수 있을 것이다."

다음과 같이 물었다.

"인심과 도심의 차이점에 대해 그 자세한 내용을 들을 수 있겠습니까?" 내가 다음과 같이 대답했다.

"인심과 도심은 다만 이(理)와 기(氣)인데 사람의 몸을 가지고 말하기 때문에 인이니 도이니 하는 것이다. 우리 유가의 매우 중요한 점이 진실로 여기에 있는데, 노가와 불가의 많은 병통은 바로 이것을 분명하게 꿰뚫어보지 못하는 것에 있다. 손으로 잡고 발로 밟는 것이 모두 사람이 하는 것이지만 반드시 손은 공손하게 하고 발은 장

295) 채서산(蔡西山) …… 없을 것이다: 蔡元定(1135~1198)을 말한다. 남송 建州 建陽 사람이다. 자는 季通이고, 호는 西山이며, 시호는 文節이다. 벼슬에 나가지 않고 학문과 강학에 몰두했다. 朱熹의 理學思想을 계승 발전시킨 주요 인물로 평가된다. 樂律에 조예가 깊었는데, 12율에 6개의 變律을 첨가해서 18악률을 개발했다. 象數學과 義理學을 종합하려는 입장을 취했으며, 아들 蔡淵에게 계승되어 가학으로 이어졌다. 저서에 『皇極經世指要』와 『洪範解』, 『大衍詳說』, 『八陣圖說』 등이 있다. (崔錫起 외, 『中國經學家事典』, 경인문화사, 2002, p.235.)
채서산이 말한 내용은 『朱子語類』에 보이는데 전문은 다음과 같다. 『朱子語類』, 卷61, 「可學錄」 "季通云: '形氣亦皆有善.' 不知形氣之有善, 皆自道心出. 由道心, 則形氣善 ; 不由道心, 一付於形氣, 則爲惡. 形氣猶船也, 道心猶柁也. 船無柁, 縱之行, 有時入於波濤, 有時入於安流, 不可一定. 惟有一柁以運之, 則雖入於波濤無害.'"

중하게 한 연후에 도(道)가 되는 것이며, 물을 긷고 땔나무를 하는 일이[296] 모두 사람이 하는 일이지만 반드시 바르게 물을 긷고, 바르게 땔나무를 한 연후에 도가 되는 것이다.

『시경(詩經)』에 '하늘이 만백성을 낳으시니, 만물이 있으면 법칙이 있다.'[297]라고 하였으니 사람은 물(物)이고 도는 칙(則)이어서 본래 깨닫기 어려운 말이 아니다. 다만 마음은 하나인데 인심과 도심을 함께 말하였기 때문에 후인들에게 많은 의혹을 야기시켰다. 주자가 말하기를, '다만 마음은 하나이니, 지각(知覺)이 이목(耳目)의 욕구(欲求)에서 나오면 인심이고, 지각이 의리에서 나오면 도심이다.'[298]라고 하였으니 이 말을 반복해서 음미해보면 얼마나 쾌활한 경지를 맛보겠는가.[299]

사람이 말을 타는 것에 비유해보면 사람은 말의 발을 빌려 가는 것이고, 말은 사람의 지혜를 빌려 마음을 쓰는 것이다. 사람이 말에 타서 말을 채찍질하며 부리는 것이 사람에게 달려 있으면 여섯 개의 고삐가 한줄 같아져 네 마리의 말이 나란히 가서 빨리 달리고 싶으면 빨리 달리고, 천천히 가고 싶으면 천천히 가서 먼 데까지 갈 수 있으

296) 물을 긷고 …… 모든 일이: 運水搬柴는 佛法의 수행은 일상생활 속에 있다는 것이다.
여기서는 일상생활을 가리킨다.

297) 『시경(詩經)』 …… 있다: 이 내용은 『詩經』, 大雅, 「蒸民」편에 보인다. "天生蒸民, 有物有則, 民之秉彝, 好是懿德."

298) 주자가 말하기를 …… 도심이다: 이 말은 『朱子語類』, 권78에 보인다. 전문은 다음과 같다. "或問人心道心之別. 曰: '只是這一箇心, 知覺從耳目之欲上去, 便是人心, 知覺從義理上去, 便是道心, 人心則危而易陷, 道心則微而難著. 微亦微妙之義.'"

299) 얼마나 …… 맛보겠는가: 원문은 '大小大快活'인데 이 말은 『근사록』, 권13, 「辨異端類」에 "人只爲自私, 上頭起意, 故看得道理, 小了他底, 放這身來, 都在萬物中一例看, 大小大快活!"라고 한 程顥의 말이 보인다. 이에 대해 江永(1681~1762)은 『근사록집주』에서 "매우 쾌활한 것이다.[許多快活.]"라고 풀이하였다. 이를 참고하여 번역하였다.

며, 다리를 다칠 걱정이 없게 된다. 그런데 혹시 사람은 약하고 말은 강해서 사나운 말이 움직이는 대로 내버려둔다면,[300] 그 가고 서는 것이 사람의 뜻대로 되지 않는다. 그래서 말이 무성한 풀을 보면 그 곳으로 가고, 맑은 물이 마시고 싶으면 그 곳으로 달려가서 높은 언덕에 오르기도 하고 깊은 골짜기로 들어가기도 하는 것이니, 어떻게 방울소리 울려 절주(節奏)를 맑게 하며 큰길 한가운데로 편안하게 갈 수 있겠는가.

혹은 도심을 미발(未發)이라 하고, 인심을 이발(已發)이라 하기도 한다. 그렇다면 도심은 다만 미발 이전에만 있게 되어 이발 이후에는 행해지지 않는 것이니 이른바 도라는 것은 쓸데없는 장물(長物)[301]이 되고, 사람은 피와 살만 있는 한 덩어리가 되는 셈이니 결코 우리 유가의 말이 아니다. 혹은 '도심에서 발하는 것을 기라고 하고, 인심의 근원이 되는 것을 이'라고 하며, 또 말하기를 '발하는 것은 기요, 발하게 하는 것은 이'라고 한다. 그렇다면 이는 다만 '전소이연(前所以然)'의 원인만 되고 '후소당연(後所當然)'의 법칙과는 맥락이 통하지 않으니 앞의 내용과는 차이가 있지만 마찬가지로 잘못된 것이다. 오직 퇴계의 '이발기발(理發氣發)'설은 주자의 설과 오랜 세월 서로 부합되어 후학에게 끼친 혜택이 크다. 다만 너무 지나치게 분석하여 사단이 별도로 한 정이 되고, 칠정이 따로 한 정이 되는 것을 의심하여 사단과 칠정을 배합시킬 수 없어 인정할 만한 도가 되지 못하게 하였으니 명확하지 못한 듯하다."

다음과 같이 물었다.

---

300) 사나운 말이 …… 내버려둔다면: 泛은 뒤집어엎는다[覆]는 뜻이다. 곧 힘이 센 말이 軌轍에 얽매이지 않고 멍에를 뒤집어엎는다는 말이다. 거센 말[泛駕之馬]도 부리기에 달렸다는 말이 있다. 『漢書』, 「武帝紀」

301) 장물(長物): 출가 수행자가 규정 외에 여분으로 지니고 있는 물건. 예를 들면, 三衣 이외의 옷이나 一鉢 이상의 鉢盂는 장물에 해당한다. 여기서는 필요 없는 물건이 된다는 뜻이다.

“사단이 사단이 되는 것과 칠정이 칠정이 되는 것 또한 설이 있습니까?”

다음과 같이 대답하였다.

“있다. 사람은 음양오행의 기운을 받고 태어난다. 그러므로 성명(性命)으로 말하면 양은 건(建)이 되고 음은 순(順)이 되어 인(仁)【목이다】, 예(禮)【화이다】, 의(義)【금이다】, 지(智)【수이다】와 모든 곳에 있는 신(信)【토이다】 등 다섯 가지이다. 형기(形氣)로 말하면 양은 혼(魂)이 되고 음은 백(魄)이 되어 간(肝)【목이다】, 심(心)【화이다】, 폐(肺)【금이다】, 신(腎)【수이다】과 항상 바탕이 되는 비(脾)【토이다】 등 다섯 가지이다. 인이 발하여 측은지심이 되고 예가 발하여 사양지심이 되며 의가 발하여 수오지심이 되고 지가 발하여 시비지심이 되며 신은 그 가운데 꽉 채우고 있는 것이다. 간(肝)에서 발하여 기쁨과 사랑이 되고, 심(心)에서 발하여 즐거움이 되며 폐(肺)에서 발하여 노여움과 미움이 되고, 신(腎)에서 발하여 슬픔과 욕심이 되며 비(脾)는 그 가운데서 생각하는 것이다. 사단과 칠정이 서로 씨줄과 날줄이 되어 털끝만큼도 어긋나는 점이 없으니 오묘하다.”

다음과 같이 물었다.

“희(喜)와 애(愛)가 목(木)에 속한다는 것은 이미 들었습니다만 낙(樂)이 어째서 화(火)에 속하며, 노(怒)와 오(惡)가 금(金)에 속한다는 것은 이미 들었습니다만 애(哀)와 욕(欲)이 어째서 수(水)에 속합니까?”

내가 다음과 같이 대답하였다.

“희(喜)와 애(愛)가 목(木)에 속하면 낙(樂)의 발산은 밖에 있게 되니 자연 화(火)에 속해야하며, 노(怒)와 오(惡)가 금(金)에 속하면 애(哀)가 뼈에 사무쳐 안으로 향하게 되니 자연 수(水)에 속해야 한다. 그런데 욕은 그 의미가 더욱 각별하니, 수(水)의 쓰임은 계절에 있어서는 겨울이 되고, 성(性)에 있어서는 지(智)가 되니, 시작과 끝의 의미가 있다. 희(喜) · 노(怒) · 애(哀) · 락(樂) · 애(愛) · 오(惡)의 여섯 가지 정이 모두 욕(欲)에서 생겨 욕(欲)에서 완성되기 때문에 수(水)에 속한다는 것이다.

외물에 감응해서 정이 움직여 피차에 서로 작용하기 때문에 희(喜)를 말하면 반드시 노(怒)가 있고, 애(哀)를 말하면 반드시 락(樂)이 있으며 애(愛)를 말하면 반드시 오(惡)가 있으니 모두 음과 양으로 나누어 상대해서 말한 것이다. 그런데 욕(欲)만이 상대가 없는 것은 욕(欲)의 속성이 스스로 양단을 포함하고 있기 때문이다. 그러므로 화장(火臟, 심장)에 한자리를 비워놓아 서로 시작과 끝이 된다는 의미를 나타낸 것이다. 이것은 모두 자연스럽게 그렇게 된 것이요 인위적으로 모아 합해서 만든 것이 아니다. 오행(五行)을 분류하는데 음양(陰陽)으로[302] 하거나, 종(終)과 시(始)로 하기도하고 혹은 발산(發散)과 수장(收藏)으로 하기도하여 단서가 같지 않으니 오직 나타난 것이 어떠한 지를 살펴볼 것이요 하나만 고집해서 논해서는 안 된다."

다음과 같이 물었다.

"『중용(中庸)』에서는 희(喜) · 노(怒) · 애(哀) · 락(樂)을 말했지만 『예기(禮記)』 에서는 '낙(樂)'을 '구(懼)'로 바꿨고 한 문공(韓文公)도 「원성(原性)」편에서 그대로 하였는데[303] 이제 그대로 따르지 않는 것은

302) 음양으로: 원문은 舒慘으로 陽舒陰慘의 줄임말이다. 양은 펴주고 음은 처벌함을 이르는데 여기서는 음양을 가리키는 것으로 보았다.

303) 『중용(中庸)』에서 …… 하였는데: 『中庸』 제1장에서 喜、怒、哀、樂을 언급했는데 내용은 다음과 같다. "喜、怒、哀、樂之未發, 謂之中. 發而皆中節, 謂之和. 中也者, 天下之大本也. 和也者, 天下之達道也. 致中和, 天地位焉, 萬物育焉." 『禮記』, 「禮運」의 내용은 다음과 같다. "何謂人情? 喜、怒、哀、懼、愛、惡、欲, 七者弗學而能."
韓文公은 韓愈(768~824)를 말한다. 자는 退之이고, 호는 昌黎, 시호가 文으로 韓文公이라 불린다. 792년 진사가 되어 國子博士, 中書舍人, 刑部侍郎, 吏部侍郎 등을 지냈다. 유가의 사상을 존중하고 도교, 불교를 배척하여 도학의 선구자가 되었다. 저술로 『論語筆解』, 『論語注』 등이 있었으나 『論語注』는 전하지 않는다. (최석기 외, 『中國經學家事典』, 2002, p.256.)

어째서입니까?"

내가 다음과 같이 대답했다.

"사람이 외물과 접촉할 때 어떤 일이 일어나기 전에는 기대하는 마음이 생기니 예를 들면 두려워하거나 걱정하는 마음이 그런 종류이다. 어떤 일이 일어난 뒤에는 마음에 응어리져 남아 있는 것이 있으니, 예를 들면 한스러움과 애석함 같은 것이 그런 종류이다. 사람들이 접촉하면 바로 발하여 '정'이 되는 것은 이 칠정이 있을 뿐이요 칠정 이외에 다시 다른 '정'은 없다.

『예기(禮記)』, 「예운(禮運)」의 내용[304]을 모두 공자가 쓴 것이 아니라는 것은 선유들이 이미 말했고, 한 문공(韓文公)은 성(性)을 논하면서 성이 바로 이(理)인 것을 몰라 성품을 세 등급으로 나누었다.[305]

---

304)『禮記』,「禮運」의 내용: 『예기』, 「예운」에서 경서에서는 처음으로 칠정을 거론했는데, 사단에 대한 언급은 없다. 그 내용은 다음과 같다. "무엇을 인정이라고 하는가? 喜·怒·哀·懼·愛·惡·欲의 칠정은 배우지 않고도 능한 것이다. 무엇을 사람의 의라고 하는가? 아비는 자애롭고 자식은 효도하며, 형은 어질고 아우는 공손하며, 지아비는 의롭고 부인은 따르며, 어른은 은혜롭고 젊은이는 순종하며, 임금은 어질고 신하는 충성스러운 것, 이 열 가지를 사람의 의라고 한다. …… 그러므로 성인이 사람의 칠정을 다스리고 열 가지 의를 닦는 데에 예를 놔두고 어떻게 다스리겠는가.[何謂人情? 喜、怒、哀、懼、愛、惡、欲, 七者弗學而能. 何謂人義? 父慈子孝, 兄良弟弟, 夫義婦聽, 長惠幼順, 君仁臣忠, 十者謂之人義. …… 故聖人之所以治人七情, 修十義, 舍禮何以治之.]"라고 하였다.

305) 한 문공(韓文公)은 …… 나누었다: 韓愈는「原性」에서 다음과 같이 '性三品說'을 제기하였다. "성의 품등에는 상중하 세 가지가 있다. 상품은 선할 뿐이고, 중품은 인도하여 위나 아래로 가게 할 수도 있으며, 하품은 악할 뿐이다.[性之品有上中下三, 上焉者善焉而已矣, 中焉者可導而上下也, 下焉者惡焉而已矣.]" (『昌黎文集』卷11) 이는 맹자, 순자, 양웅의 설을 조화시키려 한 것으로서, 맹자의 性善은 상품에 해당하고, 순자의 性惡은 하품에 해당하며, 양자의 性善惡混은 중품에 해당한다. "中品의 사람들은 七情과 관련하여 과한 점도 있고 모자란 점도 있지만, 그래도 중의 경지에 합치되려고 노력하는 자들이다.[中焉者之於七也, 有所甚有所亡, 然而求合其中者也.]"라고 주장한 대목이 나온다.

그리고 학문을 논하면서 제일 먼저 해야 하는 큰 공부를 알지 못하여 격물치지(格物致知)를 빠뜨렸으니 그 학문의 차이는 다만 구(懼)자 한 글자뿐이 아니다. 그러므로 정자가 「호학론(好學論)」에서 이미 고쳐놓았으니[306] 이제 더 이상 다른 논의가 있을 수 없다."

306) 정자가 …… 고쳐놓았으니: 정자의 「好學論」이란 程頤(1033~1107)의 「顔子所好何學論」을 말한다. 정이는 사람의 본성은 순수하고 고요한데 외물에 감응하게 되면 그 마음이 동요되어 마음이 움직이면서 喜·怒·哀·樂·愛·惡·欲의 칠정이 나오게 된다고 하였다. 또한 성인은 이런 정을 잘 조절하여 중용에 맞게 하고 마음을 바르게 하여 성을 함양하니, 배움의 방법은 마음을 바르게 하고, 성을 함양할 따름이라고 설명 하였다. 이와 관련한 원문은 다음과 같다.
"聖人之門, 其徒三千, 獨稱顔子爲好學, 夫詩書六藝, 三千子非不習而通也. 然則, 顔子所獨好者, 何學也? 學以至聖人之道也. 聖人可學而至歟? 曰然. 學之之道如何? 曰: "天地儲精, 得五行之秀者爲人, 其本也眞而靜, 其未發也, (無所感觸, 發見於外.) 五性具焉, (五常之性, 全具於中.) 曰: 仁、義、禮、智、信 (愛之理爲仁, 宜之理爲義, 讓之理爲禮, 知之理爲智, 信則實有此理.) 形旣生矣, 外物觸其形而動於中矣. (則耳目口鼻之形外觸於物則其心不能不動) 其中動而七情出焉, 曰喜、怒、哀、樂、愛、惡、欲. 情旣熾而益蕩, 其性鑿矣. 是故覺者約其情, 使合於中, 正其心, 養其性, 故曰性其情. 愚者則不知制, 縱其情而至於邪僻, 梏其性而亡之, 故曰情其性, 凡學之道, 正其心, 養其性而已, 中正而誠則聖矣."

「四端七情圖」

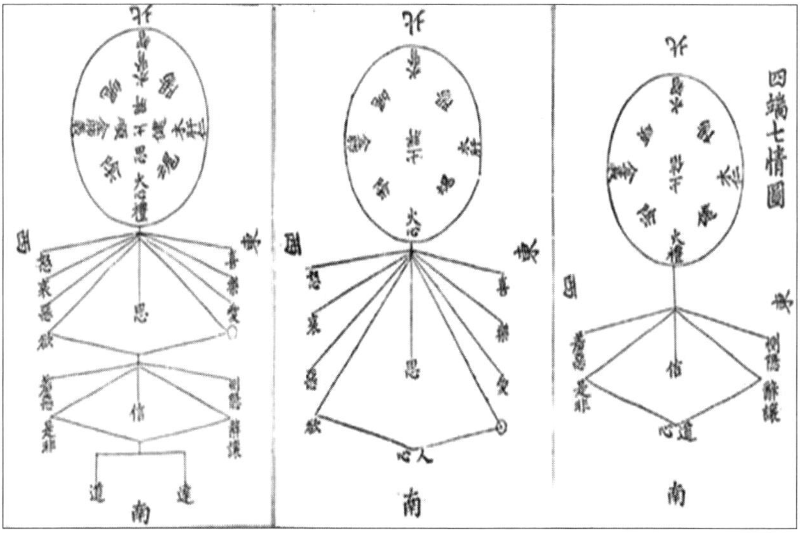

그림 24.『구암유고』사단칠정도.

啓蒙揲蓍辨

己酉夏, 余守制江上, 晉陽鄭景任見訪, 相與講禮之餘, 遂及啓蒙揲蓍之法, 所見不無異同. 顧哀皇造次之間, 未得究其說. 其後因舍季叩疑, 說來說去, 頗得潔淨之妙. 言之不足, 又形之於筆, 旣而讀之, 陰陽造化之端, 或可卽此而求之. 如使景任見之, 復以爲如何也?

夫掛一之一, 初變則棄之, 再變三變則併之, 一棄一併, 初無法象, 而只出於本數之贏縮, 此小子之疑一也. 掛一, 乃象人之位, 所以參贊乎陰陽者也, 本無與於積分成閏, 今乃並計爲數, 此小子之疑二也.

象四營, 則曰分二掛一, 揲四歸奇, 而及象五歲, 則去分二而分左右揲扐竝掛一, 以求合其數, 此豈法象之自然乎? 此小子之疑三也.

揲子之法, 本不經見, 據朱子圖說, 老少陰陽, 亦多參差不齊, 雖以陰陽之饒乏虛實, 反覆論辨, 僅乃得通, 而亦不能無惑於安排, 此小子之疑四也.

天象圓, 故一陽參之爲三, 地象方, 故一陰圍之爲四, 陽以一爲一, 故陽用其全, 陰以二爲一, 故陰用其半, 參天兩地之義則然也. 今乃一四爲奇之中, 去一爲徑而取三爲數, 此則猶之可也, 二四爲偶之中, 旣去四爲圍, 而又以四取其半爲數, 則是於八數內只取二, 實四分之一, 安在其圍四用半之義耶? 此小子之疑五也.

經曰: "再扐而後掛." 其着 '而後' 二字, 政是更端起後之意, 今若三變皆掛, 則此二字, 實爲宂長無用之衍文, 此小子之疑六也.

經曰: "十有八變而成卦. 八卦而少成云." 則十八變似只爲少成之卦, 今乃以十八變爲六畫之卦, 而復泝三畫時言八卦, 則豈得文義之正乎? 且易與變, 其字不同, 則其義宜有別, 恐不可混而言之也. 若直以變爲易, 則當曰十有八易, 何必以變爲易, 眩亂其文乎? 此小子之疑七也.

有此七疑橫在肚裏, 晝算夜思餘三十年, 終不得其說. 出於僭妄, 敢爲變通之說曰: "歸奇乃所以積分成閏之象, 則疏家所謂三變之餘, 分措三指之間, 以爲一爻之終始, 恐未必爲少誤也. 旣同扐一手之中, 則初掛之一, 足以經紀三指之用. 郭氏所謂後二變不掛, 亦未必爲甚戾也, 況此非郭氏之說, 乃程、張之說也, 非特程、張之說, 雖邵子之說, 亦恐如此也."

邵子曰: "五與四, 四去掛一之數, 則四三十二也, 九與八, 八去掛一之數, 則四六二十四也云云." 若三變皆掛, 而或去或不去, 則當云去初掛之一, 而今云去掛一, 則只初變有掛, 而後二變無掛, 斷可見矣. 其證後變不掛, 無過於此, 而朱子乃反取此以證彼, 抑何歟? 郭說雖與朱子之說有違, 而還得程張邵子之意, 則亦不爲無所受也. 以五十蓍, 虛其一而不用, 一者, 數之源也, 故尊之而不用. 用四十九蓍, 分二掛一, 揲四歸奇, 考其文, 求其義, 其爲四營成易之象, 無可疑者.

凡有四營, 易之大體已成, 於是就其上揲而歸之, 變化斯出矣. 揲左而歸其扐, 此爲一變, 揲右而歸其扐, 此又爲一變也, 如是者三, 乃得一爻, 則一爻之內, 實有三易六變, 而積三爻, 得十有八變, 此所謂十有八變而成卦也. 易在變前, 卦在變後, 變在易卦之間, 進退分合之妙, 有不可得以亂者也.

以四十九蓍, 除掛一, 分左右揲之, 有六次過揲, 亦有六次歸奇, 六次過揲, 非六十朔之象乎? 六次歸奇, 非六十日之象乎? 六十朔爲五歲, 六十日亦爲二閏, 則五歲再閏, 旣無餘欠, 而其於四營成易, 十有八變成卦之文義, 亦庶乎爲順矣.

經曰: "揲之以四, 以象四時, 歸奇於扐, 以象閏云." 則其以過揲爲五歲之象, 歸奇爲再閏之象, 皎然明甚. 聖人法天取象之意, 夫豈偶然哉! 今乃以掛與揲扐, 錯雜取象, 以爲五歲再閏, 則恐不合於經文之本義也. 其曰: "再扐而後掛"云者, 第一所揲之餘, 旣與掛一同扐少指之間, 以起象閏之例矣. 後面又必有再扐, 然後積分始滿, 恰成再閏, 而回視過揲之數, 則亦閱五歲矣.

於是視其所得之奇偶, 畫成一爻, 而更合四十九之全數, 掛一更端, 悉如前法. 蓋合左右手二變, 同扐一指, 故以一指爲二扐, 所謂再扐, 正指後二變而言. 謂不掛而只爲扐者再, 初非以再扐象再閏爲文也, 然則三營六扐之疑, 將不攻而自破矣. 至於六七八九, 只以過揲爲斷, 亦有其說, 老陽爲九揲, 少陰爲八揲, 少陽爲七揲, 老陰爲六揲, 而其歸奇之數, 特其餘分而已, 則以過揲之策, 定爲七八九六之數. 實與經文當期之策, 自相符合, 恐不必以掛扐參錯於其間也.

老陽, 過揲三十六而扐爲十二, 則四分四十八, 扐得其一而策得其三也. 老陰過揲二十四而扐亦爲二十四, 則四分四十八, 扐策各得其二也. 二少, 扐策或進或退, 交其中焉, 其判合如符節, 低昂如權衡, 以此爲徑一圍三. 圍四用半之義, 則夫誰曰不可.

今乃曲喩旁引, 必欲以此法並與掛扐而通之. 故說話愈多而本義愈晦, 豈非千古之一大恨也. 余所願則學朱子也, 豈敢故爲無稽之說, 自取不韙之罪乎? 顧疑而不辨, 苟焉自欺, 實非讀書之法, 而亦朱子之所深戒, 故漫錄以記疑.

『역학계몽』의 시초로 점치는 법에 대한 논변[啓蒙揲蓍辨]*

*1609년(광해 1) 저자 나이 58세에 지은 글이다. 제목에서 啓蒙揲

著辨의 '辨'이란 판별하는 것이다. 그 언행의 시비와 진위를 가지고 대의에 따라 이를 단정하는 문체이다. 한나라 이전에는 이런 문체가 없었고, 한유와 유종원에 의해 처음 지어진 것이다. 주장하는 것을 반복과 자세한 글로써 밝혀내야 하는 정교한 문장이라야 의미가 있다. (徐師曾 撰, 『文體明辯』 권13, 「辨」, 四庫全書存目叢書集部, 總集類, 권311, p.759.)

『역학계몽』의 揲蓍法 부분에 대한 것으로 程子·張載·朱子의 설을 인용하여 邵雍(1011~1077)의 설을 비판하며 揲蓍法에 관한 의문점을 7가지로 정리하여 제시하였다. 의문 나는 것을 확인하지 않는 것은 스스로를 속이는 일이요, 글을 읽는 방법에도 어긋나며 주자도 깊이 경계했기 때문에 의문점을 기록해 둔다고 하였다.

【번역】

기유년(1609, 광해군 1) 여름 내가 강가에서 상중에 있을 때[307] 본관이 진양(晉陽)인 정경임(鄭景任, 1563~1633)[308]이 방문하여 함께 예

307) 상중에 있을 때: 원문은 守制로 상을 당하여 상의 예제를 지키는 것이다. 구암은 1608년(선조 41) 5월에 어머니 상을 당하여 궤연을 모시고 지금의 상암동 근처인 물이촌으로 이사하였다. (「勿移村 久菴記」 참조.)

308) 진양(晉陽) …… 정경임(鄭景任, 1563~1633): 정경임은 鄭經世를 말한다. 자는 景任, 호는 愚伏. 1586년(선조 19) 알성문과에 乙科로 급제하여 승문원 부정자에 임명되었다. 그의 학문은 주자학에 본원을 두고, 이황의 학통을 계승하였다. 그는 朱子를 흠모하고 존경하였으며, 朱書를 편람하고 정독하여 후진 교육이나 朝議·경연에서 진강할 때 항상 朱書에 근거를 두었다. 그의 저서 『養正篇』은 주자가 편찬한 『小學』과 표리가 되고, 『朱文酌海』는 이황이 편찬한 『朱子書節要』와 표리가 되는 것으로 주자학을 연구하는 데 귀중한 자료이다. 그는 경전에 밝았으며, 특히 예학에 조예가 깊었다. 저서로는 『우복집』·『喪禮參考』가 있다.

에 대해 강론하던 끝에 마침내 『역학계몽』[309]의 설시법(揲蓍法)[310]을 언급하게 되었는데, 소견이 다른 것이 없지 않았지만 슬픔으로 인해 경황이 없어 자세히 이야기할 수 없었다. 그 후에 막내 동생이 의심

309) 『역학계몽』: 朱熹가 撰한 것으로, 모두 4권이다. 朱熹는 56세 때인 淳熙 12년(1185) 2월에 台州 崇道觀 봉사직의 임기가 끝나자 다시 祠職에 임명해 줄 것을 요청하여, 같은 해 4월에 華州 雲臺觀의 봉사직에 다시 임명되었다. 『역학계몽』의 저술을 완료한 것은 순희 13년(1186) 3월의 일이다. 당시 학자들이 『周易』에 대하여 말하기를 좋아하였는데, 文義를 중시하는 자는 支離散漫해서 근거한 데가 없고, 象數를 중시하는 자는 牽强附會해서 합리성이 결여되어 있었다. 그래서 『周易本義』를 지은 후에 학자들이 그 의미를 분명히 알지 못할까 염려하여 57세 때인 1186년에 이 책을 지은 것이라 한다. 이 책은 易의 圖式, 占筮에 관한 數理的 설명이 주를 이루고 있다. 이 책의 초고는 門人 蔡元定이 편집한 것이다. 『朱子大全』 권76, 「易學啓蒙序」; 『朱子年譜』 別本下, 「淳熙 12年, 13年」

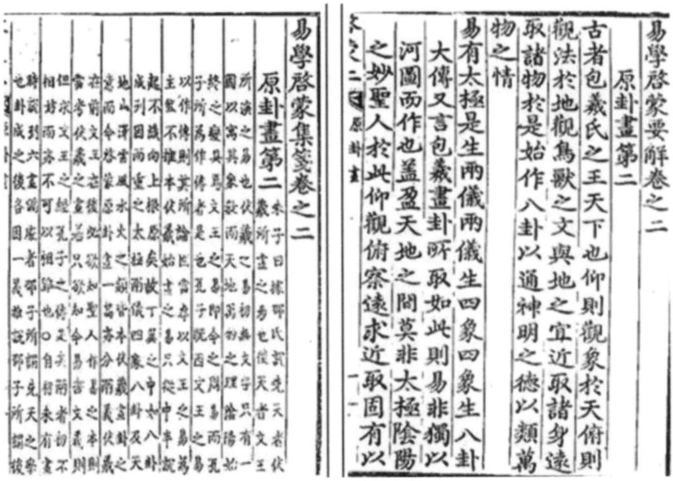
易學啓蒙集箋卷之二
原卦畫第二

易學啓蒙要解卷之二
原卦畫第二
古者包羲氏之王天下也仰則觀象於天俯則觀法於地觀鳥獸之文與地之宜近取諸身遠取諸物於是始作八卦以通神明之德以類萬物之情
易有太極是生兩儀兩儀生四象四象生八卦
大傳又言包羲畫卦所取如此則易非獨以河圖而作也蓋盈天地之間莫非太極陰陽之妙聖人於此仰觀俯察遠求近取固有以

그림 25. 『易學啓蒙集箋』 刊本. 奎557, 『易學啓蒙要解』 국립중앙도서관 B1123119.

『역학계몽』이 조선에 처음 들어온 것은 세종 때이고, 세조는 문신인 崔恒(1409~1474)과 구암의 선조인 韓繼禧(1423~1482)에게 명하여 1465년 『易學啓蒙要解』를 간행하여 학자들에게 연구하게 하였다. (『韓國經學資料集成 易經篇上』 제1책 해제 참조.)

스러운 점을 묻기에 말을 주고받다가 결정정미(潔淨精微)[311]함을 어느 정도 이해하게 되었다. 말로는 부족해서 또 글로 쓰고 나서 읽어보니 음양 조화의 단서를 여기에서 찾아도 좋을 듯하다. 정경임이 본다면 어떻게 생각할지 모르겠다.

괘일(掛一)[312]한 시초 한 개를 초변에서는 버리고 재변과 삼변에서

세조는 또한『易學啓蒙要解』를 보충하여『易學啓蒙補解』를 편찬하였으며, 李滉은『啓蒙傳疑』1책을 지었는데, 임진년(1772, 영조 48)에 영조가 徐命膺에게『역학계몽보해』와『역학계몽전의』를 분류하여『역학계몽부주』에 編入하되 각기 書名을 표시하게 하였다. 그리고 후세의 학자들이 한 말 중에서『역학계몽부주』에 언급되지 않은 것은 그때마다 추가로 모아 엮어서 따로 增註해서『易學啓蒙集箋』을 완성하였다. (正祖大王著, 辛承云譯『國譯弘齋全書』제183권, 羣書標記 5,「命撰」1, 민족문화추진회, 2000, p. 210.)

310) 설시법(揲蓍法): 蓍草占을 칠 때 산가지를 세어 卦를 排設하는 것으로, 자세한 내용은『주역』,「筮儀」에 실려 있다.

311) 결정정미(潔淨精微): 깨끗하고 명징하며 정밀하고 은미하다는 뜻인데『주역』의 본질을 갈파한 말이다.
『禮記』,「經解」에 "溫柔敦厚, 詩敎, 疏通知遠, 書敎, 廣博易良, 樂敎, 潔淨精微, 易敎, 恭儉莊敬, 禮敎, 屬辭比事, 春秋敎."라고 하였다. 공영달은 이것을 潔淨과 精微 두 부분으로 나누어 풀이한다. 潔淨은 음란하지 않은 것으로, 精微를 궁리하여 미묘함을 파악하는 것으로 해석하였다.

312) 괘일(掛一): 蓍草占을 칠 때 50개의 산가지 중 太極을 제외한 49개의 산가지를 임의로 절반을 나눈 다음 오른쪽의 地策 중에서 1개를 왼손 새끼손가락과 약지 사이에 끼우는 것을 괘일이라고 하고, 天策을 4개씩 덜어 내어 남은 것을 중지와 약지 사이에 끼우는 것을 扐이라 하고, 다시 地策을 4개씩 덜어 내어 남은 것을 왼손 검지와 중지 사이에 끼우는 것도 扐이라 하는데, 이 세 단계를 합쳐서 1變이라고 한다. 이 과정을 3번 반복하여 하나의 효를 얻는데 이것을 3변이라고 한다. 제1변에서는 5 아니면 9가 나오고, 제2변과 제3변에서는 4아니면 8이 나오는데, 제1변에서 5, 제2변에서 4, 제3변에서 4가 나왔을 때 노양이 된다. 즉 5+ 4+ 4=13이 되는데, 여기에서 掛 1을 빼면 12가 나온다. 이 12를 變相數라고 한다. 총 蓍數 49개에서 3변의 合數 13을 빼면 36이 나오는데, 이것을 過揲數라고 한다. 이 과설수를 4로 나누면 9가 된다. 3변의 결과로 나올 수 있는 숫자는 6, 7, 8, 9 중 하나가 되는데, 6이 나오면 老陰이라 하고, 7이 나오면 少陽이라 하고, 8이 나오면 少陰이라 하고, 9가 나오면 노양이라고 한다. 이때 3변의 합수인 13에서 掛 1을 뺀 12를 '9의 어머니[九之母]'라고 하고, 총 시수에서 3변의 합수 13을 뺀 36을 '9의 아들[九之子]'이라고 부른다. (『易學啓蒙要解』卷3, 明蓍策, 강천봉, 계몽전의연구, 퇴계학보 10집, 퇴계학연구원, 1976. 참조)

는 합하여 한번은 버리고 한번은 합하였으니 애초에 일정한 법상(法象)[313]이 없는 것 같고 단지 본수에서 시초의 수가 늘거나 줄어듦에서 나온 것일 뿐이니, 이것이 나의 첫 번째 의문이다. 괘일(掛一)은 바로 천(天) 지(地) 인(人) 삼재(三才)에서 사람의 위치를 형상한 것인데 천지의 음양을 돕기 때문이니,[314] 본래 남는 수를 모아 윤달을 만드는 것과는 관계가 없다. 그런데 지금 남은 수와 합쳐 세고 있으니 이것이 나의 두 번째 의문이다.

사영(四營)[315]을 형상한 것은, 시초를 좌우 양 쪽으로 나누어 괘일하고 네 개씩 덜어내고 남은 수를 손가락 사이에 끼우는 것이라고 하고, 오세(五歲)를 형상한 것은 둘로 나눈 것 중 하나는 빼두고 나머지를 좌우의 손가락에 끼운 것과 괘일한 것을 합하여 그 수의 합을 구한 것 이라고 하니 이것이 어찌 법상(法象)이 본래 그런 것이겠는가. 이것이 나의 세 번째 의문이다.

박자지법(揲子之法)은 본래 경문에서는 보이지 않는데 주자도설(朱子圖說)에 의하면 음양의 노소 (노음, 노양, 소음, 소양)도 대부

313) 법상(法象): 자연에서 일어나는 일체의 현상의 총칭이다. 여기서는 본받을 만한 전범(典範)을 말한다.

314) 괘일(掛一)은 …… 돕기 때문이니: 50개의 산가지 중 하나를 빼놓는 것은 太極을 상징하고, 이 태극을 제외한 49개의 산가지를 임의로 절반을 나눈 왼쪽의 산가지는 天策이라 하여 하늘[天]을 상징한다. 그리고 오른쪽의 산가지는 地策이라 하여 땅[地]을 상징하고, 掛一하는 것이 사람을 형상한다는 뜻이다.

315) 사영(四營): 네 번 經營하는 것. 卦를 지을 때 시초[蓍] 50개비에서 하나를 뺀 49개비를 좌 우 두 손으로 갈라 각기 좌우에다 놓는 것이 1營, 그 다음 왼손으로 왼쪽에 있는 시초 개비를 집은 다음 오른손으로 오른쪽에 있는 시초 한 개비를 집어 왼손의 새끼손가락 사이에다 끼는 것이 제2영, 그 다음 오른손으로 왼손에 있는 시초개비를 네 번 뽑고, 또 오른쪽에 있는 시초를 오른손으로 쥐고 왼손으로 네 번 뽑는 것이 제3영, 끝으로 뽑고 남은 시초개비를 무명지 또는 장지 사이에다 끼웠다가 합쳐서 作爻하는 것이 제4영이다. 따라서 이상의 동작을 세 번 되풀이함으로써 비로소 한 爻가 정해진다.

분 차이가 나서 같지 않으니 아무리 음양의 넉넉하고 부족하여 가득 차고 텅 빈 것으로 반복해서 논변하여 겨우 그 뜻을 알게 되었다 하더라도 또한 마음속에 의혹이 없을 수 없으니 이것이 나의 네 번째 의문이다.

하늘은 둥근 것을 형상해서 일양(一陽)을 3번을 해서 3이 되었고, 땅은 네모난 것을 형상해서 일음(一陰)이 둘러서 둘레는 4가 된다.[316] 양은 하나를 한 획으로 삼았기 때문에 양은 온전한 것을 쓴 것이요, 음은 둘을 한 획으로 삼았기 때문에 음은 반을 쓴 것이니, 하늘은 3이고 땅은 2라는 뜻에서 그런 것이다. 지금 1과 4는 바로 홀수의 가운데가 되는데 1이 지름이 되는 것을 버리고 3을 취하여 수를 삼았다. 이것은 그래도 괜찮지만 2와 4는 짝수의 가운데가 되는데 이미 둘레가 4라는 것을 버리고 4에서 그 반을 취하여 수를 삼으니, 그렇

316) 하늘은 …… 4가 된다: 이 내용을 金宏弼(1454~1504)이 다음과 같이 도식화하였다. (그림 26 참조.)

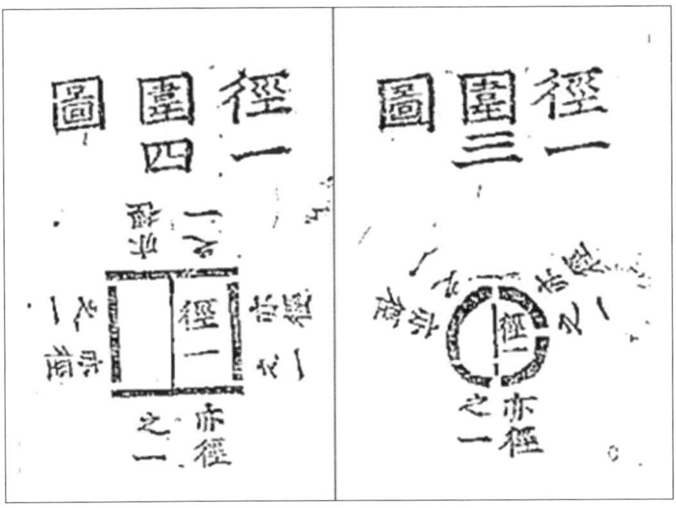

그림 26.「久徑一圍三圖」(김굉필,『易學啓蒙覆繹』권1, 本圖書).

다면 8개의 수 가운데 2개만 취한 것이니 실제는 4분의 1이다. 둘레가 4인 것에 반을 쓴 의미가 어디에 있는가. 이것이 나의 다섯 번째 의문이다.

『주역(周易)』에 "다시 손가락 사이에 산가지를 끼운 뒤에 건다.[再扐而後掛.]"[317]고 하였는데 '이후(而後)' 두 글자를 붙인 것에는 바로 단서를 바꾸어 뒷말을 일으키는 뜻이 있으니, 지금 만일 3변할 때 모두 손가락 사이에 끼운다면 이 두 글자는 쓸데없이[318] 길기만 하고 쓸모없는 연문이 되니 이것이 나의 여섯 번째 의문이다.

『주역』에 "18변하여 괘를 완성한다. 8괘는 소성괘이다."[319]고 하였는데 그렇다면 18변은 다만 소성괘가 될 듯한데 지금 바로 18변으로 6획괘(六畫卦)가 된다고 하고 다시 3획괘(三畫卦)를 만들 때로 거슬러 올라가서 8괘를 말한다면 어떻게 글의 뜻이 제대로 되겠는가. 게다가 '역(易)'과 '변(變)'은 글자가 같지 않은데[320] 그렇다면 그 의미에 구별이 있어야 하니 혼용해서 말해서는 안 될 듯하다. 만일 변을 곧바로 역이라고 한다면 18역이라고 말했어야 하고 굳이 '변'을 '역'으로 써서 그 문장을 혼란스럽게 하겠는가. 이것이 나의 일곱 번째 의문이다.

이 일곱 가지 의문이 내 마음속에 자리 잡아 밤낮으로 따져보고 생각해본 지 30여년 이지만 결국 그 내용을 이해하지 못하여 주제넘게 감히 변통해야 한다는 주장으로 다음과 같이 말한다.

---

317) 『周易』에 …… 건다: 『周易』, 「繫辭上傳」에 "五歲再閏, 故再扐而後掛."라는 내용이 보인다.

318) 쓸데없는: 원문은 '冗長無用'으로 剩餘無用을 말한다. 陸機의 「文賦」에 "要辭達而理擧, 故無取乎冗長."이라 하였고, 또한 官의 무용을 冗長官이라고 한다.

319) 『주역』에 …… 소성괘이다: 『周易』, 「繫辭上傳」에 "是故, 四營而成易, 十有八變而成卦."라는 내용이 보인다.

320) '역'과 '변'은 글자가 같지 않은데: 『주역』, 「繫辭上傳」에 "化而裁之謂之變, 推而行之謂之通."이라는 내용이 보인다.

"남은 수를 손가락 사이에 끼우는 것은[歸奇] 바로 남는 수를 모아 윤달을 만드는 것을 형상했기 때문이니, 그렇다면 주소가들이 3변한 뒤에 3손가락 사이에 나누어 두어서 1효의 처음과 끝을 삼는다고 말하는 것은 분명 작은 오류는 아닌 듯하다. 이미 한 손에 똑같이 끼웠다면 초괘의 하나여서 충분히 3손가락을 이용하여 처리할 수 있으니 곽옹(郭雍, 1091~1187)이[321] 2변 뒤에는 괘일하지 않는다고 말한 것도[322] 크게 잘못된 것은 아니다. 하물며 이것은 곽 씨의 말이 아니라 정자와 장횡거(張橫渠)의 주장이다.[323] 비단 정자와 장횡거의 주장일 뿐 아니라 소자(邵子, 1011~1077)[324]의 주장도 아마 이와 비슷

321) 곽옹(郭雍, 1091~1187): 자는 子和고, 호는 白雲이며, 남송 洛陽 사람이다. 남송 때 경학가로 郭忠孝의 아들이며 가학을 계승했다. 평생 陝州에 은거했다. 저서에 『郭氏傳家易說』이 있는데, 程顥와 程頤의 학설을 계승했다. 淳熙 초에 학자들이 두 부자와 二程, 張載, 游酢, 楊時 등 七家의 설을 모은 『大易粹言』이 있다. (최석기외 지음, 『中國經學家事典』, 경인문화사, 2002, p.19.)

322) 곽옹이 …… 말한 것도: 곽옹의 이 말은 『회암집』 권37, 「雜著 蓍卦考誤」에서 주자가 인용한 내용이다. 곽옹은 『蓍卦變疑』를 지었는데 여기에서 그는 "제1변만 하나의 시초를 손가락에 걸고 제2변과 제3변은 시초를 손가락에 걸지 않는다."라고 하였다.

323) 장횡거(張橫渠, 1020~1077) …… 주장이다: 張載를 말한다. 자는 子厚이고, 橫渠는 그의 호이다. 長安 출생으로 38세 때 進士試에 급제한 뒤 祁州의 司法參軍에서 시작하여, 12~13년 간 관직에 있었으나 불우하였다. 그러나 학자로서는 『經學理窟』, 『正蒙』, 『西銘』 등의 저서로 이름을 떨쳤다.
장횡거는 "다시 손가락에 끼운 후에 셈하여 걸어 놓는 것은 매번 한 효를 이룬 후에 걸어 놓는다는 것이요, 제 2, 3변에서는 손가락에 걸지 않는다."라고 하였다.

324) 소자(邵子, 1011~1077): 邵雍을 말한다. 호는 安樂先生이고, 자는 堯夫이며 시호는 康節로 邵康節이라 불릴 때도 많다. 중국 北宋의 학자로 道家에서 '圖書先天象數學'을 배우고, '象數'를 원리로 하는 관념론적 철학을 수립하였다. '易'의 '太極-兩儀-四象-八卦'의 도식을 만물이 만들어지기까지의 우주생성의 과정이라 보고, 八卦가 교차하여 만물이 만들어진다고 생각하였다. 그는 『皇極經世書』 62편을 저작하여 천지간 모든 현상의 전개를 수리로서 해석하였으며, 또 『觀物內外編』 2편에서 虛心, 內省의 도덕수양법을 설명하였다. 詩集 『伊川擊壤集』(20권)이 있고, 『漁樵問答』(1권) 등이 있다.(『철학사전』, 2009, 중원문화)

할 것이다.

소자(邵子)가 말하기를,

"5와 4의 4에서 괘일의 수를 빼면 4×3=12이고, 9와 8의 8에서 괘일의 수를 빼면 4×6=24이다."라고 하였는데[325] 만일 3변에서 모두 괘일하여 빼기도 하고 빼지 않기도 한다면 초괘의 1을 뺀다고 해야 하는데 지금 괘일을 뺀다고 하였으니 그렇다면 다만 초변에만 괘일이 있고 뒤의 2변에서는 괘일이 없다는 것을 확실히 알 수 있다. 그가 후변에서는 괘일하지 않는다는 것을 증명한 것도 여기에서 벗어나지 않을 것인데 주자는 도리어 이것을 가지고 저것을 증명하였으니 어째서인가. 곽옹의 주장이 비록 주자의 주장과는 차이가 있지만 도리어 정자와 장횡거, 소자의 뜻을 이해했다면 또한 전수받은 것이 없는 것은 아니다. 50개의 시초 중에 하나는 그냥 두고 쓰지 않으니 1은 숫자의 근원이다. 그러므로 높여서 쓰지 않는 것이다. 49개의 시초를 써서 둘로 나누어 한 개를 걸고 4개로 나누고 나머지 시초를 한군데로 돌린다고 하는데 그 문장을 살펴보고 그 뜻을 찾아보니 4영이면 역이 이루어진다는 상징을 의심할 만한 것이 없다.

사영(四營)을 했으면 역의 대체가 이미 이루어지니 여기에서 4개씩 덜어내고 남은 시책을 한군데로 돌려 변화가 생겨난다. 왼손에 있는 것을 4개씩 덜어내고 나머지 시책을 한군데로 끼우면 이것이 1변이고, 오른손에 있는 것을 4개씩 덜어내고 나머지 시책을 한군데로 끼우면 이것이 또 1변이니, 이렇게 3번을 하면 1효를 얻게 된다. 1효 안에는 실로 3역 6변이 있고 3효가 쌓여 18변을 얻으니 이것이

325) 소자 …… 라고 하였는데: 소자의 이 말은 그의 저서인 『皇極經世書』 권13에 보이는데 원문은 다음과 같다. "五與四, 四去掛一之數, 則四八三十二也. 九與八, 八去掛一之數, 則四六二十四也. 五與八, 八九與四八去掛一之數, 則四五二十也. 九與四, 四五與四八去掛一之數, 則四四十六也, 故去其三四五六之數, 以成九八七六之策."

이른바 18변에 괘를 이룬다는 것이다. 역은 변 이전에 있고, 괘는 변 이후에 있으며 변은 역과 괘의 사이에 있으니 나아가고 물러나며 나뉘고 합하는 신묘함이 어지럽힐 수 없는 것이 있다.

49개의 시초에서 괘일한 것을 제외하고 좌우로 나누어 설시(揲蓍)하고 또한 여섯 번 설시하고 여섯 번 귀기(歸奇)하는데, 여섯 번 설시하는 것은 60삭(朔)을 형상한 것이 아니겠는가. 여섯 번 귀기(歸奇)하는 것은 60일을 형상한 것이 아니겠는가. 60삭은 5년이 되고 60일은 또한 2윤(閏)이 되는 것으로서 이것이 바로 5년에 두 번 윤달이 드는 형상으로 남거나 모자람이 없다. 사영(四營)하면 역이 이루어지고 18변하여 괘가 만들어진다는 문장의 뜻에 거의 맞는 것이다.

『주역(周易)』에 "넷으로 나누어 사시(四時)를 형상하고, 남은 수를 손가락 사이에 끼워서[歸奇於扐] 윤달을 형상한다."[326]라고 하였다. 그렇다면 설시(揲蓍)는 5년을 형상한 것이고, 귀기(歸奇)는 윤달이 2번 드는 것을 형상했다는 것이 매우 분명하다. 성인이 하늘을 본받아 상을 취한 뜻이 어찌 우연이겠는가. 지금 괘일과 넷으로 나누고 끼워서 뒤섞어 상을 취해서 5년에 두 번 윤달이 든다고 하였으니 아마 경문의 본의와는 맞지 않을 듯하다.

『주역(周易)』에 "다시 손가락 사이에 산가지를 끼운 뒤에 건다.[再扐而後掛.]"라고 한 것은 첫 번째 설시한 뒤에 이미 괘일한 것과 함께 소지(少指) 사이에 끼워 윤달을 형상한 예를 보인 것이다. 그 다음에 또 반드시 다시 끼우는 것이 있고 그런 뒤에 남는 수를 모아 비로소 꽉 차서 5년에 2번 윤달이 드는 것에 꼭 맞으니 넷으로 나누고 난 수를 돌아보면 또한 5년이 지난 것이다.

이렇게 얻은 홀수와 짝수를 보고 1효를 그려내고 다시 49개의 시

326) 『주역(周易)』 …… 형상한다: 이 내용은 『周易』, 「繫辭傳」에 보이는데 원문은 다음과 같다. "大衍之數五十, 其用四十有九, 分而爲二, 以象兩, 掛一, 以象三, 揲之以四, 以象四時, 歸奇於扐, 以象閏."

초를 모두 합해서 괘일을 다시 시작하여 모두 전과 같이 한다. 왼손 오른손의 2변을 합하여 한 손가락에 같이 끼우기 때문에 한 손가락에 2개를 끼우게 되는 것이다. 이른바 재륵(再扐)이니 바로 후 2변을 가리켜 말한 것이다. 괘일하지 않고 다만 끼우는 것을 2번 한다고 말한 것은 처음부터 2번 끼우는 것으로 2번 윤달이드는 것을 형상한 문장이 아니다. 그렇다면 3영(三營)에 6번 끼운다는 의문은 뭐라 하지 않아도 저절로 없어질 것이다. 6, 7, 8, 9로 말하면 다만 4개씩 나누는 것으로 결단을 삼았는데 또한 그만한 까닭이 있으니 노양은 9번 설시하고 소음은 8번 설시하고 소양은 7번 설시하고 노음은 6번 설시하여 귀기의 수는 다만 그 나머지일 뿐이니 그렇다면 4개씩 나누고 난 시책은 그야말로 6, 7, 8, 9이다. 실로 경문에 나오는 시책과 저절로 부합하니 굳이 괘륵을 그 사이에 섞을 필요는 없을 듯하다.

노양은 36번 과설하고 12번 끼우니 바로 48을 4등분해서 륵은 1이고 책은 3이 되는 것이다. 노음은 24번 과설하고 또한 24번 끼우니 바로 48을 4등분해서 륵과 책이 각각 2가 되는 것이다. 이소(二少)는 륵과 책이 나가기도 하고 물러나기도 해서 그 가운데서 엇갈려 나누어지고 합하는 것이 꼭 들어맞아 이 때문에 지름은 1이고 둘레는 3이다. 둘레 4에서 그 반만 썼다는 것을 누가 틀리다고 하겠는가.

지금 잘못 비유한 것을 널리 인용해서 반드시 이 방법을 괘륵과 통하게 하려했다. 그러므로 이야기가 많아질수록 본의는 더욱 흐려졌으니 어찌 천고의 크나큰 한이 아니겠는가. 내가 원하는 것은 주자를 배우는 것이니 어찌 감히 일부러 터무니없는 말을 지어내어 그릇된 죄를 범하겠는가. 의문 나는 것을 확인하지 않는 것은 진실로 스스로를 속이는 일이요, 실로 독서의 방법에도 어긋나며 주자도 깊이 경계하신 일이므로 붓 가는 대로 써서 의문점을 기록해 둔다.

豳風金縢說

風、雅之體自不同.「七月」, 旣爲周公所作以戒成王之詩, 則當與「公劉」諸篇, 竝列於雅, 而今居國風之末, 何歟? 若以爲追述豳土之風俗, 故爲豳詩, 則「鴟鴞」、「東山」本無與於豳俗, 而又安可以「破斧」諸篇東人之作, 係之豳風耶? 諸家雖委曲說解, 而於心終未浹洽. 嘗取此詩與『書經』,「金縢」篇, 反覆參考, 則吾疑周公自東征還, 流言猶未已, 不敢直還王朝, 姑就豳國而居焉.

豳, 乃周公之采邑也.「七月」、「鴟鴞」、「東山」諸詩, 皆周公在豳之作, 而「破斧」、「伐柯」、「九罭」、「狼跋」, 亦豳人爲周公所作, 故同編爲豳國之詩也. 以其詩意考之, 則周公東征, 雖與居東爲兩節, 其必在居東之日, 而不在成王親迎之後, 則亦明矣.

「金縢」曰: "武王旣喪, 管叔及其群弟乃流言於國, 曰: '公將不利於孺子.' 周公乃告二公曰: '我之不辟, 我無以告我先王.' 周公居東二年, 則罪人斯得云云." 史氏據三叔旣敗之後, 追述其事, 故以流言之罪, 先歸之三叔矣. 流言, 無根之言也, 方其言之行也, 豈知其必出於三叔? 若明知其出於三叔, 則自是一家之變, 辨之可也, 責之可也, 何必稱兵相鬪, 至於廝殺而後已. 吾知其必不然也.

周公之居東, 亦欲避冢宰攝政之大權, 求爲方岳, 出居東都而已. 懿親元老, 終無與國相絕之理, 豈至退伏私室, 負罪引慝, 自同匹夫之硜硜哉! 三叔啓商以叛之亂, 適在周公居東時而作, 則成王之命方岳致討, 舍周公其誰? 周公之奉辭伐罪, 亦在其黨惡叛國, 初非以流言謗己之故也, 有何嫌焉? 及其靖亂定罪之後, 群叔情狀敗露, 始知當時流言, 亦出於其凶謀煽亂之事, 故曰罪人斯得, 其文義甚明矣.

三叔旣誅, 雖知其流言所從出, 而此言之行乎中外已久, 國人之疑、成王之惑, 猶有未盡渙釋, 則周公於此, 當何以處之? 其將凱還攝政, 自如平昔乎? 抑將留居采服, 以聽朝廷之進退乎? 遜讓碩膚, 不居其功,固聖人之本心, 而亦其事勢之不得不爾也.

「金縢」又曰: "于後公乃爲詩以貽王, 名之曰鴟鴞." 其言于後, 則其不在居東之日, 可知矣. 史氏撮其大槪而錄之, 故雖不詳言自東徂豳, 自豳迎歸節次, 而合『詩』、『書』互爲參考, 則其意自可見矣. 朱子於『詩傳』, 雖欠周公居豳一節, 而東征在迎歸之前, 則亦無異論. 及與門人答問, 不免疑起三思, 更有論難之端, 遂使九峯諸公, 因以硬說, 逐節生疑, 至謂「大誥」東征, 在於風雷之變迎歸之後, 亂其成說, 莫適所從, 噫! 亦過矣.

罪人之得, 已在周公居東之日, 而「鴟鴞」首章, 又言武庚敗群叔危王室之事, 甚明, 則殷之逋播, 挾三叔蠢動已久矣. 成王雖疑周公, 不之將命, 而尙有他文武將相, 豈可置反逆於不問, 必待周公迎歸之後始討之, 而又必使周公行征, 有若爲流言雪恥之擧乎? 吾恐其說之不能無疑也, 只此一事辨明得出, 非但『詩』、『書』文字沛然皆順, 抑亦周公之誅管、蔡, 在於導武庚反國, 而不在於流言. 其公平正大之心, 皎如白日中天, 無一毫掩翳, 豈不快哉! 不敢避不韙之罪, 而妄爲之卞.

「빈풍」편과 「금등」편에 대하여 [豳風金縢說]*

*『詩經』「公劉」편에 실려야 하는 「七月」, 「鴟梟」, 「東山」편이 「豳風」편에 수록되어 있는 이유에 대해 자신의 의견을 말하였다. 『書經』의 「金縢」편에서 周公의 東征前後의 사적에 대한 견해를 밝힌 것이다. 또한 주공이 관숙과 채숙을 주벌한 것은 무경을 부추겨 나라를 배반했기 때문이지 근거 없는 말을 퍼뜨렸기 때문이 아니라고 하여 주공의 공평하고 정대한 마음을 높이 평가했다.

【번역】

풍(風)과 아(雅)의 체제는 본디 같지 않다.[327] 「칠월(七月)」[328]은 성왕을 경계하기 위해 주공이 지은 시이니 그렇다면 「공류(公劉)」[329] 등 여러 편들과 같이 「대아(大雅)」에 배열했어야 하는데 지금 국풍의 끝에 둔 것은 어째서인가. 만일 빈국(豳國)의 풍속을 추술(追述)하였기

327) 풍(風)과 아(雅)의 체제는 본래 같지 않다: 風과 雅에 대한 설명은 주희가 쓴 『詩經集傳』 서문에 자세히 보이는데 내용은 다음과 같다.
"내가 들으니, 무릇 詩 중에 이른바 風은 里巷의 歌謠의 작품에서 나온 것이 많으니, 이른바 남녀가 서로 읊고 노래하여 각기 그 情을 말했다는 것이다. 오직 周南과 召南은 친히 문왕의 교화를 입어 덕을 이루어서 사람들이 모두 그 성정의 올바름을 얻었다. 그러므로 그 말에 나타난 것이 즐겁되 너무 지나치지 않고, 슬프되 상하는 데까지 이르지 않은 것이다. …… 雅 頌의 편으로 말하면 모두 成周의 시대에 朝廷 및 천지에 대한 제사인 郊祀와 선왕에 대한 제사인 廟祭에 쓰는 樂歌의 내용이다.[吾聞之, 凡詩之所謂風者, 多出於里巷歌謠之作, 所謂男女相與詠歌, 各言其情者也. 唯周南召南, 親被文王之化以成德, 而人皆有以得其性情之正, 故其發於言者, 樂而不過於淫, 哀而不及於傷. …… 若夫雅頌之篇, 則皆成周之世, 朝廷郊廟樂歌之詞.]" (『詩經集傳』, 「序」)

328) 「칠월(七月)」: 「칠월」편은 시경 빈풍에 있는 것으로 周公이 成王에게 농사짓는 어려움을 알리기 위하여 읊은 시다. 철 따라 초목과 짐승을 많이 인용하고 철에 맞게 농사짓는 것을 읊조린 시다. 「칠월」 시는 다음과 같다. "七月流火, 八月萑葦, 蠶月條桑, 取彼斧斨, 以伐遠揚, 猗彼女桑, 七月鳴鶪, 八月載績, 載玄載黃, 我朱孔陽, 爲公子裳 ……."

329) 「공류(公劉)」: 『詩經』 大雅, 「公劉」편. 周나라의 선조 公劉가 夏나라의 박해를 받고 豳으로 이주한 뒤 정사에 힘을 쏟았는데, 周公이 攝政할 때 公劉의 風化를 기록해서 조카 成王을 경계하였다. 公劉는 商나라 때 사람으로 周나라 시조라 이르는 后稷 棄의 후예이자 不窋의 손자이고, 鞠陶의 아들이다. 주나라 종족은 대대로 虞夏에서 후직의 관직을 세습했다. 불줄에 이르러 관직을 잃고 戎狄의 땅으로 달아나 살았다. 그가 종족들을 이끌고 邰에서 豳으로 옮겨왔다. 지형과 水利를 살펴 농기구를 정리하고 황무지를 개간해 농업을 발전시켰다. 집과 건물을 짓고 궁실을 세우면서 이곳에 정착하게 된다. 그리하여 豳谷은 주 부족의 발원지가 되었다.
后稷의 증손인 公劉가 夏나라로부터 박해를 받고 豳을 찾아 떠날 때 건조한 식량[餱糧]을 전대 · 주머니 등에다 담아 가지고 길을 떠났는데, 그것이 뒤에 周室이 일어나게 된 발판이 되었다.

때문에 '빈시(豳詩)'라고 한다면 「치효(鴟鴞)」[330]와 「동산(東山)」[331]은 본래 빈국의 풍속과는 관계가 없는데 이 시들을 어째서 동인(東人)이 지은 「파부(破斧)」[332] 등 여러 편들과 함께 「빈풍(豳風)」[333]에 배열했단 말인가. 여러 학자들이 자세하게 설명했지만 내 마음에 끝내 흡족하지 못하였다. 이 시를 『서경(書經)』, 「금등(金縢)」[334]편과 반복해서 참고해 보았더니 주공이 동정(東征)에서 돌아왔는데 근거 없는 말들이 여전히 그치지 않아 곧바로 조정으로 돌아가지 못하고 우선 빈국으로 가서 머물렀다는 부분이 나는 의심스러웠다.

빈국은 바로 주공의 채읍(采邑)이다. 「칠월」, 「치효(鴟鴞)」와 「동산(東山)」 등 여러 시는 모두 주공이 빈국에 있을 때 지은 것이다. 그

---

330) 「치효(鴟鴞)」: 무왕이 상나라를 치고 아우인 관숙과 채숙에게 주의 아들 무경의 나라를 감독하게 하였다. 그런데 무왕이 죽고 성왕이 서서 주공이 도울 때에 관숙과 채숙이 무경과 함께 배반하고, 또 온 나라에 유언비어를 퍼뜨려 주공이 장차 어린 성왕에게 해가 될 것이라고 했다. 그래서 주공이 동쪽을 정벌한지 2년 만에 관숙과 무경을 잡아 베었는데, 성왕이 오히려 주공의 뜻을 알지 못하여 주공이 이에 이 시를 지어서 왕에게 주었다.

331) 「동산(東山)」: 주공이 동쪽을 정벌 할 때 병사들이 동쪽의 전쟁터에서 서쪽의 고향을 그리워하는 내용이다. 東山은 중국 河南省에 있는 太行山의 동쪽에 있는 산을 가리킨다.

332) 「파부(破斧)」: 周公의 형제인 管叔과 蔡叔이 유언비어로 주공을 비방하여 周나라 왕실을 위태롭게 만들자 주공은 六軍을 이끌고 동쪽으로 정벌을 하였는데, 시인이 정벌 내용을 소재로 하여 시를 지은 것이다.

333) 빈풍(豳風): 『詩經』의 15國風의 하나이다. 무왕이 죽고 성왕이 즉위하였는데 나이가 어려 정사를 제대로 처리하지 못하여 周公 旦이 총재로 섭정하면서 后稷과 公劉의 교화를 서술하여 시 한편을 지어 성왕을 경계하였으니, 이것을 빈풍이라 하고, 후인들이 주공이 지은 것과 모든 주공을 위해 지은 시를 취해 뒤에 붙였다. (『시경』 권8, 「豳風」)

334) 「금등(金縢)」: 주공이 무왕 대신 죽기를 원해 太王, 王季, 文王 삼왕에게 제를 올리고 빌 때 썼던 축문과 일의 전말을 기록한 내용이다.
주자는 '周公居東'에서 "孔氏가 居東을 東征으로 본 것은 옳지 못하다.[孔氏以居東爲東征, 非也. 方流言之起, 成王未知罪人爲誰, 二年之後, 王始知流言之爲管蔡.]"라고 말하고 있다.

리고 「파부(破斧)」, 「벌가(伐柯)」, 「구역(九罭)」, 「낭발(狼跋)」 등도 빈국 사람이 주공을 위해 지은 것이다. 그러므로 함께 빈국의 시로 엮었다. 그 시 내용을 살펴보면 주공이 동쪽을 정벌한 때는 동쪽에 살았을 때와 두 시기로 나뉘지만 아마 분명 주공이 동쪽에 살았을 때일 것이니 성왕이 주공을 직접 맞아들인 뒤가 아닌 것은 또한 분명하다.

『서경(書經)』, 「금등(金縢)」편에 다음과 같은 내용이 있다.

"무왕이 죽자 관숙이 그의 여러 아우들과 함께 나라에 근거 없는 말을 퍼뜨리기를 '주공이 장차 어린 성왕에게 이롭지 못할 것이다.'라고 하니, 주공이 태공과 소공에게 말하기를 '내가 피하지 않으면 나는 우리 선왕에게 고할 수가 없다.'라고 하고서 주공이 동쪽에 산 지 2년이 지나서야 죄인을 잡게 되었다."[335)]

사관은 삼숙(三叔)[336)]이 패한 뒤에 그것을 근거로 사건을 추술(追述)하였다. 그러므로 근거 없는 말을 퍼뜨린 죄를 먼저 삼숙에게 돌렸다. '유언(流言)'은 근거 없는 말이니 그 말이 한창 유행할 당시에 이 말이 삼숙에게서 나왔다는 사실을 어떻게 알겠는가. 만약 그 말이 삼숙에게서 나왔다는 사실을 분명히 알았다면 이것은 일가(一家)의 변고이니 시비를 밝혀 책임의 소재를 따지면 된다. 무엇 때문에 굳이 군사를 일으켜 전쟁을 해서 서로 싸우고 죽이는 지경이 된 뒤에야 그만 두겠는가. 분명 그렇지 않다는 것을 나는 안다.

주공이 동쪽에서 살 때 또한 총재(冢宰)로서 섭정하는 대권을 피하려고 방악(方岳)이 되어 동도(東都)에 나와 살았던 것이다. 황실의 종친(宗親)이며 원로로서 끝내 나라와 단절될 수 없었으니 어떻게 자기

335) 무왕이 죽자 …… 되었다: 『書經』, 「金縢」편의 내용은 다음과 같다. "武王旣喪, 管叔及其羣弟, 乃流言於國曰, 公將不利於孺子. 周公乃告二公曰, 我之弗辟, 我無以告我先王. 周公居東二年, 則罪人斯得. 于後公乃爲詩以貽王, 名之曰鴟鴞, 王亦未敢誚公." 『書經』 周書, 「金縢」

336) 삼숙(三叔): 주 무왕의 형제인 管叔, 蔡叔, 霍叔을 말한다.

집으로 물러나와 모든 죄를 자책하여[337] 고집만 부리는 필부처럼 행동하였겠는가. 삼숙(三叔)이 상(商)의 무경(武庚, ?~?)[338]을 부추겨 배반한 난이 마침 주공(周公)이 동쪽에 살고 있을 때 일어났으니 성왕이 방악에게 적을 토벌하라고 명할 때 이 역시 주공 말고 누구에게 하겠는가. 주공이 명령을 받들어 죄인 삼숙을 토벌한 것도 악을 편들어 국가를 배반했기 때문이지 애초에 근거 없는 말로 주공을 비난하였기 때문이 아니니 꺼릴 것이 무엇이 있겠는가. 난을 평정하고 죄목(罪目)을 정한 뒤에 여러 숙씨의 죄상이 그대로 드러나 당시의 근거 없는 말이 또한 흉악한 모의로 난을 선동하는데서 나왔다는 사실이 비로소 알려졌다. 그러므로 이제야 죄인을 잡았다고[罪人斯得]하였으니 그 글 뜻이 매우 분명하다.

삼숙을 주벌한 뒤에 비록 근거 없는 말이 어디에서 나왔는지는 알려졌지만 이 말이 나라 안팎으로 퍼진지 너무 오래되어 사람들의 의심과 성왕의 의혹이 여전히 깨끗이 다 풀리지 않았다. 그렇다면 주공이 이런 상황에서 어떻게 처신해야하는가. 개선하여 평소처럼 섭정해야 했겠는가, 아니면 채복(采服)[339]에 그대로 있으면서 조정의 명령

337) 모든 죄를 자책하여: 원문은 '負罪引慝'으로 『서경』, 「大禹謨」에 보인다. 舜이 임금이 되기 전에 일찍이 歷山에서 밭을 갈며 농사를 지었는데 아버지 瞽瞍가 頑惡하여, 늘 그에게 기쁨을 주지 못함을 한탄하며 모든 죄를 자신이 짊어지고 나쁜 짓은 자신에게로 끌어 붙였다는 故事이다. 그 내용은 다음과 같다. "순 임금이 처음 역산에서 농사지을 때에 밭에 가서 날마다 하늘과 부모에게 울부짖어 죄를 떠맡고 악을 자신에게 돌렸다.[帝初于歷山, 往于田, 日號泣于旻天于父母, 負罪引慝.]" 『書經』, 「大禹謨」

338) 무경(武庚): 『史記』, 「周本紀」에는 '祿父'라고도 기록되어 있으며, 중국 商의 마지막 임금인 紂王의 아들이다. 어려서부터 총명하고 학문을 좋아했던 것으로 알려져 있다. 周의 武王이 죽은 뒤에 周公이 成王을 대신해 攝政을 하자, 周의 동생들인 管叔, 蔡叔, 霍叔과 연합하여 반란을 일으켰다가 周의 군대에 사로잡힌 뒤 誅殺되었다.

339) 채복(采服): 五服가운데 하나이다. 중국 고대에 王畿를 중심으로 하여 주위를 每服 500리씩 나눈 다섯 구역을 오복이라고 하였다. 고대에는 甸服 · 侯服 · 綏服 · 要服 · 荒服이었고, 周代에는 侯服 · 甸服 · 男服 · 采服 · 衛服이라 했다.

에 따라야 했겠는가. 주공이 큰 칭찬을 사양하고 그 공을 차지하지 않았으니 본디 성인의 본심이요, 또한 일의 형편상 그렇게 하지 않을 수 없었다.

『서경』, 「금등」에 또 다음과 같은 내용이 있다.

"뒤에 주공(周公)이 시를 지어 왕께 올렸는데, 제목이 「지효(鴟鴞)」이다." 여기서 '뒤에[于後]'라고 하였으니 동쪽에 살았을 때 있었던 일이 아님을 알 수 있다.

사관이 그 대략을 모아 기록하였기 때문에 동쪽에서 빈으로 가고 빈에서 성왕이 주공을 맞이하여 돌아온 절차를 자세히 쓰지는 않았지만 『시경』과 『서경』을 함께 서로 참고해서 보면 그 뜻을 자연히 알 수 있다.

주자는 『시전(詩傳)』에서 '주공거빈(周公居豳)' 한 구절을 빼 놓았지만 동쪽을 정벌 한 것이 성왕이 주공을 맞이하여 돌아오기 전이라는 것에는 또한 이론(異論)이 없었다. 그러나 문인들과 문답하면서 의문이 생겨 여러 번 생각하면서 다시 논란의 조짐이 있을 수밖에 없어 마침내 구봉(九峯, 1167~1230)[340] 등 여러 사람들이 이로 인해 억지 주장을 하게 만들어 구절마다 의문이 생기게 되었다. 그래서 「대고(大誥)」에서 동정(東征)이 성왕이 풍뢰의 변고로 인하여 주공을 맞이하여 돌아온 뒤에 있었던 일이라고까지 하고 있어 말이 되는 내용까지 어지럽혀서 어떤 것을 따라야할지 모르게 만들었으니 아, 또한 잘못되었다.

---

340) 구봉(九峯, 1167~1230): 蔡沈을 말한다. 자는 仲默이고, 학자들 사이에 九峰先生으로 불렸으며, 시호는 文正이다. 남송 建州 建陽 사람으로 蔡元定의 둘째 아들이다. 젊어 가학을 이었고, 朱熹에게 배웠다. 아버지가 죽은 뒤 九峰에 은거하면서 주희의 명령으로 『尙書』에 주를 달았는데, 10여 년의 시간이 걸려 1206년 『書傳』을 완성했다. 그 밖의 저서에 『洪範皇極』과 『蔡九峰筮法』 등이 있다. (최석기 외, 『中國經學家事典』, 2002, p.236.)

죄인을 잡은 것은 주공이 동쪽에 살 때 이미 있었고, 「치효(鴟鴞)」 머리 장에서는 또한 무경이 채숙과 관숙 등을 격퇴하고 왕실을 위태롭게 한 일을 말한 것이[341] 매우 분명하다. 그렇다면 은나라의 유민이 삼숙을 믿고 반란을 일으킨 지 이미 오래되었다. 성왕이 주공을 의심해서 그에게 명령을 내리지 못했지만 그래도 다른 문무 장상(將相)이 있었는데 무엇 때문에 반역한 자들을 그대로 놔두고 굳이 주공을 맞아 돌아온 뒤에 토벌을 시작하고, 또 굳이 주공을 시켜 정벌하게 해서 마치 근거 없는 말을 퍼뜨린 것에 대해 설욕하려는 의도가 주공에게 있는 것처럼 했겠는가. 내 생각에는 그 설을 의심하지 않을 수 없을 듯하다. 다만 이 한 가지 일은 논변하여 밝혔으니 『시경』과 『서경』의 내용은 분명하게 그 뜻과 모두 맞을 뿐만이 아니라 또한 주공이 관숙과 채숙을 주벌한 것은 무경을 부추겨 나라를 배반했기 때문이지 근거없는 말을 퍼뜨렸기 때문이 아니다. 주공의 공평하고 정대한 마음이 대낮의 해처럼 밝게 빛나서 털 끝 만큼도 가릴 수 없으니 어찌 통쾌하지 않겠는가. 나는 옳지 못하다는 허물을 피하지 않고 함부로 변론한다.

341) 「치효(鴟鴞)」 머리 장에 …… 말한 것이: 「鴟鴞」 머리 장은 다음과 같다. "鴟鴞鴟鴞, 旣取我子, 無毁我室. 恩斯勤斯, 鬻子之閔斯." 주공이 올빼미를 빌어 자신의 심정을 비유해 말한 것이다. 올빼미는 나쁜 새로 딴 새의 둥지를 부수고 알을 가져가는데 이런 올빼미의 행위를 무경이 관숙, 채숙과 왕실을 위태롭게 하는 것에 비유 하였다.

讀多方解

謹按「多方」曰: "今爾奔走臣我監, 五祀." 武王克商七年而崩, 成王東征, 亦爲三年矣. 所謂五祀, 自克商之初數之則有餘, 以移爾遐逖之後言之屬耳. 又不以言五祀, 將何以折衷耶?

愚嘗取「多方」一篇, 反覆參究, 武王因民怨致天罰, 前徒倒戈, 攻于後以北, 終致紂自焚而死. 於是武王與諸侯共立紂子武庚, 畀付殷命, 而各自退保封疆, 以待天命. 其後武庚不悛父惡, 劓割日甚, 而四海謳歌, 皆歸于周, 有不可遏, 然後始乃代殷, 爲天下主. 其曰 "天維五年, 須暇之子孫, 誕作民主, 罔可念聽" 者, 卽其事也.

猶不敢集[342]武庚之國, 仍舊邦命新爵, 作爲王賓, 且遣三叔爲監, 使武庚不得荼毒生靈, 放遠王命. 及乎武庚自作不靜, 越自蠢動, 然後大罰殛之, 刑殄武庚, 離逖遺民也. 以此見之, 武王克商後五年, 始乃卽王位臣多方, 而至成王東征之時, 殷民之奔走我監, 適五祀矣. 此「多方」一篇之大義也. 諸家由不明此義, 故非惟其說五年五祀, 終始依阿, 無所發明. 而武王革命易代之際, 從容不迫, 聽於天之意, 多所掩蔽, 不顯於後, 至使蘇子瞻輩, 醜詆誣毁, 無所不至, 豈不重可惜哉!

「다방」편에 대한 논변[讀多方解]*

*제목 '讀多方解'에서 '解'는 문체의 하나로 사람들의 의문점을 해석하는 것이다. 揚雄이 처음 「解嘲」[343]를 지었는데 이것을 解의 기원

342) 集:【校】저본은 '集'으로 되어 있는데 전체 문맥상 '奪'이 맞아 바로잡아 번역하였다.

343) 해조(解嘲): 양웅이 『太玄經』을 초하고 있으면서 초연한 자세를 취하고 있는 것을 누가 조롱하자, 양웅이 그 조롱에 대해 해명을 한 것이란 뜻으로 만들어진 이름이다. (『文選』「揚雄 解嘲序」)

으로 보고 있다. 이 문체는 의혹을 변석하고 어지러운 논란을 해석하는 것으로 매우 정교하고, 論, 說, 議, 辯과 상통한다.(徐師曾撰, 『文體明辯』 권43, 「解」 四庫全書存目叢書集部, 總集類, 권311, p.761.)

『書經』, 「多方」편 가운데 "지금 너희들이 분주히 주나라의 신하로서 監督의 직분을 다한 지가 5년이 되었다."라고 한 부분에서 5년이라고 한 햇수에 대한 여러 학자들의 해석상 오류를 시정하려 했다. 무왕이 은을 정벌한 뒤 5년 만에 왕위에 올라 여러 지방[多方]을 신하로 삼은 셈이 되고, 따라서 무왕이 왕위에 오른 지 2년 만에 죽은 것과 성왕의 3년을 합치면 5년이 된다는 내용이다. 성호 이익은 이 글이 조리 있는 글이라고 평가하고 있다.[344)]

【번역】

「다방(多方)」편[345)]을 살펴보니 다음과 같은 내용이 있었다.

"지금 너희들이 분주히 주나라의 신하로서 감독(監督)[346)]의 직분을 다한 지가 5년이 되어서였다."[347)]

무왕이 상(商)을 정벌하고 7년 만에 죽었고, 성왕이 동쪽을 정벌한 것은 또한 즉위한 지 3년이 되었다. 5년이라고 말한 것은 상을 정벌한 처음부터 계산하면 남기 때문에 "너희들을 먼 곳으로 옮겨서"[348)]

---

344) 李瀷, 『星湖僿說』 제18권, 「經史門」 "獨其多方解一 篇最有理."

345) 「다방(多方)」편: 『書經』 周書 편명이다. 周成王이 즉위한 이듬해 奄과 淮夷가 반란을 일으키니 성왕이 엄을 멸하고 귀국하여 많은 지방[多方]에 포고하였다. 그 내용을 적은 글을 다방이라고 한다.(『類選 권6 하, 經史篇 「經書門」.)

346) 감독(監督): 낙읍으로 옮겨온 백성들을 감독하는 것을 말한다.

347) 직분을 …… 다한 지가: 이 대문은 『서경』, 「다방」편에, "王曰嗚呼, 猷告爾有方多士, 暨殷多士, 今爾奔走臣我監, 五祀."라고 보인다.

348) 너희들을 먼 곳으로 옮겨서: 『書經』, 周書 「多士」편의 내용이다. 원문은 다음과 같다. "王曰多士, 昔朕來自奄, 予大降爾四國民命, 我乃明致天罰, 移爾遐逖, 比事臣我宗多遜."

라는 말 뒤에 붙였을 뿐이다. 더우기 5년이라고 말하지 않는다면 장차 어떻게 절충하겠는가.

내가 「다방(多方)」편을 가지고 반복해서 참고하여 연구해보니, 백성들의 은나라에 대한 원망 때문에 무왕이 천벌을 수행하자, 주(紂)의 앞서가던 군사들이 창을 거꾸로 들고 후미를 공격해서 결국 패하여 주가 스스로 불타 죽게 되었다. 그래서 무왕은 여러 제후들과 주왕의 아들 무경(武庚)을 함께 세워 은(殷)나라 명맥을 이어주었고 그들은 각자 맡은 지역으로 물러가 보존하면서 천명을 기다렸다. 그 후로 무경은 그 아비의 악행을 고치지 못하고, 백성들을 해침이 날로 심해져 무왕을 칭송하는 사해(四海)의 백성들이 모두 주(周) 나라로 귀의(歸依)해 막을 수 없게 되자 그제야 은나라를 대신하여 천하의 주인이 되었다. 「다방」편에 "하늘이 5년 동안 은나라 자손에게 시간을 주고 기다리며 백성의 주인이 되게 하였지만, 천명을 따를 생각을 하지 않았다."[349]라고 한 것이 바로 이것이다.

그래도 함부로 무경(武庚)의 나라를 빼앗을 수 없어서 나라는 그대로 두고 새로운 벼슬을 내려 주고 왕의 빈객으로 삼았으며, 또 삼숙(三叔)을 보내어 감독하여 무경이 백성에게 해독을 끼치거나 왕명에 방종하지 못하도록 하였다. 그런데도 무경이 스스로 행동을 자제하지 않고 계속해서 소란을 일으켰기 때문에 대역죄로 그를 죽였다.[350] 무경을 죽을 죄로 다스린 다음 유민들을 멀리 쫓아냈다.

이러한 내용으로 본다면 무왕이 상을 정벌한 뒤 5년 만에 비로소 왕위에 올라 많은 지역을 신하로 삼았고, 성왕이 동쪽을 정벌할 때에 이르러 은나라 백성을 우리가 분주히 감독해 온 지 마침 5년이 되었

349) 하늘이 …… 않았다: 『서경』, 周書 「多方」편에 보인다. "惟聖, 罔念作狂, 惟狂, 克念作聖, 天惟五年, 須暇之子孫, 誕作民主, 罔可念聽."

350) 대역죄로 그를 죽였다: 반란을 일으킨 武庚은 周의 군대에 사로잡힌 뒤 誅殺되었다.

던 것이다. 이것이 「다방(多方)」편의 대의이다.[351] 여러 학자들이 이러한 뜻을 분명히 알지 못했기 때문에 오년(五年), 오사(五祀)라고 말했을 뿐만이 아니라 시종 왜곡하며 드러내 밝힌 것이 없었다. 무왕이 혁명을 일으켜 왕조를 바꿀 때 차분하게 서두르지 않고 하늘의 뜻에 따랐는데 많은 사실이 가려지고 숨겨 후세에 알려지지 않아 결국 소자첨(蘇子瞻, 1306~1101) 같은 무리들이 헐뜯고 과장되게 비방하여 못하는 말이 없을 정도였으니, 어찌 매우 애석하지 않겠는가.[352]

351) 「다방(多方)」편의 대의이다: 이익은 『성호사설』 제18권, 「經史門」에서 구암의 井田과 潮汐, 性情 등의 논의는 잘못된 점이 많으나, 「독다방해」 한 편만은 가장 근리하다고 인정하고 있다. 「독다방해」에 대해 "文義가 매우 자세할 뿐 아니라 세대가 바뀌는 즈음에 있어서 마음씨가 깨끗하였음을 의심할 만한 것이 없으니, 으레 表하여 드러내야 한다. 愚伏 鄭經世가 한 구암의 비문을 지어 '경서를 해석함에 구태에 빠지지 않았으니 맹자의 이른바 怨慕 같은 곳에 매우 분명히 밝혀 놓았다.'라고 하였으니, 아울러 참고할 만하다."라고 평가하고 있다.
姜再恒(1689~1756)의 『立齋遺稿』에도 「辨多方解」라는 다방편에 대해 변론한 글이 보인다.

352) 소자첨 …… 애석하지 않겠는가: 蘇子瞻(1306~1101)은 소식을 말한다. 소식은 주나라가 은나라를 너무 쉽게 취한 것이 괴이하고, 더욱 괴이한 것은 주나라가 은나라를 안정시키는데 어려움이 있었다는 점이라고 했다. 그리고 「다방」편에서 가르친 것은 은나라 백성뿐이 아니라 사방에 백성에게까지 미친것으로 보아 주나라에 복종하지 않은 자가 은나라뿐이 아니라고 하였다. 『서경집전』에 다음과 같이 그 내용이 보인다. 蘇氏曰: "大誥, 康誥, 酒誥, 梓材, 召誥, 洛誥, 多士, 多方八篇, 雖所誥不一, 然大略, 以殷人心不服周而作也. 予讀泰誓, 武成, 常怪周取殷之易, 及讀此八篇, 又怪周安殷之難也. 「多方」所誥, 不止殷人, 乃及四方之士, 是紛紛焉不心服者, 非獨殷人也. ……"

晦齋論太極圖後跋

百謙未及遊退溪之門, 而猶得私淑諸人, 竊聞先生每於函丈間, 講劘晦齋先生與忘機堂論太極圖書數篇, 未嘗不三復詠歎, 以爲闡明理氣之源, 妙合天人之道, 蓋吾東方理學之初祖, 前乎此所未嘗有也. 吾以是知此數篇爲百世學者之指南也. 今讀其書, 始論之.

程子曰: "形而上爲道, 形而下爲器, 須着如此說, 器亦道, 道亦器." 張子曰: "大易不言有無, 言有無, 諸子之陋也." 體用一原, 顯微無間, 何嘗離器而求道, 亦何嘗自無而爲有也. 此實吾家頂門第一義, 前聖後賢相傳而世守之者, 只此而已. 苟於此立脚或差, 則南越北胡, 實由之而分, 可不謹哉?

彼忘機堂之說, 非忘機堂之說, 乃陸象山之說, 象山之說, 非象山之說, 其源本出於老氏宗無之談. 爲朱之紫, 爲苗之莠, 植根已固, 流波已漫, 若不辨之精而斥之嚴, 則幾何其不胥而爲異學之歸耶! 此朱子、晦齋所以異世同道, 斬關破鍵, 直擣巢穴, 廓而闢之廓如也, 豈非斯道之一快也. 於是乎晦齋爲朱子之亞匹, 而退溪爲眞知言矣.

晦齋之孫浚, 羹墻起慕, 將無所不用其極, 旣繕寫此數篇, 粧繪爲屛帖, 以爲傳家之寶, 又請搢紳諸公, 各著一言以爲之跋, 而亦嘗並徵陋說矣.

噫! 先生之德之功, 在我東赫赫照人耳目, 不啻如冥途之日月, 而一列聖相承, 褒典荐加, 上自王都太學, 下至僻縣小黌, 莫不嚴恭釋菜, 以爲崇德報功之地, 則其揄揚贊頌, 豈待膚末之一言哉! 猶且言之而不知止者, 其猶大匠抛梁而號, 人無不同聲成相, 各致其力, 烏可已乎? 此百謙所以續貂諸公而不敢辭也.

회재가 논변한 태극도에 대한 발문[晦齋論太極圖後跋]*

*晦齋 李彦迪(1499~1553)의 손자 李浚(1540~1623)의 부탁으로 써준 발문이다. 회재의 태극도에 관한 논변이 학자들의 지침이 되고, 주자와 회재는 세대는 다르지만 같은 도로 이단을 공격해서 유가의 도를 환하게 터놓았다고 칭송하며 회재를 주자 다음 가는 성인이라고 높이고 있다.

【번역】

나는 퇴계선생 문하에 찾아가 공부하지는 못하였지만 그래도 여러 문인들에게 나름대로 배울 수 있었다. 일찍이 들으니, 퇴계선생께서 학문을 논의하는 자리에서 회재(晦齋)[353]선생이 망기당(忘機堂)[354]선생과 논한 태극도서 몇 편을 강론할 때마다 깊이 감탄하지 않은 적이

353) 회재(晦齋): 李彦迪(1491~1553)을 말한다. 본관 여주. 호는 晦齋·紫溪翁이고, 자는 復古이다. 원래 이름은 迪이었으나 중종의 명령으로 彦迪으로 고쳤다. 金安老의 재 등용을 반대하다가 관직에서 쫓겨나 귀향한 후 자옥산에 獨樂堂을 짓고 학문에 열중하였다. 그는 조선의 유학이 나아가야 할 방향을 제시함으로써 성리학의 정립에 선구적인 역할을 하였다. 27세 때 영남지방의 선배학자인 孫叔暾과 曺漢輔 사이에 벌어진 '無極太極' 논쟁에 참여하여, 主理的 관점에 입각하여 이들의 견해를 모두 비판하였다. 氣보다 理를 중시하는 주리적 성리설은 그 다음 세대인 李滉에게 계승되어 영남학파의 중요한 성리설이 되었으며, 조선 성리학의 한 특징을 이루게 되었다.

354) 망기당(忘機堂): 曺漢輔(?~?)를 말한다. 1518년(중종 13) 경부터 시작된 후배 학자인 이언적과의 성리학에 관한 논쟁으로 주목을 많이 끌어 왔다. 그는 存心養性을 말함에 있어 "心이 무극의 경지에 노닐어 허령의 본체를 내 마음의 주인으로 삼는다.[遊心於無極之眞, 使虛靈之本體, 作得吾心之主.]", "천지만물이 나에게 모여들게 해 운용에 막힘이 없게 한다.[使天地萬物朝宗於我, 而運用無滯.]", "무극태허의 본체를 내 마음의 주인으로 한다.[以無極太虛之體, 作得吾心之主.]"라고 하였다.

없다고 들었다. 이기설의 근원을 천명하였고, 천도와 인도를 절묘하게 합치시켰다는 점에서 아마 우리나라 이학(理學)의 시조로 이 이전에 이런 분이 있지 않았다고 여겼기 때문일 것이다. 나는 그래서 이 몇 편의 글이 앞으로 먼 후대 학자들의 지침이 되리라는 것을 알았다. 이제 그 글을 읽고 논해보겠다.

정자가 말하였다.

"형이상(形而上)이 도(道)가 되고 형이하(形而下)가 기(器)가 되니 당연히 이와 같이 말을 해야 하지만 기(器)는 또한 도(道)인 것이요, 도 역시 기(器)인 것이다."[355]

장자(張子)가 말하였다.

"『역(易)』에서는 유와 무를 말하지 않았으니, 유와 무를 말하는 것은 여러 학자들의 좁은 견해이다."[356] 체와 용은 근원이 하나이고 드러나는 것과 은미한 것에는 차이가 없다. 어찌 기를 버리고 도를 구하며 또한 어찌 무에서 유가 될 수 있겠는가. 이것은 실로 우리 유가의 가장 중요한 대의로 앞선 성인이 후대 현인에게 전하여 대대로 지킨 것은 다만 이것뿐이다. 만일 여기에 입각한 것이 조금이라도 차이가 있으면 남월(南越)과 북호(北胡)같은 오랑캐가 되는 것은 실로 이로 말미암아 구분되니 신중하지 않아서야 되겠는가.

저 망기당의 설은 망기당의 설이 아니요, 바로 육상산(陸象山, 1139~

355) 정자가 …… 것이다: 程明道(1032~1085)가 한 말이다. 形而上이란 것을 道라 이르고, 形而下란 것을 器라고 이르는 것은 理가 氣 가운데 있을 때에 그 본체는 매우 말하기가 어려운 까닭에 반드시 氣에 나아가 말하기를 이와 같이 하였다. 대개 이렇게 나누어서 말하지 않을 수 없기 때문에 程子는 이르기를, "당연히 이와 같이 말을 해야 한다."했으나, 또한 반드시 氣에 나아가 말해야 하는 까닭에 "器는 또한 道인 것이요 도 역시 氣인 것이다."하였다. (『二程遺書』 권1.)

356) 장자(張子) …… 견해이다: 張子는 張載(1020~1077)를 말한다. p.189 「启蒙揲著辨」 주석 323) 참조.

1192)[357]의 설이고, 육상산의 설은 육상산의 설이 아니요 그 근원은 본래 노자의 허무를 떠받드는 이야기에서 나왔다. 주색(朱色)을 해치는 자색(紫色)과 곡식 싹을 해치는 잡초로 뿌리가 이미 튼튼하고 유파가 무성하니, 만약 정밀하게 구분하고 엄격하게 배척하지 않는다면 얼마 되지 않아 어찌 모두 이단의 학문을 하게 되지 않겠는가. 이것이 주자와 회재가 세대는 다르지만 같은 도(道)로 빗장을 부수고 그들의 소굴을 곧바로 공격해서 이 말씀으로 사도(邪道)를 물리쳐서 우리 도를 환하게 터놓았던 이유이니,[358] 어찌 우리 유가의 통쾌한 일이 아니겠는가. 이에 회재는 주자에 버금가는 분이고, 퇴계는 참으로 회재를 잘 평가했다고 하겠다.

회재의 손자 준(浚, 1540~1623)[359]이 그립고 사모하는 마음에[360] 자신의 노력을 다 기우려 이 몇 편을 잘 베껴 이것을 장정하여 병첩

357) 육상산(陸象山, 1139~1192): 호는 存齋 象山이고 시호는 文安이며, 撫州 金溪 사람이다. 남송 때 경학가로 1172년 진사가 되어 국가정 지형문군 등을 지냈다. 兄인 陸九韶 · 陸九齡 등과 함께 '三陸子'라고 일컬어졌으며, 송대 이학에 있어 陸王學派의 개창자이다. 『象山先生全集』 36권이 있다. (최석기 외, 상게서, p.157.)

358) 말씀으로 …… 이유이니: 주자와 회재가 이단의 학설을 물리쳐서 斯道의 길을 터놓았다는 뜻이다. 韓愈가 「與孟簡尙書書」에서 "揚子雲이 '옛날에 楊朱와 墨翟이 正道를 막으므로 맹자께서 말씀하여 물리쳐서 후련하게 길을 터놓았다.[古者楊墨塞路, 孟子辭而闢之廓如也.]'하였다."라고 한 내용이 보인다.

359) 손자 준(浚, 1540~1623): 이준을 말한다. 자는 淸源, 호는 求庵. 부친은 潛溪 李全仁이다. 조부인 회재의 문집 서문을 받아 출간하고, 玉山書院을 건립했다. 淸道郡守가 되었고 품계는 通政大夫에 이르렀다. 저서로 『求庵遺稿』 1책 2권이 있다.

360) 그립고 사모하는 마음에: 원문은 '羹墻'인데, 『後漢書』, 「李固傳」에, 옛날 堯 임금이 죽은 뒤, 舜 임금이 3년 동안 지극히 仰慕한 나머지 국그릇에서도 요 임금을 보고 담장에서도 요 임금을 보았다는 고사에서 연유한 것으로, 사후에 늘 지극하게 사모하는 것을 말한다.
『後漢書』 권63, 「李杜列傳」 제53 "昔堯殂之後, 舜仰慕三年, 坐則見於墻, 食則見於羹."

(屛帖)을 만들어서 집안 대대로 전할 보배로 삼고자 했다. 그래서 여러 선비들에게 각각 한마디 말로써 발문(跋文)을 지어달라고 부탁하면서 또한 나에게도 한마디 말을 청하였다.

아, 선생의 그 훌륭한 덕과 공은 우리나라에 밝게 빛나 사람들의 귀와 눈을 비추니, 이것은 어두운 실을 비추는 해와 달저럼 밝을 뿐만이 아니라 역대 임금들도 한결같이 계속해서 존중하여 포상하는 은전을 거듭 더하였다. 그래서 위로는 왕도(王都)의 태학에서 아래로는 외진 곳의 작은 학교까지 모두 매우 공경히 석채(釋菜)[361]의 예를 올려 덕 있는 이를 높이고 공 있는 이에게 보답할 것으로 여기지 않는 곳이 없다. 그렇다면 공의 덕을 드러내 찬송(贊頌)하는데 보잘것없는 이 사람의 한마디가 필요하겠는가. 그런데도 내가 이렇게 말을 하면서 그만둘 줄을 모르는 것은 마치 대목수가 들보를 올리면서 소리치면 사람들이 모두 한 목소리로 호응해서 각자의 힘을 다하는 것과 같으니 내 어찌 그만둘 수 있겠는가. 이것이 내가 여러 공들에 비해 자격이 되지 않는데도[362] 감히 사양하지 않은 까닭이다.

361) 석채(釋菜): 소나 羊 따위의 犧牲을 생략하고 다만 蔬菜 따위로 간소하게 先聖과 先師에게 올리는 제사를 말한다. (『禮記』,「月令」)

362) 자격이 되지 않는데도: 원문은 '續貂'인데 담비 대신 개 꼬리로 관을 장식하였다는 '狗尾續貂'의 준말이다. 훌륭한 글 뒤에 변변치 못한 글을 덧붙인다는 뜻의 겸사이다. 중국 晉나라 때 趙王倫 일당이 고관이 되자 그의 종들까지 관리가 되어 관을 장식하는 담비 꼬리가 모자라 개 꼬리로 장식한 일에서 유래하였다. (房玄齡 等編,『晉書』권59,「趙王倫傳」)

『東史纂要』後敍

癸丑秋, 余病, 罷居西湖, 適舍弟柳川子亦待譴田里, 與之朝夕往來, 披閱古今書籍以自遣. 一日, 偶得東史一秩, 乃嶺南吳斯文澐所撰. 其書上自三朝鮮, 下及高麗氏, 大綱大要, 無不備載焉, 煩簡得『通鑑』、『史略』之中. 且爲名卿、碩士與夫義烈之徒皆立傳, 僭竊權凶, 亦無不以類而附其末. 有頭有緖, 甚便考覽, 亦吾東方不可無之書也. 但詳於列傳而略於本記, 又無表志, 其國之法制沿革, 其君之政治得失, 皆無以考其終始, 此爲可欠.

抑三韓四郡之說, 亦沿襲諸家之陋, 未見有折衷之論, 此則實我東方一大欠事, 不特爲吳公此書惜也. 吳公嘗從先君子遊, 於吾輩爲尊執. 久聞退居林泉, 日以書史自娛, 其於先代文獻, 宜其有所徵. 思欲一拜起居, 因叩其所疑, 顧南北脩阻, 際會無便, 乃敢出於僭妄, 自敍所見如此. 書無遠近, 如或此紙流傳, 得經吳公具眼, 則不知以爲如何也.

謹按我東方在昔自分爲南北. 其北, 本三朝鮮之地, 檀君與堯竝立, 歷箕子暨衛滿, 分而爲四郡, 合以爲二府, 至漢元帝建昭元年, 高朱蒙起而爲高句麗焉. 其南, 乃三韓之地也, 韓之爲韓, 不知其所始, 而漢初, 箕準爲衛滿所逐, 浮海而南, 至韓地金馬郡都焉, 稱爲韓王, 是爲馬韓. 秦之亡人, 避役入韓地, 韓割東界以與之, 是爲辰韓. 又其南有弁韓, 屬於辰韓, 各有渠帥. 『後漢書』云: "弁韓在南, 辰韓在東, 馬韓在西." 其指三韓地方, 亦已詳矣.

新莽元年, 溫祚滅馬韓而百濟興焉. 漢宣帝五鳳元年, 朴赫居世爲辰韓六部民所推戴而新羅始焉. 弁韓, 前史雖不言其所傳, 而新羅儒俚王十八年, 首露王肇國於駕洛, 據有辰韓之南界, 其後入於新羅, 疑此卽爲弁韓之地也. 然則南自南, 北自北, 本不相參入, 雖其界限不知的在何處, 而恐漢水一帶爲限, 隔南北之天塹也.

崔致遠始謂馬韓麗也, 弁韓濟也, 此一誤也. 權近雖知馬韓之爲百濟, 而亦不知高句麗之非弁韓, 混而說之, 此再誤也. 自是以後, 作史之家, 承誤襲謬, 前唱後和, 不復就其地而覈其實, 遂將一區三韓之地, 左牽右引, 紛紜錯雜, 至今數千年間, 未有定說, 可勝惜哉! 何以明其然也. 當三韓時, 本國雖無文字, 兩漢書皆有列傳, 試以年代上下地界遠近求之, 則百代雖遠, 歷歷如在眼前, 夫何難卞之有哉?

『前漢書』曰:“漢武帝討右渠, 遂定朝鮮地, 爲樂浪、臨芚、玄菟、眞蕃四郡. 樂浪郡治朝鮮縣, 臨芚郡治東暆縣, 玄菟郡治沃阻城, 眞蕃郡治霅縣郡.” 云云.

朝鮮縣, 今之平壤 ; 東暆縣, 今之江陵 ; 沃阻城, 今之咸鏡道. 此則皆有可據之書, 不可誣也. 霅縣郡, 雖不知其所在, 當漢昭帝合四郡爲二府時, 以樂浪、臨芚, 合爲東府都督府, 則樂浪、臨芚之間, 黃海、江原、京畿左道等地, 地界固已相接矣. 又以玄菟、平那, 合爲平州都督府, 平那卽眞蕃也.【平那山在眞蕃境內故云】玄菟, 北窮野人, 東濱大海, 南接臨芚, 旣不可跨越臨芚千里之地而與下三道合, 則其形勢非關西一帶, 更無去處.

意者樂浪郡治, 雖在平壤, 所謂眞蕃, 其必在平壤迤西之地, 與玄菟合也歟? 然則四郡二府之界限, 其止於此, 亦明矣. 惟眞蕃地方, 比三郡似爲狹小, 其或侵入鴨江之外則亦不可知也. 自高句麗起, 得二府舊地, 南至漢江, 北至遼河, 皆其所有, 又何時爲弁韓或馬韓耶! 以此知四郡二府之自爲四郡二府, 而與三韓不相涉也.

『後漢書』云:“弁辰在辰韓之南, 亦與倭接.” 又云:“弁辰與辰韓雜居, 衣服居處風俗同.” 其稱弁韓, 必曰弁辰, 則弁韓之於辰韓, 必爲附庸而不相懸遠, 可知.”

又云:“馬韓統五十四國, 辰、弁韓各統十二國.” 所謂國, 卽今之郡縣, 合辰、弁二韓, 僅得二十四國, 不能當馬韓之半. 以此見之, 湖西、湖南, 合爲馬韓, 而嶺南一道, 自分爲辰、弁二韓, 又何疑乎? 馬韓歷四郡二府之時, 至新莽時爲百濟, 辰韓亦歷四郡二府之時, 至宣帝時爲新羅, 弁韓之與辰韓, 始爲附庸, 終爲合屬. 如上所云, 則三韓又何時入中國爲四郡二府哉! 吾又以是知三韓之自爲三韓, 而與四郡二府不相涉也.

崔致遠, 唐昭宗時人, 上遡三韓時, 幾千有餘年, 其出於傳聞, 非耳目所及, 則與權近何異, 權近亦何異於今時之人哉. 而況崔致遠聽明才氣, 固吾東方第一人, 然其歷代興廢, 必資聞見而知. 致遠入唐遊學時, 年十二, 其還國纔二十八. 今『唐書』所載, 皆致遠遊學時所說. 十二歲童子, 雖所生之國, 其能貫穿千年沿革, 而不一誤, 亦未可必也. 後之覽者, 每以古今人不相及, 必欲奉信, 而不敢疑, 其亦過矣.

權近亦近世大儒, 久居金馬郡, 親見所謂箕準城, 遂以馬韓, 定爲百濟, 則亦庶幾乎有見矣, 而終不肯大眼遠察, 反生此區區附會之計. 其釋弁韓在南, 則乃曰:“蓋自漢界遼東之地而云爾.” 其引“弁韓苗裔在樂浪”, 則乃去苗裔二字, 而直云“弁韓在樂浪”, 何其穿鑿若是之甚哉! 其他平那山之平字, 與弁聲相近, 遂謂弁韓爲高句麗云者, 則又與兒童迷藏之戱無異, 直是可笑.

蓋三韓僻在東南一隅之地, 去中國最遠, 雖堯舜揖遜而聲化不曁, 楚漢交爭而干戈不擾, 畊鑿晏如, 長育子孫, 別爲天地間一壽域. 故西北避亂之人多歸之, 仍成村落, 各以其本管名其居. 慶州之得號樂浪, 亦如辰韓之或名秦韓也. 後人不分此二樂浪, 因以平壤爲弁韓, 何其誤哉!

『동사찬요』후서(東史纂要後敍)*

*이 글은 1613년(광해 5) 저자 나이 62세에 지은 것으로 嶺南의 학자 吳澐(1540~1617)이 지은 『東史纂要』의 서문이다. 구암은 『동사찬요』에서 오운이 기록한 삼한의 위치가 잘못 되었다고 보고, 여러 역사서를 비교하여 객관적인 태도로 三韓에 대한 위치를 고증하면서 삼한과 漢四郡이 설치된 지역은 별개였음을 주장한 글이다. 『東史纂要』는 1606년(선조 39)에 조선 중기의 문신인 吳澐이 지은 역사책이다. 단군조선부터 삼국까지의 本紀 4책, 地理志와 三國名臣 1책, 高麗名臣 2책, 別錄 1책 등 8권 8책으로 이루어져 있다. 柳成龍이 왕에게 바쳐 儒林의 표준이라는 칭송을 받았던 책이다. 1609년(광해 1)에 鷄林府에서 처음 간행했다가 1614년(광해 6)에 한백겸의 충고로 「地理志」를 첨가하고, 吉再 등 고려 말의 은자들을 추가해 개찬하였다. 金烋, 『海東文獻總錄』; 李圭景, 『五洲衍文長箋散稿』 京師篇 4, 史籍類 1 「史籍總說」; 李德懋, 『青莊館全書』 권54, 盎葉記 「東國史」 참조.

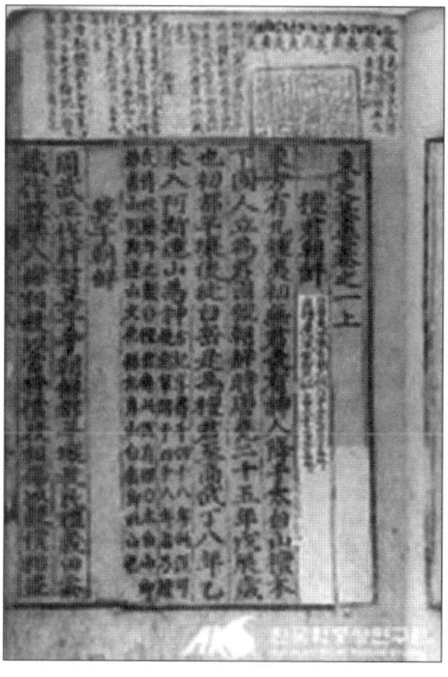

그림 27. 규장각소장『동사찬요』

【번역】

계축년(1613) 가을에 내가 병으로 벼슬을 그만두고 서호(西湖)[363]에서 지내고 있는데, 마침 아우 유천(柳川 한준겸, 1557~1627)도 시골에서 견책(譴責)을 기다리고 있어[364] 아침저녁으로 어울려 고금의 서적을 펼쳐보며 시름을 달래고 있었다. 하루는 우연히 『동사(東史)』 한

363) 서호(西湖): 서호는 서울 마포에서 서강, 양화나루에 이르는 15리 지역에 대한 조선 때의 지명이다. 당시 번창했던 어항이며 물자를 육지로 실어내리는 포구였다. 행정상으로는 漢城府의 城底十里에 해당되는 지역으로 한성부 관할 하에 들었다. 두뭇개 앞강을 동호라 하고, 용산강을 남호 또는 龍湖라고 하였던 대칭이기도 하다. 이 지역에 京倉이 있어 三南地方에서 올라오는 곡물을 저장하였고 한강 상류의 여러 지역과도 水運이 트여 많은 물자를 수송하였다. (김영상, 『서울육백년』, 대학당, 1996, p.344~345 참조.)

364) 유천(柳川 한준겸, 1557~1627) …… 있어: 한준겸은 1613년(광해 5) 5월, 徐羊甲의 옥사와 관련되어 함경도 관찰사에서 체직되었다. "王曰: "韓浚謙雖無身犯之罪, 旣出賊口, 公議亦嚴, 放歸田里." (『光海君日記』 光海君 5年(1613) 5月 22日.)

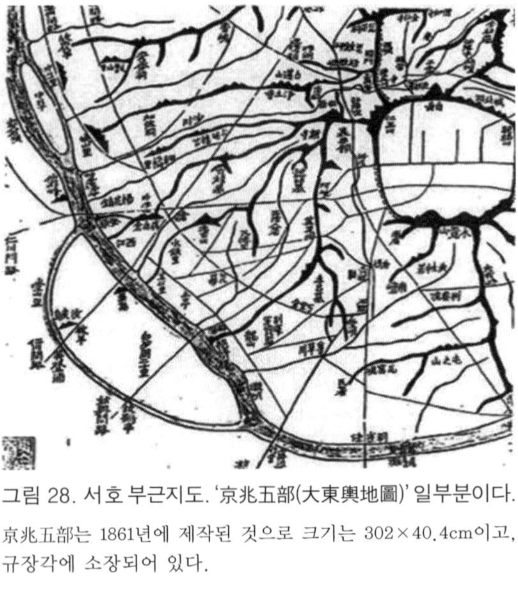

그림 28. 서호 부근지도. '京兆五部(大東輿地圖)' 일부분이다.

京兆五部는 1861년에 제작된 것으로 크기는 302×40.4cm이고, 규장각에 소장되어 있다.

질을 얻었는데 영남의 사문(斯文) 오운(吳澐)[365]이 지은 것이었다. 그 내용은 위로는 삼조선(三朝鮮)[366]으로부터 아래로는 고려까지 대강과 대요를 갖추어 싣지 않은 것이 없었고, 상세한 것과 간략한 것이 『통감』과 『사략』의 중간에 맞게 했다. 게다가 이름난 재상과 훌륭한 선비 그리고 충의와 열사들을 모두 입전하였고, 역적과 권흉들도 모두 부류별로 모아 그 끝에 부기하였다. 두서가 있어서 찾아보기에 매우 편리하니 또한 우리나라에 없어서는 안 되는 책이다. 다만 「열전(列傳)」은 내용이 상세하지만 「본기(本紀)」는 내용이 간략하고 또한 「표(表)」와 「지(志)」가 없어서 각 나라 법제의 연혁과 시대별 정치의 잘잘못에 대해 그 전말을 살펴볼 수가 없으니 이것이 결점이라 하겠다. 게다가 삼한(三韓)과 한사군(漢四郡)[367]에 대한 내용도 여러 학자들

365) 오운(吳澐, 1540~1617): 본관은 高敞으로 함안에서 거주하였다. 자는 太源, 호는 竹牖 · 竹溪. 의령 현감 碩福의 증손으로, 할아버지는 전의 현감 彦毅이고, 아버지는 守貞이며, 어머니는 順興安氏로 副護軍 璀의 딸이다. 李滉 · 曺植의 문하에서 수학하였다.

366) 삼조선(三朝鮮): 단군조선 · 기자조선 · 위만조선을 말한다.

367) 삼한(三韓)과 사군(四郡): 삼한은 고대 국가로서 삼국이 성립하기 이전 초기 국가 단계에 한강이남 한반도 남부지방에 있었던 정치집단에 대한 통칭이다. 馬韓, 辰韓, 弁韓을 합하여 삼한이라고 하고, 그 위치는 대략 마한이 경기 · 충청 · 전라지방, 진한이 경주를 중심으로 하는 낙동강 동쪽, 변한이 낙동강 서쪽이었다. 각국은 단일한 정치체제를 이루지 않고 여러 개의 소국들로 구성되어 있었는데 마한이 50여 개, 진한과 변한이 각각 12개였다. 삼한이 성립한 것은 대체로 B.C. 3~2세기를 전후로 하는 시기로 보는데, 토착 청동기문화를 가진 집단이 삼한으로 발전한 것으로 보는 견해도 있고, 위만에게 밀려난 고조선의 준왕 세력이 남으로 이주하여 성립한 것으로 보는 견해도 있다. 삼한사회에 관한 현존하는 가장 오래된 역사기록은 『三國志』, 魏志 권30, 「동이전」이며, 축약, 정리된 내용이 『後漢書』, 「東夷列傳」과 『晉書』, 「四夷傳」 등에 실려 있다. 『後漢書』, 「東夷列傳」에 마한에 대한 설명은 다음과 같다. "韓有三種: 一曰馬韓、二曰辰韓、三曰弁辰. 馬韓在西, 有五十四國, 其北與樂浪, 南與倭接, 辰韓在東, 十有二國, 其北與濊貊接. 弁辰在辰韓之南, 亦十有二國, 其南亦與倭接. 凡七十八國, 伯濟是其一國焉. 大者萬餘戶, 小者數千家, 各在山海間, 地合方四千餘裏, 東西以海爲限, 皆古之辰國也. 馬韓最大, 共立其種爲辰王, 都目支國, 盡王三韓之地. 其諸國王先皆是馬韓種人焉. ……."
사군은 漢나라 武帝가 원봉 3년(B.C. 108)에 衛滿朝鮮을 치고 그 땅에 설치한 樂浪, 臨屯, 玄菟, 眞番 등의 네 군을 이른다. 뒤에 高句麗에 倂合되어 없어졌다. 『後漢書』에 실린 사군에 관련된 내용은 다음과 같다. "至元封三年, 滅朝鮮, 分置樂浪 · 臨屯 · 玄菟 · 眞番四郡." (『後漢書』 卷一百十五, 「東夷列傳」 第七十五)

의 좁은 견해를 그대로 따라 절충된 논의를 볼 수 없으니, 이것은 실로 우리나라 역사서에 있어서 큰 오류이니 다만 오공의 이러한 역사서 기술에 대해서만 애석해하는 것은 아니다.

오공은 전에 우리 아버님과 교유하였으니 우리들에게는 존집(尊執)[368]이 된다. 그분은 오래전부터 시골에 내려가 살면서 날마다 역사서를 즐겨 읽는다고 들었으니, 선대 문헌 중에서 아마 검증한 것이 있었을 것이다. 계신 곳에 한번 찾아가서 의심나는 것을 여쭙고 싶었지만 서로 남북으로 멀리 떨어져 만날 방법이 없기에 감히 주제넘고 망령되게 나의 소견을 이렇게 서술한다. 글은 거리의 멀고 가까운 것과 관계없으니 만일 이 내용이 세상에 전해져 오공이 보게 된다

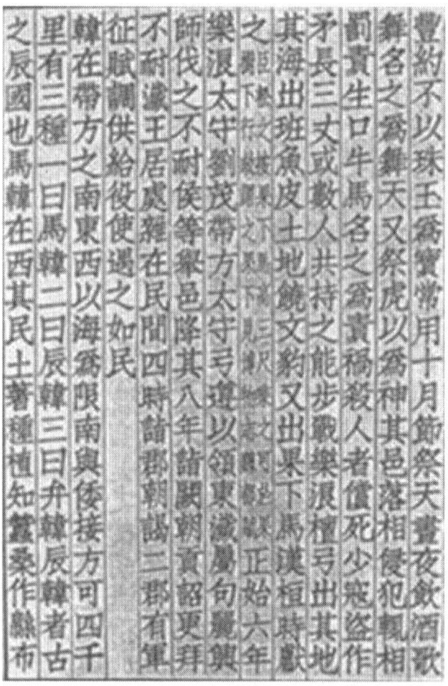
豊約不以珠玉爲寶常用十月節祭天晝夜飲酒歌
舞名之爲舞天又祭虎以爲神其邑落相侵犯輒相
罰責生口牛馬名之爲責禍殺人者償死少寇盜作
矛長三丈或數人共持之能步戰樂浪檀弓出其地
其海出班魚皮土地饒文豹又出果下馬漢桓時獻
之 [illegible] 正始六年
樂浪太守劉茂帶方太守弓遵以領東濊屬句麗興
師伐之不耐侯等舉邑降其八年詣闕朝貢詔更拜
不耐濊王居處雜在民間四時詣郡朝謁二郡有軍
征賦調供給役使遇之如民
韓在帶方之南東西以海爲限南與倭接方可四千
里有三種一曰馬韓二曰辰韓三曰弁韓辰韓者古
之辰國也馬韓在西其民土著種植知蠶桑作緜布

그림 29.『三國志』魏志 권30「동이전」에 실린 삼한에 대한기록.

368) 존집(尊執): 아버지의 벗이 될 만한 나이의 웃어른을 높여 이르는 말이다.

면 어떻게 생각하실지 모르겠다.

삼가 살펴보니 우리나라는 예전에 남과 북으로 각각 나뉘어졌는데, 그 북쪽은 본디 삼조선(三朝鮮)의 땅으로, 단군조선은 요(堯)나라와 병립하였고 기자조선을 거쳐 위만조선에 이르렀으며, 이 지역이 나뉘어 4군이 되고 4군이 합쳐져 2부(二府)가 되었다.[369] 한 원제(漢元帝, B.C. 75~B.C. 33) 건소 원년(建昭元年 B.C. 38)에 고주몽(高朱蒙 B.C. 58~B.C. 19)[370]이 일어나 고구려를 세웠다. 그 남쪽은 바로 삼한(三韓)의 땅으로, 한(韓)이 성립된 시기는 알 수 없으나 한(漢)나라 초기에 기준(箕準, ?~?)[371]이 위만에게 쫓겨나 바다 건너 남쪽으로 와서 삼한 땅 금마군(金馬郡)[372]에 이르러 그곳에 도읍을 정하

369) 이 지역을 …… 되었다: 『朝鮮史略』에 "한 소제가 현도와 평나를 합쳐서 平州都督府를 만들었고, 樂浪과 臨芚을 합쳐서 東府都督府를 만들었다.[漢昭帝, 以平那玄菟郡, 爲平州都督府, 臨屯樂浪郡, 爲東府都督府.]"라고 하였다. 『後漢書』, 「東夷列傳」에, "소제 시원 5년에 이르러 임둔·진번을 파하여 낙랑·현도에 합병시켰다. 현도는 다시 구려로 옮겼다.[至昭帝始元五年, 以臨屯眞番, 呂併樂浪玄菟, 玄菟徙居句驪.]"했다. 4군을 합쳐서 둘로 만든 것이다.

370) 고주몽(高朱蒙, B.C. 58~B.C. 19, 재위 B.C. 37~B.C. 19)은 고구려의 시조왕으로 성은 高氏, 이름은 朱蒙 또는 鄒牟·象解·鄒蒙·中牟·仲牟·都牟라고도 한다.

371) 기준(箕準, ?~?): 고조선의 마지막 왕으로 연나라에서 망명하여 온 위만에게 나라를 빼앗기고, 남쪽으로 가서 馬韓의 시조가 되었다고 한다.

372) 금마군(金馬郡): 金馬郡은 지금의 전라북도 益山郡의 신라 때 지명이다. 『삼국사기』에 기록된 금마군에 대한 설명은 다음과 같다. "금마군은 본래 백제의 金馬渚郡으로, 景德王이 金馬로 개명하여 지금도 그대로 부르니[지금의 익산군], 거느린 현은 셋이다. ① 沃野縣은 본시 백제의 所力只縣인데, 경덕왕이 '沃野'로 개명하여 지금도 그대로 한다.[지금의 익산군 지역이다.] ② 野山縣은 본시 백제의 閼也山縣으로, 경덕왕이 '野山'으로 개명, 지금은 朗山縣[지금의 익산군 朗山面]이다. ③ 紆洲縣은 본시 백제의 于召渚縣으로, 경덕왕이 '紆洲'로 개명, 지금의 紆州[지금의 完州郡 북쪽]이다. (『三國史記』 권36, 雜誌 제5, 地理3 「新羅」)

고 한 왕(韓王)이라고 칭하였으니, 이것이 마한(馬韓)이다.[373] 진(秦)나라에서 도망한 사람들이 부역을 피해 한 나라 땅으로 오자 한 나라에서 동쪽 땅을 떼어 주었으니, 이것이 진한(辰韓)이다. 또 그 남쪽에는 변한(弁韓)이 있는데, 진한에 소속되었고 각각 우두머리[渠帥]가 있었다.[374] 『후한서』에 "변한은 남쪽에 있고, 진한은 동쪽에 있고 마한은 서쪽에 있다."[375]라고 하였으니 삼한의 지역적 위치를 지적한 것이 상세하였다.

신(新)나라의 왕망(王莽, B.C. 45~A.D. 23)[376] 원년(8)에 온조(溫祚, ?~B.C. 28)가 마한을 멸망시키고 백제를 일으켰고, 한 선제(漢宣帝, B.C 91~B.C. 49) 오봉(五鳳) 원년(B.C. 57)에 박혁거세(朴赫

---

373) 이것이 마한이다: 『新增東國輿地勝覽』 전라도 【건치연혁】 조에 다음과 같은 내용이 보인다.
"본래 馬韓國이다. 後朝鮮의 임금 箕準은 기자의 41대 손인데, 衛滿의 난을 피하여 바다를 건너 남으로 내려가, 韓地에 가서 나라를 세우고 馬韓이라 하였다." 『新增東國輿地勝覽』 권33, 「全羅道」

374) 각각 우두머리[渠帥]가 있었다: 『記言』에 이와 관련한 내용이 보인다. "변한은 樂浪의 후예이다. 秦韓에 부속되었는데, 卞辰, 狗邪, 冉奚, 不斯, 弁樂奴 등 여러 이족으로 변한과 진한에 속한 나라가 각각 12국이니, 큰 나라는 가호가 4, 5천 호이고, 작은 나라는 6, 7백 호였다. 또 屬邑에는 각각 우두머리[渠帥]를 두었으니, 臣智, 險側, 樊濊, 殺奚, 邑借이다.[弁韓, 樂浪之苗裔也.附於秦韓, 弁辰, 狗邪, 再奚, 不斯, 弁樂奴諸夷屬二韓者各十二國, 大國家四五千, 小國六七百.又屬邑, 各有渠帥, 曰臣智, 曰險側, 曰樊濊, 曰殺奚, 曰邑借.]" (許穆, 『記言』 제32권 外篇, 「東事」 1.)

375) 『후한서』에 …… 서쪽에 있다: 『후한서』에 기록된 내용은 다음과 같다. 『後漢書』 권115, 「東夷傳」 제75. "韓有三種, 一曰馬韓, 二曰辰韓, 三曰弁辰, 馬韓在西有五十四國, 其北與樂浪, 南與倭接. 辰韓在東十有二國, 其北與濊貊接. 弁辰在辰韓之南, 亦十有二國, 其南亦與倭接, 凡七十八國, 伯濟是其一國焉."

376) 왕망(王莽, B.C. 45~A.D. 23): 전한 말기 濟南 東平陵 사람으로 新(8~24) 왕조의 건국자다. 23년 왕망은 신나라를 세운지 15년 만에 光武帝 劉秀에게 昆陽에서 패하여 죽자 나라는 망하고 後漢이 시작되었다.

居世, B.C. 69~A.D. 4)[377]가 진한의 육부(六部)[378] 백성들에 의해 추대되어 신라(新羅)가 시작되었다. 변한은 이전 역사서에 비록 전해지는 내용은 없지만 신라 유리왕(儒俚王, ?~57)[379] 18년(41)에 수로왕(首露王, ?~199)[380]이 가락(駕洛)에 개국하여 진한의 남쪽 경계를 차지하고 있다가 그 후에 신라에 편입되었으니, 아마 이곳이 바로 변한

377) 박혁거세(朴赫居世, B.C. 69~A.D. 4): 성은 朴이고 이름은 赫居世이며 弗矩內라고도 한다. 王號는 居西干(居瑟邯이라고도 한다.)인데, 『三國史記』에는 거서간이 辰韓 지역에서 왕이나 貴人을 가리키던 말이라고 기록되어 있다. 『삼국사기』와 『三國遺事』에는 혁거세의 출생에 관해 공통의 설화가 전해진다. 혁거세는 13세 때인 기원전 57년에 6부 촌장들의 추대를 받아 왕위에 올라 나라를 세웠다. 나라 이름은 徐羅伐, 徐耶伐이라고 하였는데, 徐伐이나 斯羅, 斯盧, 新羅라고도 불렀다고 전하고 있다.
『東國史略』에는 "高墟村長 蘇伐公이 蘿井 숲 사이에서 큰 알을 얻게 되었는데, 그것을 쪼개자 어린아이가 있었다. 그를 데려다 기르니 才能이 매우 뛰어나고 夙成하므로, 육부 사람들이 그를 특이하게 여겼다. 朝鮮 遺民들이 동쪽의 바닷가와 산골짜기에 나뉘어 살면서 六村을 이루었는데, 육부라고도 한다. 그를 추대해 임금으로 삼고 居西干이라 불렀으며, 진한지역에 도읍하고 國號를 徐羅伐이라 하였다. 그가 朴이라고 姓을 쓴 것은 세속에서 瓠을 朴이라고 하는데 쪼갠 알이 瓠과 같았기 때문이다.[高墟村長蘇伐公, 得大卵於蘿井林間, 剖有嬰兒, 養之岐嶷夙成, 六部異之. 朝鮮遺民, 居東海濱, 分爲六村, 或曰六部. 共立爲君, 號居西干(方言王也.) 都辰韓地, 國號徐羅伐. 以朴爲姓, 俗以瓠爲朴, 所剖卵似瓠, 故姓之.]"라고 하였다. (권근, 『동국사략』 권1, 「삼국」 한국사서총간, 여강출판사, 1986, p.37.)

378) 진한(辰韓)의 육부(六部): 朝鮮 遺民들이 동쪽의 바닷가와 산골짜기에 나뉘어 살면서 六村을 이루었는데, 이른바 閼川楊山·突山高墟·觜山珍支·茂山大樹·金山加里·明活山高耶이니, 이것이 辰韓의 六部가 되었다. (『東國通鑑』 권1, 「三國紀」)

379) 유리왕(儒理王, ?~57): 신라의 제3대 왕(재위 24~57). 성은 朴, 이름은 儒理, 王號는 尼師今이다. 『삼국유사』에는 이름이 弩禮와 儒禮로 기록되어 있다. 신라의 제2대 南解次次雄(재위 4~24)의 아들로 어머니는 雲帝夫人이다. 日知葛文王의 딸을 왕비로 맞이하여 제7대 逸聖尼師今(재위 134~154)과 제5대 婆娑尼師今(재위 80~112) 등을 낳았다. 『삼국사기』에는 왕비가 許婁葛文王의 딸인 朴氏였다는 설도 있다고 전하고 있으며, 『삼국유사』에는 辭要葛文王의 딸인 金氏가 왕비였다고 기록하고 있다. 24년 아버지인 남해차차웅이 죽은 뒤에 왕위를 물려받았는데, 왕위에 오른 유리이사금은 농업을 장려하며 백성의 삶을 어질게 보살폈다. 『삼국유사』에 유리이사금 때에 쟁기와 보습, 수레 등의 농기구가 제작되었다고 기록하고 있다.

380) 수로왕(首露王, ?~199): 재위 42~199. 首陵이라고도 한다. 김해 김씨의 시조이다.

의 땅인 듯하다. 그렇다면 남쪽은 남쪽대로 있고 북쪽은 북쪽대로 있어 본래 서로 침범하지 아니하였으니, 비록 경계가 정확하게 어디쯤인지는 모르겠지만 아마 한강 일대를 경계로 삼아 남과 북을 나누는 천참(天塹)[381]으로 삼은 듯하다.

최치원(崔致遠, 857~?)이 '마한이 고구려이고, 변한이 백제'라고 말하기 시작하였으니 이것이 첫 번째 잘못이다.[382] 권근(1352~1409)

---

381) 천참(天塹): 天險의 구덩이라는 뜻으로 천연의 요새를 말한다. 여기서는 한강이 남과 북을 가르는 천연의 요새 역할을 한다고 본 것이다.

382) 최치원 …… 잘못이다: 崔致遠(857~?)은 본관은 慶州이고 자는 孤雲·海雲이다. 당나라에 유학한 지 7년 만인 874년에 18세의 나이로 賓貢科에 합격하였다. 879년 高騈이 諸道行營兵馬都統이 되어 黃巢 토벌에 나설 때 그의 從事官으로 서기의 책임을 맡아 表狀 書啓 등을 작성했다. 880년 고변의 천거로 都統巡官承務郎殿中侍御史內供奉에 임명되고 緋銀魚袋를 하사받았다. 이때 軍務에 종사하면서 지은 글들이 뒤에 『桂苑筆耕』 20권으로 엮어졌다. 특히 881년에 지은 「檄黃巢書」는 명문으로 손꼽힌다. 885년 귀국할 때까지 17년 동안 당나라에 머물러 있었는데, 그 동안 顧雲·羅隱 등 당나라의 여러 문인들과 사귀어 그의 글재주는 더욱 빛나게 되었다. 이로 인하여 『唐書』, 「藝文志」에도 그의 저서명이 수록되게 되었다. 신라로 돌아온 뒤에는 진성여왕에게 시무책을 올려 정치 개혁을 추진하였다. 儒敎·佛敎·道敎에 모두 이해가 깊었고, 유·불·선 통합 사상을 제시하였다. 수많은 詩文을 남겨 한문학의 발달에도 기여하였다.

최치원이 삼한에 대해 언급한 내용은 다음과 같다.

"伏以東海之外, 有三國, 其名馬韓卞韓辰韓, 馬韓則高麗, 卞韓則百濟, 辰韓則新羅也."

「上大師侍中狀」, 崔致遠, 『孤雲集』 卷之一 狀, 韓國文集叢刊 1집 民族文化推進會, 1990, p.162.

이 내용은 『삼국사기』 권46, 「列傳」 6, 「崔致遠傳」에 있는 「上大師侍中狀」의 내용 가운데 보인다.

구암은 최치원의 삼한 인식이 잘못되었다고 비판하였는데 이익은 구암과는 다른 의견을 주장한다. 그는 최치원의 삼한 인식을 비판하는 주장들이 본래 삼한설에 내포된 의미와 맥락을 제대로 파악하지 못했기 때문이며 확실한 전적이 전해지지 않는 한 당시의 사람이었던 최치원이 어긋난 판단을 할 리가 없다고 하였다. 최치원이 언급한 '마한이 고구려이고, 변한이 백제'라는 계통적 이해는 타당한 이유가 있는 것으로 마한을 고구려와 연계한 것은 본래 기준이 고구려 땅에 거주하다가 마한으로 남하하였기 때문이라는 것이다. 또한 변한은 백제에 최종 편입된 까닭에 백제와 연결한 것으로 해석했다. (문창로, 「星湖 李瀷의 삼한인식」, 한국고대사연구74, 2014, p.253 참조.)

은 비록 마한이 백제인 것은 알긴 했지만 고구려가 변한이 아니라는 것 역시 알지 못하고 혼동해서 말했으니[383] 이것이 두 번째 잘못이다. 그 후로 역사서를 쓰는 사람들이 이 잘못을 그대로 답습하여 서로 전해 더 이상 그 지역에 직접 가서 사실을 조사해 밝히지 못하였다. 결국은 삼한 한 구역 땅을 이리저리 갖나 붙이고 어지럽게 한데 뒤섞어 놓아 지금까지 수 천 년이 지나도록 정해진 설이 없었으니 얼마나 안타까운 일인가. 어떻게 하면 그 사실을 밝힐 수 있겠는가.

삼한시대에 우리나라에는 문자가 없었지만『한서(漢書)』와『후한서(後漢書)』에는 모두 열전이 있어[384] 연대를 추측해보고 지역 경계의 거리를 비교해 본다면, 아무리 수 백 대 먼 시대라도 눈앞에서 보는 것처럼 뚜렷할 것이니, 그것을 변별하는데 무슨 어려움이 있겠는가.

『한서(漢書)』에 다음과 같은 내용이 실려 있다.

---

383) 권근 …… 말했으니: 權近(1352~1409)은 고려 말·조선 초의 문신 학자로 호는 양촌이다. 조선 개국 후, 사병 폐지를 주장하여 왕권확립에 큰 공을 세웠다. 길창부원군에 봉해졌으며, 대사성·세자좌빈객 등을 역임하였다. 문장에 뛰어났고, 경학에 밝아 사서오경의 구결을 정하였다. 저서에는『入學圖說』,『陽村集』,『四書五經口訣』,『東賢史略』등이 있다.

『東國史略』권1,「三韓」조에서 權近이 마한은 백제, 변한은 고구려, 진한은 신라라고 말한 내용이 보인다. 이에 대해 金富軾은『삼국사기』에서 "신라의 최치원은 '마한은 고구려이고, 변한은 백제이고, 진한은 신라이다.'하였는데, 이 설이 사실에 가깝다고 하겠다."하여 이 설을 받아들이고 있다. 이러한 설은『삼국유사』권1, 紀異1,「馬韓」에서도 그대로 인용하고 있는 바,『삼국유사』의 찬자 역시 고운과 같은 三韓觀을 가지고 있음을 알 수 있다. 조선 초기의 權近은 마한은 백제, 변한은 고구려, 진한은 신라라는 설을 주장하였다. 17세기의 韓百謙은 마한은 백제, 변한은 가야, 진한은 신라라는 설을 제창하였는데, 이후 지금까지 학계의 통설이 되었다. 그러나 千寬宇는 三韓族의 이동 설을 들어 마한이 고구려 지역에 살았던 것을 말하는 것이라고 이해해 삼한에 대한 이해의 폭을 넓혔다. (정구복 외,『譯註 三國史記』권4, 주석편 하, 한국정신문화연구원, 1997, p.766.)

384)『漢書』와『後漢書』에는 모두 열전이 있어: 우리나라와 관련된「傳」은『漢書』의 경우「朝鮮傳」이 있고,『後漢書』의 경우「高句麗傳」,「沃沮傳」,「濊傳」,「三韓傳」이 있다.

“한무제가 우거(右渠)[385]를 토벌하고 마침내 조선 땅을 평정하여 낙랑(樂浪)·임둔(臨芚)·현도(玄菟)·진번(眞蕃)이라는 사군(四郡)을 설치하였다. 낙랑군치(樂浪郡治)[386]는 조선현(朝鮮縣)이고 임둔군치(臨芚郡治)는 동이현(東暆縣)이며 현도군치는 옥저성(沃沮城)이고 진번군치(眞蕃郡治)는 잡현군(雪縣郡)이다.”

조선현(朝鮮縣)은 지금의 평양이고, 동이현(東暆縣)은 지금의 강릉이며, 옥저성(沃沮城)은 지금의 함경도이다. 이 내용은 모두 증거할 만한 책이 있으니 이론의 여지가 없다. 잡현군(雪縣郡)은 어디에 있었는지는 모르겠지만 한 소제(漢昭帝)가 4군(四郡)을 합해서 2부(二府)를 만들 때 낙랑(樂浪)과 임둔(臨芚)을 합쳐서 동부 도독부(東府都督府)를 만들었다. 낙랑과 임둔사이는 황해도·강원도·경기좌도 등의 지역으로 지역 경계가 이미 서로 접하고 있었다. 또 현도(玄菟)와 평나를 합쳐서 평주 도독부(平州都督府)를 만들었으니, 평나는 바로 진번(眞蕃)이다. 【평나산(平那山)[387]은 진번의 경내에 있기 때문에 그렇게 말한 것이다.】 현도는 북쪽으로는 야인(野人)[388] 지역에 이르고 동쪽으로는 바다에 이르며 남쪽으로는 임둔에 접하였으니, 임둔을 지나 천리나 떨어져 있는 하삼도(下三道 경상·전라·충청도)와 합할 수가 없으니 형세상 관서(關西) 일대가 아니면 해당 되는 곳이 없다.

생각건대 낙랑군치(樂浪郡治)가 평양에 있었을지라도 진번이라는

---

385) 우거(右渠): 衛滿朝鮮의 마지막 왕을 말한다.

386) 낙랑군치(樂浪郡治): ‘治’는 고대사회에서 도성을 가리키는 용어로 郡治는 지방장관이 거주하는 군청, 현청 소재지를 뜻한다.[郡守府署所在的首縣.] 晉常璩의 『華陽國志』, 「南中志」에 “滇池縣, 郡治, 故滇國也.”라는 내용이 보인다. 낙랑군치는 漢나라 武帝 元封 3년(B.C. 108)에 右渠를 討伐하고, 朝鮮故地를 分定하여, 樂浪·臨屯·玄菟·眞蕃 4郡으로 만들었다. 樂浪郡治의 朝鮮縣은 우거가 도읍하여 治所로 삼았던 곳으로 지금의 평양지역이다.

387) 평나산(平那山): 황해도 平山府의 동쪽 牛峰縣의 聖居山을 바로 옛날의 평나산이라고 한다. (『新增東國輿地勝覽』 41권, 「黃海道 平山都護府」)

388) 야인(野人): 옛날 압록강과 두만강 너머에 살던 滿洲族을 말한다.

곳은 분명 평양 서쪽으로 이어진 땅에 있었을 것이니 어떻게 현도와 합하겠는가. 그렇다면 4군 2부의 경계는 여기까지였을 것이 분명하다. 다만 진번 지역은 세 개 군에 비해 협소하였으니 혹시 압록강 넘어서까지 경계가 있었는지는 알 수 없는 일이다. 고구려가 일어나면서 2부의 옛 땅을 차지하여 남쪽으로는 한강, 북쪽으로는 요동에 이르기까지 모두 고구려의 소유였으니 또 어느 시대에 변한이 되거나 마한이 되었던 적이 있었겠는가. 이를 통해 4군 2부는 4군 2부대로 있었고 삼한과는 서로 관련이 없었다는 것을 알 수 있다.

『후한서(後漢書)』에 "변진은 진한의 남쪽에 있어서 역시 왜와 접해 있다."라고 하였고, 또 "변진사람은 진한사람과 뒤섞여 살아서 의복과 거처, 풍속이 같다."[389]라고 하였다. 변한을 일컬을 때 반드시 변진이라고 하였으니 그렇다면 변한은 분명 진한의 부용국(附庸國)으로 서로 멀리 떨어져있지 않았다는 것을 알 수 있다.

『후한서』에 또 "마한은 54개국을 거느렸고, 진한과 변한은 각각 12개국을 거느렸다."[390]라고 하였으니, 이른바 '국(國)'이라는 것은 바로 지금의 군현으로 진한과 변한을 합하면 겨우 24개국을 차지한 것으로 마한의 반도 되지 못한다. 이렇게 볼 때 호서와 호남이 합쳐져서 마한이 되었고 영남지역이 나뉘어져 진한과 변한이 된 것인데, 또 무엇을 의심하겠는가. 마한은 4군 2부의시기를 거쳐 신(新)나라 왕

389) 『후한서(後漢書)』에 …… 같다: 『後漢書』의 원문내용은 다음과 같다. 『後漢書』 권85, 「東夷列傳」 제75. "韓有三種, 一曰馬韓, 二曰辰韓, 三曰弁辰, 馬韓在西有五十四國, 其北與樂浪南與倭接. …… 弁辰與辰韓雜居, 城郭衣服皆同, 語言風俗有異."

390) 마한은 54개국을 …… 거느렸다: 마한이 거느린 54개국의 현재 지명과 진한과 변한이 거느린 24개국의 현재 지명은 표 1, 표 2와 같다.
구암은 진한과 변한이 거느린 국가가 총 24개국이라 하였으나, 이병도와 천관우는 군미국과 변군미국을 다른 나라로 보아 총 25개국으로 하였다. (『韓國古代史研究』 p.262 266. ; 천관우, 「마한 제국의 위치시론」, 동양학 9, 1979. ; 천관우, 「진 · 변한 제국의 위치 시론」, 백산학보 20, 1976, p.274 276. ; 정선용역, 『海東歷史』 제3권, 世紀3 「三韓」 각주12 재인용.)

망 때에 이르러 백제가 되었고,[391] 진한도 4군 2부의시기를 거쳐 선제(宣帝, B.C. 91~B.C. 49)때에 이르러 신라가 되었다.[392] 변한은 처음에는 진한의 부용국이었다가 나중에 결국 합병되었음은 이상에서 말한 대로이니, 그렇다면 삼한이 또 언제 중국 땅으로 편입되어 4군 2부가 된 적이 있었겠는가. 나는 또 이를 통해 삼한은 삼한대로 있으

391) 마한은 …… 백제가 되었고: 백제는 본디 馬韓의 屬國으로, 시조인 溫祚가 漢나라 成帝 鴻嘉 3년(기원전 18)에 漢水 북쪽에 나라를 세웠다.
『周書』에는 다음과 같이 되어 있다. "백제의 선조는 대개 마한의 屬國이었다. 夫餘의 別種 가운데 仇台란 자가 처음에 帶方(南原의 옛 이름이다)에 나라를 세웠다. 그러므로 그 땅의 경계가 동쪽 끝은 신라이고, 북쪽은 고구려와 접해있고, 서남쪽은 모두 바다로 막혀있다. 동서는 4백 50리요 남북은 9백 여리이다.[百濟者, 其先蓋馬韓之屬國. 夫餘之別種, 有仇台者, 始國於帶方, 故其地界東極新羅, 北接高句麗, 西南俱限大海. 東西四百五十里, 南北九百餘里.]" (『周書』 권49, 「列傳」 제41.)
『三國史記』 백제본기에는 다음과 같이 되어 있다. "沸流와 온조(두 사람은 바로 仇台의 아들이다.)가 남쪽으로 와서 漢山에 이르러 負兒嶽(바로 三角山이다.)에 올라가 살 만한 땅을 찾아보았다. 비류가 바닷가에 살기를 원하자, 열 명의 신하가 간하기를, '이곳 河南 땅은 북쪽으로 漢水를 띠고 동쪽으로 高嶽에 의지하였으며, 남쪽으로 沃澤을 바라보고 서쪽으로 大海를 격하였으니, 이곳에 도읍을 정하는 것이 마땅하지 않겠습니까.'하였다. 그러나 비류는 듣지 않고 彌鄒忽(지금의 仁川이다.)로 돌아갔다. 그러자 온조는 河南慰禮城에 도읍을 정하였는데, 이때는 한나라 성제 홍가 3년이었다.[百濟始祖溫祚王, 其父 鄒牟, 或云朱蒙, 自北扶餘逃難, 至卒本扶餘. 扶餘王無子 只有三女子, 見朱蒙, 知非常人, 以第二女妻之, 未幾, 扶餘王薨. 朱蒙嗣位, 生二子, 長曰沸流, 次曰溫祚 [或云 朱蒙 到卒本 娶越郡女 生二子] 及朱蒙在北扶餘所生子, 來爲太子. 沸流溫祚, 恐爲太子所不容, 遂與烏干馬黎等十臣南行, 百姓從之者多, 遂至漢山, 登負兒嶽 望可居之地, 沸流欲居於海濱. 十臣諫曰: '惟此河南之地, 北帶漢水, 東據高岳, 南望沃澤, 西阻大海, 其天險地利, 難得之勢, 作都於斯, 不亦宜乎?' 沸流不聽, 分其民, 歸弥鄒忽以居之, 溫祚都河南慰禮城, 以十臣爲輔翼, 國號十濟, 是前漢成帝鴻嘉三年也.]" (『三國史記』 권제23, 「百濟本紀」 제1)

392) 진한도 …… 신라가 되었다: 신라는 漢나라 宣帝 五鳳元年(B.C. 57)에 慶州에 나라를 세웠으니, 바로 辰韓의 斯盧國이다.
『海東繹史』에는 다음과 같이 기록되어있다. "신라의 赫居世가 辰韓 部 백성들의 추대를 받아 한나라 宣帝 五鳳元年(B.C. 57) 에 즉위하여 비로소 徐羅伐이라 칭하였고, 南解王 때 鷄林으로 고쳤으며, 基林王 때 신라로 고쳤다. 東晉元帝 3년(320)이다.[新羅赫居世, 爲辰韓六部民所推, 以漢宣帝五鳳, 始稱徐羅伐, 南解王時, 改鷄林, 基林王時, 改新羅. (東晉元帝 3年.)]" (『海東繹史』 제10권, 世紀10 「新羅」)

면서 4군 2부와 서로 관련이 없었다는 것을 알았다.

최치원은 당나라 소종(昭宗, 888~904)때 사람으로 위로 삼한 시기와 시간 차이가 거의 천여 년이 된다. 그는 전해들은 것을 말한 것이지 직접 보고 들은 것은 아니니, 최치원은 권근과 무엇이 다르겠으며 권근 또한 지금 사람들과 그 점에서 무엇이 다르겠는가. 더구나 최치원은 총명함과 재기가 우리나라 제일이기는 하지만 역대의 흥망(興亡)을 분명 남에게 들은 것을 바탕으로 알았을 것이다. 최치원이 당나라에 가서 유학할 때 나이는 12세였고, 그가 우리나라로 돌아왔을 때는 겨우 28세였다. 지금 『당서』에 실린 내용은 모두 최치원이 유학했을 때 말한 것이니, 12살의 어린 아이가 아무리 자기가 태어난 나라라 하더라도 천년 동안의 역사를 훤히 알아서 조금도 틀리지 않는다고 반드시 장담할 수 없다. 후대에 읽는 자들이 항상 지금 사람들이 예전 사람에게 미치지 못한다고 하면서 반드시 그 내용을 신봉하려고만 하고 감히 의심하지 못하니 이 또한 잘못이다.

권근 역시 근세의 훌륭한 선비이고 오랫동안 금마군(金馬郡)에 살아 직집 기준성(箕準城)[393]이라는 곳을 보았기 때문에 바침내 바한을

393) 기준성(箕準城): 둘레 1,822m. 전라북도 기념물 제12호. 지금은 門址 · 水口門 · 甕城 · 將臺址 등의 시설이 남아 있다. 龍華山城이라고도 한다. 성내에서는 '金馬渚'라고 새겨진 백제 기왓조각과 백제도질토기조각 등이 발견되었으며, 동문 안 건물지에서는 고려와 조선조의 기와편도 발견되었다. 이 산성은 기자조선의 마지막 왕이라고 전하는 準王이 쌓은 성이라 하여 기준성이라는 전설도 있으나, 백제시대에 처음 쌓은 것으로 보이며, 동문지 일대의 치성 · 옹성 등의 시설은 후대에 수축한 것이다.(한국정신문화연구원, 『한국민족문화대백과』, 1993.)
안정복은 『동사강목』에서 權近의 말을 인용하여 기준성에 대해 다음과 같이 주장하였다.
"삼한에 대한 설은 동일하지 않다. 그러나 朝鮮王 準이 위만의 난을 피하여 배를 타고 남쪽으로 가서 나라를 세워 국호를 마한이라 하였는데, 백제 온조가 서게 되자 그를 병합하였다. 지금 益州(益山)에 옛 城이 있는데 지금 사람들도 그것을 箕準城이라고 일컬으니, 마한이 백제가 된 것은 의심할 나위가 없다.[三韓之說, 互有不同. 然朝鮮王準, 避衛之亂, 浮海而南, 至金馬郡, 開國號馬韓. 百濟始祖溫祚王幷之. 今之益州, 有古城, 至今人稱爲箕準城, 則馬韓之爲百濟無疑.]" (안정복, 『東史綱目』附錄 下, 「三韓考」)

백제라고 단정하였다. 이 또한 나름의 견해가 있었다고는 할 만하지만 끝내 눈을 크게 뜨고 원대하게 살펴보려 하지 않고 도리어 구차하게 견강부회할 생각을 한 것이다. 그는 변한이 남쪽에 있다는 것을 설명하면서 바로 이렇게 말하였다.

"한나라의 경계인 요동 땅을 기준으로 말한 것일 뿐이다."[394)]

그리고 변한의 후예[苗裔]들이 낙랑에 있었다는 것을 인용할 때는 '묘예(苗裔)' 두 글자를 없애고 바로 '변한이 낙랑에 있었다.'라고 말했으니,[395)] 어쩌면 그렇게 심하게 천착했던가. 그 밖에 평나산(平那山)의 '평'자가 '변(弁)'자와 소리가 비슷하다고 해서 마침내 변한을 고구려라고 말한 것은 또 어린아이들의 숨바꼭질과 다를 것이 없으니 그야말로 우습다.

삼한은 동남쪽 한 구석에 치우쳐 있어 중국과의 거리가 매우 멀어서 비록 요순이 선양하는 교화(敎化)도 그 곳까지 미치지 못하고, 초나라와 한나라가 서로 싸워도 전쟁의 여파가 미치지 않는다. 그래서 편안하게 농사지으며 자손을 양육해서 별도로 천지간에 사람마다 모

---

394) 한나라의 …… 뿐이다: 즉 권근은 『후한서』에 '변한은 남쪽에 있다'고 한 구절에 대해 변한이 고구려 지역이라면 북쪽이라고 해야 하는데, 남쪽이라고 한 것은 중국 요동 땅을 경계로 했을 때 그 이남 지역이라고 말한 것이라고 풀이 하였다.
『朝鮮史略』 卷一 "權近曰: 『後漢書』 以爲, 卞韓在南, 辰韓在東, 馬韓在西. 其謂卞韓在南者, 蓋自漢界遼東之地而云耳. 非謂卞韓在辰馬二韓之南也. 崔致遠因謂馬韓麗也, 卞韓百濟也誤矣."

395) 그리고 …… 말했으니: 『舊唐書』에 "신라국은 본래 변한의 苗裔인데 그 나라는 한나라 때 낙랑군 지역에 있었다.[新羅國, 本弁韓之苗裔也. 其國在漢時樂浪之地.]"라고 한 기록은 변한의 계통이 낙랑에서 나왔다는 사실을 말한 것으로 김부식은 이 기록이 허위라고 하였는데, 권근은 이것을 인용해 근거로 삼으면서 '苗裔' 두 글자를 빼고 바로 '변한이 낙랑의 지역에 있었다.'고 한 것을 말한다. (『舊唐書』 列傳 제145, 「東夷」)

두 천수(天壽)를 누리는 태평한 세상을[396] 이루게 되었다. 이런 까닭으로 서북에서 피난 온 사람들이 많이 귀의하여 그대로 촌락을 이루어 각자 본래 살던 관할의 이름으로 사는 곳의 이름을 정한 것이다. 경주를 낙랑이라고 부르게 된 것도 진한(辰韓)을 혹 진한(秦韓)이라고 부르는 것과 같다. 후세 사람들이 이 두 낙랑을 분간하지 못하고 평양을 변한이라고 하니 얼마나 잘못된 것인가.

396) 태평한 세상을: 원문은 '壽域'으로 仁壽之域의 준말로, 일반적으로 태평성대를 뜻한다. 仁壽는 원래 『논어』, 「雍也」의 "인자는 장수한다[仁者壽.]."라는 대목에서 온 말인데, 이를 원용하여 『漢書』 권22, 「禮樂志」에 "舊禮를 찬술하고 王制를 밝혀서 온 세상의 백성들을 이끌어 인수의 지역에 오르게 하면, 풍속이 어찌 주나라 成王과 康王 때의 태평시절 같지 않겠으며 수명이 어찌 은나라 高宗 때와 같지 않겠습니까.[願與大臣延及儒生, 述舊禮, 明王制, 驅一世之民, 濟之仁壽之域, 則俗何以不若成、康? 壽何以不若高宗?]"라고 한 말이 보인다. 즉 딴 곳에 비하여 長壽하는 사람이 많이 사는 고장이라는 뜻이다.

표 1. 마한이 거느린 54개국과 현재 지명

소국명	현재의 지명	
	이병도 설	천관우 설
원양국	경기 수원 음덕면 일대	경기 파주, 연천 일대?
모수국	경기 수원 일대	경기 양주
상외국	경기 수원 장안, 우강면 일대	경기 파주, 연천?
소석색국	경기 서해의 섬	경기 강화 교동
대석색국	소석객국 부근	경기 강화
우휴모탁국	경기 부천	강원 춘천
신분활국	경기 양성	경기 가평?
백제국	경기 광주	서울 강남
속로불사국	경기 통진 지방	경기 김포 대곶, 월곶
일화국	미상	경기 양평, 지평?
고탄자국	미상	경기 양평, 지평?
고리국	경기 양주 풍양	경기 여주
노람국	경기 이천군의 음죽면 일대	경기 이천군?
월(목)지국	충남 직산, 성환	평택 등지를 포함한 지역
자리모로국	경기 이천군의 일부 (노람국과 인접)	충남 서산 지곡
소위건국	미상	충남 보령군
고원국	미상	충남 당진
막로국	미상	충남 예산, 덕산
비리국	전북 옥구군 회면 일대	충남 예산, 덕산
점리비국	전북 고부군?	충남 홍성군 결성
신흔국	충남 옛 진참현?	충남 온양군?
지침국	충남 대흥지방	충남 예산군 대흥
구로국	충남 청양군?	충남 청양군
비미국	옛 비인현(충남 서천의 일부)	충남 서천군 비인
감해비리국	충남 홍성군	충남 공주군
고포국	미상	충남 부여군
치리국국	충남 서산군 지곡면 일대	충남 서천군 한산
염로국	미상	전북 익산군 함열
아림국	충남 서천군?	충남 서천군
사로국	충남 홍성군 장곡면	충남 논산군 은진?
내비리국	미상	충남 대덕군 유성
감해국	전북 함열	전북 익산군
만로국	충남 보령군의 일부인 남포	전북 옥구군

벽비리국	전북 김제 전남 보성군 복내면 일대	전북 김제군
구사오조국	전남 장성군 진원면 일대	전북 김제군 금구
일리국	미상	전북 부안, 태인?
불리국	전남 나주군	전북 부안, 태인?
지반국	미상	전북 부안, 태인?
구소국	위명(僞名)으로 간주	전북 정읍군 고부
접로국	미상	전북 정읍군
모로비리국	전북 고창군	전북 고창군
산소도국	충남 태안(서산)	전북 고창군 흥덕
막로국	중출(重出)로 간주	전남 영광군
고랍국	전북 남원군	전남 장성군
임소반국	전북 옥구군	전남 광산, 나주?
신운산국	충남 천안군?	전남 광산, 나주?
여래비리국	전북 여산 지방	전남 화순군 능주
초산도비리국	전북 정읍군	전남 진도군 군내면
일난국	미상	전남 영암군
구해국	전남 강진군	전남 해남군 마산
불운국	충남 공주의 서부?	전남 보성군 복내 이복성?
불사분야국	전북 전주군	전남 승주군 낙안
원지국	미싱	전남 여수군
건마국	전북 익산군	전남 장흥군
초리국	미상	전남 고흥군 남양

표 2. 진한과 변한이 거느린 24개국과 현재 지명

소국명	현재의 지명	
	이병도의 설	천관우의 설
이저국	경북 안동군	경북 영주군 풍기(기목)
불사국	경북 창녕군	경북 안동
변진미리미동국	경남 밀양군	경북 예천군 용궁, 상주군 함창 포함
변진접도국	경남 칠원	미상(경북 상주?)
근기국	경북 영일군	경북 청도
난미리미동국	경북 의성군	경남 창녕군 영산
변진고자미동국	경남 고성군	경남 고성
변진고순시국	미상	경남 사천, 삼천포
염해국	경남 울산군	미상(경북 대구?)
변진반로국	경북 성주군	미상(경남 합천?)
변릭노국	경남 하동군 악양면 일대	미상(경남 진주?)
군미국	미상	경북 칠곡군 인동
변군미국	경남 사천군	경북 칠곡군 약목, 성주
변진미오야마국	경북 고령 지방	경북 고령, 성산 포함
여담국	경북 군위군	경북 의성군 탑리, 군위
변진감로국	경북 금릉군 개령 일대	경북 금릉군 개령, 선산 포함
호로국	경북 상주군 함창면 일대	경북 영천
주선국	미상	미상 (경북 경산군 자인, 경산?)
마연국	미상	경남 밀양
변진구야국	경남 김해 일대	경남 김해
변진주조마국	경북 금릉군 조마면 일대	경남 함안군 칠원, 마산
변진안야국	경남 함안군	경남 함안
변진독로국	경남 동래군	경남 동래
사로국	경북 경주	경북 경주
우유국	경북 청도군	경북 울진

題『陰符經』後

甲寅秋冬間, 余在墳庵, 金亨吉時往來焉. 齋居無事之中, 相與劇談陰符祕訣, 令人悠然有感興遠遊之意, 不知此身猶在萬丈塵凹也. 仍借其書, 晝讀而夜誦之, 訖數日不釋于懷, 但見其石火電光, 若明若不明, 終不知有神機鬼藏之妙. 雖余俗緣未化, 朝暮之遇, 卒不可期, 而於其書, 亦不能無惑焉.

竊以所得於吾師者爲之評曰: "夫有德者必有言, 德者, 言之本也, 言者, 德之標也, 未有胸襟洒落明快而其發之於言者, 含糊支晦, 使人莫測其端倪也."

『易大傳』曰: "中心疑者, 其辭支." 『孟子』曰: "遁辭知其所窮." 聖賢豈欺我哉! 乃如之人, 肆爲詭祕之術, 欺己欺人, 又將欺後世, 以盜隱名之名, 欲與黃帝並傳, 其幽暗崎嶇之心, 已可想見於千載之下, 其言之有取無取, 非所論也.

唯其假託陰陽勝伏之說, 闔闢張皇, 易惑難明, 不但蒙學淺識爲之被瞞, 雖邵、程大賢, 亦不免墮其術中, 疑其或出於古之作者. 不有朱子排關破圍, 直造其室, 脫其假面, 則後之人, 孰知陰符之爲李筌而非黃帝也!

自今以往, 當以朱子爲正, 不可復有異論也. 彼廬陵黃氏, 有何所見, 反欲支中求一, 晦中求明, 旣退而又進之, 附錄粧飾, 使必售其惑世亂道之計也. 噫! 朱子出於邵、程之後, 能定邵、程未定之論, 黃氏出於朱子之後, 不能定朱子已定之論, 其識見遠近, 豈特較三十里也? 吁可惜也已, 抑以禮法爲蘧蒢, 仁義爲芻狗, 本老氏之能事, 而陰符之祖宗也. 今黃氏乃敢雜引吾家天序天秩等語, 以釋其書, 眞所謂郢書燕說, 直是可笑, 遂書以還之, 不知亨吉復以爲如何也.

余既作陰符跋語, 猶愛其古簡, 誦念不已, 至于旬時, 其文晦義支, 誠如朱子之說, 至斷之以李筌僞作, 則恐不無其冤也. 何者? 竊觀陰符一篇之意, 雖皆引而不發, 而其大要只在於機之一字, 造化流行之端, 卽爲天機, 而三賊、五盜, 皆指此而言也.

人能見得此機而操之, 則可以包括宇宙, 可以顚倒乾坤, 而手下無難事矣. 其養生治國, 特其餘事, 而兵鋒無敵, 又餘事之餘事也. 初非將此別爲題目, 逐件做工夫也.

其曰: "知之修鍊" 云者, 物理生克之機, 必由於旺氣常勝, 欲其潛心調制, 無一息間斷, 則借仙家修煉之法以喻之. 初非上篇實有丹鼎火侯之事也.

其曰: "用師十倍萬倍" 云者, 心源交戰之機, 常關於三要動靜, 要得去盡根塵, 空諸所有, 則借神兵多寡之數以喻之, 亦非下篇實有干戈擊刺之事也.

註家不曉此義, 以修煉以上, 截爲上篇, 而爲神仙抱一之道, 以用師以下, 截爲下篇, 而爲兵强戰勝之術, 以中間百言無所屬, 則委爲富國安民之法, 凡此三者, 皆時君世主大欲所在. 故遂將支晦之文, 迎合符會焉, 其杜撰無意味甚矣, 決非陰符之本義也.

今以附錄諸說見之, 一篇本義, 在於機字, 則李筌固已得之, 有非諸家所及, 而其以三百言, 分配道、法、術, 彙爲上、中、下, 筌亦未免焉. 若謂筌之所作, 則豈宜自作而自昧其義? 由此觀之, 雖非古書, 非出於李筌手則亦明矣. 且旣以黃帝借重, 則藏諸石室, 當直以先秦人爲言, 亦不當近引寇謙之也. 謙之本老氏者流, 一生行詭, 安知謙之輩僞作, 而李筌爲謙之所欺也? 只此一款, 不可不卞, 亦非謂其書眞有可取, 而以朱子之說爲非是也.

『음부경』뒤에 적다*

*1614년(광해 6) 저자 나이 63세에 지은 글로 『음부경』의 작자에 대한 논증의 글이다. 이 글은 두 단락으로 되어 있는데, 첫 번째 단락은 邵雍과 程子 같은 대학자도 이 책이 黃帝가 지었다고 의심하였는데, 주자는 『음부경』은 黃帝가 아니라 李筌이 지은 것이라고 하였으니 이것을 정론으로 삼아야 한다고 주장하는 부분이다. 두 번째 단락은 문장이 애매하고 그 의미가 일관성이 없긴 하지만 이전의 僞作이라고만 한다면 아쉬운 점이 있다는 의견을 피력하였다. 책 전체의 본의가 機자에 있으며, 造化流行의 단서가 곧 天機인데 사람이 이 기를 얻어 다룰 수 있게 되면 우주를 포괄하여 손 안에서 못할 일이 없게 되는 긴요한 내용이라고 하면서 古書도 아니고 이전의 손에서 나오지 않은 것도 분명하다고 말하고 있다.

『음부경』은 周나라 강태공[呂尙] 越나라 范蠡(B.C. 536~448), 戰國시대 鬼谷子(?~?) 한나라 張良(?~B.C. 86) 魏나라 諸葛亮(181~234) 당나라 李淳風(602~670) 등의 『음부경』에 관한 주석을 이전이 모아둔 주석서로 1책이다. 『음부경』은 황제가 지었다고 하여 『황제음부경』이라고도 하는데 이전이 嵩山의 암벽 속에서 北魏시대의 道士 寇謙之(365~448)가 숨겨놓은 『음부경』을 얻었다고 한다.

『음부경』이라는 책 제목은 음양이론에 기초하고 있다. 『주역』에 의하면 천지 만물은 모두 음양으로 이뤄졌다. 때문에 "陽은 하늘[天]인 까닭에 天符經이 있고, 땅[地]은 陰이기 때문에 음부경이 있다" 陰符라는 것은 闇合이라는 뜻으로, 조화의 기밀이 人事의 기밀과 암합하고 있다고 주장하는 것이 이 책의 주 취지이다. 당 송 이후 간결함 등으로 널리 행하여지며 주희도 『陰符經考異』를 저술하였다. (柳定秀 譯註, 『陰符經』, 여강출판사, 2001년, p.1.)

【번역】

갑인년(1614) 가을에서 겨울 사이에 내가 분암(墳庵)[397]에 있었는데 김형길(金亨吉, 1548~1631)[398]이 때때로 왕래하였다. 특별한 일 없이 서재에 있으면서 『음부경(陰符經)』의 비결에 대해 맘껏 이야기하였는데 그러다보니 유유히 멀리 나와 노닐고 있는 듯 한 흥취가 생기게 만들어 내가 속세에 살고 있는 줄을 잊게 했다. 그래서 그 책을 빌려서 낮에는 읽고 밤에는 외우면서 며칠 동안 품에서 놓지 못했다. 다만 그 속에서 석화(石火)와 번개처럼 번쩍이는 것을 보긴 했는데 분명한 듯 하기도 하고 분명하지 않은 듯 하기도 하여, 결국 신묘한 기(機)와 예측할 수 없는 묘리가 그 속에 담겨 있다는 것을 알지 못했다. 비록 나는 속세의 인연을 변화시키지 못해 조만간 터득하기를 끝내 바랄 수 없겠지만, 이 책에 대하여 또한 의혹이 없을 수 없었다.

내 나름대로 우리 스승께 배운 것으로 이 책에 대해 다음과 같이 평한다.

"덕을 지닌 사람은 반드시 훌륭한 말이 있으니[399] 덕은 말의 근본이요, 말은 덕의 표지이다. 그러므로 마음속 생각이 대범하고 명쾌한

---

397) 분암(墳庵): 무덤가에 초막을 말한다.

398) 김형길(金亨吉, 1548~1631): 金昌一을 말한다. 亨吉은 그의 자이며 본관은 慶州, 호는 四寒이다.

399) 덕이 있는 …… 있으니: 『논어』, 「憲問」에 "有德者必有言, 有言者不必有德"이라고 하였다. 덕이 있는 사람은 반드시 훌륭한 말을 하게 마련인데 구암은 李筌이 『음부경』 황제가 지은 것이라고 가탁한 점을 미루어 그의 덕이 모자란다고 보았다. 따라서 『음부경』은 그의 위작이라고 한 것이다.

사람이면서 모호하고 분명하지 않게 말을 해서 남들이 그 갈피를 추측할 수 없게 만드는 사람은 없다."

『주역』 대전에 "마음속에 의심을 지닌 자는 그 말이 산만하다."[400) 하였고, 『맹자』에 "핑계 대는 말에 그 논리가 궁한 것을 알 수 있다."[401) 라고 하였으니, 성현이 어찌 나를 속이겠는가. 바로 이와 같은 사람이 괴이하고 비밀스런 술법을 함부로 써서 자기를 속이고 남도 속이며, 또 장차 후세 사람들까지 속여서 은거한 명인이라는 이름을 훔쳐서 황제와 나란히 그 이름을 전하려 하였다.[402) 그러므로 그 어둡고 음험한 마음을 이미 천년 뒤에도 상상해 볼 수 있으니 그 내용이 취할 것이 있는지 없는지는 따질 것도 없다.

오직 음과 양이 승복(勝伏)하는 설을 빌려 임기응변하고 장황하게 부풀렸기 때문에 미혹되기는 쉽고 밝히기는 어려우니, 처음 학문하는 자와 얕은 지식을 가진 자만 속는 것이 아니다. 소옹(邵雍, 1011~1077)[403)과 정이(程頤, 1033~1107)같은 뛰어난 현인(賢人)도 역시 그 술수에 빠짐을 면치 못해서 혹 옛날 작자의 손에서 나온 것인가 의심하였다. 만일 주자가 그 의문의 관문을 밀어 젖히고 둘러싼 의혹을 깨

400) 『주역』대전에 …… 하다: 『주역』, 「繫辭下傳」에 "將叛者, 其辭慙, 中心疑者, 其辭枝."라고 하였다.

401) 핑계 대는 …… 알 수 있다: 『孟子』, 「公孫丑上」에 나오는 내용으로 원문은 다음과 같다. "詖辭知其所蔽, 淫辭知其所陷, 邪辭知其所離, 遁辭知其所窮." 이는 말을 듣는 사람은 말하는 이의 태도에서 상대가 감추고자하는 것을 간파할 수 있다는 의미이다.

402) 또 장차 …… 하였다: 이전이 말하기를 『음부경』은 黃帝가 지은 것으로 北魏시대의 道士 寇謙之(365~448)가 嵩山의 암벽 속에 숨겨놓은 것을 자신이 얻었다고 했는데, 이것에 대해 구암이 비판하는 내용이다.

403) 소옹(邵雍, 1011~1077): p.189「啓蒙揲蓍辨」 주석 324) 참조.

뜨리고서 곧바로 그 속으로 들어가 가면을 벗겨 버리지 않았다면,[404)] 후세에 『음부경』은 이전(李荃)[405)]이 지은 것이고 황제가 지은 것이 아님을 누가 알 수 있었겠는가.

이점에 대해 앞으로는 주자의 말이 옳다고 해야 하고 더 이상 다른

404) 주자가 …… 않았다면: 주자가 1175년 『음부경고이』라는 주석서를 펴낸 것을 말한다. 주자가 『음부경』을 성리학적인 시각으로 주석한 책으로, 주자의 도교에 대한 관점을 이해 할 수 있는 좋은 자료이다. 『음부경고이』는 『四庫全書』 道家類, 『道藏』 권2와 『주자전서』 제13책에 실려 있다.

주희는 『음부경고이』에서 『음부경』의 저자에 대한 이중적인 입장을 나타낸다.

"『음부경』은 아마도 唐의 이전이 지은 것 같으며, 이것은 심혈을 기울여 저작한 것이다. 무엇 때문인가? 그것은 그 때에 그러한 학설이 세상에 유행했기 때문이다.['陰符經, 恐是唐李筌所爲是也. 他著力去做, 何故只因他說起, 便行於世.']" (朱熹, 『陰符經考異』) "혹자가 말하기를 이 글은 이전이 지은 것이고, 石室에서 얻었다고 하나 거짓말이다. 그 말들이 여러 가지로 해석되고 난해하기 때문에, 사람들이 각자 자기의 의견대로 말했을 뿐이고, 이전은 본래 도가 깊은 사람은 아니다. 과연 그러한가? 나도 잘 모르겠다.[或曰: '此書卽筌之所爲也. 得於石室者僞也. 其詞支而晦, 故人各得, 以其所見爲說耳. 筌本非深於道者也. 是果然歟? 吾不得而知也.']" (朱熹, 『陰符經考異』)

위의 인용문을 살펴보면 주희는 이전이 『음부경』을 지은 것은 당시의 사상적 영향으로 지은 것이라고 하면서 그는 嵩山 虎口岩 석벽에서 얻은 것은 거짓이지만 이전의 저작이라고 주장한다. 그러나 다시 '저자가 도가 깊은 사람이 아니면 지을 수 없다'고 하여 이전의 道의 깊이에 대한 의구심을 가지면서 저자에 대한 명확한 입장을 보이지 않는다. 하지만 黃瑞節은 "주희가 이전이 지은 것이 아닌가? 의심을 했으나 계속 이전의 말을 인용했다"고 하였다. 즉, 주희는 『음부경고이』에서 저자에 관해서 명확한 입장을 나타내지 않았지만 이전의 글을 인용하는 것을 보면 저자를 이전이라 보고 있음을 알 수 있다. (강경구, 「『陰符經』의 著者와 板本의 문제」, 道敎文化硏究 제38집, 2013, p.342~343 참조.)

405) 이전(李荃): 당나라 사람으로, 將略이 있어 『太白陰經』이라는 兵書를 지었으며, 荊南節度副使와 仙州刺史 등을 역임한 뒤, 신선술을 좋아하여 산에 들어가서 생을 마쳤다. 전설에 의하면, 그가 嵩山에서 『음부경』을 얻어 수천 번을 읽어도 뜻을 이해하지 못하다가 驪山에서 老母 한 사람을 만나 뜻을 통달하게 되었다고 한다. 『神仙感遇傳』

이론이 있어서는 안 될 것이다. 그런데 저 여릉 황씨(廬陵黃氏)[406]는 무슨 소견이 있어서 나뉘어 있는 가운데서 도리어 하나가 되기를 구하고, 어두운 가운데서 밝음을 구하려 해서, 주장을 굽혔다가 다시 개진하면서 거기에 기록을 첨부하고 꾸며서 세상을 현혹시키고 도를 어지럽히려는 계책을 기필코 실행하려고 하였단 말인가. 아, 주자는 소옹(邵雍)과 정이(程頤) 뒤에 나서 소옹과 정이가 바로잡지 못한 이론을 바로잡았는데,[407] 황씨는 주자의 뒤에 나서 주자가 이미 정한 이론을 바로잡지 못하였으니, 그 식견의 차이가 어찌 작겠는가. 아, 애석할 따름이다. 예법을 하찮게 여기고 인의(仁義)를 쓸데없는 물건 취급하는 것은 본디 노자의 능사이니, 노자는 바로 『음부경』의 원류이다.

지금 황씨는 우리 유가의 천서(天序)와 천질(天秩) 등의 어휘를 함부로 섞어서 그 책을 해석하고 있으니, 참으로 이른바 영(郢)에 사는 사람이 보낸 편지내용을 연(燕)나라 정승이 잘못알고 좋아했다는[408]

---

406) 여릉 황씨: 黃瑞節(?~?)을 말한다. "황서절은 자는 觀樂. 安福사람으로 향시에 급제하여 泰和州의 學正이 되었으나 원나라 말엽에 관직을 버리고 은거하였다.[瑞節, 字觀樂, 安福人, 舉鄉試授泰和州學正, 元季棄官隱居.]" 『欽定四庫全書總目』 권146, 子部56 道家類, 『陰符經考異』
그는 『음부경평전』을 저술하였는데 주자가 『음부경』이 이전의 위작이라고 의심하면서도 이전의 말을 인용하고 있다고 비판하였다.

407) 주자가 …… 정하였는데: 朱熹가 諸本의 차이점을 살피고 그 글을 교정하여 『陰符經考異』를 지은 것을 말한다.

408) 참으로 …… 했다는: 원문은 '郢書燕說'로 원래의 뜻을 잘못 이해하여 訛傳하는 것을 가리킨다. 옛날 중국의 郢지방 사람으로 燕나라 相國에게 편지를 쓴 자가 있었는데, 등불이 어두워지자 옆 사람에게 '촛불을 들라'고 말하고는 자기도 모르게 편지에 '촛불을 들라'고 써 버렸다. 그런데 연나라 재상이 그 편지를 받아 보고는 기뻐하기를, '촛불을 들라는 것은 현자를 천거하여 쓰라는 말일 것이다.' 하고는 곧 임금에게 아뢰어 그대로 실천하니, 연나라가 크게 다스려졌다. 나라가 잘 다스려진 것은 좋았으나 원래 편지에서 뜻한 바는 아니었던 것이다.[郢人有遺燕相國書者. 夜書, 火不明, 因謂持燭者曰: "舉燭." 云而過書 "舉燭". "舉燭", 非書意也. 燕相受書而說之, 曰: "'舉燭'者, 尙明也 ; 尙明也者, 舉賢而任之." 燕相白王, 王大說, 國以治. 治則治矣, 非書意也.] (陳啓天 著. 『韓非子校釋』, 「外儲說左」 上. 臺灣商務印書館, 1994, p.504.)

고사처럼 도리에 맞지 않은 것을 견강부회함은 참으로 우스운 일이다. 마침내 나는 이렇게 지어 보내기는 하지만 형길이 또 어떻게 생각할지 모르겠다.[409)]

나는 『음부경』 발문을 짓고 나서 더욱 그 글의 예스럽고 간결함이 좋아서 외우고 생각하기를 그치지 않았는데 열흘이 지난 뒤 이제 보니 그 문장이 분명하지 않고 뜻이 지리한 것이 진실로 주자의 말대로이지만, 그렇다고 이것을 이전(李筌)의 위작으로 단정한다면 원통하

409) 마침내 …… 모르겠다: 구암이 廬陵黃氏가 주석을 잘못 달았다고 비판하였는데 정경세는 이에 대해 『음부경』의 註는 廬陵黃氏가 아닌 蔡元定(1135~1198)이 지었다는 것을 알게 되어, 구암이 잘못 안 것이라는 논지의 글을 썼다. 그 내용은 다음과 같다.
"『음부경』의 서문은 淳熙 을미년(1175)에 작성되었는데, 쓴 사람의 성명은 드러나 있지 않았다. 황씨의 설에서 말한 두 조목을 가지고 참고해 보고는 西山 蔡元定이 지은 것이라고 짐작하기는 하였으나, 『西山集』을 구해 상고해 볼 길이 없어 안타까웠다. 그러다가 지난번에 지금은 이미 故人이 된 벗 韓鳴吉의 遺稿를 보니 그 가운데 『음부경』의 문제가 되는 부분을 공박하여 깨뜨린 글 한 편이 있었다. …… 그 뜻은 대개 주석을 황씨가 지은 것으로 여긴 것이다. 그러나 황씨는 元나라 말기 사람이지 순희 때의 사람이 아니다. 이는 한명길이 대조를 하면서 우연히 실수한 것이다.
근래에 우연히 『今獻彙言』을 펼쳐 보니, 張綸이 지은 『林泉隨筆』의 한 조항에 '『음부경』의 '人以愚虞聖' 이하 21개구에는 채씨가 註釋한 것이 없다.' 하였다. 이것을 보고서야 『음부경』의 註가 과연 서산 채씨에게서 나왔다는 것을 알게 되었으니, 내가 지난날에 억측한 것이 요행히 들어맞은 것이다. 내가 후세의 학자들이 이 『음부경』이 『주자성서』 가운데 실려 있는 것을 보고는 마침내 주자가 주석을 달았다고 오해할까 싶어서 상세히 밝히는 것이다. 무오년(1618, 광해 10) 가을 9월에 쓴다.[陰符經序, 成於淳熙乙未, 而不著其姓名. 嘗參以黃說二條, 意爲西山蔡先生所爲, 而恨未得其徵也. 頃見故友韓鳴吉遺稿, 中有一段攻破陰符病處 …… 其意蓋以註釋爲黃氏所爲也, 然黃氏乃元末人, 非淳熙時, 鳴吉偶失照勘耳. 近偶閱『今獻彙言』張綸所著『林泉隨筆』內一款有云陰符經二十一句蔡氏無註. 於是知陰符註果出於西山, 而余前日所臆者幸而中矣. 余恐後學見此經載在朱子成書中, 遂認爲朱子所註, 故詳著之. 戊午秋九月, 書.]" (鄭經世, 「再書陰符經後」, 『愚伏集』 제15권, 韓國文集叢刊 68집, 民族文化推進會, 1991.)

다는 생각이 없지 않을듯하다. 어째서인가, 가만히 보니 『음부경』의 내용은 다만 그 방법만 가르치고 묘처(妙處)를 말하지 않아 읽는 사람이 궁리하여 스스로 깨닫게 하는 식이었다. 그런데 그 요점은 다만 '기(機)' 한 글자에 있다. 조화의 유행하는 단서가 곧 천기가 되는 것이니, 심직(三賊)·오도(五盜)[410]는 모두 이것을 가리켜서 말한 것이다.

사람이 이 기(機)를 잘 보고서 조종하면 우주를 포괄할 수 있고, 이 천지를 뒤엎을 수도 있어서 그 손아래 어려운 일이 없을 것이다. 자기를 양생하고 나라를 다스리는 것은 다만 별일이 아니고, 병장기를 대적할 자가 없게 하는 것도 매우 하찮은 일이다. 처음에는 이것으로 별도의 제목을 만들지 않았으니 한 가지씩 따라가면서 공부를 해나가게 하였다.

『음부경』에 "이것을 알고 닦은 사람[知之修鍊]을 성인이라고 한다."[411]라고 한 것은 사물의 이치가 생극(生克)[412]하는 기(機)는 반드시 왕성한 기운이 우세한데서 항상 생기는 것이니, 마음을 가라앉혀

---

410) 삼적(三賊)·오도(五盜): 원문은 五賊과 三盜이다. 오적은 『음부경』 본문에 "觀天之道, 執天之行, 盡矣. 故天有五賊見之者昌."이라는 구절에서 오적이 보인다. 이에 대한 주석에서 徐大椿은 木·火·土·金·水의 오행으로 보았고, 강태공과 이전은 命·物·時·功·神의 다섯 가지를 오적으로 보았다. 『음부경』 본문에 "天地, 萬物之盜, 萬物, 人之盜, 人萬物之盜, 三盜旣宜, 三才旣安."이라는 구절에서 三盜가 보인다. 즉 천지가 만물을 낳으나 또한 만물을 죽이는 자이고, 만물은 사람을 살게 하지만 또한 사람을 죽이는 자이며, 사람은 만물을 살게 하지만 또한 만물을 죽이는 자이니 三盜라고 한 것이다.

411) 『음부경』에 …… 성인이라고 한다: 원문 내용은 다음과 같다. "火生于木, 禍發必剋, 姦生于國, 時動必潰, 知之修鍊, 謂之聖人." 『陰符經疏』, 中華書局, 1991, p.6.

412) 생극(生克): 金·木·水·火·土 오행이 相生相克하는 작용을 말한다. 즉 水生木, 木生火, 火生土, 土生金, 金生水를 '相生'이라 하고, 水克火, 火克金, 金克木, 木克土, 土克水를 '相克'이라 한다. 이는 일체의 만물을 낳게 하는 원소로서의 오행을 우주조화·순환의 면에서 해석한 것이다.

서 조절하고 제어해서 한 순간이라도 이 공부가 중단되지 않게 하려는 것이다. 그렇다면 이것은 선가의 수련하는 방법을 가지고 말한 것이고, 애초에 상편에 실제로 단정(丹鼎)[413]에 불을 조절[414]하는 일이 있는 것은 아니다.

『음부경』에 "군사를 10배, 혹은 만 배로 쓸 수 있다."[415]라고 한 것은 마음의 근원은 서로 싸우는 기(機)이니 항상 삼요(三要)[416]의 동정(動靜)과 연관된다. 요컨대 마음의 근원에 쌓인 티끌을 다 털어 버리고 자기가 가지고 있는 것을 다 비워 내야한다. 그러니 여기서 군사의 수를 빌려서 설명한 것이고, 역시 하편에 실제로 병기를 가지고 치고 찌르고 하는 일이 있는 것은 아니다.

주석하는 자들이 이 의미를 알지 못하고 '수련(修煉)' 이상을 잘라서 상편으로 만들어 신선의 모든 것을 포괄 하는 도라고 하고, '용사(用師)' 이하를 잘라서 하편으로 만들어 군대를 강하게 하여 전쟁에서 이기는 방법이라고 하였고, 그 중간에 어디에도 포함되지 못한 백 글자는 모두 부국안민(富國安民)하는 법으로 정하였다. 이 세 가지는 모두 그 시대 군주로서는 크게 욕심내는 부분이다. 그러므로 드디어 이같이 애매모호한 글을 가지고 군주의 마음에 영합하고 견강

413) 단정(丹鼎): 선가에서 丹藥을 고는 솥을 이른다.

414) 불을 조절: 원문은 '火侯'로 道家의 용어인데 丹藥을 燒煉하는 일로 불을 加減하는 것을 말한다.

415) 『음부경』에 …… 쓸 수 있다: 원문 내용은 다음과 같다. "絕利一源, 用師十倍, 三返晝夜, 用師萬倍." (『陰符經疏』, 中華書局, 1991, p.13.)
'絕利一原, 用師十倍'라는 두 마디를 주자가 좋아하여 수시로 학자들에게 거론했었는데, 학자들이 그 뜻을 묻자 주자가 그것을 해석하기를, "絕利란 그 하나 둘인 것을 끊어버린다는 말이고, 一原이라는 것은 그 뿌리를 하나로 한다는 뜻이다. 三反晝夜란 더욱 자세히 살핀다는 뜻인데, 그게 어디 군대 지휘에만 필요한 말이겠는가. 모든 일이 다 그런 것이다. [曰: '絕利者, 絕其二三, 一源者, 一其原本, 三反晝夜者, 更加詳審, 豈惟用兵, 凡事莫不皆然.]" 라고 하였다. (『朱子語類』 권136.)

416) 삼요(三要): 입, 눈, 귀를 말한다.

부회 하였으니 무의미한 두찬(杜撰)을 매우 심하게 한 것인데, 결코 『음부경』의 본의는 아닌 것이다.

지금 부록되어 있는 여러 설을 보면[417] 책 전체의 본의가 '기(機)' 자에 있으니, 이것은 이전(李筌)이 진실로 이미 터득한 것이어서 다른 여러 사람이 미칠 수 없는 것이나. 그러나 3백자를 도(道)·법(法)·술(術)로 나누어서 상·중·하로 편찬 하였으니, 이전도 그럴 수밖에 없었던 것이다. 만약 『음부경』이 이전의 저작이라고 말한다면 어찌 자기가 쓰고서 스스로 그 본의에 이렇게 어두웠겠는가. 이런 것으로 보면 이 책이 비록 고서는 아니지만 이전이 지은 것이 아니라는 것 역시 명백하다. 또 이미 황제가 지었다는 이름을 빌려서 이 책의 가치를 높이려고 했다면 석실에 보관하고, 바로 선진시대의 말을 인용해야 하지 근세의 구겸지(寇謙之, 365~448)[418]의 말을 인용해서는 안 된다.[419] 구겸지는 본래 노가의 부류로서 일생 행적이 괴이하였으니 구겸지 무리가 위작해서 이전이 구겸지에게 속은 것인지 어찌 알겠는가. 다만 이 한 가지는 번별하지 않을 수 없는 것이요, 또한 그렇다고 해서 그 글이 참으로 취할 것이 있어 주자가 말한 것이 옳지 않다는 것은 아니다.

---

417) 지금 …… 보면: 『음부경』에는 당나라 張果의 注와 송나라 소강절의 注와 黃瑞節의 평 등이 함께 부록되어 있다.

418) 구겸지(寇謙之, 365~448): 北魏 上谷 昌平 사람. 자는 輔眞이고, 도교의 대성자로 알려졌다. 젊어서부터 도술을 좋아했는데, 일찍이 신선 成公興을 만나 嵩山과 華山에서 10년 동안 수련하면서 교유했다. 세조 太武帝의 신임을 얻어 수도 平城의 동쪽과 서쪽에 新天師道, 北天師道가 세워졌고, 각 州鎭마다 도교 사원이 건립되었다. 북위의 여러 황제들이 도교를 신봉하는데 밑거름을 만들었다. 저서에 『錄圖眞經』이 있다.

419) 인용해서는 안 된다: 이전이 『음부경』의 서문에서 구겸지가 감춰놓은 음부경을 嵩山 虎口岩 石室에서 발견했다고 말했기 때문에 구암이 하는 말이다.

潮汐辨

或問: "潮汐果何理歟?『山海經』所謂海鰍出入, 浮屠氏所謂神龍變化, 皆粗淺近俚, 有不足深辨. 其以據經理勝之論言之, 有云: '六合之內皆水也, 大地浮在水面, 舟船相似, 隨氣升降. 地降而沈, 則水溢四裔而潮至. 地舉而升, 則下有空隙而潮退. 潮汐進退, 實由於大地之有升降也.'

或云: '水, 陰物也, 月亦陰物也, 陰陽各以類相從, 故月臨卯酉則水漲乎東西, 月臨子午則潮平乎南北, 彼竭此盈, 往來不絶, 皆繫於月.' 凡玆數說, 孰爲是而孰爲非歟?"

願從吾子辨之曰: "善, 如子之問也! 今居江湖, 朝夕見此, 而不知其理, 其與百姓之蚩蚩, 無以間矣. 引古參今, 互相證正, 亦爲學之大方, 烏可已乎! 吾請先言數說之皆不能無疑, 然後方及一得之見, 可乎?

夫陽主動, 陰主靜, 故天行而不息, 地奠而有常. 如使大地, 一日之間, 再升再降, 則不幾於陰失其常, 而或至崩頹乎? 吾恐此說求之理, 有不合也. 至於從月之說, 先儒亦多取之. 潮汐進退, 與月偕行, 容或有此理也. 然以我國所見驗之, 多不合, 亦恐其說有時而窒礙也.

水果從月而行, 則月之所在, 水宜無不至矣. 我國在天地極東之地, 日月皆從此出焉, 竊觀潮汐最盛於西南, 自全羅左道漸微, 歷慶尙道至江原道則專不及矣. 正當月出之地, 鏡面涵虛, 一波不動, 水不從月而行, 亦明矣. 且月行一晝一夜, 猶不得周天, 而潮汐則晝夜之間, 再東再西, 安在其彼竭此盈乎? 其說至此而有不通矣. 吾疑爲此數說者, 皆出於中國, 中國之人, 只據南海而言, 故其說不免執一而廢二, 有此千古不定之論, 可勝惜哉!

唯康節邵先生有云: '潮汐, 地之喘息, 所以應月者, 從其類也.' 遠哉言乎! 雖不明言其所以然之故, 已得見大義, 引以伸之, 觸類而長之, 將無所不通矣.

何者? 人之有身, 必有二氣相爲經緯, 然後方始有生. 四肢六脈左右旋轉者, 緯氣也 ; 一條呼吸從中出入者, 經氣也. 斯二氣苟有一息之間斷, 則輒病且死矣.

天地亦一物也, 能近取譬, 何獨不然? 二曜五精東西運行者, 猶人之有六脈也, 一陣之氣, 兩極相通者, 猶人之有呼吸也.

蓋天形正圓, 北極出地上三十六度, 南極入地中亦三十六度, 兩極之間, 斜倚相望, 必有一氣如羊角風起自南極, 旋旋出地, 向北而去, 如人之呼吸, 起自氣海, 丹田, 出入口鼻矣. 其天淵大海, 在人猶腹中儲血, 隨呼而上, 隨吸而下, 有不得不爾也."

曰: "然則東海無潮汐, 何歟?" 曰: "兩極往來之氣, 從南向北, 直上直下, 則氣頭餘波, 不能遠及於左右, 其勢然也. 以此見之, 則非獨東海無潮汐, 西海亦無潮汐, 而我國自箕封以來, 爲中朝屬國, 聞見無所不通, 故東海不潮, 或出於先儒之說, 而西海則歷西域諸國至條支海, 不知其幾萬里, 中國之人, 非但目不得以見之, 耳亦不得以聞之, 宜乎議論之不及也. 苟以一隅反其三, 則吾知西海亦不潮也必矣." 曰: "潮汐旣不逐月而行, 則其與弦、望、晦、朔同其節者, 抑何理歟?" 曰: "陰陽行度, 各有其數, 陽生於子, 陰生於午, 則南極之氣固爲陰, 而月亦陰物也, 故其行度遲速, 與月自與之同耳, 初非出於相逐而然也.

康節之所謂所以應月者, 從其類也, 豈非一言而斷之乎! 大抵計日十二辰, 由子至巳, 其氣爲陽, 而陽之氣又自有升降, 以運乎晝. 由午至亥, 其氣爲陰, 而陰之氣又自有升降, 以運乎夜. 一晝一夜, 合陰陽之氣, 凡再升再降, 故一日之間, 潮汐皆再焉.

計月三十日, 自朔至望爲陽, 自望至晦爲陰, 而兩弦在陰陽盛衰之中, 潮汐長短, 必以此爲差, 其理有不可誣也. 陰陽往來之理. 非知道者, 孰能識之? 吾能言之, 而亦不能保子之無疑也." 客唯唯而去, 因爲之記云.

밀물과 썰물에 대한 논변[潮汐辨]*

*潮汐의 이치와 현상을 풀이한 것이다. 사람 몸의 혈맥과 호흡이라는 두 기운의 조화에 의해 조수가 일어난다고 설명하고 있다. 즉, 조석은 대지의 상하 작용이나 달의 움직임에 따라 발생하는 것이 아니라 숨을 내쉬면 피가 상승하고 숨을 들이쉬면 피가 하강하는 인체 호흡에 따른 피의 움직임과 같다고 보고 대지도 호흡하기 때문에 밀물과 썰물이 발생한다고 하였다. 조석에 대한 중국의 학설이 부정확하다고 보았고, 우리나라 동해의 無潮의 원인 등을 설명하려고 했다.

【번역】

어떤 사람이 물었다.

"밀물과 썰물의 발생은 과연 무슨 이치입니까? 『산해경』에서는 바다의 큰 물고기가[海鰍] 들어왔다 나갔다 하기 때문이라 하였고, 불교에서는 신비한 용이 조화를 부리기 때문이라 말하고 있습니다. 이런 말들은 모두 조잡하고 천박하여 속설에 가까우니 깊이 따질 가치가 없습니다. 경서를 근거로 이치에 맞게 논해본다면 이렇게 말할 수 있습니다. '우주 안은 모두 물이니, 마치 배가 떠있는 것처럼 수면위에 떠있는 대지가 기를 따라서 올라가고 내려갑니다. 대지가 가라앉아서 물속에 잠기면 물이 사방으로 넘쳐서 조수가 들어오게 되고, 대지가 들려서 떠오르면 그 아래 빈틈이 생겨 조수가 물러나게 됩니다. 그러므로 밀물과 썰물이 들어오고 나감은 실제로는 대지가 올라가고 내려가는데서 생기는 것입니다.'

또 어떤 사람은 이렇게 말합니다. '물은 음물(陰物)이요 달도 역시 음물(陰物)이니 음양은 각기 그 성질대로 서로 따라갑니다. 그러므로 달이 동서쪽으로 가게 되면 물은 동서쪽으로 불어나며, 달이 북남 쪽으로 가게 되면 조수도 북남 쪽으로 빠져 나가게 됩니다. 저쪽이 기울어지면 이쪽이 가득 차곤 하여 조수의 저쪽에서 물이 빠져 나가면 이쪽에서는 물이 차오르게 되어 끊임없이 되풀이하는 것이니 모두가 달과 관계가 있는 것입니다.'[420)]

---

420) 모두가 달과 관계가 있는 것이다: 宋나라 余靖(1000~1064)은 조수가 밀려왔다가 밀려 나가는 것은 해수의 증감이 아니고, 달을 따라 물이 움직이기 때문이라는 說을 지어서 그 이전의 학설들을 비판하였다. 朱子가 여정의 설이 가장 상세하다고 인정하면서 이것이 정설로 되었다. 주자의 설을 많이 읽은 당시 지식인들에게는 달의 위치와 조석의 관계가 거의 상식에 가까웠으리라 추측할 수 있다. 주자가 말한 내용은 다음과 같다.
『性理大全書』권27. "朱子曰: "潮汐之說, 余襄公言之尤詳, 大抵天地之間, 東西爲緯, 南北爲經. 故子午卯酉爲四方之正位, 而潮之進退以月至此位爲節耳. 以氣之消息言之, 則子者陰之極而陽之始, 午者陽之極而陰之始, 卯爲陽中, 酉爲陰中也."
이 내용과 관련하여『朱子의 自然學』(야마다케이지저, 김식근 역, 통나무, 1998.)이 참고할 만하다.
華西 李恒老(1792~1868)는 달의 위치에 따른 조수의 변화를 다음과 같이 그림으로 그려 설명하고 있다.

그림 30.「潮汐隨月進退圖」『華西集』권 18,「雜著」.

이상의 몇 가지 설 가운데 어느 것이 옳고 어느 것이 그른 것입니까."

그대가 말한 몇 가지 설을 내가 변론해 보겠다. "좋은 질문이다. 지금 강호(江湖)에 살면서 아침저녁으로 밀물과 썰물을 보는데 그 이치를 알지 못한다면 어리석은 백성과 다를 것이 없다. 그리고 고금을 인용하고 참작하여 고증해서 오류를 바로잡는 것은 또한 학문을 하는 뛰어난 방법이니, 어찌 하지 않을 수 있겠는가! 나는 이상의 몇 가지 학설에 모두 의문이 없지 않음을 먼저 말하고, 그 다음 내가 터득한 한 가지 의견을 말하려는데 괜찮겠는가?

양은 움직임을 위주로 하고 음은 고요함을 위주로 하므로 하늘의 운행은 중단하지 않고 땅은 멈추어 그 자리에 일정하게 있다. 만일 대지를 하루에 두 번 올라가고 내려오게 한다면 음은 그 일정한 속성을 잃고 거의 붕괴되는 지경에 이르지 않겠는가? 그런 점에서 이 학설이 이치로 따져볼 때 합당하지 않은 점이 있다고 나는 판단한다. 바닷물이 달에 관련되었다는 설의 경우 선유들도 대부분 이 설을 채택하였다. 밀물과 썰물이 들어오고 나가는 것이 달을 따라 일어난다는 것은 어쩌면 일리가 있기도 하다. 그러나 우리나라에서 보이는 것으로 따져보면 대부분 맞지 않으니 그 학설 역시 때로 막히는 경우가 있는 듯하다.

바닷물이 과연 달을 따라 움직인다면 달이 있는 곳에는 물이 흐르지 않는 곳이 없어야 한다. 우리나라는 천지간에 가장 동쪽에 있어서 해와 달이 모두 여기에서 떠오른다. 가만히 보면 밀물과 썰물은 서남쪽에서 가장 심하고 전라 좌도에서부터 점차 미약해져서 경상도를 지나 강원도에 이르면 전혀 조수가 미치지 않는다. 강원도는 그야말로 달이 떠오르는 곳인데 거울같이 맑은 해면에 물결이 전혀 움직이지 않으니, 이점에서 바닷물이 달을 따라 움직이지 않는 것이 또한 명백하다. 게다가 달은 하루 밤낮을 운행하는데도 하늘을 한 바퀴 돌지 못하는데, 밀물과 썰물은 하루사이에 동쪽에서 두 번 서쪽에서 두 번 들어오니 어떻게 저쪽은 물이 마르고 이쪽은 물이 차겠는가? 이 학설 역시 이 경우로 보면 이치가 통하지 않는다.

내 생각에 이러한 학설들은 모두 중국에서 나온 것으로 중국 사람은 단지 남해를 기준으로 말했기 때문에 어쩔 수 없이 하나를 고집하여 둘을 버리게 되어[421] 이렇게 천고에 부정확한 논의를 지니게 된 것이라 하겠으니 참으로 안타까운 일이다. 소강절(邵康節, 1011~1077) 선생이, '밀물과 썰물은 땅이 심하게 기침하는 것이니, 그것이 달에 반응하는 이유는 같은 성질을 따르기 때문이다.'[422]라고 하였는데 그

421) 하나를 …… 되어: 범중엄(范仲淹)이 전쟁, 수비, 화친의 세 가지 계책을 논하면서 '執一而廢二'라는 표현을 사용한 것이 『大學衍義補』에 다음과 같이 보인다. "예우를 융숭히 하고 근신하고 정직히 하여 우호를 맺는 것은 권의(權宜)이고 장수를 뽑고 군사를 격려하여 공격하고 수비하는 것은 실사(實事)이다. …… 대개 전쟁하는 가운데에도 수비가 있고 화친이 있으며 화친하는 가운데에도 전쟁이 있고 수비가 있으며, 수비하는 가운데에도 화친이 있고 전쟁이 있으니, 밖을 먼저 힘쓰고 안을 뒤로 하거나 하나를 고집하고 둘을 버리면서 군사의 힘을 다하여 싸우거나 땅을 갈라 주어서 지키거고 해이하게 하여 화친하는 것은 말책(末策)입니다."[仲淹所謂隆禮謹信, 以盟好爲權宜, 選將勵兵, 以攻守爲實事。…… 戰之中, 有守有和, 守之中, 有和有戰, 和之中, 有戰有守。…… 苟先外而後內, 執一而廢二, 以鏖兵爲戰, 以畫地爲守, 以解弛爲和, 則末耳。] 丘濬, 『大學衍義補』, 권147.
구암은 이 표현을 이용하여 중국학자들이 융통성 없게 한 가지 이론만을 고집하여 잘못된 논리를 전개 하는 것을 비판한 것이다.

422) 밀물과 …… 따르기 때문이다: 소강절은 邵雍을 말한다. p.189 「啓蒙揲著辨」 주석 324) 참조.
이 내용은 『理學類編』에 보이는데 원문은 다음과 같다. 張九韶, 『이학유편』 권4. "邵子曰: '海潮者, 地之喘息也, 所以應月者, 從其類也.'" 『이학유편』은 明나라 張九韶가 周敦頤·程顥 형제 이하 몇 사람이 논설한 天地·鬼神·人物·性命 등에 관한 것을 모아 놓은 것으로, 모두 8권이다.

말씀이 참으로 원대하구나! 비록 조석이 발생하는 까닭을 명백히 말하지는 못했지만 대의는 포착한 것이다. 그러므로 이것을 인용하고 확대해서 같은 범주의 일에 적용해 나간다면,[423] 장차 통하지 않는 것이 없을 것이다.

어째서인가? 사람의 몸은 반드시 두 가지 기가 서로 경(經)과 위(緯)로 되어 있으니 그런 뒤에야 비로소 살 수 있다. 사지(四肢)와 육맥(六脈)[424]이 좌우로 돌아가는 것은 위기(緯氣)요, 한 줄기 호흡이 속에서 들고 나는 것은 경기(經氣)이니 이 두 기가 만약 잠시라도 끊어진다면 바로 병들거나 죽을 것이다.

천지도 하나의 물체이다. 이 이치를 가까이에 있는 것에 비유해보면 어찌 그렇지 않겠는가. 해와 달과 다섯 개의 별이 동서로 운행하는 것은 사람의 몸에 육맥이 있는 것과 같고, 한 줄기의 기가 양극에 통하는 것은 사람의 호흡과 같다.

하늘의 생김새는 원형인데 북극은 지상 삼십육 도가 나와 있고 남극은 땅속에 들어가 있는데, 이것 역시 삼십육 도이다.[425] 양극사이에 기울어져 서로 바라보는 연결점이 있고, 반드시 어떤 기운이 회오리바람처럼[426] 남극에서부터 빙빙 돌고 돌아 땅으로 나와 북쪽으로

423) 적용해 나간다면: 『周易』, 「繫辭上傳」에 "이것을 인용하고 확대하여 같은 범주의 일에 적용해 나간다면, 천하에서 가능한 일은 모두 끝마칠 수가 있다. [引而伸之, 觸類而長之, 天下之能事畢矣.]"는 말이 있다.

424) 육맥(六脈): 여섯 개의 맥박으로, 浮 · 沈 · 虛 · 實 · 數 · 遲 혹은 心 · 肝 · 腎 · 肺 · 命門의 총칭이다.

425) 하늘의 생김새는 …… 삼십육도이다: 王番(?~?)의 「渾天說」에, "北極, 出地三十六度, 南極, 入地三十六度, 而崇高正當天之中極."이라는 내용이 보인다.

426) 회오리바람처럼: 원문은 羊角風인데 회오리바람을 말한다. 선풍 혹은 회풍이라고도 한다.

가는 것은, 사람의 호흡이 기해(氣海)[427]와 단전(丹田)[428]에서 나와 입과 코로 출입하는 것과 같다. 그 천연(天淵)과 대해(大海)를 사람에게 비유하면 뱃속에 축적된 피가 숨을 내쉬면 위로 올라가고 숨을 들이쉬면 아래로 내려가는 것과 같으니 그렇게 되지 않을 수 없는 것이다."

그 사람이 다시 물었다. "그렇다면 동해에 조석이 없는 것은 무슨 까닭입니까?"

내가 다음과 같이 대답하였다. "양극(兩極)을 왕래하는 기운이 남쪽에서 북쪽으로 곧장 올라가고 내려가니 기(氣)의 처음 여파가 좌우로 멀리까지 미치지 못하는 것은 그 형세가 그렇기 때문이다. 이로써 본다면, 동해만이 밀물과 썰물이 없는 것이 아니라 서해에도 밀물과 썰물이 없을 것이다. 그런데 우리나라는 기자가 봉해진 뒤로[429] 중국의 속국이 되어 지식이 유통되지 않음이 없었다. 그러므로 동해에 조수가 없다는 설은 선유들의 말 중에 나오기는 하지만 서해는 서역(西域)의 여러 나라를 지나서 조지(條支)[430]의 바다에 이르기까지 거리가 몇 만 리 인지 알 수가 없다. 따라서 중국 사람들이 눈으로 직접 보지 못하였을 뿐 아니라, 또한 들어 보지도 못하였기 때문에 의논이 서해까지는 미치지 못하는 것은 당연하다. 만일 이 한 가지로

427) 기해(氣海): 배꼽아래 한 치 반의 호흡기점이다.
428) 단전(丹田): 도가에서 말하는 배꼽아래 세치부분을 말한다.
429) 그런데 …… 뒤로: 「기전유제설」편에 그 내용이 자세하다.
430) 조지(條支): 漢代 서역에 있었던 나라 이름. 지금의 아라비아 지방이다.

나머지를 추리해 본다면[431] 나는 서해에도 조수가 분명히 없을 것이

431) 만일 …… 추리해 본다면: 『論語』, 「述而」편에서 인용된 말로, 하나를 보면 나머지 이치를 유추해서 알 수 있다는 뜻이다. 『논어』, 「술이」편에 "한 모퉁이를 들어 일러 주었는데 세 모퉁이를 반증하여 알지 못하면 더 이상 말해 주지 않는다.[擧一隅, 不以三隅反, 則不復也.]"고 하였다.
당시 동해안에 조석이 없는 것에 관한 논변이 谿谷 張維(1587~1638)의 『谿谷漫筆』에 보인다.
장유는 조선 중기의 문신. 자는 持國, 호는 谿谷·默所이다. 예조 판서를 거쳐 우의정에 임명됐으며 어머니의 장례 후 과로로 병사했다. 지행합일을 주장하는 양명학적 사고방식을 가졌으며, 특히 문장에 뛰어나 조선 문학의 사대가라는 칭호를 받았다. 저서로 『계곡만필』, 『계곡집』, 『음부경주해』 등이 전한다. 시호는 文忠이다.
金安老(1481~1537)의 「龍泉談寂記」에도 조수에 관련하여 다음과 같은 내용이 보인다.
"潮水에 대한 학설은 학자들의 설이 모두 같지 않다. 혹자는 말하기를, '자루나 젓대 같은 것이 오무려졌다 펴졌다 하는 이치와 같은 것이다.'라 하고, 혹자는, '사람이 호흡하는 것과 같은 것이다.'라 한다. 『山海經』에는, '바다 미꾸라지가 구멍에 들어갔다 나왔다 하기 때문에 조수가 생긴다.'라 하고, 불교에서는, '神龍이 변화하여 일어나는 현상이다.'라 하니, 모두 황당무계하여 옳은 것이 없다. 王充의 『論衡』에는, '물이란 땅의 혈맥으로 氣에 따라 나왔다 물러났다 한다.'라 하였고, 盧肇의 『海潮賦』는, '조수는 해를 따라 생기는 것이니, 해가 물을 격동시키면 조수가 생기고 달이 해에서 떨어지면 조수가 커지는 것이다.'라 하였다. 宋나라 余靖이 說을 지어서 이상의 학설들을 비난하면서, '달이 임하는 곳에 물이 따라가니 달이 동서쪽으로 가게 되면 물은 동남쪽으로 불어나며, 달이 북남쪽으로 가게 되면 조수도 남북쪽으로 평평하게 되어, 저쪽이 기울어지면 이쪽이 가득 차곤 하여 끊임없이 되풀이하는 것이니 조수의 동향은 달과 관계있는 것이지 해와는 상관없는 것이다.' 라 하였다. 朱子가 이 설을 상세하게 주장하게 되자 학설이 정설로 되었다. 昭子(邵雍)는, '땅이 숨 쉬는 것이다.'라 하였으니, 그것은 본래 그러한 것이다. 다만 우리나라 동해에는 조수의 차가 없는 것은 무슨 까닭인가. 선대 학자들의 학설이 모두 성세하고 옳은 것은 아니니 이러한 이치는 끝내 해석할 수 없는 것일까.[潮汐之說, 諸家各不同. 或言如橐籥翕張. 或言如人氣呼吸, 『山海經』以爲'海鰌出入之度, 浮屠以爲神龍之變化', 皆荒怪不經. 王充『論衡』, '水者地之血脈, 隨氣進退.' 盧肇「海潮賦」潮之生因乎日, 日激水而潮生, 月離日而潮大. 余襄公著說非之云: '月之所臨, 則水往從之, 月臨卯酉則水漲乎東西, 月臨子午則潮平乎南北, 彼竭此盈, 往來不絶, 皆繫於月, 不繫於日. '朱

라는 것을 알겠다."

그 사람이 다시 물었다.

"밀물과 썰물이 달을 따라 생기는 것이 아니라면, 그것이 상현과 하현, 보름과 그믐, 초하루 등의 절기와 함께하는 것은 무슨 까닭입니까?"

내가 다음과 같이 대답하였다.

"음과 양의 진행하는 도수는 일정한 규칙이 있다. 양은 자(子)방위(북쪽)에서 나오고, 음은 오(午)방위(남쪽)에서 나온다. 그러므로 남극의 기운은 본래 음이고 달도 역시 음물(陰物)이므로 그 운행 속도가 달과 함께 저절로 같아진 것이지 처음부터 달을 쫓아서 그런 것은 아니다.

소강절이 '조수가 달에 반응하는 이유는 같은 성질을 따르기 때문이다.'라고 말한 것은 어찌 한마디말로 사실을 단정한 것이 아니겠는가. 하루를 12시간으로 계산하면 자시(子時)에서 사시(巳時)까지는 그 기운이 양이 되니, 양의 기운은 또 스스로 오르내려서 낮에 움직인다. 오시(午時)에서 해시(亥時)까지는 그 기운이 음이 되니 음의 기운은 또 스스로 오르내려서 밤에 움직인다. 하루 낮, 하룻밤에 음과 양의 기운이 합쳐 두 번 올라가고 두 번 내려가므로, 하루에 밀물과 썰물이 모두 두 번씩 있는 것이다. 한 달을 30일로 계산하면, 초하

東西, 月臨子午則潮平乎南北, 彼竭此盈, 往來不絶, 皆繫於月, 不繫於日. '朱子以爲詳, 至是而其說定矣. 邵子謂地之喘息, 此固然矣. 獨於東海無潮何耶? 先儒之說, 莫之或詳. 豈理有所不可解耶?]" 金安老(1481~1537) 撰, 『希樂堂文稿』 권8, 「龍泉談寂記」

조석변을 주제로 당시에 쓴 글은 다음과 같다.

鄭齊斗(1649~1736)『霞谷集』권21,「潮汐說」

林芸(1517~1572)『瞻慕堂集』권2,「策問」

金得臣(1604~1684)『柏谷集』권6,「海有潮汐策」

盧景任(1569~1620)『敬菴集』권4,「潮汐說」

루에서 보름까지는 양이요, 보름에서 그믐까지는 음이 되고, 상현과 하연은 음양이 성하고 쇠하는 한가운데 있어서 밀물과 썰물의 정도도 분명 이 때문에 차이가 나는 것이다. 이 이치는 속일 수가 없으니 음양이 오고가는 이치는 도를 알고 있는 자가 아니라면 누가 능히 알 것인가. 내가 이렇게 말은 했지만 그대의 의문이 해소 되리라고 장담할 수는 없다."

그 사람은 고개를 끄덕이며 떠나갔고, 그래서 이렇게 기록해둔다.

接木說

余家園中有桃樹, 其花無色, 其實無味, 腫柯叢枝, 無可觀者. 前春, 借隣居朴姓人, 接紅桃枝, 以其花美而實碩也. 當其斬斫方長之樹, 附接一小枝也, 余見之殊用齟齬, 旣而日夜之所生, 雨露之所養, 茁然其芽, 挺然其條. 曾未幾時, 蔚然成陰, 及乎今春, 花葉大暢, 紅羅綠綺, 燦爛交輝, 眞奇玩也.

噫! 一桃樹也, 地不易土, 根不易種, 只接得一線之氣, 成幹成枝, 英華外發, 顏色頓變, 使見者刮目, 過者成蹊, 爲此術者, 其知造化之妙乎. 奇乎奇乎!

余於是有所感焉, 變化移革之功, 不獨草木爲然, 反顧吾身, 亦豈遠哉! 決去惡念之生, 猶斬斫舊柯也, 繼續善端之萌, 亦猶附接新枝也, 涵養而培其根, 窮格而達其枝, 自鄕人以至於聖人, 亦何以異於此乎? 『易』曰: "地中生木, 升, 君子以, 順德, 積小以高大." 觀於此, 曷不自勖? 抑又感焉, 自今日回視前春, 纔一易寒暑耳, 其所手封寸枝, 已能勝巢, 旣見其花, 又將食其實. 如使前頭加我數年, 則其享用知幾何. 人有自誇其老, 怠其四體, 無所用其心者, 觀於此, 亦庶幾助發而勸起也. 凡此皆有警於主翁者, 故書而志之.

나무를 접붙이는 것에 대하여[接木說]*

*제목에 '접목설'의 '說'은 어떤 도리를 논술하거나 주장을 펼치는 문장을 이르는 문체명이다. 복숭아나무가 단지 접붙이는 것만으로 좋은 꽃과 열매를 맺는 것을 보고, 사람의 변화도 작은 것에서부터 시작될 수 있다는 교훈을 얻은 내용이다. 그는 이를 통해 "악

한 생각이 떠오르면 결연히 없애 버리기를 나무의 옛 가지를 잘라 버리듯이 하고, 착한 실마리의 싹이 계속 돋아나게 하기를 새 가지로 접붙이듯이 해야 한다."고 하였다. 자연에서 인간의 행동원리를 깨닫고 자신을 경계하기 위해 쓴 것이라고 밝히고 있다.

【번역】

우리 집 뜰에 복숭아나무가 있는데, 꽃은 볼품이 없고, 열매는 맛이 없으며 가지도 병들고 잔가지가 수북하게 나서 볼 것이 없었다. 지난봄에 이웃에 사는 박 씨의 손을 빌어서 홍도(紅桃) 가지를 접붙였더니 그 꽃은 아름답고 열매는 굵어졌다.

나는 처음에 박 씨가 한창 자라고 있는 나무를 베어버리고 작은 가지 하나를 접붙이는 것을 보고서 대단히 어긋나는 일을 한다고 생각했었다. 그런데 어느새 밤낮으로 싹이 나고 비와 이슬을 맞고 자라서 새 순이 돋고 가지가 쭉쭉 뻗어나갔다. 얼마 되지 않아서 나무는 울창하게 그늘을 이룰 만큼 자라났다. 금년 봄이 되어서는 꽃과 잎이 많이 피어 붉고 푸른 비단이 찬란하게 서로 어우러진 듯하니 참으로 보기 드문 아름다운 경치였다.

아! 한 그루 복숭아나무가 땅에서 흙을 갈아주지 않고 뿌리를 파서 옮겨 심지도 않았는데 접붙여서 얻은 한 가닥 기운만으로 줄기가 되고 가지가 되어 아름다운 꽃이 피어나서 꽃모양이 전혀 달라져 보는 사람이 눈을 비비고 다시 보게 만들고, 지나가는 사람이 많아져서 길이 새로 나게 만들었다. 이런 기술을 가진 자는 천지조화의 비밀을 아는 사람이라 하겠다. 기이하고 기이하구나!

나는 이에 느낀 점이 있으니, 그것은 사물이 변하고 바뀌어 개혁되는 것은 오로지 초목에만 국한되지 않는다는 사실이다. 나 자신에 돌이켜 생각해 보아도 그런 것이니 어찌 그 관계가 멀다 하겠는가. 악한 생각이 떠오르면 결연히 없애 버리기를 나무의 옛 가지를 잘라버리듯이 하고, 착한 실마리의 싹이 계속 돋아나게 하기를 또한 새 가지로 접붙이듯이 해야 한다. 그래서 그 뿌리를 북돋아 잘 기르듯 마음을 닦고, 가시를 잘 사라게 하듯이 사물의 이치를 궁구한다면 시골 사람에서부터 성인에 이르기까지 또한 이것과 무엇이 다르겠는가?

『주역』에 "땅 속에서 나무가 자라는 것이 승(升)이니, 군자가 보고서 덕을 순하게 하여 작은 것을 쌓아 높고 크게 한다."[432]라고 하였다. 이것을 보고 어찌 스스로 힘쓰지 않겠는가? 또 한 가지 느낀 점이 있다. 오늘부터 지난봄을 돌이켜 보면 추위와 더위가 겨우 한번 바뀌었을 뿐인데, 손으로 싸매서 놓은 작은 가지가 저렇게 커서 집 위로 쑥 올라 뻗고 어느새 그 꽃을 보게 되었으며 게다가 그 열매까지 먹게 되었다. 만약 앞으로 내가 몇 년 더 살게 된다면 얼마나 더 꽃을 보고 열매를 먹을 수 있을까.

사람들 중에는 자신의 늙음을 과시하면서 사지를 게을리 하며 아무데도 마음을 쓰지 않는 자가 있는데 그런 사람이 이 글을 보면 일어나 움직이게 도와주고, 시작하기를 권할 수 있을 것이다. 이 모두가 이 늙은이를 일깨워주는 점이 있었기에 글을 써서 기록하노라.

432) 『주역』에 …… 크게 한다: 『주역』, 「地風升卦」의 象辭에 나오는 내용이다.

勿移村久菴記

國都之鎭三角山迤北一支, 越大路而西, 蹲蹲延延, 若斷若續, 遇水而止, 結爲阜, 繞爲洞者, 村之居也. 漢水從東南來, 過龍山至喜雨亭下, 溢而爲沱, 分流二派. 其大勢浩浩淵淵, 循西岸而北, 直趨海門, 其一派東折西廻, 屈曲縈紆, 抱村之洞口而去, 可十餘里至幸州城下, 復與大江合, 兩江之間有島, 作叉禾黍稶稶. 村之居民, 常隔水往來而耕種焉, 名之曰水伊村. 每夏秋之交, 潦霖大漲, 兩江合而成海, 水色連天, 村之得名, 蓋以是歟?

余戊申夏, 丁外艱, 舍季柳川子小莊, 在直北數里許, 奉几筵居之. 亦有數畝田, 正在此村北麓下, 割而與我, 乃營草屋數架, 爲田廬焉. 既服闋, 欲起而趨朝則病也, 難堪夙夜；欲捲而歸山則老也, 未忘狐丘. 岐路徘徊, 頭髮空皓, 顧此一區, 猶有桑下之戀, 姑息偷安, 以爲卒歲之計焉. 則就田廬上, 又構一小草屋, 以便病人居處, 僅庇風雨, 容膝而止耳.

其始也, 嚴霜夜降, 蟄蟲尋穴, 唯以存身爲急, 固未暇有探奇選勝之意. 及既定居, 坐於斯, 臥於斯, 游泳於斯, 則其山光水色助我幽趣者, 亦不一而足. 其前則江外諸山若青溪廣州、若冠嶽果川、若衿州衿川、若蘇萊安山, 連巒接岫, 一陣周遭. 鳳舞龍翔, 爭向窓櫺. 左之而截彼三峯, 壁立千仞, 有凜然不可犯之勢, 右之而遠浦遙岑, 極目微茫, 有包含荒穢之量. 何其俄頃顧眄之間, 氣像若是其不同耶?

其出門而正相對者曰仙遊峯, 一點孤山, 飛墮江干, 宛如群龍爭珠. 其廻望而先入眼者曰逍遙亭, 百尺雙柱, 對豎波心, 恰似仙府開門. 危檣片帆, 隨風往來, 點點出沒, 非野外大江所常縱目者乎? 老牛將犢, 六七爲群, 或飮或臥, 非門邊綠蕪所常自牧者乎? 朝煙暮霞, 秋月春花, 流光代謝, 變態無窮, 皆能收貯眼前, 以爲吾家計, 而惟後一面無所見, 懸崖斷麓, 勢同展屏, 朔風號饕, 曝背猶溫. 先儒有論陰陽體四用三之數日: "天地東西南可見, 北不可見." 此地眞得天地自然之形勢乎? 去紫陌不盈一息, 長樂風鍾, 有時到耳. 朝紳之問舍求田, 宜無若此地之便, 而百年抛棄, 主管無人, 殆鬼祕神慳以待我歟? 因而思之, 人之安宅, 不在遠而在邇. 回視平生, 許多枉步, 莫不如此, 可笑也已. 於是改水伊村曰勿移村, 以方言字音相同也. 扁其屋曰久菴, 因舊號而寓新意也, 將考槃終身. 久而不移者, 其不在於此耶?

噫! 士移其業, 民移其居, 皆由於血氣方盛, 有所外慕. 今吾頹齡如歸, 萬事蹣跚, 坐則忘立, 臥則忘起, 移業何求, 移居何往? 惟其不移, 所以能久, 久則安, 安則樂, 樂則欲罷而不能, 雖欲移之, 亦不可得也. 吾知免夫, 遂書以見意云.

물이촌(勿移村)에 있는 구암에 대한 기문[勿移村久菴記]*

*1608년(선조 41) 저자 나이 57세에 지은 글이다. 그해 여름 구암이 西湖[433]의 물이촌에 살게 되면서 학문을 강의하며 노년을 의지할 곳으로 삼았고 원래 마을 이름은 水伊村인데 '水'를 한글 음인 '물'로 바꿔 '勿移村'으로 고쳤다. 그런 다음 마을 이름을 바꾼 내용과 마을의 아름다운 주변 풍광을 서술하고, 변하지 않는 것이 오래갈 수 있는 방도라고 '勿移'의 의미를 풀이한 기문이다.[434] 제목에서 '물이촌구암기'의 '記'는 한문 문체의 하나로 사실을 기록하는 문장이다. 徐師曾(1517~1580)은 『尙書』, 「禹貢」과 「顧命」을 기의 시조로 보고 있다. 그 뒤 양웅이 「蜀記」를 지었으며, 많이 쓰

433) 서호(西湖): 서호의 위치에 대해서는 p.204 「東史纂要後敍」 주석 363)에 자세하다.

434) 『新增東國輿地勝覽』 漢城府조에 구암과 관련한 내용이 보인다.
"久庵 韓百謙이 수생리에 살았는데, 서재를 넓히고 학문을 강의하였다. 드디어 마을이름을 고쳐서, 勿移村이라 하고, 기문을 지어서 생각하는 바를 표시하였다." (『新增東國輿地勝覽』, 漢城府【부방】조 제3권 비고편, 동국여지비고 제2편.)

기 시작한 것은 당나라 때부터라고 본다. (徐師曾撰, 『文體明辯』 권49, 「記」, 四庫全書存目叢書集部, 總集類, 권311, p.162.)

勿移村은 마포구 상암동 · 성산동과 은평구 수색동에 걸쳐 있던 마을로서 장마 때면 한강물이 이곳 앞까지 온 데서 마을 이름이 유래되었다. 수색동 앞 넓은 들 건너 마을인 154~163번지 일대이다. 물위치 · 물이치 · 수색 · 수상리 · 수생리 · 수상 · 물이촌 · 수이촌 · 물위치수상리라고도 하였다. (서울특별시사편찬위원회, 『서울지명사전』, 2009, p.299.)

【번역】

서울의 진산(鎭山)인 삼각산이 북쪽으로 한 줄기가 뻗어나가 큰 길을 넘어 서쪽으로 구비 구비 이어 나가 끊어질듯 바로 이어져 물을 만나 멈추는데 그 맥이 엉겨서 언덕이 되고 빙 둘러 골짜기가 된 곳이 마을의 위치이다. 한강이 동남에서 흘러와 용산을 지나 희우정(喜雨亭)[435] 아래 이르러 넘실넘실 두 갈래로 나뉘어 흐른다. 그 큰 물줄기는 기세가 힘차고 깊은데 서쪽 강 언덕을 따라 북쪽으로 가서 곧장 바다로 나아간다. 다른 한 줄기는 동쪽으로 꺾었다가 서쪽으로 휘어 굽이굽이 돌아 마을의 동구를 안고 흘러가는데 10여 리쯤 가서 행주성(幸州城) 아래 이르고 다시 큰 물줄기와 합쳐진다. 두 강 사이에 있는 섬 때문에 강물이 갈라지며 벼와 기장이 무성하다. 마을에 사는 사람들은 늘 물을 건너 왕래하면서 경작을 한다. 마을 이름을 수이촌(水伊村)이라고 하는데 여름에서 가을로 바뀔 때마다 장맛비

435) 희우정(喜雨亭): 지금의 마포구 합정동에 위치한 望遠亭이다. 『신증동국여지승람』에 望遠亭에 관한 기록은 다음과 같다. "楊花渡 동쪽 언덕에 있다. 정자는 본래 孝寧大君 李補의 별장이었는데, 세종이 행차하여 喜雨亭이라는 이름을 하사하였다.

로 물이 크게 불면 두 강이 합쳐져 바다처럼 넓어지고 물빛이 하늘에 이어지니, 마을 이름을 이리 지은 것도 이 때문인 듯싶다.

내가 무신년(1608) 여름 모친상을 당하였는데 아우 유천자(柳川子, 韓浚謙)의 작은 별장이 곧바로 북쪽 몇 리쯤 떨어진 곳에 있어 궤연(几筵)[436]을 모시고 머물게 되었다. 또 그리 넓지 않은 밭이 바로 이 마을 북쪽 산기슭 아래 있어 이를 나누어 나에게 주어서 내가 초가 몇 칸을 지어 농막으로 삼았다. 상을 마치고 나서 일어나 조정으로 나가자니 병든 몸이라 아침저녁 버티기기도 어려웠고, 짐을 싸서 선산으로 돌아가자니 늙은 몸이라 고향으로 돌아갈 마음을 잊지 못하였다. 세사의 갈림길에 방황하다 머리카락은 부질없이 허옇게 세었는데, 이 지역을 돌아보니 오히려 고향과 같은 애정이 생겨서, 잠시 쉬면서 편

그림 31. 세종이 쓴 喜雨亭 현판. "을사(1425) 여름 국왕인 아우 祹가 쓰다"라는 낙관이 보인다.

성종 갑진년(1484)에 月山大君이 고쳐 짓고, 望遠亭이라는 이름으로 현판을 걸었다. 성종이 매년 농사를 살피거나 稅納船을 집합시켜 水戰을 연습할 때 언제나 이 정자에 행차하였으며, 御製詩가 있다. (李荇 (1478~1534), 『新增東國輿地勝覽)』 제3권, 「東國輿地備考 제2편 漢城府」, 書景文化社, 1994, p.75~76.)

436) 궤연(几筵): 궤연은 고인의 靈魂이 머무를 수 있도록 마련한 靈几와, 이에 딸린 모든 물건들을 말하며, 筵이란 영궤 아래 까는 자리로, 고인의 魂帛이나 神主를 모셔두는 곳을 의미한다. 靈座, 殯所, 喪廳이라고도 한다.

안하게 여생을 보내기로 마음먹었다.

밭의 농막 곁에 작은 초가를 하나 더 짓고서 병든 내가 거처하기에 편하도록 하였는데 겨우 비바람을 가리고 무릎을 들일 정도의 크기였다.

처음에는 찬 서리가 밤에 내리고 숨어 있던 벌레들이 구멍에서 기어 나왔다. 오직 내 한 몸 보존하기 급급해서, 사실 기이하고 빼어난 땅을 찾아다닐 생각을 할 겨를도 없었다. 그러나 이미 거처를 정하고 나서 이곳에 앉고 이곳에서 눕고 이곳에서 노닐다 보니, 그 산 빛과 물빛이 나의 호젓한 정취를 도와주는 것이 또한 한둘이 아니었다. 앞에는 강 너머로 광주의 청계산(靑溪山)[437] · 과천의 관악산(冠嶽山)[438] · 금천의 금주산(衿州山)[439] · 안산의 소래산(蘇萊山)[440]과 같은 여러 산들이 봉우리가 죽 이어져 하나로 빙 둘러져 있다. 봉황이 춤을 추고, 용이 날아오르는 모습이 다투어 창 앞에 펼쳐진다. 왼쪽으로는 저 세 산봉우리를 잘라놓은 천 길 높이의 절벽이 서 있어 늠름하여 범할 수 없는 기세가 있고, 오른쪽으로는 먼 포구와 아스라한 멧부리가 저 멀리 가물가물 보이는데, 모든 더럽고 거친 것을 감싸주는 도량(度量)이 있다.[441] 잠깐 돌아보는 사이에 어쩌면 이렇게 풍광이 같지 않을 수 있을까?

---

437) 청계산(靑溪山): 과천현 동쪽 8리 지점에 있는데, 일명 靑龍山이다. (『신증동국여지승람(新增東國輿地勝覽)』 제11권, 「경기, 果川縣」)

438) 관악산(冠嶽山): 관악산은 과천현 서쪽 5리 지점에 있는데 과천의 鎭山이다. (『신증동국여지승람』 제11권, 「경기, 果川縣」)

439) 금주산(衿州山): 관악구 · 금천구에 걸쳐 있는 관악산 서쪽 끝 봉우리로서, 금천의 주산이며 호암산 금지산 이라고도 한다. (서울특별시사편찬위원회, 『서울지명사전』, 2009.)

440) 소래산(蘇萊山): 인천광역시의 남동구 장수동과 시흥시 대야동의 경계 지점에 위치한 산이다. 서쪽으로 인천대공원이 있는 관모산을 마주보고 있다. (『신증동국여지승람(新增東國輿地勝覽)』 제9권, 「경기, 仁川都護府」)

문을 나서면 바로 마주보이는 것이 선유봉(仙遊峯)[442]이다. 한 점 외로운 산이 나는 듯이 가다가 강가에 떨어진 듯 그야말로 여러 마리 용들이 구슬을 다투는 것 같다. 주위를 돌아보면 가장 먼저 눈에 들

441) 모든 …… 도량이 있다: 원문은 '必有包含荒穢之量'으로 『주역』,「地天泰卦」九二효 정전에 나오는 내용이다. 원문은 다음과 같다. "人情安肆, 則政舒緩而法度廢弛, 庶事无節, 治之之道, 必有包含荒穢之量, 則其施爲, 寬裕詳密, 弊革事理而人安之. 若无含弘之度, 有忿疾之心, 則无深遠之慮, 有暴擾之患, 深弊未去而近患已生矣."

442) 선유봉(仙遊峯): 선유봉은 현재 서울시 영등포구 양화동 95번지에 있는 선유도 공원자리에 있던 산인데, 일제강점기에 산이 깎여나가 지금은 그 모습을 볼 수 없다. 선유봉은 경관이 수려하여 漢江을 따라 내려가며 있는 蠶頭·楊花渡 등 여러 곳과 함께 중국 사신을 위해 잔치를 베풀던 장소로 쓰였다고 한다. (李裕元(1814~1888),『林下筆記』第34卷,「華東玉糝編」, 성균관대학교출판부, 1991, p.842.)

그림 32. 겸재 정선이 그린 仙遊峯과 逍遙亭 그림.

한강변의 勝景 중에 양천관아에서 바라다볼 수 있고 당일 舟遊가 가능한 8대 명승지를 뽑아 겸재가 그린「양천팔경첩」가운데 들어있는 그림이다.「양천팔경첩」의 내용은 楊花津, 仙遊峯, 二水亭, 逍遙亭, 小岳樓, 歸來亭, 樂健亭, 開花寺 등의 산수화이다. (최완수,『謙齋 鄭敾』, 현암사, 2009, p.317~319.)

어오는 것이 소요정(逍遙亭)[443]이다. 백 길의 두 기둥이 물 가운데 마주 보고 있어 마치 신선의 저택에 문을 열어놓은 듯하다. 높다란 돛대 단 조각배가 바람을 따라 오가며 점점이 나타났다 사라졌다 하니, 들판 너머 너른 강가에서 늘 마음대로 바라볼 수 있는 풍경이 아니겠는가? 늙은 소가 송아지를 데리고 예닐곱 마리 떼를 지어 물을 마시기도 하고 누워 있기도 하니, 문 주변에 푸르게 무성한 잡초는 늘 마음대로 먹을 수 있는 풀들이 아니겠는가? 아침 안개와 저녁노을, 가을 달빛과 봄날의 꽃 등 시간의 흐름에 따라 변화하는 모습이 끝도 없다. 이 모든 것을 눈앞에 거두어 들여 간직해서 우리 집 자산으로 삼아야겠다. 다만 한 쪽 면에는 보이는 것이 없는데 깎아지른 듯 가파른 언덕과 산기슭이 병풍을 쳐놓은 것 같은 형세여서 삭풍이 요란하게 불 때 등에 그래도 따뜻한 햇볕을 쪼일 수 있다. 선유(先儒)가 음양 체용(體用)의 수를 논하면서 "천지는 동쪽, 서쪽, 남쪽을 볼 수 있지만 북쪽은 볼 수 없다."[444]라고 하였으니, 이곳은 정말 천지자연의 형세를 얻은 것인가.

도성과의 거리가[445] 아주 가까워 대궐의 풍경소리가 이따금 귀에 들린다. 벼슬아치들이 촌사를 구하여 밭을 일구려고 한다면 이곳만큼 편한 곳이 없는데 100년 동안 방치되어 관리하는 사람이 없었으

443) 소요정(逍遙亭): 공암나루터(양화대교가 있기 전 이곳은 한강 하류를 건너는 나루터로 현재 강서구 가양동지역이다.)에 있던 止亭 南袞(1471~1520)의 정자이다. 지정의 소요정 詩가 있다. (김영상, 상게서, p.395.)

444) 천지는 …… 볼 수 없다: 선유는 蔡元定(1135~1198)을 말한다. 그는 다음과 같이 말하였다. "一奇二耦對待者, 陰陽之體, 陽三陰一, 一饒一乏者, 陰陽之用, 故四時春夏秋生物, 而冬不生物, 天地東西南可見, 人之瞻視, 亦前與左右可見, 而背不可見也." (宋 胡方平, 『易學啓蒙通釋』, 文淵閣四庫全書 20, 經部14, 臺北, 臺灣商務印書館, 1986.) 즉 동 · 서 · 남쪽은 보이지만 등 뒤의 북쪽은 보이지 않는다는 뜻이다.

445) 도성과의 거리: 원문은 '紫陌'으로 도성의 거리를 말한다. 李白의 「南都行」에 "高樓對紫陌, 甲第連青山,"이라는 표현이 보인다.

니, 어쩌면 귀신이 나를 위해 감추어두고 기다린 것인가. 이 때문에 생각을 해보니, 사람의 편안한 거처는 멀리 있지 않고 가까이 있다. 지난 생애를 돌아보면 허다하게 많은 곳을 다녔는데 그 중에 이곳만 한 데가 없었으니 우스운 일이다. 그리고 수이촌을 물이촌(勿移村)으로 이름을 바꾼 것은 '물이(勿移)'라는 글자의 음이 우리말 '물'과 음이 같기 때문이다. 이 집에 편액을 달아 구암(久菴)이라 하였으니, 예전 호를 그대로 두고 새로운 뜻을 붙여 앞으로 은거하여 생애를 마칠 참이다. 오래가도록[久] 바꾸지[移] 않을 것이 바로 여기에 있지 않겠는가?

아, 선비가 자기 일을 바꾸고 백성이 자기가 사는 곳을 옮기는 것은 모두 혈기가 왕성하여 딴 생각이 있기 때문이다.[446] 이제 내가 늘그막에 이승을 떠날 때 되니 만사가 비틀거린다. 앉으면 서는 것을 잊고 누우면 일어나는 것을 잊는다. 그러니 할 일을 바꾸어 무엇을 구하겠으며, 거처를 옮겨 어디로 가겠는가? 오직 바꾸지 않는 것이 오래갈 수 있는 방도이다. 오래가면 편안하고 편안하면 즐겁고, 즐거우면 그만두려 해도 되지 않는 법이니, 아무리 바꾸려 하더라도 또한 할 수 없을 것이다. 이제야 내 몸을 온전하게 할 수 있다는 것을 알겠어서 마침내 글을 적어 내 뜻을 보인다.

446) 딴 생각이 있기 때문이다: 원문은 '外慕'로 부귀와 공명을 사모하는 마음을 말한다.

碑壇立議序

余始至此州, 訪鼻祖遺基, 幸得之. 懼其久而還失也, 與宗人謀所以衛守之者, 咸曰: "宜立祠宇, 以寓香火, 以會子姓, 世世不替, 其庶幾乎."

余旣應而復思之, 廢興成敗, 相尋於無窮, 當大尉肇基之初, 家業村閭, 想亦甚盛, 而傳未幾世, 爲丘墟矣. 厥後六百年, 始得忠成公慨然有堂構之志, 因舊基而改築之, 廣殖田園多置臧獲, 其所以光前垂後之計, 無所不用其極. 至今百有餘年, 而又丘墟矣. 片瓦半磚, 已無可尋. 今乃以數椽之屋, 揭虔妥靈, 欲傳永久而不廢, 何其計之疏也?

且禮云: "去廟爲祧, 去祧爲壇, 去壇爲墠." 其久近隆殺之節, 自有不容已者. 今取旣毁之廟, 復立祠宇, 薦其常事, 其於禮家之意, 何如也? 不若斲石爲碑, 經久不刊. 幸而子孫能守其業, 則就碑壇歲一祭之, 以寓羹墻之感. 雖時移事變, 不幸而復爲榛棘之場, 屹然一片, 直與地紀相終始, 不亦善乎!

宗人咸曰: "唯敢不奉而周旋." 遂設壇墠, 樹貞珉, 繚以短墻, 前開一門, 以禁芻蕘之往來, 避鷄犬之汚穢, 如斯而止耳. 其作事顚末, 具在判書公所撰之辭. 於是有曰韓屹, 忠成之後也, 願納奴一口, 以典洒掃之役, 又納壇傍田一區, 以居其奴. 其他子孫, 隨其貧富, 各出米布. 且以州居人爲有司, 遞掌其事, 存本取利, 多則買田, 以供粢盛.

每年仲春中丁日, 不速而會, 齊宿致祭, 因設酒食, 以講同宗之義. 古者, 冬至祭始祖, 立春祭先祖. 然冬至俗節, 立春近歲, 各有所事於家, 遠近宗人, 有難齊會, 故必以仲春爲期也.

噫! 子孫之身, 乃祖先之氣也. 子孫旣已聚會, 則祖先精靈, 卽此而在矣. 各自齊潔, 以承祭祀, 洋洋乎若鼻祖在座, 子孫環侍, 不知七百年之遠. 嗚呼尙哉! 且夫 子孫雖多, 其初, 一人之身也, 一人之身, 分爲千萬人, 至有遇諸道而不相識者, 豈不傷哉? 繼自今凡爲太尉之孫, 自西自東, 咸會壇下, 磨肌戛骨, 永夕團欒, 使道路不相識之人, 復合爲同堂之親, 玆非幸歟? 東韓之人, 聞我宗之風者, 爭自興起奮勵, 以不忘本不遺親爲法. 然則其萃合民志, 維持國脈, 將此碑爲中流之砥柱也歟! 遂書以識之.

비단[447] 건립을 제안하는 글 [碑壇立議序]*

*1605년(선조 38) 저자 나이 54세에 지은 글이다. 구암은 1604년 청주 목사로 청주에 부임하여 조상의 유적지를 찾은 다음 해인 1605년에 비단을 건립할 것을 문중에 제의한다. 글의 내용은 자손의 몸

447) 비단(碑壇): 충청북도 유형문화재 제169호 淸州韓氏始祖祭壇碑 충청북도 청주시 상당구 운동동에 있다. 비의 높이는 199cm인데, 비신의 높이 149cm, 너비 79cm, 두께 21cm이고, 비 머리의 높이는 50cm, 너비는 108cm, 폭 67cm이다. 비문은 韓浚謙이 지었는데, 그 내용은 청주 한씨 시조 韓蘭을 비롯하여 그 후손의 내력을 적고 또 遺基를 찾았던 사실을 기록하고 있다. (디지털청주문화대전 http://cheongju.grandculture.net/Contents 참조.)

그림 33. 청주한씨시조제단비(淸州韓氏始祖祭壇碑).

은 바로 선조의 정기이고, 자손이 모이면 선조의 정령이 함께 있는 것이라는 생각하여 鼻祖의 유적지를 찾아 壇을 쌓고 사당을 세워 해마다 제를 올림으로써 동족의 친밀함을 유지하자는 것으로 간곡한 마음이 잘 전달되는 글이다. 이 글에서 한씨 가문뿐만이 아니라 다른 가문들도 이러한 뜻으로 마음을 모으면 국맥을 유지할 수 있다고 하여 개인적인 차원의 의미를 범국가적 차원의 의미로 넓히고 있다.

【번역】

내가 처음 이 고을에 도착해서[448] 시조께서 남긴 터전을 여러모로 수소문하여 다행히 찾을 수 있었다. 오래 지나면 다시 잃게 될까 두려워 문중 사람들과 함께 보존할 방법에 대해 의논하였는데 모두들 다음과 같이 말하였다.

"마땅히 사당을 세워 향불을 올리고, 자손들을 모이게 하여 대대로 끊이지 않게 한다면 아마 보존할 수 있을 것이다."

나는 그렇겠다고 동의한 뒤에 다시 생각해 보았다. 흥망성쇠는 끝없이 계속 이어지니 시조 태위(太尉)[449]께서 토대를 닦은 초기에는 가업과 마을이 모두 매우 번성 했을 것이라고 생각되지만 몇 세대를 전하지 못하고 이렇게 쓸쓸한 곳이 되었다.

그 후 6백년 뒤에 충성공(忠成公)[450]께서 나셔서 개연히 가업을

448) 내가 …… 도착해서: 구암은 1604년 淸州 牧使가 되어 청주로 갔다. 이 글은 그 다음해인 1605년 9월에 작성된 것으로 보인다. 韓應寅(1554~1614)의 『百拙齋年譜』에 이와 관련된 기사 내용이 보인다. (청주한씨 충정공파 종친회, 『百拙齋年譜』, 한영출판사, 2010, p.65.)

449) 시조 태위(太尉): 韓蘭(?~?)을 말한다. 한란은 고려 太祖가 후백제의 甄萱을 정벌하기 위해 청주를 지날 때 군량미를 도와 삼한 통합에 공이 있으므로 개국벽상공신으로 三重大匡太尉에 올랐다.

450) 충성공(忠成公): 韓明澮(1415~1487)를 말한다.

이어받아 발전시키려는[451] 뜻을 가지고 옛 터전을 개축하고 전원을 넓게 확장하여 많은 하인을 두었으니 빛나는 선조를 후손에게 전하려고 최선을 다 하셨다. 그런데 백여 년이 지난 지금 이곳은 다시 쓸쓸한 곳이 되어 깨진 기와 한 장, 조각난 벽돌 하나조차 찾아 볼 수 없게 되었다. 이제 두어 칸의 사당을 지어 공경히 신주(神主)를 모셔 영원히 전하여 없어지지 않게 하려고 하면서 그 계획이 어쩌면 이렇게 허술한가.

또 『예기(禮記)』에 "신주를 묘(廟)에서 내가면 조묘(祧廟)로 옮기고,[452] 조묘에서 내가면 단(壇)을 만들고, 단에서 나가면 봉선(封墠)

451) 가업을 이어받아 발전시키려는: 원문은 '堂構'인데 '肯堂肯構'의 준말로, 가업을 이어받아 발전시키는 것을 비유하는 말이다. 『서경』, 「大誥」의 "아버지가 집을 지으려 하여 이미 설계까지 끝냈다 하더라도, 그 자손이 집터도 닦으려 하지 않는다면 어떻게 집이 완성되기를 기대할 수 있겠는가.[若考作室, 旣底法, 厥子乃不肯堂, 矧肯構.]"라는 말에서 비롯된 것이다.

452) 묘(廟)에서 내가면 조묘(祧廟)로 옮기고: 제사는 고조까지 4대를 奉祀하게 되어 있어 4代가 지난 神主를 사당에서 내보내는 것을 말한다.

『사계전서』 24권, 「가례집람도설(家禮輯覽圖說)」

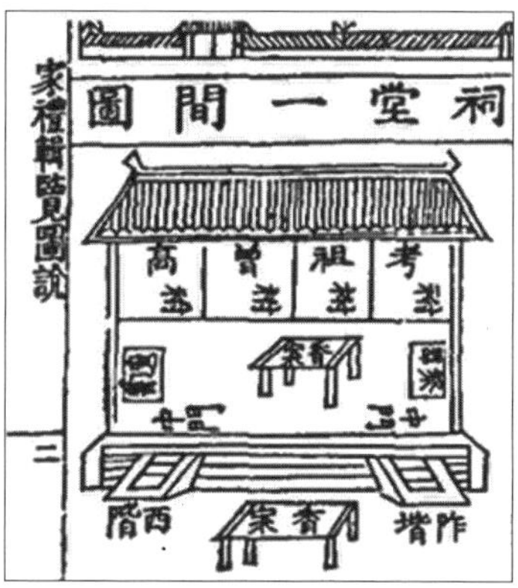

그림 34. 사당 한 칸의 그림[祠堂一間圖].
『사계전서』 24권, 「가례집람도설(家禮輯覽圖說)」

을 한다."[453]라고 하였으니 멀고 가까운 대수(代數)에 따라 예를 높이기도 하고 줄이기도 하는 절차는 부득이함이 있어서이니 지금 이미 허물어진 사당에 다시 새로운 사우(祠宇)를 세워 먼 조상에게 제사[常事][454]를 올린다면 예가(禮家)의 의미에 비추어 볼 때 어떠하겠는가. 돌에 새겨 비석을 만들어 오랜 세월이 지나도 마멸되지 않게 하는 것이 낫다. 다행히 자손들이 가업을 지킬 수 있다면 비단(碑壇)에서 해마다 한 번씩 제사를 지내며 돌아가신 선조를 그리는 심정을[455] 표현할 것이다. 비록 시대가 바뀌고 일이 변하여 불행히 다시 잡초 우거진 곳이 되더라도 우뚝하게 한 조각 비석이 그대로 이 땅과 시종 세월을 함께 하게 될 것이니 또한 괜찮지 않겠는가.

문중 사람들이 모두들 "누가 감히 받들어 주선하지 않겠는가."라하고 제단(祭壇)[456]을 설치하고 비석을 세운 다음 낮은 담장을 두르고,

453) 조묘에서 …… 봉선(封墠)을 한다: 『禮記』 권29에 보이는 본문 내용은 다음과 같다. "祭法, 王立七廟, 一壇一墠, 曰考廟, 曰王考廟, 曰皇考廟, 曰顯考廟, 曰祖考廟, 遠廟爲祧, 有二祧, 去祧爲壇, 去壇爲墠, 此據定體爲言也."
보통 4대조까지의 조상의 신주를 사당에 모시고 기제사를 지내고 4대가 지나면 사당 밖으로 遷位하여 시제만 지내는 것을 말한다. 예외의 경우가 있는데 보통 國舅, 夫馬, 功臣 등은 不遷之位라 하여 옮기지 않고 계속 제사를 모신다. 『상변통고』 제23권, 祭禮 時祭 上, 「祭法」(http://db.itkc.or.kr/index 참조.)

454) 그 제사[常事]: 『예기』 증자문에 이르기를, '薦其常事'하였는데, 이에 대한 주에 이르기를, "한 해의 제사를 올리는 것이다."하였다. 『禮記』, 「曲禮」 下권2

455) 선조를 그리는 심정을: 원문은 '羹墻'인데, 『後漢書』 李固傳에, 옛날 堯 임금이 죽은 뒤, 舜 임금이 3년 동안 지극히 仰慕한 나머지 국그릇에서도 요 임금을 보고 담장에서도 요 임금을 보았다는 고사에서 연유한 것으로, 사후에 늘 지극하게 사모하는 것을 말한다.
『後漢書』 권63, 「李杜列傳」 제53 "昔堯殂之後, 舜仰慕三年, 左則見於墻, 食則見於羹."

456) 제단(祭壇): 원문은 '壇墠'인데 단은 흙을 쌓아 올려 만든 祭壇이고, 선은 평지를 깨끗이 소제하여 만든 제단이다. 古禮에 의하면, 諸侯는 五廟를 세운 이외에 단 하나와 선 하나를 더 설치한다. 6세조는 단에서 제향하고 7세조는 선에서 제향하고 8세조 이상은 제향하지 않는다. 『禮記』, 「祭法」

앞면에 문을 만들어 풀 베고 나무하는 이들의 왕래를 막고, 짐승들이 더럽히는 것을 피하게 했으니, 이 정도에서 그칠 뿐이다. 일에 관한 구체적인 전말은 판서공이 지은 글에 다 들어 있다.[457] 여기에 충성공(忠成公, 韓明澮 1415~1487)의 후예인 한흘(韓屹)[458]이라는 분이 자원해서 노비 한 명을 바치어 물 뿌리고 청소하는 일을 맡기고, 또 단(壇) 주변의 밭 한 필지를 바쳐 그 노비를 살게 하였다. 그 밖의 자손들은 빈부에 따라 쌀과 무명을 갹출하였다. 또 이 고을에 사는 사람들을 유사로 삼아 돌아가며 그 일을 맡겨 밑천을 이용하여 이자를 불려서 많아지면 밭을 사서 제수를 마련하는데 쓰도록 했다.

매년 중춘(仲春) 정일(丁日)[459]에 부르지 않더라도 모두 모여 재숙(齊宿)[460]하고 제사를 올려 술과 음식을 진설하고 집안끼리의 의리를 서로 나누도록 했다. 옛날 동지에는 시조에게 제사지내고,[461] 입춘에는 선조에게 제사지냈다. 그러나 근세에는 동지는 속절(俗節)[462]이고, 입춘은 설날에 가깝고 해서 각자 집에 해야 할 일이 있어서 원근의 문중 사람이 모두 모이기에는 어려움이 있다. 그러므로 반드시 중춘에 제사지낼 것을 기약한다. 아! 자손의 몸은 바로 선조의 정기이다. 자손이 이미 함께 모여 있으면 선조의 정령이 바로 여기에 와서 있는

457) 비문은 韓浚謙이 지었다.「淸州韓氏始祖遺基敍事碑」,『柳川遺稿』, 한국문집총간 제 62집, p.518 참조.

458) 한흘(韓屹): 자세하지 않다.

459) 정일(丁日): 보통 서울의 성균관, 지방의 향교, 전국의 서원에서 先聖이나 先師에게 지내는 제향으로 仲春 2월과 仲秋 8월의 첫 번째 丁日에 지낸다. 구암은 이런 예에 따라 2월 첫 번째 정일에 모여 제사지낼 것을 제안한 것이다.

460) 재숙(齊宿): 재계하는 곳에서 밤을 지내는 것.

461) 동지에 …… 제사지내고:『近思錄』에 "冬至祭始祖, 立春祭先祖."라는 내용이 보인다. 동지는 一陽이 시작되는 시점이기 때문에 그 유사함을 형상하여 시조에게 제사 지낸다는 뜻이다. (『近思錄』,「治法」六禮 조 참조.)

462) 속절(俗節): 정한 제삿날 외에 철이 바뀔 때마다 사당이나 조상의 묘에 차례를 지내는 날.

것이다. 각자 깨끗이 재계하고 제사를 받들면 충만하게 선조께서 곁에 앉아 계신 것처럼 자손이 둘러서서 모시니 7백년이나 멀리 떨어졌다는 사실조차 모르겠다. 아, 훌륭하도다.

자손들이 아무리 많아도 그 시초는 한 사람의 몸 이었는데 한 사람의 몸이 나뉘어 천 명 만 명이 되어 길에서 만나도 서로 알아보지 못하는 지경에 이르니 어찌 서글프지 않겠는가. 이제부터는 태위(太尉)의 후손된 사람들은 전국 각지에서 단 아래로 모두 모여 정답게 가까이 지내[463] 영원히 단란하게 살아서 길에서 서로 알아보지 못하던 사람들을 다시 동족의 친밀함으로 합치게 한다면 다행스러운 일이 아니겠는가. 우리나라 사람으로 우리 집안의 기풍을 들은 자는 저마다 자극을 받아 근본을 잊지 않고 친지를 소홀히 하지 않도록 분발하여 본받을 것이다. 그렇게 되면 백성들이 마음을 한데 모아 국맥을 유지할 것이니 장차 이 비석이 강물 가운데 우뚝 서 있는 지주(砥柱)처럼 될 것이다. 마침내 이렇게 써서 기록하노라.

463) 정답게 가까이 지내: 韓愈의 '送窮文'에 "살갗을 비비고 뼈를 서로 부딪치며 가깝게 지냈다.[磨肌戛骨.]"는 표현이 나온다. 구암이 이것을 원용한 것으로 보고 '정답게 가까이 지내'로 번역하였다.

送芝峯李潤卿令公朝京序

吾友芝峯令公好文章, 始因學詩, 今進於文, 吾將勉其因學文而又進於道. 故今其遠別, 歷論古今文體之變, 而推本於道, 以爲行贐.

夫文者, 載道之器, 未有不深於道而爲文者也. 六經之文, 皆聖人所以明天理正人倫, 致治之大道. 道爲文之體, 文爲道之用, 體用相須, 萬世利用, 所謂治世之文, 不可尙已.

自春秋之世至戰國, 文體凡再變, 如『國語』, 委靡煩絮, 無所收拾, 眞衰世之文也. 如『戰國策』, 乘氣馳騁, 亂雜無章, 眞亂世之文也. 自是之後, 世道每一變, 文體隨之以不同, 而其違道日益遠矣. 漢氏受命, 天下一統, 其文之傑然特出者曰司馬遷,賈誼, 筆力雄豪, 意思不帖帖, 有先秦氣像, 但下字不穩當, 段落不分明, 略與漢祖立國規模相似. 其於道, 雖不敢言, 亦朴質近古. 至楊雄,班固, 始用意裝點, 漸向細密去, 文逾工而道愈失, 西京渾厚之氣, 已薾然不振.

吾嘗論楊、班一變, 至於馬、賈; 馬、賈一變, 方至於道也. 凌夷至於三國、兩晉, 歷五代抵隋唐, 其文章與世俱下, 只管衰弱. 自朝廷章奏, 皆做屬對文字, 抽黃對白, 以風儷月, 令人讀之, 如吟詠詩句, 其去載道之文, 奚啻千里.

於是時, 有韓愈氏者作, 始覺其陋, 奮然以復古爲己任, 向來浮薄之文, 一掃去之. 開口便說道理, 其所著『原道』諸篇, 雖未能盡醇, 亦幾乎道矣. 蘇子瞻嘗稱之曰: "文起八代之衰, 道濟天下之溺." 非諛言也. 柳宗元亦與韓氏齊名, 然今考宗元之文, 專事剽竊, 逞其奇巧, 已爲作文之病, 且無韓氏見識, 其筆下所成, 自不侔也.

趙宋之興, 歐、曾、三蘇, 俱以文章名世, 其醇疵高下, 先儒已爲之品題, 而蓋皆聞韓氏之風而興起焉者也. 其他時文亦稍變隋、唐之弊, 類多嚴重老成, 寧拙而不巧, 豈非太祖仁厚之澤, 有以陶甄成就之也?

時則又有周子、二程子、張子、朱子四大賢, 相繼而作, 以性理之文, 前唱後和, 跨唐越漢, 直與六經相表裏, 布帛有文, 日用資焉, 此眞治世之文也.

噫! 玆數大賢者, 何嘗操毫吮墨, 學爲如是之文哉! 道德充積於中, 英華自然外發, 此則孟子所謂"豪傑之士, 不待文王而興"者, 有非風聲氣習所可得以移易也, 非惟學道之軌範, 亦學文章之軌範也. 胡元百年, 腥羶滿天地, 有何文章之可論! 高皇帝奮起布衣, 百戰有天下, 其雄偉之氣, 欲與漢祖爭衡. 故其一時文章所尙, 亦出前代不懈, 浸淫乎漢氏矣. 然天地大數已衰, 雖欲抗而高之, 不幾於用絺絡飾冬裘乎? 恐非順時合道之宜也. 閨閫之士, 足不躡大國, 坐鑽故紙, 徒有隔壁聞聲之歎, 又不知近年以來, 作者凡幾出而文體凡幾變耶? 其爲治世爲衰世, 抑爲亂世, 都不可知, 聊以令兄之行卜之.

記曰: "見其禮而知其政, 聞其樂而知其德." 令兄其勉之哉! 棄其所短, 取其所長, 則善惡皆我之師也. 令兄其勉之哉! 旣自勉之, 又歸語之以勉我, 庶幾有相長之益也. 於其別, 縷縷言之.

중국으로 사신가는 지봉 이윤경공을 전별하는 글* [送芝峯李潤卿令公朝京序]

*중국으로 사신가는 芝峯 李睟光(1563~1628)을 전별하는 글로 구암의 문장관을 볼 수 있다. 구암은 지봉이 도에 나아가도록 권면하려고, 춘추시대부터 명나라에 이르기까지 고금의 문체변화를 상세하게 논하였다. 수 · 당 시대의 율시나 변려문 등의 질박하지 않은 문체를 수준이 떨어지는 문체라고 보았으며 고문을 회복하려고 노력한 한유를 높게 평가하였다. 周子와 二程子, 張子, 朱子의 문장은 당나라와 한나라를 뛰어넘어, 곧바로 육경과 서로 보완 관계가 되었으며 이들의 문장은 일상생활에 도움이 되는 치세의 문장이

라고 품평하였다.

중국을 가본경험이 없는 구암은 지봉에게 대국에 가서 장점을 배워와 자신을 권면해 주어 教學相長하기를 기대한다는 말로 마무리하였다.

【번역】

나의 벗 지봉(芝峯)공은[464] 문장을 좋아하는데 시를 배우는 것으로 시작해서 이제는 문장을 배우는데 정진하고 있다. 나는 앞으로 그에게 문장을 배우는 것을 통해서 도에 나아가도록 권면하려 한다. 그러므로 지금 멀리 떠나감에[465] 고금의 문체 변화를 하나하나 논하되 도(道)에 그 근본을 확대해서 전별의 글[466]에 대신할까 한다.

문(文)은 도(道)를 싣기 위한 도구이니[467] 도를 깊이 알지 못하고 문

464) 지봉(芝峯)공은: 李睟光(1563~1628)을 말한다. 지봉은 그의 호이다.『芝峯類說』의 저자이다. 조선중기 학자이자 정치가로, 그리고 후대에는 실학의 선구자로 인정받는 인물이다.

465) 멀리 떠나감에: 이수광은 1590년(28세) 성절사 서장관으로 첫 번째 연행을 가고, 1597년(35세)에 명의 궁전이 불에 타 진위사로 연경에 간다. 그 후 1611년(49세)에 세자 관복을 추정하는[奏請副使] 일로 세 번째 연경에 다녀와서「琉球使臣贈答錄」, 續朝天錄」등을 지었다. (김원준,『지봉이수광의 삶, 그 시적 변주』, 태학사, 2013.)
구암이 글을 쓴 시기가 명확하지 않아 언제 사행 갈 때 써준 글인지는 알 수 없다.

466) 전별의 글: 원문은 行贐으로 먼 길을 떠나는 사람에게 시문이나 물건을 주는 것을 말한다.

467) 도를 싣기 위한 도구이니: 송나라 周敦頤(1017~1073)의『通書』제28,「文辭」에 "문이라는 것은 도를 싣기 위한 것이다. 수레를 꾸몄는데도 사람이 타지 않는다면, 그것은 괜히 꾸민 것이다. 더군다나 텅 빈 수레라면 더 말할 것이 있겠는가.[文所以載道也. 輪轅飾而人弗庸徒飾也. 況虛車乎?]"라는 말이 보인다.

을 하는 자는 없다. 육경(六經)의 문장은 모두 성인이 천리를 밝히고 인륜을 바로잡기 위한 것으로 훌륭한 정치를 이룩하는 대도(大道)이다.[468] 도는 문의 체(體)이고, 문은 도의 용(用)이다. 체용을 서로 보완하여 만세에 이롭게 쓰면 이른바 치세의 문장으로 이보다 나은 것이 없다.

춘추시대에서 전국시대에 이르기까지 문체는 대체로 두 번 변했다. 『국어』의 경우 늘어지고 장황하여 수습할 수 없으니 참으로 말세의 문장이다.[469] 『전국책』의 경우 기세 좋게 내달렸지만 난잡하고 격식이 없으니 참으로 난세의 문장이다.[470] 이로부터 세도가 한 번 변

468) 육경(六經)의 문장은 …… 대도이다: 蘇洵은 『六經論』을 지었는데 모두 6편으로 성인이 『易』, 『禮』, 『樂』, 『詩』, 『書』, 『春秋』를 지은 뜻을 설명한 것이다. 그의 경론은 변법과 권도를 잘 인식했다[善識變權]는 특징을 보여 주는데 機權과 微權을 이용해 백성들을 통치하고 질서를 바로잡는다는 것이다. (『동양문학비평용어사전』, 범우사, 1997, p.421.)

469) 『국어』 …… 말세의 문장이다: 『국어』는 21권으로 구성된 춘추시대의 國別史書이며 '국어'라는 제목은 각국의 역사 이야기라는 뜻이다. 周語 3권, 魯語 2권, 齊語 1권, 晋語 9권, 鄭語 1권, 楚語 2권, 吳語 1권, 越語 2권으로 나누어져 있다. 사건의 시말을 체계적으로 기록한 것이 아니라 어떤 사건을 중심으로 대화를 통해 서로 논박한 곳을 모아 기록하였다. 『국어』의 문체는 주로 대화체의 문장을 이루고 있어서 때로는 어디까지가 대화이고 설명인지 모호한 경우도 있다. 따라서 구암이 장황하고 늘어진다고 표현한 것이다.

470) 『전국책』 …… 난세의 문장이다: 『戰國策』은 周 貞定王 57년(B.C. 454)으로부터 진시황 37년(B.C. 210)에 이르기까지 약 240년 동안의 정치, 사회와 策士의 언행을 기록한 역사책이다. 그 작자는 알 수 없으나, 西周, 東周를 비롯하여 秦, 楚, 齊, 魏, 燕, 韓, 宋, 衛, 中山 등의 十二國策으로 나누어 모두 33권이다. 기본적으로 전국 시기의 여러 제후국 사이의 격렬한 정치 투쟁과 縱橫家가 유세한 이야기를 서술하고 있으며, 시대의 특징을 모두 잘 반영하고 있다. 두드러진 특징은 명확한 주제를 중심으로 한 인물의 언어, 행동을 통하여 개성을 비교적 집중적으로 부각시키고 있어서 살아 있는 듯 생동감을 가지게 한다. 『史記』 이전에 있어 가장 예술성이 높은 역사 산문 저작으로, 후세의 『史記』, 『漢書』 등 傳記文學 및 辭賦, 小說, 戲劇 등에 모두 깊은 영향을 주고 있다. 또한 『전국책』에 보이는 책사의 유세와 변론은 비유와 우언을 많이 사용하고 있으며, 대단히 강력한 설득력을 가지고 있으며 문장은 간결하고 생동적이다. (李秀雄著, 『中國文學史』, 다락원, 2010, p.59~61 참조.)

할 때마다 문체도 따라서 달라졌으니 도와의 거리가 날로 멀어졌다. 한나라가 천명을 받아 천하가 하나로 통일된 뒤로 문장이 걸출하게 뛰어난 자로는 사마천(司馬遷, B.C. 145~B.C. 86)[471]과 가의(賈誼, B.C. 200~B.C. 168)[472]를 꼽을 수 있다. 그들의 필력은 힘차고 강건하며 생각이 구애됨이 없어 선진(先秦)의 기상이 있지만 글을 쓴 것이 적절하지 못하고 단락이 분명하지 않다. 그들의 기상은 대략 한(漢)

471) 사마천(司馬遷, B.C. 145~B.C. 86): 자가 子長이다. 夏陽 사람으로 太史令 司馬談의 아들이다. 어려서 아버지를 따라 長安에 왔고, 경학의 대가인 董仲舒, 孔安國에게서 배웠다. 청년 시절에는 중국 각지를 여행하며 고적을 탐방하고 전설을 채집하며, 풍토, 인정을 고찰하는 등 역사 지식을 쌓았다. 아버지 사마담이 죽은 뒤에 태사령이 되어『史記』저술에 착수하였다. 그런데 한 무제 天漢 2년(B.C. 99)에 李陵이 적은 병력으로 흉노와 싸우다가 역부족으로 흉노에게 투항하였는데, 사마천은 그를 변호하다가 한 무제의 노여움을 사게 되어 宮刑을 받게 되었지만, 옥중에서도『史記』저술에 전념하였다. 이렇게 쓰여진『史記』는 역사서로서 뿐만 아니라 문학서로도 큰 가치가 있어, 후대 문학에 미친 영향이 지대하였다. 한나라 이후부터 문학가들은 傳記 또는 서사문을 씀에 있어서 문장의 격, 인물의 묘사, 창작 방법 또는 언어의 사용에까지『史記』를 모방하여 창작하였다.『史記』의 문학적인 특징은 다음과 같다.
첫째, 문체는 당시의 口語에 가까우며, 그 구어의 기초 위에 문학 용어를 창조해 사용하고 있어 인물의 특징과 성격이 매우 선명하다. 둘째, 그는 민간에 전해지고 있는 고사성어, 은어, 민간 가요를 잘 인용하여 서술함으로써 사실적이고 친근감을 갖게 한다. 셋째,『史記』는 간단한 대화를 사용하여 인물의 독특한 성격과 정신을 잘 표현하고 있다. (李秀雄著, 상게서, p.88~89 참조.)

472) 가의(賈誼, B.C. 200~B.C. 168): 洛陽 사람으로 어렸을 때부터 문장이 뛰어나 20세 때에 漢 文帝에게 발탁, 博士가 된 뒤에 中散大夫가 되었다. 그러나 조정의 권력자들에게 배척을 당하여 長沙王 太傅로 좌천되었다가 33세의 젊은 나이로 梁에서 요절하였다. 그의 산문 가운데 뛰어난 것은「過秦論」이다.「과진론」은 진나라의 정치 득실을 따져 당시의 통치자들을 諷諫한 것으로, 거침없고 날카로운 필치의 名文이다. 원래 가의 문집이 있었으나 지금은 전해오지 않는다. 현재 통용되고 있는『賈誼集』은『新書』10권 중에 포함되어 있으며, 후세 사람이 편집한 것이다. (李秀雄著, 상게서, p.86 참조.)

고조(高祖)[473]가 나라를 세운 법도와 서로 비슷하니 도에 대해서는 감히 말하지는 못해도 문장이 질박한 것은 고대에 가깝다고 하겠다. 양웅(揚雄, B.C. 53~B.C. 18)과 반고(班固, 32~92)에 이르러 비로소 문장의 수식에 마음을 쓰게 되어 점차로 세밀한 데로 향하게 되니,[474] 문장이 뛰어날수록 더욱 도와 어긋나 서경(西京)[475]의 혼후(渾厚)한 기운이 어느새 쇠퇴하여 활기가 없어졌다.

양웅과 반고의 문체가 한번 변하여 사마천과 가의에 이르고, 사마천과 가의의 문체가 한번 변하여 도에 이르렀다고 내가 논한 적이 있다. 그런데 융성했던 문장이 점점 쇠퇴해지면서 삼국(三國)과 양진(兩晉)에 이르렀고, 오대(五代)를 거쳐 수(隋)와 당(唐)에 이르러 문

473) 한(漢) 고조(高祖): 중국 漢나라의 제1대 황제로 이름은 劉邦(B.C. 247~B.C. 195)자는 季이다. 시호는 高皇帝이며 묘호는 고조이다. 진시황이 죽은 다음해 항우와 합세하여 秦나라를 멸망시켰다. 그 뒤 垓下의 싸움에서 항우를 대파하여 중국을 통일하고 제위에 올랐다. 재위 기간은 B.C. 206~B.C. 195년이다.

474) 양웅(揚雄, B.C. 53~B.C. 18) …… 향하게 되니: 양웅은 자가 子雲이며, 蜀郡 成都 사람이다. 經學은 물론 辭章에도 뛰어났다. 성제는 양웅의 辭賦가 사마상여 못지않다는 말을 듣고 그를 불러 들였다. 양웅은 성제의 사냥을 내용으로 한 「甘泉賦」와 「羽獵賦」를 지었다. 『易學』을 모방해 『太玄經』을 지었고, 『法言』은 『論語』를 모방하여 지었다. 이 두 권의 책은 모두 유가의 관점에서 문제를 파악하고 있는 철학과 사회에 관한 자신의 견해였다. 양웅이 지은 賦 중에는 「羽獵賦」가 가장 뛰어난데, 전자는 제왕이 사냥하는 장대한 모습을 세밀하게 묘사하고 있고, 후자는 한나라 권위의 지극함을 노래하고 있다. 이 밖에도 자신의 감회를 쓴 산문부인 「解嘲」, 「解難」 및 「逐貧賦」 등이 있다.
반고는 자가 孟堅이며, 扶風 安陵 사람이다. 주요한 저서로 『漢書』가 있다. 반고는 20여 세 때에 그 『史記後傳』을 기초로 하여 『漢書』를 지었는데, 모두 20여 년이 걸렸다. 반고는 서한의 사마상여, 양웅, 동한의 장형 등과 함께 漢賦四傑로 꼽히는데, 사학가로서 뿐만 아니라 사부의 작가로도 유명하다. 그의 작품으로 가장 가치가 높은 것은 「兩都賦」로, 내용은 서한의 성대한 사냥 모습이나 궁전의 장엄함 등을 서술하고 있고, 형식은 사마상여와 굴원의 부체를 모방하고 있다. (李秀雄著, 상게서, p.78~79 참조.)
이렇듯 양웅과 반고는 문장의 수식에 뛰어났기 때문에 구암이 점차로 세밀한 데로 향하게 되었다고 말한 것이다.

475) 서경(西京): 長安에 도읍한 西漢, 즉 前漢을 가리킨다.

장과 세도가 모두 수준이 떨어지면서[476] 줄곧 쇠약해져 갔다. 조정에서 상주문을 지을 때 모두 대우(對偶)[477]의 문장을 지었고, 공교롭게 수식하여[478] 바람으로 달과 짝을 맞추어 읽는 사람이 시구를 읊조리는 듯하니 도를 실은 문장[479]과의 차이가 어찌 천 리뿐이겠는가?

이러한 시기에 한유(韓愈, 768~824)가 나와 비로소 그 보살 것 없음을 깨닫고 분연히 고문을 회복하는 것을 자신의 임무로 삼아 이제까지의 부박한 문체를 모두 쓸어버렸다.[480] 입만 열면 도리를 말하는

---

476) 오대(五代)를 …… 떨어졌다: 수 문제는 남조의 형식적인 화려한 문풍을 배척하고, 참신하고 질박한 문장을 주장하였으나 별다른 성과를 거두지 못하였다. 그런데 뒤의 수 양제는 아름답고 화려한 문학을 좋아하였다. 이러한 수 양제의 취향은 당시의 문단에 큰 영향을 끼쳐 화려한 문장이 유행하였다. 수의 저명한 시인들로는 楊僥, 薛道衡, 盧思道, 虞世基, 孫萬壽 등을 들 수 있으나, 그 가운데에서 설도형, 우세기를 대표로 꼽을 수 있다. (李秀雄著, 상게서, p.138~150 참조.)
구암은 수 · 당 시대의 율시나 변려문 등의 질박하지 않은 문체를 수준이 떨어지는 문체라고 본 듯하다.

477) 대우(對偶): 원문은 屬對로 두 말을 이어 내려가면서 對句를 이루는 作詩法을 말한다.

478) 공교롭게 수식하여: 원문은 '抽黃對白'로 황색이나 백색 등 갖가지 색깔을 늘어놓는 것으로, 전하여 對句를 맞추어서 문장을 아름답게 꾸미는 것을 말한다.

479) 도를 실은 문장: 원문은 '載道之文'으로 '文以載道'를 가장 강력하게 내세운 인물은 한유이다. 그가 창도한 고문 운동은 바로 고문을 강조하고 변려문을 거부하면서 유가의 정통사상을 선양하는 동시에 불가와 도가의 학설을 부정하는 것을 중요한 강령으로 내세웠다. 문이재도론은 유가의 정통적 지위를 옹호하면서 봉건통치이념에 충실히 복종하는 한계도 지녔지만, 문학과 정치의 밀접한 관련성을 강조하고 문학에 담기는 사상성을 중시하는 등 긍정적인 의의도 무시할 수 없다. (임종욱, 『동양문학비평용어사전』, 범우사, 1997, p.294)

480) 한유(韓愈, 768~824)가 …… 쓸어버렸다: 자가 退之이다. 당대의 뛰어난 산문가이며 고문운동의 창도자로, 그의 시에도 고문 道統의 특색이 있다. 따라서 '글로써 시를 삼는다.[以文爲詩.]'라는 생각으로 산문의 구법을 사용하여 장단이 일정치 않은 시를 많이 지었다. 또 어려운 자[僻字]와 괴팍한 운[怪韻]을 사용하는 등 文人詩의 풍격을 이루었다. (李秀雄著, 상게서, p.168~169 참조.) 한유가 말한 고문은 단지 선진양한 시대의 체제를 회복하자는 것만은 아니었다. 그는 "진부한 표현은 없애기에 힘쓰라.[惟陳言之務去.]"고 외치면서 "과거의 전통에 얽매이지 않은 문체를 수립하라.[能自樹立不因循.]"고 주장하였다. (임종욱, 상게서, p.280)

그가 저술한 「원도(原道)」 등 여러 편도 전부 다 순정하지는 못하지만 또한 거의 도에 가까웠다. 소자첨(蘇子瞻, 1037~1101)이 그를 칭송하여 "문장은 팔대의 쇠미함을 일으키고 도는 이단에 빠진 천하를 구제하였다."[481]라고 했는데 이것은 아첨하는 말이 아니다. 유종원(柳宗元, 773~819) 또한 한유와 이름을 나란히 하였지만 지금 유종원의 문장을 살펴보니 오로지 표절만을 일삼고 기교를 부리는 것이 이미 글을 짓는 데 병폐가 되었다.[482] 게다가 한유만한 식견이 없었으니 유종원의 붓끝에서 이루어진 문장은 당연히 그와 대등할 수가 없다.

조송(趙宋)[483]이 서자 구양수(歐陽脩, 1007~1072)와 증공(曾鞏, 1019~1083),[484] 삼소(三蘇)[485]가 모두 문장으로 세상에 이름을 날렸다. 좋고 나쁜 우열에 대해서는 선유들이 이미 품평해 놓았는데 대체로 모두 한유의 영향을 받고 흥기한 자들이었다. 그밖에 시문(時文)도 수와 당의 병폐가 조금 변해 대부분 엄중하고 노숙(老熟)하여 투박할지언정 멋 부리지 않았으니 어찌 송 태조(太祖, 927~976 ; 재위, 960~976)의 인후한 은택으로 세상을 잘 다스린 성취가[486] 있어

481) 문장은 …… 구제하였다: 소식이 『潮州韓文公廟碑』에서 한유의 문학적 성과를 높이 추앙하면서 한 말이다. 여기서 팔대란 後漢 · 魏 · 晉 · 宋 · 齊 · 梁 · 陳 · 隋의 여덟 왕조로, 그동안 나약하고 화려하기만 한 騈儷文 일색의 문풍을 한유가 古文으로 바꾸어 놓은 것을 말한다.(임종욱, 상게서, p.278.)

482) 유종원 …… 병폐가 되었다: 자가 子厚이다. 특히 당나라의 뛰어난 사상가이며 산문 작가로, 한유와 함께 고문 운동을 제창하였다. 山水遊記詩에 뛰어나고, 자연 묘사를 위주로 한 시풍이 매우 청신하였다. 유종원은 '文以明道'를 주장하였다. 문학적인 견해는 한유와 비슷하지만, 한유의 '道'는 유가의 윤리적인 관점에 입각한 敎化의 도인데 비하여, 유종원의 '도'는 불교, 도교 및 문예 기교의 도를 포함하고 있다. 즉, 문장은 文采가 뛰어나야만 사람들을 감동시킬 수 있고, 문학의 효용도 오래 지속될 수 있다는 것이다.(李秀雄著, 상게서, p.168~169 참조.)

483) 조송(趙宋): 宋 나라의 시조가 趙光胤이었기 때문에 왕조의 성을 위에 붙여서 조송이라고 한 것이다.(세종대왕기념사업회, 『한국고전용어사전』 4, 2001, p.872.)

서가 아니겠는가. 그 당시에는 또 주자(周子)와 이정자(二程子), 장자(張子), 주자(朱子)의 4대 현인이 계속해서 나와 서로 주고받은 성리설의 문장이 당나라와 한나라를 뛰어넘어, 곧바로 육경과 서로 보완 관계가 되었다. 무명과 비단에 무늬가 있는 듯이 쓰여 있어 일상생활에 도움이 되었으니 이것은 참으로 치세의 문장이다.

아! 이 여러 대현들이 어찌 일찍이 붓을 들고 먹을 찍어 이와 같은 문장 짓는 것을 배웠겠는가? 도덕이 마음속에 쌓이면 문장이 저절로 밖으로 드러나는데 바로 맹자(孟子)가 이른바 "뛰어난 선비의 경우에는 문왕이 없어도 흥기한다."[487]라고 한 것이니, 풍속이나 문장의

---

484) 구양수(歐陽脩, 1007~1072)와 증공(曾鞏 1019~1083): 구양수는 자가 永叔, 호는 醉翁이며 만년에는 六一居士라고 하였다. 吉州 永豊 사람으로 정치가이며 문학가였다. '글과 도는 하나로 합쳐져야 한다.[文道合一.]'고 주장하였다는 것에서 구양수의 시와 산문은 모두 韓愈의 고문운동 정신을 이어받았음을 알 수 있다. 즉 道이 文을 결정하게 된다고 강조하였다. 구양수는 특히 한유의 '문으로써 시를 삼는다.[以文爲詩.]'라고 하는 시의 작법을 따랐기 때문에, 議論化 散文化의 특징을 가지게 되었다. 하지만 한유의 어려운 글귀, 險韻의 사용을 기피하고, 다만 그의 장점인 웅장한 氣格을 본받았기 때문에, 비록 호방하다고 하더라도 난삽하지 않았고, 평이하고 담백하였다. 증공은 구양수의 문하생으로, 자가 子固이다. 建昌 南豐 사람이다. 그도 역시 한유를 추종하였으며, 구양수와 마찬가지로 '文以明道'를 주장하였다. 문장의 수식을 반대하였으며, 騈偶를 사용하지 않았다. 글은 구양수의 글처럼 평이했으나, 다른 점은 작품이 유창하고 공정함을 들 수 있다. (李秀雄著, 상게서, p.202~203 참조.)

485) 삼소(三蘇): 송나라 蘇洵(1009~1066)과 그의 두 아들 蘇軾(1037~1101)·蘇轍(1039~1112)이 모두 뛰어난 문장가이기 때문에, 이들 3부자를 세상에서 三蘇라 한다.

486) 세상을 잘 다스린 성취가: 원문은 '陶甄'인데 질그릇의 모양을 크고 작게 만드는 旋盤처럼 천하를 주름잡아 잘 다스리는 것을 말한다. 즉, 임금이 세상을 잘 제도하여 다스리는 것을 뜻한다.

487) 맹자(孟子)가 …… 흥기한다: "文王이 나와야 흥기하는 자는 일반 백성이니, 호걸지사 같은 경우에는 문왕이 없어도 흥기한다.[待文王而後興者, 凡民也. 若夫豪傑之士, 雖無文王猶興.]"하였다. (『孟子』, 「盡心上」)

풍조에 의해 변화될 수 없는 점이 있기 때문이다. 도의 모범만을 배운 것이 아니라 문장의 모범도 배운 것이다. 그러나 원나라 통치 100년 동안 오랑캐가 천하에 가득하였으니 무슨 논할만한 문장이 있었겠는가?

고 황제(高皇帝)[488]가 포의로 떨쳐 일어나 수백 번 싸워 천하를 차지하였으니 그 웅장하고 뛰어난 기상은 한고조와 우열을 다툴 만하였다. 그러므로 그 당시 전대(前代)보다 뛰어날 정도로 꾸준히 문장을 숭상하여 문장이 한나라에 점차 가깝게 되었다. 그러나 천지의 운수가 이미 쇠하였으니 아무리 버티고 높이려고 해도 이는 갈포로 겨울 갖옷을 장식하는 격이 되지 않겠는가? 아마도 시대에 순응하고 도에 부합하는 도리는 아닌 듯하다. 집안에만 있는 나는 직접 대국을 밟아보지도 못하고 앉아서 책장만 파고 있으면서 다만 벽을 사이에 두고 소문만 듣는 탄식이 있을 뿐이다. 게다가 근래 이후로 작자가 모두 얼마나 배출되고 문체가 몇 번이나 변했는지도 알지 못하고, 치세인지 말세인지 아니면 난세인지 도무지 알지 못하지만 그저 영형(令兄)의 원행으로 헤아려 볼 따름이다.

『맹자(孟子)』에 "그 예를 보고 그 정사를 알고 그 예악을 듣고 그 덕을 알 수 있다."[489]라고 하였으니, 영형(令兄)께서는 노력하기 바란다. 그 단점은 버리고 장점을 취한다면 선과 악이 모두 나의 스승이 될 것이다. 영형은 노력하기 바란다. 이미 스스로 노력하고 또 돌아

488) 고 황제(高皇帝): 명 태조 朱元璋(1328~1398, 재위 1368~1398)을 말한다. 홍건적에서 두각을 나타내어 각지 군웅들을 굴복시키고 명나라를 세웠다. 또한 북벌군을 일으켜 원나라를 몽골로 몰아내고 중국의 통일을 완성하여 漢族 왕조를 회복시켰고, 아울러 중앙집권적 독재체제의 확립을 도모하였다.

489) 『맹자(孟子)』에 …… 알 수 있다: 『孟子』 원문은 다음과 같다. "子貢曰: '見其禮而知其政, 聞其樂而知其德, 由百世之後, 等百世之王, 莫之能違也.'" 『孟子』, 「公孫丑 上」

와서 이야기해주어 나를 권면해준다면 교학상장(教學相長)의 도움을 기대할 수 있을 것이다. 그래서 그와 이별하면서 이렇게 자세히 이야기 한다.

反始堂記

淸州, 本某先祖高麗太尉公開基之地, 後七百餘年而某分牧是邑. 鄕人父老, 往往傳說當時之事, 指某丘爲舊遊, 指某水爲舊釣, 令人感古悼昔, 有不能自已者. 於是就其古里遺墟, 築壇樹碑以寓羹墻之感, 吾弟柳川公實記其事.

又於公衙東墻外, 開一小屋, 凡四架五楣. 以其左半爲溫房, 前開後壁, 蓋嚮晦宴息, 取便起居也. 以其右半爲涼軒, 四達八窓, 蓋待朝聽民, 恐有壅蔽也. 合而扁之日"返始堂". 其取義也有二焉: 在某則返於始生之鄕, 以其地而言也；在他人則返於始稟之性, 以其德而言也. 顧名思義, 惟其當而已, 不施繪事, 昭其儉也；不取茅茨, 圖其久也. 周繚垣墻, 雜植花卉, 出入之際, 由內達外, 無煩徒卒, 開門則爲公堂, 闔門則爲私室, 一開一闔, 動靜循環, 公與私不相妨, 心與身俱得宜, 此作堂之梗槪也.

且夫斯堂之所貯, 雖無異趣奇觀, 夏聽南川, 冬看雪山, 秋月春花, 皆足以怡神樂志, 以永今夕. 但受人之牧, 不敢自逸, 春省耕, 秋省斂, 冬催科, 皆有程限, 日不暇給, 無一時可以等閑遨遊. 而惟長夏數月, 稍得無事, 民歸農畝, 簿牒無多, 綠陰滿庭, 盡日偸閑. 時則或與二三學徒携經執書, 講明道理, 使一州之人, 皆知返始之義, 庶幾移孝爲忠, 自家而國, 不下堂而成敎矣. 然則斯堂之作, 亦不能無少補於治化. 而鹵莽不敏, 蓋有志而未遑焉.

噫! 榮歸故鄕, 古人比之晝錦, 豈非其人之德之業, 足以享有富貴, 而非濫叨乎? 其向人誇矜亦宜矣. 如某薄劣尸素, 日夕惴惴, 嘗以負國恩忝所生爲憂, 又奚暇以榮耀自多哉? 此則事同而心異, 不敢效嚬也. 旣以此求詠於諸公, 而因記其顚末, 以告繼而坐斯堂者云.

반시당(返始堂)에 대한 기문[返始堂記]*

*한씨의 시조인 高麗 太尉公이 처음 터를 잡았던 淸州에 返始堂을 짓게 된 과정과 의미에 대해 기록한 記文이다. '返始'의 의미는 개인적으로는 구암 자신이 본향으로 돌아왔다는 것이고, 사회적으로는 사람들이 본래 타고난 본성을 회복한다는 이중적인 의미를 내포하고 있다.

【번역】

청주는 본래 나의 선조이신 고려 태위공[490]께서 터를 잡았던 곳인데 7백여 년 뒤에 내가 이 고을의 수령이 되었다.[491] 마을의 노인들이 왕왕 당시의 일을 이야기해 주는데 어떤 언덕을 가리키며 예전에 놀던 곳이라 하고, 어느 강물을 가리키며 예전에 낚시하던 곳이라고 말하여 옛일을 생각하고 선조를 추도하는 마음 가눌 길이 없게 하였다. 그래서 옛 마을의 남겨진 터전으로 가서 단을 쌓고 비석을 세워 선조를 그리워하는 마음을 담았으며 나의 아우 유천공(柳川公, 한준겸(韓浚謙))이 그 일을 사실대로 기록하였다.

또 관아 동쪽 담 바깥에 4가(架) 5미(楣)[492]되는 작은 집을 한 채 지었다. 집의 절반인 왼편은 온돌방을 만들어서 앞에는 문을 뒤에는 벽

490) 태위공: 韓蘭(?~?)을 말한다. 한란은 고려 太祖가 후백제의 甄萱을 정벌하기 위해 청주를 지날 때 군량미를 조달하여 삼한 통합에 공이 있으므로 개국벽상공신으로 三重大匡太尉에 올랐다.

491) 내가 …… 되었다: 구암은 1604년에 청주 목사가 되었다.

492) 4가(架) 5미(楣): 4칸 집을 가리킨다. 架는 보 방향(전후방향)의 기둥간격을 뜻한다. 전체적으로는 기둥의 위치를 잡는다는 의미로 건축의 평면계획을 말한다. 우리나라에서는 칸살 혹은 간살이라 부른다.
楣는 『爾雅』에서 들보라고 풀이하고 있다. "楣謂之梁" (『爾雅』, 「釋宮」 제5)

을 내었으니 날이 저물면 편히 쉬어 기거에 편리하도록 하였다. 집의 절반인 오른편에는 시원한 마루를 만들어서 사방으로 8개의 창을 내었으니 아침이 되기를 기다려 민심을 들을 때 막히는 것이 있을까 염려해서이다. 이러한 생각을 반영해서 '반시당(返始堂)'이라는 편액을 내걸었다. 그 취한 의미는 두 가지가 있는데 내게는 본향으로 돌아왔다는 의미로 그 땅을 가지고 말한 것이고, 다른 사람에게는 처음 부여받은 성품을 회복한다는 의미로 그 본성을 가지고 말한 것이다. 이름에 담긴 의미를 생각하며 그 뜻에 합당하게 하고자 할 뿐이다. 적당하게 더 이상 꾸미지 않은 것은 그 검소함을 나타낸 것이고, 띠로 지붕을 덮지 않은 것은 오래 보존하기 위해서이다. 담장 주위에는 여러 가지 화초를 심었으며, 출입할 때에 안에서부터 밖에까지 병졸의 번잡스러움이 없다. 문을 열면 공적인 장소요 문을 닫으면 개인적인 공간이니 한번 열고 닫음에 동정이 순환하여 공과 사가 서로 방해받지 않아 몸과 마음이 모두 편안하니 이것이 당(堂)을 지은 대략적인 내용이다.

또 이 집이 지니고 있는 것이 비록 별다른 정취나 특별한 볼거리는 없지만 여름에는 남쪽 시냇물 소리를 듣고, 겨울에는 눈 내린 산을 보며 가을 달과 봄꽃이 모두 나의 마음을 즐겁게 해주기에 충분하여 오래도록 즐길 만하다.[493] 그러나 수령의 직임을 받아 감히 안일해서는 안 되니 봄에는 밭가는 것을 살피고, 가을에는 추수를 살피며 겨울에는 세금을 독촉하는 것 등은 모두 정해진 기한이 있어 한가할 겨를이 없으니 한시라도 일을 등한시하고 놀 수 없다. 그러나 해가 긴

493) 오늘 …… 만하다: 원문은 '以永今夕'으로 밤새도록 즐기면서 헤어지기 싫어하는 아쉬운 심정을 표현한 말이다. 『시경』, 「白駒」에 "그대의 흰 망아지가 내 밭의 콩잎을 먹었다 핑계 대고는, 붙잡아 매어 두고 오늘 밤 길게 늘여, 저 훌륭하신 분을 내 집의 귀빈으로 모셨으면.[皎皎白駒, 食我場藿, 縶之維之, 以永今夕, 所謂伊人, 於焉嘉客.]"이라는 표현을 원용한 것이다.

여름 몇 달은 그나마 일이 없어 백성들은 농사에 종사하고 처리할 장부와 문서도 많지 않으니 녹음이 가득한 뜰에서 하루 종일 한가로이 즐길 수 있다. 때때로 경서를 가지고 온 두세 명의 학도들에게 도리를 강론하여 온 고을 사람들에게 모두 '반시(返始)'의 의미를 알게 하여 부디 효심을 충성으로 발전시켜 집안에서 나라에 이르기까지 당 아래를 내려가지 않고도[494] 교화가 이루어지기를 바란 것이다. 그렇다면 이 당을 지은 것이 또한 치세와 교화에 작은 보탬이 없을 수 없다. 그러나 나는 서툴고 어리석어 치세와 교화에 뜻이 있지만 그럴 겨를이 없다.

아! 출세하여 고향으로 돌아오는 것을 고인들은 주금(晝錦)[495]에 비유하였으니, 어찌 그 사람의 덕업이 부귀를 누릴 만해서이지 외람되게 차지했겠는가. 남들에게 자랑하는 것도 당연하다. 나는 무능하여 녹만 축내고 있어 밤낮으로 안절부절못하면서 나라의 은혜를 저버리고 부모를 욕되게 하지나 않을까 근심하였으니 또 어느 겨를에 성공했다고 자부하겠는가? 그렇다면 이것은 표면적인 일은 같으나 실상은 다르니 감히 고인을 잘못 본받아 자부하지는 않는다. 이윽고 이러한 의미로 여러 공들에게 시가를 지어줄 것을 부탁하였고, 그 전말을 기록하여 훗날 이 당에 머무는 사람에게 알린다.

---

494) 당 아래 …… 않고도: 孔子의 제자 宓子賤은 성품이 매우 인애하여 일찍이 單父를 다스릴 적에 항상 거문고만 타고 앉아서 당 아래를 내려가지 않았으나 선보가 잘 다스려졌다는 데서 온 말로, 전하여 지방관이 인애로써 백성을 잘 다스림을 뜻한다.

495) 주금(晝錦): 낮에 비단옷을 입는다는 뜻으로, 출세하여 고향에 돌아가는 것을 말한다. 錦衣還鄕과 같은 말이다. 구암이 청주목사가 되어 청주에 오게 된 것을 말한다.

啓蒙卦變圖跋

嘗讀『啓蒙』, 見『卦變圖』, 上下排行, 恁地嵯峨, 有不能無疑者. 及得許功彦改本, 一高一低, 粲然不紊, 順觀逆觀, 皆從一法. 於心甚喜之, 自以爲天慳地祕, 庶幾窺見千古之一快也. 及來西原, 倩李光胤釐正乾坤一圖, 入梓傳印, 將與學易者共之. 仍比兩圖而諦審之, 本圖從下而觀, 果似不齊, 從上而觀, 其條理亦甚精密. 蓋二爻、三爻、四爻、五爻之變, 並從極行書, 自二爻以下有變例, 則低一行, 變例之中, 又有變例, 則又低一行, 一見瞭然, 別無疑晦. 且三十二圖, 無非一樣, 不容皆差, 或者謂朱子之意本如改本, 而刊行之訛如此, 則吾恐不然也. 功彦亦非自己做出, 嘗見唐本有如此改之者云, 而余忘其姓名矣, 並付篇末, 以竢知者辨之.

『역학계몽(易學啓蒙) 괘변도(卦變圖)』 발문*

*허성이 『易學啓蒙』 卦變圖를 보기 좋게 수정한 것을 보고 李光胤(1564~1637)을 시켜 이것을 정리하고 판각하게 해서 역을 배우려는 사람들과 공유하려고 했다. 이때 「역학계몽괘변도」에 써준 발문이다.

【번역】

내가 『역학계몽』을 읽다가 「괘변도」[496]를 보았더니 상하의 배항

496) 『역학계몽』……「괘변도」: 『역학계몽』은 朱熹가 지은 『주역』 개설서이다. p.184 「啓蒙揲蓍辨」 주석 309)에 자세하다.

(排行)이 이렇게[497] 들쭉날쭉하니 의구심이 없을 수 없었다. 그러다가 허공언(許功彦, 1548~1612)[498]의 수정본을 얻어 보니 한 줄은 높고 한 줄은 낮아 분명하고 복잡하지 않아서 어떤 식으로 보든지 모두 똑같이 법도에 맞았다. 그래서 내 마음에 매우 흡족하여 스스로 하늘과 땅이 비밀스럽게 아껴 둔 것으로 거의 천고의 통쾌한 일을 엿

「괘변도」는 孔子가 「彖辭」에서 괘변을 말한 것에 대해 그 원리를 설명하기 위한 그림이다.

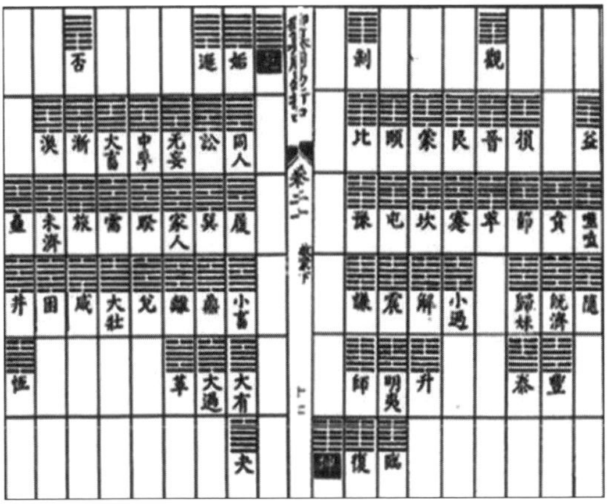

그림 35.『역학계몽』,「괘변도」.

497) 이렇게: 원문은 '恁地'로 정약용은 '語類 중에 這라는 것은 이것[此]이라는 뜻이고, 나(那)라는 것은 저것[彼]이라는 뜻이고, 임지[恁地]라는 것은 이렇게[如許]라는 뜻이다.'라고 풀이하였다.『(茶山詩文集』제21권,「書」)

498) 허공언(許功彦): 허성(許筬, 1548~1612)이다. 본관은 陽川. 功彦은 자이다. 호는 岳麓·山前. 아버지는 동지중추주사 曄이다. 동생이 篈·筠·蘭雪軒으로 모두 시와 문장으로 이름이 높았다. 柳希春에게 수학했다. 1568년(선조 1) 생원시에 합격하고 1583년 별시문과에 급제했다. 柳成龍·金命元·禹性傳 등과 함께 李滉의 학통에 가까운 南人에 속했다. 학식과 덕망으로 사림의 존경을 받았고 글씨에도 뛰어났다. 찬성에 추증되었다. 저서로는『岳麓集』이 있다.

본 것이라 여겼다. 서원(西原)[499]에 와서 이광윤[500]을 시켜 건곤일도(乾坤一圖)를 정리하여 바로 잡아 판각해서 인쇄하여 앞으로 역(易)을 배우는 사람들과 공유하고자 한다. 그래서 이 두 도판을 비교하여 자세히 살펴보니 본도(本圖)는 아래에서부터 보면 과연 고르지 않은 듯하지만 위에서부터 보면 그 조리가 또한 매우 정밀하다. 2효, 3효, 4효, 5효의 변화를 모두 맨 윗줄에 쓰고, 2효 이후에는 변례(變例)가 있으면 한 줄을 내려 썼으며 변례 중에 또 변례가 있는 경우 또 한 줄을 더 내려써서 일목요연하여 별다른 의심이 없었다. 게다가 32도가 모두 한결같아서 조금도 틀리지 않으니 어떤 이들은 주자의 의도는 수정본과 같았는데 간행할 때 이렇게 잘못된 것이라고도 하지만 내 생각에는 그렇지 않은 것 같다. 공언(功彦)도 자기가 직접 만든 것이 아니라 당본(唐本)에 이렇게 고친 것을 본적이 있다고 말했으나 내가 그 사람 이름을 잊어버렸다. 그래서 편말에 함께 부쳐서 식자의 변별을 기다린다.

499) 서원(西原): 지금의 청주지역을 말한다. 신라 때의 지방 행정구역의 하나. 神文王 5년(685)에 지금의 충청북도 淸州 지방에 西原小京을 설치하였다가 景德王 때에 서원경으로 개칭하였다. 고려 太祖 23년(940)에 청주로 고쳤다. (한국역사지명사전 편찬위원회, 『한국역사지명사전』, 2008.)

500) 이광윤(李光胤, 1564~1637): 본관은 慶州. 자는 克休, 호는 讓西. 昌平縣令 鯤의 증손으로, 할아버지는 司僕寺判官 公麟이고, 아버지는 진사 潛이며, 어머니는 從仕郎 姜應淸의 딸이다. 초서를 잘 썼다. 1585년(선조 18)에 진사가 되고, 1594년 별시문과에 병과로 급제, 1602년 호조좌랑을 시작으로 교리 · 수찬 등을 역임하고, 1607년 서천군수 · 부제학을 지냈다. 도승지에 추증되고 仁山書院에 제향되었다.

2.『久菴遺稿』卷下 譯註

戶曹參議辭職疏

伏以臣之老母, 今年七十有七, 衰病奄奄, 與死爲隣. 上年秋, 同生弟臣浚謙有觀察關西之命, 烏鳥私情, 欲畢殘年榮奉, 携而同歸. 臣於其時, 曲蒙大行聖上體下深仁, 特賜由暇, 許以隨行, 恩私浹骨, 糜粉難忘, 至今思之, 涕淚交零. 顧職名在身, 不敢久留, 旋卽還朝, 母子相離, 今已六箇月矣. 西嶺殘暉, 看來漸盡, 此日游子, 當作何如心事耶?

今聞重患時令, 累日不汗, 有時痰塞, 命在喉間, 欲待臣瞑目, 千里書來, 五內如焚, 形魂異行, 不知所以自定也. 目今國有大恤, 上下靡遑, 非但瀆擾陳乞之爲未安, 因私出入, 不得自盡於奔走之列, 有乖人臣致死之義. 臣於此際, 進退狼狽, 罔知攸處. 第念老人絲髮之命, 一朝溘然, 不得永訣終天, 則其有累於新化孝理亦大矣.

臣之心事至此, 有不暇計其他者也. 屬玆多事之時, 版籍庶務, 比前尤劇, 不可一日曠廢. 伏乞聖慈特命鐫臣職名, 許臣歸省, 及其未死之前, 得以相見, 則天地生成之恩, 宜如何報之哉! 臣不勝危迫懇惕之至.

호조참의[501] 사직상소[戶曹參議辭職疏] *

*구암은 1607년(선조 40)에 호조 참의에 제수되었으나 이듬해인 1608년(선조 41) 평양에 계신 노쇠한 노모의 병이 위중하여 사직을 하고 가서 노모의 병구완을 하겠다고 호소하는 내용이다.

【번역】

삼가 아룁니다. 신의 어미는 금년에 77세인데 노쇠한 병으로 숨이 곧 끊어질 듯 매우 위독합니다.

작년가을에 신의 동생 한준겸(韓浚謙, 1557~1627)이 평안 관찰사로 임명되어[502]어머님 은혜에 보답하고 싶은 마음에 어머님 남은 생을 영화스럽게 봉양하고 싶어 함께 모시고 갔습니다. 신은 그 당시 아랫사람을 이해해주는 대행 성상(大行聖上)[503]의 깊은 사랑 덕분으로 특별히 휴가를 받아 함께 따라 갈 수 있도록 허락을 받았습니다. 은혜가 뼈에 사무쳐 몸이 가루가 되어도 잊기 어려우니 이제와 생각해도 눈물이 흐릅니다. 그러나 직명(職名)을 지닌 몸이라 감히 오래 머무를 수 없어 바로 조정으로 돌아와 모자간에 헤어진 지가 어느새 6개월이 되었습니다. 넘어가는 석양은 점점 사라져 가는 것이 보이는데 지금 어미 곁을 떠나 있는 신의 심사가 어떠하겠습니까.

이제 들으니 계절병을 심하게 앓아 여러 날 땀도 못 내고 때때로 가

501) 호조참의: 한백겸은 1607년(선조40) 8월에 호조 참의에 제수 되었다. "○以朴弘老爲同知經筵, 朴承宗爲右副賓客, 鄭起龍爲都摠府副摠管, 韓百謙【蔭官也. 以吏治名.】爲戶曹參議, ……." (『宣祖實錄』, 宣祖 40年 8月 1日.)

502) 한준겸(韓浚謙, 1557~1627) …… 임명되어: 한준겸은 1607년(선조 40) 8월에 평안 감사가 되었다.

503) 대행 성상(大行聖上): 大行은 임금이 세상을 떠난 뒤 諡號를 올리기 전의 존칭이다. 여기서는 선대왕 선조를 말한다.

래가 기도(氣道)를 막아 금세라도 숨이 넘어갈 듯하면서도 신을 기다려 죽으려 한다는 편지가 천리 먼 곳에서 오니, 오장이 타는 듯하고 몸과 마음이 따로 움직여 어떻게 진정해야할지 모르겠습니다. 지금 나라에 국상이 있어 상하가 겨를이 없으니 번거롭게 청을 드리기에 온당하지 않을 뿐만 아니라 개인적인 일로 출입하면서 대신의 직무를 다할 수 없으니 목숨 받쳐 충성해야하는 신하의 의리에도 어긋납니다. 신은 이즈음 진퇴가 낭패스러워 어쩔 줄을 모르겠습니다. 다만 늙은 어미의 실낱같은 목숨이 하루아침에 갑자기 잘못되어 마지막에 임종을 할 수 없다면 효도로 다스리는 새로운 덕화의 시대에 누가되는 것도 클 것입니다.

신의 심사가 이 지경에 이르러 다른 것은 따질 겨를이 없습니다. 일이 많은 이때에 호적과 토지에 관한 각종 사무가 전보다 더 많으니 하루라도 자리를 비워 두어서는 안 됩니다. 삼가 바라건대 자애로우신 성상께서는 신의 직명을 채차하시어 신의 귀성을 허락해 주셔서 어미가 죽기 전에 서로 만날 수 있도록 해 주십시오. 그렇게 해 주신다면 천지(天地)처럼 생성해 주시는 성상의 은혜를 어떻게 다 보답할 수 있겠습니까. 신은 매우 절박하고 두려운 마음 가눌 길이 없습니다.

貢物變通疏

伏以臣本世祿之家, 自髫齔時已志於穀, 而顧才學淺短, 不足有爲. 中間又有无妄奇禍, 萬死一生, 遂無意於進取, 抱病守拙, 分甘明時之棄物. 幸賴先王用人無方, 不遺管蒯, 如臣無狀亦在隨材調用之中, 超敍六品, 歷試郡縣.

本無幼學之事, 寧有壯行之業? 報蔑涓埃, 謗積尸素, 猶以尋常簿書, 不失期會. 過蒙褒典, 至再至三, 十年之間, 驟躋貂玉之班, 備位九卿之後, 臣亦有心, 詎不知感? 自非糜粉, 圖報無路, 不意今者弓劍遽遺, 攀號莫及, 其以懷恩感德於先王者, 欲報之於殿下, 耿耿于中, 豈敢須臾忘也?

頃聞老母遠在關外, 嬰病危篤, 莫保朝夕. 臣於是時, 方寸已亂, 冒陳情事, 瀆擾天聽, 方以罪戾爲懼. 而聖恩如天, 曲加寬貸, 特命給由, 使之亟歸省之, 及其未死, 得以來見, 母子相持, 不覺言淚俱發, 國恩之外, 更無他語.

儻臣母疾少得差可, 則臣當趁卽還朝, 得以自盡於奔走之列, 顧此殘年劇疾, 元氣已脫, 藥不見效, 日至奄奄, 時月之間, 勢難棄去. 而地部煩劇, 素非閑漫, 屬玆多事之時, 尤不可久曠. 伏乞聖慈俯察微懇, 速命鐫改, 以便公私, 不勝幸甚.

仍伏惟念, 臣旣不得進効筋力之勞, 區區犬馬之誠, 終有不能自已者, 敢以曾莅其事而熟知其弊者, 試一獻焉. 我國貢物之弊, 殿下亦嘗聞之耶? 人有恒言國家存亡, 實繫於此. 雖殿下亦豈不聞之也? 任土之貢, 當初皆有條理, 不但爲今日之病民而已也. 行之旣久, 節節生弊, 一卷之紙, 十金猶不足供; 一張之皮, 數牛猶不得償, 直到今日, 已成膏肓. 苟不及此時變而通之, 則土崩瓦解之勢, 行將立至, 雖有善者, 亦無如之何矣.

往在乙未年間, 相臣柳成龍深知其弊, 罷貢作米, 該用雜物, 皆從市直貿易用之, 以其餘補軍資. 其意非不善, 而其法有未盡善, 怨者多而悅者少, 終至於不旋踵而還罷. 有此機會而不得更張, 至今爲生民之病, 臣竊痛焉.

臣於其時, 適爲本曹佐郎, 亦嘗預聞首末. 其法通八道無論遠近, 每田一結, 出米二斗, 輸納于京, 大小土貢, 一切停罷焉. 夫沿海之邑, 自以其地載船上納, 則二斗之米, 豈不爲輕乎? 若如山郡遠水之地, 則轉輸出浦之費, 三倍本數, 於是乎山郡之民怨焉. 該用之物, 本曹親行買賣, 有同商賈, 以減削其價爲能事, 於是乎市廛之民怨焉. 當其時, 還都未久, 物貨未集, 如有不時之需, 市廛所不可得, 則不得已別卜於外方, 民有疊徵之怨, 吏無信法之意, 相與共起而稱不便. 防納無所售其利, 胥徒無所容其奸, 其投間抵隙, 必欲壞其法而後已者, 又其情勢之必然也.

聽者不察, 從而尤之, 遂眞以爲作米之害, 甚於貢物之弊. 而緩急之用, 或賴防納之徒, 任其奸濫, 無所制限. 噫! 牟利溪壑之欲, 亦何有紀極哉! 皮盡而毛無所附, 不幸而近之也. 蓋其時當事者之意, 專在於多取羸餘以補軍餉, 而於調均民役之事, 不甚留意, 此所以左右牽掣, 終至於不可行也.

今若取其意而反其事, 略以出浦遠近, 差等作米, 不必以二斗爲拘, 距海二日程以上, 則又准米作木, 輕重苦歇, 彼此如一, 則何所不悅? 凡物皆給優價, 比之市直, 或倍或蓰, 豐不增, 凶不減, 使防納之輩知有一定之法, 得以周旋其間, 貿遷有無, 自食其利, 則何所不悅? 其中或祭享所用, 尙方所需, 有難於自京募納, 則量除所産官作米或布之數, 以本邑上納. 因使監司看品封進, 則其伸縮裁量, 只在一有司能事耳. 雖無餘米可補軍餉, 而民役則恰好調均, 可免低昂苦歇之弊, 有何不便之事, 亦何不可行之有哉!

至於貢參之弊, 又其尤甚者也. 上年, 廟堂獻議詳定, 以三十匹爲一斤之價, 收布於民間, 募參於行商, 刁蹬之弊, 因此可革, 而物價自平, 實作米之權輿也. 但所定價物太廉, 人不肯應募, 人不肯應募, 故必至於勒定；勒定之不足, 故又必至於分定各道, 而各道不可自得, 則責徵民間, 勢不得不已也.

割剝之弊, 猶夫前日, 而下三道本不産參, 又豈有行商? 除一弊於此, 增一弊於彼, 病民之政, 莫此爲甚. 抑而行之, 則非但弊端益滋, 民將不得保. 臣恐彼此推調, 收捧差池, 進獻亦必欠闕, 非細慮也.

臣愚之意亦當增加數倍之價, 使民樂募, 則松京, 漢京兩市之民, 自當辦納, 外方殘民始得脫貢參之弊矣. 而其價物之不足者, 旣通融田結, 作米或布, 則參價亦當在其中, 何必別立色目, 重貽煩擾之弊乎?

臣歷觀前史, 未有法久而不弊者也. 惟在隨時通變, 臨事善斷, 不屑屑於常規, 而能得法外意者, 始可與語爲治矣. 其或膠柱而鼓瑟, 刻舟而求劍曰: "先王成憲, 所當遵守而勿失云爾." 則非臣之所敢知也. 伏願殿下斷而行之, 於民必有所濟.

嗚呼! 當今之事, 可言者非一, 而臣之所論, 不在於彼, 而必在於此者, 誠以百官分職, 各有所事. 臣待罪地部, 平賦均民, 實臣之所當事. 今雖退屛, 不得終始奉職, 而區區一念, 實未嘗忘乎此也.

『書』曰: "工執藝事以諫." 臣之微意, 竊自附焉. 然此特有司之末事, 本之則未也. 『語』曰: "君子本立而道生." 臣於爲本之說, 尤眷眷不已也. 『大學』曰: "身修而後家齊, 家齊而後國治." 『孟子』曰: "國之本在家. 家之本在身." 此雖近於俗儒常談, 然舍此更無道理. 從古聖賢千言萬語, 究其義而要其歸, 則亦不過發明此事而已.

臣雖愚無知識, 亦嘗讀書爲學, 粗有管窺之見. 今於新服之初, 不難夫鋪張敷衍, 一誦於殿下之前. 顧念殿下毓德春宮, 肆力於學問之事, 非一日矣. 其於修己治人之大方, 必有所定見. 故臣不敢掇拾陳陋, 更爲註脚之說, 而只以本之一字, 提起其端, 冀殿下有所自省於其間也.

大抵人君之德, 欲公而不欲私, 欲正而不欲偏. 苟以大公至正之道,體之於身, 行之於家, 推之於國, 則何時之不可治, 何事之不可濟? 伏願殿下加意焉.『書』曰: “皇天其命哲, 命歷年, 命吉凶, 知今我初服.” 臣不勝區區懇祝之至.

공물변통소(貢物變通疏)*

*1608년(선조 41) 호조 참의를 사직하겠다는 상소를 올리면서 호조 참의로서의 책임감을 가지고 민생 현안인 부세 문제에 대한 자신의 생각을 쓴 글이다. 지방관으로 직무를 수행한 경험에서 우러난 것으로 당시 사회의 제반 모순과 폐단을 누구보다 구체적으로 알아서 그에 대한 실질적이고 합리적인 개혁안을 내놓은 것이다. 당시 영의정이었던 李元翼이 구암의 의견을 지지하여 宣惠廳을 설치하고 대동법을 시행하되 먼저 畿甸 지역에서 시행해 보기를 건의하였다.

【번역】

삼가 아룁니다. 신은 본래 대대로 벼슬을 한 집안의 후예로 어려서부터 관록에 뜻을 두었으나 재주와 학식이 보잘것없어 큰일을 하기에는 부족하였습니다. 중간에 또 뜻밖에 엄청난 재앙을 만났으나 겨우 살아나[504] 결국 벼슬에 나아갈 생각조차 없이 병든 채 못난 대로[505]

504) 뜻밖에 …… 살아나: 1589년 鄭汝立 모반 사건 때 정여립의 시신을 거두어 염한 일이 발각되고 또 정여립의 생질인 李震吉과 친했다는 이유로 연좌되어 杖刑을 받고 귀양 간 일을 가리킨다.

505) 못난 대로: 원문은 ‘守拙’로 자신의 소박한 본성을 지키면서 田園에서 살아가는 것을 말한다. 陶潛의 시에 “남쪽 들판의 끝 황량한 밭을 일구고서, 소박한 본성 지키며 전원에 돌아와 사노라.[開荒南野際, 守拙歸田園.]”라는 구절이 있다. (『陶淵明集』 권2,「歸田園居」 참조.)

살면서 태평한 시대에 쓸모없는 사람이 된 것을 분수에 맞는다고 생각했습니다. 다행히 선왕[宣祖]께서 자격에 제한을 두지 않고 인재를 기용하셔서[506] 하찮은 사람도 버리지 않으신 덕분으로[507] 신처럼 보잘것없는 사람도 재주에 맞게 적절한 곳에 등용하는 데 포함되어 6품으로 초서(超敍)하시고,[508] 군현을 두루 맡기셨습니다.

본래 어려서 배운 것이 없었으니 어찌 장성하여 행한 공적이 있겠습니까. 조금도 은혜에 보답한 것이 없으며 자리만 차지하고 있다는 비방이 쌓여도 전곡(錢穀)의 출납을 기록한 평범한 장부나 문서도 기일을 어기지 않았습니다. 과분한 표창의 은전(恩典)을 받은 것이 두 번 세 번 거듭되어 10년 사이에 대번에 초선관(貂蟬冠)을 쓰고, 옥관자를 착용하는 고관의 반열에까지 올라 구경(九卿)[509]의 말석을 차지하는 중신이 되었습니다. 신 또한 양심이 있으니 어찌 감사할 줄

506) 선왕께서 …… 기용하셔서: 1595년(선조 28)에 선조가 파격적으로 인재를 기용한 내용은 『선조실록』에 보인다.
"司諫院啓曰: 國家薦才堪守令者, 破格用之, 所以擇其人也. 頃日備邊司所薦, 不無混雜之弊, 物情深以爲未便. 請令該曹, 更加商量抄擇, 俾無未盡之意. 【當時以才堪守令被選者, 韓百謙,尹英賢 ……】" (『宣祖實錄』 28年 6月 11日.)

507) 하찮은 …… 덕분으로: 원문은 '管蒯'로 풀이름이다. "좋은 絲麻(명주실과 삼실로 만든 신을 말한다.)가 있더라도 이 하찮은 管蒯(솔새와 기름새로 만든 신을 말한다.) 또한 버리지 말아야 한다.[雖有絲麻毋棄管蒯.]"라는 고사에서 나온 말. 이는 인재를 적재적소에 써야 한다는 비유이다. (『春秋左傳』, 「成公 9년」 絲麻 참조.)

508) 초서(超敍)하시고: 초서는 남을 뛰어 넘겨서 뽑아 쓰는 것. 구암은 1595년(선조 28)에 호조 좌랑, 형조 좌랑을 거쳐 安岳縣監이 되었다.

509) 구경(九卿): 의정부의 좌·우찬성과 육조판서, 그리고 한성판윤을 지칭한다. 삼공을 '大臣'으로 부른 데 대하여 구경은 '重臣' 혹은 '宰臣'으로 불렀다. 좌·우찬성만이 종1품이고, 그밖에는 모두 정2품직이었다. '九'의 칭호는 『周禮』에서 유래한 것으로 周代의 육관(六官: 冢宰·司徒·司空·司馬·司寇·宗伯)과 삼소(三少: 少師·少傅·少保)를 지칭하였다. 조선시대의 구경은 법제적인 명문으로 정해진 것은 아니나, 관습적으로 삼공에 버금가는 고관들을 통칭하는 용어로 사용되었다.

모르겠습니까. 이 몸이 가루가 되지 않으면 은혜를 갚을 방법이 없다고 여겼는데 이제 선왕께서 갑자기 승하하시어 울부짖어 봐도 소용없어 선왕의 은덕에 감사하는 이 마음을 전하께 보답하고 싶어 항상 마음속에 품고 있었으니 어찌 잠시라도 잊을 수 있겠습니까.

지난번에 저 멀리 변방에 계시는 노모가 병에 걸려 위독하여 언제 잘못될지 장담할 수 없다는 소식을 들었습니다. 신이 그때 너무도 심란하여 외람되이 사정을 아뢰어 성상을 번거롭게 한 죄 때문에 두려워하고 있었습니다. 그런데 하늘같으신 성은으로 관대히 용서해 주시고 특별히 휴가를 명하시어 제가 서둘러 어머니를 찾아 볼 수 있게 해 주셔서 죽기 전에 와서 볼 수 있었습니다. 그리하여 저도 모르게 눈물을 흘리며 국은이라는 말밖에 달리 할 말이 없었습니다.

만일 신의 어미의 병이 조금 차도가 있어 괜찮아진다면 신도 마땅히 바로 조정으로 돌아가 임금의 덕을 선양하는 대열에서 직무를 다할 수 있습니다. 그러나 어미는 늙은 몸에 병이 심해져서 원기가 다 빠져 백약이 무효하여 하루하루 목숨을 겨우 연명하고 있어서 이삼개월 사이에 버리고 떠나기 어려운 형편입니다. 그런데 호조의 일은 몹시 번거롭고 바빠서 평소에도 한가하지 않은데 지금 일이 많은 때여서 더욱 오래 비워두어서는 안 됩니다. 삼가 바라건대 자애로우신 성상께서는 신의 간절한 마음을 굽어 살피셔서 신의 직책을 개차하도록 속히 명하시어 공적으로나 사적으로나 편하게 해 주십시오. 그렇게 해 주신다면 매우 다행이겠습니다.

삼가 생각해 보니 있는 힘을 다하는 노력은 바칠 수 없지만 신의 보잘것없는 정성은 끝내 그만둘 수 없는 점이 있어 전에 그 일을 맡았기에 그 폐단을 잘 아는 사람으로서 감히 한 번 말씀 드리고자 합니다. 우리나라 공물의 폐단에 관하여 전하(殿下)께서도 들으셨습니까? 사람들은 항상 국가의 존망이 실로 공물의 폐단에 달려 있다고 하는데 전하께서 또한 어찌 이를 듣지 못하셨겠습니까. 토산물로 공물을 바치는 것은 당초에는 모두 조리(條理)가 있었겠지만[510] 오늘에 와서는 매우 민생을 피폐하게 만들고 있습니다. 이것을 실행한 지 벌써 오래되어 온갖 폐단이 생겨서 종이 1권을 10금을 주어도 바칠 수가 없고, 가죽 1장을 소 몇 마리를 팔아서도 살 수 없어 오늘날에는 이미 치료하기 어려운 고질병처럼 되었습니다. 만일 지금 시대의 변화에 맞게 고치지 않는다면 민심이 붕괴되는 형세가 바로 닥칠 것이니 그때 가서 아무리 뛰어난 사람을 기용하더라도 어찌할 도리가 없을 것입니다.

지난 을미년(1595)에 영의정 유성룡(1542~1607)이 그 폐단을 깊이 알아 공물을 없애고 쌀로 받아 필요한 잡물을 모두 시장에서 직접

510) 토산물로 …… 겠지만: 조선 왕조의 收取制度는 고려의 제도를 계승하였고, 고려에서는 唐代의 조용조[租庸調, 租稅 · 力役 · 貢賦]제도를 계승하였다고 할 수 있다. 『增補文獻備考』에 “토지가 있으면 租稅가 있고, 집이 있으면 調稅가 있으며, 개인에게는 庸稅가 있다.[有田則有租, 有家則有調, 有身則有庸.]” (『增補文獻備考』 권149, 「田賦考」)고 하여 조세는 田地를 기준으로 부과하는 데 대하여 貢賦는 家戶를 대상으로 하고 있음을 알 수 있다. 貢은 바친다는 뜻이며 賦는 土産物을 의미하여(『經國大典註解』 上 後集, 「吏典」) 貢賦는 토산물을 바친다는 것이 된다. 太祖 7년에 郡縣의 공물은 토산물로서 그 액수[定數]를 다시 정하고 그 고장에서 나지 않는 물건은 收納을 면제한다고 했다.[“一, 郡縣貢物, 隨其土産, 更定其額, 其不産之物, 許免收納.”] (『太祖實錄』 太祖7年 9月.) 그러나 공물 중에는 常貢과 別貢이 있는데 별공은 그 지방의 특산물인가 아닌가를 가리지 아니하고 품목과 수량을 정해 놓고 해마다 그대로 상납케 하는 것이라 한다. 공물의 품목은 『세종실록』, 「지리지」에 상세히 규정되어 있다.[“厥貢: 木瓜、榛實、橡實、栗、柿、棗、眞茸、鳥足茸、黃角、山蔘、桔梗、乾猪、兔醢、魚醢、水魚、民魚、鹽、陶器、磁器、木器、柳器、蘆簟、瓢、省帚、莞心、蘆花紙、雜羽、常笠草、馬衣、藁草、芻藁、藁索、麻索、松烟、松脂、朱土、葛、炭、香木.”] (『校訂世宗實錄地理志』, 景文社, 1974, p.9.) 지리지에 의하면 도자기 · 목기 · 유기 · 저포 · 마포 · 각종 종이 · 자리 · 대나무류 등 수공업품과 광산물 · 수산물 · 모피류 · 육류 · 과실 · 목재 · 녹용 · 산삼 등 그 종류가 매우 많다. 이를 도별로 헤아려 보면 경기도 191종, 충청도 229종, 경상도 283종, 전라도 258종, 황해도 272종, 강원도 228종, 평안도 138종, 함경도 131종으로 되어 있다. 그중 주된 종목은 약재류이다. (『大典會通 解說』, 「戶典」 참조.)

사 쓰게 하고 그 나머지는 군비에 보충하자고 하였습니다.[511] 그런데 그 의도는 좋았으나 그 법을 적용하는 데 미진한 점이 있어 원망하는 사람은 많고 기뻐하는 사람은 적었기 때문에 결국 얼마 못 가 폐지되어 버렸습니다. 이런 기회가 있었지만 과감히 고치지 못하여 지금까지 민생을 피폐하게 하고 있어 신은 이점을 매우 애석히 여깁니다.

신이 그때 마침 본조의 좌랑이어서[512] 신 역시 참여하여 전말을 들었습니다.

유성룡이 제기한 법은 8도 모두가 거리에 관계없이 논밭 1결마다 쌀 2말[斗] 씩을 내어 서울까지 실어 오게 하여 이런저런 공물은 일체 없애는 것이었습니다. 그런데 연해에 있는 고을들이 각자 그 지방에서 배로 실어다가 상납하였으니 쌀 2말을 어찌 가볍지 않다고 하겠습니까. 그러나 수로에서 먼 지방인 산읍의 경우 포구까지 운반하는 비용이 원 세금의 3배나 되어 산읍 백성이 원망을 하였습니다. 또 필요한 물건을 호조에서 직접 사고팔고 하여 장사꾼과 같이 그 값을 깎는 것을 능사로 여겼기 때문에 시장 백성들이 원망하게 되었습니다. 그 당시 환도(還都)한 지 얼마 되지 않아[513] 물품과 재화는 모여들지 않는데다가 급히 쓸 물건을 시장에서 구할 수가 없는 경우가 생기면 하는 수 없이 지방에다 따로 정해서 들여오기 때문에 백성들은 이중으로 바치는 원망을 품게 되었고 관리들은 법을 믿을 생각이 없어서

511) 영의정 …… 하였습니다: 유성룡은 임진왜란으로 나라가 폐허가 되어 양식을 조달할 수가 없으므로 공물법을 고쳐서 쌀로써 받아 백성의 궁핍을 구휼하고 동시에 군량을 보충하자고 상소를 올린 내용이『宣祖實錄』27年 4月 1日기사에 보인다.

512) 신이 …… 좌랑이어서: 그때는 1595년(선조 28)으로 구암이 호조 좌랑이었다.

513) 그 당시 …… 않아: 선조가 1593년(선조 26) 10월 1일에 還都한 사실이『宣祖實錄』에 다음과 같이 기록되어 있다.

"상이 아침에 碧蹄驛을 출발하여 彌勒院에서 晝停하고 저녁에 貞陵洞의 行宮으로 들어갔다.[上朝發碧蹄驛, 晝停于彌勒院, 夕入貞陵洞行宮.]" (『國譯宣祖實錄』26年 10月 1日.)

백성이나 아전이나 모두 이의를 제기하여 불편하다고 하였습니다. 또 방납(防納)[514]하는 자는 이익을 볼 수가 없고, 서리들은 농간을 부릴 수가 없기 때문에 기회만 있으면 반드시 그 법을 없애 버리고 말겠다고 한 것은 또한 형세 상 그렇게 될 수밖에 없었던 것입니다.

관리자들은 내용을 잘 살펴보지 않고, 서리들의 말대로 잘못이라고 여기고 마침내 쌀로 받는 것이 공물로 받는 것보다 정말로 폐해가 더하다고 생각하였습니다. 급히 쓸 물건을 방납하는 자들에게 의뢰하여 그들이 농간을 제멋대로 하게 내버려 두고 아무런 제한을 하지 않았으니 아, 모리배들의 한없이 큰 욕심이 어찌 한정이 있겠습니까? 옛말에 '가죽이 없다면 털 붙을 데도 없다'는 말이[515] 불행히 여기에 해당하는 것 같습니다. 아마 그때 당사자들의 의도는 오로지 백성에

514) 방납(防納): 조선시대 貢納制의 전개 과정에서 貢物의 납부를 대행함으로써 중간 이윤을 취하던 행위이다. 초기에는 有無相通의 편의를 위해 용인되었던 공물대납제가 『경국대전』의 완성과 함께 금지된 뒤에 공납제의 전개과정에서 생겨난 폐단이다. 지방의 各官의 상납 공물에 대해 중앙의 各司의 서리 등이 여러 가지 구실을 달아 점퇴한 다음, 그 공납 의무의 대행을 통해 사리를 취하는 행위이다. 공물 방납은 성종대 이후 성행하게 되었다. 그 원인은 제도의 미비와 수요의 증가에 있었다. 제도의 미비로는, 貢案의 개정이 지연되어 不産貢物 絶産貢物이 발생하였지만, 조정에서는 이를 무시하고 分定收納을 강행했던 점을 들 수 있다. 이외에 공물 수납을 담당했던 중앙 각사의 서리 및 노복들 대부분에게 급료가 지급되지 않았으므로 공물 수납을 통해 私利를 취하지 않을 수 없었던 점을 들 수 있다. 또한 임진왜란 이후 국가의 재정 위기를 극복하려는 과정에서 공물 수요가 급증함에 따라 공물의 引納(다음 해의 공물을 미리 상납하게 하는 것)과 加定(지방의 특산물에 대해 임시로 추가 부담을 요구하는 것)이 강행되었다. (한국정신문화연구원, 『한국민족문화대백과』 9, 한국정신문화연구원, 1993. p.223.)

515) 털 …… 말이: 『春秋左氏傳』 僖公 14년 기사에 "가죽이 남아 있지 않은데, 털이 장차 어디에 붙겠습니까?[皮之不存, 毛將安傅?]"라고 한 데서 온 말인데, 여기서는 곧 윗사람과 백성의 관계가 마치 가죽과 터럭의 관계와 같이 서로 분리될 수 없다는 뜻으로 한 말이다. (鄭太鉉 譯註, 『(譯註) 春秋左氏傳』 2, 傳統文化硏究會, 2004, p.97 참조.)

게 많이 거두어서 여분으로 군량을 보충하려는 데만 있었고, 백성들의 부담을 균형 있게 하는 일에는 그리 깊이 유의하지 않았기 때문에 좌, 우에서 서로 견제하다가 결국 실행할 수 없게 되었던 것입니다.

이제 만일 그 원래 취지대로 잘못된 부분을 고쳐서 포구까지 나가는 거리를 대략 따저서 쌀로 내는 것에 차이를 두뇌 균이 일률석으로 쌀 2말씩으로 고정할 것이 아니라 바다에서 2일 이상이 걸리는 거리의 지역에서는 쌀값에 준하는 포를 내게 하고, 힘든 정도를 따져서 피차 동일하게 해 준다면 누군들 기뻐하지 않겠습니까? 그리고 물건을 사들일 때에 모두 후한 값을 주어 시장 가격에 비하여 배 혹은 5배를 주어 풍년에도 더하지 않고 흉년에도 감해 주지 말아 방납(防納)하는 자들에게 일정한 법이 있음을 알게 하고 그들로 하여금 그 일을 주선하면서 물건을 팔고 사면서 나름대로 이익을 얻게 한다면 누군들 기뻐하지 않겠습니까? 그 가운데 혹 제향에 필요한 것이나 상방(尙方)[516]에서 필요한 것 중에 서울에서 구하기 어려운 물품이 있으면 그 물품이 나는 지방에서 바칠 쌀이나 포의 양을 그것에 해당한 가격만큼 감해 주면서 본 고을로 하여금 바치게 합니다. 그래서 감사에게 봉진(封進)하는 물품을 감독하게 한다면 그것을 신축성 있게 처리하는 것은 한 담당자의 능력에 달렸을 뿐입니다. 비록 군량에 보충할 수 있는 남는 쌀은 없겠지만 백성의 부담은 매우 고르게 되어 물가의 고하로 인한 폐단을 면하게 될 것이니, 불편한 일이 무엇이 있겠으며 또 실행하지 못할 것이 무엇이 있겠습니까?

공물로 산삼(山蔘)을 바치는 폐단의 경우는 더욱 심합니다. 지난해 조정에서 논의하여 30필을 산삼 한 근의 값으로 상정했으니 민간에

516) 상방(尙方): 尙衣院의 別稱. 원래는 중국 漢나라 때 天子가 쓰는 器物을 맡았던 벼슬이나 기구를 가리켰으나, 조선에서는 그 기능을 상의원이 대표적으로 수행했기 때문에 그 별칭으로 사용하였다.

서 포를 받아 행상(行商)[517]에게 삼을 모으면 물가가 폭등하도록 조작해 잇속을 챙기는 폐단[518]이 이로 인해 혁파되고, 물가가 자연히 고르게 될 것이니 실로 작미법(作米法)[519]의 시초였습니다.[520] 그러나 정해진 물건 가격이 지나치게 싸서 사람들이 응모하려 하지 않았고, 사람들이 응모하려 하지 않으니 강제로 정하게 하는 지경에 이르렀습니다. 강제로 시행해도 부족했기에 또 각 도에 나누어 배정하고 각 도에서는 자체적으로 해결 할 수 없어 백성들에게 내라고 독촉 했으니, 이것은 형세 상 그렇게 될 수밖에 없는 것입니다.

탐관오리가 백성의 재물을 약탈하는 폐단이 전과 같고 하삼도(下

517) 행상(行商): 도붓장수 · 行賈 · 旅商 · 장꾼 · 보부상이라고도 한다. 행상은 가장 원초적인 상인 형태로, 坐商도 행상에서 파생하였다. 『경국대전』은 행상을 陸商과 水商으로 나누고, 육상은 1인당 3개월에 楮貨 8장, 수상은 大船 100장, 中船 50장, 小船 30장씩을 납세하도록 규정하였다. 6개월 이내에 납입하지 않으면 행장을 회수하여 상행위를 하지 못하도록 하였다.
조선후기에는 각 군 · 현 단위로 조직된 보부상 任房의 두목에게 信標 · 踏印 · 踏標를 지급하여 행상에 대한 수세와 감독을 수행하도록 하였다. 그러나 행상에 대한 감독과 징세는 법조문대로 시행되지는 않았다.
행상은 전업 상인 외에도 정착하여 생활할 수 있는 기반이 전혀 없어, 농사를 짓거나 수공업품을 만든다고 하여도 그것만으로는 생계를 유지할 수 없으므로 행상에 나서는 사람들이 많았다. (한국정신문화연구원, 『한국민족문화대백과』 24, 한국정신문화연구원, 1993, p.604.)

518) 물가를 …… 폐단: 원문은 '刁蹬'으로 독수리가 토끼를 쫓아서 그의 힘이 지치기를 기다려 잡는다는 뜻에서 온 말로 간사한 꾀를 써서 物價를 오르게 하는 일을 말한다. 여기서는 산삼을 가지고 물가를 조작하는 행상의 실태를 지적한 말로 보았다.

519) 작미법(作米法): 부유한 사람이 적게 납부하고 가난한 사람이 많이 납부하던 貢納의 폐단을 개혁한 법이 작미법이다. 세금 부과 기준을 戶에서 농지 소유의 多寡로 바꾸어 부유한 사람이 더 많은 조세를 부담하게 한 법이다. 科田法 이래 최대의 개혁 입법으로 당연히 반대가 잇따랐다. 유성룡이 '貢物作米議'에서 監司 · 兵使 · 지방관 · 아전 · 부호가 모두 반대한다고 말한 것처럼 모든 벼슬아치가 반대했다. 심지어 이들은 백성이 불편하게 여긴다는 핑계까지 댔는데 유성룡은 "백성이 불편하게 여긴다는 말은 힘 있는 백성에게서 나온 것"이라고 했다. 유성룡은 이런 개혁 입법들이 아니면 조선을 회생시킬 수 없다고 판단했다. (柳成龍, 『西厓集』 권14, 雜著, 「貢物作米議」 참조.)

三道)[521]에서는 본래 삼이 생산되지 않으니, 또 어떻게 행상이 있겠습니까. 여기에서 한 가지 폐단을 없애면 저기에 한 가지 폐단이 늘어나니 백성들을 괴롭히는 정사로 이보다 더 심한 것은 없습니다. 강제로 정한다면 폐단만 더욱 늘어날 뿐 아니라 백성들이 앞으로 살아길 수 없을 것입니다. 신이 염려하는 것은 피차간에 회피하여 세금 징수에 차질이 생기고 진헌(進獻)에도 분명 차질이 있을까 하는 것이니

520) 시초였습니다: 이원익의 건의로 宣惠廳을 설치하게 된 경위를『光海君日記』에서 볼 수 있다. "전에 영의정 李元翼이 의논하기를, '각 고을에서 진상하는 貢物이 各司의 防納人들에 의해 중간에서 막혀 물건 하나의 가격이 몇 배 또는 몇십 배, 몇백 배가 되어 그 폐단이 이미 고질화되었는데, 畿甸의 경우는 더욱 심합니다. 그러니 지금 마땅히 별도로 하나의 廳을 설치하여 매년 봄, 가을에 백성들에게서 쌀을 거두되, 1結당 매번 8말씩 거두어 本廳(선혜청)에 보내면 본청에서는 당시의 물가를 보아 가격을 넉넉하게 헤아려 정해 거두어들인 쌀로 방납인에게 주어 필요한 때에 사들이도록 함으로써 간사한 꾀를 써 물가가 오르게 하는 길을 끊으셔야 합니다. 그리고 두 차례에 거두는 16말 가운데 매번 1말씩을 감하여 해당 고을에 주어 수령의 공사비용으로 쉬게 하고, 또한 큰길가의 고을은 使客이 많으니 덧붙인 수를 감하고 주어 1년에 두 번 쌀을 거두는 외에는 백성들에게서 한 되라도 더 거두는 것을 허락하지 마소서. 오직 山陵과 詔使의 일에는 이러한 제한에 구애되지 말고 한결같이 시행하도록 하소서.'하니, 따랐다. 그런데 전교 가운데에 '宣惠'라는 말이 있었기 때문에 본청의 명칭으로 삼은 것이다. 議政을 都提調로 삼고, 호조판서가 부제조를 겸하도록 하였으며, 낭청 2員을 두었다. 이 뒤로 수령이 못된 자일 경우 정해진 법 밖에 더 거두어도 금할 수 없었고, 혹은 烟戶를 침탈해서 법으로 정한 뜻을 다 행할 수 없었다. 그러나 기전의 전결에 대한 役은 이에 힘입어 조금 나아졌다.[設宣惠廳. 初, 領議政李元翼議: "以各邑進上貢物爲各司防納人所搪阻, 一物之價倍蓰數十百, 其弊已痼, 而畿甸尤甚. 今宜別設一廳, 每歲春秋收米於民, 每田一結兩等例收八斗, 輸納于本廳, 本廳視時物價, 從優勘定, 以其米給防納人, 逐時貿納, 以絶刁蹬之路. 又就十六斗中兩等, 各減一斗, 給與本邑, 爲守令公私供費, 又以路傍邑多使客, 減給加數, 兩收米外, 不許一升加徵於民. 惟山陵、詔使之役, 不拘此限, 請劃一施行." 從之. 以傳敎中有宣惠之語, 以名其廳. 以議政爲都提調, 戶判兼爲副提調, 置郞廳二員. 是後守令不得人, 則法外加收, 亦不能禁, 或侵及煙戶, 不能盡行法意. 然畿甸田結之役, 賴此少蘇矣.]" (『國譯 光海君日記』, 光海君 즉위년 5월 7일.)

521) 하삼도(下三道): 경상도 · 전라도 · 충청도를 말한다.

작은 걱정거리가 아닙니다.

어리석은 신의 생각으로는 산삼(山蔘)의 가격을 몇 배 올려 백성들이 기꺼이 응모하게 하면 송경(松京)[522]과 한성 두 고을의 시전 상인들이 마련하여 납부할 것이니 지방의 힘없는 백성들은 비로소 공물로 산삼을 바치는 괴로움에서 벗어날 수 있을 것입니다. 산삼 값으로 지급할 물품이 부족한 경우에는 전결(田結)에서 융통하여 쌀이나 포로 거두면 산삼 가격은 또한 그 안에 포함되니, 굳이 별도의 항목을 정하여 번거로운 폐단을 이중으로 지워서야 되겠습니까.

신이 지나간 역사를 두루 살펴보니, 오래된 법치고 폐단이 없는 경우는 있지 않았습니다. 오직 시대에 맞게 변통하여 일에 따라 잘 처리하며 일상적인 법규에 얽매이지 않고 법 이상의 의미를 알 수 있는 자라야 비로소 함께 다스림을 이야기 할 수 있습니다. 혹 융통성 없이 하나에만 얽매인 이들[523]은 '선왕이 만드신 법이니 반드시 지켜야

522) 송경(松京): 근세조선 이후에 開城을 松嶽山 밑에 있던 서울이란 뜻으로 일컫는 말이다.

523) 혹 융통성 없이 하나에만 얽매인: 원문은 '膠柱而鼓瑟, 刻舟而求劍'으로 '膠柱而鼓瑟'은 『史記』, 「廉頗藺相如傳」에 "왕께서 그 이름만을 믿고 括을 대장으로 임명하려는 것은 마치 기러기발을 아교로 붙여놓고 거문고를 타는 것과 같습니다. 괄은 단지 그의 아버지가 준 병법을 읽었을 뿐, 상황에 맞추어 변통할 줄 모릅니다.[王以名使括, 若膠柱而鼓瑟耳, 括徒能讀其父書傳, 不知合變也.]"라고 조언하며 조괄의 대장 임명을 반대했다. 그러나 조나라 왕은 인상여의 말을 무시하고 조괄을 총사령관에 임명했다. 그리고 그 결과 인상여가 우려한 대로 최악의 참패를 맛보았다. 한 가지에 집착하여 변통할 줄 모르는 것에 비유한 말이다.
'刻舟而求劍'은 『呂氏春秋』, 「察今」편에 "楚 나라 사람이 강을 건너는 는데, 그 사람의 칼이 물에 빠지자 바로 그 배에 떨어진 위치를 새겨 놓으며 여기가 내 칼이 떨어진 데라고 하였다. 배가 멈추자 그 새겨놓은 곳으로부터 물에 들어가 칼을 찾았는데, 배는 이미 옮겨가서 칼은 없었다.[楚人有涉江者, 其劍自舟中墜於水, 遽契其舟曰: '是吾劍之所從墜.' 舟止, 從其所契者入水求之. 舟已行矣, 而劍不行, 求劍若此, 不亦惑乎?]"고 하였다. 사람이 미련해서 융통성이 없음을 비유한 말이다. 두 고사 모두 융통성 없는 사람을 의미하여 '융통성 없이 하나에만 얽매인'으로 풀이 하였다.

지 어겨서는 안 된다.'라고 말할 뿐인데 그런 말만하는 사람들에 대해선 신은 알고 싶지 않습니다. 삼가 바라옵건대 전하께서 결단하셔서 시행하신다면 백성들에게 반드시 이로움을 줄 것입니다.

아, 오늘날의 일은 말할 만한 것이 한두 가지가 아니지만 신이 논한 것은 다른데 있지 않고 반드시 이점을 논하는데 있으니 진실로 모든 관원은 저마다 직무를 맡아 각각 해야 할 일이 있습니다. 신이 호조에 있으면서 부세와 민역(民役)을 공평하게 하는 것은 실로 신이 마땅히 해야 하는 일이었습니다. 지금 비록 물러나 있어 시종 직분을 수행 할 수 없지만 구구한 제 마음은 실로 이 점을 잊은 적이 없습니다. 『서경』에 "장인들은 자신이 하는 일을 가지고 간(諫)한다."[524]라고 하였으니 신의 미천한 생각을 나름대로 여기에 빗대어 봅니다. 그러나 이것은 다만 유사의 하찮은 일로 근본적인 일은 아닙니다. 그리고 『논어』에 "군자는 근본을 힘써야 하니, 근본이 서면 방법이 생긴다."[525]라고 하였으니, 이 때문에 신이 근본을 힘써야 한다는 말을 더욱 간질하게 주장하여 그칠 수 없는 것입니다. 또, 『대학』에 "자신을 다스린 후에 집안을 다스릴 수 있고, 집안을 다스린 뒤에 나라를 다스릴 수 있다."고 하였고, 『맹자』에 "나라의 근본은 집에 있고 집의 근본은 자신에게 있다."고 하였으니 이것이 속유들의 평범한 말에 가깝기는 하지만 이 말을 놔두고 다시 다른 도리가 없습니다. 옛 성현들의 많은 말씀대로 그 의미를 궁구하여 그 결과를 본다면, 역시 이러한 일을 드러내 밝히려는 데 불과할 뿐입니다.

신이 비록 어리석어 아는 것이 없지만 일찍이 책을 읽고 공부하여

524) 『서경』에 …… 간한다: 『서경』, 「胤征」편에 "관원이나 스승은 서로 바로잡아 주고, 장인들은 자신이 하는 일을 가지고 간한다.[官師相規, 工執藝事以諫.]"고 하였다.

525) 『논어』에 …… 생긴다: 『논어』, 「學而」편에 "군자는 근본을 힘써야 하니, 근본이 서면 방법이 생긴다.[君子務本, 本立而道生.]"라고 한 구절이 보인다.

그런대로 보잘것없는 식견이 있습니다. 즉위하신 초기인 지금 자세히 설명하기 어렵지 않으니 전하 앞에서 한번 아뢰어 보겠습니다. 생각건대 전하께서는 동궁시절에 덕을 닦으시고 학문하는 일에 힘을 다하신 것이 하루 이틀이 아니었으니 수기치인(修己治人)하는 방도에 대해 틀림없이 일정한 견해가 있으실 것입니다. 그러므로 감히 진부한 견해를 주워 모은 쓸데없는 말은 다시 하지 않겠지만 근본 본(本) 한 자만을 가지고 그 단서를 제기할 것이니 전하께서 자성(自省)하시는 점이 있기를 기대합니다.

인군이 된 자는 나라를 위하려 하고 개인적 욕심을 이루려 하지 않으며, 공정하게 하고 편파적으로 하려하지 않으니, 만일 지극히 공정한 도를 직접 체득해서 집에서 실천하여 나라에까지 확대해 간다면 어느 시대인들 다스려지지 않겠으며 어떤 일인들 이루지 못하겠습니까. 삼가 바라옵건대 전하께서는 이 점에 대해 더욱 유념하십시오. 『서경(書經)』에 "이제 하늘이 밝음을 명할지, 오랜 국운을 명할지, 길흉을 명할지는 지금 우리가 처음에 정사를 어떻게 하느냐에 달려 있다."[526] 라고 하였으니 지극히 간절하게 바라는 마음 가눌 길이 없습니다.

---

526) 『서경(書經)』에 …… 달려 있다: 『서경』, 「召誥」편에 周나라 召公이 새로 즉위한 成王에게 고하기를, "왕께서 처음 정사를 펴시게 되었는데, 아, 마치 자식이 태어나면 모든 일이 처음 태어날 때에 달려 있어 스스로 현명한 자질을 타고나지 않음이 없는 것과 같습니다. 이제 하늘이 밝음을 명할지, 길흉을 명할지, 오랜 국운을 명할지는 지금 우리가 처음에 정사를 어떻게 하느냐에 달려 있습니다.[王乃初服, 嗚呼, 若生子, 罔不在厥初生, 自貽哲命, 今天其命哲, 命吉凶, 命歷年, 知今我初服.]"라고 하였다. 임금이 즉위하여 정사를 펴는 초기가 중요하다는 말이다.

安撫使辭職疏

臣伏奉本月初五日朝旨, 以臣差江原道安撫使, 將以近日發遣者. 伏以臣之事君, 猶子之事父, 有懷必訴, 有痛必號, 豈不以至情所迫, 自不知嚴威之不可犯乎? 臣本一蔭吏也, 猥蒙朝家破格收敍, 至厠大夫之後, 銘心鏤骨, 只思粉糜而已. 苟可以筋骸所支, 智計所及, 寧有憚勞任便, 自取逋慢之罪乎?

第以奉使之臣, 爲任甚重, 其宣布德音, 糾核列邑, 非素有風力爲人所憚壓者, 不可承當. 況此腰牌一事, 利害相半, 爲之有方, 則兵民整頓, 坐收其益, 或失其宜, 則適啓騷撓, 民受其弊, 其機如此, 決不可每人而試之也.

苟爲不量, 冒昧處之, 則非惟負乘顚蹶, 自速罪戾, 亦恐玷累名器, 羞辱朝廷, 其爲害有不淺也. 抑竊自念, 犬馬之齒行將六十, 頃嘗酷遭家禍, 苦塊頑命, 不絶如線, 服闋纔數箇月耳. 疾病沈痼, 委棄床席, 間或强疾而作, 隨參賀班, 猶爲一步十息, 幾不能自持. 以此精力, 驅馳嶺海之間, 辦此大事, 雖欲自力, 亦不可得也.

伏願天地父母俯察危懇, 亟命改差, 以便公事, 以安愚分, 不勝幸甚. 臣無任區區懇祝之至.

안무사(安撫使)[527]를 사직하는 상소[安撫使辭職疏]*

*1610년(광해 2) 저자 나이 59세에 지은 글이다. 구암은 안무사에 제수되었으나 상복을 벗은 지 몇 달 안 되었고, 앓고 있는 병이 있어 공무를 집행 할 수 없어 사직하겠다는 상소를 올렸다.

【번역】

신은 이번 달 5일에 삼가 조지(朝旨)를 받들어[528] 신이 강원도 안무사에 차정되어 장차 가까운 시일 내에 할 일을 맡아서 떠나게 되었습니다. 삼가 생각건대 신하가 임금을 섬기는 것은 자식이 아비를 섬기는 것과 같아서 생각하는 것이 있으면 반드시 아뢰고, 고통이 있으면 반드시 호소하는 것은 어찌 지극한 정 때문이지 범해서는 안 되는 위엄을 몰라서이겠습니까? 신은 본래 일개 음관으로 외람되이 조정의 파격적인 서용을 받아 대부의 반열에 끼는 지경에 이르렀으니 몸과 마음에 깊이 새겨 이 한 몸 받칠 것만을 생각했습니다. 만일 신의 체력이 버틸 만하고 지모(智謀)가 미칠 만하다면 어찌 힘든 것을 꺼려 편리한대로 해서 스스로 임명을 회피하고 태만한 죄를 짓겠습니까.

다만 사명을 받든 신하는 임무가 매우 막중하니 덕음을 선포하고

527) 안무사(安撫使): 조선시대 지방에 특사로 파견하던 관직이다. 일반적으로 北監司라 불렸으며, 당하관일 경우에는 安撫御使로도 불렀다. 전쟁이나 반란 직후 민심수습을 위하여 파견되었다.
1595년(선조 28) 임진왜란이 소강상태에 있을 때 왜적이 물러간 남부지방의 민심 수습을 위하여 비변사에서 안무사의 파견을 건의하여 집의 申湜을 경상도 안무어사로 임명하여 보냈다.

528) 신은 …… 받들어: 광해군 2년(1610) 12月 7日기사에 호패청이 팔도 안무사를 정했다는 내용이 보이는데 이때 한백겸은 59세로 강원도 안무사에 제수되었다. "庚戌十二月初七日戊寅. 號牌廳八道安撫使, 慶尙道 吳允謙、全羅道 辛慶晉、忠淸道 金藎國、黃海道 黃致敬、江原道 韓百謙、京畿道 朴彛敍、平安道 呂祐吉、咸鏡道 柳慶宗."(『光海君日記』 光海君 2年 12月 7日.)

여러 읍을 살피는 일은 평소 위력이 있어 다른 사람을 제압할 수 있는 사람이 아니라면 감당 할 수 없는 일입니다. 더구나 이 요패(腰牌)[529]의 일은 이해가 상반되어, 그것을 하는 데 법도가 있으면 병사와 백성이 안정되어 앉아서 이익을 얻게 되고, 혹시라도 그 마땅함을 잃게 되면 백성들이 고통을 입게 되니 그 중요한 것이 이와 같아서 결코 아무나 기용해서는 안 됩니다.

신이 만일 역량도 생각하지 않고 주제넘게 그 자리에 있다면 직책이 신에게 걸맞지 않아[530] 일을 그르쳐 스스로 죄를 짓게 될 뿐 아니라 또한 관직에 오점을 남겨 조정을 욕되게 할까 염려되니 그 해가 작지 않습니다. 또 스스로 생각해 보니 내년이면 신의 나이가 60인데 지난번에 집안에 화를 당해 점괴(苫塊)[531]의 모진 목숨은 실처럼 끊어지지 않고, 상복을 벗은 지 몇 달 되지 않습니다. 앓고 있는 병은 고질이 되어 병상에 쓰러져 있다가 간혹 병을 무릅쓰고 일어나 하례(賀禮)하는 반열에 따라가 참석했다가도 한 걸음에 열 번 숨을 쉬며 거의 혼자 지탱할 수가 없었습니다. 이러한 정력으로 영해(嶺海)로 달려가서 대사를 처리해야 하니 아무리 자력으로 하려 해도 할 수 없을 것입니다.

삼가 바라옵건대 천지 부모 같으신 성상께서는 저의 간절한 마음을 굽어 살피셔서 속히 개차하라는 명을 내리시어 공사에 편안하고 신의 분수에 맞게 해 주십시오. 그렇게 해 주신다면 매우 다행이겠습니다. 신은 매우 간절히 바라는 마음 가눌 길이 없습니다.

---

529) 요패(腰牌): 군졸이나 皁隷들이 신분을 나타내기 위해 허리에 차던 나무로 된 패로, 嚴禁이라고 새겼다.

530) 신에게 걸맞지 않아: 원문은 '負乘'으로 재주가 직책에 걸맞지 않은 것을 뜻한다. 『周易』解卦 六三 효사에 "등에 지고서 또 수레를 탔으니 도적을 오게 한다.[負且乘, 致寇至, 貞, 吝.]"하였다.

531) 점괴(苫塊): 寢苫枕塊의 준말이다. 거적으로 자리를 삼고 흙덩이로 베개를 삼는다는 뜻으로, 居喪하는 예를 말한다. (『儀禮』권11, 「喪大記」22참조.)

先祖通訓大夫行文川郡守贈議政府領議政府君行狀

留守叔父一日馳書于百謙兄弟曰: "余承先君子遺訓, 備位公卿之後, 而墓道之事, 尙多有闕. 曾在甲午年, 余按嶺南節, 適鵝城李相公在平海, 因得請碣銘. 而顧其時方在干戈搶攘之中, 家狀多未備, 以致作者敍事大略, 至於晩年居鄕一節, 專闕焉無徵, 將無以示子孫, 余甚歉然. 許尙書功彦令公, 自少與吾輩遊, 且嘗往來桑鄕, 知吾家世甚詳, 欲從而追求隧中之誌, 以補墓表之闕. 惟爾兄弟逮事先君子, 家庭之事, 亦嘗親見, 其亟撰次言行, 以爲敍述地."

百謙承命不敢違, 謹按家譜. 吾韓本出淸州, 鼻祖諱蘭, 佐高麗太祖, 封三韓功臣. 自後冠冕相繼, 有諱康, 用儒術佐忠烈王, 位中贊, 諡文惠,【李穀語】始大鳴于世. 諱謝奇, 右司議大夫知制誥. 子泳, 仕元朝至大官, 推恩三代, 皆封侯伯.【李穀語】

諱渥, 封上黨府院君, 諡思肅, 位家宰, 功在社稷.【李穡語】諱公義, 封淸城君, 諡平簡. 諱脩, 右文館大提學, 諡文敬, 道德文章, 師範一世.【徐居正語】諱尙敬, 入我朝, 策開國勳, 領議政府事, 西原府院君, 諡文簡. 諱惠, 咸吉道觀察使.

諱繼禧, 官至議政府左贊成, 賜翊戴佐理功臣號, 封西平君, 諡文靜, 博覽群書, 學問精邃, 歷事五朝, 寵遇甚盛, 英光創守之際, 經籍典章, 裒集纂述, 多出其手, 實我先祖曾大父也. 生諱士武, 漢城府判官, 贈嘉善大夫吏曹參判. 生諱承元, 旌善郡守, 贈資憲大夫議政府右參贊, 二代贈典, 皆視留守公貴也. 娶軍資監主簿金禮童之女, 上洛伯方慶之後, 領議政碩之孫也.

以弘治十八年乙丑三月十八日生先祖, 諱汝弼, 字直卿. 先祖生有美質, 又多才藝, 而早孤多釁, 無意榮進, 學擧子業, 亦不肯就. 嘉靖十三年甲午, 以蔭補氷庫別提. 戊戌, 例遷內資主簿. 庚子, 拜司憲府監察, 越二年壬寅, 因公幹罷. 癸卯, 拜濟用主簿, 復由司憲府監察, 出爲龍岡縣令.

時夫人之叔父柳左相灌, 以忠赤被罪, 門禍甚慘, 姻黨族類, 皆坐落職, 而獨先祖治績已著, 貶駁無名, 終以考滿. 戊申, 入爲軍資主簿、掌隷院司議. 乙酉,[532] 陞拜金堤郡守, 先祖素有心恙, 及到本郡, 號稱南方劇地, 殫心剸煩, 因以加重, 棄官而來.

甲寅, 李相國俊慶爲銓相, 以其先塋在楊根, 選於衆, 得先祖爲主倅, 强起赴之. 丙辰, 以災傷罷, 丁巳, 爲儀賓府都事. 己未, 爲文川郡守, 文川累經非人, 殘弊已極, 先祖之至, 恢恢游刃, 公給私便, 邑人大悅, 去思之碑, 今猶存焉. 居一年, 益厭羈縶, 已決解紱, 適以災傷罷.

丙寅, 有風恙, 就醫入京. 鄭贊成宗榮與先祖爲姻婭兄弟, 素相愛, 適在東銓, 欲留其行, 囑之西銓, 授中樞經歷. 未數月, 拂袖東歸, 挽之不可得. 隆慶五年辛未四月初四日, 以考終焉, 享年六十七. 從治命葬于釜島亥坐巳向之原, 蓋與本家隔江相望, 平日所嘗遊之地, 愛其泉石明麗, 囑之爲衣冠之葬.

先祖性木慈祥, 濟之以剛果, 加之以誠勤. 其居家也, 內外上下, 皆有規矩. 分之以事, 授之以職, 各責其成, 不肯因循忨愒, 苟度時日. 事上接下, 一出於悃愊, 表襮之態, 未嘗施於言貌. 常以儉約自處, 又不喜飮酒, 故家間非行醮飮福, 則未見有燕集之事.

早失怙恃, 鞠於兄嫂李氏, 李氏亦早寡無子, 謀以瓜葛, 以女弟之女妻焉, 卽先祖妣柳氏也. 先祖以未及事親者, 事李夫人, 愛敬並至, 終身不怠. 其在子孫, 雖鍾情篤愛, 亦敎之以義方, 不敢施以姑息之恩. 嘗與外祖申正公對坐, 孫浚謙適當初度日, 匍匐膝下, 岐嶷夙成, 外祖見而憐之, 俵給奴婢, 意若相勸然者, 先祖終不肯爲. 歸語于家曰: "今日之事, 吾亦非無情, 但人有家業, 自當俟他日子孫共分, 不可以一時

532) 乙酉: 【校】 저본에는 '酉'로 되었으나 을유년은 1515년으로 시기가 맞지 않아 '乙卯'로 바로잡아 번역하였다.

憐愛之情, 輒有施與. 試見人家骨肉爭釁, 未必不由於此, 吾先世所不爲, 故不敢破戒云." 其家法嚴正類此, 居官如治家, 事有頭緖, 整頓不亂. 故吏不容奸, 民蒙實惠, 又能以廉謹自守, 出入郡縣數十年, 歸視其家, 無一長物焉.

素多疾病, 有二兄, 又皆早逝, 於人世無眷戀意. 自少時已有求田問舍之計, 金堤罷還, 決意退休, 遂卜居于原州蟾江之上, 婆娑林園, 若將終身. 其後爲楊根爲文川, 雖黽勉復出, 愛閑之心, 終始不渝.

辛酉, 自文川直還蟾江舊栖. 先祖爲繼祖小宗, 自是傳家重於先君. 奉先祖妣在京, 代執常事, 仍以家業付之, 只携僮僕數人, 力農自給, 時年五十七. 其視推擠不去, 至死後而已者, 爲如何也.

先祖有姊妹二人在京, 每歲一入, 參謁家廟, 與姊妹及宗族會, 敍盡歡卽還. 遇親忌則雖自宗家行祭無闕, 而必於所在處, 別備時羞祭之, 以寓終身之慕也. 其居鄕, 課農桑, 輸租賦自同村人, 未嘗有分外經營. 常以漁釣自娛, 時或乘興, 步出江干, 鄕老不期而集. 麻衣竹笠, 相與爭隈, 擧綱得魚, 滌石代器, 凹者爲盂, 削者爲盤, 竟夕徜徉, 盡意而還. 原,驪間至今相傳爲美談, 想慕其風流焉.

平生雖未嘗屑屑於鑽紙尋墨之功, 而其發於心行於事, 及於人者, 無一事不合古宜今, 自成文理, 求之人道, 如斯而止耳, 子孫之儀範, 豈在遠乎?

先祖妣柳氏, 高麗大丞車達之後, 司纂正湋之女, 柳正乃司成李穀之婿, 而先祖所事李夫人, 卽其女兄也. 祖妣後先祖十四年歲甲申正月棄子孫, 合葬先祖之墓.

生二男二女; 男長卽先君, 諱孝胤, 先祖無恙時, 登庚午文科, 不幸早世, 沒官于鏡城判官. 次爲留守公, 登丙子文科, 曾經右贊成, 亦參宣武原從功. 視其貴, 先祖累贈至領議政, 妣封貞敬夫人. 女長適天安郡守任禮臣, 次適宗室義城副正鋼.

先君迎我先妣, 卽禮賓寺正申健之女, 生三男五女；不肖孫百謙, 於次爲長. 曰重謙, 上舍有才而夭, 曰浚謙, 登文科, 原任戶曹判書. 女長適執義洪廸, 次適翰林沈忻, 次適縣令權昕, 次適士人徐龍甲, 次適監役黃有吉.

留守前娶典籍安珽之女, 生四男二女 ; 曰有謙, 英陵參奉. 曰守謙, 敦寧府僉正. 曰致謙, 登武科端川郡守. 曰履謙, 祥雲察訪. 女長適縣監鄭象義, 次適郡守安復善. 後娶縣監姜孝胤之女, 生三男二女 ; 曰允謙, 曰克謙, 曰好謙. 女適士人李碩望, 餘幼.

天安生一男二女 ; 男曰任纜, 而進士李承璧, 士人尹興福, 其婿也. 義城生三男四女, 曰西原守堪, 曰西平守壎, 曰西昌守塡,[533] 而僉知申景禧, 士人尹淑, 正郎蘇光震, 生員沈愉, 其女婿也.

百謙有一男 ; 進士興一. 重謙有二男 ; 縣監善一, 奉事德一. 浚謙有二男 ; 監役會一, 昭一. 有謙生五男 ; 得一, 泰一, 智一, 餘幼. 守謙生二男 ; 誠一, 英一, 致謙生一男 ; 復一.

其餘內外高曾孫男女凡百有餘人, 皆知勤業勵行, 不墜家風, 蓋亦先祖積德爲基之致也歟!

선조(先祖) 통훈대부(通訓大夫) 행 문천 군수(行文川郡守) 증 의정부 영의정(贈議政府領議政) 부군(府君) 행장(行狀)*

*구암의 조부인 韓汝弼의 행장이다.

533) 塡: 【校】 저본에는 '塡'으로 되어 있으나 전주 이씨 종친회(http://www.rfo.co.kr) 확인 결과 '墉'이 맞아 바로잡아 번역하였다.

【번역】

유수(留守) 숙부[534]께서 어느 날 우리 형제에게 급하게 편지를 보내셔서 다음과 같이 말씀하셨다.

“내가 돌아가신 아버지의 유훈을 받들어 공경의 말석에 자리를 채우고 있으나 묘도(墓道)의 일은 오히려 부족한 점이 많이 있었다. 지난 갑오년(1594)에 내가 경상 관찰사로 있을 때 마침 아성 부원군(鵝城府院君) 이 상공(李相公, 李山海, 1539~1609)께서 평해(平海)에 계셔서[535] 묘갈명을 부탁드릴 수 있었다. 그러나 당시 한창 전쟁의 와중이라 가장(家狀)[536]에 갖추지 못한 것이 많다보니 이 상공께서 고인에 관한 일을 대략 서술하게 되었고, 그 탓에 고인이 고향에서 살던 만년시절이 전부 누락되어 장차 후손들에게 알려 줄 것이 없게 되었으니 내가 매우 불만스러웠다. 그런데 상서(尙書) 허공언(許功彦, 성(筬)의 자)영공(令公)은 어려서부터 우리들과 어울렸고 또 고향에 왕래한 적이 있어 우리 집안에 대해 자세히 알고 있다. 그래서 그에

534) 유수(留守) 숙부: 유수는 조선 시대 開城 · 江華 · 廣州 · 水原 · 春川 등 要地에 두어 그 곳을 다스리게 하던 正二品 또는 從二品의 京官職으로 정원은 2원이다. (한국학중앙연구원, 『관직명사전』, 2011.)
숙부는 韓孝純(1543~1621)을 말한다. 자는 勉叔, 호는 月灘이다. 아버지는 汝弼이다. 1568년(선조 1) 생원시에, 1576년(선조 9) 식년문과에 급제하여 검열 · 수찬 · 영해부사 등을 역임했다. 『神器秘訣』, 『陣設』 등이 있다.

535) 평해(平海)에 계셔서: 平海는 강원도 평해군으로 현재 경상북도 울진 지역의 옛 지명이다. 1592년(선조 25) 4월, 임진왜란이 일어났을 때 영의정 이산해는 선조를 모시고 피난길에 올랐다. 이때 서인의 중심 정철의 측근들이 서울을 떠난 죄를 이산해에게 물었다. 대간의 탄핵이 더욱 격렬해지자 선조도 어쩔 수가 없었다. 이산해는 결국 강원도 평해군으로 유배되어, 1593년, 1594년을 유배지에서 보냈다.

536) 가장(家狀): 집안 조상과 형제의 행적에 관한 기록이다. 이는 故人의 墓表 · 墓誌 · 神道碑文 등을 작성하거나 謚號를 정하는 데 혹은 과거 시험 응시자의 신분을 확인하는 데 참고하였다. (세종대왕기념사업회, 『한국고전용어사전』 1, 2001, p.64.)

게 묘지(墓誌)[537]를 부탁해 묘표에서 빠진 부분을 보충하려고 한다. 너희 형제는 아버님을 모시면서 집안일도 직접 보았을 것이니 서둘러 언행을 기록하여 그가 글을 쓸 근거를 제공하도록 하여라."

나는 하명을 받고 감히 어기지 못하여 삼가 집안의 계보(系譜)를 살펴보았다. 우리 한 씨는 본래 청주에서 시작되었으니, 비조(鼻祖)이신 한란(韓蘭, ?~?)공은 고려 태조를 도와 삼한 공신(三韓功臣)에 봉해졌다. 이후로 벼슬이 계속 이어져 강(康, ?~?)[538]이란 분이 계셨는데 유술(儒術)로써 충렬왕을 도와 벼슬이 광정대부 도첨의중찬 수문전 태학사 감수국사 판전리사사 세자사중찬(匡靖大夫都僉議中贊修文殿大學士監脩國史判典理司事世子師中贊)이었으며 시호(謚號)는 문혜(文惠)이다.[539] 【이곡(李穀)이 말하였다.】 이 분으로 인해 한 씨가 세상에 알려졌다. 한사기(韓謝奇, ?~?)란 분이 계셨는데 벼슬이 조청대부 우사의대부 지제고(朝請大夫右司議大夫知制誥)에 이르렀다.[540] 그분의 아들 한영(韓泳)은 원나라 조정에서 벼슬하여 고관의 자리까지 이르렀으며 삼대(三代)를 추은(推恩)하여 모두 후백(侯伯)

---

537) 묘지(墓誌): 許篈의『岳麓集』권2에 한여필의 묘지명「贈領議政中樞府經歷韓公墓誌銘」이 보인다.

538) 한강(韓康 ?~?): 고종 때 과거에 급제하고 여러 관직을 거쳐 감찰어사가 되었다가 金州守가 되었다. 충렬왕 때 時務에 관하여 건의하였는데, 그 내용은 종묘의 향사를 엄격히 할 것, 諸司의 市物 억매를 금할 것, 사체를 소중히 다룰 것, 살생을 금할 것, 사냥을 그치고 봉양을 절약하여 기갈을 진휼하게 할 것, 『법화경』을 숭상하고 독송할 것 등을 진언하기도 하였다. 시호는 文惠 이다.

539) 문혜(文惠)이다:『增補文獻備考』에 다음과 같은 내용이 보인다. "祖康, 本國及第, 用儒術相忠烈王. 以匡靖大夫都僉議中贊修文殿大學士監修國史判典理司事世子師致仕. 卒謚文惠公." (『增補文獻備考』第49卷,「帝系考 淸州 韓氏」조 ;『동문선』116권「有元故亞中大夫河南府路摠管兼本路諸軍與魯摠管管內勸農事知河防事贈集賢直學士輕車都尉高陽侯謚正惠韓公行狀」참조.)

540) 사기(謝奇)란 …… 지냈다:『稼亭集』에 다음과 같은 내용이 보인다.『稼亭集』권12, 行狀「謚正惠韓公行狀」"考謝奇, 本國及第, 仕至朝請大夫、右司議大夫、知制誥, 以公貴贈康中順大夫、僉大常禮儀院事、上騎都尉, 追封高陽縣伯."

에 봉해졌다. 【이곡이 말하였다.】

한악(韓渥, ?~?)이란 분이 계셨는데 삼중대광 도첨의 우정승 상당부원군(三重大匡都僉議右政丞上黨府院君)에 봉해졌고, 시호는 사숙(思肅)이고 총재(冢宰)의 지위에 올라 사직(社稷)에 공을 세웠다. 【이색이 말하였다.】[541)]

한공의(韓公義, ?~?)란 분이 계셨는데 청성군(淸城君)에 봉해졌으며 시호는 평간(平簡)이다. 한수(韓脩)란 분이 계셨는데 벼슬은 우문관 대제학(右文館大提學)에 이르렀고, 시호는 문경(文敬)이요, 도덕과 문장으로 한 시대의 모범이 되었다. 【서거정(徐居正)이 말하였다.】[542)] 한상경(韓尙敬, 1360~1423)이란 분이 계셨는데 조선조에 들어와서 개국공신에 책록되었고 벼슬이 영의정 부사(領議政府事)에 이르렀으며 서원부원군(西原府院君)에 봉해졌고, 시호는 문간(文簡)이다. 한혜(韓惠, 1403~1431)란 분이 계셨는데 함길도(咸吉道) 관찰사였다.

한계희(韓繼禧, 1423~1482)[543)]란 분이 계셨는데 벼슬은 의정부 좌찬성에 이르렀고, 익대좌리공신(翊戴佐理功臣)의 호를 하사받았으며 서평군(西平君)에 봉해졌고, 시호는 문정(文靖)이다. 많은 책들을 두루 보고 학문이 심오하여 다섯 조정을 내리 섬겼는데 총애가 매우 지극하였고, 세조께서 창업과 수성하는 즈음에 경적(經籍)과 전장(典

541) 이색이 말하였다: 『牧隱文藁』 권15, 「韓文敬公墓誌銘」에 보인다. "曰渥, 宣力佐理功臣, 壁上三韓三重大匡上黨府院君, 諡思肅. 佐忠肅王, 位冢宰, 功在社稷, 於公爲祖, 思肅生子五人, 皆爲明宰相."

542) 서거정이 말하였다: 『속동문선』 제20권 「推忠定難翼戴純誠明亮經濟佐理功臣崇祿大夫議政府左贊成西平君贈諡文靖公碑銘」에 이 내용이 보인다. "…… 生淸城君諱公義, 諡平簡, 生重大匡右文館大提學諱脩, 文章道德師範一世, 諡文敬."

543) 한계희(韓繼禧, 1423~1482): 1441년(세종 23) 진사시에 합격하고, 1447년(세종 27) 식년문과에 정과로 급제, 승문원정자에 보임되었다가 곧 집현전정자로 뽑혔다. 세종 때 집현전 藏書閣에 상주하다시피 하면서 博覽强記로 쌓은 학식이 큰 바탕이 되었다. 학식과 단정한 성품으로 주위로부터 추앙되어 존중히 여김을 받았으며, 특히 徐居正과 교분이 두터웠다. 시호는 文靖이다.

章)을 수집하고 찬술한 것이 대부분 이 분이 하였으니 실로 우리 선조의 증대부(曾大父)이시다.[544] 이분이 한사무(韓士武, 1452~1482)[545]란 분을 낳았는데, 한성부 판관(漢城府判官)을 지내고 가선대부 이조참판(嘉善大夫吏曹參判)에 추증되었다. 이분이 낳은 한승원(韓承元)이란 분은 성선 군수(旌善郡守)를 지냈으며 자헌대부 의정부 우참찬(資憲大夫議政府右參贊)에 추증되면서 2대가 증직되었으니 그 귀함이 유수공(留守公)에 견줄 만하다.[546] 이분은 상락백(上洛伯)[547] 김방경(金方慶, 1212~1300)[548]의 후손이자 영의정 김질(金礩 1422~1478)의 아들인 군자감 주부(軍資監主簿)[549] 김예동(金禮童)의 따님에게 장

544) 세조께서 …… 증대부이시다: 한계희는 세종, 문종, 단종, 세조, 성종에 이르기까지 5분의 임금을 모셨다. 구암이 기술한 내용은 「推忠定難翼戴純誠明亮經濟佐理功臣崇祿大夫議政府左贊成西平君贈謚文靖公韓公神道碑銘」에 보인다. "계미년(1463)에 仁順府尹에 제수되었다. 상이 '공은 학문이 정밀하고 깊으며, 나라를 위해 부지런히 힘쓴다.'하여, 모든 經籍과 典章을 편찬하고 찬술함에 있어 완성할 책임을 위임하였다.[癸未, 授仁順府尹. 上以公學問精邃, 勤謹奉公, 凡經籍典章, 裒集纂述, 委任責成.]" (徐居正, 『四佳集』 四佳文集補遺, 1 「碑誌類」, 韓國文集叢刊 11集, 1988, p.302.)

545) 한사무(韓士武, 1452~1482): 조선 전기의 문신으로 1467년(세조 13) 蔭補로 종사랑에 除授되어 文昭殿 參奉이 되었고 이후 사헌부감찰, 개성부도사, 예빈시판관, 통훈대부, 한성부 판관을 지냈으며 이어 사헌부 감찰, 군기시 주부를 역임하였다.

546) 그 귀함 …… 만하다.: 留守公은 韓孝純(1543~1621)을 말한다. 조선 중기의 문신으로 자는 勉叔, 호는 月灘이다. 1592년 임진왜란이 일어나자 왜군을 격파하고 군량을 조달하였다. 통제사 이순신과 함께 수군 강화에 힘썼으며 전선을 만들어 해상 방비에 공을 세웠다. 1606년 우찬성 · 판돈녕부사 등을 역임하였고 1610년 다시 이조판서를 역임한 뒤, 1616년 우의정을 거쳐 좌의정에 올랐다. 이 때문에 귀함이 유수공에 견줄만하다고 표현한 것이다.

547) 군자감 주부(軍資監主簿): 군자감은 軍需品의 저장과 출납을 관장하는 관청이다. 군자감 주부는 종6품 벼슬이다. (『大典會通』 권1, 吏典 京官職, 「正三品衙門」 軍資監조 참조.)

548) 상락백(上洛伯): 상락은 지금의 경상북도 상주시이다.

549) 김방경(金方慶, 1212~1300): 자는 本然, 시호는 忠烈, 본관은 安東, 대몽항쟁의 주력인 三別抄를 진압했고, 원의 일본정벌 때 고려군을 이끌고 출정했다.

가들었다.

홍치(弘治, 明孝宗의 年號 1488~1505) 18년 을축년(1505) 3월 18일에 선조께서 태어났으니, 이름은 여필(汝弼, 1505~1571)이며, 자(字)는 직경(直卿)이다. 선조께서는 훌륭한 자질을 지니고 태어났고 게다가 재주도 많았으나 어버이를 일찍 여의고 고생을 많이 하여 영달에 뜻이 없어 과거공부를 하고도 출사하지 않았다. 가정(嘉靖) 13년 갑오년(1534, 중종 29)에 음직으로 빙고 별제(氷庫別提)[550]가 되었으며, 무술년(1538, 중종 38)에 규정에 따라 내자시 주부(內資寺主簿)[551]로 천직되었으며, 경자년(1540, 중종 35)에 사헌부 감찰(司憲府監察)에 제수되었고, 2년 뒤 임인년(1542, 중종 37)에 공무로 인해 파직되었다. 계묘년(1543)에 제용 주부(濟用主簿)[552]에 제수되고 다시

550) 빙고 별제(氷庫別提): 빙고는 얼음 저장소로 조선 시대 한양에는 豆毛浦의 동빙고와 屯智山의 서빙고, 그리고 대궐 내의 내빙고가 있었다. 동빙고는 祭祀用 얼음을 간직하였고, 서빙고는 대궐과 백관에게 頒氷할 때 소용되는 얼음을 간직하였다. 관원은 提調 1인, 別坐 1인, 別提 2인, 別檢 2인을 두었다. 별제는 조선 시대 無祿官의 하나. 『경국대전』에 의하면 정 · 종6품으로서, 호조 · 형조 · 소격서 · 교서관 · 도화서 · 전설사 · 전함사 · 전연사 · 사축서에 각 2원, 상의원 · 군기시 · 내수사 · 빙고에 각 1원, 예빈시 · 수성금화사 · 장원시 · 와서 · 사포서에 각 3원, 조지서 · 활인서에 각 4인, 귀후서에 6원 등 총 51원이 있었음. 비록 녹봉은 받지 못했으나 동반 실직으로서 360일을 근무하면 다른 관직으로 옮겨갈 수 있었음. (『한국고전용어사전』 2, 2001, p. 906, p.1178.)

551) 내자시 주부(內資寺主簿): 1392년(태조 1)에 처음 內府寺라는 이름으로 설치되었다가, 1401년(태종 1)에 내자시로 개칭되었다. 1403년(태종 3) 義成庫가 병합되어 담당직무가 늘었으며, 1405년(태종 5)에는 6조 가운데 戶曹에 속하게 되었다. 主簿는 종 6품 벼슬이다.

552) 제용 주부(濟用主簿): 濟用監의 주부를 말한다. 제용감은 고려 恭讓王 때 准備色을 없애고 만든 관청이다. 공양왕 3년(1391) 供辦署와 합해져서 寶源解典庫로 바뀌었다. 조선 시대에 들어와서 태조 원년(1392) 官制를 새로 정할 때 匹帛 · 紬苧를 관장하는 종5품 衙門으로 되었다가, 태종 9년(1409) 나라의 帑藏을 관할하는 濟用監으로 확대 승격되었다.

사헌부 감찰(司憲府監察)을 거쳐 용강 현령(龍岡縣令)[553)]으로 나갔다.

용강 현령으로 나갔을 때 부인의 숙부인 좌상 유관(柳灌, 1484~1545)이 충성을 다하였음에도 모함으로 연루된 대역죄로[554)] 가문에 미친 화가 매우 참혹하여 일가친척뿐 아니라 인척(姻戚)도 모두 연좌되어 관직을 잃었는데도 유독 선조만 치적이 너무나 현저하고 논박하고 폄하할 명분도 없어 무사히 임기를 끝마칠 수 있었다. 무신년(1548, 명종 3)에 내직으로 들어가 군자 주부(軍資主簿)와 장례원 사의(掌隷院司議)가 되었다. 을묘년(1555, 명종 10)에 김제 군수(金堤郡守)에 승진 제수되었다. 선조께서 평소 심병을 앓으셨는데 남쪽 지역 중 가장 일이 많은 지역인 김제에 와서는 마음을 다해 많은 업무를 처리하면서 병이 더욱 심해졌기 때문에 관직을 그만두고 돌아왔다.

갑인년(1554, 명종 9)에 상국(相國) 이준경(李俊慶)이 이조 판서였는데 선영이 양근(楊根)[555)]에 있다 하여 많은 사람 중에서 선조를 뽑아 양근 수령으로 삼으니 할 수없이 부임하였다. 병진년(1556, 명종 11)에 재상(災傷)으로 양근 군수에서 파직되고, 정사년(1557, 명종 12)

---

553) 용강 현령(龍岡縣令): 용강은 현재 평안남도에 있는 면이다. 『新增東國輿地勝覽』에는 平壤府에 속해 있는 6개의 현 가운데 하나라고 기록되어 있다. (『新增東國輿地勝覽』 제51권, 「平安道」)

554) 유관(柳灌, 1484~1545)이 …… 대역죄로: 유관은 본관은 文化, 자는灌之, 호는 松庵, 시호는 忠肅이다. 명종이 즉위하면서 尹元衡과 李芑 등의 모함으로 일어난 을사사화에서 윤원형 등이 '유관과 柳仁淑이 尹任과 함께 桂林君 李瑠와 鳳城君 李岏을 추대하려고 도모하였다.'고 모함하였다. 그 결과 윤임, 유인숙 등과 함께 三兇으로 몰려 宗社를 謀危하였다는 죄목으로 絶島流配刑에 처해져 서천으로 귀양 가던 도중 온양에 이르러 사사되었다. 『國朝寶鑑』 제22권, 「明宗」조 참조.

555) 양근(楊根): 경기도 양평 지역의 옛 지명. 조선시대에는 남한강 유역에 자리잡고 있어 교통의 요지였다. 본래 고구려의 楊根郡인데, 일명 恒陽이라고도 하였다. (『新增東國輿地勝覽』 제8권, 「경기」 참조.)

에 의빈부 도사(儀賓府都事)[556]에 제수되었다. 기미년(1559, 명종 14)에 문천(文川)[557] 군수에 제수되었는데 문천은 여러 차례 적임자가 아닌 사람이 다스리면서 매우 피폐해졌었다. 선조께서 부임하여 많은 업무를 잘 처리하여[558] 공사가 넉넉하고 편안해져서 고을 사람들이 매우 기뻐하였다. 떠난 뒤에 백성들이 선조의 은택을 생각하여 세운 비석이 지금도 그대로 남아 있다. 일 년이 지나 객지 생활에 더욱 염증을 느껴 이미 벼슬을 그만두기로 결심하였는데 마침 재상(災傷) 문제로 파직되었다.

병인년(1566, 명종 21)에 풍병(風病)에 걸려 의원을 찾아 가려고 한양에 왔다. 찬성(贊成) 정종영(鄭宗榮, 1513~1589)[559]이 선조와 외종형제로서 평소 서로 아꼈고, 마침 이조에 재직하여 선조가 떠나는 것을 만류하려고 병조에 소속시켜 중추부 경력에 제수하였다. 그러나 몇 달 못가 그만두고 고향으로 돌아가려 할 때 만류하였으나 어쩔 수

556) 의빈부 도사(儀賓府都事): 의빈부에 근무하는 도사를 말한다. 의빈부는 조선 시대 임금의 사위, 곧 공주, 翁主의 배필에 관한 사무를 맡은 정1품 아문이다. 조선 초 異姓諸君府 혹은 附馬府로 불렸다가, 세조 12년(1466) 의빈부로 개칭되었다. 실무를 맡아보는 관원으로는 經歷(종4품) · 都事(종5품) 각 1인을 두었으며, 吏屬으로는 錄事 1인, 書吏 4인 등이 있었다. (세종대왕기념사업회 『한국고전용어사전』 4, 2001, p.319.)

557) 문천(文川): 함경남도 文川郡 지역에 있었다. 본래 妹城이라 부르던 것을 고려 成宗 8년(989)에 文州로 고쳤다가 뒤에 宜州에 통합하고, 忠穆王 원년(1345)에 다시 갈라 州를 두었다. 조선 太宗 13년(1413)에 문천군으로 개칭되었다. (한국역사지명사전 편찬위원회, 『한국역사지명사전』, 2008.)

558) 많은 …… 처리하여: 원문은 '恢恢游刃'인데 정사를 다스림에 업무가 많아도 잘 처리함을 뜻한다. 庖丁이 文惠君을 위해 소를 잡는데, 소 잡는 솜씨가 매우 뛰어나 문혜군을 감탄하게 하였다. 포정이 소 잡는 道를 말하면서 "두께가 없는 칼을 두께가 있는 틈새에 넣으니, 널찍하여 칼날을 움직이는 데 있어 반드시 여유가 있습니다.[以無厚入有間 恢恢乎其於遊刃, 必有餘地矣.]" 하였다. (錢穆 著 『莊子纂箋』 권2, 「養生」 九州出版社 , 2011. p.36.)

559) 정종영(鄭宗榮, 1513~1589): 본관은 草溪. 자는 仁吉, 호는 恒齋이다. 金安國의 문인이다. 평양 에 서원과 서적포를 설립하여 학문의 진흥에 크게 기여하였다. 서예에도 뛰어났으며, 저서로는 『항재집』이 있다.

없었다. 융경(隆慶) 5년 신미년(1571, 선조 4) 4월 4일에 일생을 마치니 향년 67세였다. 유언대로 부도(釜島) 해좌 사향(亥坐巳向)[560]의 언덕에 장사하였다. 이곳이 본가와 강을 사이에 두고 바라볼 수 있어서 평소 항상 노닐던 곳이었기에 그 아름다운 자연을 사랑하여 의관을 묻을 묘소로 쓰라고 하였다.

선조께서는 본래 자상한 품성이기에 사람들을 구제할 때는 강직하고 과단성 있게 하시고 사람들에게 베풀 때에는 정성을 다하셨다. 그 분이 집안에 계실 때에는 내외 상하가 모두 법도가 있었고, 일을 나눌 때에는 직분대로 맡기고는 저마다 완수할 책임을 지워 고식적으로 게으름을 피우며 허송세월하지 못하게 하셨다. 한가로이 계실

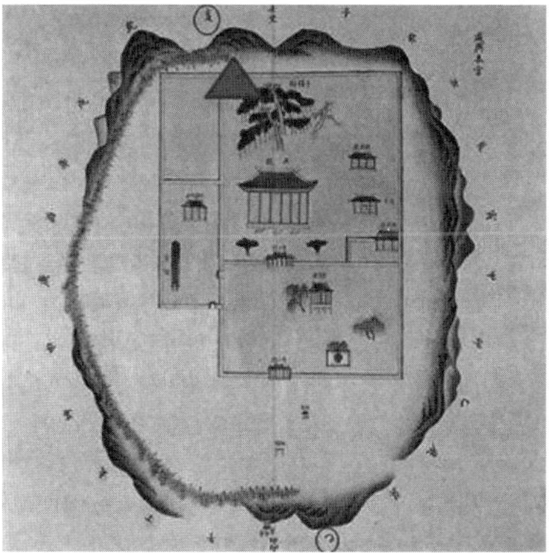

그림 36.「咸興本宮」,『北道各陵殿圖形』, 규장각 소장. 이성미 외 지음,『조선왕실의 미술문화』, 대원사, 2005, p.222. △표시한 부분이 亥坐巳向 위치이다.

560) 해좌 사향(亥坐巳向): 山脈과 지형에 따라 設置한 墓所의 後面方이 坐方, 前面方이 向方이 된다. 묏자리가 亥方을 등지고 巳方으로 향한 위치로 북서에서 남동을 바라보는 자리이다.

때에는 윗사람을 섬기며 아랫사람을 대함에 한결같이 정성스러웠고 겉치레로 하는 말이나 행동이 없었다. 항상 검약한 생활을 하시고, 술 마시는 것을 좋아하지 않으셨기에 집안에서 초례를 행하거나 음복하는 경우가 아니면 잔치를 벌이는 일은 볼 수 없었다.

어려서 부모를 잃어 형수 이씨께서 길러주셨는데 이씨도 일찍 남편을 잃고 자식이 없어 인척 관계[561]를 만들려고 여동생의 딸을 아내로 삼게 했으니 바로 선조의 비(妣)인 유씨(柳氏)이다. 선조께서는 부모를 모셔보지 못한 사람으로 이부인(李夫人)을 모심에 사랑과 공경을 극진히 해서 종신토록 소홀하지 않았다. 자손에게는 정에 끌리어 지극히 사랑했어도 바른 길로 가르쳐 아녀자들과 같은 은혜를 베풀려고 하지 않았다. 외조부 신정공(申正公, 申健)과 손자 준겸의 첫돌 잔치하는 자리에서 마주 앉았을 때 앉은 자리 주변을 엉금엉금 기어 다니는 손자가 총명하고 조숙한 것을 외조부께서 보시고 사랑스러워 노비를 나누어 주셔서 손자를 권면하려는 뜻을 보이셨다. 그러나 선조께서는 끝내 달가워하지 않으시고는, 집에 돌아와 다음과 같이 말씀하셨다. "오늘 일은 나 역시 인정이 없는 것은 아니지만 사람들은 집안대대로 내려오는 가르침이 있으니 훗날을 기다려 자손들에게 공평하게 나누어 주어야지 한 때의 사랑하는 마음 때문에 갑자기 나누어 주어서는 안 된다. 사람들의 집안 다툼을 보면 이 때문에 생겨나지 않음이 없으니 그래서 우리 선조들도 하지 않은 일이다. 그러므로 감히 그 법도를 깰 수 없다." 선조의 가법이 엄정하기가 이와 같았다. 관직에 계실 때도 집안 다스리는 것처럼 엄정히 해서 일을 처리하는 데에 두서가 있었으며 가지런히 바로잡아야 할 것은 가지런하게 하셨다. 그러므로 아전들은 농간을 피우지 못하고 백성들은 실

561) 인척 관계: 원문은 '瓜葛'로 모두 넝쿨로 자라는 풀이므로 一家 또는 인척관계를 일컫는 말로 쓰인다.[瓜葛之親] (세종대왕기념사업회, 『한국고전용어사전』 1, 2001, p.522.)

질적인 혜택을 받았으며, 청렴하고 신중함으로 스스로를 단속해서 수십 년 동안 현령으로 지냈지만 돌아가 그 집안을 보면 불필요하거나 남아도는 물건이 하나도 없었다.

평소 앓고 있는 병이 많았고 두 분의 형도 모두 일찍 돌아가셔서 인간 세상에 대해 연연해하는 마음이 없었다. 어려서부터 시골에 살려는 계획을 지녀 김제에서 파직되고 돌아와 물러나 쉬려고 마음먹고 마침내 원주 섬강(蟾江) 근처에 살 곳을 정해 수목이 우거진 정원에서 소요(逍遙)하며 여생을 마치려 하였다. 그러나 그 후 양근(楊根) 군수와 문천 군수에 제수되어 하는 수 없이 다시 나갔지만 한가로이 살고 싶은 마음은 처음부터 끝까지 변함이 없었다.

신유년(1561, 명종 16)에 문천에서 예전에 살던 섬강으로 곧장 돌아오셨다. 선조께서는 소종(小宗)[562]을 잇게 되어 선군에게 집안을 잇게 하였다. 선조의 비는 한양에 계셔 선군께서 선조의 비를 모시고 한양에 있으면서 일상사를 대신 집행하였다. 그래서 (선조께서) 가업을 (선군에게) 맡기고 선조는 다만 동복(僮僕) 몇 명을 데리고 농사에 힘써 자급자족하였으니 당시 나이 57세였다. 밀쳐내도 조정을 떠나지 않다가[563] 죽은 뒤에야 그만두는 자들과 비교할 때 어떠한가.

선조에게는 두 분의 자매가 계신데 한양에 살고 계셔서 해마다 한 번 씩 들어가 가묘에 참배하고 자매와 집안사람들을 만나 실컷 즐기시고는 바로 돌아가셨다. 어버이의 기일이면 종가에서 제사를 행하여 빠뜨리지 않았는데 반드시 처소에서 따로 그 철에 나는 음식물을 준비하여 제사를 지내 종신토록 사모하는 마음을 담았다.

시골에 살면서 농상(農桑)을 해서 자신도 시골 사람들과 같이 부세

562) 소종(小宗): 대종가에서 갈라져 나온 방계를 말한다.

563) 밀쳐내도 조정을 떠나지 않다가: 蘇軾의 「與毛令方尉游西菩寺」에 "밀쳐내도 조정을 떠나지 않은지 이미 삼 년이니, 저 林泉의 물고기와 새가 어리석은 나를 비웃으리.[推擠不去已三年 魚鳥依然笑我頑.]"하였다.

를 내고, 분에 넘치게 경작하지 않았다. 항상 낚시질을 즐겼으며 간혹 흥이 나면 강변으로 걸어가서 시골 노인들과 약속하지 않아도 함께 모였다. 마의(麻衣)에 대삿갓 쓰고 서로 자리를 다투어 그물 쳐서 고기 잡고, 돌 씻어 그릇을 대신하여 오목한 것은 사발로 삼고 깎인 것은 쟁반을 삼아 저녁까지 어울려 실컷 놀고 돌아온 일이 원주(原州)와 여주(驪州) 지역에선 지금까지 미담으로 전해짐은 아무래도 그러한 풍류가 그리워서일 것이다.

평생 글을 읽고 쓰는 일을 달갑게 여기지는 않았지만 마음에서 우러나 일을 하고 사람을 대함에 한 가지 일도 고금에 부합하지 않는 점이 없어 저절로 문장의 이치를 이루었으며, 사람으로서 지켜야 할 도리를 추구하는 것도 이와 같이 한 연후에야 그만 두었으니 자손들의 모범이 어찌 멀리 있겠는가?

선조(先祖)의 비(妣) 유씨께서는 고려 대승(大丞) 유차달(柳車達, ?~?)의 후예 사도시 정(司䆃寺正) 엄(渰)의 따님이시다. 유정(柳正)이 바로 사성(司成) 이각(李殼)의 사위인데 선조가 모셨던 이씨 부인이 바로 그의 누님이다. 선조의 비께서는 선조께서 돌아가신 뒤 14년 후 갑신년(1584) 정월에 돌아가셔서 선조의 묘에 합장하였다.

2남 2녀를 낳았는데 장남은 바로 선군(先君)이니 휘가 효윤(孝胤)으로 선조께서 강령하셨을 때 경오년(1570, 선조 3) 문과(文科)에 급제하였으나 불행히도 일찍 죽으니 경성 판관(鏡城判官)[564]이 마지막

564) 경성 판관(鏡城判官): 경성은 함경북도의 중앙부에 위치한 군. 동쪽은 동해와 면하여 있고, 서쪽은 무산군, 남쪽은 길주군과 명천군, 북쪽은 부령군과 접한다. 判官은 조선시대 여러 관서의 종5품 관직이다. 소속관아의 행정실무를 지휘, 담당하거나, 지방관을 도와 행정 군정에 참여하였다. 조선 초에 판관이 설치된 관아로 중앙에는 상서원 · 사옹원 · 내자시 · 내섬시 · 군자감 · 제용감 · 봉상시 · 내의원 · 예빈시 · 관상감 · 전의감 · 사복시 · 군기시 · 상의원 · 선공감 · 전함사 등이 있고, 지방에는 도 · 유수부 · 대도호부 · 목 도호부 등이 있으며, 그 뒤에 한성부 · 사역원 · 훈련원 · 돈녕부 등 중앙관아에 증치되었다.

관직이었다. 차남은 바로 유수공(留守公)[565]인데, 병자년(1576, 선조 9)문과에 급제하여 우찬성을 거쳐 선무원종공신(宣武原從功臣)에 들었다. 아들이 귀하게 됨에 따라 선조께서도 여러 번 추증을 받아 영의정에 이르셨고 선조의 비께서는 정경부인(貞敬夫人)에 봉해지셨다. 장녀는 천안 군수인 임예신(任禮臣)에게 출가하고, 차녀는 종실(宗室) 의성 부정(義城副正) 이강(李鋼)에게 출가하였다.

아버님께서는 어머님을 맞이하셨으니 바로 예빈시 정(禮賓寺正) 신건(申健, ?~?)의 따님으로 3남 5녀를 낳았다. 불초 손(孫) 백겸(百謙)이 장남이고, 중겸(重謙)은 상사(上舍)[566]로 재주가 있었지만 요절하였고, 준겸(浚謙)은 문과에 급제하여 원임 호조 판서(原任戶曹判書)가 되었다. 장녀는 집의(執義) 홍적(洪迪, 1549~1591)[567]에게 출가하였고, 차녀는 한림(翰林) 심흔(沈忻)에게 출가하였고, 삼녀는 현령(縣令) 권흔(權昕)에게 출가하고, 사녀는 사인(士人) 서용갑(徐龍甲)에게 출가하였고, 오녀는 감역(監役) 황유길(黃有吉)에게 출가하였다.

유수공의 전취(前娶)는 전적(典籍) 안정(安珽)의 따님으로 4남 2녀를 낳았다. 유겸(有謙)은 영릉 참봉(英陵參奉)이고, 수겸(守謙)은 돈령부 첨정(敦寧府僉正)이며 치겸(致謙)은 무과에 급제하여 단천 군수(端川郡守)가 되었고, 이겸(履謙)은 상운 찰방(祥雲察訪)이다. 장녀는 현감(縣監) 정상의(鄭象義)에게 출가하였고, 차녀는 군수(郡守) 안복선(安復善)에게 출가하였다. 후취(後娶)는 현감(縣監) 강효윤(姜

565) 유수공(留守公): 韓孝純(1543~1621)을 말한다. 字는 勉夫이며 號는 月灘이다.

566) 상사(上舍): 조선 시대에 성균관의 유생으로서 生員, 進士 시험에 합격한 사람을 말한다. 이들이 성균관의 上齋에서 기거하여 이렇게 호칭하였다.

567) 홍적(洪迪, 1549~1591): 본관은 南陽. 자는 太古 · 遵道, 호는 養齋 · 荷衣子. 司成 以平의 증손으로, 할아버지는 첨지중추부사 德演이고, 아버지는 仁祐이며, 어머니는 생원 金寧胤의 딸이다. 판서 進의 동생이다. 李滉의 문인이다.

孝胤)의 따님으로 3남 2녀를 낳았다. 아들은 윤겸(允謙), 극겸(克謙), 호겸(好謙)이며 딸은 사인 이석망(李碩望)에게 출가하였고 나머지는 어리다.

천안공(天安公)은 1남 2녀를 낳았는데 아들은 임남(任纜)이고 사위는 진사 이승벽(李承璧), 사인 윤흥복(尹興福)이다.

의성공(義城公)은 3남 4녀를 낳았는데 아들은 서원수(西原守) 감(堪), 서평수(西平守) 훈(壎), 서창수(西昌守) 용(墉, 1578~?)이고, 사위는 첨지 신경희(申景禧), 사인 윤숙(尹淑), 정랑 소광진(蘇光震), 생원 심유(沈愉)이다.

백겸(百謙)은 아들이 하나 있으니 진사 흥일(興一)이다. 중겸(重謙)은 아들 둘이 있으니 현감(縣監) 선일(善一), 봉사(奉事)[568] 덕일(德一)이다. 준겸(浚謙)은 아들 둘이 있으니 감역(監役) 회일(會一), 소일(昭一)이다. 유겸(有謙)은 아들 다섯을 낳았으니 득일(得一), 태일(泰一), 지일(智一)이며 나머지는 어리다. 수겸(守謙)은 아들 둘을 낳았으니 성일(誠一), 영일(英一)이다. 치겸(致謙)은 아들을 하나 낳았으니 부일(復一)이다.

그밖에 내종과 외종의 고손 및 증손 남녀가 모두 백여 명인데 모두 학업에 힘쓰고 근면하게 실행할 줄 알아서 가업(家業)을 실추시키지 않았으니 아마도 선조께서 덕을 쌓아 기반을 이루셨기 때문인가 보다.

568) 봉사(奉事): 조선 시대 敦寧府와 각 寺, 司, 署, 院, 監, 倉, 庫, 宮에 설치된 종8품의 관직. 세조 12년(1466) 관제 개정 때 副奉事와 함께 처음으로 두었다.

永膺李先生行狀

昔余先君子好賢樂士, 其所從遊, 皆一時名勝. 己巳年間, 嘗寓居三淸洞, 與先生同里閈, 杖屨往來, 殆無虛日. 余小子在侍立之列, 竊見先生風儀爽秀, 論說峻整, 心知其隱德君子. 因得與先生之二子交, 通家分義垂四十年, 知先生至行者, 莫百謙若也. 其撰次梗槪, 以備述者所徵, 寧得已乎?

謹按家譜, 李氏本延安大姓. 始祖諱襲洪, 仕高麗, 爲太子詹事, 其後貂蟬相繼, 以訖麗代. 至七代祖諱貴山, 入本朝爲資憲大夫江原道都觀察使, 與其兄左議政貴齡, 俱以厚德重望, 有名於開國初. 生諱續, 爲春川府使, 簡重高潔. 太宗大王與之爲布衣交, 以後宮所出求爲婚. 公不肯, 對使者語頗倨, 獲罪.

生諱根健, 贈參議. 生諱仁忠, 淸白正直, 有文武才, 以吏部郞忤權貴, 斥爲平壤小尹. 從征建夷有功, 入爲承旨, 於公爲高祖. 曾祖諱弼, 秉節校尉, 贈吏曹參議. 祖諱繼長, 南部參奉, 贈吏曹參判, 明經勵行, 晦迹不仕. 考朝散大夫守司憲府掌令諱彦忱, 學行重望, 歷揚臺閣, 當乙巳禍, 守正不撓, 因被竄謫. 自春川公後, 或仕或隱俱以名節自礪, 至掌令公, 尤章章焉, 李氏之業, 其根基非一日矣.

先生諱至男, 字端禮, 生於嘉靖己丑十一月十二日寅時. 生而聰睿過人, 纔六歲, 已講習『小學』, 不事修飾, 自能寡過. 掌令公又能以身敎之, 詩禮之聞甚早, 年十四五, 慨然有志於爲己之學, 出入先生長者之門, 講明伊洛之書, 其所問答, 皆有詒辭. 以學爲樂, 不以外物累其心.

掌令公聘弘文博士廣陵安公漢英之女, 誠一端莊, 涉獵經史, 有古烈女之風. 兩美相配, 寔生先生, 宜乎鳳雛驥子, 出類拔萃, 稱其家兒也.

鄭承旨諱源, 曾從趙靜菴游, 文學行義, 高於一世. 愛先生英達夙成, 以其女妻之. 先生館其門, 得聞靜菴之風而興起焉, 其於此學, 已躍如也. 掌令公論事左遷, 爲淳昌郡守, 先生奉晨昏從之. 河西金先生適在郡境, 先生執贄稟學, 金先生亟稱許之, 命字作說, 指示門路, 且贈以詩曰: "期待殊非淺, 工夫愼莫徐." 後又從履素齋李先生, 硏精舊學, 益致深造之功, 其所自得者愈多.

蓋先生之學, 遡流尋源, 其所自來者遠矣. 先生之德, 完於天成, 故孝友之行, 尤爲絕矣. 其愛敬之實, 見於孩提之時, 人皆以孝兒稱.

丁未, 掌令公淳昌謫配舒川, 因病不起. 先生千里聞訃, 勺水不入口, 攀柩在路, 夜伏轝傍, 時當沍寒, 凍雪盈衣. 黨禍之餘, 親舊無相救者, 先生賣盡土田, 親身附棺, 棺物無不極其華盛, 至親負土石以營葬焉. 廬於墓側, 日再上塚, 涕淚所迸, 莎草爲之枯. 身不脫絰帶, 口不絕哭聲, 朝夕奠饌, 必躬自爲之, 不任廚人. 比三年不少怠, 時先生年未弱冠, 而內盡其哀, 外盡其禮, 無有不得於心者, 至孝之稱, 已聞於中表.

其事母夫人尤益謹, 苟可以悅其志安其身者, 無所不用其極. 每朝省其起居, 因遍呼諸兒孫, 令左右侍奉而退. 家雖貧, 其饋養必有四方之味. 夫人早罹家禍, 心恙煩惱, 體常不平, 先生非有大故, 不敢去側. 或與諸子講論於前, 經史古今之說, 無所不及, 夫人聽之亹亹, 爲之忘憂. 及其晩年, 衰病沈綿, 有時頓劇, 先生日夕憂遑, 衣不解帶, 延醫調藥, 必盡其方, 夫人賴其保養而扶持者, 亦有年矣.

丁丑夏, 夫人患痢幾殆. 先生爲嘗糞, 味甛滑, 極憂之, 卽沐浴頓顙, 號泣于天, 請以身代. 是夜夫人夢見神人, 自天而降曰 "汝兒至誠動天, 已許自代矣", 因忽不見. 自此證漸歇, 得平復. 古之言篤孝者, 不過曰病致憂喪致哀而已, 至於至誠感神, 迓續旣殆之命, 則求之千古孝子之傳, 莫之多聞. 今先生奇行特出, 無不加等, 感應之速, 如鼓應桴, 所謂 "精誠貫于金石, 孝悌通于神明" 者, 於先生見之矣.

先生侍藥旣久, 辛勤憂苦, 大致傷敗. 骨髓之病, 因玆而作, 時時嘔血, 或至數升. 是年秋, 病勢猝劇, 至於觀化之際, 感念慈闈, 執二子之手, 托以奉養之道. 精爽已離, 不復自覺, 縷縷若夢中語, 皆不盡之孝思也. 旣復, 目猶不瞑, 二子攀號撫摩, 良久乃瞑, 卽丁丑八月二十四日也, 享年四十九.

噫! 何天之奪我孝子, 若是其酷也? 其將以勸人之爲善乎? 先生家貧親老, 不免隨衆學擧子業, 而亦不屑屑於得失. 有一權貴當國, 威禍自己出, 先生對策殿庭, 極言專權濁亂之狀. 考官驚嘆, 寘之上第, 而畏其人, 不敢取. 又於謁聖試士, 時刻旣過, 有欲爲公私挾追呈者, 先生拒不從, 其自守之正如此. 爲文章, 古雅有法度可觀, 早從庠序, 一時流輩咸推讓焉. 累擧而竟不遇, 玆豈其命也耶!

宣祖大王之五年, 令中外擧學行之士. 鄕里以先生首薦. 初欲以學行擧, 衆論僉曰"李至男, 全德之士, 不可以一善名於世", 遂以操心正直學問精通爲薦目云. 是歲七月, 除昭格署參奉, 先生旣爲親而屈, 則以爲"太一齋醮, 雖非正祀, 而國家旣已設行, 精禋致誠, 乃有司之職耳. 豈可若是滅裂, 以瀆神明? 是所謂失禮之中又失禮也", 自殿宇床席至一器一皿, 皆令極其新奐整潔, 肅恭將事.

居官以淸簡自持, 嚴正御下, 非正之物, 一芥不取. 本署廢政, 次第整理, 出納句校之間, 無不精盡, 寸紙尺布, 亦不私用. 吏僕敬服, 自相警勅曰: "毋爲不義以負我公." 署有一吏, 薰公之化, 能自樹立, 至於割股執喪, 以孝見稱, 其以德及人多類是.

同僚李公長胤, 佳士也. 相會之日, 欲以官酒相屬, 公不肯, 李公面發赤, 遽命輟之. 署人薰其德, 莫不感化而自新. 事業雖百不一施, 卽此而觀之, 則貞白之操, 正大之氣, 發於事者, 可知也.

先生疏通明敏, 天分甚高, 慈祥愷悌, 端方篤實. 容貌辭氣, 舒遲閑雅, 雖急遽造次之間, 不失常度. 家庭嚴肅, 內外井井, 待親戚, 必盡恩愛, 交朋友, 必盡誠信. 雅尙儉素, 不樂紛華, 常着草笠 · 蓮子纓, 布衣綿帶. 朝夕自奉, 唯喫菜芹, 一室蕭然, 惟圖書千卷而已. 每日晨謁家廟, 朔望必參, 出告反面, 一如事生. 得新物, 不薦不敢嘗. 遇忌日, 不接賓客, 終日銜恤如初喪. 國忌則無遠近不聽樂不設肉, 國恤則雖后妃之喪, 食素致哀, 必限卒哭, 天性然也.

家在白岳之下, 每煙朝月夕, 輒與二三子弟, 登後園山脚, 徘徊嘯詠, 久而忘返, 翛然有出塵之想. 凡律己處家, 接人應物, 一以古訓爲則, 若涉一毫非禮, 其心欿然, 終日不樂.

嘗於朝廷大禮, 臨着朝服, 偶喪其履, 倉卒以靴子就列, 退而內訟, 若無所容. 因曰: "縱不爲御史所劾, 獨不可自贖乎?" 卽以木端送本署, 以爲公用. 惟其自治之嚴如此, 故其平生行事, 光明峻潔, 未嘗有不可向人言者.

敎子, 以忠信不欺爲本, 隨其資稟, 誨誘不倦. 其言簡易明白, 使人易曉, 强弱昏明, 皆獲其益. 有所問難, 則必竭其兩端, 啓發乃已. 嘗送長子基稷, 從師受業, 而書朱文公授長子受之書以贈之, 且題其後曰: "我之所欲言於汝, 汝之所當聞於我, 皆無過於此, 汝宜服膺而勿失也." 又曰: "學者於義理公私之際, 須着意明辨, 不容少差, 透得此關, 方有進步處." 又曰: "今之學者, 不致講習, 專事遊娛, 隨朋逐伴, 論人是非, 竟至於失身者多矣, 切宜痛戒." 又曰: "心不專一, 則臨事憒憒, 讀書窮理, 必無自得之理." 又曰: "爲學須以至誠爲本, 若不誠實, 無此事物, 如水無源, 如何會進" 云云.

其平居昧爽而起, 整其衣冠, 端拱靜坐, 肩背竦直, 如泥塑人. 其學以反躬切己爲主, 精思力踐, 專用心於內, 身心動靜, 一主於敬. 所讀書, 日有科程, 虛心平氣, 反復玩索, 令其義理浹洽於中, 其得意處, 輒欣然忘寢食.

嘗取周、程、張、朱、司馬、康節之書, 撮其要, 作爲一篇, 名曰 "居閑要覽", 朝夕觀省焉. 雖一生韜晦, 不樂交遊, 不喜著書, 無從考其造詣淺深, 而卽其言, 觀其行, 蓋已知內外賓主之分, 一切利害, 有不足以移其心, 則可保其必然也. 學者追慕之, 稱爲永膺先生, 永膺卽延安邑號也.

영응(永膺) 이 선생(李先生)의 행장(行狀)*

*이지남(李至男 1529~1577)의 학문과 효행을 기록한 행장이다. 이지남은 효행으로 정표되고, 여러 야사(野史)에서도 효성스러운 행실로 이야기가 전해지는 인물이다. 이지남이 정표된 뒤 그의 아내 정씨(鄭氏)가 열녀로 정려되었고, 장자 기직(其稷), 차자 기설(其卨), 딸들까지도 모두 효성이 두터웠다. 또 기설의 장자 돈오(惇五)는 충신으로, 그의 아내 김씨는 절조로, 차자 돈서(惇徐)는 충신으로 정려되었다. 이렇듯 한 집안에서 충신 효자 효녀 절부 열녀 등 무려 여덟 분의 정문(旌門)이 세워지게 되자, 인조는 특별히「효자삼세(孝子三世)」란 편액을 내렸다. 그리하여 이 집안을 사람들은 '팔홍문가(八紅門家)'라고 불렀다고 한다.『燃藜室記述』제18권「宣祖朝故事本末」;『靑莊館全書』제49권「耳目求心書」2 ;『大東奇聞』

【번역】

예전에 우리 아버님께서는 어진 이와 선비를 좋아하여 함께 교유했던 분들이 모두 당시에 이름난 사람들이었다. 기사년(1569, 선조 2) 즈음에 삼청동에 살았는데, 선생과 같은 동네여서 거의 하루도 빠짐없이 서로 왕래하였다. 나는 곁에서 모시면서 선생의 풍모가 맑고 걸출하며 논설이 준엄한 것을 보고는 마음속으로 그분이 은덕군자(隱德君子)임을 알게 되었다. 이를 계기로 선생의 두 아들[569]과 교유하게 되어 집안끼리 교의를 나눈 지 40여 년이 되었으니, 선생의 고상한 품행을 나만큼 아는 사람이 없다. 이분의 삶의 대강을 글로 지어 갖추어 기술하려는 자의 부탁을 어떻게 마다할 수 있겠는가.

569) 두 아들은 큰 아들 李基稷(1556~1578)과 둘째 아들 李基卨(1558~1622)을 말한다.

삼가 집안의 계보(系譜)를 살펴보니, 이씨의 본(本)은 연안(延安)이라는 번성한 성씨이다. 시조인 이습홍(李襲洪, ?~?)은 고려조에 벼슬하여 태자첨사(太子詹事)[570]가 되었고, 고려 왕조를 마칠 때까지 높은 벼슬[571]을 한 분들이 서로 이어졌다.

7대조 이귀산(李貴山, ?~1424)이 본조에 들어와 자헌대부(資憲大夫) 강원도도관찰사(江原道都觀察使)가 되었는데, 그의 형 좌의정 이귀령(李貴齡, 1345~1439)과 함께 후덕하고 인망이 두터운 것으로 개국 초에 유명하였다. 이귀산이 낳은 아들 이속(李續, ?~?)은 춘천부사로 소탈하고 중후하며 고결하였다. 그래서 태종 대왕께서 이분과 신분을 떠나 사귀고는 후궁에게서 나은 자식과 혼인을 시키려 하였는데 공이 달가워하지 않으며 심부름 온 사람에게 매우 거만하게 거절하여 죄를 지었다.[572]

이속이 이근건(李根健, ?~1456)을 낳았으니 참의에 추증되었다. 이근건이 이인충(李仁忠 ?~?)을 낳았으니 청렴하고 정직하며 문무의 재주가 있었는데, 이조 낭관으로 권세가를 언짢게 만들어 좌천되

570) 태자첨사(太子詹事): 太子詹事府는 1276년(충렬왕 2)에 설치된 것으로 왕세자가 거처하는 東宮의 제반 사무를 담당한 관청이다. 태자첨사는 이 詹事府의 정3품 벼슬이다. (한국역대제도용어사전편찬위원회 저, 『한국역대제도용어사전』, 여강출판사, 2008.)

571) 높은 벼슬: 원문은 '貂蟬'으로 담비 꼬리와 매미 날개모양의 장식. 모두 高官의 冠의 장식으로 썼으므로 높은 朝官, 또는 堂上官을 가리키는 말로 쓰인다. 『後漢書』에 "侍中, 中常侍, 加黃金璫, 附蟬爲文 貂尾爲飾"이라고 한 내용이 보인다. 『후한서』, 志 第30, 「輿服」 下.

572) 그래서 …… 지었다: 太宗이 李續의 아들을 駙馬로 삼고자 하여 중매인을 시켜 방문하게 했는데, 이속이 마침 손님과 바둑을 두면서 단지 하는 말이 "짚신을 삼는 데는 제날을 써야만 한다[業草履 合用草經]."고 하였다. 즉 서로 격이 맞아야 좋다는 것이다. 주상은 크게 노하여 이속의 집을 籍沒하고 그 아들에게는 장가를 못 들도록 만들었다. 그리고 사대부의 子女들을 대궐 안으로 모여들게 하여 친히 간택하게 하는 것을 법식으로 삼았다. 『星湖僿說』 제9권 「人事門」

어 평양 소윤(小尹)[573]이 되었다. 그런데 건이(建夷)[574]를 정벌하러 가서 전공을 세워 조정으로 들어와 승지가 되었으니 공에게는 고조가 된다. 증조 이필(李弼)은 병절교위(秉節校尉)[575]로 이조 참의에 추증되었다. 할아버지는 이계장(李繼長)으로 남부 참봉(南部參奉)을 역임하였고 이조 참판에 추증되었으며, 경서에 밝고 실행에 힘썼으나 은거하고 벼슬하지 않았다. 아버지는 조산대부(朝散大夫) 수 사헌부 장령(守司憲府掌令) 이언침(李彦忱, 1507~1547)으로 학문과 행실로 명망이 두터웠으며 대각의 벼슬자리를 두루 역임하였는데 을사사화를 당했을 때 흔들리지 않고 정의를 지켜 이 때문에 귀양 가게 되었다.[576] 춘천공(春川公, 李績) 이후로 벼슬하신 분도 있고 은둔하신 분도 있으나 모두 명예와 절조에 저마다 힘썼는데 장령공(掌令公, 李彦忱)에 이르러 더욱 뚜렷해졌으니, 이씨의 가업은 그 근본이 하루 이틀에 만들어진 것이 아니다.

선생(先生)은 이름이 지남(至男)이고 자(字)가 단례(端禮)이며 가정(嘉靖) 기축년(1529, 중종 24) 11월 12일 인시(寅時)에 태어났다.

573) 소윤(小尹): 조선 시대, 尙瑞司, 宗簿寺, 漢城府, 開城府 등에 둔 정사품 벼슬이다. (세종대왕기념사업회, 『한국고전용어사전』 3, 2001, p.628.)

574) 건이(建夷): 建州의 오랑캐로, 청나라 태조 누르하치를 가리킨다. 누르하치는 건주 일대를 통일하고 차츰 세력을 넓힌 다음, 1616년(광해군 8)에 황제의 자리에 올라 국호를 後金이라 하였으며, 1618년에 명나라에 대하여 七大恨을 선포하고 공격하였다.

575) 병절교위(秉節校尉): 조선시대 從六品 西班 武官에게 주던 品階이다. 종6품의 下階로서 勵節校尉보다 아래 자리이다. 『大典會通 卷之四 兵典 京官職』

576) 조산대부(朝散大夫) …… 되었다: 조산대부는 조선시대 從四品 東班 文官에게 주던 품계(品階)이다. 『經國大典』 이후로 문관에게만 주다가, 『大典會通』에서는 宗親에게도 이 품계를 주었다고 한다. (한국학중앙연구원, 『관직명사전』, 2011.)
李彦忱이 사헌부 장령으로 있으면서 일을 논하다가 연좌되어 외방에 보임되었고, 그후 양재역 벽서 사건으로 을사사화(1545, 명종 1)에 연루되어 舒川으로 귀양갔다.

나면서부터 총명함이 남보다 뛰어나 겨우 6세에 이미 『소학(小學)』을 익혀 겉치레를 일삼지 않고 스스로 허물을 적게 할 줄 알았다. 장령공이 또 몸소 가르쳐 시(詩)와 예(禮)를 배운 것이 매우 빨라 14, 5세 때에 자신의 인격 수양을 위한 학문에 뜻을 두어 훌륭한 선생님의 문하를 왕래하며 성리설을 익혔으니, 주고받은 문답은 모두 그때그때 요약해서 기록한 내용에 있다. 배우는 것을 즐겨 외물에 그 마음을 뺏기지 않았다.

장령공은 홍문관 박사(弘文館博士) 광릉 안씨(廣陵安氏) 한영(漢英)의 딸에게 장가갔는데, 참되고 성실(誠實)하고 단정하며 경사(經史)를 두루 섭렵하여 옛날 열녀의 풍모가 있었다. 이런 훌륭한 두 분이 배필이 되어 선생을 낳았으니, 훌륭한 부모에게서 태어나고 무리에서 빼어나 그 집안의 자식다웠던 것이 당연하다.

이때 승지(承旨) 정원(鄭源, 1495~1546)이 일찍이 정암(靜菴) 조광조(趙光祖, 1482~1519)와 교유하면서 학문과 행실이 당시에 우뚝하였다. 선생의 뛰어나고 성숙한 점을 아껴 자신의 딸을 선생에게 시집보냈다. 선생이 그의 문하에서 머물며 조정암의 기풍을 듣고서 흥기하였으니, 이 유학에 있어 진작에 두각을 나타냈다. 장령공이 어떤 일을 논했다가 좌천되어 순창 군수(淳昌郡守)로 있을 때 선생은 부군을 모시려고 따라 갔었다. 마침 하서(河西) 김인후(金麟厚, 1510~1560) 선생이 그 근처에 살고 계셔서 하서 선생에게 집지(執贄)하여 가르침을 받을 것을 여쭈니, 하서 선생께서 바로 허락하면서 자(字)를 주고 자설(字說)을 지어 주어[577] 학문의 길을 열어 주셨고, 또 다음과 같은 권학시(勸學詩)를 지어 주셨다. "기대가 전혀 얕지 않으니 공부를 부디 게을리하지 말지어다.[期待殊非淺, 工夫愼莫徐]" 후에 또

577) 字說의 내용은 『河西集』에 보인다. 『하서집』 권12, 雜著 「李至男字說」 한국문집총간 33, 1989, p.251 참조.

이소재(履素齋) 이중호(李仲虎, 1512~1554) 선생에게 배워[578] 옛 학문을 정미하게 연구하여 더욱 깊은 경지에 이르게 되어 스스로 깨달은 것이 더욱 많았다.

선생의 학문은 원류를 거슬러 근원을 탐구하여 유서가 깊었다. 선생의 덕은 천성을 잃지 않아 효도와 우애의 행실이 더욱 뛰어났다. 사랑하고 공경하는 실상은 어린 시절부터 드러나 사람들이 모두 효성스런 아이라고 칭찬하였다.

정미년(1547, 명종 2)에 장령공께서 순창(淳昌)에서 서천(舒川)으로 유배가서 병으로 돌아가셨다.[579] 선생은 멀리서 부음을 듣고 물 한 모금 입에 대지 않았고, 운상(運喪)하는 길에 밤에도 관(棺) 옆을 떠나지 않았는데, 이때 날씨가 몹시 추워 눈이 얼어 옷을 뒤덮었다. 사화(士禍)에 연루된 뒤여서 친척과 친구들도 도와주는 사람이 없자, 선생이 모든 전답을 팔아 직접 부관(附棺)하여 관물(棺物)을 모두 매우 성대히 마련하였고, 선생이 직접 흙과 돌을 져서 날라 묘소를 조성하기까지 하였다. 묘소 곁에 여막(廬幕)을 치고 매일 두 차례 무덤에 올라가 슬피 울어 잔디가 이 때문에 말라 죽었다. 수질(首絰)과 요대(要帶)를 벗지 않고 곡성을 그치지 않았으며, 아침저녁으로 상식을 올렸는데 반드시 몸소 만들고 주방 사람들에게 맡기지 않았다. 이렇게 하기를 3년 동안 조금도 게을리 하지 않았으니, 당시 선생의 나이가 채 약관도 안 되었지만 안으로 그 슬픔을 다하고 밖으로 그 예를 지극히 해서 마음에 감동하지 않는 사람이 없었다. 그래서 지극한 효

578) 履素齋 李仲虎(1512~1554): 이중호는 자가 風后이고 본관은 全州이다. 당대에 문장으로 명망이 높아 문하에 제자들이 수백 명이었으며, 실천 학문을 중시하여 학생들에게 『소학』 공부를 강조하였다.

579) 정미년에 …… 돌아가셨다: 장령공 이언침이 淳昌郡守로 있던 정미년(1547, 명종 2) 9월에 良才驛 壁書의 變故가 있었다. 그로 인해서 을사사회에(1545, 명종 1) 연루된 죄인들에게 加罪하였는데 이때 공도 舒川으로 유배되었다가 謫所에 이르러 며칠 안 되어 병으로 卒하였다.

자라는 칭송이 이미 나라 안팎으로 소문이 났다.[580)]

어머니를 모심에 더욱 조심하여 어머님의 뜻을 기쁘게 하고 몸을 편안하게 할 수 있다면 무슨 일이든 다 하였다. 매일 아침 안부를 살폈고, 여러 아들 손자들을 모두 불러 곁에서 모시도록 해 놓고서야 물러나왔다. 집은 비록 가난했지만 음식 봉양함에 반드시 사방의 진미를 드렸다. 부인은 집안에 닥친 사화를 일찍 겪은 탓으로[581)] 마음에 병이 생겨 괴로워하여 몸이 항상 불편하였으니, 선생은 큰일이 아니면 어머니 곁을 떠나지 않았다. 어머니 앞에서 아들들과 강론할 때 경사 고금의 내용을 두루 언급하였으니, 부인께서 쉬지 않고 들으시느라 근심을 잊으셨다. 만년에 노쇠한 병으로 병석에 오래 누워 계셔

580) 나라 …… 났다: 『新增東國輿地勝覽』에 이지남에 관련해 다음과 같은 내용이 보인다. "李至男의 집은 숭례문 밖 紫煙巖에 있다. 지남이 효행으로 정표 받고, 아내 정(鄭)씨가 貞烈로 정표 받고, 큰아들 基稷 · 둘째 아들 基高 · 시집가지 않은 딸 이씨가 모두 효행으로 정표 받고, 기설의 아들 惇五가 충성으로 정표 받고, 돈오의 아내 김 씨가 정절貞節로 정표 받고, 惇敍가 충성으로 정표 받았으니, 한 가문에서 8정표를 받은 것이 된다. 영종 21년(1745)에 전교를 내려 이르기를, '지금 陵幸하는 길에 이지남의 3대가 충 · 효 · 열 旌閭로 三綱이 모두 한 집안에 빛난 것을 보았으니, 마땅히 상을 주어 칭찬하는 법전을 시행하여야겠다.'하고, 특별히 명하여 제사 받드는 자손에게 녹을 주어 등용하게 하였다."(『新增東國輿地勝覽』 3권 「東國輿地備考」 제2편 참조.) 또, 姜斅錫(?~?)이 조선 시대의 인물들에 얽힌 일화를 모아 편찬한 책인 『大東奇聞』 권2에도 이지남의 효행과 그 집안에 홍살문이 여덟 개나 섰다는 내용이 실려 있다. (김성언 역주, 『大東奇聞』, 국학자료원, 1987, p.823~824 참조.)
또한 『海東名臣錄』에도 이지남에 관한 내용이 보이는데 다음과 같다.
"李至男傳曰: '父彦眈爲淳昌郡守, 公從之. 河西金先生適在郡, 公就學. 又從履素齋學.按履素時居光州, 而光之距淳昌不遠, 且永膺生於嘉靖己丑, 而從於淳昌, 學於履素, 在十八歲丁未以前, 則其爲光州之履素無疑矣. 時孝寧大君之後孫, 有與之同姓名同號者, 但其字曰風后也. 學問文章爲師表一時, 學者多出其門, 故世或未辨而混稱之也." 金堉 撰, 『海東名臣錄』

581) 부인은 …… 탓으로: 이언침이 을사사화에 연루되어 귀양지에서 죽은 일을 말한다.

갑자기 위독해질 때가 있었는데, 선생은 밤낮으로 근심하여 밤에 잠도 편히 자지 않았고 의원을 부르고 약을 지어 반드시 모든 방법을 다하였다. 이렇게 잘 봉양한 덕분에 부인께서 목숨을 연명한 것이 여러 해이다.

정축년(1577, 선조 10) 여름에 부인이 이질(痢疾)로 목숨이 거의 위태롭게 되었다. 선생이 변[糞]을 맛보니 달고 부드러워 매우 걱정스러워 즉시 목욕하고 무릎을 꿇고 머리를 조아려 하늘에 눈물로 호소하여 자신이 대신 죽기를 바랐다. 그날 밤 부인이 꿈에서 신인(神人)을 보았는데, 신인이 하늘에서 내려와 "네 아들의 지극한 정성이 하늘을 감동시켜 그가 대신 죽는 것을 허락하였다"라고 말하고 홀연히 사라졌다. 이때부터 증세가 점점 좋아져 평소대로 회복되었다. 옛말에 독실한 효자라 할지라도 부모님 병에는 근심을 다하고 상사에는 슬픔을 다하는 정도에 불과하였으니, 이렇게 지성으로 신을 감동시켜 위태로워진 목숨을 연장시킨 경우는 지금까지 전해온 효자전을 찾아보아도 많이 보이지 않는다. 지금 선생의 뛰어난 효행이 더할 수 없이 특출나서 북채로 북을 두드리면 소리가 나는 것처럼 빠르게 감응하였으니, 이른바 정성은 금석을 뚫고 효제는 신명을 통한다는 것을 선생의 경우에서 볼 수 있다.

그러나 선생은 오랜 병수발에 근심과 노고로 몸이 심하게 상했다. 이 때문에 골수에 병이 생겨 때때로 피를 토하였는데 그 양이 몇 되가 되기도 했다. 이해 가을에 병세가 갑자기 악화되니, 임종하실 무렵에도 어머니에 대한 걱정으로 두 아들의 손을 잡고 잘 봉양할 것을 부탁하였다. 정신이 오락가락하여 더 이상 의식이 없는데도 잠꼬대하듯 누누이 하는 말은 모두 효도를 다하지 못하였다는 염려였다. 돌아가신 뒤에도 여전히 눈을 감지 못하시어 두 아들이 어루만지며 울부짖자 한참 지나서 눈을 감으시니, 바로 정축년(1577, 선조 10) 8월 24일이다. 향년 49세였다. 아, 어찌하여 하늘이 이다지도 참혹하게 우리 효자를 빼앗아갔단 말인가. 앞으로 사람들에게 어떻게 선을 하라고 권면하겠는가.

선생은 집이 가난하고 어버이가 연로하셔서 남들처럼 과거에 응시할 수밖에 없었지만 또한 당락에는 개의치 않았다. 당시 어떤 권세가가 국정을 담당하여 권세를 마음대로 휘두르고 있었는데, 선생이 전정(殿庭)에서 대책(對策)[582]을 짓되 전권을 휘두르며 정사를 흐리고 어지럽히는 실상을 힘주어 말하였다. 고관(考官)이 경탄하며 1등에 두었는데 그 권세가가 두려워 감히 뽑지 못하였다. 또 알성시사(謁聖試士)[583] 때에 시간이 이미 지났는데 공을 위해 개인적인 친분으로 추가로 시권(試券)을 제출하려는 자가 있었는데 선생이 거절하고 따르지 않았으니, 자신을 바르게 지키려는 노력이 이와 같았다. 문장은 고아하여 볼 만한 법도가 있었고, 일찌감치 학교에서 배웠는데 당시 동료들에게 모두 추양(推讓)을 받았다. 여러 번 과거에 응시했지만 결국 합격하지 못했으니, 아마 이것은 운명인가 보다.

선조 5년(1572)에 나라 안팎에 영을 내려 학문과 덕행을 갖춘 선비를 추천하게 하자, 향리에서 선생을 으뜸으로 추천하였다. 처음에는 학문과 덕행으로 추천하였으나 많은 사람들이 논의하여 "이지남은 완전한 덕을 지닌 선비이니 한 가지 잘하는 것으로 세상에 이름을 알려서는 안 된다"라고 하고 마침내 "정직으로 마음을 단속하고 학문에 정통하다"라는 것으로 추천 명목을 삼았다고 한다. 그해 7월에 소

582) 대책(對策): 文科 殿試科目의 하나로 어떤 문제에 대한 응시자의 의견을 묻는 글이다. 漢나라 때부터 많이 쓰였는데, 策에는 임금이 政策을 묻는 制策, 有司가 응시자에게 정책을 묻는 試策, 士大夫가 개인적인 政見을 올리는 進策의 세 가지가 있었다. 내용은 經學과 時務에 대한 논문이다.

583) 알성시사(謁聖試士): 임금이 성균관에서 봄가을로 거행되는 釋奠에 참석한 뒤에 명륜당에서 거행하는 과거 시험을 말한다.

격서[584] 참봉(昭格署參奉)을 제수 받았는데 선생께서 이미 어버이 봉양을 위해 벼슬을 하신 뒤인 만큼 "태일(太一)에 재초(齋醮)하는 것이[585] 비록 정사(正祀)는 아니지만 국가에서 이미 설행하였으니, 정성스럽게 제사 지내어 과실이 없도록 하는 것이 유사(有司)의 직분일 뿐이다. 어찌 이렇게 형편없이 행하여 신령을 모독할 수 있단 말인가. 이는 이른바 실례 중에 더욱 실례인 것이다"라고 말하고는 전우(殿宇)와 상석(床席)에서부터 그릇 하나하나에 이르기까지 모두 아주 새롭고 정결한 것으로 준비해 엄숙하고 공경하게 제사를 수행하였다.

관직에 있으면서 청렴하고 검소함으로 자신을 단속하고, 엄정하게 아랫사람을 다뤄 정당한 물건이 아니면 지푸라기 하나라도 취하지 않았다. 소격서의 폐정(廢政)을 차례로 정리하고 출납(出納)을 하나하나 매우 꼼꼼이 확인하여 종이 한 조각 베 한 조각도 개인적으로 사용하지 않았다. 그래서 이복(吏僕)들이 존경하고 복종하며 서로 경계하기를, "불의한 짓을 하여 공을 실망시키지 말자."라고 하였다. 소격서의 이떤 아전은 선생의 딕에 감화되어 능히 스스로 덕을 수립하여 다리 살을 베어 봉양하고 집상(執喪)을 잘하여 효자로 칭송받기까지 하였으니, 이분의 덕이 사람들에게 끼친 영향이 대부분 이와 같았다.

동료 이장윤(李長胤)은 훌륭한 선비이다. 그런데 함께 만나던 날에 관아의 술을 권하려 하니 공이 마시려 하지 않자, 이공의 얼굴이 붉

584) 소격서: 조선시대 從5品 衙門으로, 玉淸, 上淸, 太淸 등 3청의 별들에 대한 제사를 관장한다. 고려 때부터 昭格殿이라 하여 하늘과 별자리, 산천에 복을 빌고 병을 고치게 하며 비를 내리게 기원하는 국가의 제사를 맡았는데, 1466년(세조 12) 관제개편 때 昭格署로 개칭하였다.
이곳에 소속한 관리는 (令, 종5품) 1인, (別提, 정6품) 2인, (參奉, 종9품) 2인이었다. 이 관청 곁에 우물이 있었는데, 제사지낼 때 썼으므로 우물 이름을 星祭井이라 했으며, 물맛이 몹시 좋아 權近 · 姜希孟 등이 이에 대해 쓴 시가 전해지고 있다. (이홍직, 『국사대사전』 백만사, 1975.)

585) 태일(太一)에 재초(齋醮)하는 것이: 태일은 七星을 비롯한 여러 별을 제사하는 것이며, 재초는 재앙을 물리치고 복록을 기원하는 도교의 제례 의식이다.

어지면서 갑자기 그만두라 명하였다. 소격서 사람들은 이분의 덕에 영향을 받아 모두 감화되어 스스로 새로워졌다. 사업은 비록 백에 하나도 하지 못했으나 이로 미루어보면 곧고 결백한 지조와 바르고 큰 기상이 그가 하는 모든 일 속에서 그대로 드러났음을 알 수 있다.

선생은 통달하고 명민하며 타고난 자질이 매우 뛰어났으며, 자상하고 온화하며 바르고 성실하였다. 용모와 말씨가 여유 있고 느긋하여 아무리 급박하고 경황이 없더라도 상도(常度)를 잃지 않았다. 집안을 엄숙히 다스려 안팎이 조리가 있었으며, 친척을 대할 때에는 은혜와 사랑을 다하였고, 친구들과 사귈 때에는 성심과 신의를 다하였다. 평소 검소함을 좋아하고 화려한 것을 즐기지 않아 항상 초립(草笠)에 연자영(蓮子纓)[586]을 착용하고 베옷에 무명띠를 둘렀다. 아침저녁으로 채소만 먹었으며, 방안에는 다른 것은 없고 오직 도서 천 권뿐이었다.

매일 새벽에 가묘에 참배하고 삭망제(朔望祭)[587]는 꼭 참석했으며 출입할 때 반드시 참배하여 한결같이 살아계신 듯이 섬겼다. 새로운 음식이 생기면 천신(薦新)하지 않고는 맛을 보지 않았다. 기일이 되면 손님을 만나지 않았고 종일토록 초상 때처럼 슬픈 얼굴을 하였다. 국기(國忌, 왕이나 왕후 등의 국장 및 제삿날)에는 시대의 원근(遠近)에 상관없이 음악을 듣지 않고 고기반찬을 차리지 않았으며 국휼(國恤)에는 비록 후비(后妃)의 상이라도 소찬을 먹으며 슬픔을 다하여 반드시 졸곡 때까지로 기한을 정하였으니 천성이 그런 것이다.

---

586) 연자영(蓮子纓): 연밥을 이어서 만든 갓끈이다. 뒤에 호박이나 다른 재질로 만든 것도 여전히 연자영이라고 불렀다. 『星湖僿說』에 "蓮子란 못에서 나고 못은 속명으로 防築이라고 하는 까닭에 이 연자영을 防築纓이라고도 한다. 이것이 차츰 변해져서 호박과 대모 따위로 만든 것일지라도 이 연자영이란 이름만은 고치지 않았다. 이로 본다면, 이 연자영이 있기 전에는 이보다 더 나은 딴 갓끈이 없었다는 것을 짐작할 수 있으니, 옛날 검소한 풍속은 이와 같았다."라고 하였다. (『星湖僿說』 제5권 「萬物門」)

587) 삭망제: 사당에서 매월 초하루와 보름에 올리는 제사를 말한다.

집이 백악산(白岳山)[588] 아래 있었는데 안개 낀 아침과 달뜨는 저녁이면 자제 두세 명과 후원 산기슭에 올라 배회하며 읊조리다가 한참이 지나도 돌아올 줄 모른 채 문득 세속을 초월하려는 생각이 있었다. 자기 자신을 단속하고 집안을 다스리며 사람을 응대함에 한결같이 옛 훈계를 원칙으로 해서 조금이라도 예에 맞지 않으면 마음에 불만스러워 종일토록 즐거워하지 않았다.

조정의 대례에 참석하면서 조복을 입었는데 마침 신발을 잃어버려 다급하여 화자(靴子)를 신고 반열에 나아갔다.[589] 물러나와서 마치 용서받지 못할 듯이 자신을 탓하고는 "비록 어사에게 탄핵 받지는 않았지만 어찌 스스로 속죄하지 않을 수 있겠는가."라고 말하고는 목단(木端)[590]을 소격서에 보내어 공용으로 쓰게 하였다. 스스로 엄

---

588) 백악산(白岳山): 백악산은 남산에 대칭하여 북악이라고도 칭했는데 조선시대까지 白岳山, 面岳山, 拱極山, 北岳山 등으로 불렸다. 백악산은 북한산의 남쪽 지맥의 한 봉우리에 해당한다.

589) 조정의 …… 나아갔다: 『경국대전』「禮典」의 '靴鞋'조에 정1품부터 정9품까지 품계가 있는 벼슬아치는 朝服과 祭服에는 黑皮鞋를 신는다고 되어 있다. 이지남이 규정상 黑皮鞋를 신어야 했는데 靴子를 신었다는 뜻이다. 靴는 목이 있는 장화 형태의 신발이고, 鞋는 목이 짧고 운두가 없는 신발을 일컫는다.

590) 목단(木端): 木은 木綿을 말하고, 端은 포백을 세는 단위로 쓰였다. 단은 포백 6丈 혹은 8丈의 크기를 말한다. 1장은 10자이다. 즉 무명 60자 혹은 80자을 소격서에 보낸 것이다.
端이 포을 세는 단위로 쓰인 것은 『資治通鑒』에 보인다.
『資治通鑒』60권 「漢獻帝初平 2年」: "烈聞而使人謝之, 遺布一端." 胡三省注: "布帛六丈曰端. 一曰, 八丈曰端. 按, 古以二丈爲端."

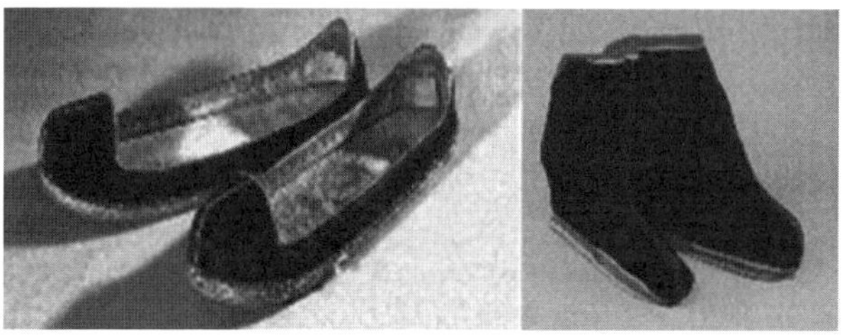

그림 37. 흑피혜(黑皮鞋)와 화자(靴子).

하게 단속하기를 이렇게 하였으므로 평소 일을 처리하는 것이 분명하고 깨끗하여 사람들에게 말하지 못할 것이 없었다.

자식을 가르침에 충실하고 속이지 않는 마음을 기본으로 하여 타고난 자질에 따라 가르치기를 게을리 하지 않았다. 그 말이 간략하면서도 분명하여 사람들이 이해하기 쉽게 해주었으므로 기질이 강하거나 약하거나 어리석거나 총명한 사람이 모두 도움을 받았다. 묻고 논란하는 경우가 있으면 반드시 자세히 말해 주어 그 사람을 깨우쳐 주고 나서야 그쳤다. 스승을 찾아 공부하러 가는 큰아들 기직(基稷)을 전송하면서 주자가 맏아들 수지(受之)에게 준 편지[591]를 써서 주

591) 수지(受之)에게 준 편지: 수지는 주자의 맏아들인 朱塾(1153~1191)의 자이다. 주숙이 東萊 呂祖謙에게 수학하기 위해 婺州로 떠날 때 주자가 준 편지이다. 내용은 『朱子大全續集』 권8 「與長子受之」에 보인다. 주된 내용은 공부하는 자세와 바른 몸가짐에 대한 훈계인데 '勤'과 '謹' 두 글자를 강조하였다. 즉 주자는 아들에게 부지런히[勤] 공부하고 묻고 생각하라 타일렀고, 아울러 일상생활과 교유관계 및 말하는데 있어 조심[謹]할 것을 당부하였다. 편지내용은 다음과 같다.

朱熹, 「與長子受之」『朱子大全續集』 권8. "到婺州 事師如事父, 凡事咨而後行, 【聽受其言, 切須下氣怡, 不得輒有爭辯.】 朋友年長以倍, 丈人行也.十年以長兄事之, 年少於己, 而事業賢於己者, 厚而敬之.初到, 便稟先生, 合做甚功夫, 自寫一節目.逐日早起夜眠, 遵依儹趁.日間, 勿接閑人說閑話, 【雖同學, 亦只可說義理, 論文字而已.】 專意辦自己功, 則自然習熟進益矣. 【課間隨衆趕了,不得拖延怠慢.】 早晚授業請益, 隨衆例, 不得怠慢. 日間思索,有疑, 用冊子, 隨手箚記, 候見質問, 不得放過. 所聞誨語歸安下處, 思省要切之言, 逐日箚記, 歸日要看, 見好文字, 錄取歸來.不得自擅出入, 與人往還, 初到, 問先生, 有合見者, 見之, 不令見則不必往, 人來相見, 亦啓稟然後往報之, 此外不得出入一步.居處, 須是居敬, 不得倨肆惰慢, 言語, 須要諦當, 不得戲笑喧譁.凡事謙恭, 不得尙氣淩人, 自取恥辱.不得飮酒, 荒思廢業, 亦恐言語差錯, 失已忤人, 尤當深戒.不可言人過惡及說人家長短是非, 有來告者, 亦勿酬答. 【於先生之前, 尤不可說同學之短.】

交遊之間, 尤當審擇, 雖是同學, 亦不可無親疏之辨, 此皆當請於先生, 聽其所教. 大凡敦厚忠信, 能攻吾過者, 益友也. 其諂諛輕薄, 傲慢褻狎, 導人爲惡者, 損友也. 推此求之, 亦自合見得五七分, 更問以審之, 百無所失矣. 但恐志趣卑凡, 不能克已從善, 則益者不期疏而日遠, 損者不期近而日親, 此須痛加檢點

며 그 끝에 다음과 같이 써주었다. "내가 너에게 하고 싶은 말과 네가 나에게서 들어야 하는 것이 이에 지나지 않으니 너는 가슴에 깊이 새겨 잊지 말도록 하여라." 또 "학자가 의리와 공사(公私)의 사이에서 잘 생각하고 분명하게 변별해서 조금의 어긋남도 용납하지 않아 이것을 투철하게 체득해야만 진보하는 점이 있을 것이다."라고 하였다. 또 "요사이 배우는 자들은 배우고 익히는 것에 힘을 다하지 않고 오로지 노는 것만 일삼고 친구들에게 휩쓸려 남의 잘잘못을 따지다가 몸을 망치는 경우가 많은데 깊이 경계해야만 한다."라고 하였다. 또 "마음이 전일하지 않으면 일에 맞닥뜨려 허둥거리니, 독서하여 이치를 궁구해도 스스로 터득할 이치가 반드시 없을 것이다."라고 하였다. 또 "학문을 할 때에는 반드시 지극히 성실하게 함을 근본으로 해야 한다. 만약 성실하지 못하다면 아무것도 이루지 못하는 것이 마치 근원이 없는 물과 같을 것이니, 어떻게 발전하겠느냐."라고 하였다.

평소에 동틀 무렵 일어나 의관을 정제하고 손 모으고 단정히 꿇이 앉았으니, 마치 흙으로 빚은 사람처럼[592] 그 자세가 바르고 꼿꼿하였다. 그의 학문은 자신을 반성하고 자신에게 절실한 것을 위주로

而矯革之, 不可荏苒漸習, 自趍小人之域, 如此,則雖有賢師長, 亦無救拔自家處矣.見人嘉言善行, 則敬慕而紀錄之, 見人好文字勝己者, 則借來熟看, 或傳錄之而咨問之, 思與之齊而後已.以上數條, 切宜謹守, 其所未及, 亦可據此推廣.大抵只是勤謹二字, 循之而上, 有無限好事, 吾雖未敢言, 而竊爲汝願之.反之而下, 有無限不好事, 吾雖不欲言, 而未免爲汝憂之也.蓋汝若好學, 在家, 足可讀書作文, 講明義理, 不待遠離膝下, 千裏從師, 汝旣不能如此, 卽是自不好學, 已無可望之理. 然今遣汝者, 恐汝在家, 汩於俗務, 不得專意. 又父子之間, 不欲晝夜督責, 及無朋友聞見, 故令汝一行, 汝若到彼, 能奮然勇爲, 力改故習, 一味勤謹,吾猶有望不然, 則徒勞費, 只與在家一般. 他日歸來, 又只是舊時伎倆人物, 不知汝將何面目, 歸見父母親戚鄕黨故舊耶? 念之念之, 夙興夜寐, 無忝爾所生, 在此一行, 千萬努力."

592) 흙으로 빚은 사람처럼: 원문은 '泥塑人'으로 진흙으로 만든 인형을 말한다.

하여 깊이 생각하고 실천에 힘쓰며 오로지 내면의 공부에 마음을 썼고, 심신(心身)과 동정(動靜)에 있어 한결같이 경(敬)을 위주로 하였다. 글을 읽을 때에는 매일 공부할 양을 정하여 마음을 비우고 기운을 고르게 하고 반복해서 음미하여 마음속에 의미가 흡족하도록 하였고 뜻에 부합하는 부분을 만나면 그때마다 기뻐서 먹고 자는 것조차 잊어버렸다.

공이 주돈이(周敦頤, 1017~1703)[593] · 정호(程顥, 1032~1085)[594] · 정이(程頤, 1033~1107)[595] · 장재(張載)[596] · 주희(朱熹, 1130~1200) · 사마온공(司馬溫公)[597] · 소강절(邵康節)[598]의 글 중에 그 요점을 뽑아 한 편으로 만들고 제목을 '거한요람(居閑要覽)'이라 하고는 아침저녁으로 살펴보았다.

---

593) 주돈이(周敦頤, 1017~1703): 북송 道州 營道 사람이다. 자는 茂叔이고, 호는 濂溪며, 시호는 元公이다. 『주역』에 정통했고, 名理를 논하기 좋아했으며, 無極과 태극太極, 理氣, 心性命 등의 철학 범주를 제안하고, 立誠主靜 학설을 세워 道學을 창시한 사람이 되었다. 濂學의 창시자로, 程顥, 程頤, 邵雍, 張載와 함께 '北宋五子' 중 한 사람이다. 정호와 정이가 그의 문하에서 공부했다. 陳摶의 「無極圖」를 참고하여 세계의 본체 및 형성 발전을 도식화한 「太極圖」를 완성했다. 저서에 『太極圖說』과 『通書』 등이 있으며, 청나라 사람이 편찬한 『周子全書』가 있다.

594) 정호(程顥, 1032~1085): 북송 중기 洛陽 사람. 자는 伯淳이고, 호는 明道先生이며, 시호는 純으로, 程珦의 아들이다. 동생 程頤와 함께 二程子로 알려졌다.

595) 정이(程頤, 1033~1107): 북송 중기 洛陽 사람. 자는 正叔이고, 호는 伊川이며, 시호는 正公이다. 伊川伯에 봉해져 伊川先生으로 불려진다. 형 程顥와 함께 周敦頤에게 배웠고, 형과 함께 二程子라 불리며 程朱學의 창시자로 알려졌다.

596) 장재(張載): p.189 「啓蒙揲蓍辨」 주석 323) 참조.

597) 사마온공(司馬溫公, 1019~1089): 司馬光을 말한다. 중국 北宋의 학자 · 정치가. 자는 君實, 호는 迂夫 또는 迂叟, 시호는 文正公, 통칭 司馬溫公이라 하였다. 山西省 출생이다. 神宗 초년에 王安石의 新法에 반대하여 관직에서 물러나 『資治通鑑』의 편찬에 전념하였다.

598) 소강절(邵康節): 소옹(邵雍, 1011~1077)을 말한다. p.189 「啓蒙揲蓍辨」 주석 324) 참조.

평생 재주를 감추고 숨어 살아[599] 교유를 즐기지 않았고 저술하는 것도 좋아하지 않아서 도달한 경지가 어느 정도인지 찾아볼 수는 없지만, 그 말을 가지고 그 행실을 살펴보면, 대체로 이미 내외(內外)와 빈주(賓主)의 경계를 알아 일체의 이해(利害)가 그 마음을 동요시킬 수 없는 점이 있었다는 것은 분명히 장담할 수 있다.

학자들이 그 분을 추모하여 영응선생(永膺先生)이라 불렀으니, 영응(永膺)은 바로 연안(延安)의 읍호이다.

599) 평생 숨어 살아: 원문은 '韜晦'로 재주와 덕을 감추는 것이다. 때를 기다린다는 뜻으로 쓰인다.

孺人鄭氏行狀

永膺李先生配孺人鄭氏, 系出東萊. 其先曰文道, 某官. 奕世冠冕, 代有聞人, 乃贊成諱穆之十二代孫也. 高祖諱子順, 庇安縣監; 曾祖諱潔, 淸州牧使; 祖諱有綱, 文化縣令; 考諱源, 左副承旨, 乙巳名臣也. 以厚德至行, 爲士林矜式.

娶長湍府使趙公世禎之女, 以庚寅四月二十七日生. 生有至性, 在乳下喪母, 亦知悲慕涕泣, 皇皇有足感人者. 稍長, 幽靜貞閑, 婦德夙成. 承旨公愛之甚, 擇對, 十四歸于李氏. 掌令公剛毅方正, 閨門之內, 嚴肅如朝廷, 孺人奉承其意, 不敢少忤. 掌令公喜曰: “新婦誠孝, 鮮有其儷, 得此哲婦, 家之福也.”

乙巳、丁未之間, 兩家禍甚慘, 有非人理所堪者. 孺人無他兄弟, 獨以身當之, 彼此周旋, 情文俱至. 鄭家則至沒家産, 繼母權夫人無所於歸. 孺人請於姑氏, 奉迎而歸, 與之同居. 一以事姑之禮事之者, 三十餘年, 權夫人賴以獲全, 竟以壽終.

孺人敬先生無違禮, 夙夜整勅, 言必以溫, 色必以和, 雖在屋漏之間, 未見惰慢之容. 歲丁丑, 孺人年四十八, 先生之病也, 日夜焦心, 廢寢與食, 醫藥卜祝, 無不用極. 及遭大故, 勺飮不入於口, 淚盡而繼之以血. 三年之內, 其頓踊叫號, 終始如一, 無須臾之或怠. 常以一苫一塊自隨, 哭擗終夕, 未嘗就枕席而臥. 所着一弊衣, 冬夏不易, 血淚沾染, 變爲赤色. 只以粟漿潤喉而已, 白粒鹽醬, 亦不啜也. 氣竭形枯, 死而復生者, 日間數三, 擧家皇皇. 莫保朝夕, 猶得一綿綴, 不至溘然, 人皆怪歎以爲神明所扶持云.

雖喪制有限, 而終其身, 以未亡人自處, 其窮哀極慟, 愈久愈劇, 悅口之味,便體之服, 不忍加之於身. 常戚戚向隅, 未嘗對人言語, 日夜泣血, 兩眼盡枯, 有時長慟, 頓絕方蘇, 叩地叫天, 有同憑尸之日. 鄕人聞其哭聲不止, 莫不感悼曰: “人之聲氣, 用極則盡哀, 此婦人一生號哭, 哭聲如初, 誠可怪也.”

其烈行苦節, 方之古人, 亦罕其匹. 其喪姑氏也, 泣謂其子基卨曰: “先夫子不幸早世, 送終大事, 惟在爾我. 凡喪祭, 一以禮, 克追先孝, 毋或失墜. 不然, 他日何面目見夫子於地下乎?” 於是簪珥服玩之物悉賣, 而助喪葬之費.

孺人洊遭哀酷, 任情過毁, 至是柴頓益甚, 分死不自惜. 一朝忽蹶然而起曰: “門禍至此, 我又死, 則先妣之祀, 將何所托?” 持形立氣, 匍匐强作, 朝夕饋奠之奉, 躬自在視, 事無巨細, 益致其謹, 家間雖遇疹疫, 亦不敢廢. 其能知輕重, 禮制心, 有非婦人女子所不及者.

晩年, 基卨氏累典專城, 孺人朝夕供奉之外, 無一毫營爲. 嘗戒基卨曰: “先夫子作齋郎, 一片之紙, 不敢私用. 汝宜切戒, 毋忝爾所生.”

每設壽筵, 孺人輒愀然謂左右曰: “昔與夫子奉親, 貧居無以爲養, 或得嘉味, 不將入口, 今安忍獨享其樂哉?” 常嗚咽流涕, 不能成禮而罷.

甲午春, 基卨氏爲德川郡守, 孺人將就養, 板輿在途, 哀疚轉劇, 二月十四日, 卒于延安村舍, 享年六十五. 是年四月, 因先生宅兆不吉, 葬于通津鄭氏之壟壬坐丙向之原. 後十九年八月, 奉遷祔葬于先生新阡之左方, 乃積城水晶山坐辰向戌之原.

嗚呼! 孝子貞婦, 求之一世, 猶且絶無而僅有. 今李氏之門, 父作而子繼, 姑唱而婦承, 趾美襲芳, 搢紳家莫與爭光, 豈天之正氣, 偏鍾於此家耶! 其可敬也.

유인(孺人) 정씨(鄭氏) 행장(行狀)*

*이지남의 처 유인 정씨(鄭氏)의 행장이다. 이지남의 처 유인 정씨는 정렬(貞烈)로 정표를 받은 인물이다. 그분에 대한 행력을 기록

한 행장이다.

【번역】

영응 이 선생의 부인인 유인(孺人)[600] 정씨(鄭氏)는 보계(譜系)가 동래(東萊)에서 나왔다. 그 선조 정문도(鄭文道)는 아무개 관직[601]을 지냈다. 여러 세대 동안 현달하여 높은 벼슬을 하였고 대대로 이름난 사람이 있었으니, 바로 찬성(贊成) 정목(鄭穆)이 12대 손이다. 고조 정자순(鄭子順)은 비안 현감(庇安縣監),[602] 증조 정결(鄭潔)은 청주 목사(淸州牧使), 조부 정유강(鄭有綱, ?~?)은 문화 현령(文化縣令)[603]을 지냈고, 아버지 정원(鄭源, 1495~1546)은 좌부승지로 을사명신(乙巳名臣)이다. 높은 덕과 뛰어난 행실로 사림의 모범이 되었다.

장단 부사(長湍府使)[604] 조세정(趙世禎, ?~?)의 따님에게 장가들어

600) 유인(孺人): 1396년(태조 5)에 문무관 각 품의 적처에게 봉작하면서 7품 이하의 參外官의 처에게 유인이라 하던 것이, 세종 때 정7품에서 종9품까지의 적처에게 각각 작호를 봉하면서 『경국대전』에 정9품과 종9품의 적처에게 봉하여진 봉호로 격하되었다. 이 칭호는 일반백성의 부인에게도 통용되었다.

601) 아무개 관직: 『신증동국여지승람』 제23권 「慶尙道」편에 鄭文道는 읍에 속했던 아전이었다고 기록되어 있다. 본문 내용은 다음과 같다. "高麗, 鄭文道, 邑吏也. 有三子, 皆登科, 墓在縣 西七里."

602) 비안(庇安): 지금의 경북 의성군을 말한다.

603) 문화(文化): 황해도 신천 지역의 옛 지명이다. 조선시대에는 이 지역이 九月山 남쪽 지역으로 서쪽은 廣大山, 남쪽은 雲溪山 등의 산줄기가 막고 있었으며, 莊坪平野가 있었다. 구월산에는 단군을 모신 三聖廟가 있었고, 명종 때는 임꺽정의 소굴이 있었다.

604) 장단(長湍): 현재 경기도 장단을 말한다. 『신증동국여지승람』에 長湍都護府로 되어있으며, 위치는 남으로 坡州界까지 45리, 서로 豐德郡界까지 26리, 開城府界까지 37리, 북으로 황해도 牛峯縣界까지 13리, 서울과의 거리는 47리라고 설명하였다. (『신증동국여지승람』 제12권, 「京畿」)

경인년(1530, 중종 25) 4월 27일에 유인을 낳으셨다. 유인은 착한 성품을 타고나 젖먹이일 때 어머니를 여의었지만, 애달프게 그리워하며 눈물을 흘려 그 의젓한 모습이 사람들을 감동시켰다. 조금 장성하자 얌전하고 정숙하며 바르고 품위가 있어 일찍부터 부덕(婦德)이 완성되있다. 승지공(承旨公)이 매우 사랑하여 배우자를 골라 14살에 이씨 집안으로 시집보냈다. 시아버지인 장령공(掌令公, 李彦忱)은 강직하고 점잖아 집안에서도 조정에서처럼 엄숙하게 지냈는데, 유인은 그러한 뜻을 받들어 감히 조금도 거스르지 않았다. 그래서 장령공이 만족하며 다음과 같이 말했다. "새로 들어올 며느리가 참으로 효성스러워 비길 데가 없으니, 이런 현명한 며느리를 얻은 것은 우리 집안의 복이로다."

을사년(1545, 인종 1)과 정미년(1547, 명종 2) 연간에 두 집안이 당한 재앙이 참혹하여[605] 사람으로서 감당할 수 없는 상황이었다. 유인은 다른 형제가 없어 혼자서 그 일을 감당해야 했는데, 시댁과 친정의 일을 처리하면서 정성과 예법이 모두 극진하였다. 유인 정씨 집안은 을사사화에 가산을 모두 몰수당하는 지경에 이르러 계모 권씨(權氏) 부인이 갈 곳이 없었다. 그래서 유인 정씨는 시어머니에게 부탁하여 계모를 모시고 와서 함께 살았는데, 한결같이 시어머니를 섬기는 예로 권씨 부인을 30여 년간 봉양(奉養)하여 권씨 부인이 그 덕분에 온전하게 살다가 마침내 천수를 누리고 죽었다.

유인은 선생을 공경하여 예의에 어긋남이 없어 새벽부터 밤중까지

605) 을사년 …… 참혹하여: 시아버지 李彦忱은 사헌부 장령으로 있으면서 일을 논하다가 연좌되어 외방에 보임되었고, 을사사화(1545, 명종 1)에 연루되어 舒川으로 귀양 가 있다가 李若氷 등과 柳仁淑 일당으로 몰려 함께 賜死되었다. 정미년(1547, 명종 2)에 良才驛에서 壁書 사건이 있었는데, 그 글에 "女主가 집권하고 간신이 권력을 농락하니, 나라가 망할 날을 서서 기다릴 수 있다."고 하였다. 조정이 이로 인해 을사사회에 연루된 사람들에게 큰 처벌을 가하였는데 이언침의 가산을 籍沒하기에 이른 것이다.

단정하고 엄숙하였고 말은 반드시 부드럽게 하고 낯빛은 항상 온화하여 아무리 남이 안 보는 구석진 곳[606]에 있더라도 태만한 모습을 보이지 않았다. 정축년(1577, 선조 10)에 유인이 48세일 때 선생이 병이 들자, 밤낮으로 마음을 졸이며 먹고 자는 것을 전폐하고 의약과 기도 등 모든 노력을 다 기울였다. 상을 당하게 되어서는 물 한 모금 입에 대지 않았고 눈물이 다 마르자 피가 흘렀다. 3년 동안 가슴을 치고 울부짖기를 한결같이 초상(初喪) 때와 같이 해서 잠시도 게을리한 적이 없었다. 항상 멍석과 흙을 스스로 가지고 가서 가슴을 치며 통곡하기를 저녁때까지 하였고, 한 번도 침상에 가서 누운 적이 없었다. 입고 있던 해진 옷은 여름이나 겨울이나 갈아입지 않아 피와 눈물로 얼룩져 붉은 색으로 변했다. 좁쌀미음으로 목만 축이고 흰 쌀밥이나 반찬을 입에 대지 않았다. 기력은 다하고 몸은 야위어 죽었다 살아난 것이 하루에도 두서너 차례나 되어 온 집안사람이 불안해했다. 조석을 보전하지 못할 상황이었는데 겨우겨우 살아 죽지는 않자, 사람들이 모두 괴이하게 여기고 탄식하면서 하늘이 도와주는 것이라고 했다고 한다.

비록 상제에는 기한이 정해져 있지만 종신토록 미망인으로 자처하였고, 지극히 애통한 마음은 세월이 흐를수록 더욱 심해져서 맛있는 음식과 몸에 편한 옷을 차마 누리지 못했다. 항상 쓸쓸하게 구석진 곳에 있으면서 다른 사람들과 이야기하지 않았고, 밤낮으로 피눈물을 흘려 두 눈에 눈물이 다 말랐으며, 때때로 오랫동안 통곡하다 기절했다가 깨어나기도 했고, 땅을 구르며 하늘을 향해 울부짖기를 기일에 하는 것과 같이 했다. 고을 사람들이 곡성이 그치지 않는 것을 듣고

606) 남이 …… 곳: 원문은 '屋漏'로 『爾雅』에 집 안의 서북쪽, 어둡고 구석진 곳을 말한다고 하였다. 원문 내용은 다음과 같다.
『爾雅』, 「釋宮」 제5 "西南隅謂之奥, 西北隅謂之屋漏, 東北隅謂之宧, 東南隅謂之窔."

모두 감동하고 애도하여 "사람이 목소리가 다 쉴 때까지 울면 슬픔도 사그라지는데, 이 부인은 일생동안 통곡을 하는데도 곡소리가 초상 때와 같으니 참으로 놀랍다."하였다.

그분의 훌륭한 행실과 굳은 절개는 옛 사람에게 비교해 보더라도 필적할 만한 사람이 없다. 시어머니의 조상 때 울면서 아들 기설(基卨, 1556~1622)에게 "불행히도 아버님께서 일찍 돌아가셔서 상례를 치르는 것이 오직 너와 나에게 달렸다. 모든 상례와 제례를 한결같이 예법대로 해서 아버님의 효성을 잘 따라 혹시라도 그 분의 뜻을 실추시키지 말아야 한다. 그렇지 않으면 나중에 죽어서 무슨 면목으로 지하에서 그 분을 보겠느냐."하였다. 그래서 지니고 있는 비녀와 귀걸이 등의 패물을 모두 팔아 장례비용에 보탰다.

유인이 혹독한 슬픔을 연거푸 당해 슬픔에 겨워 몸이 상해 매우 야위어 위태로운 지경이 더욱 심해졌으나 죽기를 각오하고 스스로를 아끼지 않았다. 어느 날 아침 갑자기 벌떡 일어나 말하기를 "가문의 화가 이 지경인데 나마저 죽는다면 어머님의 제사를 앞으로 누구에게 맡기겠는가."하였다. 몸과 마음을 추슬러 엉금엉금 기어서 겨우 일어나 아침과 저녁상식 올리는 것을 몸소 직접 감독하여 크고 작은 모든 일을 더욱 조심하여 행하였다. 집안에 홍역이나 돌림병이 돌더라도 그만두지 않았다. 일의 경중을 알아서 예로 마음을 다스릴 수 있었으니, 일반적인 부인이나 여자들이 할 수 있는 일이 아니었다.

만년에 아들 기설이 여러 차례 지방관을 맡았는데 유인을 아침저녁 봉양하는 일 말고는 조금도 도모하는 것이 없었다. 일찍이 기설에게 주의시키기를 "아버님께서 재랑(齋郎)이 되었을 때[607] 종이 한 장도 개인적으로 쓰지 않으셨다. 너는 각별히 경계하여 너를 낳아주신

607) 아버님께서 …… 때: 齋郎은 조선 시대에 廟·社·殿·宮·陵·園 따위의 참봉을 달리 이르던 말이다. 아버지 이지남은 1572년(선조 5) 7월에 昭格署參奉을 제수 받았다.

아버님께 누가 되지 않도록 해라."하였다.

생일잔치를 열 때마다 유인이 서글퍼하면서 주변 사람들에게 다음과 같이 말하였다. "전에 남편과 부모님을 모실 때 집이 가난하여 봉양하기 어려워 혹시라도 좋은 음식이 생기면 맛을 보지 못했으니, 지금 어찌 차마 혼자 이런 즐거움을 누리겠는가." 항상 오열하며 눈물을 흘려 생일잔치를 제대로 하지 못하고 끝냈다.

갑오년(1594, 선조 22) 봄에 기설이 덕천 군수(德川郡守)[608]가 되어 유인을 봉양하기 위해 판여(板輿)[609]로 모시고 가던 중이었는데, 슬프고 괴로운 심정이 점점 심해져 2월 14일에 연안의 시골집에서 돌아가셨으니, 향년 65세였다. 그해 4월에 선생의 묏자리가 좋지 않기 때문에 통진(通津)[610]의 정씨 집안의 산 임좌병향(壬坐丙向)[611]의 언덕에 장사지냈다. 19년 뒤 8월에 이장하여 선생의 새로 쓴 무덤 왼쪽에 부장하였으니, 바로 적성(積城)[612] 수정산(水晶山)[613]에 있는 진좌술향(辰坐戌向)[614]의 언덕이다.

아! 효자와 열부는 당대에서 찾아보아도 전혀 없거나 겨우 있을 정

608) 덕천(德川): 지금의 경북 영덕군 덕천리이다.

609) 판여(板輿): 판자로 둘러막고 발을 늘인 가마로 노인용 가마를 뜻하는데, 晉나라 潘岳(247~300)의 閑居賦에 "太夫人乃御板輿 升輕軒遠覽王畿 近周家園"이라는 구절이 있다.

610) 통진(通津): 경기도 김포시에 있던 조선 시대의 都護府이다.

611) 임좌병향(壬坐丙向): 山脈과 지형에 따라 設置한 墓所의 後面方이 坐方, 前面方이 向方이 된다. 壬坐丙向은 후면방이 북서향이고 전면방이 남동향이다.

612) 적성(積城): 현재의 경기도 파주시 적성면이다. 고려시대부터 積城으로 불려졌고, 고려 현종 9년(1018)에 장단군의 속현으로 삼았다. 고려 문종 17년(1063)에는 開城府에 예속시켰고, 조선 태종 13년(1413)에 전례에 따라 현감을 두었다. (『신증동국여지승람』 제11권, 京畿, 「積城縣」)

613) 수정산(水晶山): 지금의 경기도 안성 竹山 북쪽 39리에 있다고 한다. 위에는 石窟이 있고 그 가운데에는 작은 庵子가 있다. (『증보문헌비고』 제21권, 여지고 9, 산천 3, 京畿, 「竹山」)

614) 진좌술향(辰坐戌向): 墓所의 후면방이 정동향이고, 전면방이 정서향이다.

도이다. 그런데 이씨 문중은 아비에서 자식으로 이어지고 시어머니에서 며느리로 이어져 아름다운 자취를 계승하여 벼슬아치 가문도 이 집안과 영광을 다툴 수 없었으니, 어찌 하늘의 정기(正氣)가 이 집안에 치우치게 모였단 말인가. 공경할 만하다.

洪荷衣行狀

公諱迪, 姓洪氏, 字太古, 一字遵道, 自號養齋, 名賢恥齋先生仁祐之子也. 幼而穎悟異常, 恥齋公奇愛之. 六歲而孤, 受學於叔父仁祉, 不煩程督, 自知勤業. 年纔十歲, 嘗陪洞中諸公, 遊駝駱山. 時當盛暑, 呼韻令作詩, 有日“鐵壁千尋冷欲秋”, 座中皆稱其有作者氣.

丙寅, 丁卯, 連中進士解額, 肄業於東湖. 鵝溪李公、松江鄭公, 已爲達宦, 聞其才名, 自讀書堂來訪, 相與酬唱. 公有“滿汀垂柳可藏鴉”之句, 至今人多傳誦. 時年十九, 其爲名流所賞識, 蓋已早矣.

是秋, 丁外憂, 與其兄今唐興府院君進公, 廬于墓下, 能致其哀. 朝夕饋奠, 必親自供具, 不委諸奴僕, 鄕閭稱其孝.

恥齋公進學修業, 常有日錄, 公居憂中, 嘗自抄寫, 因而感發, 慨然有繼述之志, 始從事於學問之事.

一日請敎於恥齋公執友, 得“君子所貴乎道者三, 動容貌, 斯遠暴慢, 正顏色, 斯近信, 出辭氣, 斯遠鄙倍”三語, 惕然起敬, 淨寫粘壁, 常目在之, 以爲用功之地. 每晨興盥櫛, 終夕危坐, 日記行事, 以驗其勤怠. 服闋將赴擧, 有詩日:“三載墳庵悔昔愆, 只將存省慕先賢. 如今一念名場上, 空對春山獨憮然.” 儕輩皆稱其志操, 自是聲名籍甚. 詩篇翰墨, 絕出等夷.

庚午, 中進士, 時人猶以未占魁元稱屈. 是年夏, 往嶺南, 謁退溪、蘇齋兩先生而請學, 兩先生, 皆恥齋公道義之交也. 退溪先生極加稱奬, 以爲應吉不亡, 應吉, 卽恥齋公字也.

時國俗不好古, 婚禮尤草草, 婿至女家三日, 始行同牢. 公當再娶, 議于女氏, 婚夕, 卽行交拜、合巹之禮. 其後士家爭慕效之, 遂成俗焉. 辛未, 送蘇齋先生南歸, 詩日:“赴召初心爲聖明, 出城還使漢山輕. 三春作客斑衣廢, 千里思親白髮生. 江寺落梅今夕恨, 驛程芳草去時情.

仙舟渺渺龍門闊, 此後何因數寄聲." 蘇齋爲之稱賞不已. 又與奇高峯相遇於東湖, 累日講論, 有詩曰: "奉醉扁舟非素計, 執經函丈有微情." 未幾高峯南歸, 以五言近體, 送寄相思之意, 欲和之, 而高峯訃音繼至, 因次其韻以挽之.

壬申冬, 擢文科別擧, 拆名之日, 考官相賀其得人. 未數月, 有弘文錄. 公自布衣時, 聲望蔚然, 時未分館, 而准點登選. 例補承文院權知副正字, 被薦史局, 有所避, 不赴講. 又賜暇湖堂, 以權知被此選, 前此金麟厚、安璲二人而已, 世甚榮之. 此皆癸酉一年事也.

甲戌, 除弘文館正字, 唐興公同時被錄, 已爲著作. 以兄弟同在南床, 深懼盛滿, 辭疾以遞. 乙亥, 復入爲正字. 丁丑秋, 由著作陞副修撰. 自此至癸未, 七年之間, 暫歷春秋兩曹郎,司諫院正言, 入騎省, 再爲二郎. 而其餘皆在玉堂, 爲修撰者五, 爲校理者三. 論思文翰, 綽有餘裕, 人皆稱眞學士.

癸未春, 薦銓曹郎, 不除. 公於銓選, 人望早孚, 而連阻親嫌, 遂至差池, 物議稱屈. 七月, 以修撰, 偕諸僚上箚, 論時事, 忤旨. 時論事之人, 因皆落職補外或被竄. 而公亦特除長淵縣監, 親莅米鹽, 不以爲勞.

丙戌, 病罷. 戊子, 還敍兵曹正郎, 秋, 以災傷敬差官往湖南. 時鄭賊竊名士林間, 虛譽方盛. 公嘗惡其爲人詭誕, 行過其門, 寒暄之問, 亦不及焉. 其後獄起, 滿朝搢紳, 苟有一番往來數字稱念者, 無能脫其連累之禍. 而公獨超然得免, 其先見明鑑, 類如此.

己丑復入玉堂爲校理, 尋薦授檢詳, 陞舍人. 再選賜暇, 蓋癸未外補時, 命汰之, 而今復焉. 冬, 陞執義. 公嘗以門命, 出後從叔父仁範. 公生於名賢之門, 早知向方, 其於儒者事業, 已見其梗概. 端良方正, 動必以禮法律身, 終始不渝焉. 又能恬靜自守, 杜門却掃, 一室琴書, 終日嘯詠, 都無一點塵土之氣, 人望之, 若神仙中人.

是時, 搢紳已屬携貳, 儕輩間議論, 鮮免同異之私, 而公獨介然特立, 絕無詭隨之意. 以是士論甚重, 而不悅者亦頗有之. 公於詩學, 用功頗深, 淸新奇麗, 自成機軸, 每以死語爲忌, 古今詩播在人口者甚多. 筆跡臨鍾,王體, 行草俱有法. 晩好懷素書, 購得眞本而學焉. 有時興至, 輒揮寫數遍以自遣.

公好賢樂善, 出於至誠, 聞名人碩士之亡, 雖未嘗知, 而必爲之素食, 以寓斯道慟. 此卽家法爲然, 而特公之細行也.

公生于嘉靖己酉, 歿于萬曆辛卯, 得年僅四十三矣. 鵝溪李公, 西崖柳公、漢陰李公、弼雲李公, 皆有詩以哭之. 嗚呼! 以公之才之行, 降年不永, 宦又未達, 齎志而歿, 寧不爲世道恨也!

홍하의 행장[洪荷衣行狀]*

*妹弟인 洪迪(1549~1591)의 행장이다. 어려서부터 시문에 뛰어나 아계 이산해와 송강 정철에게 인정을 받았고, 퇴계 이황과 소재 노수신에게서 배웠다. 혼례 풍습에 변화를 주어 새롭게 시행하였고 행서와 초서에 능하였다고 한다.

【번역】

공은 이름이 적(迪)이고,[615] 성은 홍씨이다. 자(字)는 태고(太古)이고 다른 자는 준도(遵道)이며 자호(自號)는 양재(養齋)이니, 명현인 치

615) 홍적(洪迪, 1549~1591): 선조 때의 문신이다. 자는 太古이고 호는 養齋 또는 荷衣이며 본관은 南陽이다. 22살에 도산서원으로 이황을 찾아 학문을 배웠다. 24살(1572년, 선조 5)에 문과에 급제하여 사관이 되고, 이듬해 홍문록에 뽑히고, 승문원 정자로 사가독서 하였다. 10년간 홍문관에 있어 經學에 밝고 論思를 잘하여 홍문관에서 '學士全才'라 불렸으며, 시문에 능하고 글씨도 잘 썼다. 저서로는 『하의집』, 『荷衣詩什』이 있으며, 시조 한 수가 전한다.

재(耻齋) 홍인우(洪仁祐, 1515~1554)[616] 선생의 아들이다. 어려서부터 총명하고 비상하여 치재공(耻齋公)이 몹시 사랑하였다. 6살에 아버지를 여의었고 숙부인 홍인지(洪仁祉, ?~?) 선생에게 가르침을 받았는데, 굳이 과정을 독책하지 않아도 스스로 학업을 부지런히 할 줄 알았다. 나이 겨우 열 살에 마을의 어러 공들을 모시고 타락산(駝駱山)[617]을 유람하였다. 한창 날이 더운 철인데 운자를 불러 시를 짓게 하자, '천 길 철벽은 싸늘하여 가을인 듯하네[鐵壁千尋冷欲秋]'라고 지으니, 좌중이 모두 작자의 기풍이 있다고 칭찬하였다.[618]

병인년(1566, 명종 21)과 정묘년(1567)에 잇달아 진사시에 합격해서[619] 동호(東湖)에서 학업을 익히고 있었다.[620] 아계(鵝溪) 이공(李山海, 1539~1609)과 송강(松江) 정공(鄭澈, 1536~1593)은 이미 높은 관직에 있던 분들인데 공의 재주와 명성을 듣고 독서당(讀書堂)[621]

616) 홍인우(洪仁祐, 1515~1554): 본관은 南陽. 자는 應吉. 호는 耻齋. 徐敬德·李滉의 문인이다. 1537년(중종 32) 사마시에 합격하였으며, 성리학에 조예가 깊어 盧守愼과 許曄, 金安國 등 당시 명인들과 강마하고 논란하였다. 저서로는 『치재집』 2권과 『關東日錄』이 있다.

617) 타락산(駝駱山): 지금의 낙산을 말한다. 酡酪山 都城 안 동쪽에 있는데 도성이 그 위로 지난다. 鷹峯 동쪽에서 뻗어 돌아 이 산이 되었는데 동쪽으로 安巖·鼓巖에 이른다. 산의 중앙부가 駱駝 등과 비슷하여 이렇게 불렀다. (『新增東國輿地勝覽』 제3권, 「東國輿地備考」 제2편)

618) 나이 겨우 …… 칭찬하였다: 이 내용은 『荷衣遺稿』, 「年譜」에 보인다. "三十七年, 我明宗十三年, 戊午, 公十歲. 嘗陪洞中諸公, 遊駝駱山, 時當盛暑, 韻作詩. 有曰: '鐵壁千尋冷欲秋', 座中皆稱有作者氣."

619) 합격해서: 원문은 解額인데 과거 시험 중 지방 시험, 즉 鄕試에 합격한 사람들의 額數, 곧 初試 합격자의 액수, 또는 그 명단을 말한다.

620) 동호(東湖)에서 …… 있었다: 동호는 지금의 옥수동 부근이다. 그의 문집에 의하면 1567년 여름 許篈과 東湖 重湖亭에서 학문을 익혔다고 한다. 홍적, 『荷衣遺稿』, 「年譜」, 한국문집총간 6집, p.486. "是夏, 與荷谷許篈, 肄業于東湖之重湖亭."

621) 독서당(讀書堂): 1426년(세종 8)에 사가독서 제도를 처음으로 실시하였는데, 이때에는 집이나 山寺에서 글을 읽게 하였다. 그 뒤 성종 때 麻浦의 한강가에 南湖讀書堂을 개설하였고, 중종 때에는 동대문 근처의 淨業院을 독서당으로 만들었다가 1517년(중종 12)에 지금의 성동구 옥수동에 있던 나루터 豆毛浦에 위치한 정자를 고쳐서 독서당으로 만들었는데, 이를 동호독서당이라고 하였다. 『신증동국여지승람』에 '豆毛浦는 도성 동남쪽 10리 지점에 있는데 東湖라고 부른다.'는 내용이 보인다. (『신증동국여지승람』 제3권, 「漢城府」)

에서 찾아와 서로 시를 주고받았다. 공이 지은 '물가에 가득한 수양버들은 갈가마귀 감춰줄 만하네.[滿汀垂柳可藏鴉][622]라는 구절은 지금까지 많은 사람들에게 전송(傳誦)되고 있다. 당시 나이 19세였으니, 일찌감치 유명 인사들의 눈에 든 것이다.

그해 가을 선부인(先夫人)의 상(喪)을 당해서 공의 형님인 당흥부원군(唐興府院君) 홍진(洪進, 1541~1616)[623]과 묘소(墓所) 부근 여막에서 지내며 그 슬픔을 다하였다. 아침저녁으로 올리는 제물을 꼭 손수 마련하고 노복들에게 맡기지 않아 마을에서 그 효성을 칭송하였다.

치재공께서 학업에 정진하실 때 항상 그날의 기록을 남기셨는데, 공이 상중에 그것을 직접 베껴 쓰다가 감동하여 기꺼이 선대의 일을 이으려는 뜻을 지니고 학업에 종사하기 시작했다.

어느 날 치재공의 친한 친구에게 가르침을 청하여 "군자가 소중히 여기는 도가 세 가지 있으니, 용모를 움직일 때에는 사나움과 거만함을 멀리하며, 얼굴빛을 바르게 할 때에는 성실함에 가깝게 하며, 말을 할 때에는 비루함과 도리에 위배되는 것을 멀리해야 한다."[624]는 세 구절을 배우고는 크게 깨닫고 경건한 마음이 일어 잘 써서 벽에 붙이고 항상 보면서 노력해야 할 것으로 삼았다. 매일 새벽에 일어나 세수하고 머리 빗고 저녁때까지 꼿꼿이 앉아 있었고 날마다 행한 일

622) 공이 지은 …… 하네: 이 내용은 『荷衣遺稿』에 보인다. 「重湖亭(和鵝溪韻)」 "紅着綠謝春事. 恕草東郊處處多. 雨歇江城風日好. 滿汀垂柳已藏鴉."

623) 홍진(洪進, 1541~1616): 1564년(명종 19) 사마시에 합격하고, 1570년(선조 3) 식년문과에 병과로 급제한 뒤, 정자가 되고 검열을 역임하였다. 다음해 홍문관박사가 되고 부수찬 정언을 거쳐, 1576년 헌납이 되었다. 1592년 임진왜란이 일어나자 호군으로 御駕를 호종하였다. 영의정에 추증되고, 저서로는 『퇴촌유고』가 있다. 시호는 端敏이다.

624) 군자가 …… 해야 한다: 이 내용은 『논어』, 「秦伯」편에 보인다. "君子所貴乎道者三, 動容貌, 斯遠暴慢矣. 正顔色, 斯近信矣. 出辭氣, 斯遠鄙倍矣. 籩豆之事則有司存."

을 기록하여 부지런했는지 게을렀는지의 증거로 하였다. 상기가 끝나 과거보러 가면서 다음과 같은 시를 지었다.

'삼년 동안 분암(墳庵)[625]에서 지난날 잘못을 뉘우치니, 존성(存省)[626]하면서 선현들을 흠모하는 것뿐이었네. 이제 과거장에 이름을 올리려는 일념이 있으니 부질없이 봄 산을 바라봄에 홀로 머쓱해지네.'

동료들이 모두 그의 지조를 칭찬하고 이때부터 명성이 더욱 자자해졌다. 시문과 서화가 동료 중에 으뜸이었다.

경오년(1570, 선조 3)에 진사시(進士試)에 합격했는데, 당시 사람들은 공이 일등을 차지하지 못한 것을 억울하다고 했다. 그해 여름, 영남(嶺南)에 가서 퇴계(退溪, 1501~1570) 선생과 소재(蘇齋, 1515~1590)[627] 선생을 뵙고 배움을 청하였으니, 두 분은 모두 치재공의 도의지교(道義之交)였다. 퇴계선생이 공을 매우 칭찬하면서 '응길(應吉)이 죽지 않았구나.'라고 말하였는데, 응길은 바로 치재공의 자이다.

당시 나라의 풍속이 고례(古禮)를 좋아하시 않았는데, 특히 혼례가

625) 분암(墳庵):「題陰符經後」p.234 주석 397) 참조.

626) 존성(存省): 操存省察을 말한다. 마음을 보존하고 사욕의 기미를 살피는 것이다. 공자는 "잡으면 보존되고 놓으면 없어져 일정한 시간과 방향 없이 움직일 수 있는 것이 마음이다. [操則存, 舍則亡, 出入無時, 莫知其鄕, 惟心之謂與.]"라고 하며 마음을 보존하는 공부를 강조했다.『孟子』,「告子上」에 또 "숨어 있는 것보다 더 드러나는 것이 없으며 미미한 것보다 더 뚜렷한 것이 없기에 군자는 혼자만 아는 마음을 삼간다.[莫見乎隱, 莫顯乎微, 故君子愼其獨也]"라고 하였는데, 이는 움직였을 때의 성찰 공부를 말한 것이다.(『中庸章句』第1章 ;『孟子』,「告子上」)

627) 소재(蘇齋, 1515~1590): 盧守愼을 말한다. 본관은 光州. 자는 寡悔, 호는 穌齋·伊齋·暗室·茹峰老人이다. 우의정 嵩의 후손이며, 아버지는 活人署別提 鴻이다. 良才驛壁書事件에 연루되어 죄가 가중됨으로써 진도로 이배되어 19년간 귀양살이를 하였다. 유배기간 동안 李滉·金麟厚 등과 서신으로 학문을 토론했고, 陳柏의「夙興夜寐箴」을 주해하였다.『大學章句』와『童蒙須知』등을 주석하였다.

엉성해져서 신랑이 신부 집에 가서 3일을 지낸 뒤 비로소 동뢰(同牢)[628]를 행했다. 공은 재혼이어서[629] 신부집과 의논하여 혼례 날 저녁에 신부의 집에 가서 신랑 · 신부가 서로 절하고 술잔을 나누는 예식을 행하였다. 그후 사대부 집안에서 너도나도 따라 해서 마침내 풍속이 되었다.[630] 신미년(1571, 선조 4)에 남쪽으로 돌아가는 소재(蘇齋) 선생을 전송하였는데, 그때 다음과 같은 시를 지었다.

부름에 나아갈 때 초심은 성명(聖明) 위함이었는데	赴召初心爲聖明
성을 나서 고향 돌아감에 한산[631]을 가볍게 만든다.	出城還使漢山輕
삼 년의 객지생활에 반의(斑衣)[632]는 다 헤지고	三春作客斑衣廢
천리 먼 곳에서 어버이 그리다 백발이 되었네.	千里思親白髮生
강가 절에 떨어지는 매화도 오늘 저녁을 한탄하고	江寺落梅今夕恨
지나는 길의 향그런 풀도 떠날 때 정을 머금었네.	驛程芳草去時情
신선 탄 배 아득히 멀어져 용문(龍門)만 광활하니	仙舟渺渺[633]龍門闊
앞으로 어떻게 자주자주 소식을 전할런지.	此後何因數寄聲

628) 동뢰(同牢): 『예기』, 「昏義」의 "한 그릇에 음식을 함께 먹고[共牢而食], 한 잔에 술을 함께 마시는 것[合巹而酳]은 두 몸이 한 몸이 되고 신분의 尊卑를 동일시하여 서로 친애한다는 뜻을 드러내기 위함이다.[婦至, 壻揖婦以入, 共牢而食, 合巹而酳, 所以合體同尊卑, 以親之也.]"에 대한 주석에 "공뢰이식은 한 마리의 희생을 함께 먹는 것이고 다른 희생을 먹는 것이 아니다. 한 술잔에 함께 마시는 것은 두 몸을 한 몸으로 합하는 뜻이 있고, 한 마리의 희생을 함께 먹는 것은 신분의 존비를 동일시하는 뜻이 있다."라고 하였다. (『禮記』 권29, 「昏義」 제44.)

629) 공은 재혼이어서: 1568년에 부인 唐津 韓氏의 상을 당하고, 1570년 12월에 한백겸의 동생과 재혼한다.

630) 풍속이 되었다: 그 후에는 이것이 일반화 되어 『燃藜室記述』에 다음과 같은 내용이 보인다. "신랑이 저녁에 신부의 집에 가서 신랑 · 신부가 서로 절하고 혼례의 잔치를 행하고는 그 이튿날 시아버지와 시어머니를 알현하는데, 이것을 '半親迎'이라 이른다." (『연려실기술』 별집 제12권, 「政敎典故」)

631) 한산(漢山): 백제의 두 번째 도읍지. 지금의 경기도 광주의 옛 읍과 南漢山城 이다.

632) 반의(斑衣): 春秋 시대 楚나라의 隱士인 老萊子가 어버이를 기쁘게 해드리기 위하여 입었다는 색동옷으로, 노친을 극진히 모시는 효자를 비유할 때 쓰는 표현이다. (『初學記』 권17 引「孝子傳」)

633) 仙舟渺渺: 홍적의 『하의유고』에는 '仙舟杳杳'로 되어있다.

시를 보고 소재가 칭찬을 그치지 않았다.

또 고봉(高峯) 기대승(奇大升, 1527~1572)과 동호(東湖)에서 만나 며칠 동안 강론하면서 "쪽배에서 모시고 취하는 것 본래 계획 아니었으니, 스승님께 경서 배움에 은미한 정이 있네.[奉醉扁舟非素計, 執經函丈有微情]"라는 시를 지었다. 얼마 뒤 고봉이 고향으로 돌아가 5언 근체시로 하의에게 그리운 마음을 담은 시를 보내왔기에 공이 화답하려 했지만 고봉의 부음이 뒤따라 이르렀다. 이에 차운하여 만시(挽詩)를 지었다.[634]

634) 차운하여 만시(挽詩)를 지었다 : 홍적이 지은 만시는 다음과 같다.

이것이 어찌 용사의 액이요	豈是龍蛇厄
나라 운명 잘못됨이 아니겠는가.	非關運命違
이 백성들 이 길로 불행해졌고	斯民自不幸
우리 도는 다시 믿을 데 없네.	吾道更無依
높디높은 그 계획 쓸쓸해지고	落落危途計
큰 변화 그 기회 암담해졌네.	冥冥大化機
슬프구나 낙암 위의 달빛이	傷心樂菴月
속절없이 옛 의관만 비추누나.	空照舊巾衣
숨넘어갈 듯했던 도산의 아픔	垂絶陶山痛
삼 년 지나 아직도 시름겨운데	三年不盡愁
선생께서 이제 또 돌아가시니	先生今又逝
이 소자는 마침내 뉘를 탓할까.	小子竟誰尤
한강에 조각배 멀어져 갈 때	江漢扁舟遠
천지간 만사가 아득해졌나니	乾坤萬事悠
속절없이 작별 할 때 했던 말 생각하고	空將臨別語
남쪽 향해 하염없이 눈물 흘리네.	南望淚長流

龍蛇의 액이란 용사의 해 즉, 현인군자가 죽는다는 辰年이나 巳年의 액을 말한다. 후한의 大儒 鄭玄이 죽을 때의 고사를 원용한 것이다. 정현의 꿈에 孔子가 나타나 이르기를 "빨리 일어나라. 금년은 용해이고 내년은 뱀해이니라." 하였는데, 잠을 깨어 그 말을 비결로 맞춰 보고 자신이 죽을 것을 알았으며 그해 6월에 죽었다고 한다. (『後漢書』 권35, 「鄭玄列傳錄」)

진년과 사년이 모두 지나고, 퇴계가 죽고 햇수로 3년 뒤인 임신년(1572)에 고봉이 서거하였다. (奇大升著, 송기채譯, 『國譯孤峰集』, 孤峰別集附錄 제2권, 「挽章」)

임신년(1572, 선조 5) 겨울, 문과 별시에 급제했는데, 합격자 발표 날에[635] 시험 감독관들이 제대로 된 사람을 뽑았다고 서로 축하하였다. 몇 달이 안 되어 홍문록(弘文錄)[636]에 대한 권점을 행하였다. 공은 벼슬하지 않았을 때부터 명성이 자자하여, 당시 아직 업무 분장을 하지 않았는데 낙점을 받아 뽑혔다. 관례대로 승문원 권지부정자(承文院權知副正字)에 보임되었고 사국(史局)에 천거되었는데, 피혐할 일이 있어 진강에 나아가지 않았다. 또 사가독서(賜暇讀書)에 뽑혔는데 권지(權知)[637]로 이렇게 뽑힌 사람은 이보다 앞서 김인후(金麟厚, 1510~1560)와 안수(安璲, 1521~?) 두 사람 뿐이었으니, 세상 사람들이 매우 영화롭게 여겼다. 모두 계유년(1573, 선조 6) 한 해 동안의 일이다.

갑술년(1574, 선조 7)에 홍문관 정자(弘文館正字)에 제수되었는데, 형인 당흥공(唐興公 洪進을 말함)도 같은 시기에 뽑혀 이미 저작(著作)[638]으로 있었다. 형제가 함께 남상(南床)[639]에 있게 되었기 때

---

635) 합격자 발표 날에: 원문은 '拆名'인데 과거 시험을 마치고 합격자의 이름을 게시하는 것을 말한다.

636) 홍문록(弘文錄): 홍문관의 敎理 修撰을 임명할 때 제1차의 선거 기록이다. 일명 本館錄. 문과의 榜目이 나붙으면 홍문관의 박사 이하의 홍문관원이 뽑힐 만한 사람의 명단을 만든다. 홍문관 副提學 이하 여러 사람이 모여 의중의 사람의 이름 위에 圈點을 찍는데, 이 기록을 홍문록이라 한다. 여기에서 뽑힌 후보자는 다시 제2차의 선거를 거쳐 임금의 裁可를 받은 후에 교리·수찬에 임명된다. (『大典會通 解說』, 「吏典解說 官階 官職 硏究, 弘文錄과 都堂錄」 참조.)

637) 권지(權知): 조선시대 과거합격자로서 성균관·승문원·교서관·훈련원·별시위 등에 分管되어 임용 대기중인 견습 관원을 말한다.

638) 저작(著作): 조선시대 校書館·弘文館·承文院에 두었던 正8品 관직이다. 국사의 修撰을 담당했으며, 홍문관 저작은 경연에 참석할 수 있었다. (『관직명사전』, 2011, 한국학중앙연구원)

639) 남상(南床): 조선 시대 弘文館 정9품 벼슬인 正字를 달리 이르던 말. 홍문관원이 앉는 차례에 정자가 남쪽 상에 자리 잡게 되므로 이렇게 부르게 되었다.

문에 은총이 지나친 것이 너무 두려워 병을 핑계로 체직하였다. 을해년(1575, 선조 8)에 다시 들어와 홍문관 정자가 되었다. 정축년(1577, 선조 10) 가을, 저작에서 부수찬으로 승진하였다. 이때부터 계미년(1583, 선조 16)까지 7년 동안에 예조와 형조의 낭관 및 사간원 정언을 잠시 역임하였고, 기성(騎省)[640]에 들어가 다시 이랑(二郎)[641]이 되었다. 그 나머지 기간에는 모두 홍문관에 있었는데, 수찬(修撰)[642]을 5번, 교리(校理)[643]를 3번 역임하였다. 홍문관에서 논사(論思)와 문한(文翰)을 담당할 때에는 여유 있게 차근차근해서 사람들이 모두 진정한 학사라고 칭송하였다.

계미년(1583, 선조 16) 봄에 전조(銓曹)[644] 낭관(郎官)에 천거되었으나 제수되지 못했다. 공이 전조 낭관으로 추천된 것은 인망이 일찍부터 두터워서였으나 연달아 친혐(親嫌)[645] 때문에 결국 어그러졌으니, 여론이 억울하다고들 말했다. 7월에 수찬으로서 동료들과 차자

640) 기성(騎省): 兵曹의 별칭이다.

641) 이랑(二郎): 미상이나 병조 佐郎을 의미하는 듯하다.

642) 수찬(修撰): 조선시대 홍문관(弘文館)에 두었던 정육품(正六品) 관직으로 정원은 2원이다.(관직명사전, 2011, 한국학중앙연구원)

643) 교리(校理): 조선시대 集賢殿 · 弘文館 · 承文院 · 校書館 등에 둔 正 · 從5品 관직이다. (『관직명사전』, 2011, 한국학중앙연구원)

644) 전조(銓曹): 조선시대 문무관의 선발을 담당하는 吏曹와 兵曹를 일컫는 말이다. 銓部 혹은 銓司라고도 한다.

645) 친혐(親嫌): 조선시대에는 일정한 범위 내의 친인척이 같은 관청 안에서 벼슬하지 못하게 하였는데, 이는 친분으로 인해 공정하지 못하다는 오해를 받을 소지를 피하려는 것이었다. 그래서 일정한 범위 내의 친인척이 자리를 같이 하지 않도록 규제하는 상피 제도를 시행하였다. 『대전회통』에 보이는 내용은 다음과 같다. “중앙관과 지방관은 本宗의 大功[9개월 服, 즉 4寸] 이상의 親族과 사위, 孫壻, 姊兄과 妹夫, 外家 집안으로 시마(緦麻)[3개월 服 즉 外4寸] 이상 親과 장인, 장조부, 처남 및 동서들과는 모두 相避한다.” (『大典會通』 권1 「吏典」 相避조 참조.)

를 올려 시사를 논했다가[646] 성상의 뜻을 거슬렀다. 그래서 당시에 시사를 논했던 사람들이 이 때문에 낙직되어 외직에 보임되거나 혹은 귀양을 갔다. 그런데 공은 특별히 장연 현감(長淵縣監)에 제수되어 직접 잗달고 번거로운 일을 처리하면서도 힘들게 여기지 않았다.

병술년(1586, 선조 19)에 병으로 그만두었다. 무자년(1588, 선조 21)에 다시 병조 정랑(兵曹正郎)으로 서용되었고, 그해 가을 재상경차관(災傷敬差官)[647]으로 호남에 갔다. 당시 도적 정여립이 사림 사이에서 이름이 나 실속 없는 명예가 한창 성하였다. 공이 그의 사람됨됨이가 괴이하고 허황된 것을 싫어해서 그의 집 앞을 지날 때 안부 인사조차 하지 않았다. 그뒤 옥사가 일어나 온 조정의 관료 중에 한 번이라도 왕래하면서 몇 마디 말로 개인적인 부탁을[648]한 적이 있는 사람이면 누구도 그 화에 연루되지 않을 수 없었다. 그런데 공만은 초

---

646) 7월에 …… 논했다가: 선조 16년(1583) 6월 19일 기사에 兩司가 李珥가 군정을 보고하지 않고 행한 점 등을 들어 파직을 청하였다. 그때 양사에서 이이가 國事를 제멋대로 처리한다고 論劾하다가 말한 사람들이 모두 죄를 얻자, 옥당에서 箚子를 올려 아뢰기를, "臺諫이 이이의 偏黨을 짓고 私情 쓰는 것은 말하지 않고 국사 처리를 잘못한 것을 논하였습니다. 말은 지나칩니다만, 사실에 따라 죄목을 논한 것으로, 조금도 사사로움은 없습니다. 전하께서는 이이가 민첩하고 재주가 많으므로 그와 지극한 다스림을 이룰 수 있다고 여기시지만, '사람을 알아보는 것은 밝음이기에 帝도 어렵게 여겼다.'는 말이 참으로 맞습니다."고 하자, 임금이 震怒하여 옥당에 있던 사람들이 모조리 쫓겨났다. 홍적은 이때 長淵 縣監으로 좌천되었다.

647) 경차관(敬差官): 조선조에 각 지방에 임시로 파견하여 민정을 살피게 하던 임금의 使者. 주로 錢穀의 손실이나 民弊를 조사하는 일을 맡았다.

648) 개인적인 부탁을: 원문은 '稱念'으로, 관원이 외방에 나아갈 적에 고관들이 사적으로 은근히 부탁하는 것을 말한다. 『成宗實錄』 9년 4월 8일 기사에 "수령이 부임할 적에 그 지방 출신의 공경대부들이 그를 알든 모르든 간에 모두 술과 고기를 가지고 와서 전별하며 자기 노비들을 잘 봐달라고 청하는 것이 상하 간에 풍속을 이루었는데, 이를 일러 칭념이라고 하였다.[凡守令之赴任也 公卿大夫 知與不知 皆持酒肉而餞之 請其奴婢完護 上下成俗 名之曰稱念]"라는 말이 나온다.

연히 화를 면할 수 있었으니 공의 선견지명이 대체로 이러하였다.

기축년(1589, 선조 22)에 다시 옥당에 들어가 교리가 되었고, 얼마 후 천거로 검상(檢詳)[649]에 제수되었고, 사인(舍人)[650]으로 승진하였다. 다시 사가독서에 뽑혔으니, 계미년(1583, 선조 16)에 외직으로 보임되었을 때 사가독서 명단에서 빠졌다가 이제 다시 뽑힌 것이었다. 겨울에는 집의(執義)로 승진하였다.

공은 일찍이 문중의 명으로 종숙부(從叔父)인 홍인범(洪仁範)의 양자(養子)가 되었다. 공은 명현의 가문에서 태어나 일찌감치 나아갈 길을 알았고, 선비가 해야 하는 일에 대해 이미 대강을 알았다. 단정하고 방정하여 행동할 때는 반드시 예법으로써 자신을 단속하여 시종 변함이 없었다. 또한 편안하고 조용한 성품으로 자신을 지켜 문을 닫아걸고 세상일을 잊은 채 방에서 거문고를 연주하고 책을 읽으면서 종일토록 시를 읊어서 세속의 기운이 전혀 없었으니, 사람들이 공을 마치 선계 속의 사람처럼 보았다.

이때 관료들이 이미 분열되어 동료들끼리 사사로이 편드는 의론을 펼 수밖에 없었는데, 공은 홀로 개연히 우뚝이 서서 시비를 고려하지 않은 채 무턱대고 남을 속이거나 따르는 뜻이 전혀 없었다. 이 때문에 사론(士論)은 공을 매우 중하게 여겼지만 공을 좋아하지 않는 이들도 꽤 있었다. 공은 시학(詩學)에 매우 공을 들여서 청신하고 수려한 독자적인 시문(詩文)의 풍격을 이루었으며 항상 진부한 표현을 꺼렸으니, 공이 지은 고체시(古體詩)와 근체시(近體詩)가 전파되어 사람들의 입에 회자되는 것이 매우 많았다. 필법(筆法)은 종요

---

649) 검상(檢詳): 조선시대 議政府 정5품의 관직. 舍人(정4품)에 결원이 있으면 在職年限에 구애되지 않고 승급 임명되었다.

650) 사인(舍人): 조선시대 의정부 정4품의 관직. 정원은 2인이다. 하위의 檢詳(정5품)과 司錄(정8품)을 지휘하면서 실무를 총괄하였다. 그 밖에 중요 국사에 왕명을 받아 三議政의 의견을 수합하고 삼의정 또는 의정부 당상의 뜻을 받들어 국왕에게 아뢰는 등 국왕과 의정부의 사이에서 중요한 임무를 담당하였다.

(鍾繇, 151~230)[651]와 왕희지(王羲之, 307~365)[652]의 서체를 임서하여 행서와 초서가 모두 법도가 있었다. 만년(晩年)에는 회소(懷素, 727~785)[653]의 서체를 좋아하여 진본을 사서 배웠다. 때때로 감흥이 생기면 몇 번 붓을 휘둘러 써서 회포를 풀었다.

공이 어진 이를 좋아하고 착한 일을 즐긴 것은 지극한 정성에서 나왔으니, 이름난 사람이나 훌륭한 선비가 죽으면 비록 안면이 없다 하더라도 반드시 소식(小食)을 하여 사도(斯道)를 위해 애통해하는 마음을 담았다. 이것은 바로 가법이 그런 것인데 다만 공은 세심하게 실천한 것이다.

공은 가정 기유년(1548, 명종 3)에 태어나 만력 신묘년(1591, 선조 24)에 돌아가시니, 향년이 겨우 43세였다. 아계(鵝溪) 이산해(李山海, 1539~1609), 서애(西崖) 유성룡(柳成龍, 1542~1607), 한음(漢陰) 이덕형(李德馨, 1561~1613), 필운(弼雲) 이항복(李恒福, 1556~1618) 등이 모두 시로써 곡하였다. 아, 공의 재주와 행실로 누린 수명이 길지 않았고 벼슬 또한 높지 않아 뜻을 품은 채 돌아가셨으니, 어찌 세도를 위하여 유감스럽게 여기지 않겠는가.

久菴遺稿終.

---

651) 종요(鍾繇, 151~230): 삼국시대 위나라 潁川 長社 사람이다. 자는 元常이다. 후한 말에 尙書郎과 陽陵令을 지냈는데, 병으로 사직했다. 글씨를 잘 썼는데, 胡昭와 더불어 '胡肥鍾瘦'라 일컬어졌다. 張芝, 王羲之와 이름을 나란히 했고, 鍾張, 鍾王과 병칭되었다. 시호는 成이다. 「宣示表」와 「墓田丙舍帖」, 「薦季直表」 등이 法帖으로 수록되어 전해온다.

652) 왕희지(王羲之, 307~365): 중국 東晉 때의 서예가로 자는 逸少이고 벼슬은 秘書郎에서 右軍將軍에까지 이르렀다. 한문의 글씨체를 예술적인 서체로 승화시켜 書聖이라고 불린다. 「蘭亭序」, 「十七帖」, 「樂毅論」, 「集王聖敎序」 등의 작품이 전해진다.

653) 회소(懷素, 727~785): 중국 唐代의 승려이자 서예가로, 속세의 성은 錢氏, 자는 藏眞, 永州零陵이며, 湖南省 사람이다. 특히 草書를 잘 썼다. 작품에 『自敍帖』, 『초서 천자문』, 『聖母帖』, 『藏眞律公帖』 등이 있다.

참고문헌

-원전류-

權近,『禮記淺見錄』, 경문사, 1982.
權斗經,『退溪先生言行錄』권3, 성균관대학교. 대동문화연구원, 1977.
丘濬,『家禮儀節』, 四庫全書存目叢書, 經部 禮類 ; 114, 齊魯書社, 1997.
金烋,『海東文獻總錄』, 學文閣, 1969.
朴珪壽,『居家雜服攷』, 한국예학총서85, 慶星大學校 韓國學硏究所 編. 民族文化, 2011.
司馬光,『書儀』, 叢書集成, 初編 ; 1040, 商務印書館, 1930.
徐師曾,『文體明辯』, 四庫全書存目叢書, 集部 總集類 ; 311, 齊魯書社, 1997.
成海應,『硏經齋全集外集』, 韓國文集叢刊 276집, 民族文化推進會, 2002.
安鼎福,『順菴集』, 韓國文集叢刊 229-230집, 民族文化推進會, 1999.
王圻,『三才圖會』, 四庫全書存目叢書, 子部 類書類 ; 190, 齊魯書社, 1997.
尹斗壽,『平壤志』, 국립중앙도서관(BC古朝 62-177).
李裕元,『林下筆記』, 성균관대학교 출판부, 1991.
李種徽,『修山集』, 韓國文集叢刊 247집, 民族文化推進會, 2000.
李珥,『栗谷全書』韓國文集叢刊 44집, 民族文化推進會, 1991.
李荇,『新增東國輿地勝覽』, 書景文化社, 1994.
李滉,『退溪集』, 韓國文集叢刊 30집, 民族文化推進會, 1991.
張舜徽,『四庫提要敍講疏』, 臺灣 學生書局, 2002.
張維,『谿谷集』, 韓國文集叢刊 92, 民族文化推進會, 1992.
張顯光,『旅軒集』韓國文集叢刊 60집, 民族文化推進會, 1991.
鄭經世,『愚伏集』, 韓國文集叢刊 68집, 1991.
鄭逑,『寒岡集』, 韓國文集叢刊 53집, 1991.
鄭逑,『五先生禮說分類』, 한국예학총서3, 慶星大學校 韓國學硏究所 編. 民族文化, 2008.

丁若鏞,『與猶堂全書』, 韓國文集叢刊 281집, 民族文化推進會, 2002.
正祖大王著, 辛承云譯『國譯弘齋全書』18, 민족문화추진회, 2000.
曺好益,『芝山集』, 한국문집총간 55집, 民族文化推進會, 1991.
______,『家禮考證』, 한국예학총서4, 慶星大學校 韓國學研究所 編. 民族文化, 2011
朱熹,『家禮』, 학민문화사, 2001
朱熹 · 呂祖謙 著,『近思錄』, 학민문화사, 1995.
鄭經世,『愚伏集』, 韓國文集叢刊 68집, 民族文化推進會 , 1991.
鄭玄,『禮記』, 十三經註疏 5, 上海古籍出版社, 1993.
崔岦,『簡易集』, 韓國文集叢刊 49집, 民族文化推進會, 1990.
韓浚謙,『柳川遺稿』, 韓國文集叢刊 62집, 民族文化推進會, 1991.
許傳 著, 韓國古典儀禮研究會 譯註,『國譯士儀』, 보고사, 2006.
洪大容,『湛軒書』, 韓國文集叢刊 248, 民族文化推進會, 2002.
洪奭周,「禮記集註志疑」,『韓國經學資料集成』131 禮記 8, 大東文化研究院 編. 成均館大學校出版部, 1999.
黃宗羲,『深衣考』, (文淵閣)四庫全書 127, 商務印書館, 1983.

-단행본-

국사편찬위원회,『한국사』31, 국사편찬위원회, 1998.
강경원,『李瀷』, 성균관대학교 출판부, 2002.
경기도박물관,『초상, 영원을 그리다』, 2008.
高英津,『조선중기 예학사상사』, 한길사, 1995.
______,『한국의 역사가의 역사학』상, 창작과비평사, 1994.
김원준,『지봉이수광의 삶, 그 시적 변주』, 태학사, 2013.
남명진,「구암 한백겸」,『한국인물유학사』2, 한길사, 1996.
서울특별시사편찬위원회,『서울지명사전』, 2009.
서울대학교규장각,『강원도읍지(江原道邑誌)』권4, 1997.
세종대왕기념사업회,『國譯 國朝人物考』, 2007.

辛承云, 『(譯註) 禮記集說大全』 1, 傳統文化研究會, 2004.
안명숙 · 김용서, 『한국복식사』, 예학사, 2006.
『성호기념관도록』, 안산시, 2004.
야마다케이지 저, 김석근 역 『朱子의 自然學』, 통나무, 1998.
오호성, 『조선시대 農本主義思想과 經濟改革論』, 경인문화사 2009.
李秀雄 著, 『中國文學史』, 다락원, 2010.
李瀷, 『(國譯)星湖僿說』, 민족문화추진회, 1979.
李種徽 著, 김영심 정재훈 譯註, 『東史』, 소명, 2004.
이춘식 주편, 『중국학자료해제』, 신서원, 2003
임형택, 『21세기에 실학을 읽는다』, 한길사, 2014.
정구복, 『韓國近世史學史-朝鮮中 後期篇-』, 景仁文化社, 2008.
鄭太鉉 譯註, 『譯註 春秋左氏傳』 2, 傳統文化研究會, 2004.
정혜경, 『深衣』, 경남대학교 출판부, 1994.
崔錫起 외, 『中國經學家事典』, 경인문화사, 2002.
최완수, 『謙齋 鄭敾』, 현암사, 2009.
한국인물유학사 편찬위원회 저, 『한국인물유학사』 2, 한길사, 1996.
황광욱, 『한국실학 사상사』, 심산 출판사, 2002.
한국정신문화연구원, 『한국민족문화대백과』, 한국정신문화연구원, 1993.
成均館大學校 大東文化研究院 編. 韓國經學資料集成 131 : 禮記 8, 成均館大學校出版部, 1998.

-논문류-

고영진, 「17세기 초 예학의 새로운 흐름-한백겸과 정구의 예설을 중심으로」, 『한국학보』 68, 1992.
김경추, 「한백겸의 동국지리지에 관한 연구」, 『지리학연구』 37권, 2003.
김낙진, 「유형원의 성리사상」 『동양철학』 4권, 1993.
김명호, 「환재 박규수 연구 (2)」, 『민족문학사연구』 제6호, 민족문학사연구소, 1994.

김문식, 「星湖 李瀷의 箕子 인식」, 『退溪學과 韓國文化』 33, 2003.
金容燮, 「주자의 토지론과 조선후기유학」, 『延世論叢』 Vol.21 No.1, 1985.
김정자, 「深衣구성에 관한 연구」, 『한국복식』 제8호, 1990.
______, 「심의제도 의의고찰」, 『한국복식학회지』 16, 1991.
______, 「方領深衣制의 實證的 硏究」, 『韓服文化』 Vol.4 No.1, 2001.
김준석, 「조선중기 사회와 문화」, 『한국사』 31권, 국사편찬위원회, 1998.
문창로, 「조선후기 실학자들의 삼한 연구」, 『한국고대사연구』 62 , 2011.
문창로, 「星湖 李瀷의 삼한인식」, 『한국고대사연구』 74, 2014.
方東仁, 「久菴 韓百謙의 實學思想」, 『耘谷學會硏究論叢』 1, 耘谷學會, 2005.
신병주, 「조선중기 처사형 사림의 학풍연구」, 서울대 박사학위논문, 1999.
오호성, 「農本主義 思想의 構造와 根源」, 『농업사연구』 제6권 2호, 한국농업사학회, 2007.
원유한, 「韓百謙의 東國地理誌 成立背景과 性格」, 『國史館論叢』 第93輯, 國史編纂委員會, 2000.
유권종, 「다산 정약용의 심의설 연구」, 『퇴계학보』 제10집, 1999.
양승이, 「구암 한백겸의 예학과 그 영향」, 『퇴계학연구』 제21집, 檀國大學校 退溪學硏究所, 2007.
이승연, 「丘濬의 예학에 관한 고찰 : 『家禮儀節』을 중심으로」, 『東洋禮學』 제11집 2003.
정혜경, 「조선시대 초기 실학파의 복식관」, 『한국의류학회지』 20, 1996.
정혜경, 「조선시대 深衣 유형에 관한연구」, 『한국의류학회지』 Vol.13, No.1, 1989.
정혜경, 「한말 위정척사 사상기의 복식문화소고」, 『服飾』 제24호, 1995.
趙孝順, 「居家雜服攷를 통해본 朴珪壽의 服飾觀」, 『한국복식』 Vol.7, 1989.
尹熙勉, 「韓百謙의 東國地理志」 『歷史學報』 93, 1982.
尹熙勉, 「韓百謙의 학문과 『동국지리지(東國地理志)』 저술동기」 『震檀學報』 63, 진단학회, 1987.
李愛熙, 「久菴 韓百謙의 實學思想」, 『江原文化硏究』 第17, 江原大學校, 1998.
鄭求福, 「東國地理誌에 대한 一考察 -歷史地理學派의 成立을 中心으로-」, 『全北史學』 2, 1978.
鄭求福, 「韓百謙의 史學과 그 影響」, 『震檀學報』 63, 1987.

丁鍾侎, 「久菴 韓百謙」, 『實學論叢』, 전남대학교 호남문화연구소, 1975.
趙孝順, 「居家雜服攷를 통해본 朴珪壽의 服飾觀」, 『한국복식』 Vol.7, 1989.
유권종, 「다산 정약용의 심의설 연구」, 『퇴계학보』 제10집, 1999.

-웹사이트-

고려대학교도서관 http://library.korea.ac.kr
국립국어원 표준국어대사전 http://www.korean.go.kr
국립중앙도서관 http://www.dlibrary.go.kr
국사편찬위원회 http://www.history.go.kr
규장각한국학연구원 http://e-kyujanggak.snu.ac.kr
동양연표 http://www.dibrary.net
百度 http://www.baidu.com
승정원일기 http://sjw.history.go.kr
장서각 http://yoksa.aks.ac.kr
조선왕조실록 http://sillok.history.go.kr
한국경학자료시스템 http://koco.skku.edu
한국고전번역종합 한국고전종합db http://db.itkc.or.kr
한국고전적종합목록시스템 http://www.nl.go.kr/korcis
한국역사정보통합시스템 http://koreanhistory.or.kr

부 록

[부록 1] 한백겸 연보[654)]

서 기	왕 력	나 이	관직 및 활동
1552년	명종 7	1세	鏡城府 判官 韓孝胤의 장남으로 서울에서 출생. (2남은 重謙, 3남은 浚謙)
1569년	선조 2	18세	삼청동 근처에서 거주. 이기직(1556~1578), 이기설(1558~1622) 형제와 교유. 徐敬德의 문인인 杏村 閔純에게 나아가 수업. 『小學』과 『近思錄』을 배움.
1579년	선조 12	28세	생원시 합격. 이때 3형제가 나란히 합격함.
1580년	선조 13	29세	5월, 부친상.
1583년	선조 16	32세	조모상. 상중이라 과거를 포기하고 『周易』·『經書』·『性理書』 연구에 몰두함.
1585년	선조 18	34세	經書의 訓解를 교정하는 校正廳이 설치되자, 經術로 이름난 선비 가운데 한사람으로 뽑혀 校正郎에 임명됨.
1586년	선조 19	35세	천거로 中部 參奉에 제수되고, 이어 慶基殿 參奉에 제수되다. 다시 선릉 참봉에 제수 되었으나 병으로 못 나감.
1589년	선조 22	38세	己丑獄死 때 鄭汝立의 조카 李震吉의 시체를 거두어 준 죄로 함경도로 유배됨.
1592년	선조 25	41세	임진란으로 사면되어 오던 길에 왜군과 내통한 우두머리를 죽인 공으로 內資寺 直長에 특서됨.
1593년	선조 26	42세	漢城府 參軍이 됨.
1594년	선조 27	43세	鄭經世의 추천으로 周易講官에 임명됨. 이때부터 조정의 주목을 받기 시작함.

654) 본 연표는 『朝鮮王朝實錄』, 『練藜室記述』, 『久菴遺稿』, 『柳川遺稿』, 「通政大夫戶曹參議韓公墓碣銘」(鄭經世 撰, 『愚伏集』 卷18), 「韓孝胤墓誌銘」(申欽 撰, 『象村稿』 卷34) 한국고전번역원db 『久菴遺稿』 해제 등을 참고하여 정리하였다.

1595년	선조 28	44세	戶曹 佐郎, 刑曹 佐郎을 거쳐 安岳 縣監이 됨. 安岳 縣監 재임시 殿最에서 최상으로 평가되어, 咸從縣令으로 체임될 때 縣民들의 호소로 增秩留任됨.
1599년	선조 32	48세	병으로 사직함.
1600년	선조 33	49세	寧越 郡守가 됨.
1601년	선조 34	50세	2월, 刑曹 正郎에 제수되었으나, 구암의 아우 韓浚鎌이 형조 참판이 되자, 避嫌해야 하기 때문에 교체되어 工曹 正郎에 제수됨.
1602년	선조 35	51세	延安 府使로 나갔다가 8월에 司導寺 正으로 승진함.
1603년	선조 36	52세	洪可臣, 鄭逑 등과 함께 『周易傳義』를 校正함.
1604년	선조 37	53세	淸州 牧使가 됨. 通政大夫에 올라 당상관이 됨.
1605년	선조 38	54세	淸州 方井里에 있는 始祖 太尉公 韓蘭의 묘소를 찾아 壇을 건립하고 「碑壇立議序」를 지음.
1607년	선조 40	56세	4월 掌隷院 判決事가 됨. 8월 戶曹 參議가 됨. 평안도 관찰사 浚謙과 함께 있는 모친을 뵈러 평양에 갔다가 평양성 남쪽에 있는 箕田遺制를 보고 「箕田遺制說」과 「箕田圖」를 작성함.
1608년	선조 41	57세	전쟁 중에 儀軌가 산실됨으로 인해 宣祖 승하 때 예관들이 장례절차를 몰라 주선하지 못하자, 대신들의 추천으로 殯殿에서 斂襲諸儀를 맡아 처리함. 공물제도 개정에 대한 疏 「공물변통소」를 올림.[655] 5월, 모친상을 당함.
1610년	광해 2	59세	탈상하고 戶曹 參議를 병으로 사직함. 서울 西湖의 勿移村에 살게 되면서 학문을 강의하며 노년을 의지할 곳으로 삼음. 「勿移村久菴記」 지음. 江原道 安撫使에 제수되었으나 사직함.
1611년	광해 3	60세	겨울, 坡州 牧使에 제수되었으나 사직함.
1613년	광해 5	62세	「東史纂要後序」를 지음.
1614년	광해 6	63세	『東國地理志』를 저술하기 시작함.
1615년	광해 7	64세	『동국지리지』를 완성함. 「題陰符經後」를 지음. 7월, 서울 勿移村에서 卒.
1640년	인조 18		『동국지리지』, 『구암유고』 간행됨.
1672년	현종 13		원주 七峰書院에 배향됨.

[부록 2] 청주 한씨 문정공파보[656]

淸州韓氏 文靖公派譜

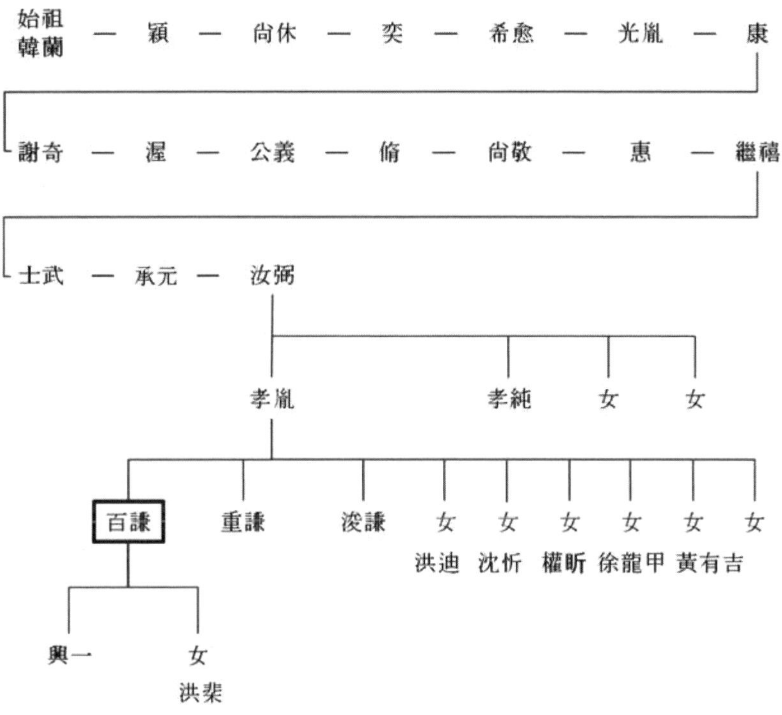

655) 한국고전번역원db 『久菴遺稿』 해제에는 1609년에 「공물변통소」를 올린 것으로 되어 있으나, 「공물변통소」의 내용으로 볼 때 모친상(1608년 5월)을 당하기 이전에 지은 것으로 보인다.

656) 『淸州韓氏世蹟年譜』 참조.

[부록 3] 선유들의 기자정전관련 저술자료[657)]

1. 『世宗實錄』「地理誌」平安道[658)]

古城基有二, 一箕子時所築, 周回六千七百六十七步. 城內畫區, 八家同井. 一高麗成宗時所築, 經九百四十四步. 箕子廟在府城北兔山上, 亭子閣石人石羊, 皆南向. 祠堂在城內義理坊.【春秋, 傳香祝致祭. 今上十二年庚戌, 傳旨于有司曰: "昔武王克殷, 封殷太師于我邦, 遂其不臣之志也. 吾東方文物禮樂, 侔擬中國, 惟箕子之敎是賴." 於是, 立石于祠堂.】

"옛 성터가 둘이 있으니, 하나는 기자(箕子) 때 쌓은 것으로, 둘레가 6천 7백 67보이며, 성안을 구획(區劃)하여 8가구가 함께 정전을 경작[八家同井]하게 하였다. 다른 하나는 고려 성종(成宗) 때 쌓은 것으로, 지름이 9백 44보이다."라고 기록 되어있다. 기자묘(箕子廟)가 부성(府城) 북쪽 토산(兎山) 위에 있는데, 정자각(亭子閣), 석인(石人), 석양(石羊)은 모두 남쪽을 향하였으며, 사당(祠堂)은 성안 의리방(義理坊)에 있다." 【봄 · 가을에 향과 축문(祝文)을 전하여 제사를 지낸다. 금상(今上) 12년 경술(1420)에 유사(有司)에 전지(傳旨)하기를, "예전에 무왕(武王)이 은(殷)나라를 이기고, 은나라 태사(太師)를 우리

657) 기자정전에 관련되어 실록과 문집에 나와 있는 내용을 발췌한 것이다. 번역문에 이해를 돕기 위해 원문에 표점을 달아 병기 하였으며 기존에 번역본이 있는 경우 참고하여 윤문하고 주석을 보완하였으며 참고한 번역본을 명시하였다.

658) 『世宗實錄』 卷 第154「地理誌」, 전국지리지, 한국문헌연구소, 1983, p.588.

나라에 봉한 것은 그가 신하 노릇 하지 아니할 뜻을 이루게 한 것이다. 우리나라의 문물(文物)과 예악(禮樂)이 중국과 같은 것은 오직 기자의 가르침 덕분이니, 사당에 비석을 세우라."하였다.】

2. 卞季良(1369~1430)「箕子廟碑銘」[659]

宣德三年歲在戊申夏四月甲子, 國王殿下傳旨若曰: "昔周武王克殷, 封殷太師于我邦, 遂其不臣之志也. 吾東方文物禮樂, 侔擬中國, 迨今二千餘禩, 惟箕子之敎是賴, 顧其祠宇隘陋, 不稱瞻式. 我父王嘗命重營, 予承厥志而督之, 今告成矣. 宜刻諸石, 以示永久, 史臣其文之." 臣季良承命祗慄不敢辭.

臣竊惟孔子以文王箕子, 竝列於易象, 又稱爲三仁, 則箕子之德, 不可得而讚也. 思昔禹之平水土也, 天錫洪範, 彝倫敍矣. 然其說未嘗一見於虞夏之書, 歷千餘年, 至箕子而始發. 向非箕子爲武王而陳之, 則洛書天人之學, 後之人何從而知之? 箕子之有功於斯道也, 豈偶然哉. 箕子者, 武王之師也. 武王不以封於他方而于我朝鮮, 朝鮮之人, 朝夕親炙, 君子得聞大道之要, 小人得蒙至治之澤, 其化至於道不拾遺, 此豈非天厚東方, 畀之仁賢, 以惠斯民, 而非人之所能及也耶?

井田之制、八條之法, 炳如日星, 吾邦之人, 世服其敎, 後之千祀, 如生其時, 愀然對越, 自有不能已者矣. 洪惟我恭定王聰明稽古, 樂觀經史, 而我殿下以天縱睿哲之資, 緝熙聖學, 其於洪範九疇之道, 蓋有神會, 而心融者矣. 所以作之述之, 以致其崇德報功之典者, 出於至誠, 實

659) 卞季良, 『春亭集』 卷12 碑誌, 韓國文集叢刊 8집, 1990, p.147. 이 글은 『東文選』 卷121 碑誌에도 실려 있는데 남만성 선생이 譯註하였다.

非前代君王所可得而儷也. 卿士若民, 相率而起, 是訓是行, 以近天子之耿光, 而得與於敷錫之福也無疑矣. 於戲盛哉! 凡爲屋若干, 置田以供粢盛, 復戶以應灑掃, 命府尹以謹享祀, 廟宮之事, 盖無憾矣. 臣季良不勝感激, 謹拜手稽首而獻銘.

銘曰:

"嗚呼箕子, 文王爲徒. 允也洪範, 帝訓是敷. 匪直師殷, 實師武王. 殷棄以亡, 周訪以昌. 大哉天下! 身佩安危. 斂而東來, 天其我私. 以敎以治, 八條其章. 孰愚不明, 孰柔不剛. 漢書稱美, 道不拾遺. 俾夷爲華, 唐有其碑. 亹亹我王, 光紹絕學. 心契其理, 躬行其法. 旣作乃述, 祠宇翼翼. 有峙其堂, 神御攸寧. 歲時享祀, 克敬克誠. 嗟嗟小臣, 潛心遺經. 今承王命, 稽首撰銘. 盛德之光, 彌萬億齡.

선덕(宣德)[660] 3년 무신년(1428, 세종 10) 여름 4월 갑자일(12)에, 국왕 전하께서 전지(傳旨)를 내려 이렇게 말씀하셨다. "옛날 주(周)나라 무왕(武王)이 은(殷)나라를 정벌해 이기고, 은나라의 태사(太師)를 우리나라에 봉하여 그가 주나라에 신하 노릇하지 않으려고 한 뜻을 이루게 하였다. 우리나라가 문물(文物)과 예악(禮樂)이 중국과 견줄만한 것이 지금에 이르기까지 2천여 년이 되었는데, 이는 오직 기자(箕子)의 가르침 덕분이다. 돌아 보건대, 그의 사당은 좁고 누추하여 의식을 올리기에 적당하지 않다. 우리 부왕(父王)께서 일찍이 중수(重修)하기를 명하셨고, 내가 그 뜻을 받들어 독려하여 이제 낙성(落成)을 아뢰었으니, 돌에 새겨서 오래도록 후세에 보여야 하겠다. 사신(史臣)은 이러한 내용의 글을 지으라." 하였습니다. 신(臣) 계량(季良)은 명을 받고, 황송하고 두려워 감히 사양하지 못

660) 선덕(宣德): 明 宣宗의 연호로 1426~1435년 동안 사용되었다.

하였습니다.

신은 조용히 생각하오니, 공자(孔子)는 『주역』 「명이괘(明夷卦)」의 상사(象辭)에서 문왕(文王)과 기자(箕子)를 나란히 거론하였으며,[661] 또 삼인(三仁)[662]이라고 일컬었으니, 기자의 덕은 너무 커서 칭송할 수도 없습니다. 옛날 우(禹)임금이 홍수와 토지를 다스릴 때 하늘이 홍범(洪範)[663]을 내려주셔서 인간으로서 지켜야 할 떳떳한 도리가 베풀어졌습니다. 그런데 그 내용은 일찍이 우(虞) 나라나 하(夏) 나라의 글에는 한 번도 보이지 않았고, 천여 년을 지난 기자에 이르러서야 발설되었습니다. 그때에 기자가 무왕(武王)에게 아뢰지 않았다면 낙서(洛書)의 하늘과 사람에 관계된 학문을 후인들이 어떻게 알았겠습니까. 기자가 사도(斯道)에 공을 세운 것이 어찌 우연한 일이겠습니까. 기자는 무왕의 스승입니다. 무왕이 그를 다른 곳에 봉하지 아니하고 우리 조선에 봉하였으므로, 조선 사람들은 아침저녁으로 직접 기자의 교화를 받아, 군자는 큰 도(道)의 요점을 얻어 들을 수 있었고, 백성들은 지극한 다스림의 은택을 받을 수 있어서, 그 교화가 길에 떨어진 물건을 줍지 않는 데까지 이르렀습니다. 이 어찌 하늘이 우리나라를 후하게 하여 어질고 착한 이를 보내 이 백성들에게 은혜를 베푼 것으로서, 이는 사람의 힘이 미칠 수 없는 것이 아니었겠

661) 공자는 …… 거론하였으니: 그 내용은 다음과 같다. "象曰, 明入地中, '明夷', 內文明而外柔順, 以蒙大難, 文王以之. '利艱貞', 晦其明也, 內難而能正其志, 箕子以之." "六五, 箕子之明夷, 利貞. 象曰, 箕子之貞, 明不可息也." 『周易』 「明夷卦」

662) 삼인(三仁): 微子 · 箕子 · 比干을 말한다.

663) 홍범(洪範): 夏禹가 治水할 때 洛水에 출현한 神龜의 반점을 본받아 『尙書』 洪範九疇를 만들었다고 한다. 홍범은 大法을 말하고, 구주는 9개 條를 말하는 것으로, 즉 9개 조항의 큰 법이라는 뜻이다. 천하를 다스리는 9개 조항은 天의 常道인 五行 · 五事 · 八政 · 五紀 · 皇極 · 三德 · 稽疑 · 庶徵 · 五福 · 六極 등이 그 주요 내용이다. 『書經』 「周書 洪範」에 자세한 내용이 보인다.

습니까. 정전(井田)의 제도와 팔조(八條)[664]의 법이 해와 별처럼 밝아서 우리나라 사람들이 대대로 그의 가르침에 복종하여 천 년 뒤에도 그 당시에 살아 있던 것과 같아서 공경스러운 마음으로 우러러볼 때 저절로 사모함을 금치 못합니다. 우리 공정왕(恭定王)[665]께서는 총명하여 고사(古事)를 상고하고 경서(經書)와 사서(史書)를 즐겨 보았으며, 우리 전하[世宗]께서는 하늘이 낸 지혜롭고 어진 자질로써 성인의 학문에 밝아서 홍범구주(洪範九疇)의 도(道)에 대하여 정신으로 이해하고 마음속으로 묵묵히 이해하였습니다. 그런 까닭에 공정왕께서 시작하시고, 우리 전하는 이어 닦아서 기자에게 덕 있는 이를 높이고 공 있는 이에게 보답하는 예를 드린 것이 지극한 정성에서 나왔으니, 이런 점은 실로 전대의 군왕들이 견줄 만하지 못합니다. 경사(卿士)와 서민들이 서로 이끌고 격려하며 이것을 따르고 실행하여 천자의 밝은 빛에 가까워져서 의심이 없이 내려 주신 복을 따르게 되었으니, 아, 장하도다. 작은 집을 짓고 거기에 소속(所屬)된 전지(田

664) 팔조(八條): 기자가 백성들을 가르치기 위해 제정한 법으로 八條之敎 혹은 八條禁法을 말하는데, 이 중에서 현재는 “살인자는 사형에 처하고, 다치게 한 자는 곡식으로 갚고, 도둑질한 자는 그 집의 노비로 삼는다.”는 등의 세 조목만 전하고 있다. 『增補文獻備考』 卷127 「刑考 刑制」
『(國譯) 記言』4 제48권 속집 「四方」편 에 다음과 같은 내용이 보인다. “禮俗을 중시하고 鬼神을 공경하며 八條法禁의 가르침을 행하였는데, 사람을 죽인 자는 목숨으로 갚고, 남을 상해한 자는 곡식으로 갚고, 도둑질한 자는 적몰하여 노비로 삼되 속죄하려는 자는 한 사람당 50만을 변상하게 하였으나 사람들이 수치로 여겼기 때문에 그런 사람은 시집가고 장가갈 곳이 없었다. 백성들이 생업에 즐거워하여 도둑이 없었으므로 밤에 대문을 잠그지 않았고 나그네는 들판에서 노숙하였다.” 허목 저, 『(國譯) 記言』 v3, 민족문화추진회 편, 2007, p.173~174 참조.

665) 공정왕(恭定王): 조선 제3대 왕인 太宗 李芳遠(1367~1422, 재위 1400~1418)을 말한다. 자는 遺德, 이름은 芳遠이며, 등극하기 전 君號는 靖安이다. 태조 이성계의 다섯째 아들로, 아버지를 도와 조선을 건국하는 데 크게 공헌하였다. 두 차례에 걸친 왕자의 난을 평정하고 왕위에 올라 여러 가지 정책을 펴 조선 왕조의 기틀을 세웠다.

地)를 두어서 정결한 곡식을 바치게 하고, 복호(復戶)[666]해주어 사당 관리를 하게 하였으며, 부윤(府尹)에게 명하여 향사(享祀)를 삼가 받들게 하였으니, 묘궁(廟宮)의 일은 대체로 유감이 없을 것입니다. 신 계량(季良)은 감격함을 가누지 못하여, 삼가 손을 들어 읍하고 머리를 조아려 명(銘)을 올립니다.

명에 이르기를,

아아, 기자여	嗚呼箕子
문왕의 무리로다	文王爲徒
진실 하도다 홍범이여	允也洪範
상제의 훈계를 펼쳤네	帝訓是敷
은나라 스승만이 아니라	匪直師殷
실로 무왕의 스승이었네	實師武王
은나라는 그를 버려 멸망하였고	殷棄以亡
주나라는 그를 만나 창성하였네	周訪以昌
위대하다, 천하의	大哉天下
안위가 그에게 달렸는데	身佩安危
거두어 동쪽으로 오심은	斂而東來
하늘이 우리를 편애함 일세	天其我私
가르치고 다스림에	以敎以治
여덟 조목으로 법을 삼았으니	八條其章
우매한 자 뉘 아니 밝아지며	孰愚不明
유약한 자 뉘 아니 강해졌으랴	孰柔不剛
『한서』에 찬미하기를	漢書稱美
길에 떨어진 물건을 줍지 않는다 하였고	道不拾遺
동이(東夷)를 중화로 만들었다고	俾夷爲華

666) 복호(復戶): 충신 · 효자 · 열녀가 난 집의 부역을 면제해주던 일을 말한다.

당 나라에 비가 서 있네[667]	唐有其碑
열심히 힘쓰시는 우리 임금께서	亹亹我王
끊긴 학문 빛나게 이었네	光紹絕學
마음은 그 이치에 맞았고	心契其理
그 법을 몸소 실천하시도다	躬行其法
아버지 지으시고 아드님 이으시니	旣作乃迷
날아갈 듯 솟은 사당	祠宇翼翼
높다란 그 마루에	有峙其堂
기자의 신주 봉안하고	神御攸寧
세시로 향사 올려	歲時享祀
공경하고 치성하네	克敬克誠
아아, 소신은	嗟嗟小臣
남겨진 글에 몰두했더니	潛心遺經
이제 왕명 받들고	今承王命
머리 조아려 명을 쓰네	稽首撰銘
성대한 덕의 광채	盛德之光
억만년 길이 빛나리	彌萬億齡

3. 金時習(1435~1493)「箕子贊」[668]

紂爲玉杯, 箕子甚患, 紂爲淫佚, 箕子極諫, 不聽而囚. 人曰可去, 子曰: "若去, 彰惡自譽." 被髮佯狂, 爲奴隱處, 彈琴自悲. "此情誰語, 千

667) 동이(東夷)를 …… 있네: 당 나라 柳宗元의 箕子碑에 나오는 내용이다. (明)矛坤 編, 『唐宋八家文』 卷27, 상해고적출판, 1993, p.306~307.

668) 金時習, 『梅月堂全集』, 成均館大學校 大東文化硏究院, 1973, p.309~310. ; 김시습 지음, 강원향토문화연구회 번역편집, 『國譯梅月堂全集』 2002.

載有知, 我志應著.” 唐柳作碑, 其文可據, 世雖遠而, 惟爾能恕. 唐柳宗元碑云: “當其周時未至, 殷祀未殄. 比干已死, 微子已去. 向使紂惡未稔而自斃. 武庚念亂以圖存. 國無其人. 誰與興理. 是固人事之或然者也. 然則先生隱忍而爲此 其有志於斯乎!”

按, 『尙書』「周書」, 周武王克商, 遂訪箕子. 箕子陳洪範九疇, 重於皇極. 其曰: “凡厥正人, 旣富方穀.” 又曰: “于其無好德, 汝雖錫之福, 其作汝用咎.” 武王竟封箕子于朝鮮而不臣. 箕子來東, 以八條敎民. 至今東方禮俗之盛, 始于箕子. 今平壤, 古朝鮮京邑也, 舊城遺址, 邐迤江岸, 至今南郭外井田界道, 八家同井, 廢墻廬墟, 彷彿猶存, 令人佇想朝鮮盛時衣冠文物之華美. 其人雖逝, 而餘韻若存, 必商宗戚中傑出, 如周姬旦, 漢東平王蒼者也. 故微子已去, 比干已死, 而徘徊不忍去. 柳宗元之碑文, 其眞得箕子之心乎? 只如漢七國王、晉齊王冏輩, 是何心哉? 觀此, 可以立千載之下, 同姓之親, 拳拳不忘, 扶持宗國之美志. 而帝王宗戚中, 爲法天下, 可傳後世者, 惟箕子洪範,周公周禮之外, 更復何有可勝贊哉! 因想其情思以爲短什.

주왕이 옥으로 술잔을 만들자 기자는 몹시 근심하였고, 주왕이 음란하고 방탕해지니 기자는 끝까지 간하였지만 주는 듣지 않고 그를 가두었다.

어떤 사람이 말하기를, “떠나가는 것이 옳다”고 하자 기자는 이르기를, “신하가 되어 간하는 말이 받아들여지지 않는다고 해서 가버린다면, 이것은 임금의 악을 드러내고 자신은 백성에게 환심을 사는 것이다.”하고는, 머리를 풀어헤치고 미친 척하여 노예가 되어 숨어 살며 거문고를 타면서 홀로 슬퍼하였다. 그는 “이 마음을 누구에게 말할 것인가, 천년 뒤에라도 이내 심정 알아준다면 나의 뜻 밝혀지리라.”하였다. 후에 당나라 유종원(柳宗元, 773~819)이 비문을 지었는데 근거할 만하니 세월은 비록 멀리 떨어졌지만 아마 용서하리라.

유종원의 비문 내용은 다음과 같다.

주나라는 아직 건국되기 전이고	當其周時未至
은나라는 아직 망하기 전인데	殷祀未殄
비간[669]은 이미 죽었고	比干已死
미자는 벌써 떠났네	微子已去
주(紂)가 그의 악이 극에 이르기 전에 스스로 죽었다면	向使紂惡未稔而自斃
무경(武庚)이 나라가 어지러워질까 염려하여	
국가보존을 도모하였을 것이다.	武庚念亂以圖存
그러나 나라에 적당한 인물이 없었으니	國無其人
누구와 함께 나라를 다스리겠는가.	誰與興理
이러한 일은 본래 인간세상에서 그럴 수도 있으니	是固人事之或然者也
그렇다면 선생이 참아가며 이렇게 한 것은	然則先生隱忍而爲此
그런 뜻이 아마 여기에 있었을 것이다.	其有志於斯乎

살펴보니 『상서尙書』「주서(周書)」에 주나라 무왕이 은나라를 이기고 드디어 기자를 찾으니 기자가 홍범구주(洪範九疇)를 일러줄 때 황극(皇極)[670]에 중점을 두었다. 「홍범」에 "대체로 올바른 사람들은 부유하고 선하여진다." 또 "그 덕을 좋아하지 않는 이에게 네가 비록 복을 준다 해도 그것은 네가 허물이 있는 사람을 쓰는 것이 될 것이다."[671]

669) 비간: 기자와 같이 은의 주왕의 諸父이다. 주의 망국을 구해보려고 끝까지 간하다가 죽었다. 은나라 三仁의 한 사람이다.

670) 황극(皇極): 임금이 국가를 다스리기 위해 정한 大道로서 한쪽에 치우치지 않는 中正의 도로 황은 임금이오 극은 표준과 같으니, 임금이 표준 세움에 사방이 이 표준에 합하여 어긋나지 않도록 취정하는 의미를 五皇極에서 말한 것이다. 즉, 제왕이 나라를 다스리는 大中至正의 도로 다른 九疇의 근본이 되는 大法이다. 『書經』「周書 洪範」

671) 그 덕을 …… 될 것이다.: "于其無好德, 汝雖錫之福, 其作汝用咎." 『書經』「周書 洪範」

라고 하니 무왕이 마침내 기자를 조선에 봉하여주고 신하로 삼지 않았다. 기자가 동쪽으로 와서 팔조(八條)[672]로 백성들을 교화하였으니 지금까지 동방의 예속이 융성한 것은 기자에게서 비롯되었다고 하겠다. 지금 평양은 고조선의 도읍으로 옛 성의 유적이 대동강 해안까지 이어져 있으며, 지금까지 평양성 남쪽 외성에는 정전의 경계선과 여덟 집이 우물을 같이 쓰던 무너진 담장과 집터가 여전히 남아 있는 듯하다. 그래서 사람들에게 우두커니 서서 조선이 전성하였던 그때의 화려하고 아름다운 의관과 문물을 떠올리게 한다.

그 사람은 비록 가고 없지만 여운이 있는 듯해서 분명 은나라 왕족 중에 주나라의 희단(姬旦)[673]나 한나라 동평왕(東平王) 창(蒼)[674]과 같은 걸출한 인물이 나올 것이다. 미자는 이미 떠나고, 비간은 벌써 죽었지만 배회하면서 차마 떠나지 못했으니 유종원의 비문은 진정 기자의 이런 마음을 알았던 것인가. 다만 한나라 칠국(七國) 왕[675]이나, 진나라의 제왕(齊王) 경(冏)[676]같은 무리는 무슨 마음이었던가. 이것으로 본다면 몇 천 년 후에까지 진해져 동성의 친족이 마음속에 늘 잊지 않아 종국의 아름다운 뜻을 유지할 것이다. 그리고 제왕의 종친 중에 천하의 모범이 되어 후세에 전할 것으로 기자의 홍범과 주공의 주례 이외에 더 이상 훌륭하다고 칭송할 만한 것이 무엇이 있겠는가. 그래서 이러한 사정을 생각해서 짧은 시를 지었다.

---

672) 팔조(八條): p.380「箕子廟碑銘」 주석 664) 참조.

673) 희단(姬旦): 주나라 문왕의 아들이자 무왕의 아우인 주공을 말한다.

674) 동평왕(東平王) 창(蒼): 후한 광무제의 여덟째 아들로 현인이라 칭송 받았다.

675) 칠국왕: 漢景帝 3년(기원전 154년), 吳王, 劉濞, 楚王, 趙王, 膠西王, 膠東王, 菑川王, 濟南王 등 일곱 제후가 공동으로 반란을 일으킨 것을 말한다. 역사에서 '七國之亂'이라고 일컬어지는 것이다.

676) 제왕(齊王) 경(冏): 사마씨의 진나라 황족으로 정치에 참여하여 황제의 자리를 넘보다가 패망하였다.

4. 成俔(1439~1504) 慵齋叢話卷之一[677]

平壤箕子所都, 八條爲治, 井田之制歷歷猶存, 今之外城是也. 其後燕人衛滿所據, 又爲高句麗所都, 其國境南至漢江, 北至遼河, 擁兵數十萬, 最爲强盛. 高麗置爲西京, 春秋往來, 以爲巡遊之地. 至今人物富庶, 皆其餘風也.

평양(平壤)은 기자(箕子)가 도읍한 곳으로 팔조(八條)로 다스렸고 정전(井田)의 제도가 지금도 분명하게 남아 있는데, 지금의 평양 외성(外城)이 그 유적이다. 그 후로 연(燕)나라 사람 위만(衛滿)이 차지하였고, 또한 고구려의 도읍지로 되었다. 국경의 남쪽은 한강(漢江)에 이르고, 북쪽은 요하(遼河)에 이르렀으며, 수 십 만의 병사를 지닌 가장 강성(强盛)한 나라였다. 고려 때에는 서경(西京)으로 삼아 봄, 가을로 왕래하며 순유(巡遊)하는 곳으로 삼았다. 지금까지도 인물이 풍성한 것은 모두 그때의 유풍(遺風)이다.

5. 李珥(1536~1584)「箕子實記」[678]

箕子, 商宗室也. 或曰名胥餘. 學明九疇, 身傳聖道. 以畿內諸侯, 仕爲太師. 帝乙謫子受, 資辨捷疾, 拒諫飾非, 其庶兄啓, 恪愼克孝. 箕子度受非元良, 以啓長且賢, 勸帝乙立之. 帝乙難於廢嫡, 卒立受爲太子,

677) 成俔, 『慵齋叢話』, 慶山大學校 韓國學資料集成, 학민문화사, 2000, p.14~15. ; 成俔 贊, 南晩星 譯, 『慵齋叢話』, 서울, 大洋書籍, 1978, p.40 참조.

678) 『栗谷全書』 卷14「雜著」韓國文集叢刊, 44집, 1989, p.292~294. 고전번역원의 『(國譯) 栗谷全書』 권14에는「기자실기」 번역은 누락되어있다. 이 글은 1580년 작자가 45세에 지은 것이다. 기자에 대하여 공자가 삼인(三仁)의 한 사람으로 칭한 것이 논어에 보이고, 『易經』「明夷卦」에도 보인다.

封啓爲微子. 帝乙崩, 受卽位號爲紂. 始爲象箸, 箕子歎曰: "彼爲象箸, 必爲玉杯, 爲玉杯, 則必思遠方珍怪之物而御之矣. 輿馬宮室之漸, 自此始, 不可振也."

紂淫虐日甚, 微子痛殷將亡, 謀於箕子及少師比干曰: "今殷其淪喪, 若涉大水, 其無津涯. 今爾無指告予顚隮, 若之何其?" 箕子曰: "商今其有災, 我興受其敗. 商其淪喪, 我罔爲臣僕. 詔王子出迪, 我舊云刻子. 王子弗出, 我乃顚隮. 自靖, 人自獻于先王. 我不顧行遯!" 微子乃去之. 箕子諫紂, 紂不聽, 囚箕子以爲奴. 人或曰: "可以去矣." 箕子曰: "爲人臣, 諫不聽而去, 是彰君之惡, 而自說於民, 吾不忍爲也." 乃被髮佯狂而受辱, 鼓琴以自悲, 故傳之曰箕子操. 比干諫而不退, 紂殺之.

周武王克商, 命召公奭, 釋箕子之囚. 王就見之, 虛己問殷所以亡曰: "吾殺紂, 是歟非歟?" 箕子不忍言. 王乃問以天道曰: "嗚呼,箕子! 惟天陰騭下民, 相協厥居, 我不知其彝倫攸敍." 箕子乃言曰: "我聞在昔鯀, 陻洪水, 汨陳其五行. 帝乃震怒, 不畀洪範九疇, 彝倫攸斁. 鯀則殛死, 禹乃嗣興, 天乃錫禹洪範九疇, 彝倫攸敍." 乃陳洪範, 其大目. 一曰五行, 二曰敬用五事, 三曰農用八政, 四曰協用五紀, 五曰建用皇極, 六曰乂用三德, 七曰明用稽疑, 八曰念用庶徵, 九曰嚮用五福, 威用六極. 其論皇極曰: "無偏無陂, 遵王之義, 無有作好, 遵王之道, 無有作惡, 遵王之路. 無偏無黨, 王道蕩蕩, 無黨無偏, 王道平平, 無反無側, 王道正直. 會其有極, 歸其有極."

箕子旣爲武王傳道, 不肯仕, 武王亦不敢强. 箕子乃避中國, 東入朝鮮, 中國人隨之者五千. 詩、書、禮、樂、醫巫、陰陽、卜筮之流, 百工技藝皆從焉. 武王聞之, 因封以朝鮮, 都平壤. 初至言語不通, 譯而知之. 敎其民以禮義農蠶織作, 經畫井田之制, 設禁八條, 其略, 相殺償以命, 相傷以穀償, 相盜者男沒爲其家奴, 女爲婢. 欲自贖者, 人五十萬, 雖免爲民, 俗猶羞之, 嫁娶無所售. 是以, 其民不盜, 無門戶之閉, 婦人貞信不淫. 辟其田, 野都邑, 飮食以籩豆, 崇信讓篤儒術, 釀成中國之風敎. 以勿尙兵鬪, 以德服强暴, 鄰國皆慕其義歸附. 衣冠制度, 悉同乎中國. 其後, 箕子朝周, 過故殷墟, 見宮室毁壞, 生禾黍, 箕子傷之, 作麥秀之歌曰: "麥秀漸漸兮, 禾黍油油. 彼狡童兮, 不與我好兮." 殷民聞之, 皆流涕. 朝鮮被仁賢之化, 爲詩書禮樂之邦, 朝野無事, 人民懽悅, 以大同江比黃河, 作歌以頌其德. 箕子薨, 箕氏世君東土. 周末, 燕伯稱王, 將東略地, 朝鮮侯欲興兵伐燕以尊周. 大夫禮諫之而止, 使禮西說燕, 燕亦止不侵. 侯亦自稱王. 後子孫稍驕虐, 燕乃遣將攻其西, 取地二千餘里, 至滿潘汗爲界, 朝鮮遂弱. 及秦并天下, 築長城抵遼東, 朝鮮王否畏秦服屬. 否薨, 子準立十餘年, 而秦滅, 燕、齊、趙, 民多亡入朝鮮. 及盧綰王燕, 朝鮮與燕以浿水爲界. 及綰入凶奴, 燕人衛滿亡命, 聚黨千餘人, 東渡浿水, 求居西界爲藩屛. 王準信之, 拜爲博士, 賜以圭, 封之百里, 令守西鄙. 滿誘納逋逃, 衆漸盛, 乃遣人詐告王準, 漢兵十道至. 欲入宿衛, 遂襲王準. 準戰不敵, 浮海南奔, 朝鮮遂爲滿有. 自箕子傳四十一代, 凡九百二十八年而失國. 箕準被逐, 率其左右宮人, 入居韓地金馬郡, 號馬韓王. 統小國五十餘, 亦傳累世. 厥後新羅、高句麗、百濟三國漸大, 馬韓寖衰. 百濟始祖溫祚王二十六年, 襲馬韓并其國. 箕氏主馬韓又二百年而亡, 傳祚前後凡一千一百二十餘年.

贊曰: "猗歟大師, 運遭明夷. 內貞而晦, 制義隨時. 被髮操音, 惟天我知. 宗國旣淪, 嗚呼曷歸? 法授蒼姬, 身莅靑畿. 誕闢土宇, 樂浪作京. 鰈域長夜, 肇照日星. 禁設八條, 文宣禮樂. 江淸大同, 山重太白. 子孫繩繩, 千祀是卜. 五世不斬, 迄受遺澤. 報祀仁辟, 極天如昨."

謹按, 天生蒸民, 必降聖賢以主之, 輔相化育, 宣朗人文, 以遂其生, 以立其敎. 伏羲以下, 迄于三王, 代天開物, 故命之. 以我東有民, 想不後中國, 未聞睿智有作, 以盡君師之責. 檀君首出, 文獻罔稽. 恭惟箕子, 誕莅朝鮮, 不鄙夷其民, 養之厚而敎之勤, 變魋結之俗, 成齊魯之邦. 民到于今, 受其賜, 禮變之習, 濟濟不替. 至於夫子, 有浮海欲居之志, 則微禹之嘆, 沒世愈深矣. 大哉箕子! 旣陳洪範於武王, 道明于華夏, 推其緖餘, 化洽于三韓. 子孫傳祚千有餘年, 後辟景仰, 若揭日月, 崇德報功, 世篤其典, 苟非元聖, 烏能致此, 嗚呼盛矣哉! 齊人只知有管、晏, 此固不免坐井. 至於洙泗之儒, 深繹夫子微言, 洛閩之士, 偏傳程朱遺敎, 亦其理宜也. 我東受箕子罔極之恩, 其於實迹, 宜家誦而人熟也. 然今之士, 被人猝問, 鮮能條答, 蓋由書散漫, 學之不博也.

尹公斗壽, 曾奉使朝天, 中朝士人, 多問箕子之爲. 尹公病不能專對. 旣還, 乃廣考經、史、子、書, 裒集事實及聖賢之論, 下至騷人之詠, 摭而成書, 名曰,『箕子志』, 其功良勤, 而其嘉惠後學, 亦云至矣. 第念雜編徑傳, 統紀難尋. 珥乃不揆僭濫, 竊採志中所錄, 約成一篇. 因略敍立國始終, 世系歷年之數, 名日『箕子實紀』, 庶便觀覽焉. 萬曆八年庚辰仲夏, 後學德水李珥, 謹志.

기자는 상(商) 나라의 종실(宗室)이다. 혹 이름이 서여(胥餘)라고 하기도 한다. 학문으로 구주(九疇)[679]를 밝혔고, 몸으로 성인의 도를 전하였다. 기내(畿內)의 제후(諸侯)[680]로서 벼슬하여 태사(太師)[681]가 되었다. 제을(帝乙)의 적자(嫡子)인 수(受)[682]는 타고난 말솜씨가 좋아서 간하는 말을 거절하고 그릇된 것을 옳다고 꾸며대었으며, 그 서형(庶兄)인 계(啓)[683]는 공손하고 삼가며 효성스러웠다. 기자는 수

679) 구주(九疇): 禹가 神龜의 負文을 본떠 만든 것으로 천하를 다스리는 대법이니 아홉 가지로 되어있다. 기자가 이를 부연 설명하여 무왕에게 전한 것으로 전해 온다. 洪範九疇라고도 한다.『書經』「周書 洪範」

680) 기내(畿內)의 제후(諸侯): 천자가 직접 통치하는 왕성을 중심으로 한 사방 500리 안에 봉해진 제후를 말한다.

681) 태사(太師): 관명. 太師·太傅·太保의 구분이 있다. 이른바 三公의 하나이다.『書經』권9「周官」

682) 수(受): 紂의 이름이다. 일명은 辛이다.

683) 계(啓): 微子를 말한다.

는 임금이 될 만한 훌륭한 태자(太子)[684]가 아니며 계는 장자인 데다 또 어질다고 여겨 제을에게 그를 세워 후사로 삼을 것을 권하였다. 그러나 제을은 적자를 폐하기가 어렵다 하여 마침내 수를 세워 태자를 삼고 계를 봉하여 미자(微子)로 삼았다.

제을이 죽자 수가 즉위하여 주(紂)라고 호칭하였다. 주가 처음에 상아 젓가락 [象箸]을 만들자, 기자는 탄식하며 말하기를, "임금이 상아 젓가락을 만드니 또 반드시 옥잔을 만들 것이고, 옥잔을 만들면 반드시 먼 지방의 진귀하고 기이한 물건을 찾아 사용하려 들 것이다. 수레와 말, 궁실치장에 이르기까지 여기에서 시작되어 구제할 수 없는 지경에 이를 것이다."고 하였다.

주의 음란하고 잔학함이 날로 심해지자, 미자는 은(殷)이 장차 망할 것을 슬퍼하며 기자와 소사(少師)[685]인 비간(比干)에게 상의하였다. "지금 은나라가 망국의 길로 빠져드는 것이 마치 큰 내를 건너는데 배를 댈 나루가 없는 형세인데도 그대들은 나에게 멸망을 대비할 대책을 일러주지 않으니 어찌하면 좋겠는가?"

기자가 말하기를, "상(商)나라에는 이제 재앙이 있을 것이니, 우리는 모두 패망하게 될 것입니다. 상나라가 패망하여 없어진다 하여도 나는 단연코 남의 신복(臣僕)이 되지는 않을 것입니다. 왕자께 떠나감이 도리임을 알리오니, 내가 전에 말한 것[686]이 왕자를 해치게 되었습니다. 왕자가 떠나지 않으면 우리는 완전히 몰락하고 말 것입니다. 각자 자신의 자리에서 도리에 맞게 처신하여 그 충의를 선왕께 바쳐야 할 것이니 나는 떠나 은둔할 것을 고려하고 있지 않습니다"라고

684) 훌륭한 태자(太子): 원문은 元良으로 현명한 太子를 말한다. 『禮記』 권5 「文王世子」에 "一有元良, 萬國以貞, 世子之謂也."라고 보인다.

685) 소사(少師): 관명. 少師, 少傅, 少保의 구분이 있다. 삼공의 다음가는 위치이며 三孤라고도 한다. 『書經』 권9 「周官」 참조.

686) 전에 말한 것: 제을에게 수는 임금이 될 만한 훌륭한 태자가 아니며 계는 장자면서도 현명하다고 여겨 그를 임금 자리에 앉히도록 권한 것을 말한다.

하였다.

미자는 마침내 떠났다. 기자가 주에게 간하였으나 주는 듣지 않고 기자를 가두어 종으로 삼았다. 어떤 사람이 말하기를, "떠나가는 것이 옳다."고 하자 기자는 "신하가 되어 간하는 말이 받아들여지지 않는다고 해서 떠나간다면, 이것은 임금의 악을 드러내고 자신은 백성에게 환심을 사는 것이니, 나는 그런 짓은 차마 하지 못하겠다."하고는, 머리를 풀어헤치고 미친 척하여 갖은 곤욕을 당했으며 거문고를 타며 홀로 슬퍼하였다. 그러므로 이를 기자조(箕子操)[687]라고 전해 온다. 비간은 끝까지 계속해서 간하였으므로 주는 그를 죽이고 말았다.

주 무왕(周武王)[688]이 상나라를 정벌하여 멸하고 소공 석(召公奭)[689]에게 명하여 옥에 갇힌 기자를 풀어주라고 하였다. 그리고 왕이 나아가 그를 만나 마음을 비우고 은나라가 망한 까닭을 물으면서 "내가 주를 죽인 것이 잘한 일입니까, 잘못한 일입니까?"하였다. 기자가 차마 말하지 못하니, 왕은 이에 천도(天道)에 관하여 물으셨다. "아! 기자여, 하늘이 암암리에 백성의 운명을 정해 놓고 그들의 삶을 돕고 화합하게 하셨는데 나는 그 이륜(彝倫)을 어떻게 제정해야 할지 모르겠습니다." 기자는 그제야 이렇게 대답하였다. "내가 듣건대 옛적에 곤(鯀)[690]은 홍수(洪水)를 다스리는데 있어 오행(五行)의 차서를 어지

687) 기자조(箕子操): 樂府琴曲歌辭의 하나로 일명 箕子吟이라고도 한다. '操'는 琴曲을 가리킨다. 『史記』 권11 「微子世家」 참조.

688) 주 무왕(周武王): 은의 西伯인 文王의 아들로 이름은 發이다. 문왕이 죽자 장사도 지내기 전에 군사를 일으켜 주를 죽이고 은을 멸망시켰다. 나라를 세워 周라고 하니 그가 제 1대 임금이다.

689) 소공 석(召公奭): 문왕의 庶子로 주공과 함께 무왕을 도와 三公에 올랐다. 北燕에 봉하여 졌으므로 소공 또는 召伯이라고 일컫는다. 陝의 서쪽지방을 다스려 교화를 깊이 폈다.

690) 곤(鯀): 禹王의 아버지. 요임금의 명을 받아 治水하였으나 실패하였다. 곤은 천명을 순종하지 않고 중인과 불화하고 사람을 상하고 물건을 해쳤다고 한다. 四凶의 하나로서 舜帝에 의하여 우산에 갇혀 죽음에 이르렀다. 『書經』 「舜典」

럽혔습니다. 상제(上帝)께서 이에 진노(震怒)하시어 홍범구주(洪範九疇)를 내려 주시지 않으시니, 이륜이 무너졌습니다. 곤은 문책되어 죽고, 우(禹)가 이어서 치수(治水)를 계속하자, 하늘이 우에게 홍범구주를 주시니, 이륜이 차례대로 펴졌습니다." 이윽고 홍범에 대하여 설명하였는데, 그 대목(大目)은 다음과 같다.

"첫째는 오행(五行)이고, 둘째는 공경하되 오사(五事)[691]로써 하는 것이며, 셋째는 농사에 팔정(八政)[692]을 쓰는 것이고, 넷째는 부합[協]함을 오기(五紀)[693]로써 하는 것이며, 다섯째는 건립함을 황극(皇極)[694]으로써 하는 것이고, 여섯째는 다스림을 삼덕(三德)[695]으로써 하는 것이며, 일곱째는 명철함을 계의(稽疑)[696]로써 하는 것이고, 여덟째는 상고함을 서징(庶徵)[697]으로써 하는 것이며, 아홉째는 누림을 오복(五

691) 오사(五事): 몸을 닦는 다섯 가지 요목이니, 貌 · 言 · 視 · 聽 · 思이다. 즉 외모는 공손해야 하고, 말은 이치를 따라야 하며 보는 것은 밝아야 하고, 듣는 것은 분명해야 하며, 생각하는 것은 슬기로워야 한다는 것이다. 『書經』「周書 洪範」

692) 팔정(八政): 백성을 다스리는 여덟 가지 요목이니, 食 · 貨 · 祀 · 司空 · 司徒 · 司寇 · 賓師 등이다. 즉, 食은 양식관리, 貨는 재정주관, 祀는 제사 관리, 司空은 땅을 다스리는 것, 司徒는 백성교육, 司寇는 형벌 관장, 賓은 손님접대, 師는 군사양성이다. 『書經』「周書 洪範」

693) 오기(五紀): 歲(춘하추동 사시) · 月(그믐과 초하루를 정함) · 日(하늘이 운행하는 도수를 정함) · 星辰(經星과 緯星을 정함) · 曆數(책력)이다. 『書經』「周書 洪範」

694) 황극(皇極): p.384「箕子贊」 주석 670) 참조.

695) 삼덕(三德): 正直 · 剛克 · 柔克이다. 『書經』「周書 洪範」

696) 계의(稽疑): 계는 상고한다는 뜻이니 의심나는 것이 있으면 卜筮를 하여 결정함을 말한다. 『書經』「周書 洪範」

697) 서징(庶徵): 서는 많다는 말이다. 징은 징험이니 雨 · 暘 · 燠 · 寒 · 風 등이다. 이 다섯 가지가 제때에 와서 부족함 없이 갖추어지되 각각 절기에 맞게 하면 온갖 초목들이 번성하게 된다는 것이다. 『書經』「周書 洪範」

福)[698]으로써 하고 위엄을 보임을 육극(六極)[699]으로써 하는 것입니다." 그 중에서 황극을 논한 것을 보면 "치우치거나 그릇됨이 없이 왕의 의(義)를 따를 것이며, 사사로이 좋아하는 바 없이 왕의 도를 따를 것이며, 사사로이 싫어하는 바 없이 왕의 길을 따라야 합니다. 치우침도 없고 사사로움도 없어야 왕도(王道)가 평탄해지고, 사사로움도 없고 치우침도 없어야 왕도가 평평해지며, 어김이 없고 그르침이 없어야[700] 왕도가 정직해질 것입니다. 천자가 신하를 모으는 데도 법칙이 있어야 하고, 신하들이 천자에게 따름에도 법칙이 있어야 합니다."[701]고 하였다.

기자는 무왕을 위하여 도를 전해 주었으나 벼슬은 하려하지 않았고, 무왕도 또한 감히 억지로 강요하지는 않았다. 기자는 이에 중국을 피하여 동쪽으로 조선에 들어왔는데, 따라온 사람이 5천명이었다. 시(詩)·서(書)·예(藝)·악(樂)과 의(醫)·무(巫)·음양(陰陽)·복서(卜筮)의 무리와 백공기예(百工技藝)들이 모두 따라왔다. 무왕이 이 소식을 듣고는 그를 조선에 봉하여 평양에 도읍게 하였다. 처음 와서는 말이 통하지 않으므로 통역을 해서 알 수 있었다. 백성에게 예의·농업·잠업·직조·제작과, 경계를 구획 구분하는 정전(井田)의

698) 오복(五福): 오복은 壽(장수하는 것)·富(부유한 것)·康寧(편안한 것)·攸好德(덕을 좋아하는 것)·考終命(명대로 살다 죽는 것)이다.『書經』「周書 洪範」

699) 육극(六極) : 여섯 가지 나쁜 것이다. 凶短折(불의의 사고로 요절하는 것)·疾(질병)·憂(근심)·貧(가난)·惡(자기의 행위가 악한 것)·弱(허약한 것)이다.『書經』「周書 洪範」

700) 어김이 …… 없어야: 원문은 無反無側인데 反은 常理에 배반하는 것이오, 側은 바르지 않은 것이다.

701) 천자가 …… 합니다: 會는 합하여 극으로 오는 것이고, 歸는 극으로 와 이르는 것이다. 회는 애써 노력해서 황극에 합하여 오는 것이고, 귀는 황극에 도달한 것을 이르니 극은 임금이 세운 지극한 義를 이르는 것이다. 그리하여 이 글에서 말하면 遵義·遵道·遵路는 會其極을 이르고, 蕩蕩·平平·正職은 歸其極의 일이다.『書經』「洪範」

제도 등을 가르치고 금기하는 법령 팔조목[702]을 베풀었으니 그 대략은 다음과 같다. 남을 죽인 자는 목숨으로 (죄값을) 보상하고, 남을 상해하는 자는 곡식으로 보상하며, 남의 것을 도둑질한 자로 남자는 잡아 그 집의 종을 삼고, 여자도 종으로 삼았다. 스스로 속죄하려는 자는 50만을 바쳐야 하는데, 노비를 면하고 평민이 된다 해도 그들 풍속에 오히려 수치스럽게 여겼기 때문에 혼인을 맺을 데가 없었다. 이렇기 때문에 백성은 도적질을 하지 않아, 대문이나 지게를 닫는 일이 없게 되고, 부인은 마음이 곧고 신의가 있어 경솔하거나 사특하지 않았다. 시골이건 도시이건 음식을 먹을 때 변두(籩豆)를 사용하였으며 신의와 겸양(謙讓)을 숭상하고 유술(儒術)에 전일하여 중국의 풍습을 점차로 이루었다. 전쟁하는 것은 숭상하지 말도록 가르쳐서 덕으로 강포(强暴)한 것을 복종시키게 하자, 이웃나라들이 모두 그 의(義)를 사모하여 찾아와 따랐다. 의관의 제도는 모두 중국과 똑같이 하였다.

그 뒤에 기자가 주(周)나라 임금을 뵈러 갔을 때 은나라 옛터를 지났는데, 궁실이 무너져서 벼와 기장이 자라나고 있는 것을 보고, 기자는 이를 서러워하여 맥수가(麥秀歌)[703]를 지었다.

보리이삭 잘도 자라고	麥秀漸兮
벼며 기장이 윤이 나네	禾黍油兮
저 교활한 아이여[704]	彼狡童兮
나와 사이좋지 않았도다	不與我好兮

702) 팔조목: p.380 「箕子廟碑銘」 주석 664) 참조.

703) 맥수가(麥秀歌): 傷殷操라고도 하니, 기자가 周에 조회하러 가다가 殷나라 터를 지나게 되었는데 궁궐은 무너지고 보리 이삭만 패인 것을 보고, 슬퍼서 소리 내어 울자니 그럴 수도 없고, 흐느끼자니 아낙네 같아서 맥수가를 지어 읊었다고 한다. 『史記』「微子世家」

704) 교활한 아이: 紂王을 가리킨 것이다.

은나라 유민(遺民)들은 이 노래를 듣고서 눈물을 흘렸다.

조선이 인현(仁賢)의 교화를 입어 시서(詩書)·예악의 나라가 됨에 조정이나 민간이나 아무 일이 없어져서 백성들이 기뻐하여 대동강을 황하(黃河)에 견주고 노래를 지어 그 덕을 기리었다.

기자가 죽은 뒤, 기씨(箕氏)가 내내로 동녘 땅의 임금이 되었다. 주나라 말기에 연백(燕伯)이 왕이라 일컫고 장차 동쪽으로 국토를 침략하려 하자 조선 후(朝鮮侯)도 군사를 일으켜 연 나라를 정벌하여 주나라를 높이려 하였다. 그러나 대부 예(禮)가 이를 간하여 중지하였으며, 예를 서쪽으로 보내어 연 나라를 달래니 연 나라도 역시 중지하고서 침범하지 않았다. 조선후도 스스로 왕이라 칭하였다.

그 후에 자손이 차츰 교만하고 포학하여 연 나라가 이에 장수[705]를 보내어 그 서쪽을 공격하여 2천 여리의 땅을 빼앗고 만번한(滿潘汗)[706]에 이르러 경계를 삼으니 조선이 드디어 쇠약하여졌다. 진(秦)나라가 천하를 병탄(并呑)한 뒤에 장성(長城)을 쌓아 요동에까지 이르렀지만 조선왕 비(否)는 진 나라를 두려워하여 복종하였다.

비가 죽고 그 아들 준(準)이 왕위에 오른 지 10여년이 되어서 진 나라가 멸망하니 연(燕)·제(齊)·조(趙) 등의 수많은 백성들이 도망쳐

---

705) 장수: 秦開를 말한다.

706) 만번한(滿潘汗): 만번한의 위치에 대해서는 정설이 없으며, 요동군의 屬縣인 文縣과 番汗縣으로 보는 견해와 평안북도 博川郡으로 比定하는 설이 있다. 이병도는 “沛水와 浿水 양수의 위치를 상고하는 것이 곧 番汗縣의 위치와 요동군의 東界를 밝히는 첩경이 될 것이다. 沛水는 지금의 博川江, 浿水는 지금의 淸川江이 틀림없다. 따라서 번한현의 위치를 지금의 평안북도 박천군에 비정하는 결론을 얻게 되었다.”하였다. 이병도, 『韓國古代史硏究』, 박영사, 1976, p.71. ; 천관우는 文縣을 太子河口인 營口의 남쪽, 즉 蓋平일 것으로 보아 만반한은 만주의 개평과 平北 博川을 연결하는 선으로 추리하였다. 『韓國學基礎資料選集』 古代篇, p.10. 한치윤 저, 정선용 역, 『海東繹史』 1, 世紀2, 古典飜譯叢書 v313, 민족문화추진회, 1996, p.19 주석 재인용.

조선으로 들어왔다. 그 후 노관(盧綰)[707]이 연 나라의 왕이 되었는데, 조선은 연 나라와 패수(浿水)로 경계를 삼았었다. 노관이 흉노로 들어가자 연 나라 사람 위만(衛滿)이 도망하여 무리 1천여 인을 모아가지고 동으로 패수를 건너 와 서쪽 경계에 거처하여 울타리와 병풍 같은 신하가 이 되기를 자청하였다. 조선왕 준(準)은 이를 곧이듣고 박사로 삼고 규(圭)를 하사하여 1백리의 땅을 봉하여 서쪽 변두리를 지키게 하였다.

그런데 위만은 죄 짓고 도망하여 오는 사람들을 꾀어 들여 무리가 점차로 많아지자, 사람을 보내어 조선왕 준에게 거짓 보고를 하여 한 나라 군사가 10개 도로에서 쳐들어오고 있으므로 들어와서 숙직하여 방위하고자 한다고 속여 놓고 마침내 왕 준을 습격하였다. 준은 싸웠지만 대적하지 못하고 배를 타고 남쪽으로 달아나니 조선은 마침내 위만의 차지가 되었다. 기자로부터 41대를 전하였으니 대개 9백 28년 만에 나라를 잃었던 것이다.

기준이 축출되자 측근의 신하들과 궁인을 거느리고 한(韓)의 지역인 금마군(金馬郡)에 들어가 살면서 마한 왕(馬韓王)이라 일컬었다. 50여개의 작은 나라를 통치하였고 여러 대를 전하였다. 그 후 신라·고구려·백제 등 3국이 점점 커지게 되니, 마한은 점차 쇠약하여졌다. 백제의 시조 온조왕 26년에 마한을 습격하여 그 나라를 병합하였다. 기 씨가 마한을 주재한지 또 2백년 만에 망하였으니, 왕위를 전한 것이 전후를 합하여 모두 1천 1백 20여년이다.

찬(贊)은 다음과 같다.

---

707) 노관(盧綰, 기원전 256~기원전 194): 노관은 漢高祖와 같은 沛郡 豊邑사람이다. 한나라 건립 뒤에 燕왕에 봉해졌는데 한고조 11년(기원전 196) 陳豨와 반란을 일으켰다가 실패하고 흉노로 망명하여 東胡盧王이 되었다가 63세로 흉노에서 죽었다. 『史記』 卷93 「盧綰列傳」

아! 태사여	猗歟大師
명이괘(明夷卦)의 비운을 만났도다.	運遭明夷
안은 정명(貞明)하나 겉은 암회(暗晦)하고	內貞而晦
때에 맞게 의(義)를 지켰네.	制義隨時
머리 풀어 종이 되고 거문고 타 곡조 만드니	被髮操音
하늘만이 그 마음 알아주겠지.	惟天我知
조국이 이미 망하였으니	宗國旣淪
슬프다 어디로 돌아갈 건가.	嗚呼曷歸
구주(九疇)를 창희(蒼姬, 문왕)에게 전수하고	法授蒼姬
몸은 동녘에 와 다스렸다네.	身莅青畿
크게 국토를 개척하여	誕闢土宇
낙랑(樂浪)에 도읍하였네.	樂浪作京
긴 밤 어둠 같은 접역(鰈域)[708] 땅을	鰈域長夜
비로소 해와 별처럼 밝히었네.	肇照日星
팔조의 금법 만들고	禁設八條
예악으로 인문을 밝혔네.	文宣禮樂
대동강은 맑고 맑고	江清大同
태백산은 높았네.	山重太白
자손은 연이어 번창하니	子孫繩繩
천년의 봉사(奉祀) 정해졌네.	千祀是卜
오세(五世)에 끊어지지 않고	五世不斬
아직도 끼친 은혜 받고 있다오.	迄受遺澤
어진 임금에게 제사로 보답하기	報祀仁辟
하늘이 다하도록 한결같이 하네.	極天如昨

708) 접역(鰈域): 가자미 모양으로 생긴 지역이라는 뜻으로, 또는 가자미가 많이 난다 하여 한때 우리나라를 이르던 말이다.

삼가 상고하건대 하늘이 백성을 내심에 반드시 성현을 보내시어 다스리게 하시고 화육(化育)을 돕고 인문(人文)을 밝게 베풀어 삶을 완수케 하시고, 교화를 제정하게 되니, 복희에서 우 · 탕 · 문무 삼왕(三王)에 이르기까지 모두 하늘을 대신하여 만물을 지도해 주셨으니 그러므로 명하여 임금으로 삼으신 것이다.

그런데 우리 동방에도 백성이 있어 살아온 지는 중국에 뒤지지 않은 것 같은데, 아직 예지(睿智)를 지닌 성인이 나오시어 군사(君師)의 구실을 다하였다는 말을 듣지 못하였다. 물론 단군께서 제일 먼저 나시기는 하였으나 문헌(文獻)으로 상고할 수 없다. 삼가 생각하건대 기자께서 우리 조선에 오시어 그 백성을 비루한 오랑캐로 여기지 않고 후하게 양육하고 힘써 가르쳐 주시어 머리를 틀어 얹는 오랑캐의 풍속을 변화시켜 문화국으로 만들어 주셨다. 그리하여 백성이 지금에 이르도록 그 은혜 덕분에 예악의 습속이 왕성하게 계속되고 쇠퇴함이 없었으니, 공자께서 배를 타고 동방으로 오고 싶어 하시고, 구이(九夷)에 살고자 하신 뜻을 가지게 되어 우(禹)가 아니면 우리가 어떻게 되었을까 하는 탄식이[709] 세월이 갈수록 더욱 깊어진다.

훌륭하신 기자여! 이미 무왕에게 홍범을 베풀어 주시어 그 도(道)가 중국에 밝았고 홍범의 나머지를 미루어 훌륭한 교화가 삼한(三韓) 땅에 흡족하게 되었다. 자손들이 왕위를 전하여 1천여 년을 내려오니 임금들이 경모(景慕)하고 숭앙(崇仰)하기를 중천에 뜬 해와 달처럼 하며 그 덕을 존숭하고 은공을 갚으려 대대로 그 도를 독실이 거행하고 있으니 진실로 위대한 성인이 아니고서야 어찌 능히 이와 같은 성대함을 이룰 수 있으리오. 아! 성대하도다. 제(齊) 나라 사람은

709) 우(禹)가 아니면 …… 탄식이: 우임금이 치수한 공적을 칭송한 말이다. 『春秋左氏傳』 昭公 원년에 “아름답도다 우 임금의 공적이여, 그 밝은 덕이 후세에 멀리 미치도다. 만약 우 임금이 아니었던들 우리는 모두 물고기 신세가 되고 말았을 것이다.[美哉禹功 明德遠矣 微禹 吾其魚乎]”라고 하였다.

다만 관중(管仲)과 안자(晏子)가 있는 줄만 아니 이는 진실로 우물 안에 앉아서 하늘을 보는 편협한 견해임을 면치 못하는 것이다. 저 수사(洙泗)[710]의 유자들이 공자의 은미한 말씀을 깊이 연역(演繹)하고 낙민(洛閩)[711]의 선비들이 정자 · 주자가 남긴 가르침만을 치우치게 전하는 것도 또한 일리가 있다. 그런데도 우리 동방은 기자의 망극한 은혜를 받았으니 그 실제 발자취에 대하여 마땅히 집집마다 읽고 사람마다 익히어야 할 것이다. 그러나 요즘 선비 중에 남의 갑작스런 질문을 받으면 분명한 답변을 할 사람이 적으니 그것은 여러 가지 서책이 없어져서 이것을 널리 배울 수 없는데 연유하는 것인가 한다.

윤두수(尹斗壽)공께서 일찍이 사명(使命)을 받들고 중국천자께 알현하였더니 중국 조정의 선비들이 기자의 한 일에 대하여 많은 질문을 하여 왔는데 윤공이 제대로 대답하지 못하여 이를 안타깝게 여겼다. 돌아온 뒤에 널리 경(經) · 사(史) · 자(子) · 서(書)를 참고하고, 사실 및 성현이 논하신 것과 그 이하 시인이 읊은 것에 이르기까지 모두 주워 모아 서책을 만들어 책이름을『기자지(箕子志)』라고 하였으니, 그 공로가 참으로 컸고 후학에게 또한 매우 좋은 도움이 주었다고 하겠다.

그런데 염려스러운 것은 경전을 뒤섞어 편찬하였으므로 계통을 찾기가 어려웠다. 이(珥)가 이에 외람됨을 헤아리지 않고서『기자지』에 기록되어 있는 것을 골라서 요약하여 한권의 책으로 만들고, 나라를 세운 경과와 세계(世系)며 지나온 연수 등을 대략 서술하고 책이름을『기자실기(箕子實紀)』라 하였으니 열람하기에 편리하기를 바란다.

710) 수사(洙泗): 수수와 사수의 강물 이름인데 孔子가 講學하던 곳으로 공자의 출생지 및 그 학문을 말한다. 즉 공자의 학풍을 일컫는 말이다.

711) 낙민(洛閩): 송대의 정호 · 정이와 주희의 학파를 말한다.

만력 8년(1580) 경진(庚辰) 중하(仲夏)에 후학 덕수(德水) 이이(李珥)는 삼가 기록한다.

6. 이수광(1563~1620), 『芝峰類說』 卷二 「地理部, 田」[712]

箕子井田, 在平壤南門外, 田中有井, 名曰箕子井. 韓久庵百謙, 欲究其制, 乃考殷、周步數異同尺寸長短, 逐畝折算, 辨其區畫. 則每區七十畝, 各爲小界限而縱橫皆八, 通計六十四區爲一大界限. 方方正正, 延袤數里, 含毬、正陽兩門之間, 最爲分明. 乃作井田說, 以明殷、周田制之不同, 其篤於好古如此. 噫! 自秦開阡陌而井田之制無復可尋, 孰謂殷制之在我東者, 其遺蹟歷數千載而不泯耶? 然非久庵, 則孰知其詳若此乎? 尤足尙已.

기자(箕子)의 정전(井田)이 평양의 남문 밖에 있다. 밭 가운데에 우물이 있는데 이름이 기자정(箕子井)이다. 구암 한백겸이 그 제도를 연구하려고 은(殷)나라와 주(周)나라의 보수(步數) 계산법의 차이와 척촌(尺寸)의 길고 짧은 것을 고찰하여, 한 이랑씩 계산하여 그 구획을 구분하였다. 그러고 보니, 구(區)마다에 70무(畝)를 각각 작은 한계선으로 하였고, 가로 세로 모두 8개 구(區)여서 통산하면 64구(區)가 된다. 이것을 한 개의 큰 한계선으로 하였다. 모나고 반듯한 모양이 몇 리에 걸쳐 길게 뻗쳤는데, 함구문(含毬門)과 정양문(正陽門)[713]

712) 이수광(1563~1620), 『芝峰類說』 권2, 地理部 「田」, 국립중앙도서관 BC古朝-50, p.105~106.

713) 함구문(含毬門)과 정양문(正陽門): 평양의 내성에는 문이 6개인데, 동쪽은 長慶, 서쪽은 普通, 남쪽은 含毬 북쪽은 七星, 정동쪽은 大東, 정남쪽은 正陽이라 이른다. 즉 함구문은 남쪽 문이고, 정양문은 정남쪽 문을 말한다. 李荇, 『新增東國輿地勝覽』 51권 「평안도」, 書景文化社, 1994, p.924 참조.

사이가 가장 분명하였다. 한백겸은 마침내 정전설(井田說)을 지어서 은나라와 주나라의 전제(田制)가 같지 않다는 것을 밝혔으니 그가 옛것을 좋아하는 일에 독실함이 이와 같았던 것이다. 아, 진(秦)나라가 정전의 제도를 폐지하고 천맥(阡陌)을 개간한 뒤로는 정전의 제도를 다시는 찾아 볼 수 없게 되었었다. 그런데 우리나라에 있었던 은나라의 정전제도가 유적(遺跡)으로 남아 수천 년을 지나고도 없어지지 않을 줄을 누가 알았겠는가. 그러나 구암이 아니었다면 누가 이와 같이 그 자세한 것을 알 수 있었겠는가. 더욱 칭찬할 만하다.

7. 南九萬(1629~1711) 「箕子」[714]

箕子於微子之問, 已有罔爲臣僕之語. 故殷亡之後, 不欲在周五服之內, 避之海外之地, 何嘗受分土之命於武王哉? 然而古書多以爲武王封箕子于朝鮮, 有若錫命受封者然. 舊史亦承其謬, 無所是正, 此不但爲我東史書之失實, 其有悖於箕子自靖之義, 如何哉? 獨「洪範大傳」曰: "箕子不忍周之釋, 走之朝鮮, 武王聞之, 因以封之." 鄭康成曰: "不忍周之釋, 誅我君而釋己, 嫌苟免也." 此爲得之矣. 所謂因而封之者, 如項羽聞陳餘在南皮, 因封之之類, 非受命就封之謂也. 且遷史旣曰: "武王封箕子於朝鮮而不臣也." 又曰: "箕子朝周, 過殷墟感而作麥秀之歌." 噫! 武王旣不臣之矣, 箕子乃自甘爲臣, 而作朝覲之行者, 寧有此理哉? 其誣聖賢甚矣. 第其言前後自相背戾, 使後人得辨其誣, 是則幸也. 且皇明太宗永樂年間, 有道士涵虛子爲號者, 紀自古帝王年代之數, 名曰『天運紹統』. 其錄箕子曰: "按周史云 '箕子率中國五千人人朝鮮, 其詩書

714) 南九萬, 『藥泉集』 제29권 「東史辨證」, 상게서 132집, p.484. ; 남구만 저, 성백효 역, 『國譯 藥泉集』 5권, 민족문화추진회 편, 2004, p.67~71.

禮樂醫巫陰陽卜筮之流, 百工技藝, 皆從而往焉, 故曰半萬殷人渡遼水' 是也. 旣至朝鮮, 言語不能通, 譯而知之, 敎以詩書, 使其知中國禮樂之制. 父子君親之道始行, 五常之禮始備, 敎以百工技藝, 醫巫陰陽卜筮之術始有焉. 不三年, 人皆向化, 崇尙信義而篤儒術, 釀成中國之風, 可謂聖化. 敎以勿尙兵鬪, 謂一日之亂, 十年不定, 生民塗炭, 不能安其業, 故以德服强暴, 隣國皆慕其義而相親之, 誓爲中國之藩邦. 故歷代親信於中國, 受封爵, 朝貢不絶, 禮義之道不缺, 衣冠制度, 悉同乎中國各代之制. 故曰詩書禮樂之邦, 仁義之國也, 而箕子始之." 舊史盡信其說, 載之於編, 『筆苑雜記』亦以深悉我國風俗許之, 但以半萬殷人渡遼水, 不知出於何書爲恨, 而終不敢直斥其誕妄, 良可嘅也. 箕子以亡國之餘, 逋播海外, 則從義之徒, 想必無幾. 詩書之文、禮樂之器, 其能悉齎而行, 斯已難矣, 而況醫巫陰陽卜筮之流, 百工技藝之人, 又安得一一備數而偕來乎? 我國文明之敎, 雖曰始自箕子, 而衛氏以後四郡二府三韓三國之際, 瓜分豆割, 日事兵爭, 遺敎蕩然, 化爲夷狄久矣. 至今遺迹之僅傳而幸聞者, 只賴班史之略及, 而所謂八條禁目, 亦不具見. 然則涵虛子所按周史, 出於何人, 而乃能察察言如此哉? 且其所錄, 乃以箕子爲紂之庶兄微子之弟, 而武王封於朝鮮, 以奉殷祀, 至後漢爲公孫康所簒, 箕子之統緖失傳焉. 夫箕子之爲紂庶兄微子弟, 古今傳紀之所未聞, 至於武王之封箕子于朝鮮云者, 已曰非實. 又況命奉殷祀, 初在武庚, 終在微子, 安得又以箕子奉殷祀哉? 箕子之後爲公孫康所簒云者, 乃引『通典』爲說. 然今考『通典』曰: '朝鮮歷千餘年, 至漢高帝時滅. 武帝元狩中, 開其地置樂浪等郡, 至後漢末, 爲公孫康所有.' 此與史,漢所紀略同. 何嘗有公孫康簒箕子後之云哉? 以此推之, 其所錄我國風俗, 則出於後世之傳聞, 雖謂之深悉亦宜. 其所云周史之說則其爲虛罔決矣. 且俗傳平壤外城田疇經界之迹, 是箕子之遺制, 『輿地勝覽』亦載井田曰: "箕子區畫遺迹宛然." 近世久菴韓百謙著說作圖, 以證其必可信曰: "其制皆爲田字形. 田有四區, 區皆七十畝, 七十畝本殷人分田之制也.” 余亦曾寓目於其地矣, 區畫之制, 本非井字形, 則其稱以井田者妄也. 其所云田字形者, 亦界限漫漶, 不甚明白, 頗不如圖說之言. 自韓公至今僅五六十年之間, 田形之變已如此, 則自箕子以來二千餘年, 千燒萬戰之餘, 城郭山川, 亦多變易, 況可信其田界之尙存乎? 設令果是箕田, 今之所見, 只有微茫之溝路而已. 至於私廬之所在, 公稅之所入, 民食之上下, 官祿之多寡, 皆無所可徵. 殷人之禮, 有宋存焉, 夫子猶以無徵不言, 今何以必知箕田制作之意, 而身爲之質言乎? 余謁箕子廟, 守廟老人出示櫝中故筆一枝曰: “此乃箕王時舊物.” 余恐箕田之眞贗, 亦此筆之類也.

기자(箕子)

기자가 미자(微子)의 물음에 대해[715] 이미 “남의 신복(臣僕)이 되지 않겠다.”라고 말을 하였다. 그러므로 기자는 은(殷)나라가 망한 뒤에 주나라 오복(五服)[716] 안에 있으려고 하지 않아서 해외의 먼 곳으로 피하였으니, 어떻게 땅을 나누어 봉해 주는 명령을 무왕에게서 받았겠는가. 그러나 고서에 대부분 무왕이 기자를 조선에 봉했다고 하여 마치 무왕이 명령을 내려 기자가 봉함을 받은 것처럼 되어 있는데, 구사(舊史)에도 잘못을 그대로 답습하고 시정하지 않았으니, 이는 다만 우리나라 역사책이 사실과 다를 뿐만 아니라 기자의 자정(自靖)

715) 물음에 대해: 주의 음란하고 잔학함이 날로 심해지자, 미자가 殷이 장차 망할 것을 슬퍼하며 기자와 比干에게 어찌하면 좋겠냐고 물은 것을 말한다.

716) 오복(五服): 五服諸侯를 말한다. 중국 고대에 王畿를 중심으로 하여 주위를 每服 500리씩 나눈 다섯 구역을 오복이라고 하였다. 고대에는 甸服 · 侯服 · 綏服 · 要服 · 荒服이었고, 周代에는 侯服 · 甸服 · 男服 · 采服 · 衛服이라 했다. 『書經』「益稷 康誥」

하는 의리에[717] 어긋남을 말할 것이 있겠는가.

다만 『서경』의 「홍범대전(洪範大傳)」에 "기자가 주나라의 석방을 차마 그대로 받아들일 수가 없어서 조선으로 도망하였는데, 무왕이 이것을 듣고 그대로 봉했다."하였는데, 정강성(鄭康成)[718]이 말하기를 "주나라의 석방을 차마 그대로 받아들일 수가 없었다는 것은 무왕이 자기 군주를 죽이고 자신을 석방하니, 구차히 면함을 꺼린 것이다."하였으니, 이 말이 맞다. 이른바 "그대로 봉했다."는 것은 항우(項羽)가 "진여(陳餘)가 남피(南皮)에 있다."는 말을 듣고 그를 그대로 봉한 따위와 같은 것이요[719] 명령을 받고 봉지(封地)에 나아갔다는 말이 아니다.

또 사마천(司馬遷)의 『사기(史記)』에 이미 "무왕이 기자를 조선에 봉하고 신하로 삼지 않았다."하고는, 또 이르기를 "기자가 주나라에 조회하러 가다가 은나라 터를 지날 적에 감회가 일어 맥수가(麥秀歌)를 지었다."하였다. 아! 무왕이 이미 기자를 신하로 삼지 않았는데, 기자가 도리어 기꺼이 스스로 신하가 되어서 조회하러 갔다니 어찌 그럴 리가 있겠는가. 성현을 무함함이 심하다. 다만 그 말이 앞뒤가 서로 모순되어 후인들이 거짓임을 분별하게 하였으니, 이는 다행이다.

또 명나라 태종(太宗) 영락(永樂)연간(1403~1424)에 도사(道士) 중에 함허자(涵虛子)라고 불리는 자가 자고이래의 제왕의 연대수(年代數)를 기록하고 『천운소통(天運紹統)』이라고 이름 지었는데, 기자에 대해 다음과 같이 기록하였다.

"주나라 역사책을 살펴보면 '기자가 중국사람 5천명을 거느리고 조

717) 자정(自靖)하는 의리: 자정은 나라가 망했을 때에 자기 몸을 깨끗이 하여 욕됨이 없이 선왕에게 바친다는 말로, 『서경』「微子」편 에 "각자 자신의 자리에서 도리에 맞게 처신하여 그 충의를 선왕께 바쳐야 할 것이니 나는 떠나 은둔할 것을 고려하고 있지 않습니다.[自靖, 人自獻于先王, 我不顧行遯]"라고 하였다.

718) 정강성(鄭康成): 강성은 後漢 鄭玄(127~200)의 자이다.

719) 항우(項羽)가 …… 것이요: 『史記列傳』 第29「張耳陳餘傳」에 그 내용이 보인다.

선으로 들어갈 때에 시서(詩書)와 예악(禮樂), 의약(醫藥)과 무술(巫術), 음양(陰陽)과 복서(卜筮)를 다루는 무리와 온갖 공인과 기예 있는 자들이 다 따라갔다. 그러므로 반만 명의 은나라 사람들이 요수(遼水)를 건너갔다.'고 한 것이 이것이다. 기자는 조선에 도착한 뒤에 언이가 시로 통하지 않아서 통역하여 일러 주고는 시서를 가르쳐서 중국의 예악 제도를 알게 하였다. 그리하여 부자(父子)와 군신(君臣)의 도가 비로소 행해지고 오상(五常)의 예(禮)가 비로소 갖추어졌으며, 온갖 공인들의 기예를 가르쳐서 의약과 무당, 음양과 복서의 술(術)이 비로소 있게 되었다. 3년이 못 되어 사람들이 모두 교화되어 신의를 숭상하고 유학을 돈독히 배워서 중국의 풍속을 이루니, 성인(聖人)의 교화라고 이를 만하였다. 기자는 백성들에게 전쟁과 싸움을 숭상하지 말도록 가르치고 이르기를 '하루의 혼란은 10년이 되어도 안정되지 못하고, 백성들이 도탄에 빠지면 생업에 편안히 임하지 못한다.'하였다. 그러므로 강하고 사나운 자들을 덕으로 복종시키니, 이웃 나라들이 모두 그 의리를 사모하여 서로 친애해서 중국의 번국(藩國)이 될 것을 맹세하였다. 그러므로 대대로 중국을 친애하고 믿어서 봉작을 받아 조공을 끊이지 않아 예의(禮義)의 도가 무너지지 아니하여 의관과 제도가 모두 중국의 각 왕조의 제도와 같았다. 그러므로 조선을 가리켜 '시서와 예악의 나라'이고 '인의(仁義)의 나라'라고 하였는데, 이는 기자가 처음 시작한 것이다."

구사에는 그 말을 모두 믿어서 이것을 책에 기재하였으며, 『필원잡기』에도 우리나라 풍속을 매우 잘 안 것이라고 인정하였고, 다만 "반만 명의 은나라 사람이 요수를 건너왔다는 것은 어느 책에서 나왔는지 알 수 없다."고 한탄하였을 뿐 끝내 허탄하고 망령됨을 과감하게 직접적으로 지적하지 못하였으니, 참으로 개탄스럽다. 기자가 망국(亡國)의 유민(遺民)으로서 해외로 망명하였다면 의(義)를 따르는 무리가 생각건대 반드시 많지 않았을 것이다. 그리고 시서의 글과 예악의 기물을 다 가지고 왔다면 이것도 이미 어려운 일인데, 더구나 의약과 무당과 음양과 복서를 다루는 무리와 기예가 있는 온갖 공인들을 또 어떻게 일일이 인원을 구성해 함께 데려올 수 있었겠는가.

우리나라의 문명한 가르침이 기자에서 시작되었다고 말하지만 위만(衛滿) 이후로 4군(郡)과 2부(府), 삼한(三韓)과 삼국(三國)의 즈음에 오이처럼 쪼개지고 콩처럼 갈라져서 날마다 전쟁을 일삼아 후세에 남긴 가르침이 모두 없어져서 이적(夷狄)으로 변한 지가 오래되었다. 지금에 이르도록 겨우 전해져 다행히 알려진 유적(遺迹)은 단지 반고(班固)의 『한서(漢書)』에 간략하게 언급한 내용에 의지할 뿐인데, 이른바 여덟 가지의 금지한 조목도 모두 볼 수가 없다. 그렇다면 함허자가 살펴본 주나라 역사책은 어떤 사람에게서 나왔기에 마침내 이렇게 하나하나 분명히 말할 수 있단 말인가.

또 그가 기록한 내용에는 바로 기자를 주(紂)의 서형(庶兄)이고 미자의 아우라고 하고, 무왕이 기자를 조선에 봉하여 은나라의 제사를 받들게 하였는데, 후한(後漢) 때에 이르러 공손강(公孫康, ?~221)[720]에게 찬탈당하여 기자의 전통이 상실되었다고 하였다. 기자가 주의 서형이고 미자의 아우라는 것은 고금의 전기(傳紀)에 들어 본 적이 없으며, 무왕이 기자를 조선에 봉하였다는 것으로 말하면 이미 사실이 아니요, 또 더구나 은나라 제사를 받들도록 명한 일이 처음에는 무경(武庚)에게 있었고 마지막에는 미자에게 있었으니, 어떻게 또다시 기자에게 은나라 제사를 받들게 했단 말인가.

기자의 후손이 공손강에게 찬탈당했다는 것은 바로 『통전(通典)』을 인용하여 말한 것이다. 그런데 지금 『통전』을 살펴보면 "조선은 천

720) 공손강(公孫康, ?~221): 중국 後漢 말기~魏나라 초기의 장군이다. 요동 태수 公孫度의 아들로 요동으로 도망해 온 원상을 죽여 조조에게 바치고 고구려왕 伊夷模(山上王)를 격파하여 丸都城으로 도읍을 옮기게 하고, 또 낙랑 지방에 세력을 뻗쳐 대방군을 설치하고, 韓·濊도 공격하였다.

여 년을 지나 한(漢)나라 고제(高帝) 때에 이르러 멸망하였다. 무제(武帝) 원수(元狩) 연간에 그 땅을 개척하여 낙랑(樂浪) 등의 군(郡)을 설치하였는데, 후한 말기에 이르러 공손강에게 점령당했다." 하였으니, 이는 『사기』와 『한서』에 기록된 내용과 대략 같다. 어느 문헌에 공손강이 기자의 후손을 찬달했다는 내용이 있겠는가. 이로써 미루어 본다면 그가 기록한 우리나라의 풍속은 후세에 전하여 들은 데서 나온 것이니 매우 자세하다고 할 수 있다. 그러나 그가 말한 주나라 역사에 대한 내용은 거짓임이 틀림없다.

또 시속에 전해 오기를 평양 외성(外城)의 밭두둑을 구획한 자취는 바로 기자가 남긴 제도라고 한다. 『여지승람(輿地勝覽)』에도 정전(井田)에 대해 기재하고 "기자가 전지(田地)를 구획한 남은 자취가 분명하다."라고 하였으며, 근세에 구암(久菴) 한백겸(韓百謙)은 설(說)을 쓰고 그림을 그려 그것이 반드시 신빙할 수 있음을 증명하고 "그 제도가 모두 전(田) 자 모양으로 되어 있다. 전지는 네 구역이 있고 구역마다 모두 70무(畝)이니, 70무는 본래 은나라 사람이 토지를 나눈 제도이다."라고 하였다.

나도 일찍이 그곳을 주의 깊게 살펴보았는데, 구획한 제도가 본래 정 자 모양이 아니니 정전이라고 칭하는 것은 근거 없는 말이다. 그리고 이른바 전 자 모양이라고 말한 것도 경계가 불분명하여 그다지 명백하지 못해서 한공(韓公)의 그림 및 설(說)의 내용과 상당 부분 같지 않다. 한공으로부터 지금까지가 겨우 5, 6십 년인데 밭의 모양이 이미 이와 같이 바뀌었으니, 그렇다면 기자 이후로부터 2천여 년이 지나서 천 번 불에 타고 만 번 전쟁을 한 나머지 성곽과 산천 역시 대부분 뒤바뀌었을 터인데, 더구나 밭의 경계가 아직도 남아 있다는 말을 어찌 믿을 수 있겠는가. 설령 그것이 과연 기자가 구획한 전지라 하더라도 지금 볼 수 있는 것은 다만 희미한 도랑과 길이 있을 뿐이요, 백성들의 여막(廬幕)이 있었던 곳과 국가에 바치는 공전(公田) 수

입과 백성들이 농사지어 먹던 사전(私田)의 작황과 벼슬아치들의 녹봉의 많고 적은 실정에 이르러서는 모두 증빙할 만한 것이 없다. 은나라 사람의 예가 송(宋)나라에 남아 있었는데도 부자(夫子)께서 오히려 증거가 없다 하여 말씀하지 않으셨는데, 지금 어떻게 기자가 전지를 구획한 뜻을 반드시 알아서 몸소 딱 잘라 말한단 말인가. 내가 기자의 사당에 알현할 때에 사당을 지키는 노인이 독(櫝) 안에서 오래된 붓 한 자루를 꺼내어 보여 주며 말하기를 "이것이 바로 기자왕(箕子王)때에 쓰던 옛 물건이다."하였으니, 내가 생각건대 기자가 구획한 전지의 진위(眞僞) 역시 이 붓과 유사할 듯하다.

9. 李瀷(1681~1763)「箕子田」『星湖僿說』 제1권 人事門[721)]

箕子井田, 其實非井也. 一頃, 方七十步, 四頃爲區, 如田字樣整齊不錯, 韓『久庵集』, 可考而知也. 愚謂夏后之井九區, 區各四夫, 合三十六夫也, 一區爲四夫之田, 如田字樣. 殷人增爲七十, 則合二夫爲一夫, 而井爲十八, 夫周人增至百畝, 則合殷之二夫, 爲一夫而井始爲九夫也. 箕子不因夏制, 而別治田畝、故爲一頃, 七十步之制. 此說已於「孟子疾書」詳言之. 曾質之玉洞先生以爲 "古制難或不知其如何, 而如此行之, 豈非便好?" 溝涂畛洫不可每革, 朱子已言之矣. 比者傳聞, 監司嫌其與周井不合, 大發民力, 變爲逸井九夫一頃百畝之制, 其果然否? 三代因革, 此實爲左契, 一朝妄想, 使箕子之遺迹, 遂泯焉, 後世何徒而尋其典則耶! 可嘅也已!

721)『國譯星湖僿說』人事門 5, 고전번역총서111권, 민족문화추진회 편, 1978, p.40~41 참조.

기자의 정전(井田)은 사실 정전이 아니다. 1경(백 이랑)을 사방 70보(步)로 하고 4경을 한 구(區)로 만들되 그 형태가 마치 전(田)자처럼 반듯하여 어긋나지 않게 했으니, 한 구암(韓久菴)[722]의 문집을 상고하면 알 수 있다. 나는 생각하건대, 하후(夏后)의 정전은 구(區)가 아홉이고 구마다 네 농가가 있으니 도합 36농가인데, 한 구가 네 농가의 밭으로 된 것이 마치 전자 모양과 같고, 은(殷) 나라는 여기에 70을 증가하여 두 농가를 한 농가로 합침으로써 한 정(井)이 바로 18 농가가 되며, 주(周) 나라는 또 백 무(畝)를 증가하여 은나라의 두 농가를 한 농가로 합침으로써 한 정이 비로소 아홉 농가가 된다.

그런데 기자는 하후의 제도를 따르지 않고 별도로 밭고랑을 정리하기 때문에 한 경의 70보 제도를 만든 것이다. 이 정전에 대한 내용은 이미 『맹자질서(孟子疾書)』에 자세히 말하였다. 일찍이 옥동(玉洞, 이서(李敍)를 말한다) 선생에게 질문했더니, “옛 제도가 혹시 그 어떤 것인지는 알 수 없지만, 그렇게 시행하는 것이 편리하지 않겠느냐?”고 하였으며, 봇도랑과 밭 경계를 매양 개혁할 수 없는 것은 주자가 이미 말한 것이다. 그런데 근자에 전해 듣건대, 감사가 그 주나라 제도와 맞지 않는 것을 꺼려서 크게 민력을 동원하여 한 정(井)에 아홉 농가와 한 경(頃)에 백 무의 제도로 변경했다 하니, 과연 그런 것일까? 삼대(三代)가 서로 계승하거나 개혁한 것은 실상 이것이 증거가 되는데, 이제 하루아침의 망령된 생각으로 기자의 남긴 자취를 드디어 사라지게 하니, 후세에 어디를 따라 그 전칙(典則)을 찾겠는가? 개탄할 만한 일이라 하겠다.

722) 한 구암(韓久菴): 저본에는 ‘韓久庵’으로 되어 있는데, ‘韓久菴’이 맞아 바로잡아 번역하였다.

10. 李瀷「書韓久庵箕田圖說」『星湖全集』제56권 제발(題跋)[723]

韓久庵百謙曰:“箕田遺制, 與孟子所論井字之制不同. 含毬、正陽兩門之間, 區畫分明, 皆爲田字形, 田有四區, 區皆七十畝. 大路之內, 橫而見之, 有四田八區, 竪而見之, 有四田八區. 八八六十四, 正正方方, 法象正類先天方圖.” 愚按圖尋究, 其兩門之間, 橫四竪四者, 乃偶因地勢而然者, 非取義易圖也. 除尖斜欹側外, 其田多至百五十餘所, 皆無四四成列之制. 又自正陽門九畝之路, 折而右, 歷六田, 又折而歷九田, 直抵詠歸亭, 此外田間之路, 皆不過三畝. 豈可因兩門大路之間, 偶成之制, 而一例輳合說乎? 愚謂此正與孟子所論相合, 而其不合者特分數間耳. 古之井, 何嘗非田字形, 但井則以方百步爲田. 此則方百四十步爲田, 此雖殷湯之制, 而湯因夏制而益之, 故方百步而二夫也. 箕子無所因而刱設, 故夫各方七十步, 方百步之半, 正與方七十步. 大小相合, 可知是義同而迹殊也. 說在「讀孟編」, 今不復著. 又按『周禮』夫間有遂, 廣深二尺, 井間有溝, 廣深四尺. 以至於方百里之一澮, 其廣深不過二尋二仞. 彼六十四區, 不及四井之大, 豈可以九畝大路界之乎? 始知兩門間二路, 乃因地勢偶然成者也. 久庵又日“「刑法志」四井爲邑, 四邑爲丘, 四丘爲甸. 以四起數, 四四成方, 實與此脗合, 班氏之學甚博, 或恐有所沿襲來歷也.” 愚按四丘之說, 乃『周禮』「地官小司徒」之文, 班氏不過祖此, 非有殷人之遺意也. 且四井爲邑, 而井有九夫, 則邑乃三十六區也. 何云與此脗合? 久庵又曰:“分田以井非古也, 實自周人始也.” 愚按朱子謂殷人始爲井, 而夏后濬畎澮距川, 以至五百里之甸服, 小康有田一成云. 則井牧之法, 又不是殷人之始也, 自先古然矣. 而其三代不同者, 乃因時制宜而已, 初非改溝洫而設法也. 久庵又曰:“或以朱子改治溝洫, 多費人力之說有疑, 此則恐未然. 孟子曰: ‘以

723) 최채기, 오세옥역『國譯 星湖全集』15, 한국고전번역원, 2011, p.21~25 참조.

佚道使民, 雖勞無怨.'" 愚謂自井而成, 以達于畿, 以漸推步, 其廣狹深淺, 非人人各自輸力者, 其擾民費財, 其害甚鉅. 苟有非此而可以善處者, 則聖人豈不欲仍舊貫之爲善乎? 夏后氏以方五十爲一夫之受, 殷人若將以方七十之數爲一夫之受, 則並夏之二夫田爲一夫田, 正是七十之數也. 經界正矣, 井地均矣. 以此行之, 何害於事, 又何必欠其田不方, 亟改溝洫而爲方然後已乎? 聖人制民之政, 必不容如此膠柱不通爲也. 今箕田之制, 自城門大路之外, 田間皆不過三畝, 與古者遂溝大小之法不同. 是未可知. 意者其地六七里之間, 非如寢大而達于畿者, 故雖一例均裁, 足以備旱澇也. 此則不可臆說, 姑識所疑.

한구암의 「기전도설」에 쓰다.[書韓久菴箕田圖說]

구암(久菴) 한백겸(韓百謙)이 말하기를, "기전(箕田)의 유제(遺制)는 맹자(孟子)가 말한 정전제(井田制)와는 같지 않은 점이 있다. 그 가운데 함구문(含毬門)과 정양문(正陽門) 사이는 구획이 가장 분명하여 그 형태가 모두 '전(田)'자 모양으로 되어 있다. 하나의 전(田)은 4개의 구(區)로 이루어져 있고, 각각의 구는 모두 70무(畝)이다. 대로(大路) 안의 토지는 가로로 4개의 전과 8개의 구로 이루어져 있고, 세로로 4개의 전과 8개의 구로 이루어져 있다. 즉, 8×8=64개의 구가 네모반듯하게 구획되어 있어 그 모양이 「선천방도(先天方圖)」와 아주 유사하다."하였다.

내가 「기전도(箕田圖)」를 연구해 보니, 두 성문 사이에 가로 4개의 전(田)과 세로 4개의 전이 있는 것은 땅의 형세 때문에 우연히 그렇게 된 것이지 역도(易圖)에서 의미를 취한 것이 아니다. 「기전도」에서 비탈진 곳이나 구석진 곳에 있는 여전(餘田)을 제외하고 온전하게 전의 형태를 지닌 곳이 150여 개나 되는데, 모두 가로 4전 세로 4전으로 배열된 체제를 갖추고 있지 않다. 그리고 정양문 앞의 구묘로(九畝路)에서 꺾어서 오른쪽으로 6개의 전을 거치고 다시 꺾어서

9개의 전을 지나면 곧바로 영귀정(詠歸亭)에 다다르게 되는데, 이 밖에 전 사이의 길은 모두 삼묘로(三畝路)에 불과하다. 어찌 두 성문 앞 대로 사이에 우연히 만들어진 체제를 가지고 일률적으로 적용하여 말할 수 있겠는가.

내 생각에, 이것은 맹자가 말한 것과 정확하게 합치한다. 합치하지 않는 것이 있다면 단지 숫자상의 차이일 뿐이다. 고대의 정(井)이 어찌 전(田) 자의 형태를 지니지 않았겠는가. 다만 고대의 정은 사방 100보로 전을 삼은 데 비하여 여기에서는 사방 140보로 전을 삼은 것뿐이다. 이것이 비록 은(殷)나라 탕(湯) 임금의 제도이기는 하지만, 탕 임금이 하(夏)나라의 제도를 가지고 보완하여 사방 100보의 땅을 2부(夫)에게 나누어 준 것이다. 기자(箕子)는 이어받을 전 왕조가 없이 처음으로 만들어 1부당 사방 70보의 땅을 나누어 주었다. 사방 100보 땅의 반은 바로 사방 70보의 땅과 크기가 서로 같으니, 이것은 그 의미가 같으면서도 형태가 서로 다른 것임을 알 수 있다. 이에 대한 설명은 「독맹편(讀孟編)」에 나와 있으므로 여기에서 더 이상 언급하지 않겠다.

또 『주례(周禮)』를 살펴보건대, 1부(夫)가 받는 토지 사이에는 수(遂)라는 수로(水路)를 두는데 그 너비와 깊이가 2자이고, 정(井) 사이에는 구(溝)라는 수로를 두는데 그 너비와 깊이가 4자이다. 사방 100리의 땅 사이는 회(澮)라는 수로를 경계로 하는데 그 너비가 2발〔尋〕, 깊이가 2길〔仞〕에 불과하다. 저 「기전도」의 64구(區)는 4정(井)의 크기에도 미치지 못하는데 어찌 9묘의 큰길로 경계를 삼을 수 있겠는가. 그제야 두 성문 사이의 두 길이 땅의 형세로 인하여 우연히 그리된 것임을 비로소 알게 되었다.

구암이 또 말하기를, "『한서(漢書)』「형법지(刑法志)」에 '4정(井)이 1읍(邑)이 되고 4읍이 1구(丘)가 되고 4구가 1전(甸)이 된다.'라고 하였는데, 4개씩 묶어 기준이 되는 수(數)를 만들고 가로 세로 각각 4

개로 방형(方形)을 이루었으니, 이 기전(箕田)과 실로 정확하게 합치된다. 반고(班固)는 매우 박학하였으니, 아마도 이렇게 말한 내력이 있을 것이다."하였다. 내 생각에, 사구(四丘)에 대한 설은 바로 『주례』「지관(地官) 소사도(小司徒)」에 나오는 내용이다. 반고는 이 문헌을 바탕으로 쓴 것에 지나지 않으며 과거 은나라 사람의 생각이 담겨 있는 것은 아니다. 게다가 4정(井)이 1읍(邑)이 되고 1정에 9부(夫)가 있다면, 1읍이 36구(區)가 된다. 어찌 이 기전과 정확하게 합치된다 하겠는가. 구암이 또 말하기를, "정(井) 자 형태로 토지를 나누어 구획한 것은 상고 시대의 제도가 아니라 실은 주(周)나라 때부터 시작된 것이다."하였다. 내 생각에, 주자(朱子)가 "은나라 사람이 처음으로 정전제를 만들기는 하였으나 하후(夏后)가 밭 사이의 도랑을 파서 시내로 흐르게 하여 500리 전복(甸服)에까지 이르게 하였고, 소강(少康)은 토지 1성(成)을 소유하였다."라고 하였으니, 정목(井牧)의 제도는 은나라 사람이 시작한 것이 아니라 상고 시대부터 있었던 것이다. 그런데 하(夏)·은(殷)·주(周) 삼대의 제도가 서로 같지 않은 것은 시대 상황에 맞게 조정하였기 때문이다. 처음부터 구혁(溝洫)을 바꾸어 제도를 새로 만든 것은 아니었다. 구암이 또 말하기를, "간혹 구혁을 바꾸느라 인력의 소비가 많았다고 한 주자의 말을 가지고 의심을 하기도 하는데, 이는 그렇지 않은 듯하다. 『맹자(孟子)』에 '편안하게 해 주기 위한 방법으로 백성을 부리면 아무리 힘들더라도 원망하지 않는다.[以佚道使民 雖勞無怨]'라고 하였다."하였다. 내 생각에, 정(井)에서 성(成)이 되고 나아가 기(畿)에 이르기까지 점진적으로 추산해 보면 그 토지의 넓이와 도랑의 깊이가 사람들이 힘을 다할 수 있는 한계를 넘어서는 것이므로 백성을 동요시키고 재물을 낭비하는 폐해가 몹시 심할 것이다. 만약 이렇게 하지 않고서도 잘 처리할 방도가 있었다면 성인이 어찌 옛 제도의 좋은 점을 그대로 따르고자 하지 않았겠는가. 하후씨는 사방 50보를 1부(夫)가 받는 땅으로 삼았는데, 은나라 사람이 만약 사방 70보의 단위로 1부가 받는 땅을 만들려고 하였다면 하나라에서 2부가 받는 땅을 합쳐서 1부의 땅으로 만들었어야 한다. 그것이 바로 70보의 단위이다. 그리하면 경계가 반듯해지고 받는 토지가 고르게 되었을 것이다. 이러한 방법으로 시행한다면 일을 하는 데에 무슨 문제가 있었겠으며, 또 어찌 굳이 네모지지 않은 토지를 흠으로 여겨 자주 구혁(溝洫)을 바꾸어 끝까지 네모반듯하게 만들 필요가 있었겠는가. 성인이 백성을 위한 제도를 만들 때 반드시 이처럼 고지식할 정도로 융통성이 없지는 않았을 것이다.

이번 기전제(箕田制)는 성문(城門)을 지나는 대로(大路) 이외의 토지 사이가 모두 3무(畝) 너비의 길에 지나지 않으니, 고대에 토지 사이의 도랑〔遂溝〕 크기에 차이를 둔 제도와는 같지 않다. 이 점은 이해가 되지 않는 부분이다. 생각건대, 그 땅이 겨우 6, 7리에 불과하여 기(畿) 정도의 대규모가 아니므로 길을 일률적으로 똑같이 하더라도 가뭄과 홍수를 대비하기에는 충분하였으리라. 이 점에 대해서는 억측하여 말할 수 없으므로 일단 미심쩍은 대로 기록해 두는 바이다.

11. 徐命膺(1716~1787)「箕子井田紀蹟碑」[724)]

平壤, 殷太師箕子之古都也. 今去箕子東來之己卯, 近三千年. 其所制井地, 尙在外川、興土兩坊, 好事者樹夫隅以石, 遠見如八陣圖之石蹟, 嗚呼奇哉! 然其爲制差吪已甚, 不知者挒爲異論曰: “田形殷制也, 井形周制也.” 夫畎澮溝洫, 非水土初平, 天下區域, 淘汰略盡, 則有未

724)『保晩齋集』권11 文集叢刊 233집, 1999, p.278~279.

易更置, 所可更置者, 惟夫內之畝逐年起墾, 爲易改作, 如之何其田與井之殊哉?"

嘗試周回井地, 考古今以追其變, 則蒼光一面, 蜿蜒成阜, 橫截十六里, 西爲下密臺. 東爲古里門. 而中城緣其上, 阜之八角, 重重列峙之下, 自古里門, 迤邐西南, 過羊角島大道門, 又北至于下密臺、而外城緣其上, 外城中城之間, 縱橫棊布, 凡十有二井, 其餘夫之不能成井者, 又三十區, 餘田之不能成井者, 又二十一區. 是卽『周禮』井牧其田野, 而衍沃爲井, 隰阜爲牧, 參伍比折, 其法乃行也. 每一夫四方, 繚以二尺之經, 十夫左右, 挾以九步之路, 其自二尺而爲三四尺, 自九步而爲六七步. 則夫間之遂、成間之溝, 闕塞變遷, 寢失其界. 是卽周禮小司徒之九夫爲井, 四井爲邑, 遂人之夫間有遂, 遂上有徑, 十夫有溝, 溝上有畛. 而井以九夫, 畛以十夫, 二職之文, 兩不相倍也. 故如欲因今之有, 復古之制, 必辨其井牧, 正其遂溝, 則箕子之井地, 不待他求, 於是乎在矣. 何必紛紛爲哉?

二角之南, 有箕子廾甃, 廾甃之東, 建一小閣, 莫知刱於何年, 盖畝宅夫家之制也. 我英宗庚申, 先大夫文敏公按節玆土, 卽小閣之北, 建三益齋, 選淸南士, 肄業其中, 又家塾黨序之制也. 二者皆闡發井地之蘊, 特未得合一. 今歲丙申, 命膺叨承先武, 重新三益齋. 以及於閣, 扁曰九疇, 繚以周垣, 名以九三. 院旣成, 謀於衆曰: "齋與閣之設, 爲井地也. 若井地日就蕪沒, 將奈齋閣何?" 乃疏其遂濬其溝, 經畫其畝, 一惟箕子之井地. 庶自今居斯井, 耕斯井者, 守望相友, 疾病相扶, 知箕子之厚風俗以井地也. 春秋禮樂, 冬夏詩書, 知箕子之作人才以井地也. 而謂殷周二制之不同者, 非至論也, 但有詳略之分耳. 夫八陣圖, 是特營壘之疊石爲聚也. 然西蜀之文人學士書之簡, 載之策, 鑱之貞珉. 至今過其墟者, 噓唏感慨, 恐一石之或傷, 况井地乃三代仁政之所由始乎? 於是勒石紀蹟.

평양은 은나라 태사인 기자의 고도(古都)이다. 기자가 기묘(己卯)년에 조선으로 와[725] 이제 거의 3천년 가까이 된다. 기자가 만들어 놓은 정지(井地)가 아직도 외천방(外川坊)과 흥토방(興土坊)[726] 두 곳에 있으니, 일을 좋아하는 자가 그 모퉁이에 돌을 세워서 멀리서 보면 마치 팔진도(八陳圖)의 석적(石蹟)[727]같이 보인다. 아아! 기이하구나. 그러나 너무 심하게 어긋나고 그릇되게 만들어 잘 알지 못하는 자가 이론(異論)을 세워 말하기를 "전(田)자 형태는 은나라 제도이고, 정(井)자 형태는 주나라의 제도이다."하였다. 견회(畎澮)와 구혁(溝洫)[728]은 수토(水土)를 우임금이 처음 다스릴 때가 아니면 천하의 구역(區域)이 도태되어 거의 다 무너졌을 것이니 다시 설치하기 쉽지 않은 점이 있다. 다시 설치할 수 있는 것은 오직 부(夫)[729] 안의 전묘로 해마다 기간(起墾)하여 쉽게 다시만들 수 있는데 어떻게 그 전(田)모양과 정(井)모양이 다를 수 있겠는가? 일찍이 정지(井地)를 두루 돌며 고금을 상고하여 그 변천을 추구(追究)해 보았더니, 창광산(蒼光山)[730] 한쪽 면이 구불구불하게 언덕을 이루었는데, 16리(里)를 가로로 잘라서 서쪽은 하밀대(下密臺)가 되고, 동쪽은 고리문(古里門)이

---

725) 기묘(己卯)년에 조선으로 와: 『史記索隱』에 기자가 周武王 기묘년(기원전 1122)에 조선으로 왔다고 하였다. 『史記索隱』 권11 「宋微子世家」

726) 외천방(外川坊)과 흥토방(興土坊): 平安南道 平壤府에 있는 지역 명칭이다.

727) 팔진도(八陳圖)의 석적(石蹟): 湖北省에서 양자강 물길을 따라서 사천으로 가면 魚復浦라는 곳에 돌무더기가 여덟이 있는데 세상에 전하기를 諸葛亮이 쌓은 八陣圖라 한다.

728) 견회(畎澮)와 구혁(溝洫): 밭과 밭 사이에 있는 도랑을 말한다. 畒 사이에 있는 너비 1척 깊이 1척의 도랑이 畎, 同(사방 백 리) 사이에 있는 너비 두 길[尋]의 도랑이 澮, 井 사이에 있는 너비 4척 깊이 4척의 도랑이 溝, 成(사방 십 리) 사이에 있는 너비 8척 깊이 8척의 도랑이 洫이다. 『周禮』 「冬官 考工記 匠人」

729) 부(夫): 백무의 전을 말한다.

730) 평양부의 서남쪽 4리에 있다. 俗傳에, "金富軾이 군사를 거느리고 성을 압박하니 妙淸 등이 짚거적으로 이 산을 덮어 倉廩이 풍부한 것처럼 보였다."하니, 이 때문에 또한 倉觀山이라고도 이름 한다.

된다. 중성(中城)에서 그 위로 오르면 언덕의 8각(角)이 중첩(重疊)하여 아래로 벌려 있어, 고리문에서부터 서남(西南)으로 뻗어 양각도(羊角島)와 대도문(大道門)을 지나 다시 북으로 하밀대에 이른다. 외성(外城)에서 그 위로 오르면 외성과 중성 사이에 종횡(縱橫)으로 바둑처럼 분포된 것이 모두 12정(井)이 있고, 그 여부(餘夫)[731]로서 정(井)을 이루지 못한 것이 또 30구가 있으며, 여전(餘田)으로서 부(夫)를 이루지 못한 것이 21구(區)가 있다. 이는『주례(周禮)』에 그 전야(田野)를 정목(井牧)[732]이라고 한 것으로 기름진 평지는 정이 되고, 물가의 습기가 많은 땅은 목이 되어 이리저리 뒤섞여서 그 법이 여기에 시행된 것이다. 부마다 주위 사방을 두 자 너비의 길로 두르고 10부는 좌우에 9보(步)되는 길을 끼고 있는데, 두 자에서 서너 자가 되기도 하고, 9보에서 6, 7보가되기도 하며, 부 사이의 수(遂)[733]와 성(成)[734] 사이의 구(溝)[735]가 막히고 변천하여서 그 경계가 유실 되었다. 이는『주례』「소사도(小司徒)」에 '9부가 정이 되고, 4정이 읍(邑)이 된다.'는 것이며, 「수인(遂人)」에 '부 시이에 수가 있고, 수 위에 경(徑)이 있으며, 10부에 수가 있고, 구 위에 진(畛 밭 사이의 큰 길)이 있다.'라는 것이니, 정은 9부로써 하고, 진은 10부로써 하는 두 직장(職掌)의 글이 서로 어긋나지 않는다. 이런 까닭에 지금 있는 것을 바탕으로 옛 제도를 회복하고자 한다면, 반드시 정과 목을 분별해야하고 그 수(遂)와 구(溝)를 바로잡으려면 기자의 정지(井地) 외에 달리 구할 것이 없

731) 여부(餘夫): 古制에 한 남자와 한 여자가 1백 畝를 받아서 부모 처자를 봉양하는데, 다섯 사람이 한 집이 된다. 그러나 한 집안이 다섯 사람이 넘으면, 그 넘는 사람을 일러 餘夫라 하고 25무를 받는다.

732) 정목(井牧): 周代의 田地 구획법으로 2牧이 1井이 된다. 비옥한 땅은 정이라 하고 낮은 濕地는 목이라 한다.

733) 수(遂): 밭 사이의 조그만 도랑을 말한다.

734) 성(成): 10夫의 전지를 말한다.

735) 구(溝): 밭 사이의 도랑을 말한다.

는데 무엇 때문에 굳이 어지럽게 하는가.

이각(二角)의 남쪽에 기자의 우물 벽돌이 있고, 우물 벽돌의 동쪽에 언제 지어진지 모르는 조그만 누각이 세워졌는데 아마 농가에서 지은 것 인듯하다. 우리영조 경신년(1740, 영조 16)에 선대부 문민공(文敏公)[736]께서 평안감사가 되어 조그만 누각 북쪽에 삼익재(三益齋)를 세우고, 청천강 이남의 선비를 뽑아 그곳에서 학업을 가르쳤으니 또한 가숙(家塾)과 당서(黨序)[737]의 제도이다. 이 두 곳은 모두 정전의 깊은 뜻을 밝힌 곳인데 다만 미처 하나로 합치시키지 못했다.

올해 병신년(1800, 정조 24)에 내가 외람되게 아버님을 계승하여 삼익재를 중수하고, 누각에는 구주(九疇)라는 편액을 달고 누각 주위에 담장을 둘러서 구삼(九三)이라고 이름 하였다.

담이 다 지어지자 여러 사람과 의논하여 다음과 같이 말했다. "삼익재와 구주각을 세운 것은 정지(井地) 때문인데 만약 정지가 날로 황폐해져간다면 삼익재와 구주각이 무슨 소용이겠는가." 그래서 작은 수로[遂]를 트고, 봇도랑을 깊게 파고 밭이랑을 구획 정리하여 한결같이 기자의 정지와 같게 하였다. 이제부터 이 정지에 살면서 이 정지에서 농사짓는 이들은 함께 도적을 막고 서로 도우며 질병이 있으면 부축해주어[738] 기자가 풍속을 도탑게 한 것이 정지 때문이라는 것

736) 문민공(文敏公): 서명응의 아버지 徐宗玉(1688~1745)을 말한다. 서종옥은 영조 16년(1740) 1월 16일에 평안감사에 제수되었다.

737) 당서(黨序): 중국 고대의 지방 학교 제도이다. 『禮記』「學記」에 "옛날에 교육기관으로 家에는 塾을 두고 黨에는 庠을 두고 術에는 序를 두었다.[古之敎者 家有塾 黨有庠 術有序.]"라는 말이 나온다. 주석에 의하면, 25家 규모의 마을마다 塾을 두어 마을 사람을 가르쳤고, 500가를 黨으로 삼아 庠을 두어서 가숙에서 올라온 사람들을 가르쳤다고 한다. 또한 1만 2500가가 州가 되니, 본문의 術은 州가 되어야 마땅하다고 하였다.

738) 『孟子』「滕文公上」 3장에 보이는데 내용은 다음과 같다. "향전에 정전을 함께 하는 사람들이 나가고 들어올 때 짝하고, 도둑을 지키고 망볼 때 서로 도우며, 질병이 있을 때 서로 부축해 준다면 백성들이 친목하게 될 것이다.[鄕田同井 出入相友 守望相助 疾病相扶持 則百姓親睦.]"

을 알고, 봄과 가을에는 예악(禮樂)을 가르치고, 겨울과 여름에는 시서(詩書)를 가르쳐 기자가 인재를 키운 것이 정지 때문이라는 것을 알기 바란다. 그리고 은나라와 주나라의 제도가 같지 않다고 말하는 것은 지론(至論)이 아니라 그저 자세하고 간략한 차이가 있을 뿐이다. 팔진도(八陣圖)[739]는 다만 영두에 돌이 쌓여 보여서 반들어신 것이나. 그러나 서촉(西蜀)의 문인(文人)과 학사들이 서책에 기록하고 돌에 새겨서 지금 그 옛터를 지나는 자들이 감개하여 탄식하는 것은 아마도 돌 하나라도 상할까 염려해서일 것이니, 하물며 정지는 바로 삼대의 인정이 시작된 곳인데 어떻겠는가. 그래서 이렇게 그 행적을 비석에 새긴다.

12. 徐命膺「井田」『箕子外記』[740]

平壤中城內川, 外城之外川、興土二部, 有箕子井田遺址. 然中城皆爲民家所占, 不復辨其遂徑, 惟外城二部, 至今徑涂還繞一區, 縱橫正方, 在在皆然. 東西凡爲六里. 第一行五區, 第二行六區, 第三行七區, 第四行八區, 第五行九區, 第六行十區, 第七行十一區, 第八第九第十行竝十區, 第十一第十二第十三行竝十一區, 第十四行十區, 第十五行九區, 第十六行八區. 南北凡爲四里, 第一行八區, 第二行九區, 第三行十四區, 第四第五行並十區, 第六行十五區. 第七行十四區. 第八行十三區. 第九行十二區. 第十行十一區. 第十一行九區. 第十二行六區. 第十三行四區. 而中央成井形者, 爲十二井, 井外成區而不成井者, 又

739) 팔진도(八陣圖): 湖北省에서 양자강 물길을 따라서 사천으로 가면 魚復浦라는 곳에 돌무더기가 여덟이 있는데 세상에 전하기를 諸葛亮이 쌓은 八陣圖라 한다. 井田法은 아홉 구역으로 만들었으나 농부가 여덟 사람뿐인 것은 실은 八陣에서 온 제도이다.

740) 『기자외기(箕子外記)』: 1776년(영조 52) 徐命膺이 편찬 간행한 기자 東遷 이후의 역사책이다. 목판본, 3권1책, 국립중앙도서관 소장, 청구기호 BA2122-2.

三十區. 區外成餘田而不成區者, 又二十一區, 居民至今稱爲餘田. 以縱黍尺八十一分者六尺爲一步而量之, 則每一區或一百八九步. 或一百十二三步, 其區間之涂, 或二步或三步. 此必是古者區外有陌, 陌外有遂, 遂外有涂, 而陌則平夷, 遂亦闕塞, 田與涂相爲平連故也. 又有九畒路, 言其路之廣, 可當田之九畒也. 路凡有三, 其一在東三四區之間, 北自含毬門, 南抵稊淵. 其二在東六七區之間, 北自正陽門, 南抵小羊角島. 其三在西四五區之間, 北自院門, 南抵車門. 又有橫九畒路, 自西九畒路之中, 直抵東九畒路之中, 若襟帶然. 正陽羊角之九畒路, 不見於平壤舊志. 或曰"箕子後刱設者也, 每一區四隅, 自古植立木標, 稱爲法樹, 中經變亂, 木標無有存者. 及崇禎後辛未年間, 改釐區域, 以石代木, 植之四隅, 限其經界. 又就一區之內, 畫爲十字, 自成田文. 自西九畒路之中, 直抵東九畒路之中, 若襟帶然. 正陽羊角之九畒路, 不見於平壤舊志. 或曰"箕子後刱設者也." 每一區四隅, 自古植立木標, 稱爲法樹, 中經變亂, 木標無有存者. 及崇禎後辛未年間, 改釐區域, 以石代木, 植之四隅, 限其經界. 又就一區之內, 畫爲十字, 自成田文.

평양의 중성의 내천방(內川坊)과 외성의 외천방(外川坊), 흥토부(興土部) 두 곳에 기자 정전의 유적이 있었다. 그러나 중성은 민가가 모두 차지해서 더 이상 도랑과 논두렁을 구별하지 못하게 되었고, 외성의 두 곳만 지금까지 경도(徑涂)[741]가 한 구역을 빙 둘러 가로세로

741) 경도(徑涂): 『林下筆記』 제1권 「四時香館編」에 경도에 대한 설명이 보인다. "秦나라가 井田을 폐지하고 阡陌을 열었다. 천맥은 전답 사이의 길로 동서는 阡이 되고 南北은 陌이 된다. 맥이라는 말은 百이다. 遂와 洫은 세로로 난 것이고 경도도 세로로 난 것이니, 수 사이는 百畝이고 洫 사이는 百夫이다. 경도는 陌이 된다. 阡이라고 하는 말은 千이다. 溝澮는 가로로 난 것으로 畛道가 阡이 된다. 천맥이란 이름은 여기에서 얻어진 것이다. 萬夫마다 川을 두는데 川위에 길을 내어 그 밖까지 두루 관할한다." 李裕元, 『林下筆記』 제1권 「四時香館編」 성균관대학교 출판부, 1991, p.21.

정방형의 모습이 모두 그대로 남아있다.

동서는 모두 6리 인데 제1항은 5구, 제2항은 6구, 제3항은 7구 제4항은 8구, 제5항은 9구, 제6항은 10구, 제7항은 11구, 제8, 9, 10항은 모두 10구, 제11, 12, 13항은 모두 11구, 제14항은 10구, 제15항은 9구, 제16항은 8구이다.

남북은 모두 4리 인데 제 1항은 8구, 제2항은 9구, 제3항은 14구, 제4항, 제5항은 모두 10구, 제 6항은 15구, 제7항은 14구, 제8항은 13구, 제9항은12구, 제10항은 11구, 제 11항은 9구, 제12항은 6구, 제13항은 4구이다. 중앙에 정자(井字) 형태를 이룬 곳은 12정(井)이 있고, 정외에 구는 되지만 정(井)을 이루지 못한 것이 또 30구가 있으며, 구 밖에 여전(餘田)은 되지만 구를 이루지 못한 곳이 21구(區)가 있다. 그 곳에 사는 백성들은 지금까지 여전(餘田)이라고 부른다. 종서척(縱黍尺)[742]으로 81분은 6자가 1보가 되어 계산해보면 매 1구가 189보이다. 간혹 1구가 112, 3보 되는 곳은 그 구 사이에 길이 2보 혹은 3보가 되는 곳이다. 이것은 분명 옛날에 구(區) 밖에 맥(陌)이 있고 맥 밖에 수(遂)가 있으며 수밖에 도(涂)가 있어 맥은 평탄하고 , 수 역시 막아주어 밭과 길을 서로 평이하게 연결해준다. 또 9무로가 있는데 그 길의 너비가 전의 9무에 해당한다고 말한다. 길은 모두 세 갈래인데 첫 번째 길은 동쪽 3, 4구 사이에 있는 것으로 북쪽 함구문에서 남쪽으로 제연(稊淵)에 이르고, 두 번째 길은 동쪽 6, 7구 사이에 있는 것으로 북쪽 정양문에서 남쪽으로 소양각도(小羊角島)에 이르고, 세 번째 길은 서쪽 4, 5구 사이에 있는 것으로 북쪽 원문에서 남쪽으로 거문(車門)에 이른다. 또 횡으로 9무로가 있는데 서쪽 9무로 중간에서 곧바

742) 종서척(縱黍尺): 세종 12년에 황종척을 새로 정할 때 사용한 자가 종서척과 횡서척이다. 縱黍尺은 검은 기장알의 길이를 1분으로 하여 만든 자이고, 橫黍尺은 검은 기장알의 넓이를 1분으로 하여 만든 자로 累黍尺이라고 한다. 황종척은 세종이후 모든 척도의 기준척이 되었다.

로 동쪽 9무로 중간으로 이르러서 마치 띠같이 보인다. 정양문에서 소양각도로 이어지는 9무로는 평양구지(平壤舊志)에는 보이지 않는다. 어떤 이가 말하기를 "기자가 나중에 만들었다"고 한다. 매 한구의 네 모퉁이마다 예전부터 나무 표지[木標]를 세워 표시하고 법수라고 불렀는데 중간에 변란을 겪으면서 남아있는 목표가 없었다. 숭정(崇禎)[743]후 신미년(1691, 숙종 17)에 구역을 모두 정리 하면서 돌로 나무 대신에 네 모퉁이에 세워 그 경계를 구분하였다. 또 1구 안에 열십자를 그어 전(田)자 모양을 완성하였다.

13. 安鼎福(1721~1791)「題久菴韓氏箕田說後」[744]

韓氏說見正文. 愚嘗聞之師曰: "久庵說難得, 而亦未盡達朱子註. 『孟子』五十、七十、百畝, 終欠允愜. 故『語類』乃云: '若輒改溝、塗、畛、域, 勞民傷財, 是王莽之政.' 又云: '孟子不曾親見故云爾' 孟子豈妄說詐人者耶? 得箕子田字制而後, 始覺三代丁田未嘗易. 而孟子所云: 五十、七十者, 以步言也. 百步而後成畝, 故方言畝字, 觀其文勢較然矣. 方里而井, 井有九區, 區中各有四小區, 象田字形, 田皆四夫, 則井有三十六夫, 其地方三十步, 此夏之制也. 後民用漸廣, 不可不加授. 故合二小區爲一, 則井有十八夫, 其地長百步, 廣五十步, 此殷之制也. 折長補短開方算之, 則七七四十九, 於二小區之數, 只欠一算也. 至周用廣, 又加授合四小區爲一, 則井有九夫, 長廣皆百步, 其什一之制, 則三代不變. 故民食九十畝, 公田亦九十畝, 此所謂其實皆什一也. 九夫之稅,

743) 숭정(崇禎): 중국 명나라의 마지막 임금인 毅宗의 연호로 1628년부터 1644년까지 사용되었다.

744)『東史綱目』附錄 上卷 下「雜說」, 경인문화사, 1970, p.544~546. ; 安鼎福 著, 민족문화추진회 편.『(國譯)東史綱目』, 고전국역총서 135권 참조.

與國賦通均, 惟周爲然, 故曰百畝而徹, 徹者通也. 恨不能質之於朱先生之座也. 殷田之長廣, 不齊因夏制故也. 箕子刱設於東方, 不必苟循此制, 故乃爲四區之田, 田方各七十步, 其意較若目見, 而手指也. 『輿地勝覽』亦云: "慶州新羅時井田遺基尙存." 此說非也. 慶州卽秦人之所都, 其邑中田, 勿論大小長短、東西南北, 悉皆方直, 而無欹斜. 意者, 其人必以秦法施之也. 秦廢井田, 開阡陌, 朱子曰: "「蔡澤傳」'決裂阡陌之文.' 謂'破缺阡陌' 此殆可疑, 據「王莽傳」阡陌者, 分明是秦之所立之法名. 凡田制, 與古不同者, 爲有水田也. 鄭國之渠決注入洛, 所漑畝一鍾." 可以見水田以隴爲界, 則須決製而灌注爲便. 故鞅也爲阡陌而決裂之, 所以爲富强之術也. 『漢書』「地理志」云: '商君濟轅田, 開阡陌.' 卽秦之田名. 按『周禮』「輈人」云: '惟轅直且無撓.' 轅田者, 直田也. 古者物必以車爲式, 故謂之轅田, 其義甚明. 秦是周之舊都, 畫井之始, 地有山川墳衍術道終不可一一如制, 而亦必有水田, 則必於平野而後可行. 其欹斜傾側地, 必有防礙, 其於蒼穀富民, 則不便. 故不計大小長短、東西南北, 因地勢決裂井田, 而爲阡陌是爲轅田, 此惟利是趨也. 秦人之東也, 刱爲轅田, 亦必然之理也. 平壤之殷田、慶州之秦田, 若執左契而皆合, 天子失官, 學在四夷者, 此之謂也.

한씨의 설은 정문(正文)에 보인다. 내가 일찍이 스승에게 들은 말은 다음과 같다. 구암(久菴)의 말은 이해하기도 어렵거니와 주자(朱子) 주(註)를 다 알지도 못하였다. 『맹자(孟子)』의 50무(畝) · 70무 · 1백 무가 끝내 미흡하기 때문에 『어류(語類)』에, "갑자기 구(溝) · 도(塗) · 진(畛) · 역(域)을 고치느라 백성을 괴롭히고 재물을 손상시킨다면 이는 왕망(王莽)의 정치이다."하고 또, "맹자가 일찍이 친히 보지 못한 때문이다."하였다. 맹자가 어찌 망령된 말로 사람을 속였겠는가. 기자(箕子)의 전자제(田字制)를 본 뒤에야 비로소 삼대(三代)의 정전(井田)이 일찍이 바꾸어지지 않았음을 알 수 있을 것이다. 맹자가 이른바 50이니 70이니 하는 것은 보수(步數)로 말한 것이다. 1백 보가 되어야 1무(畝)를 이루기 때문에 무(畝)자를 말하게 된 것이니, 그 문세를 보아 명백한 것이다. 방리(方里)를 정(井)자로 구획하여 한 정(井)에 9개 구역을 두고, 그 1개 구역 속에 각각 작은 구역 4개를 두며, 그것을 전(田)자의 형체로 만들어 전(田)마다 4부(夫)가 되어 하나의 정(井)에 36부가 되며 그 땅은 사방 30보니 이는 하(夏)의 제도였다. 그 뒤에 백성의 용도가 점점 확대되어 더 주지 않을 수 없기 때문에 2개의 작은 구역을 하나로 만들었으니, 1정(井)에 18부(夫)가 되고 그 땅은 길이 1백 보에 너비 50보였으니, 이는 은(殷)의 제도였다. 이를 알맞게 조정하여 개방법(開方法)[745]으로 계산하면 7×7의 49수가 되니, 2개의 작은 구역의 수에 하나가 모자랄 뿐이다. 주(周)나라에 이르러서 더욱 그 사용이 넓어지므로 또 다시 더 주어 4개의 작은 구역을 합쳐 하나를 만들었으니, 1정(井)에 9부(夫)가 되고 그 땅의 길이와 너비가 모두 1백 보였다.

그 10분의 1을 바치는 제도는 삼대(三代)가 변함이 없었다. 그러므로 백성이 90무를 먹고 공전(公田) 역시 90무이니, 이것이 맹자가 이른바 '그 실제는 모두가 10분의 1이다.'는 것이다. 9부(夫)의 세(稅)와 국부(國賦)가 균통(均通)하게 한 것은 오직 주(周) 나라만 그렇게 하였기 때문에 1백 무(百畝)의 철법(徹法)을 하였다고 하였으니, 철(徹)이란 통(通)과 같은 뜻이다. 이런 내용을 주자(朱子)에게 직접 질문하지 못하는 것이 한스러울 뿐이다. 은(殷) 나라 전제(田制)의 길이와 너비가 일치하지 않은 것은 하(夏)의 제도를 인습하였기 때문이다. 기자가 우리나라에 이 제도를 펼 적에 구태여 이 제도를 따라야 할 필요가 없었다. 그래서 곧 4개 구역의 전(田)을 만들고 그 전이 사방 70보가 되게 하였으니, 그 의도가 명백하여 눈으로 보고 손으로 가리키는 것 같다.

745) 개방법(開方法): 면적 계산법.

『여지승람(輿地勝覽)』에 또, "경주(慶州)에는 신라(新羅)시대 실시하던 정전(井田)의 옛 기지가 아직까지 남아 있다."하였으니, 이 말은 잘못되었다. 경주(慶州)는 곧 진인(秦人)이 도읍한 곳으로, 그 읍내의 밭의 대소 장단(大小長短)과 동서남북(東西南北)을 막론하고 모두 바르고 곧아 비뚤어신 곳이 없으니, 아마 그 사람이 필시 진(秦) 나라 법으로 실시한 듯하다. 진 나라에서 정전(井田)을 폐지하고 천맥(阡陌)을 열었는데 주자(朱子)가, "채택전(蔡澤傳)에는 '천맥(阡陌)을 여러 갈래로 나누었다.[決裂]'는 문구를 '천맥(阡陌)을 헐어 없애는 것이다.'[破缺]하였으니, 이것이 자못 의심되나 왕망전(王莽傳)에 의하면 천맥(阡陌)이란 분명 진(秦) 나라에서 세운 법의 명칭이다. 대개 전제(田制)가 옛날과 같지 않은 것은 수전(水田)이 있기 때문이다. 정국(鄭國)의 도랑을 낙(洛)으로 돌려대어 1종(鍾)의 무(畝)를 적셨다."하였으니, 여기에서 수전(水田)은 두렁으로 경계를 삼고 갈라 나누어 물을 대는 것이 편리하다는 것을 알 수 있다. 그러므로 상앙(商鞅)이 천맥을 만들어 갈리 나누게 하였으니, 이는 곧 나라를 부강(富强)하게 만드는 하나의 방법이었다. 『한서(漢書)』「지리지(地理志)」에는, "상군(商君)이 원전을 만들고 천맥을 열었다."하였으니, 이는 곧 진 나라의 전명(田名)이다. 『주례(周禮)』「주인(輈人)」에, "원(轅)은 곧고도 휘청거리지 않는다."하였으니, 원전(轅田)이란 직전(直田)이다. 옛적에 수레[車]로 물건의 법칙을 삼았기 때문에 원전이라 이르니 그 뜻이 매우 명백하다. 진(秦) 나라는 주(周) 나라의 옛 도읍터인데, 정전(井田)을 구획할 처음에 그 땅이 산 · 시내, 물가 · 평지와 도로 등이 있어 결코 하나하나 다 제도대로 하지 못하였다. 또한 반드시 수전(水田)이 있었으니 평지라야만 실행할 수 있었고 비탈지고 방정하지 못한 땅은 그를 실행하기에 어려움이 있으며 그 곡식을 생산하여 백성을 잘 살게 하기에 불편하였다. 그러므로 대소 장단과 동서남북을 가리지 않고 지세에 따라 정전을 갈라 나누어 천맥을 만들었으니 이것이 원전이라,

유리함을 따랐을 뿐이었다. 진 나라 사람이 우리나라에 왔을 때 원전을 창설하였을 것은 역시 필연적인 이치이다. 평양(平壤)의 은전(殷田)과 경주(慶州)의 진전(秦田)이 좌계(左契)를 잡은 듯이 다 들어맞으니, 천자(天子)가 관직을 닦지 못하면 학문이 사이(四夷)에 있다고 한 것이 바로 이를 이름이다.

14. 丁若鏞(1762~1836)「跋箕子井田圖」[746)]

右井田圖, 故戶曹參議韓公百謙之所作也. 韓公少遊平壤, 就箕子井田, 圖畫其畎畝、溝澮之制, 且曰: "恐田疇之有毁傷, 而古制無徵也, 故爲圖以壽之." 然箕子之必都平壤, 本無明據. 平壤若係箕子故都, 則不應以王儉城得名也. 句麗之亡, 李世勣經理平壤. 百濟之亡, 劉仁軌經理南原. 故兩地皆起屯田, 其謂之井田者, 好古之過也. 如非然者, 南原何得有井田? 且其田形, 皆非井文, 乃田字形也.

위의 정전도는 고(故) 호조 참의(戶曹參議) 한공 백겸(韓公百謙)이 만든 것이다. 한공이 젊었을 적에 평양(平壤)에 갔다가 기자(箕子)의 정전도를 본떠 그 밭도랑, 밭이랑과 구회(溝澮)[747)]의 제도(制度)를 그리고서 말하기를,

"논두렁이나 밭두둑이 허물어져서 옛 제도를 고증할 수 없게 될까 걱정되므로, 정전도를 만들어 영구히 전하고자 한다."

하였다. 그러나 기자가 평양에 도읍을 정했다는 것은 본래부터 명

746)『茶山詩文集』제14권 281집 p.304 ;『國譯 茶山詩文集』6, 고전번역총서 238권, 민족문화추진회 편, 1986, p.170~171.

747) 구회(溝澮): 溝와 澮는 모두 물길을 말하는데, 溝는 너비와 깊이가 각각 4이고, 澮는 너비가 2尋인 16자이고 깊이가 2仞 16자이다.

확한 근거가 없다. 그것은 평양이 만약 기자의 고도(古都)였다면 아마 왕검성(王儉城)이라고 부르지 않았을 것이기 때문이다.

고구려(高句麗)가 멸망했을 적에는 이세적(李世勣)이 평양을 관장하여 다스렸고, 백제(百濟)가 멸망했을 적에는 유인궤(劉仁軌)가 남원(南原)을 관상하여 다스렸다. 그래서 두 곳에 모두 둔전(屯田)을 설치하였던 것인데, 그것을 '정전(井田)'이라고 한 것은 지나치게 옛것을 좋아한 탓이었다. 만일 그러한 것이 아니었다면 남원에 어찌하여 정전이 있을 수 있겠는가? 또 그 밭의 형태는 정(井)자 모양이 아니고 전(田)자 모양으로 되어 있다.

15. 丁若鏞「西巖講學記」[748)]

問: "箕子之東, 殷禮在東 井田之制, 必因殷舊, 而今平壤田制 皆作田字形, 與助法不同."

答: "井地之可考者, 惟孟子書. 而孟子歷敍三代田制其助徹之義, 夏殷善不善之政, 一一備陳, 終則曰請野九一, 國中什一, 使自賦, 此非孟子懸空刱造, 必古制然也. "凡庠序學校之制, 世祿圭田之法, 無非三代所共由者, 則奚獨於此, 別刱三代所未嘗有之新法, 而更無所別白耶? 野者, 郊外封疆之內也, 地遠而土瘠, 故定爲一井九區, 八家助耕, 而歲入公田之收. 國中, 王都也, 地近而沃, 故殷之七十, 周之百畝, 皆計畝均授, 七十則賦七畝之收, 百畝則賦十畝之收. 旣非助法, 則無事於畫井, 而其爲田形, 亦必古制爲然. 古之文字, 象形爲多, 則田之爲字, 非象形而何? 竊疑五十七十百畝, 皆指田畝之數, 則其云九一什

748) 『茶山詩文集』 제21권 281집 p.460. ; 『國譯 茶山詩文集』 9, 古典飜譯叢書 241권, 민족문화추진회 편, 1986, p.64~67. 스승인 木齋 李森煥(1735~1813)과 문답한 내용 가운데 기자 정전에 관련된 부분만을 발췌하였다.

一, 亦從地勢而言, 非穀賦多寡之數也. 九一者, 九分井而取其一也. 什一者, 十分畝而取其一也. 雖然, 公田之內, 又有廬舍, 占據其間. 故雖曰九一, 實亦十分畝而取一. 不然, 孟子何以有其實皆什一之訓耶? 九一、什一, 多寡相懸, 何得以同之? 九一什一, 多寡相懸, 何得以同之? 平壤之田, 皆在都城內王宮左右, 則亦用什一自賦之法, 不畫九區之井, 畫爲四區一田. 含毬、正陽兩門之間, 完城六十四田, 溝洫正方, 又於地勢偏側處, 多作小田, 不能正方稱餘田, 此必是孟子所謂餘夫之田也. 余嘗過平壤, 試爲古尺量之, 一區恰爲七十畝而無餘欠. 生於千百代之下, 得見殷制, 豈不奇幸? 微孟子之訓, 什一自賦之制, 誰得以明諸! 似聞其田肥沃, 一畝價直五千錢, 富戶彊族, 遞相割據, 此疆爾界, 日益漫滅. 又往往鑿開一半畝爲水田, 令人咄咄. 人或以商鞅之決裂阡陌, 爲決裂井地之疆場, 而謂鞅萬世之罪人, 然其實不然. 阡陌者秦之田名也, 鞅特開阡陌法, 鑿開其疆界也, 鞅誠不冤乎! 古聖人區畫之迹, 擧天下無有 獨在左海偏邦, 宜如何百分衛護. 而任付富强, 決裂其經界, 使鞅有知, 必有辭於泉下矣. 今若自箕營限數十年盡買六十四田, 重正其經界, 歲取其入, 用爲箕子廟蘋蘩之需, 則豈不爲我東千百載光耀哉? 且廟額揭仁賢祠三字, 夫以箕子之聖, 而武王訪道, 孔子稱仁, 則稱賢不稱聖, 太不丁當. 此乃光海朝因士人之請賜額, 而月沙製其碑文者也. 自朝家似宜有改額之典, 而無人上聞, 惜哉! ”

"기자(箕子)가 동쪽(우리나라)으로 오면서 은(殷) 나라 예(禮)가 동쪽에 있게 되었으니, 정전(井田)의 제도는 반드시 은나라의 옛 제도를 따랐을 것인데, 지금 평양(平壤)의 전제(田制)가 모두 전자(田子) 형태로 되어 있어 조법(助法)과 다릅니다."하는 질문에 목재(木齋)[749]

749) 목재(木齋): 李森煥(1735~1813)을 말한다. 본관은 驪州이며 호는 木齋이다. 李秉休의 양자이다. 李瀷의 문하에서 수학하였다. 벼슬에 나아가지 않고 아버지의 학문을 이어받아 실학 연구에 힘썼다. 저서로는 『少眉山房藏』 8권이 있다.

가 대답하였다.

"정전의 제도를 상고할 수 있는 것은 오직 『맹자』뿐이다. 맹자는 삼대(三代)의 전제 중에 조법(助法)과 철법(徹法)의 뜻과 하(夏) 나라와 은(殷) 나라 제도의 좋고 나쁨에 대하여 일일이 진술하고, 마지막에 이르기를 '교외 지역은 9분의 1인 세제(稅制)를 실시하고, 국도(國都) 안의 지역에는 10분의 1인 세제를 실시하여 스스로 납부하게 하라.[請野九一 國中什一使自賦]'하였으니, 이것은 맹자가 전에 없던 것을 새로 만든 것이 아니라 반드시 고제(古制)가 그러했을 것이다. 무릇 상(庠)·서(序)·학(學)·교(校)의 제도와 세록(世祿)·규전(圭田)의 제도가 모두 삼대(三代)에 함께 시행된 것들이었는데, 맹자가 어찌 유독 이 전제에 있어서만 삼대에 일찍이 없었던 신법(新法)을 새로이 만들어 놓고, 다시 구별하여 밝히지 않았겠는가.

야(野)라는 것은 교외(郊外)의 봉지(封地) 안이니, 서울과 거리가 멀고 토질이 척박하므로 아홉 구(區)로 된 1정(井)을 만들어 여덟 집이 힘을 합해 농사를 지어 해마다 공전(公田)의 수입을 국가에 바치게 한 것이다. 국중(國中)이란 것은 왕도(王都)이니, 거리가 가깝고 토질이 비옥하므로 70무(畝)를 한 구역으로 하는 은(殷)의 제도나, 1백무를 한 구역으로 하는 주(周)의 제도가 모두 무수(畝數)를 계산해서 균등하게 나누어주었다. 그래서 70무에는 7무의 수입을 조세로 바치게 하고, 1백무에는 10무의 수입을 조세로 바치게 한 것이다. 이미 조법(助法)이 아니라면 정자(井字)로 토지를 구획할 필요가 없으니, 그 전자형(田字形)으로 되어 있는 것은 반드시 고제(古制)가 그러했던 듯하다. 옛날의 문자는 상형(象形)한 것이 많았으니, 전자(田字)도 상형이 아니고 무엇이겠는가. 생각해 보건대, 50무·70무·1백무는 모두 토지의 무수(畝數)를 가지고 말한 것이니, 그렇다면 9분의 1이니 10분의 1이니 한 것도 지형을 가지고 말한 것이지 조세의 많고 적음을 가지고 말한 것이 아니다. 구일(九一)이란 1정(井)을 9등분해서 그

중 1분을 취하는 것이고, 십일(什一)이란 무수(畝數)를 10등분해서 그 중 1분을 취하는 것이다. 그러나 공전(公田) 안에 또한 여사(廬舍)가 있어 농토를 차지하고 있으므로 비록 9분의 1이라고 하더라도 실제는 역시 10분의 1을 취하는 셈이다. 그렇지 않다면 맹자가 어찌하여 '실제는 모두 10분의 1'이라는 말씀을 하였겠는가. 9분의 1과 10분의 1은 많고 적음이 서로 현격하게 다른데 어떻게 동일하다고 할 수 있겠는가.

평양의 토지는 모두 도성 안 왕궁(王宮)의 좌우에 있으니, 그렇다면 역시 10분의 1 비율에 따라 스스로 부세(賦稅)를 바치는 제도를 사용하여, 정자형의 아홉 구(區)를 만들지 아니하고, 전자형의 네 구를 만들었을 것이다. 함구문(含毬門) · 정양문(正陽門) 사이에 있는 완성(完城)의 64전(田)은 도랑이 반듯하며, 지세가 경사진 곳에는 대부분 작은 토지[小田]로 되어 있어 반듯하게 할 수 없으니, 여전(餘田)이라고 한다. 이것은 분명『맹자』에 이른바 '여부(餘夫)의 토지'라는 것일 것이다. 내가 일찍이 평양을 지날 적에 시험 삼아 옛 자[古尺]를 만들어 재 보았더니 구(區)가 정확히 70무로 남거나 모자람이 없었다. 수천 년 후대에 태어나서 은나라의 제도를 다시 보게 되었으니, 이 어찌 대단한 행운이 아니겠는가. 맹자의 말씀이 아니었다면 10분의 1 비율에 따라 스스로 납세하게 하는 제도를 누가 밝힐 수 있었겠는가.

내가 듣건대 토지가 비옥한 것은 1무의 값이 5천 전(錢)이나 하는데 부호(富豪)와 강족(彊族)들이 서로 점거하여 경계가 날로 더욱 희미해지고 있으며, 또 왕왕 1무나 반무를 파내어 수전(水田)을 만든다 하니, 혀를 찰 노릇이다. 어떤 사람은 상앙(商鞅)이 천맥(阡陌)을 결렬(決裂)한 것을 가지고 정지(井地)의 경계를 갈라놓았다고 하여, 상앙을 만세의 죄인이라고 말하기도 하는데 그러나 사실은 그렇지 않다. 천맥이란 진(秦) 나라 토지제도의 명칭인데, 상앙이 다만 천맥법(阡陌法)을 만들어서, 그 경계를 파 놓았을 뿐이니 상앙이 진실로 원통하지 않겠는가.

옛 성인들이 농지를 구획한 자취가 온 천하 어디에도 없는데, 유독 동해(東海)의 구석진 우리나라에만 남아 있으니, 마땅히 힘을 다하여 십분 보호하여야 할 것이다. 그런데 부호와 강족들에게 맡겨두고 그 경계를 갈라놓게 하니, 가령 상앙의 영혼이 있어 이것을 본다면 반드시 지하에서도 할 말이 있을 것이다. 지금 만약 기영(箕營)[750]에서부터 수십 년의 기한을 정해 놓고 64전(田)을 모두 사서 다시 그 경계를 바로잡고 해마다 그 수입을 가지고 기자(箕子)의 사당에 올리는 제수 비용으로 쓴다면 어찌 우리 동방 수천 년에 빛나는 일이 되지 않겠는가. 또 사당 현판을 '인현사(仁賢祠)'라고 써 붙였는데, 무왕(武王)이 찾아가 도(道)를 물었고 공자(孔子)가 인자(仁者)라 일컬었던 기자(箕子)같은 성인(聖人)에게 현자(賢者)라고만하고 성인이라 하지 않은 것은 크게 마땅하지 않다. 이곳은 광해군(光海君) 때에 그 지방 사람들의 요청에 따라 사액(賜額)하였고 월사(月沙)가 그 비문을 지었다.[751] 조정에서 마땅히 현판을 고치는 은전(恩典)이 있어야 할 듯한데, 임금께 아뢰는 사람이 없으니, 애석한 일이다."

16. 徐浩修(1736~1799)『燕行紀』[752]

庚戌年(1790, 正祖 14) 8月 3日

及宴退歸館, 王閣老書求牧隱、圃隱二集, 又問我國可觀書籍. 余書答曰: "牧隱, 卽李穡號, 圃隱, 卽鄭夢周號. 此皆高麗時人, 去今四百

750) 기영(箕營): 평안 감영을 말한다.

751) 월사(月沙)가 그 비문을 지었다.: 李廷龜(1564~1635)가 쓴 기자묘비명을 말한다.

752) 徐浩修『燕行紀』권3, 林基中 編,『燕行錄全集』51, 東國大學校出版部, 2001, p.141~142.

餘年, 多經兵燹, 全集不傳. 小邦經生學子足跡, 不出數千里, 見聞極其謏寡, 所著述, 安能備大方之觀? 如權近『禮記淺見』、韓百謙『箕田攷』, 稍稱博雅, 然亦不足步武於亭林、竹坨之後塵爾." 王回報曰: "貴國平壤, 卽箕子所都, 其田制必有可觀, 幸於冬至使行, 付示『箕田攷』一部." 蓋退自召對, 如是屢求懇切, 安知非出於皇旨, 將欲編入『四庫全書』耶? 還到鳳凰城邊門, 書報內閣, 陳達筵席印『箕田攷』二十本, 付諸冬至使行, 分送于王閣老杰、紀尙書勻、鐵侍郎保.

경술년(1790, 정조 14) 8월 3일

연희에서 물러 나와서 묵고 있는 곳으로 돌아오니, 왕 각로(王閣老)[753]가 편지로 목은(牧隱)과 포은(圃隱)의 두 분의 문집(文集)을 요구하였다. 그리고 또 우리나라의 볼 만한 책이 무엇인가를 물었다. 내가 편지로 답하기를, "목은은 곧 이색(李穡)의 호(號)이고, 포은(圃隱)은 정몽주(鄭夢周)의 호(號)입니다. 이들은 다 고려 때 사람으로서 지금으로부터 400여 년 전의 사람들입니다. 병화(兵火)를 여러 번 겪어서 전집(全集)은 전하지 않습니다. 우리나라의 학자들은 발자취가 수 천리 밖을 나가지 못했기 때문에 견문이 매우 얕습니다. 그들의 저술이 어찌 대가의 볼거리가 되겠습니까? 다만 권근(權近)의 『예기천견록(禮記淺見錄)』이라든가, 한백겸(韓百謙)의 『기전고(箕田攷)』같은 것은 조금은 폭넓고 수준이 있다고 일컬어지고 있으나, 또한 정림(亭林) 고염무(顧炎武, 1613~1682)[754]나 죽탁(竹坨) 주이준(朱彝

753) 왕 각로(王閣老): 王杰(1725~1805)을 말한다. 字는 偉人, 號는 惺園이다. 陝西 韓城縣 출신이다. 벼슬은 右都禦史를 시작으로 말년에 光祿大夫東閣大學士에 이르렀다. 저서로는 『惺園易說』, 『葆醇閣集』 등이 있다.

754) 고염무(顧炎武, 1613~1682): 중국 明말 청초의 학자. 淸朝 고증학의 시조이다. 자는 寧生, 호는 亭林, 初名은 絳. 江蘇省 崑山에서 출생하였다. 일찍부터 학문에 전념하여 문명을 얻었으나 어머니의 遺訓에 따라서, 관직에 나가지 않고 남북 각지를 여행하여 견문을 넓히는 동시에 학문을 연구했다.

尊, 1629~1709)[755]의 수준을 따라가기에는 부족합니다."

하니, 왕걸(王杰)이 회보(回報)하기를, "귀국의 평양은 곧 기자(箕子)가 도읍한 곳으로 그 전제(田制)에 반드시 볼 만한 것이 있을 것이니, 동지 사행(冬至使行) 편에 『기전고』 1부를 부쳐 주시면 감사하겠습니다."하였다. 소대(召對)에서 물러나온 뒤로부터 이렇게 여러 번 간절하게 요구하고 있으니, 황제의 뜻으로 장차 『사고전서(四庫全書)』에 편입하려고 그러는 게 아니라는 것을 어찌 알겠는가? 돌아와 봉황성 변문(鳳凰城邊門)[756]에 도착하였을 때에 편지로 내각에 보고하여 연석(筵席)에 진달(陳達)하고, 『기전고』 20본(本)을 인쇄하여 동지 사행에 붙여 각로(閣老) 왕걸(王杰), 상서 기윤(紀昀), 시랑(侍郎) 철보(鐵保)에게 나눠 주게 하였다.

17. 『주례』 정전설[757]

小司徒之職 …… 乃經土地而井牧其田野. 九夫爲井, 四井爲邑, 四邑爲丘, 四丘爲甸, 四甸爲縣, 四縣爲都. 以任地事而令貢賦.

遂人掌邦之野. 以土地之圖經田野, 造縣鄙形體之法. 五家爲隣, 五

---

755) 주이준(朱彝尊, 1629~1709): 자는 錫鬯, 호는 竹垞이다. 浙江省 출생으로 처음에는 벼슬에 뜻이 없어 각지를 편력하면서 학문에 정진하고 또 史蹟의 고증에 힘썼다. 1679년 博學鴻詞科에 추천되어 翰林院檢討가 되고 『明史』의 편찬에 종사하였다. 얼마 후 사직하고 향리로 돌아와 여생을 自適과 저술로 보냈다. 그의 대표작 『經義考』(30권)는 역대 경서의 沿革存亡을 기록한 책이다.

756) 봉황성 변문(鳳凰城邊門): 遼寧省의 鳳凰城의 邊門이다. 청은 조선과의 국경 분쟁을 피하기 위한 방편으로 압록강부터 이 책문까지의 사이를 완충 지대로 하여 두 나라의 사람이 다 경작 내지 입주하지 못하게 하였던 것이다.

757) 『周禮』 3권 「地官 小師徒」, 四部叢刊, 上海書店, 1926, p.21~23. ; 『周禮』 4권 「地官 遂人」, 상게서, p.23~24 참조.

隣爲裏, 四裏爲酇, 五酇爲鄙, 五鄙爲縣, 五縣爲遂, 皆有地域, 溝樹之, 使各掌其政令刑禁. …… 辨其野之土: 上地、中地、下地、以頒田里. 上地, 夫一廛, 田百畝, 萊五十畝, 餘夫亦如之. 中地, 夫一廛, 田百畝, 余夫亦如之. 下地, 夫一廛, 田百畝, 萊二百畝, 餘夫亦如之. 凡治野, 夫間有遂, 遂上有徑, 十夫有溝, 溝上有畛, 百夫有洫, 洫上有涂, 千夫有澮, 澮上有道, 萬夫有川, 川上有路, 以達于畿.

소사도(小司徒)는 토지를 구획하여 비옥한 평야지대에는 정전을 만들고 경사지와 습지는 목장으로 하였다. 정전 제도는 아홉 집[九夫]으로 1정(井)을 만들고, 4정으로 1읍(邑)을 만들며, 4읍으로 1구(丘)를 만들고, 4구로 1전(甸)을 만들며, 4전으로 1현(縣)을 만들고, 4현으로 1도(都)를 만들어, 그 지대에 맞는 직업을 맡기고 그들에게 직업에 해당한 조세와 부역을 부담시켰다.

수인(遂人)[758]은 국가의 교외[野][759]를 관장하는데, 전국토의 지도(地圖)를 가지고 전야(田野)의 경계(經界)를 구분하고 현(縣)이나 비(鄙)의 경계선을 정하는 법을 만든다. 다섯 집으로 인(隣)을 삼고, 5인으로 이(里), 4이로 찬(酇), 5찬으로 비(鄙), 5비로 현(縣), 5현으로 수(遂)를 삼았다 한다. 여기에 모두 일정한 지역을 두어 구지(溝池)와 수거(樹渠)로[760] 경계를 밝힌 다음 각 지역 담당자로 하여금 그 곳의 법령과 제도를 맡게 했다.

교외의 토지를 구분해서 상 · 중 · 하로 등급을 매겨 전리(田里)에 골고루 분배한다. 상등 전지는 한 집마다 1전(廛)의 집터와 100무의

758) 수인(遂人): 중국 주나라 때 지방 행정을 맡은 하급 관리를 말한다.

759) 교외[野]: 공경대부의 식읍에 속한 지역을 野라고 하는데 野는 甸 · 稍 · 縣 · 都를 말한다.

760) 구지(溝池)와 수거(樹渠): 구지는 성곽의 垓子를 말하고 수거는 가시나무로 만든 울타리를 말한다. 『周禮』「夏官 掌固」

밭과, 채전[萊] 50무를 주고 여부(餘夫)도 이와 같이하며, 중등 전지는 한 집마다 1전(廛)의 집터와 100무의 밭과, 채전 100무를 주고 여부도 이와 같이하며, 하등 전지는 한 집마다 1전(廛)의 집터와 100 무의 밭과 채전 200 무를 주고 여부도 이와 같이 한다.

대체로 경지를 정리함에 있어서 100 무[夫] 사이에 작은 도랑[遂]을 파고 작은 도랑 옆에 작은 길[徑]을 내며, 1천 무[十夫]에 도랑[溝]을 파고 도랑 옆에 농로[畛]를 내며, 1만 무[百夫]에 밭도랑[洫]을 파고 밭도랑 옆에 밭 사이 길[涂]을 내며, 10만 무[千夫]에 작은 개천[澮][761]을 파고 작은 개천 옆에 통로를 내며, 100만 무[萬夫]에 하천을 파고 하천 옆에 큰 길[路]을 내어 도성에 닿게 한다.

761) 작은 도랑[遂]을 …… 개천[澮]: 遂·溝·洫·澮는 모두 물길을 말하는데, 遂는 너비와 깊이가 각각 2자이고, 溝는 그것의 배이며, 洫은 溝의 배이며, 澮는 너비가 2尋인 16척이고 깊이가 2仞인 16자이다. 徑·畛·涂·道·路는 모두 수레와 行人을 國都에 통하게 하는 것이니, 徑은 牛馬가 통행할 만하고, 畛은 큰 수레가 통행할 만하고, 涂는 말 네 필이 끄는 수레 하나가 통행할 만하고, 이것이 1軌이고, 道는 2범이 통행할 만하고, 路는 3범이 통행할 만하다.